Innokentij Kreknin
Poetiken des Selbst

Studien zur deutschen Literatur

Herausgegeben von
Wilfried Barner, Georg Braungart
und Martina Wagner-Egelhaaf

Band 206

Innokentij Kreknin

Poetiken des Selbst

—

Identität, Autorschaft und Autofiktion
am Beispiel von Rainald Goetz,
Joachim Lottmann und Alban Nikolai Herbst

DE GRUYTER

D6

ISBN 978-3-11-055359-8
e-ISBN 978-3-11-033221-6
ISSN 0081-7236

Library of Congress Cataloging-in-Publication Data
A CIP catalog record for this book has been applied for at the Library of Congress.

Bibliografische Information der Deutschen Nationalbibliothek
Die Deutsche Nationalbibliothek verzeichnet diese Publikation in der Deutschen Nationalbibliografie; detaillierte bibliografische Daten sind im Internet über http://dnb.dnb.de abrufbar.

© 2017 Walter de Gruyter GmbH, Berlin/Boston
Dieser Band ist text- und seitenidentisch mit der 2014 erschienenen gebundenen Ausgabe.
Druck: CPI buch bücher.de GmbH, Birkach
♾ Gedruckt auf säurefreiem Papier
Printed in Germany

www.degruyter.com

für S.H.

Inhalt

1 Einleitung —— 1

2 Grundlagen der Untersuchung —— 9
2.1 Begriffe der Identität —— 11
2.2 Subjektivation: Theorie und Forschungsperspektive —— 16
2.2.1 Autopoietische Subjektivation —— 19
2.2.2 Subjektivation durch Macht —— 23
2.2.3 Forschungsheuristik —— 26
2.3 Autorschaft und Identität: zentrale Begriffe der Untersuchung —— 30
2.3.1 Poetiken des Selbst? —— 30
2.3.2 Einschreibungen und Fortschreibungen —— 32
2.3.3 Figur, Subjekt, Person: Entwurf einer Genese —— 33

3 Methoden: Das Frühwerk von Rainald Goetz – von Klagenfurt bis *Festung* —— 37
3.1 Bereiche der Autorschaft: Rainald Goetz —— 37
3.2 Der Autorname —— 51
3.3 Identität und Autorschaft im Kontext der Subjektivation —— 53
3.4 Textualität der Kultur: Diskurse, Praktiken und ›Pop‹ —— 60
3.5 Der Medienkompaktbegriff —— 69
3.6 Intertextuelle Beziehungen – eine Begriffsklärung —— 78
3.7 Zeichenbegriff und Zeichenverbundsystem —— 84
3.8 Bedeutungen durch Beobachtbarkeit: Klagenfurt, »Subito« und *Irre* —— 94
3.9 Rahmen, Konfiguration und Performanz —— 101
3.10 Beobachtung und Beobachtbarkeit im »Subito«-Klagenfurt-*Irre*-Komplex —— 110
3.11 Authentizität, Fiktionalität, Referentialität, Konsistenz —— 116
3.12 Einschreibungen: Autorschaft, Autobiographie, Autofiktion —— 123
3.12.1 Intertextualität im »Subito«-Klagenfurt-Irre-Komplex —— 131
3.12.2 Wahrheit und die Insignien der Autorschaft im Frühwerk von Goetz —— 147
3.12.3 Von der Autobiographie zur Autofiktion: Wo ist die Metaposition? —— 161
3.13 Der Autor als Figur, die Figur als Autor: metaleptische Selbstpoetik bei Goetz —— 171

3.13.1	Thematisierung und Struktur der Subjektmodelle im Frühwerk —— **173**	
3.13.2	Fortschreibungen der Goetz/Raspe-Figur: Diskurse der Frühphase —— **179**	
3.13.3	Die ›hybride metaleptische Selbstpoetik‹ —— **182**	
4	**Von *Heute Morgen* bis *Schlucht*: Internet, Wahrheit und Fortschreibungen bei Rainald Goetz —— 185**	
4.1	Latenz und die Ausweitung der Medien: Musik, Internet, TV —— **185**	
4.2	Eine »Geschichte der Gegenwart«: Die poetologische Anlage von *Heute Morgen* —— **198**	
4.3	Autorschaft in *Heute Morgen*: Spalt- und Einheitsfiguren, Verschiebungen – und Realismus —— **208**	
4.4	Ein Versuch in Simultanität und Konsistenz: *Abfall für alle* —— **223**	
4.5	*Klage* und *Schlucht*: konsistente Fortschreibungen —— **240**	
4.5.1	Diskretion, literarische Wahrheit und Pastiche: *Klage* —— **245**	
4.5.2	Die *Johann-Holtrop*-Konsequenz —— **255**	
4.5.3	Fortschreibungen eines konsistenten autofiktionalen Subjekts – Fazit Rainald Goetz —— **263**	
4.6	Intermezzo: Rainald Goetz als Figur bei Joachim Lottmann —— **271**	
5	**Das seriell-äquivalente Alter Ego: Joachim Lottmann / Jolo —— 279**	
5.1	Eintritt ins literarische Feld: *Mai, Juni, Juli* —— **281**	
5.2	Im Schutze des *New Journalism*: Referentialität in Lottmanns Reportagen —— **291**	
5.3	Jolos Maskenspiele: Die Romane von Joachim Lottmann —— **298**	
5.3.1	Lüge und Referentialität bei Joachim Lottmann —— **298**	
5.3.2	Jolo, die konstante Variable —— **302**	
5.3.3	Konfigurationen, Interferenzen, Schreibtätigkeit —— **310**	
5.4	Das vernetzte Universum der quasi-fiktionalen Lottmannsaga —— **317**	
5.4.1	Wahrheit, Realistik, Konsistenzen: der *Borderline*-Blog —— **317**	
5.4.2	Selbstreferenz und Fremdreferenz im *Borderline*-Blog —— **326**	
5.4.3	Die poetologische Schraube des *User-generated content* —— **334**	
5.5	Serielle Selbsterschaffung als Weltkopie: Die Selbstpoetik von Joachim Lottmann —— **340**	
5.5.1	Ironie und Unentscheidbarkeit bei Joachim Lottmann —— **340**	

5.5.2	›Wahrheiten‹: Joseph Roth und Joachim Lottmann —— 343	
5.5.3	Pathologie und methodischer Solipsismus: Der Interpretant als Kern der Selbstpoetik —— 346	
6	**Multiple Identitäten und Kybernetischer Realismus: Alban Nikolai Herbst —— 353**	
6.1	Postmoderne Subjektmodelle? Identität und Beobachtbarkeit in Herbsts Prosa —— 359	
6.1.1	Die Verwirrung beginnt: *Die Verwirrung des Gemüts* —— 360	
6.1.2	Beobachtung und Zentralperspektive: *Buenos Aires. Anderswelt* —— 366	
6.2	Herbst, Deters usw.: Autor-Figuren und Träger der Autorfunktion —— 370	
6.3	Interferenz der Diskurse: Das Verbot von *Meere* —— 376	
6.4	Die Poetisierung des Internets: *Dschungel. Anderswelt* —— 379	
6.4.1	Der Weblog als rhizomatische Dichtung: Figurenkonstellationen —— 386	
6.4.2	Herbsts poetologische Abhandlungen: Der Kybernetische Realismus und Autofiktion —— 395	
6.4.3	Die konsistente Konfiguration des Unmündigen: Fortschreibungen im ›Arbeitsjournal‹ —— 406	
6.5	Das nach-postmoderne Subjekt? Theorie und Praxis der Identität bei A. N. Herbst —— 414	
7	**Fazit: Autorschaft, Autofiktion, Leben —— 421**	
7.1	Selbstpoetiken: Goetz, Lottmann, Herbst —— 421	
7.2	Konsequenzen für die Theorie —— 429	
7.3	Anmerkungen zur Methode —— 431	
7.4	Abschluss und Ausblick —— 432	

Literatur- und Quellenverzeichnis —— 437
    Rainald Goetz —— 437
    Joachim Lottmann —— 438
    Alban Nikolai Herbst —— 440
    Autorisierte Quellen und wissenschaftliche Literatur —— 441
    Nicht-autorisierte Internetquellen —— 460

Abbildungsverzeichnis —— 462

Danksagung

Dieses Buch ist die leicht überarbeitete und aktualisierte Version meiner Dissertation, die im Frühjahr / Sommer 2012 an der Westfälischen Wilhelms-Universität Münster vorgelegt, angenommen und verteidigt wurde. Diese Arbeit wäre ohne eine Reihe von Menschen und Institutionen nicht möglich gewesen.

Herzlich danken möchte ich in erster Linie meinen Doktoreltern Martina Wagner-Egelhaaf, Moritz Baßler und Andreas Reckwitz, die mich stets nach Kräften förderten und kritisch forderten. Walter Erhart, Sigrid Nieberle und Eckhard Schumacher möchte ich ebenso für ihre jahrelange Unterstützung, Beratung und Ermunterung danken wie allen Promovierenden und Koordinatoren der Graduate School *Practices of Literature*. Der Westfälischen Wilhelms-Universität Münster verdanke ich das Promotionsabschlussstipendium, das die rasche Fertigstellung der Arbeit möglich machte. Für ihre Unterstützung und ihr Vertrauen danke ich meinen Eltern, meinen Geschwistern und Karin und Christa.

Vom Herzen einen Dank an die ›Greifswalder / Leipziger / Berliner‹ Alex, Angelika, Ariane, Kerstin, Michael, Roman und Wiebke und an die ›Münsteraner‹ Caren, Carolin, Christian, Christoph, Gesche, Japhet, Kerstin, Matthias, Max und Till.

Den hier behandelten Autoren und ihren Verlagshäusern danke ich nicht nur für das Schreiben und Publizieren dieser Literatur, die an sich ja erst die Existenz der Literaturwissenschaft legitimiert, sondern auch für die freundliche Erlaubnis, die Abbildungen verwenden zu dürfen.

Zu guter Letzt: Dr. Juan No: Alles wird gut! Ildigo: Alles wird besser! Christina: Alles wird großartig!

Diejenige Eine, die hier namentlich nicht erwähnt ist, wird wissen, dass jeder Satz dieses Buches in Gedanken an sie formuliert wurde.

Münster/Passau im Januar 2014

Innokentij Kreknin

1 Einleitung

»Aber wer spricht hier eigentlich? Wer ist das, der permanent ›Ich‹ sagt? – Ich? Vielleicht sprechen ja Sie mich an? Wer denkt sich die Geschichten aus, wessen Näherungen sind es? Tragen nicht eventuell gerade Sie sie mir an ... ja, ja, Sie meine ich, die oder der Sie sich bis hierher durchgewurstelt haben. Benutzen vielleicht Sie mich?«
Alban Nikolai Herbst (1983): *Die Verwirrung des Gemüts*, S. 96f.

Zu Beginn war da ein VERDACHT. Ein Verdacht der sich verstärkte und zu einem Unbehagen führte. Bei der Beschäftigung mit verschiedenen Gegenwartsautoren stieß ich auf Phänomene, für die keine gängige Erklärung zur Verfügung stand. Immer wieder war festzustellen, dass in literarischen Texten Figuren entworfen wurden, welche die gleichen Namen hatten wie die Autoren auf dem Buchdeckel und die zum Teil in der Diegese auch die gleichen Bücher wie diese Autoren geschrieben hatten. Diese Texte allerdings waren keine Autobiographien, sondern Romane und Erzählungen, deutlich fiktionalisiert, ästhetisch geformt und nach impliziten künstlerischen Poetiken entworfen. Das alles war noch kein Problem, denn als Literatur lassen sich solche Phänomene problemlos beschreiben. Das Unbehagen entstand erst dann, als sich immer häufiger zeigte, dass diejenigen Journalisten, die über diese Bücher schrieben, offenbar keinerlei Unterschied zwischen den Autor-Figuren im Text und den tatsächlichen Autoren machten. Und daran, dass diese kulturellen Multiplikatoren noch nie etwas vom ›Tod des Autors‹ gehört hatten, konnte es allein nicht liegen, denn das gleiche Muster fand sich immer wieder auch in der philologischen Sekundärliteratur. Eine weitere Beobachtung kam hinzu: Die so zwischen Leben und Text angesiedelten Eigenschaften dieser Autoren / Autor-Figuren wurden von diesen selbst aufgenommen und sowohl in ihren literarischen Werken als auch in Interviews weiterverarbeitet, angeeignet. Der Verdacht schien sich zu bestätigen: Zwischen den literarischen Texten und den alltagswirklichen Elementen, die auf Autoren referieren und deren Eigenschaften als öffentliche empirische Personen definieren, finden sich komplexe Interferenzen. Mein Interesse war geweckt.

Alle diese Phänomene der Verschmelzung von Autoren und Figuren unter dem Leitbegriff der ›Inszenierung‹ zu betrachten, führte zu keinem produktiven Ergebnis, denn wo eine Inszenierung ist, da sollte auch das Gegenteil davon angenommen werden.[1] Hier war der Fall offenbar ein anderer. Das, was von Autoren wie Rainald Goetz, Christian Kracht oder Joachim Lottmann für alle zugänglich beobachtbar war, – also in ihren Büchern, Interviews, Homepages etc. – schien

---
1 Vgl. dazu Fischer-Lichte (2007): »Theatralität und Inszenierung«, S. 20f.

sich immer im gleichen Modus zu befinden und das alte Ideal der Verschmelzung von Leben und Kunst völlig problemlos umzusetzen.

Nach einiger Recherche zeigten sich OPTIONEN. Es waren durchaus Theorien vorhanden, um solche Graubereiche zwischen Literatur und Leben einzuordnen; vor allem die in Deutschland noch junge Autofiktionsforschung beschäftigt sich mit eben solchen literarischen Phänomenen.[2] Diese aus der poststrukturalistisch informierten Autobiographieforschung kommenden Ansätze interessieren sich für Schreibweisen, denen es »nicht mehr um die Alternative ›Wirklichkeit‹ oder ›Fiktion‹«[3] geht, sondern in denen ein Oszillieren vorherrscht, das dominierende Lektüreperspektiven verbietet und sich so dem Problem einer Grenze zwischen faktualem und fiktionalem Schreiben entzieht.[4] Einen weiteren produktiven Ansatz versprachen die Entwürfe einer Subjekttheorie, die Michel Foucault in seinem Spätwerk entwickelte und die von Judith Butler aufgegriffen wurden.[5] Denn die hier im Fokus stehenden Phänomene und Prozesse lassen sich ohne Probleme als Techniken beschreiben, in denen Subjekte sich selbst erschaffen und von anderen erschaffen werden. Das ›Subjekt‹ ist dabei keine vorgängige Größe, sondern ist in diesem Fall zu verstehen »als eine sozial-kulturelle Form [...], als kontingentes Produkt symbolischer Ordnungen, welche auf sehr spezifische Weise modellieren, was ein Subjekt ist, als was es sich versteht, wie es zu handeln, zu reden, sich zu bewegen hat, was es wollen kann.«[6] Die Kultursoziologie entpuppte sich als diejenige Disziplin, in der solche Forschungen am weitesten gediehen waren.[7]

Auf das Interesse folgten TATEN: Ich entwarf die Prinzipien, nach denen das Korpus einer Untersuchung dieser literarisch-alltagswirklichen Phänomene zu erstellen war: In den literarischen Werken mussten Figuren erscheinen, die in irgendeiner Weise mit den Autoren dieser Werke in Verbindung standen – sei es über den Namen oder über andere allgemein bekannte Eigenschaften. Diese Figuren mussten zudem sowohl in Presse als auch (teilweise) in Sekundärliteratur als identisch mit den Autoren selbst rezipiert werden. Die Homepages der Autoren (sofern vorhanden) galt es ebenso zu berücksichtigen, wie alle ihre öffentlichen

---

2 Vgl. dazu vor allem Gronemann (1999): »›Autofiction‹ und das Ich«; Wagner-Egelhaaf (2006): »Autofiktion oder: Autobiographie nach der Autobiographie«; Zipfel (2009): »Autofiktion. Zwischen den Grenzen von Faktualität, Fiktionalität und Literarität?«.
3 Wagner-Egelhaaf (2006): »Autofiktion oder: Autobiographie nach der Autobiographie«, S. 361.
4 Vgl. Wagner-Egelhaaf (2006): »Autofiktion oder: Autobiographie nach der Autobiographie«, S. 366, 368.
5 Vgl. Foucault (2007): »Technologien des Selbst«; Butler (2001): *Psyche der Macht*.
6 Reckwitz (2010): *Das hybride Subjekt*, S. 34.
7 Vgl. als Überblick Reckwitz (2008): »Subjekt / Identität«.

Auftritte, sofern sie medial verfügbar waren. Die Internetprojekte *Abfall für alle* und *Klage* von Rainald Goetz,[8] der Weblog *Auf der Borderline nachts um halb eins* von Joachim Lottmann[9] und der Blog *Dschungel. Anderswelt* von Alban Nikolai Herbst[10] boten vielfältiges Material. Dazu kamen Interviews, Fotos, Fernsehauftritte, Clips bei *YouTube* und *Tweets*. Einen Sonderfall, den es zu beachten galt, stellten diejenigen Fälle dar, in denen diese Autor-Figuren von wiederum anderen Autoren in die eigenen Werke eingearbeitet wurden. Es boten sich damit zahlreiche Kandidatinnen und Kandidaten zur Untersuchung an: Rainald Goetz, Christian Kracht, Joachim Lottmann, Alban Nikolai Herbst, Thomas Glavinic, Wolf Haas, Else Buschheuer, Rafael Horzon; hinsichtlich mancher Aspekte auch Sibylle Berg, Alexa Hennig von Lange, Uwe Johnson, W. G. Sebald, Gerhard Roth oder auch die bildende Künstlerin Sophie Calle.[11] Ich entschied mich für drei Beispiele, die eine möglichst große Bandbreite der Phänomene und Verfahren abdecken sollten und die komplexesten Selbstpoetiken aufwiesen: Goetz, Lottmann und Herbst.[12]

Beim Sichten des Materials und der theoretischen Texte ergaben sich einige DESIDERATA sowohl methodischer als auch inhaltlicher Natur. Die methodischen betreffen die Ausprägungen des germanistischen Diskurses der Autofiktion: Zwar liegen dazu schon Ordnungsversuche vor, diese widmen sich jedoch vor allem explizit literarischen Schreibweisen. Eine Untersuchung des Korpus' derart, wie sie hier entwickelt ist, wurde bisher nicht vorgenommen, oder zumindest nicht unter den Prämissen der Autofiktionstheorie. Zudem gibt es in der heutigen germanistischen Forschung ein großes Interesse an Problemen und Phänomenen der Autorschaft und ihrer Inszenierungspraktiken, aber noch keine größere Monographie, die konzentriert den gesamten Komplex der Zeichen untersucht

---

[8] Diese sind nachträglich in Buchform erschienen, vgl. Goetz (1999): *Abfall für alle*; Goetz (2008): *Klage*.
[9] Vgl. Lottmann (2007ff.): *Auf der Borderline*.
[10] Vgl. Herbst (2004ff.): *Dschungel*.
[11] Die Vielfalt der möglichen Untersuchungsobjekte offenbarte sich beim XII. Kongress der Internationalen Vereinigung für Germanistik (IVG), die in Warschau vom 30. Juli bis 07. August 2010 stattfand. Die Sektion Nr. 60 stand unter dem Titel »Autofiktion. Neue Verfahren literarischer Selbstdarstellung«. In fast 30 Vorträgen wurden darin mehr als ebenso viele Autorinnen und Autoren behandelt.
[12] Dass nur männliche Autoren untersucht wurden, folgt keinem Programm. Das Hauptkriterium bei der Auswahl war, dass die Selbstpoetiken möglichst komplex sein sollten und eine möglichst große Breite an Textgattungen und Medientechniken dazu genutzt wurden. Das Geschlecht oder eine ›literarische Qualität‹ der Texte spielte keine Rolle. Zu anderen, weiblichen und transmedialen Formen der Autofiktion vgl. Rentsch (2010): *Hybrides Erzählen*; Kittner (2009): *Visuelle Autobiographien*.

und das Augenmerk auf diejenigen Einflüsse richtet, die Medientechniken auf die Poetiken von Autor-Subjekten haben.[13] Daraus ergab sich das Problem, dass es keine methodischen Überblicke dazu gab, wie eine solche Untersuchung unter Berücksichtigung der verschiedenen Medientechniken und der unterschiedlichen Rahmungen, unter denen die Elemente beobachtbar sind, zu realisieren sei. Zudem erwies es sich, dass die bisher vorliegenden Theorien der Autofiktion um Aspekte erweitert werden müssen, um solche komplexen Phänomene zwischen Literatur und medial vermittelter Alltagswirklichkeit einordnen zu können.

Aus dem Zusammenwirken von Desiderata und der Sichtung des Korpus ergaben sich folgende Aufgabenstellungen und HYPOTHESEN: Um die heute anzutreffenden komplexen Ausprägungen von Selbstpoetiken zu untersuchen, ist es notwendig, den Einfluss von Medientechniken und Rahmungen zu berücksichtigen. Meiner These zufolge leistet vor allem das Internet mit seinen optionalen Angeboten einer erhöhten Informationsdichte und Simultanität von Zeichenvermittlung einen wesentlichen Beitrag zu den beobachtbaren Selbstpoetiken. Weiterhin wird es sich als notwendig erweisen, die Kategorie der ›Metaposition‹ als Größe in das Gerüst der Theorien autofiktionaler Schreibweisen einzuführen. Es gilt zu überprüfen, ob das Vorhandensein beziehungsweise Fehlen einer solchen Metaposition als Probe für das Vorhandensein einer ›umfassenden‹ Autofiktion dienen kann. Weiterhin muss der Begriff der autofiktionalen Schreibweisen im Sinne eines weiten Textbegriffs auf alle möglichen Arten von Medienangeboten erweitert werden: Autofiktion vollzieht sich nicht notwendig in und durch Literatur. In diesem Zuge gilt es zusätzlich, verstärkt auf Anschlüsse zwischen den Diskursen zu achten: Sobald die Grenze zwischen Literatur und Leben verwischt zu sein scheint, wird es umso wichtiger, den Begriff der Referentialität anzuwenden, um das Prozessieren der Zeichen und Elemente in unterschiedlichen Diskursen nachzuverfolgen. Eine weitere, hier überprüfte These lautet, dass im Vollzug von Autofiktionen die Autorinstanz (die nicht notwendig eine *literarische* Autorfunktion sein muss) fiktionalisiert wird – und das, obwohl sie als Funktion dazu dient, Texte und Zeichen auch außerhalb der literarisch-ästhetischen Diskurse zu organisieren. Und nicht zuletzt lautet eine These, dass die hier untersuchten autofiktionalen Selbstpoetiken von Autoren als vollwertige, das heißt: auch alltagswirklich gültige Subjekttechniken anerkannt werden müssen. Als solche lassen sich

---

13 Vgl. u.a. Detering [Hg.] (2002): *Autorschaft;* Moser / Nelles [Hg.] (2006): *AutoBioFiktion;* Grimm / Schärf [Hg.] (2008): *Schriftsteller-Inszenierungen;* Jürgensen / Kaiser [Hg.] (2011): *Schriftstellerische Inszenierungspraktiken;* Wagner-Egelhaaf [Hg.] (2012): *Auto(r)fiktion;* Weiser / Ott [Hg.] (2013): *Autofiktion und Medienrealität;* Schaffrick / Willand [Hg.] (2014): *Autorschaft zwischen Intention, Inszenierung und Gesellschaft.*

aus ihnen Subjektmodelle ableiten, die nicht nur exklusiv den hier untersuchten Autoren, sondern potenziell auch allen anderen Menschen zur Anwendung offen stehen.

Die inhaltlichen Desiderata präsentieren sich weit weniger komplex. Zu Joachim Lottmann existiert außer einem Aufsatz von Heinz Drügh[14] überhaupt keine nennenswerte Forschungsliteratur. Zu Alban Nikolai Herbst liegen einige wenige Aufsätze vor, die sich ebenfalls mit den Phänomenen beschäftigen, die hier zur Sprache kommen. Eine umfassende Untersuchung seiner Selbstpoetiken oder seiner Poetiken überhaupt, stand bisher jedoch aus.[15] Ganz anders gestaltet sich die Forschungssituation in Hinblick auf Rainald Goetz. Bekannt vor allem dadurch, dass er sich bei der Lesung des Ingeborg-Bachmann-Preises im Jahr 1983 vor laufender Kamera die Stirn aufschnitt, wurde er in germanistischen Kreisen weit rezipiert. Derzeit liegen allein vier Monographien vor, die sich ausschließlich oder zumindest schwerpunktmäßig mit seinem Werk und seiner Selbstinszenierung befassen.[16] Obwohl aber mehrere Aufsätze sich explizit damit beschäftigen, wie beispielsweise das Verhältnis von Inszenierung, Performance und Textstrategie bei diesem skandalösen Auftritt in Klagenfurt aufzufassen ist, sind hier immer wieder strukturelle Schwächen in der Argumentationsführung zu beobachten. Die meisten davon sind darauf zurückzuführen, dass dieses

---

14 Vgl. Drügh (2007): »Verhandlungen mit der Massenkultur«. Es gibt noch einige weitere Beiträge, die sich mit Lottmann beschäftigen, sie untersuchen dabei jedoch nicht seine Poetik, sondern nutzen seine Romane als Material, um Thesen zu belegen, die auch ohne die Texte Lottmanns plausibel wären. Vgl. Waltz (2006): »Was das Geschlechterverhältnis einmal war und heute ist«; Kauer (2009): »Der Zauber männlicher Verletzlichkeit«; Krause (2010): »Auf der Suche nach der normalen Nation«.
15 Die hier relevanten Aufsätze stammen alle aus der Feder von Christoph Jürgensen, vgl. Jürgensen (2007): »Ich sind auch andere«; Jürgensen (2008): »Unwirkliche Städte, unwirkliches Ich«; Jürgensen (2011): »Ins Netz gegangen«. Zudem hat sich die Menge der Forschung mit dem Erscheinen der 231. Ausgabe der Zeitschrift *die horen* im Jahr 2008 nahezu verdoppelt. Unter dem Titel *Panoramen der Anderswelt. Expeditionen ins Werk von Alban Nikolai Herbst* widmet sie sich exklusiv seinem Werk. Gleichwohl ist das Werk von Herbst so vielfältig und verzweigt, dass ich nicht den Anspruch erhebe, hier einen Überblick zu präsentieren: Die vorliegende Untersuchung widmet sich ausschließlich seinen Selbstpoetiken.
16 Vgl. Doktor / Spies (1997): *Gottfried Benn – Rainald Goetz*; Windrich (2007): *Technotheater*; Rudolph (2008): *irre/wirr: Goetz*; Hägele (2010): *Politische Subjekt- und Machtbegriffe*. Zudem erschien im Jahr 2006 die Ausgabe 81/3 des *The Germanic Review*, die ausschließlich Aufsätze zu seinem Werk enthält. Die Qualität der Beiträge zu Goetz ist dabei sehr unterschiedlich. Während Doktor / Spies und Windrich mustergültige Beispiele für gelungene Forschung vorlegten, sind die Arbeiten von Rudolph und Hägele kaum als Beiträge ernst zu nehmen, da sie entweder keine Argumentationsstruktur aufweisen (Rudolph) oder ihre Argumente auf einer intentionalistischen Basis entwickeln, die als ›unzureichend reflektiert‹ beurteilt werden kann (Hägele).

›Ereignis als solches‹ für faktual genommen wird, ohne zu reflektieren, wie die Art der medialen Vermittlung des ›Ereignisses‹ daran beteiligt ist, es als solches erst herzustellen.[17] Ähnliche Schwächen lassen sich auch bei der Beschäftigung mit Goetz' Internetprojekt *Abfall für alle* feststellen, bei der die Forschenden oft eher dem Inhalt und Gestus ihre Aufmerksamkeit zuwenden, als der Struktur dieses Zeichenkomplexes;[18] allein die häufig zu findende Annahme, dass die Internetfassung und die Druckfassung identisch seien, gehört in das Reich der Legenden.

Auf die Desiderata und die Hypothesen folgt der PROZESS, der mit dieser Arbeit in einer strukturierten Form vorliegt. Im Kapitel 2 werden zunächst einige der wichtigsten Grundbegriffe und theoretischen Basispunkte der Studie erläutert sowie die Grundpfeiler der Subjekttheorie von Michel Foucault und ihre Aufnahme in der kultursoziologischen Forschung vorgestellt. Im Kapitel 3 erfolgt eine Methodendiskussion, die sich anhand der Analyse des Frühwerks von Rainald Goetz bis in die 1990er Jahre entwickelt. Der hier zentrale Begriff der Autorschaft wird so anhand eines konkreten Beispiels problematisiert, ebenso wie die Strukturen der intertextuellen und transmedialen Zeichentransfers und die Kategorien der Rahmung und Konfiguration. So vorteilhaft dieses Vorgehen die Anschaulichkeit beeinflusst, so unproportional weiten Raum nimmt damit die Analyse des Werks von Rainald Goetz ein. Dieses Zugeständnis wird von mir jedoch gerne in Kauf genommen, da sich die Selbstpoetiken von Goetz als überaus komplex erweisen und zudem fast alle Prozesse und Strukturen darin vorgeprägt werden, die sich auch bei den anderen Autoren finden. Im Kapitel 4 wird die Analyse der Selbstpoetiken von Goetz bis in die Gegenwart vorangetrieben und abgeschlossen. Das Kapitel 5 widmet sich Joachim Lottmann und im Kapitel 6 werden die hier relevanten Bestandteile der Poetik von Alban Nikolai Herbst extrahiert. Im Kapitel 7 folgt ein abschließendes Fazit, in dem die Ergebnisse zusammengetragen und im Hinblick auf die hier formulierten Arbeitsaufgaben und Hypothesen rekapituliert werden.

Als ERGEBNIS möchte diese Arbeit einen poststrukturalistisch informierten und sowohl inhaltlich als auch methodisch relevanten Beitrag zur Autofiktionsforschung und zur kulturwissenschaftlichen und kultursoziologischen Subjektforschung erbringen. Die Theorien der Autofiktion werden verfeinert, an Beispielen abgestimmt und weiter ausdifferenziert. Das hier entwickelte methodische Instrumentarium, das sich in weiten Teilen semiotisch begründet, hat zudem

---

[17] Vgl. Müller/Schmidt (2001): »Goetzendämmerung in Klagenfurt«; Gropp (2008): »›Ich/Goetz/Raspe/Dichter‹«; davon hebt sich positiv ab: Wegmann (2009): »Stigma und Skandal«.
[18] Besonders deutlich bei Jeong (2011): »Ästhetik des Abfalls« und Binczek (2001): »Was also ist der Ort des Textes?«.

m.E. das Potenzial, bei der Untersuchung aller ähnlich gelagerten Phänomenstrukturen zur Anwendung zu kommen und damit ein sehr disparates Korpus verwalten zu können. Nicht zuletzt wird sich spätestens Ende des 6. Kapitels zeigen, dass mit den untersuchten Phänomenen die Kompetenzgrenzen der Literaturwissenschaft erreicht werden. Dieser Umstand soll jedoch nicht zur Resignation führen, sondern im Gegenteil dazu anregen, die hier geleisteten Vorarbeiten in einem kulturwissenschaftlich-interdisziplinären Programm fortzusetzen und damit an einer Kulturpoetik des Subjekts, der Literatur und der Alltagswirklichkeit weiter zu schreiben.

2 Grundlagen der Untersuchung

»Die Macht ist nicht etwas, was man erwirbt, wegnimmt, teilt, was man bewahrt oder verliert; die Macht ist etwas, was sich von unzähligen Punkten aus und im Spiel ungleicher und beweglicher Beziehungen vollzieht.«
Michel Foucault (1983): *Der Wille zum Wissen*, S. 115

Das Erkenntnisinteresse der vorliegenden Arbeit wird von der Frage geleitet, in welchen Formen sich ›Identität‹ und ›Autorschaft‹ in den letzten zwei Jahrzehnten des 20. und dem ersten Jahrzehnt des 21. Jahrhunderts präsentieren können. Das Ziel besteht darin, das Wechselverhältnis zwischen beiden dahingehend zu beschreiben, dass ersichtlich wird, wie mit ihnen und in ihnen literarische und alltagswirkliche Subjekte geformt werden. ›Identität‹, ›Autorschaft‹ und ›Subjekt‹ werden dabei nicht als essentielle Konstanten angesehen, sondern als spezifisch ausgeprägte Zuweisungen von Eigenschaften, mit denen bestimmte Erfahrungen der Lebenswelt nicht nur strukturiert, sondern auch zuallererst erschaffen werden. Wenn man die Begriffe so fasst, dann erweisen sie sich sowohl als Funktionen wie auch als konfigurierende Rahmen, die bei der Rezeption von Zeichen bedeutungslenkend aktiv werden. Als solche dienen ›Identität‹ und ›Autorschaft‹ als Funktionen in Diskursen beziehungsweise stellen selbst komplexe Diskurskomplexe dar, die anderweitig inkorporiert werden und daran beteiligt sind, Subjekte zu formen. Dabei sind sie Konjunkturen ausgesetzt, welche ihre Funktionen je nach historischem und kulturellem Blickwinkel variieren und transformieren. Die Frage darf also nicht lauten, was ›Identität‹ und ›Autoschaft‹ denn genau sind und was für ein ›Subjekt‹ sich mit ihnen erschaffen lässt. Vielmehr muss die Fragestellung im Hinblick auf die jeweiligen Erkenntnisinteressen historisch gebunden und in Bezug auf die Transformationsprozesse einer möglichst genau zu definierenden Menge von Kulturzeichen präzisiert werden.

Dabei kann es natürlich »keine Einigkeit darüber [geben], was ein Autor nun sei«[1] – ontologische Bestimmungen werden hier nicht angestrebt. Ein Forschungsvorhaben zum Autor[2] wie zur Identität oder zum Subjekt kann immer nur temporäre Setzungen innerhalb eng umrissener Diskurse leisten. ›Autorschaft‹ und ›Autor‹ sind keine übergeordneten Größen, deren ›wahre Natur‹ sich beschreiben ließe, sondern kulturell spezifische ›polykontexturale Systemfunktionen‹.[3]

---

1 Giacomuzzi (2009): »Zur Veränderung der Autorrolle im Zeichen des Internet«, S. 8.
2 Die im Folgenden verwendete männliche Form ›Autor‹ für das entsprechende Konzept ist als geschlechtsunabhängig zu denken.
3 Stöckmann / Werber (1997): »Das ist ein Autor! Eine polykontexturale Wiederauferstehung«.

Ein Autor-Subjekt ist damit im Sinne Michel Foucaults diejenige Instanz, die als Träger einer solchen Funktion auftritt. Eben dieser Instanz nachzuforschen ist das Ziel des vorliegenden Buches. Das Augenmerk richtetet sich hierbei in erster Linie auf Texte, in denen Figuren erscheinen, die den gleichen Namen wie die Autoren tragen oder sonstige Zeichen offerieren, denen zufolge die Figuren direkt mit der Autorschaft der Bücher, in denen sie selbst entstehen, in Verbindung gebracht werden. Keine Autobiographien, sondern explizit Texte, die als Romane, Erzählungen, Reportagen etc. eine Gattungszuweisung tragen, aber trotzdem unter den Bedingungen des autobiographischen Pakts rezipiert werden, rücken in den Fokus. Die darin identifizierbaren Prozesse werden nach ihrer Mitwirkung untersucht, aus den so beobachtbaren Figuren Autor-Subjekte zu formen und diese in ›Personen‹ zu transformieren, die den Eindruck erwecken, empirische Personen des öffentlichen Lebens zu sein.

Bevor in den folgenden Kapiteln die Grundlagen der Untersuchung erläutert werden, gilt es, eine Positionierung vorzunehmen, die ohne Einschränkung für die gesamte Arbeit gilt. Umberto Eco führt dabei das Wort:

> (I) Der Gesamtkomplex der Kultur *muß* als semiotisches Phänomen untersucht werden;
> (II) alle Aspekte der Kultur *können* als Inhalte semiotischer Aktivität untersucht werden.
> [...] »Der Gesamtkomplex der Kultur *sollte* als auf Signifikationssystemen beruhendes Kommunikationsphänomen untersucht werden.« Das bedeutet nicht nur, daß die Kultur in dieser Weise untersucht werden *kann*, sondern [...] auch, daß manche ihrer grundlegenden Mechanismen *nur* auf diese Weise erhellt werden können.[4]

Eco impliziert damit, dass die Semiotik in der Lage ist, als allgemeine Kulturtheorie bzw. Kulturanthropologie zu dienen.[5] Sie stellt damit einen Anschluss an das Programm der *Cultural Studies* her. Die gesamte vorliegende Untersuchung folgt dem Anspruch, eine explizit philologisch-kulturwissenschaftliche Studie zu sein, die sich teilweise eines semiotischen Vokabulars bedient. Die Arbeit basiert – wie alle konstruktivistischen Anlagen – auf der Annahme einer generellen kognitiven Geschlossenheit des psychischen Systems, so dass dieses in keiner Weise direkt beobachtbar sein kann. Damit richtet sich das Augenmerk auf die kommunizierbaren Elemente, die in Signifikationsprozessen[6] verarbeitet werden und auf die Bedingungen, unter denen die speziellen Signifikationsprozesse ablaufen, die

---

4 Eco (1990): *Im Labyrinth der Vernunft*, S. 35. Diese Setzung schließt m.E. nicht aus, dass auch Artefakte oder Praktiken untersucht werden können – sowohl Artefakte als auch Praktiken müssen dafür jedoch zu Diskurselementen transformiert werden. Vgl. dazu ebd., S. 41.
5 Vgl. Eco (1990): *Im Labyrinth der Vernunft*, S. 41.
6 Im Folgenden werden ›Signifikationsprozess‹ und ›Semiose‹ synonym verwendet.

Subjekte erschaffen. Zudem werden in dieser Studie nur solche Signifikationsprozesse relevant, die durch Zeichen evoziert werden, die sich in *one-to-many*-Medientechniken wie Buchdruck, Fernsehen, Internet usw. manifestieren.[7] Die Struktur der Semiose ist dabei Dasjenige, was den Zeichen ihren Sinn verleiht, indem sie die Reize anhand eines Codes in etwas umsetzt, das für etwas anderes steht, als für den Reiz selbst.[8] Die selbstgestellte Aufgabe als Wissenschaftler besteht nun darin, als praktische Instanz dieser Signifikationsprozesse zu dienen und dabei als methodische Instanz zu agieren. Es ist in jedem Fall eine Doppelbewegung, die vollführt wird: Die Phänomene und Strukturen werden sowohl untersucht als auch durch ihre Beschreibung auf diese Weise erst geschaffen. Das *re-entry* ist dabei generell nicht nachzuvollziehen, soll aber zumindest in seiner Wirksamkeit als präsent erachtet werden.[9] Die Arbeit soll damit einen kleinen Beitrag zur Entschlüsselung des sich stets wandelnden Codes leisten, der das ganze soziokulturelle Gefüge manifestiert, das wir uns angewöhnt haben, ›Welt‹ zu nennen. Diese Entschlüsselung ist dabei jedoch nichts weiter, als ein weiteres Prozessieren – und vielleicht auch Verändern – eben jenes Codes.

2.1 Begriffe der Identität

Bei den Vorarbeiten dieser Studie kam eine unübersichtliche Vielzahl von Begriffen zum Vorschein, die über semantische Felder miteinander verknüpft waren. Aufgrund ihrer historischen Entwicklungen und ihrer unterschiedlichen Verwendungen in verschiedenen Wissenschaftsdisziplinen und -schulen waren diese nicht auf einen Nenner oder auch nur eine je gültige Definition zu bringen. War ›Identität‹ in logisch-mathematischen Diskursen noch recht leicht rekonstruierbar und anschlussfähig, so diffundierte der Begriff in seinen Derivaten als ›personale Identität‹, ›subjektive Identität‹, ›Ich-Identität‹, ›individuelle Identität‹ etc. Es treten so eine Reihe von Begriffen zutage, die je nach Definition Schnittmengen zueinander aufweisen, aber nicht deckungsgleich sind. ›Identität‹ erweist sich als eine Grundkonstituente von ›Personen‹, ›Subjekten‹, ›Individuen‹ und als notwendige Eigenschaft derjenigen Größe, die sich mit ›Selbst‹ anspricht. Hier gilt es, definitorische Setzungen für den Rahmen der vorliegenden Analyse zu leisten.

---

7 Diese sind nicht automatisch mit Kommunikation gleichzusetzen. Vgl. Eco (1990): *Im Labyrinth der Vernunft*, S. 17.
8 Vgl. Eco (1990): *Im Labyrinth der Vernunft*, S. 17.
9 Zur Wirkungsweise des *re-entry* vgl. Luhmann (1987): *Soziale Systeme*, S. 230.

Gegenüber dem hier noch zentral werdenden Begriff des Subjekts ist das Konzept der ›Identität‹ außerhalb der logisch-mathematischen Diskurse wesentlich jüngeren Ursprungs und hängt eng mit der Herausbildung der Soziologie und Psychologie in den 1940er bis 1970er Jahren zusammen.[10] Eine der zentralen Fragestellungen in diesen Disziplinen richtet sich danach, auf welche Weise die ›Passung‹ *(matching)* zwischen individueller Person und ihrer Einbindung in gesellschaftliche Handlungs- bzw. Erwartungsdiskurse erreicht wird – damit stellt Identität in diesen Wissenschaften den wichtigsten Verknüpfungspunkt von der jeweils angenommenen Individualität einer natürlichen Person mit der Gesellschaft dar.[11] Dabei kann ›Identität‹ immer nur als prozessuale Umsetzung eines Projektes erfasst werden: Essentialistische und substantialistische Konzepte, denen zufolge Identität als eine vorgängige Größe angesehen wird und das Subjekt mit einem Satz vorgängiger Eigenschaften ausgestattet ist, die es determinierten, gelten als überholt.[12] Vielmehr prozessiert und reformuliert sich die Identität von Subjekten fortlaufend als eine ›Identitätsarbeit‹ mit dem Bestreben, im jeweiligen Menschen einen *sense of identity* über einen Zeitraum hinweg zu erzeugen, indem dynamische Reaktionen auf die Interferenzen der sozialen Umwelt erfolgen.[13]

Vor allem die Sozialpsychologie machte sich die Frage nach der Herstellung von Identität zu eigen. Unter den Leitmetaphern ›Patchwork-Identität‹ und ›Bastel-Existenz‹ richtet sie ihre Aufmerksamkeit auf die alltägliche Identitätsarbeit von Individuen. Weiterhin untersucht sie die Prozesse der Aushandlungen und gesellschaftlichen Bedingungen dieser Arbeit – dies alles im Bewusstsein der krisenhaften gesellschaftlichen Umbrüche einer Moderne, die Anerkennung und Stabilität prekär erscheinen lassen und zudem bewährte Angebote der linearen Lebensplanung unterbinden.[14] Auch wenn hier bereits das lange Zeit wirkungsmächtigste

---

10 Vgl. Reckwitz (2008): »Subjekt / Identität«, S. 76.
11 Vgl. Keupp (1997): »Diskursarena Identität«, S. 28.
12 Vgl. Moser / Nelles (2006): »Einleitung: Konstruierte Identitäten«, S. 8; Pieper (2008): »Ecce homo«; Frank (1988): »Subjekt, Person, Individuum«, S. 11ff.; Reckwitz (2008): »Subjekt / Identität«. Vgl. auch zur Ich-Identität Dubiel (1976): »Identität, Ich-Identität«.
13 Vgl. Keupp (1997): »Diskursarena Identität«, S. 34f.; Kraus (2000): *Das erzählte Selbst*, S. 124f. Eine Unterscheidung in ›Ich-Identität‹ und ›soziale Identität‹ wird so nicht mehr nötig, da der Unterschied lediglich aus einem Wechsel der Perspektive resultiert, vgl. dazu Kraus (2000): *Das erzählte Selbst*, S. 33, 43; Wagner (1995): *Soziologie der Moderne*, S. 98.
14 Als typisch für solche Ansätze kann die Arbeit von Heiner Keupp und seiner in München angesiedelten und zumeist von der DFG geförderten Arbeitsgruppen gelten, vgl. dazu Keupp u.a. [Hg.] (2008): *Identitätskonstruktionen*; Keupp / Hohl [Hg.] (2006): *Subjektdiskurse im gesellschaftlichen Wandel*. Vgl. auch als ähnlichen, aber narrationspsychologischen Ansatz Kraus (2000): *Das erzählte Selbst*.

Stufenmodell der psychosozialen Entwicklung nach Erik H. Erikson nicht mehr dominant ist,[15] hält die Sozialpsychologie weitgehend am Kohärenzgedanken als zentralem Zielpunkt einer Identitätsbildung fest. Kohärenz als »ein Empfinden der situationsübergreifenden Selbigkeit«[16] erscheint als Zielpunkt der Identitätsarbeit, auch wenn Ambiguitäts- und Diffusionserscheinungen nicht mehr so rigoros negativ beurteilt werden, wie es das Modell von Erikson nahelegt.

Näher an den Methoden der Literaturwissenschaft ist die narrative Psychologie, die sich aus den Arbeiten der Sozialpsychologie entwickelte und die von der Annahme ausgeht, dass das Modell des Lebens als ›große Erzählung‹ mit linearem und gesellschaftlich subventioniertem Ablauf nicht mehr als gültig anzusehen sei.[17] Die Identitätsarbeit erfolgt durch die Konstruktion von Kohärenz in Form von ›Geschichten‹: »Was das Subjekt an Identitätsprojekten formuliert, wie es sie mit sich und anderen verhandelt, all dies findet in Narrationen statt. Diese Narrationen unterliegen Formgesetzen und sind Gegenstand sozialer Einbettung.«[18] Die Vorstellung eines einheitlichen, authentischen oder ›wahren‹ Selbst wird damit abgewiesen und der Zustand der Identität als ein Feld relationaler Aushandlungen erkennbar.[19] Der Gedanke der Identität wird sekundär zu dem Ziel des Herstellens von Kohärenz, was als eine narrative Strategie des Subjekts erscheint und damit alle Kennzeichen von Fiktionalität trägt.[20] Diese narrative Kohärenzbestrebung hat stets den Charakter eines Projekts und Identität ist damit ein Prozessgeschehen, das durch alltägliche performative Leistungen ausgeführt werden muss. Identität ist aus dieser Perspektive das Produkt von diskursiven Aushandlungen und auf eine soziokulturelle Einbettung angewiesen.[21]

---

15 Vgl. Erikson (1981): *Identität und Lebenszyklus*, vor allem S. 123–212. Erikson stellt eine modellhafte Beschreibung der Identitätsentwicklung des Menschen vom Säuglingsalter an dar. Die Genese des Selbst findet hierbei auf der Grundlage vorangegangener Entwicklungsschritte statt, die vom Individuum jeweils nacheinander durchlaufen werden und in denen eine ›normale‹ oder ›gelungene‹ Identitätsentwicklung stattfindet, in welcher Kohärenz und Kontinuität langfristig gesichert sind. Vgl. dazu auch Kraus (2000): *Das erzählte Selbst*, S. 13–17. Vgl. zur Kritik an Eriksons Modell ebd., S. 17, 21, 142; Keupp (1997): »Diskursarena Identität«, S. 18.
16 Kraus (2000): *Das erzählte Selbst*, S. 91.
17 Vgl. Kraus (2000): *Das erzählte Selbst*, S. 1–4. Damit folgt dieser Ansatz den Ideen von Jean-François Lyotard, der argumentiert, dass die Postmoderne dadurch gekennzeichnet ist, dass die ›großen Narrationen‹ ihre Wirkung auf die Legitimation von Wissen eingebüßt haben und nun die Legitimation durch Sprache und Sprachspiele zu erfolgen hat, vgl. Lyotard (1999): *Das postmoderne Wissen*, S. 87–122.
18 Kraus (2000): *Das erzählte Selbst*, S. 168
19 Vgl. Kraus (2000): *Das erzählte Selbst*, S. 169
20 Vgl. Kraus (2000): *Das erzählte Selbst*, S. S. 32
21 Vgl. Kraus (2000): *Das erzählte Selbst*, S. 163, 167, 172f.

Allerdings scheinen die Ansätze der narrativen Psychologie nicht unmittelbar auf eine literaturwissenschaftliche Arbeit übertragbar zu sein: Zwar können die an die Probanden ausgegebenen Fragebögen zu ihren Lebensentwürfen als ›Texte‹ angesehen werden, ihre ästhetischen Qualitäten stehen dabei jedoch nicht im Vordergrund, eine Unterscheidung von Subjekt, Figur und Akteur ist hier nicht notwendig.[22]

Anders bei der vorliegenden Studie: Ihre Untersuchungsobjekte sind Figuren, Autoren (bzw. die Träger der Autorfunktionen) und die Autor-Figuren in ihren Texten. Als Figuren gelten dabei fiktionale Subjekte, die keine operative Anbindung an die Alltagswirklichkeit haben und damit den Gesetzen derjenigen Texte folgen, durch die sie unserer Beobachtung ausgesetzt sind. Werden diese Figuren mit Hilfe audiovisueller Medientechniken evoziert oder innerhalb expliziter Rahmungen für eine begrenzte Zeit durch empirische Subjekte verkörpert, wie es bei einer Lesung oder auf einer Theaterbühne geschieht, spreche ich von Akteuren. Diese auf ihre Identitätsarbeit zu untersuchen, wäre durchaus möglich – man könnte hierzu ihre autopoietischen Subjektivationsrhetoriken analysieren – der Reiz einer solchen Anlage wäre jedoch gering, da auf diese Weise nur die textimmanenten Gesetze in den Fokus rücken. Stattdessen lautet die Aufgabe, die Poetiken des Selbst als Poetiken von Subjekten zu rekonstruieren. Damit gilt es nicht, von der Vorannahme auszugehen, dass diese Figuren eine Kohärenz mit sich selbst im Zuge ihrer Identitätsarbeit herzustellen trachten. Der Blick richtet sich stattdessen darauf, wie innerhalb von Texten und denjenigen Zeichen, die durch Medientechniken vermittelt werden, Figuren so rekonstruierbar sind, dass sie als mit sich selbst identische Subjekte wahrgenommen werden. Die Frage lautet also präzise formuliert: Wo sind identische Denotationen auf bestimmte Zeichenkomplexe identifizierbar, sofern diese Zeichenkomplexe als Subjekte erkannt werden? Der hier anzuwendende Identitätsbegriff kann damit den logisch-semiotischen Traditionen folgen und sehr knapp gefasst werden: Identität nachzuweisen wird damit zum sekundären Ziel; zu einem Schritt auf die Frage hin, welchen Gesetzen diese identitätsherstellenden Prinzipien folgen, die für uns Subjekte evozieren und die als Poetiken formuliert werden können.

Das hier angelegte Wirkungsprinzip der Identität folgt damit zunächst den logisch-mathematischen Regeln, die als *principium identitatis indiscernibilium*

---

[22] Diese Ansätze wurden aus dem Grund kurz vorgestellt, da meine Studie ein Desiderat schafft, das möglicherweise von der Sozialpsychologie und der Narrationspsychologie gefüllt werden könnte. Insbesondere die Analyse des Werks und der Selbstpoetik von Alban Nikolai Herbst führt an die Grenzen der Zuständigkeit der Literaturwissenschaft, bringt aber zugleich Ergebnisse hervor, die von anderen Disziplinen produktiv weiterverarbeitet werden können.

von Gottfried Wilhelm Leibniz formuliert wurden. In dem Ununterscheidbarkeitssatz wird Identität als logische Gleichheit konzipiert: »Die mit ›n‹ und ›m‹ benannten Gegenstände heißen logisch gleich, wenn, bei beliebiger Wahl von Aussagen, eine Aussage über *n* stets mit der entsprechenden Aussage über *m* gleichwertig ist«.[23] Ein anderer Aspekt rückt jedoch in den Fokus, wenn man die Definition der Identität von Otto Muck betrachtet:

> Der Ausdruck ›I.‹ bezeichnet eine gedankliche Beziehung, welche die durch das diskursive Denken ermöglichte Vervielfältigung der Vergegenwärtigung eines Gegenstandes aufhebt. ›A ist identisch mit B‹ besagt dann: Trotz der Verschiedenheit der Bezeichnung durch ›A‹ und ›B‹ ist das damit Bezeichnete nicht Verschiedenes, weshalb die Vervielfältigung und die Unterschiedenheit der Glieder der I.-Beziehung allein im Denken gründet.[24]

Identität wird damit zu einer Gleichheit trotz Differenz. Dieser Umstand impliziert, dass Identität stets eine temporäre Setzung darstellt, die durch eine Reduktion von Komplexität erreicht wird. Sie ist damit als mit sich selbst identische Identität immer nur dann und solange gültig, wie die Regeln der Komplexitätsreduktion nicht verändert werden. Kuno Lorenz macht auf diesen Umstand aufmerksam und leistet damit eine Auflösung der Identität als stabile Größe:

> Es läßt sich aber auch die [...] Frage stellen, ob die als vollständige Gleichheit ausgezeichnete I. innerhalb eines Gegenstandsbereichs nicht stets auch als bloß teilweise I. aufgefaßt werden kann, nämlich innerhalb eines (durch Konkretion) ›feiner zerlegten‹ Gegenstandsbereiches, demgegenüber der ursprüngliche Gegenstandsbereich als durch Abstraktion gewonnen angesehen werden muß.[25]

Diese Vorbehalte sind zu berücksichtigen. Dass die Zahl ›7‹ mit der Zahl ›7‹ identisch ist, gilt nur dann, wenn ihre ästhetischen Qualitäten als irrelevant für den Vergleich angesehen werden.[26] Diese theoretischen Einwände sind jeweils dann relevant, wenn von der Identität von Figuren die Rede sein wird: Es gilt darum in den folgenden Analysen stets den kontextuellen Rahmen zu beachten und

---

23 Muck / Lorenz (1976): »Identität«, S. 146. Vgl. auch ebenso Lorenz (1995): »Identität«, S. 189. Eine Entscheidung darüber, ob es sich bei der festgestellten Identität um eine numerische oder generische Identität handelt, muss aus der Perspektive meiner Studie nicht gefällt werden, da diese Kategorien hier irrelevant sind. Vgl. zu der Unterscheidung in numerische und generische / qualitative Identität Schenk (1990): »Identität / Unterschied«, S. 612 sowie Pieper (2006): »Ecce homo«, S. 21ff.
24 Muck / Lorenz (1976): »Identität«, S. 144.
25 Lorenz (1995): »Identität«, S. 191.
26 Und selbst bei ›7‹ und ›7‹ ließen sich auf dem bedruckten Papier, das Sie vor sich haben, mit einem Mikroskop Unterschiede feststellen.

abzuwägen, ob die untersuchten Elemente sich noch innerhalb des gleichen Diskursraumes befinden, oder ob die Gesetze der Zeichenverknüpfungen sich wandeln. Das Urteil der ›Identität‹ wird damit stets nur als die Setzung einer ›relativen Äquivalenz‹ zu begreifen sein, bei welcher die Unterschiede der Zeichen und Zeichenkomplexe als nicht relevant im Sinne der Aufgabenstellung anzusehen sind.[27] Eine präzise Festlegung der Prinzipien, nach denen die Identität von Elementen / Subjekten rekonstruiert werden kann, ist allerdings nur dann möglich, wenn dies in expliziter Bezugnahme auf ein Zeichenmodell geschieht, in welchem die Bedingungen für das Zustandekommen von Identität strukturell vorgeprägt sind.[28]

2.2 Subjektivation: Theorie und Forschungsperspektive

Der Begriff des Subjekts in den abendländischen Wissenschaften basiert zu großen Teilen auf den Weiterentwicklungen der Rolle des Ichs im Denken von René Descartes, das u. a. in seinem »ce moi, c'est-à-dire, l'âme par laquelle je suis ce que je suis« formuliert wurde.[29] Die Weiterverwendung und Ausdifferenzierung des Begriffs bei Immanuel Kant, Johann Gottlieb Fichte, Georg Wilhelm Friedrich Hegel bis zu Martin Heidegger muss für die vorliegende Aufgabenstellung jedoch nicht nachgezeichnet werden.[30] Stattdessen ein Schnitt zu den kultursoziologischen Arbeiten von Andreas Reckwitz, in denen der Subjektbegriff von Michel Foucault und Judith Butler produktiv weiterentwickelt wurde.[31]

---

[27] Ebenso ließe sich Differenz als ›relative Differenz‹ beschreiben, da beim Vergleich sprachlicher oder (im weitesten Sinne) medialer Zeichen stets auch Äquivalenzen festgestellt werden können. Im Fall der Differenz werden sie jedoch als so gravierend im Sinne der hier geleisteten Versuchsanordnung angesehen, dass Identität verhindert wird.
[28] Hierzu dient in dieser Arbeit das triadische Zeichenmodell von Charles Sanders Peirce, das im Kapitel 3.7 ausführlicher behandelt wird.
[29] Descartes (1864): »Discours de la méthode«, S. 31. Vgl. dazu auch Menke (2003): »Subjektivität«, S. 734f.; Biard (1990): »Subjekt«, S. 475f.; Kible u. a. (1998): »Subjekt«, S. 373f.
[30] Es sei für eine Übersicht der Begriffsgenese und seines Wandels auf die Artikel von Menke (2003): »Subjektivität« und Kible u. a. (1998): »Subjekt« verwiesen.
[31] Andreas Reckwitz legte mit Reckwitz (2010): *Das hybride Subjekt* (zuerst 2006) eine gewichtige Studie vor, in welcher er die Subjektkonzeption von Foucault aufnahm, um sie an eine Theorie der Moderne anzuschließen. Ein knapper Überblick seiner Heuristik findet sich in Reckwitz (2008): »Subjekt / Identität«. Foucault entwickelte sein Theoriemodell des Subjekts sukzessive weiter, wichtige Ansätze finden sich in Foucault (1983): *Der Wille zum Wissen*, vgl. da vor allem zur Funktion des Geständnisses für die Herausbildung des Subjekts S. 75–90. Das Programm einer historischen Untersuchung der Mechanismen, die zur Herausbildung von Subjekten

Nachdem Foucault mit Untersuchungen zu Wahnsinn, Wissen und Macht hervorgetreten war, formulierte er in seinen letzten Jahren das Erkenntnisinteresse neu bzw. fokussierte seine bisherigen Forschungen sehr viel deutlicher auf einen bestimmten Punkt: »Das umfassende Thema meiner Arbeit ist also nicht die Macht, sondern das Subjekt.«[32] Sein Interesse galt dabei in erster Linie der Religion, der Sexualität und den Wissenschaften; in diesen »hochspezifische[n] ›Wahrheitsspiele[n]‹«[33] kommen diskursive Praktiken zum Vorschein, in welchen das Subjekt ein Wissen von sich selbst produziert, vermittelt und sich damit zuallererst selbst formt.[34] Foucault fragt also nach »wahren Diskursen« und nach den Bedingungen, unter denen diese so zustande kommen, dass sich mit dem Subjekt diejenige Größe als operative Einheit darin konstituiert, ohne die unsere Gesellschaft nicht bestehen kann:

> Auf welche Weise konstituiert sich das Individuum selbst in seinem Akt des Wahrsprechens, und wie wird es von den anderen als Subjekt konstituiert, das einen wahren Diskurs hält, auf welche Weise stellt sich derjenige, der die Wahrheit sagt, in seinen eigenen Augen und in den Augen der anderen die Form des Subjekts vor, das die Wahrheit sagt.[35]

Foucault geht dabei zunächst von vier Technologien aus, denen die speziellen Diskurse und Techniken entspringen, mit denen sich die Wissenschaften befassen können, um Aussagen über das Zustandekommen von Subjekten formulieren zu können. Neben (1.) Technologien der Produktion von Dingen und (2.) Technologien von Zeichensystemen bilden (3.) die Technologien der Macht, durch die Individuen einer Herrschaft unterworfen werden und die (4.) Technologien des Selbst das Zentrum seines Spätwerks.[36] Seine Herangehensweise der

---

geführt haben, wurde in den beiden anderen Bänden von *Sexualität und Wahrheit* fortgesetzt und am Beispiel der antiken Selbsttechniken bei seinen Vorlesungen am Collège de France vorgeführt, vgl. Foucault (2009): *Hermeneutik des Subjekts*. Allerdings wird seine Theorie in diesen größeren Arbeiten eher an Beispielen demonstriert, anstatt begrifflich-strukturell präzisiert zu werden. Als bessere und knappere Überblicke der Theorie dienen darum einige der späteren, verstreut publizierten Texte zu dem Thema, vgl. da vor allem Foucault (2007): »Über sich selbst schreiben«; Foucault (2007): »Technologien des Selbst« sowie die anderen Beiträge in Foucault (2007): *Ästhetik der Existenz*. Zum Ansatz bei Judith Butler vgl. Butler (2001): *Psyche der Macht*.
32 Foucault (2007): »Subjekt und Macht«, S. 81.
33 Foucault (2007): »Technologien des Selbst«, S. 289
34 Vgl. Foucault (2009): *Hermeneutik des Subjekts*, S. 16f.
35 Foucault (2010): *Der Mut zur Wahrheit*, S. 15. Vgl. auch Foucault (1989): *Der Gebrauch der Lüste*, S. 12ff.
36 Foucault (2007): »Technologien des Selbst«, S. 289

Untersuchung dieser »Hermeneutik der Selbsttechniken«,[37] die er anhand von Diskursen der viktorianischen Epoche, der Antike und des frühen Christentum analysierte, lässt sich jedoch nicht direkt auf die vorliegende Arbeit übertragen, denn die Diskurse der Sexualität, Buße und der ›Sorge um sich selbst‹[38] können zwar in literarischen Texten nachvollzogen werden, spielen aber für die Rolle der ›Autorschaft‹ eine sehr untergeordnete Rolle. Es erscheint darum notwendig, Foucaults Ansätze auf ihre Grundelemente zu reduzieren, um sie dann als ein zeitgemäßeres Untersuchungsschema in einem literaturwissenschaftlichen Diskurs fortschreiben zu können. Zugleich wird damit im Folgenden in nuce eine Theorie des Subjekts unter den Bedingungen einer Mediengesellschaft und unter der Prämisse der kognitiven Geschlossenheit psychischer Systeme formuliert.

Zunächst erscheint die Hierarchie, in welcher Foucault die oben genannten Technologien ordnet, als wenig mit philologischen Fragestellungen kompatibel: So kommt der Technologie zur Produktion von Dingen hier eine untergeordnete Rolle zu.[39] Die zweite Technologie (Zeichensysteme) wird hingegen umso wichtiger, da in den darin ablaufenden Prozessen die Elemente bereitgestellt und transformiert werden, die dann in allen anderen Technologien ihre Verwendung finden. Ob im Verlauf meiner Untersuchung die Identität eines Subjekts festgestellt wird – oder eben nicht, hängt im Wesentlichen davon ab, wie im jeweils vorliegenden Fall diese zweite Technologie zum Tragen kommt. Es sind aber vor allem die beiden letzten Technologien, die hier von Interesse sind. In Anlehnung an Foucault sollen im Folgenden die Zeichentransformationen, aus denen ein Subjekt sich konstituiert bzw. erschaffen wird, als in zwei heuristisch getrennten Bereichen wirksame Prozesse beschrieben werden. Zudem gilt es noch eine Setzung zu leisten: Die Begriffe ›Subjektivation‹ und ›Subjektivierung‹ werden in der Forschung uneinheitlich verwendet. Ich werde im Folgenden die regelhaften Prinzipien, nach denen ein Objekt in der Lage ist, Subjektstatus zu erreichen, als ›Subjektivation‹ bezeichnen. Als ›Subjektivierungen‹ gelten hingegen die konkreten semiotischen Prozesse und diskursiven Praktiken, in denen ein Objekt zu seinem Subjektstatus gelangt.

---

[37] Foucault (2007): »Technologien des Selbst«, S. 288.
[38] Vgl. Foucault (2007): »Technologien des Selbst«, S. 290; Foucault (2009): *Hermeneutik des Subjekts*, S. 16–35.
[39] Man kann argumentieren, dass auch die Bücher, die hier untersucht werden, als ›Dinge‹ aufgefasst werden können. Da sich in ihnen und durch sie die Selbstpoetiken formulieren, wären sie mitsamt des ganzen literarischen Feldes zu berücksichtigen. Diese Technologie bleibt hier trotzdem unberücksichtigt.

Zu einer Orientierung dahingehend, wie die Technologien der Macht und die Technologien des Selbst ineinander greifen, äußert sich Judith Butler und formuliert damit die Prinzipien einer Analyse von Subjektformen:

> Zu einer kritischen Analyse der Subjektivation gehören: (1) eine Darstellung der Art und Weise, wie die reglementierende Macht Subjekte in Unterordnung hält, indem sie das Verlangen nach Kontinuität, Sichtbarkeit und Raum erzeugt und sich zunutze macht: (2) die Einsicht, daß das als kontinuierlich, *sichtbar* und *lokalisiert* hervorgebrachte Subjekt nichtsdestoweniger von einem nicht anzueignenden Rest heimgesucht wird, einer Melancholie, die die Grenzen der Subjektivation markiert; (3) einer Erklärung der *Iterabilität des Subjekts,* die aufweist, wie die Handlungsfähigkeit sehr wohl darin bestehen kann, sich zu den *gesellschaftlichen Bedingungen,* die sie erst hervorbringen, in Opposition zu setzen und sie zu verändern.[40]

Eine Reihe von Feststellungen können hieraus gezogen werden. Zunächst haben wir es mit einem dialektischen Antagonismus von Subjekt und Macht zu tun: Subjekte werden nur unter den Regeln der Macht als solche manifest, auf die sie im Gegenzug zurückwirken, indem sie sich – in Butlers Worten – »in Opposition« setzen und damit auch die Macht verändern. Zum anderen muss das Subjekt, um als solches bestehen zu können, sichtbar und lokalisierbar – in einem Wort: beobachtbar sein. Man kann daraus ableiten, dass die Formen, die das Subjekt annehmen kann, einer seriellen Imitierbarkeit (Iterabilität) gehorchen müssen, die im Kontext des gesamten soziokulturellen Gefüges anschlussfähig zu sein haben. Ich werde im Folgenden die beiden Technologien getrennt voneinander entwerfen, um dann das Schema ihres Zusammenspiels anhand der Fluktuationen der Macht zu demonstrieren.

2.2.1 Autopoietische Subjektivation

Foucault zufolge sollen die Technologien des Selbst es »dem Einzelnen ermöglichen, aus eigener Kraft oder mit Hilfe anderer eine Reihe von Operationen an seinem Körper oder seiner Seele, seinem Denken, seinem Verhalten und seiner Existenzweise vorzunehmen [...].«[41] In den Worten der Narrationspsychologie wäre dies die Identitätsarbeit, die geleistet werden muss, um denjenigen Punkt zu erschaffen, der als ›Ich‹ oder ›Selbst‹ wahrgenommen wird. Dieses ›Selbst‹ ist

---

40 Butler (2001): *Psyche der Macht,* S. 32f. Herv. I.K. In ihrer Untersuchung widmet sich Butler dabei in erster Linie eben jenem ›Rest‹, der sich ihrer Anlage zufolge in Melancholie ausdrückt.
41 Foucault (2007): »Technologien des Selbst«, S. 289. Vgl. auch Foucault (1989): *Der Gebrauch der Lüste,* S. 18.

diesen Prozessen nicht vorgängig, sondern entsteht als Resultat der hierfür angewandten Technologien.[42] Das ›Selbst‹ markiert dabei den Punkt der Aufmerksamkeit in den intern ablaufenden Prozessen und stellt den Ort dar, an dem die Frage nach der ›persönlichen Identität‹ gestellt wird. Foucault untersucht in seinem Spätwerk diejenigen Spuren, die solche Technologien in den Diskursen hinterlassen haben, er verpasst es jedoch zu verdeutlichen, inwiefern sich die Wirkungen der Macht auf das Subjekt in den einzelnen Bereichen unterscheiden. Ich möchte die Techniken des Selbst als *autopoietische Subjektivation* bezeichnen und sie als eine *interne* Technologie zunächst heuristisch von den Wirkungsmechanismen der Macht abtrennen. Diese Anlage folgt der konstruktivistischen Systematik von Niklas Luhmann, wonach die hier angesprochenen Techniken innerhalb von psychischen Systemen wirksam werden.[43]

Die autopoietische Subjektivation weist zwei Eigenschaften auf: (1.) Die darin ablaufenden Prozesse sind von außen nicht beobachtbar und nur denjenigen bewusst, die sich – eben mit diesen Prozessen – selbst vergegenwärtigen und damit den Punkt des ›Selbst‹ erschaffen. Damit diese Prozesse von anderen identifizierbar sein können, müssen sie in beobachtbare Zeichen transformiert und als Elemente in Kommunikation überführt werden. Die zuerst autopoietisch wirksamen Zeichen gehören nach dieser Transformation jedoch automatisch dem zweiten Bereich der Subjektivation an und sind als Elemente den Technologien der Macht zuzuordnen. Möchte jemand sein eigenes Bewusstsein dieser intern ablaufenden Subjektivierungen an andere kommunizieren, so müssen diese Inhalte als operative Elemente in einen konventionalisierten Spezialdiskurs eingespeist werden. Derjenige oder diejenige bedient sich darin der gesellschaftlich anerkannten Formen von ›autopoietischen Subjektivationsrhetoriken‹.[44] Die basalen Elemente solcher Rhetoriken sind illokutionäre Akte[45] nach dem Muster ›Ich denke ...‹, ›Ich fühle ...‹, ›Ich empfinde ...‹. Wenn diese performativen Akte gelingen, bilden sie die Grundlage für den Effekt, der als ›Empathie‹ verstanden wird. Foucault selbst wandte sich in seinen Studien den hochgradig

---

42 Vgl. dazu Moser / Nelles (2006): »Einleitung: Konstruierte Identitäten«, S. 10f.
43 Zu psychischen Systemen in Niklas Luhmanns Systemtheorie siehe u.a.: Luhmann (1987): *Soziale Systeme*, S. 92ff. Luhmann geht dabei von einer Co-Evolution psychischer und sozialer Systeme aus, die als notwendige Systemart die Umwelt des jeweils anderen Systemtyps darstellen. Psychische Systeme operieren dabei durch Bewusstsein, stellen jedoch ebenso wie soziale Systeme selbstreferentiellen Sinn her. Vgl. dazu auch ebd., S. 142f.
44 Diese ›autopoietische Subjektivierungsrhetorik‹ muss zugleich – um als solche erkennbar und wirksam zu sein – bestimmten konventionell gesicherten Normen der Subjektivation durch Macht entsprechen.
45 Vgl. zur Illokution Austin (2002): *Zur Theorie der Sprechakte*, S. 116–125.

konventionalisierten Formen der autopoietischen Subjektivationsrhetorik zu, wie sie im Vollzug der *epimeleia heautou*[46] im antiken Griechenland und Rom praktiziert wurden,[47] sowie den christlichen Formen der Buße und des Geständnisses.[48] Andere solche Formen finden sich im ritualisierten Gespräch zwischen PsychiaterIn und PatientIn, in Talkshows oder – als Grenzfall – im Verfassen von Tagebüchern. Autobiographien bilden eine besondere Form der autopoietischen Subjektivation – Foucault zufolge können sie zu der Gattung der *hypomnêmata* gezählt werden.

Was *hypomnêmata* genau sind, soll genauer betrachtet werden. Fast alle in dieser Studie untersuchten Texte können als eigenwillige Ausformungen der *hypomnêmata* angesehen werden, als halb öffentliche, halb private Aufzeichnungen, die bei der *epimeleia heautou* zum Einsatz kommen:

> Man notierte dort Zitate, Auszüge aus Büchern, Exempel und Taten, die man selbst erlebt oder von denen man gelesen hatte, Reflexionen oder Gedankengänge, von denen man gehört hatte oder die einem in den Sinn gekommen waren. Sie bildeten gleichsam ein materielles Gedächtnis des Gelesenen, Gehörten und Gedachten, einen zur neuerlichen Lektüre und weiterer Reflexion bestimmten Schatz an Wissen und Gedanken.[49]

Die Texte, von denen Foucault hier spricht, sind explizit keine privaten Tagebücher, sondern fungieren als Anreiz zu neuer Kommunikation. Sie dienen damit nicht der Selbstdarstellung, sondern wirken als *Element* derjenigen Selbstformung, die sich im Gespräch vollzieht:

> Es geht nicht darum, dem Unsagbaren nachzugehen, Verborgenes zu enthüllen, das Ungesagte zu sagen, sondern darum, bereits Gesagtes festzuhalten, Gehörtes und Gelesenes zu sammeln, und das zu einem Zweck, der nichts Geringeres ist als die Konstituierung des Selbst.[50]

Die *hypomnêmata* sind Notizbücher, sie haben keine abgeschlossene Form, sind nicht auf Kohärenz verpflichtet, sondern sollen explizit Disparates enthalten.[51]

---

46 Der Begriff wird gelegentlich auch als *epimelēsthai sautou* geschrieben. Vgl. zu dieser antiken »Sorge um sich selbst« ausführlich Foucault (2009): *Hermeneutik des Subjekts*, S. 16–45; Foucault (2007): »Technologien des Selbst«, S. 290ff.
47 Vgl. Foucault (2009): *Hermeneutik des Subjekts*; Foucault (2010): *Der Mut zur Wahrheit*.
48 Vgl. Foucault (1983): *Der Wille zum Wissen*, S. 75–90.
49 Foucault (2007): »Über sich selbst schreiben«, S. 353.
50 Foucault (2007): »Über sich selbst schreiben«, S. 355.
51 Vgl. Foucault (2007): »Über sich selbst schreiben«, S. 356f.

Es wird sich zeigen, dass beispielsweise das Internet-Tagebuch *Abfall für alle* von Rainald Goetz zum größten Teil die Kriterien erfüllt, um als *hypomnêmata* zu gelten. Das Notizbuch als Insigne der Autorschaft wird im Folgenden wiederholt zum Gegenstand der Analyse, denn es dient dazu, Figuren zu konstruieren, die sich schreibenderweise ihrer Position im soziokulturellen Gefüge qua Literatur versichern und damit sich selbst als Subjekte entwerfen. Hier gilt es jedoch, die spezifischen Prämissen eines literarischen Schreibens zu beachten und die Poetiken der Autoren dazu ins Verhältnis zu setzen: Viele der untersuchten Texte entpuppen sich als *hypomnêmata* fiktionaler Figuren. Und erst wenn Anzeichen dafür gegeben sind, dass die so erschaffenen Subjekte eine Identität zu sich selbst bewahren können, obwohl die Denotationen auf sie im Rahmen unterschiedlicher Diskurse stattfinden, wird der Sonderbereich der Autofiktion berührt. Sind dann kohärente Strategien der Schreibweisen und Inszenierungen identifizierbar, so können sie als ›Poetiken des Selbst‹ beschrieben werden. Die *hypomnêmata* sind damit eine besondere Textform, die als konventionalisierte Vermittlungsinstanz autopoietischer Subjektivation gelten können.

Die zweite Eigenschaft dieses Bereichs stellt zugleich auch eine Anbindung an die Technologien der Macht dar: (2.) Die Prozesse der autopoietischen Subjektivation bilden die Grundlage dafür, dass Subjektivation durch Macht überhaupt möglich wird. Durch das Wissen um die eigene autopoietische Subjektivation gelangen wir erst in die Position, einem beobachteten Objekt den Subjektstatus zuzuerkennen. Hierfür muss es über eine entsprechende Palette von Zeichen verfügen, die darauf schließen lassen, dass es sich selbst subjektiviert – dafür reicht es in der Regel aus, zu erkennen, dass es ein Vertreter der Gattung *Homo sapiens* ist, der kognitive Fähigkeiten aufweist. Das Wissen um die internen autopoietischen Prozesse ist nicht intersubjektiv, sondern individuell, wird aber in seinen Wirkungsmechanismen als intersubjektiv angenommen: Man geht davon aus, dass jemand, dem man einen Subjektstatus zuweist, diesen Status auch einem selbst zuweisen wird.[52]

---

52 Als Beispiel dafür, wie eine solche Subjektivierung scheitert, kann das Beispiel der Wahrnehmung der Skulpturen von Duane Hanson dienen, das Frederic Jameson zitiert, vgl. Jameson (1986): »Postmoderne – Zur Logik der Kultur im Spätkapitalismus«, S. 76. Hanson konstruierte maßstabsgetreue Nachbildungen von Menschen, die bis in die Details der Hautporen exakt moduliert sind. Die Skulpturen beziehen die Brisanz ihrer Wirkung genau aus dem Spannungsverhältnis von gelungener und misslingender Subjektivierung. Während man in der ersten Sekunde eventuell bereit ist, ihnen den von einem selbst bekannten Status als denkendes und fühlendes Subjekt zuzuweisen, also die autopoietische Subjektivierung als operativ leitendes Element anzuerkennen, so ist man gezwungen, im nächsten Moment dies als Fehlhandlung einzugestehen. Jameson fasst diese Kunsterfahrung unter dem Begriff des *camp* sowie des ›Erhabenen‹: »Das

Die autopoietische Subjektivation wäre jedoch nicht möglich, wenn die Regeln der Macht, welche die Diskurse regulieren, nicht die oben erwähnte Palette von Eigenschaften zur Verfügung stellen würde, denen zufolge ein Subjektstatus vergeben werden kann. Möchte man also die Regeln der autopoietischen Subjektivation betrachten, muss man sich den Prozessen und Effekten von Macht zuwenden und tritt damit ein in die Kommunikationsspiele einer Kultur.[53]

2.2.2 Subjektivation durch Macht

Die *Subjektivation durch Macht* ist als zweite der hier zentralen Technologien durch ›funktionale Kopplungen‹[54] auch innerhalb der autopoietischen Subjektivation wirksam. Sie reguliert den für jede teilnehmende Instanz beobachtbaren Bereich der hier verhandelten Prozesse und bestimmt darin, welche Elemente und Vorgänge als der Subjektivation zugehörig angesehen werden und welche nicht. Sie ist somit in der Terminologie Niklas Luhmanns vor allem den sozialen Systemen zuzuordnen, beinhaltet jedoch auch Praktiken, die nicht unmittelbar als Kommunikation identifiziert werden können.[55] Laut Foucault sind

---

Moment des Zweifelns und des Zögerns darüber, ob diese Polyesterfiguren atmen und leben, überträgt sich auf die echten Menschen, die sich im Museum befinden, und transformiert auch sie für einen winzigen Moment in tote und hautfarbene Simulakren. Dabei verliert die Welt für einen Moment ihre Tiefe und droht, zu einer schimmernden Haut, einer stereoskopischen Illusion, einer Anhäufung überbelichteter filmischer Bilder zu werden.«

53 Vgl. die grundlegende Funktion, die Lyotard der Kommunikation in einer postmodernen Gesellschaft zuweist, die damit das ›soziale Band‹ in einer *condition postmoderne* überhaupt erst ermöglicht und das »Minimum an Beziehungen [...], das für das Bestehen einer Gesellschaft erforderlich ist« realisiert, Lyotard (1999): *Das postmoderne Wissen*, S. 56. Lyotard bezieht sich explizit auf ›Sprachspiele‹ und stützt sich dabei auf die Überlegungen zur Natur des Spiels von Ludwig Wittgenstein, vgl. Wittgenstein (2006): »Philosophische Untersuchungen«, S. 248-263, 277-283. Die hier angelegten Gesetzmäßigkeiten und performativen Wirksamkeiten des Spiels sollen in der vorliegenden Arbeit allgemein auf Kommunikationsprozesse ausgeweitet werden.
54 Vgl. zum Begriff der ›funktionalen Kopplung‹ aus systemtheoretischer Perspektive u.a. Giesecke (1988): *Die Untersuchung institutioneller Kommunikation*, S. 35ff.
55 Das Vorhandensein und die Thematisierung nicht-diskursiver Praktiken stellt zur Zeit noch einen Diskussionspunkt innerhalb der Sozialwissenschaften dar. Vgl. dazu Bührmann / Schneider (2007): »Mehr als nur diskursive Praktiken?«; Hillebrandt (2008): *Praktiken des Tauschs*, S. 83-90. Andreas Reckwitz schlägt dabei folgende Handhabung vor: »Diskurse (diskursive Praktiken) unterscheiden sich [von nicht-diskursiven Praktiken; I.K.] dadurch, daß sie *Praktiken der Repräsentation* darstellen, das heißt Praktiken, in denen Objekte, Subjekte und Zusammenhänge auf eine bestimmte, regulierte Weise dargestellt werden und in dieser Darstellung als spezifische sinnhafte Entitäten erst produziert werden. [...] Diskurse können aus der hier

hiermit Technologien gemeint, die »das Verhalten der Individuen prägen und sie bestimmten Zwecken oder einer Herrschaft unterwerfen, die das Subjekt zum Objekt machen«.[56] Die Eigenschaften, die einem Subjekt verliehen werden können, werden hier ausgehandelt, unterlaufen Wertungen, transformieren sich und reformulieren sich immer aufs Neue. Jede Verortung einer empirischen Person in einem öffentlich rezipierbaren Zeichensystem hat ihre Beobachtbarkeit und damit Subjektivation zur Folge, wodurch die empirische Person den Subjektstatus erst erlangt und aufgrund dieses Prozesses als empirische Person in Erscheinung treten kann. Durch die strukturellen Interferenzen, die zwischen der autopoietischen Subjektivation und der Subjektivation durch Macht bestehen, wird damit eine Kreiselstruktur evoziert.

Zu einem besseren Verständnis der Wirkungsmechanismen dieser Technologie muss der Machtbegriff, der her angelegt wird, definiert werden. Unter ›Macht‹ ist demnach keine institutionell organisierte Machtausübung von jemandem über jemanden gemeint, sie wird vielmehr »als historische Form vielfältiger Kräfteverhältnisse und als komplexe strategische Situation aufgefasst«.[57] In *Der Wille zum Wissen* legt Foucault dar, was er darunter versteht:

> [D]ie Vielfältigkeit von Kräfteverhältnissen, die ein Gebiet bevölkern und organisieren; das Spiel, das in unaufhörlichen Kämpfen und Auseinandersetzungen diese Kräfteverhältnisse verwandelt, verstärkt, verkehrt; die Stützen, die diese Kräfteverhältnisse aneinander finden, indem sie sich zu Systemen verketten – oder die Verschiebungen und Widersprüche, die sie gegeneinander isolieren; und schließlich die Strategien, in denen sie zur Wirkung gelangen und deren große Linien und institutionelle Kristallisierungen sich in den Staatsapparaten, in der Gesetzgebung und in den gesellschaftlichen Hegemonien verkörpern.[58]

Macht wird hier als relationaler Prozess zwischen Elementen, Subjekten und Institutionen identifizierbar, »als dezentriertes, substratloses Operieren [...], als

---

vorgeschlagenen Perspektive nicht anhand äußerer Kriterien von Nichtdiskursen trennscharf unterschieden werden, vielmehr ist der ›Diskurs‹ eine spezifische Beobachtungskategorie, welche *Zeichen verwendende Praktiken unter dem Aspekt ihrer Produktion von Repräsentation betrachtet.«* Reckwitz (2008): »Praktiken und Diskurse«, S. 203, Herv. i. Orig. Aus der Perspektive eines wissenschaftlichen Diskurses, wie ihn die vorliegende Arbeit führt, können nicht-diskursive Praktiken erst zum Gegenstand werden, wenn sie ›diskursiviert‹ – also in den Regeln des Diskurses sinnhaft und anschlussfähig gemacht werden. Vgl. dazu auch Reckwitz (2010): *Das hybride Subjekt,* S. 35–39. Vgl. zum Nichtdiskursiven auch Bogdal (2006): »Das Geheimnis des Nichtdiskursiven«.

56 Foucault (2007): »Technologien des Selbst«, S. 289.
57 Bublitz (2008): »Macht«, S. 274.
58 Foucault (1983): *Der Wille zum Wissen,* S. 113f.

dessen Oberfläche zentralisierende Strukturierungsleistungen erscheinen, unter der die Macht operiert.«[59] Die Macht ist den Elementen, in denen sie zur Wirkung kommt und deren Operationalität sie bestimmt, dabei nicht äußerlich, sondern »sie produziert die Dinge in ihrer Materialität als wirkliche und gesellschaftlich wirksame Sozialfaktoren«.[60]

Wenn man diese Anlage auf einen strukturellen Kern reduziert, gelangt man zu der Feststellung, dass unter ›Macht‹ hier zwei Wirkungsweisen verstanden werden können: Einerseits bildet sie die Mechanismen, die bestimmen, unter welchen Bedingungen und auf welche Weisen Signifikationsprozesse in einem soziokulturellen Gefüge ablaufen können. Andererseits definiert sie die Strategien, die dafür sorgen, dass die Codes der Machtbedingungen mit den Ergebnissen der durch Macht ausgeführten Prozesse interagieren. Die Mechanismen der Macht enthalten somit in sich die Funktion, dass die Prozesse in der Lage sind, auf die Codes der Machtbedingungen einzuwirken und sie damit zu verändern.[61] Macht wird damit fassbar (1) als sowohl die allgemeine Rahmung oder Konfiguration, welche die Wahrnehmung und Einordnung aller Zeichen unserer Lebenswelt ermöglicht und steuert; (2) als die strukturelle Bedingung der Option, die Regeln der Herstellung dieser Rahmungen und Konfigurationen zu ändern; (3) als Gesamtheit aller symbolischen Zeichenprozesse. Die Untersuchung der Subjektivation durch Macht muss also danach fragen, mit welchen Mitteln (spezifischen Zeichen) und mit welchen Verfahren (Strategien, Verknüpfungsarten) die Praktiken wirksam werden können, durch die ein Subjekt in verschiedenen Diskursen (Literatur / Alltagswirklichkeit) erschaffen wird. Lassen sich auf diese Weise Strukturen von Wirksamkeiten beschreiben, dann wird das Ziel erreicht, diese Technologien zu erfassen, die anschließend als ›Poetiken des Selbst‹ formuliert werden können.

Genau diese Effekte der Subjektivation durch Macht zu beschreiben, ist die Aufgabe des vorliegenden Buches. Wenn man die Anlage der Machtmechanismen in Hinblick auf die sich in ihnen manifestierenden Subjektivationsregeln betrachtet, wird Folgendes deutlich: Die kulturformende Wirksamkeit dieser spezifischen diskursiven Praktiken der Subjekte hängt mit ihrer Beobachtbarkeit zusammen – und damit auch mit den an Subjektivation gebundenen Signifikationsprozessen.

---

59 Bublitz (2008): »Macht«, S. 274.
60 Bublitz (2008): »Macht«, S. 274. Vgl. ebenso auch Butler (2001): *Psyche der Macht*, S. 18: »Die Macht *wirkt* nicht nur *auf* ein Subjekt ein, sondern *bewirkt* im transitiven Sinn auch die Entstehung des Subjekts. Als Bedingung geht die Macht dem Subjekt vorher.« Herv. i. Orig.
61 Anders formuliert: Macht erlaubt ›mögliche‹ Kommunikation, sie verbietet ›unmögliche‹ Kommunikation – und sie sorgt dafür, dass die Grenze zwischen den beiden dynamisch bleibt.

Die Art der Zeichen, die hier wirksam werden und die Möglichkeiten ihrer Verknüpfung lassen sich als textuelle Rhetoriken und Verfahren beschreiben und bilden damit jene »heterogene, kulturwissenschaftlich mit Mühe entzifferbare *Textur*, ein Palimpsest von kulturellen Versatzstücken der Subjektivität.«[62] Diese kulturellen Versatzstücke werden in dieser Arbeit daraufhin untersucht, wie die spezifischen Formen und Ausprägungen von ›Autorschaft‹ in sie eingeschrieben sind, wie die ästhetischen Verfahren und Grundierungen der Texte daran partizipieren und zu Bestandteilen von Subjektpoetiken werden können. Da sich die Mechanismen der Macht in erster Linie anhand der Rahmungen und Konfigurationen der untersuchten Elemente nachzeichnen lassen, ergibt sich damit zum einen die Verpflichtung auf einen weiten Textbegriff, zum anderen die Öffnung hin auf alle möglichen *Kon*texte: Die Konfigurationen der einzelnen ›Versatzstücke‹ müssen in der Analyse als Rezeptionskontexte mitberücksichtigt werden, da sie die in den Subjektivationen prozessierten Zeichen determinieren. Die Rezeptionskontexte ihrerseits basieren auf konventionalisierten Mustern, die ihrerseits als textuelle Verfahren und Strategien erfasst werden können.[63] Die zu formulierenden ›Poetiken des Selbst‹ müssen sowohl aus den textuellen Inhalten und Verfahren als auch aus den Wirkungsmechanismen der Konfigurationen rekonstruiert werden.

2.2.3 Forschungsheuristik

Andreas Reckwitz hat in seinen kultursoziologischen Studien ein Beispiel dafür geliefert, wie Subjektkulturen und die auf ihnen basierenden Subjektformen untersucht werden können, wenn man den Konzeptionen von Michel Foucault folgt.[64] Seine Perspektive wird im Folgenden dargelegt und an den Stellen kommentiert, an denen mein literaturwissenschaftlicher Ansatz davon abweicht.[65]

---

62 Reckwitz (2006): *Das hybride Subjekt*, S. 15, Hervorh. i. Orig.
63 Vgl. Baßler (2005): *Die kulturpoetische Funktion und das Archiv*, S. 1–23.
64 Vgl. dazu ausführlich Reckwitz (2010): *Das hybride Subjekt*, S. 9–96.
65 Ein Unterschied zu Reckwitz' Monographie *Das hybride Subjekt* besteht darin, dass diese Studie nicht dazu dient, Charakteristika und Grundeigenschaften der modernen und postmodernen westlichen Gesellschaft zu beschreiben. Vgl. dazu Reckwitz (2010): *Das hybride Subjekt*, S. 9–31, 631–642. Die hier untersuchten Beispiele sind zu speziell, um allgemeine Aussagen über bürgerliche oder postmoderne Subjektformen treffen zu können, allerdings präsentieren sich darin eine Reihe von Verfahren, die nicht nur denjenigen vorbehalten sind, die als Träger der Autorfunktion im literarischen Feld situiert sind. Insofern sind die hier festgestellten Poetiken des Selbst wiederum sehr gut an Reckwitz' Perspektive anschlussfähig.

Zunächst aber gilt es, das Forschungsprogramm allgemein zu fassen, das Reckwitz als nicht spezifisch soziologisches, sondern als kulturwissenschaftliches formuliert:

> Die zentrale Motivation eines kulturwissenschaftlichen Forschungsprogramms besteht nun darin, die *Kontingenz* der scheinbar nur allgemeingültigen, vielmehr lokal-historisch spezifischen Sinnmuster bezüglich des Subjekts (und darüber hinaus) sichtbar zu machen, ihre Abhängigkeit von besonderen Praktiken und Diskursen [...].[66]

Hierfür entwirft er eine Reihe von »Forschungsheuristiken einer kulturwissenschaftlichen Analyse von Subjektformen«,[67] die hier rekapituliert werden:

1. *Kulturalisierung:* Alle Modelle der Subjektivation und alle spezifischen Praktiken der Subjektivierung befinden sich in einem Zustand der Abhängigkeit von den jeweils präsenten Repräsentationssystemen (diskursiven Praktiken), in denen sie realisiert werden. Aussagen zu den Subjektmodellen sind somit zugleich immer kulturell spezifische Aussagen zu denjenigen Diskursen, in denen sie formiert werden.

2. *Historisierung:* Alle Subjektmodelle müssen in Hinblick auf ihre historische Verfasstheit betrachtet werden – sie sind nicht ohne Weiteres zu verallgemeinern.[68] Diese Leitlinie wird in der vorliegenden Arbeit nur implizit relevant: Die Spezifika der Poetiken des Selbst sind selbstverständlich als historisch bedingt und nicht übertragbar anzusehen, die Perspektive rückt allerdings die Verfahren in den Vordergrund, mit denen sich die Selbstpoetiken formulieren. Es ist davon auszugehen, dass zumindest die Strukturen der hier untersuchten Subjektmodelle als analog zu anderen gesehen werden können, wenn folgende Bedingungen erfüllt werden: (a) die textuellen Verfahren sind äquivalent (z.B. dass Identität immer auf die gleiche Weise hergestellt wird); (b) die Medientechniken und Formkonventionen, in denen die Zeichen realisiert werden, die zur Subjektivation beitragen, sind auf äquivalente Weise konfiguriert (z.B. dass Romane konventionell als fiktional gelesen werden; dass Rezeptionsergebnisse wie ›Authentizität‹ an spezifische Verwendungen von Medientechniken gebunden sind);[69]

---

[66] Reckwitz (2010): *Das hybride Subjekt*, S. 26.
[67] Reckwitz (2008): »Subjekt / Identität«, S. 78. Die folgende Aufzählung folgt dabei den ebenda auf S. 78ff. aufgelisteten Punkten.
[68] In *Das hybride Subjekt* richtet Reckwitz seine Perspektive entsprechend darauf, welche Subjektformen in welchen Abschnitten der Moderne so dominant gesetzt wurden, dass sie als konsensuell-verbindliche Modelle erscheinen konnten.
[69] Man kann einen solchen Wandel der Rezeptionsergebnisse beispielsweise anhand der Konfiguration von fotografischen Porträts nachzeichnen. Als diese Medientechnik aufkam, war eine

(c) die Regeln der Diskurse und ihrer Anschlüsse untereinander sind äquivalent (z. B. dass Literatur funktional von Alltagswirklichkeit unterschieden wird). Sind diese Bedingungen gegeben, können die festzustellenden Selbstpoetiken als übertragbare Modelle angesehen werden.

3. *Technisierung:* Das Subjekt ist Resultat performativer Techniken und Verfahrensweisen der Selbstproduktion und nicht ihnen vorgängig. Es manifestiert sich vielmehr erst durch den Vollzug dieser Techniken. Gleichzeitig unterliegen diese Techniken einem Wandel: Bei einer entsprechenden Verwendung kann eine vormals anders genutzte Technik in ihrer Rezeption so geändert werden, dass sie sich als konventionelle Selbsttechnik etabliert. Diese Techniken zu untersuchen ist die Aufgabe der nachfolgenden Analysekapitel. Mein Fokus richtet sich dabei darauf, wie die Verfahren autofiktionalen Schreibens als Subjekttechniken angesehen werden können.

4. *Körper und Psyche:* Das Subjekt manifestiert sich nicht nur mental und in kommunizierten Zeichen, sondern auch durch seine psychischen und körperlichen Dimensionen. Diese obliegen jedoch nicht der Kontrolle des Subjekts – sind also keine Techniken der autopoietischen Subjektivation –, sondern werden als Größen innerhalb der Subjektivation durch Macht relevant. Wenn sie beobachtet werden, wirken sie dabei als strukturelle Kopplungspunkte an die Prozesse der autopoietischen Subjektivation. Dieser Aspekt wird in meiner Analyse weitgehend ignoriert.

5. *Identität als sekundärer Begriff:* Das Subjekt wird als Ensemble der diskursiv ablaufenden körperlich-psychischen Subjektivationsprozesse verstanden, während Identität nur als eine unter vielen der hier beteiligten Komponenten gilt.[70] In der Anlage der vorliegenden Untersuchung kommt der Identität dennoch ein besonderer Stellenwert zu, da hier ganz speziell diejenigen Identitätseffekte untersucht werden, die sich zwischen den Autoren und den gleichnamigen Figuren in ihren Werken sowie in den Fortschreibungen der so entstehenden Autor-Figuren etablieren. Identität wird damit jedoch nicht als zu erreichendes

---

Porträtaufnahme immer nur im Studio möglich, die porträtierte Person war auf die räumlichen Vorgaben und die technischen Fähigkeiten des Fotografen angewiesen. Durch die Entwicklung von Selbstauslöser und Autofokus wurden diese Vorgaben hinfällig: Ein Selbstporträt konnte immer dann entstehen, wenn ein Subjekt ein Bild von sich herstellen wollte, was als freiheitliche Selbstermächtigung gedeutet werden kann, welche die ›Authentizität‹ des Bildes erhöht.

70 Vgl. dazu auch Reckwitz (2010): *Das hybride Subjekt,* S. 46: »Gegenüber dem Begriff des Subjekts stellt sich der der Identität damit als der abgeleitete dar: Jede Subjektkultur enthält eine spezifische Selbsthermeneutik, aber das dispositionale Arrangement des Subjekts erschöpft sich nicht in dieser.«

Ziel der Selbstpoetiken aufgefasst, sondern als einer der Effekte, in dem sie sich manifestieren.

6. *Hegemonie und Anschluss:* Subjektivität und Identität werden von Wissensordnungen definiert und institutionalisiert, die sich nie außerhalb von Macht und Herrschaft bewegen. Sowohl die Macht als auch die Herrschaft sind jedoch mit Foucault als dynamische Prozesse anzusehen.[71] Es ist als Konsequenz dieser Anlage anzusehen, dass ein semiotisches Instrumentarium zur Analyse verwendet wird, mit dem die einzelnen Transformationen der Sinninhalte nachgezeichnet werden.

7. *Destabilisierung:* Hierin formuliert sich die Leitlinie der Untersuchungen von Andreas Reckwitz und markiert seine Position als poststrukturalistisch informierte: Die Modelle und Formen, die das Subjekt in der Moderne und Postmoderne annimmt, sind davon gekennzeichnet, dass »eine widerspruchsfreie und stabile Subjektivität immer wieder scheitert und torpediert wird«.[72] Hybridität wird damit zu einer konstanten strukturellen Eigenschaft der modernen Subjektformen. Was in meiner Untersuchung immer wieder zum Vorschein kommen wird, sind strukturell umgesetzte Paradoxien innerhalb der Selbstpoetiken, die immer wieder zum Zustand des ausgehaltenen Selbstwiderspruchs führen. Als Besonderheit einiger der untersuchten Selbstpoetiken erweist sich dabei der Umstand, dass diese strukturellen Paradoxien als einzige Konstante innerhalb der Poetiken identifiziert werden können. Diese Paradoxien können sich damit zu einem Interpretanten entwickeln, der jeweils das gesamte Modell determiniert und ihm somit eine ›Einheit in der Disparität‹ verschafft.[73]

---

[71] Die Herrschaft ergibt sich in diesen Fällen durch Institutionalisierungsprozesse, in denen die Bewegungen der Macht zu einer temporalen Setzung gebracht werden. Erst durch solche Institutionalisierungen werden Hierarchien möglich.
[72] Reckwitz (2008): »Subjekt / Identität«, S. 80. Vgl. dazu auch Reckwitz (2010): *Das hybride Subjekt*, S. 19.
[73] Das zeigt sich vor allem bei der Analyse der Selbstpoetik von Joachim Lottmann. Bei Alban Nikolai Herbst ist der Fall noch komplexer gelagert, da sein Modell aus drei strukturell verschiedenen Komponenten besteht: Einer Subjekttheorie; einer dem widersprechenden Subjektpraxis und als dritten Bestandteil eben diesem Widerspruch, der die beiden in einen Zustand stabiler Instabilität versetzt.

2.3 Autorschaft und Identität: zentrale Begriffe der Untersuchung

2.3.1 Poetiken des Selbst?

In seinen Studien verwendet Andreas Reckwitz die Begriffe Subjektform, Subjektkultur, Subjektordnung, Subjekttechnik etc. Warum also nun hier explizit ›Poetiken des Selbst‹? Das ›Selbst‹ wird hier synonym zum Begriff des Subjekts verwendet. Es stellt den Punkt der Selbstreferenz innerhalb autopoietischer Subjektivierungen dar und generiert damit Sinn.[74] Als zentrale Prozessbedingung der autopoietischen Subjektivation ist es damit notwendig als strukturelles Element bei der Subjektivation durch Macht implementiert und kann darum synonym zum ›Subjekt‹ verwendet werden.

Der Begriff der ›Poetik‹ erweist sich als diffus, er wird in verschiedenen Zusammenhängen verwendet und weist entsprechend viele Sinnvariationen auf. Harald Fricke unterscheidet drei dominante Bedeutungen, von denen nur zwei hier relevant werden.[75] Die erste ist synonym mit ›Poetologie‹ und meint »eine rein deskriptive, […] systematisierende oder auch historisch typologisierende Beschäftigung mit […] Grundsätzen, Regeln, Verfahrensweisen beim Schreiben von Literatur bzw. im engeren Sinne von Poesie.«[76] Die zweite Bedeutung umfasst die impliziten Poetiken, Stilprinzipien und Schreibweisen, die in sich die Regeln und Maximen enthalten, nach denen Autoren Texte verfassen, Genres etabliert sind oder Texte ästhetisch-strukturell funktionieren.[77] Der hier verwendete Poetikbegriff entwickelt sich bewusst in Hinsicht auf beide Bedeutungen und soll sie synthetisieren. Dabei erfolgt zunächst ein Rückgriff auf die Prinzipien nach denen die Bildung von Subjekten untersucht werden kann:

> Um die kulturell produzierten und sich produzierenden Subjekte aufzufinden, sind die Praktiken zu rekonstruieren, welche in ihrem Vollzug permanent und immer wieder neu eine Form des Subjekts hervorbringen und welche zugleich von den in ihnen trainierten Subjekten, die entsprechende Dispositionen herausgebildet haben, ›getragen werden‹.[78]

---

74 Vgl. dazu Luhmann (1987): *Soziale Systeme*, S. 57–70.
75 Die hier ignorierte Bedeutung meint die normierte Regelpoetik als Anleitung zum Verfassen ›guter‹ Texte. Vgl. Fricke (2003): »Poetik«, S. 101. Vgl. auch die Differenzierung und die historische Genese des Begriffs ausführlicher bei Till u. a. (2003): »Poetik«.
76 Fricke (2003): »Poetik«, S. 101.
77 Vgl. Fricke (2003): »Poetik«, S. 101f.
78 Reckwitz (2010): *Das hybride Subjekt*, S. 35.

Die hier untersuchten Praktiken sind in erster Linie diejenigen literarischen Werke von Autoren, in denen Figuren erscheinen, die den Namen des Autors tragen, oder aber in denen explizit Modelle der Identitäts- und Subjektbildung vorgestellt und anhand der Figuren auch umgesetzt werden. Diese Texte lassen sich auf ihre impliziten poetologischen Strukturen und Gesetze hin untersuchen, die – sofern Identität zwischen den Trägern der Autorfunktion und den gleichnamigen Figuren festgestellt wird – damit auch die Poetiken der so entstehenden Subjekte darstellen.

Einen wichtigen Referenzpunkt stellt die Poetik in der ersten Definition als Poetologie dar: Poetikvorlesungen und poetologische Texte sind klassische Situationen, in denen sich Autoren dabei beobachten lassen, wie sie sich in eine Metaposition zu ihrem Werk und ihren Figuren setzen.[79] Ich werde im Folgenden argumentieren, dass eben dieses Fehlen der Metaposition das kennzeichnende Kriterium für autofiktionale Schreibweisen darstellt, die als Selbst- bzw. Subjekttechniken fungieren. Die poetologischen Texte der Autoren sind damit dem hier untersuchten Korpus zugehörig, nicht als erklärende Metatexte, sondern als Bestandteile desjenigen Gefüges von Zeichen, das auf seine inhärenten Strategien und Verfahren hin untersucht wird, um die Poetiken des Selbst zu extrahieren.

Paul Michael Lützeler gibt einen weiteren Impuls, als er die Form der Poetikvorlesungen in der Gegenwart untersucht und dabei feststellt, dass in der »postmodernen Kondition [...] die autobiographische Poetik [...] zur Regel geworden« ist. Er führt ebenda aus:

> Die Schriftsteller-Autobiographie ist eine literarische Gattung, in der Fiktives und Faktisches, Dichtung und Wahrheit untrennbar miteinander verbunden sind. Aber im Gegensatz zu einem Roman erkennt der Leser den autobiographischen Pakt (Lejeune) an, d.h. man akzeptiert die Identität von Autor, Erzähler und erzählter Figur. In den Poetikvorlesungen beziehen sich die autobiographischen Äußerungen auf den Autor selbst, nicht auf eine dritte Figur [...]. Wie in der postmodernen Literatur die Romanhelden verabschiedet werden, die mit einem einheitlichen Subjekt ausgestattet waren, [...] wird auch in der postmodernen autobiographischen Poetikvorlesung das Autor-Subjekt problematisiert.[80]

Auch wenn das Wort ›Autofiktion‹ nicht fällt, so formuliert Lützeler in dieser Passage doch implizit die Gesetze, nach denen solche Schreibweisen funktionieren: In der Situation der beobachtbaren Selbstreflexion als Autor formiert sich diese Figur als Subjekt. Der Hinweis darauf, dass die Leserinnen und Leser den

---

79 Vgl. Lützeler (1994): »Einleitung. Poetikvorlesungen und Postmoderne«, S. 7.
80 Lützeler (1994): »Einleitung. Poetikvorlesungen und Postmoderne«, S. 11.

autobiographischen Pakt vollziehen, impliziert zudem, dass damit ein Anschluss derart geleistet wird, dass die so entstehende Figur zumindest das Potential zugesprochen bekommt, in alltagswirklichen Diskursen operativ anschlussfähig zu sein. Es formiert sich somit ein Autor-Figur-Subjekt, das die Bedingungen der eigenen Existenz durch den selbst autorisierten Text hinterfragt, und dem zusätzlich aufgrund der Beobachtbarkeit dieser Performanz weitere Eigenschaften zugewiesen werden können.

Die Poetiken des Selbst präsentieren sich damit als Struktur, als implizites Funktions- und Regelwerk, nach denen durch Autorschaft in literarischen Texten Autor-Subjekt-Figuren generiert werden. Das schließt jedoch nicht nur die Texte der Autoren ein, sondern auch alle Fortschreibungen, denen sie und ihre Figuren ausgesetzt sind: Die Poetiken des Selbst beinhalten sowohl die Regeln der Einschreibungen als auch die Regeln der Fortschreibungen.

2.3.2 Einschreibungen und Fortschreibungen

Sowohl Einschreibung als auch Fortschreibung lassen sich jeweils in zwei heuristisch voneinander getrennte Modi unterscheiden: fiktional und alltagswirklich. Eine *Einschreibung* ist dann gegeben, wenn eine Figur identifizierbar wird, die sich (1.) einer autopoietischen Subjektivationsrhetorik bedient: ›Ich denke ...‹, ›Ich fühle ...‹, ›Ich empfinde ...‹ etc., und die (2.) eine Autor-Figur darstellt. Das betrifft sowohl alle Autobiographien im engeren Sinne, als auch diejenigen Texte, in denen eine Figur als Alter-Ego des Autors auftritt. Als fiktional ist eine solche Einschreibung zu werten, wenn der Text als fiktionale Textsorte – Roman, Novelle etc. – gelesen wird.[81] Alltagswirklich ist die Einschreibung, wenn der entsprechende Text so rezipiert wird, dass die darin vermittelten Elemente, die auf den Autor referieren, als Bestandteile operativer Fiktionen wirksam werden können, wie dies üblicherweise bei Interviews geschieht.[82] Bei den meisten der hier untersuchten Texte wird allerdings eine Grauzone evoziert, in welcher nicht deutlich auszumachen ist, ob eine Einschreibung fiktional oder alltagswirklich angelegt ist, was damit die Bedingung einer autofiktionalen Einschreibung erfüllt. Das

---

81 Die Gattungsbezeichnung ›Roman‹ ist dabei noch kein hinreichendes Kriterium, um von einer fiktionalen Einschreibung zu reden, wie die bekannten Fälle des ›Schlüsselromans‹ zeigen. Entscheidend ist in jedem Fall der Modus der Rezeption.

82 Die Kategorie der Inszenierung wird im Folgenden nicht verwendet, da sie immer auf einer unterstellten Intention des in Frage stehenden Subjekts basiert. Wichtiger sind die Interferenzen zwischen Einschreibungen und Fortschreibungen und inwiefern sich in diesen jeweils identische Elemente und Prozesse identifizieren lassen.

Korpus der Einschreibungen bilden dabei alle Zeichen, die von einer Autorfunktion organisiert werden.[83]

Für *Fortschreibungen* gelten dieselben Prinzipien wie für Einschreibungen – mit dem einzigen Unterschied, dass hier die Texte nicht von denjenigen Autoren organisiert werden, die darin als Subjekte beobachtbar gemacht werden. Rezensionen, Polemiken in der Presse und insbesondere auch die sekundärwissenschaftlichen germanistischen Texte weisen dabei eine große Varietät von Techniken auf, in denen den Figuren Eigenschaften zugewiesen werden, die dazu beitragen, sie als Subjekte auszubilden. Ein besonderes Interesse kommt dabei denjenigen Effekten zu, die als Interferenz von Einschreibung und Fortschreibung auftreten: Immer wieder werden dabei Elemente, die als fiktionale Einschreibung begonnen haben, unter einer Konfiguration fortgeschrieben, die als alltagswirklich zu bezeichnen ist. Das Augenmerk richtet sich dabei auch auf diejenigen Elemente und die kolportierten Legenden, die zunächst keinerlei direkte Referenz auf die Autoren aufgewiesen haben (z.B. die Eigenschaften einer fiktiven literarischen Figur), die aber im Zuge der Fortschreibungen einen direkten Bezug auf die Autoren bekommen und so mit dafür sorgen, dass diese zu alltagswirklichen Personen transformiert werden.[84]

2.3.3 Figur, Subjekt, Person: Entwurf einer Genese

Aus dem bisher Dargelegten ergibt sich eine Art Hierarchie der Größen, die hier als Ergebnisse von Signifikationsprozessen durch Beobachtung hergestellt werden. Als *Figur* gilt im Folgenden eine Instanz, die als fiktives und/oder fiktionales Subjekt in Erscheinung tritt. Wird eine solche Figur durch bestimmte Rahmungen determiniert (z.B. eine Theaterbühne) oder wird sie durch audiovisuelle Medientechniken so vermittelt, dass erkennbar ist, dass sie von einer empirischen Person ›verkörpert‹ wird, ist von einem Akteur die Rede.[85]

---

[83] Das beinhaltet die Homepages der Autoren, die von ihnen (autorisiert) publizierten Fotos, Auftritte im Fernsehen, *YouTube*-Kanäle und *Tweets*.
[84] Eine Sonderform der Fortschreibungen stellen dabei die fiktionalen Fortschreibungen von Figuren dar. Dabei übernimmt ein Autor X die Figur A, die eigentlich dem Werk von Autor Y entstammt, in seinen eigenen literarischen Text und entwickelt sie weiter. Anhand der gegenseitigen Fortschreibungen von Rainald Goetz und Joachim Lottmann wird demonstriert, dass sich in solchen Prozessen eine Dynamik entwickeln kann, die einen wesentlichen Beitrag zu Selbstpoetiken leistet.
[85] Das entscheidende Kriterium dazu, ein fiktives/fiktionales Subjekt als Figur zu bezeichnen, liegt darin, dass erkennbar sein muss, dass dieses Subjekt keine Autorität über die eigene

Die Grenzen zwischen Subjekt-Figur und Subjekt bleiben der Struktur der Phänomene entsprechend fließend. Die drei hier untersuchten Autoren entwerfen in ihrer Literatur Subjekt-Figuren gleichen Namens und es lässt sich beobachten, dass sie selbst so auftreten und so rezipiert werden, dass teilweise keine Differenz zwischen den literarisch und performativ dargebotenen Autor-Subjekt-Figuren und den alltagswirklichen Trägern der Autorfunktion festgestellt werden kann. Ist dies der Fall, dann haben sich die Subjekt-Figuren zu alltagswirklichen Subjekten transformiert – also zu den ›inneren‹ Formen von empirischen / alltagswirklichen Personen.

An dieser Stelle setzt in der Forschung meist die Problematisierung einer Abgrenzung der Begriffe ›Subjekt‹, ›Individuum‹ und ›Person‹ ein. Ich orientiere mich in dieser Hinsicht an den Ausführungen von Manfred Frank, Judith Butler und Niklas Luhmann, die zusammen eine präzise Bestimmung des Verhältnisses von Subjekt und Person erlauben.[86] Zunächst macht Butler deutlich, dass das Subjekt als ein kommunikativ und sprachlich umgesetztes Prinzip aufzufassen ist, das noch nicht als operierende Größe im sozialen Gefüge der Kommunikation auftritt:

> [D]as Subjekt [ist] nicht mit dem Individuum gleichzusetzen, sondern [...] als sprachliche Kategorie aufzufassen [...], als Platzhalter, als in Form begriffene Struktur. Individuen besetzen die Stelle, den Ort des Subjekts (als welcher »Ort« das Subjekt zugleich entsteht), und verständlich werden sie nur, soweit sie [...] in der Sprache eingeführt werden. Das Subjekt ist die sprachliche Gelegenheit des Individuums, Verständlichkeit zu gewinnen und zu reproduzieren, also die sprachliche Bedingung seiner Existenz und Handlungsfähigkeit.[87]

Das Individuum ist somit die intrinsische Form einer gelungenen Subjektivierung und markiert den Ort und den Modus, als den sich das Subjekt in seiner autopoietischen Subjektivation erschafft.[88] Ein Subjekt kann als Individuum

---

Subjektivation ausübt – die Figur ist nicht autonom. Sie kann zwar autopoietische Subjektivationsrhetorik äußern, sie wird jedoch von einer anderen Größe – in der Regel einem Erzähler – gelenkt und im Kontext eines Werks durch eine spezifische Autorschaft organisiert. Eine strikte Trennung ist hier jedoch nicht immer möglich, da nicht alle Figuren in ihrer Gemachtheit erkennbar sind, vor allem, wenn es sich dabei um Akteure handelt.

86 Vgl. zum Begriff der Person Kambartel u.a. (1995): »Person«, sowie sehr ausführlich auch Scherner (1989): »Person«.
87 Butler (2001): *Psyche der Macht*, S. 15.
88 Vgl. dazu auch Reckwitz (2010): *Das hybride Subjekt*, S. 48: »›Individualität‹ stellt sich aus kulturtheoretischer Perspektive zunächst selbst als ein historisch-lokal spezifisches Subjektmodell dar [...]. Davon zu unterscheiden ist jenes ›Individuum‹, das sich als die Idiosynkrasien des einzelnen Subjekts umschreiben lässt.«

wahrgenommen werden, in Erscheinung tritt es innerhalb sozial-kommunikativer Situationen in Form einer Person. Manfred Frank beschreibt die zwei Schritte, die sich dabei vollziehen:

> Wer sich durch ›Ich‹ bezeichnet, vollzieht dabei zwei streng unterscheidbare Arten von Anschlüssen.[89] Er grenzt sich zunächst gegen alles ab, was nicht den Charakter eines Ichs hat, also von der Welt (oder dem Nicht-Ich). Das ist die grundlegende Negation, durch welche sich das Ich als Subjektivität überhaupt bestimmt [...]. Eine zweite Ausdifferenzierung seiner Bestimmtheit besteht sodann für das Ich in seiner Unterscheidung von anderen Wesen, deren Seinsweise ebenfalls die Subjektivität ist, und durch diese zweite Handlung bestimmt sich das Ich als Individuum oder Person (womit etwa das bezeichnet ist, was Kant das ›empirische Ich‹ oder die »persona psychologica« genannt hatte). ›Empirisch‹ meint ›in Raum und Zeit existierend‹.[90]

Zu einer Person wird also das Subjekt dann, wenn es in Raum und Zeit existierend sich kommunikativ und durch Praktiken in Verhältnis zu anderen ebensolchen Subjekten setzt. Diese Handhabung des Begriffs ist gut an die Konzeption der Person bei Niklas Luhmann anschließbar. Ihm zufolge wird das kommunikative Prozessieren von Zeichen als Autorschaft in sozialen Systemen fassbar und macht (kommunikative) Handlungen für andere, analog operierende Größen erwartbar: Der Status einer Person reduziert Kontingenz in sozialen Systemen. Sabine Kampmann schreibt hierzu:

> Die jeweils kontextspezifisch auswählbaren Beschreibungen eines Menschen bilden das Medium, vor dessen Hintergrund die Form Person je aktuell entsteht. Der Begriff *Person* eignet sich demzufolge, die verschiedenen einem Individuum zugewiesenen Identitätszuschreibungen kommunikativ zu einem Rollenenensemble zu bündeln [...].[91]

Der Begriff der Person wird hier zudem auch relevant, weil damit Anschlüsse zu anderen Diskursen hergestellt werden: Die Person bildet eine feste Größe, die ihre Identität bewahren muss, damit juridische und ökonomische Diskurse funktionieren können. Im deutschen Rechtsystem fungiert der Begriff der Person nicht in einem rechtsethischen, sondern in einem rechtstechnischen Sinn, womit die Operationalisierbarkeit einer solchen Anlage hervorgehoben wird. Es wird dabei

---

[89] Ich möchte mit Foucault argumentieren, dass diese Anschlüsse nicht so streng unterschieden werden können, wie Frank das formuliert. Die von ihm beschriebenen Effekte decken sich weitgehend mit den Techniken der autopoietischen Subjektivation und der Subjektivation durch Macht und unterliegen somit einer reziproken Prozesshaftigkeit als Bedingung.
[90] Frank (1988): »Subjekt, Person, Individuum«, S. 11f.
[91] Kampmann (2011): »Funktionsrolle Autor«, S. 152f. Vgl. dazu auch Luhmann (1995): *Soziologische Aufklärung 6*, S. 137–148.

zwischen natürlichen und juristischen Personen unterschieden, die beide Rechtsfähigkeit aufweisen, »dh die Fähigk, Träger von Rechten u Pfl zu sein«.[92] »Bei den natürl Pers geht das BGB als selbstverstndl davon aus, dass jeder Mensch ohne Rücksicht auf Stand, Geschlecht od Staatsangehörigk rfäh ist.«[93] Diese Rechtsfähigkeit der natürlichen Personen beginnt mit der Geburt und endet mit dem Tod.[94] Anders liegt der Fall bei den juristischen Personen,[95] denn hier erscheint im Kommentar das Wort ›Fiktion‹:

> Begriff u RNatur der jur Pers sind seit jeher str[ittig]. Die Fiktionstheorie [...] leugnet die Realität jur Pers u betrachtet sie als bloße Fiktion. Die Theorie der realen Verbandspersönlichk [...] sieht in der jur Pers ein wirkl vorhandenes Wesen mit einem Gesamtwillen, das dch seine Organe handlgsu deliktfäh ist. [...] Dieser Theorienstreit ist für die prakt RAnwendg unergieb. Es ist wenig sinnvoll, für den Begriff der jur Pers nach einer vom positiven Recht losgelösten konsensfäh Grdlage zu suchen. Die jur Pers ist eine Zweckschöpfg des Gesetzgebers. Sie ist die ZusFassg von Pers od Sachen zu einer rechtl geregelten *Organisation*, der die ROrdng RFähigk verliehen u dadch als Träger eig Rechte u Pfl verselbständigt hat [...].[96]

Aus kulturwissenschaftlicher Perspektive wird damit eine strikte Unterscheidung möglich: juristische Personen sind keine Subjekte, da sie als rechtsfähige Größe nicht darauf angewiesen sind, Mensch und Subjekt zu sein. Anders natürliche Personen: Ein Subjekt, das eine empirische Person ist, zeichnet sich dadurch aus, dass es als natürliche Person eine rechtsfähige Größe im juridischen System werden kann. Damit markiert eine solche empirisch-alltagswirkliche Person die Grenzen des Kompetenzbereichs der Literatur- und Kulturwissenschaften.

Mit dem Begriff der Person ist damit der vorerst letzte der relevanten Grundbegriffe definiert. Es folgt das methodische Instrumentarium, mit dem die Analyse ausgeführt wird, sowie weitere zentrale Begriffe. Um diese Ausführungen nicht gänzlich abstrakt führen zu müssen, werden die methodischen Werkzeuge immer anhand konkreter Beispiele entwickelt. Das nun folgende Kapitel zum Frühwerk von Rainald Goetz ist darum immer wieder mit rein theoretischen Passagen durchsetzt.

---

92 *Palandt* (2010), S. 11, Absch. 1. Personen. Überblick, Punkt 1. Beim *Palandt* handelt es sich um das juristische Standard-Kommentar zum BGB.
93 *Palandt* (2010), S. 11, Absch. 1. Personen. Überblick, Punkt 1.
94 *Palandt* (2010), S. 11, Absch. 1. Personen, § 1, Abs. 1; Abs. 2a.
95 Dabei ist für die getätigte Unterscheidung unerheblich, ob es sich im juristische Personen des öffentlichen Rechts oder des Privatrechts handelt. Vgl. dazu *Palandt* (2010), S. 24, Titel 2. Juristische Personen. Einführung, Punkt 3.
96 *Palandt* (2010), S. 24, Titel 2. Juristische Personen. Einführung, Punkt 1. Herv. i. Orig.

3 Methoden: Das Frühwerk von Rainald Goetz – von Klagenfurt bis *Festung*

»Und der einzige, der dieses irre Projekt zusammenhalten kann, ist logisch ein gescheit irres und zugleich irr gescheites ICH.«
Rainald Goetz (1983): *Irre*, S. 279

3.1 Bereiche der Autorschaft: Rainald Goetz

Wie müsste der Blick auf ›Autorschaft‹ ausgerichtet sein, damit all die Facetten erfasst werden können, die diesem Begriff seine seit Jahrzehnten so virulente Problematik verleihen? Roland Barthes' Metapher vom »Tod des Autors«, mit dem »die Geburt des Lesers« bezahlt werden müsse,[1] hat den Rezeptionsmodus des Phänomens ›Autorschaft‹ verändert. Die Stellung des Autors als Sinngarant der von ihm verantworteten Texte wurde mit Barthes grundlegend und bis heute wirksam angezweifelt und der Blickwinkel neu ausgerichtet. Dass damit noch lange kein Konsens darüber erreicht war, was genau unter Autorschaft aufzufassen ist, bezeugen die zahlreichen aktuellen Publikationen zu diesem Thema. Ob so anachronistische Ansätze wie die ›Erklärende Hermeneutik‹,[2] oder Untersuchungen zur Inszenierung von Autorschaft[3] – das Thema ist weit davon entfernt, erschöpfend behandelt worden zu sein.

Laut Fotis Jannidis et al. ist der Autor »im Alltag unserer Kultur die wichtigste Größe, um literarische Äußerungen so in Kontexte einzubetten, dass sie verstehbar sind und handlungsrelevant werden können.«[4] Nicht nur in einer solchen ›Alltagshermeneutik‹ ist es selbstverständlich, dass eine schriftliche Äußerung, eine spezifische Zeichenkombination, ihren Ursprung von irgendwoher haben muss, und dieses ›irgendwoher‹ lässt sich für uns kaum anders denken als ein individuelles Subjekt. Auch wenn man einen Text als »ein Gewebe von Zitaten

---

[1] Vgl. Barthes (2000): »Der Tod des Autors«.
[2] Vgl. dazu die Publikationen im *Mythos-Magazin* unter www.mythos-magazin.de/erklaerende-hermeneutik/index.htm, da vor allem: Bühler / Tepe / van Peer (2009): »Zum Konzept der Erklärenden Hermeneutlk«.
[3] Vgl. u.a. Künzel / Schönert [Hg.] (2007): *Autorinszenierungen;* Jürgensen / Kaiser [Hg.] (2011): *Schriftstellerische Inszenierungspraktiken;* Wagner-Egelhaaf / Meier-Staubach [Hg.] (2011): *Autorschaft;* Wagner-Egelhaaf [Hg.] (2012): *Auto(r)fiktion;* Schaffrick / Willand [Hg.] (2014): *Autorschaft zwischen Intention, Inszenierung und Gesellschaft.*
[4] Jannidis u.a. (2000): »Autor und Interpretation.«, S. 7.

aus unzähligen Stätten der Kultur«[5] versteht und die Wirksamkeit des weiten Intertextualitätskonzepts von Julia Kristeva anerkennt,[6] so bleibt doch die Stelle dieses individuellen Subjekts in der Autorrolle vakant, denn es wird zwar nicht mehr als schöpferischer Ursprungsort, wohl aber als Kombinator der identifizierbaren Zeichen benötigt. Eben jenes Problem der Kopplung von Autorfunktion und ›individuellem Subjekt‹ kann als der Kernpunkt der nach wie vor so energetisch geführten Autorschaftsdebatten benannt werden. Es ist nicht nur der ästhetische Bereich der literarischen Texte, der ethische der *littérature engagée*, der juridische des Autorschaftsrechts oder der ökonomische der Verlagswirtschaft. Buchgestaltung, Autorenportraits, Literaturkanon, Buchmessen, Buchhandlungen, Autorenlesungen, Autogrammstunden – die Liste der beteiligten Praktiken und Diskurse ließe sich fast beliebig fortsetzen.[7] In dieser Untersuchung sollen bei der Nennung eines spezifischen Autornamens alle semantischen Facetten jenes bestimmten Autors im emphatischen Sinn ebenso abgerufen werden, wie alle seine institutionellen Repräsentationsformen.[8]

Das Werk von Rainald Goetz und seine Sichtbarkeit als Autor im öffentlichen Diskurs machen ihn zu einem überaus dankbaren Objekt einer Untersuchung, der es um Fragen der Autorschaft und Identität geht. In nahezu allen seinen Texten finden explizite Reflexionen zum Verhältnis von Literatur und ›Realität‹ statt, sowie zu den Möglichkeiten und Beschränkungen des Autors, dieses Verhältnis mit Hilfe verschiedener Kommunikationsinstrumente (Text und Bild) auszubuchstabieren. Dabei werden das Werk und die sichtbare Autor-Figur immer wieder so zueinander ins Verhältnis gesetzt, dass der Eindruck einer »Lebensmitschrift«,[9] bzw. der »Verschriftlichung der eigenen Person«[10] erweckt wird. Die mediale Präsenz des Autors, die Sascha Seiler bereits für die 1980er

---

5 Barthes (2000): »Der Tod des Autors«, S. 190.
6 Vgl. Kristeva (2003): »Bachtin, das Wort, der Dialog und der Roman«.
7 Man kann dabei beobachten, dass sich einige der angesprochenen Diskurse in Interdiskursen wie ›Buchmarkt‹ oder ›Literatur‹ bündeln lassen, dass Institutionen wie Verlage oder die ›VG Wort‹ an relevanten Bereichen von ›Autorschaft‹ beteiligt sind oder auch dass mit dem Begriff der Autorschaft spezifische Praktiken z.B. der Inszenierung verbunden werden. Damit erfüllt ›Autorschaft‹ m.E. diejenigen Eigenschaften, die Michel Foucault zufolge einem Dispositiv zukommen: Sie ist ein begrenzter und institutionell gebundener Komplex, der Interdiskurse in sich aufnimmt und durch Machthierarchien strukturiert wird. Vgl. Foucault (2003): »Das Spiel des Michel Foucault«, S. 392f.
8 Nicht alle genannten Aspekte des Komplexes ›Autorschaft‹ können hier berücksichtigt werden. Die wichtigsten davon sind die Funktionen und Praktiken, in denen Autoren öffentlich beobachtbar in Erscheinung treten – sie stellen einen Großteil des zu analysierenden Korpus dar.
9 Kühn (2001): *08/15. Literaturkritik, Zeitdiagnostik, politische Polemik*, S. 76.
10 Hagestedt (1998): »Richtig hart Formuliertes«, S. 6.

Jahre feststellte,[11] ist indes nach wie vor gegeben und kann anhand einiger Zahlen demonstriert werden: Zwischen Oktober 2008 und Mai 2010 wurde Rainald Goetz in nicht weniger als 230 Medienangeboten direkt erwähnt.[12] Der Umstand, dass er in diesem Zeitraum die beiden Bücher *Klage* (2008) und *loslabern* (2009) publizierte, kann diese hohe Zahl nur unzureichend erklären, da lediglich 40 dieser Medienangebote Rezensionen der beiden Werke darstellen.[13] Vielmehr muss von einem deutlich wirksamen und weitverbreiteten Image der Figur ›Rainald Goetz‹ ausgegangen werden, wobei dieser kurze Ausflug in die Empirie nur die Notwendigkeit der Untersuchung dieses Phänomens andeuten soll. Es wird zu zeigen sein, dass die Gründe für die mediale Präsenz im Fall von Rainald Goetz deutlich mit dem Inhalt und den poetologischen Dimensionen seiner Werke zu tun haben.

Von den hier behandelten Autoren ist das Rainald Goetz zugewiesene Material das vielfältigste und – nach Alban Nikolai Herbst – auch das umfangreichste. Seine neuen Publikationen werden regelmäßig im Feuilleton besprochen und zu ihm und seinem Werk liegt die umfangreichste Sekundärliteratur vor.[14] Darüber hinaus wird spätestens nach 1983 über seine Person ein reger Diskurs geführt, der sowohl in seiner wissenschaftlichen als auch feuilletonistischen Ausprägung hier unter dem Aspekt der ›Fortschreibung‹ relevant wird. Goetz wird dabei immer wieder im Kontext der Popliteratur verortet (poetisch angelehnt sei sein Werk an Rolf Dieter Brinkmann und Hubert Fichte),[15] sein Schreiben würde die Leitdifferenz Kunst–NichtKunst unterwandern oder – einfacher formuliert –

---

11 Vgl. Seiler (2006): »*Das einfache wahre Abschreiben der Welt*«, S. 234.
12 Die Medienangebote entfallen zum größten Teil auf Print- und Onlineartikel der Presse, bzw. auf Radio- und TV-Beiträge. Etwa 80 Nennungen entstammen Artikeln, Rezensionen, Blogs etc., die genuine Online-Angebote sind und kein materielles Äquivalent aufweisen.
13 Als Vergleichsgröße mag die Sichtbarkeit des nicht minder bekannten und als Autor erfolgreichen Christian Kracht dienen, für den in diesem Zeitraum die signifikant kleinere Zahl von 153 Nennungen registriert wurde. Kracht publizierte in dieser Zeit den Roman *Ich werde hier sein im Sonnenschein und im Schatten* (2008) sowie gemeinsam mit Eckhart Nickel die *Gebrauchsanweisung für Kathmandu und Nepal* (2009), die zusammen 47 Mal rezensiert wurden. Sowohl von Goetz als auch von Kracht wurden in dieser Zeit je zwei Theaterstücke aufgeführt, die etwa gleich viele Pressereaktionen zur Folge hatten. Darüber hinaus wurde Kracht 2009 der Phantastik-Preis der Stadt Wetzlar verliehen. Generell ist die Sichtbarkeit von Kracht als eine höhere anzusehen, da unter seinem Namen eine Homepage, eine *MySpace*- und eine *Facebook*-Seite betrieben werden und er darüber hinaus mit seinem Roman Lesungen absolvierte, was Goetz in diesem Zeitraum bis auf eine Ausnahme unterließ.
14 Eine gute Übersicht hierzu findet sich in Kühn (2004ff.): »Rainald Goetz«, Abschnitt ›Sekundärliteratur‹, S. C–K; sowie Goer / Deist (2011): »Auswahlbibliographie«, S. 103.
15 Vgl. u.a.: Seiler (2006): »*Das einfache wahre Abschreiben der Welt*«; Hägele (2010): *Politische Subjekt- und Machtbegriffe*, S. 15; Winkels (1991): *Einschnitte*, S. 224; Rudolph (2008): *irre/wirr: Goetz*, S. 14.

sich zwischen Hoch- und Alltagskultur bewegen[16] und nicht zuletzt stellt er für Sabine Kyora die Verkörperung des Idealtypus eines postmodernen Autors dar.[17] Den wohl kräftigsten Schub erlangte seine Bekanntheit durch einen Auftritt bei der Lesung um den Ingeborg-Bachmann-Preis in Klagenfurt am 25. Juni 1983, von dem später noch ausführlich die Rede sein wird. Das Bild des sich selbst verletzenden und blutenden Autors führte zu einem der bekanntesten Skandale der deutschsprachigen Literaturszene und prägt seitdem nicht nur die Berichterstattung über den Klagenfurter Wettbewerb, sondern auch vor allem die eher unreflektierten Bilder von Goetz als Autor.[18] Einige Beispiele dafür bietet Hubert Winkels, der bereits 1991 einen Zusammenschnitt der öffentlichen Rede über den Autor erstellte:

> Er bastele Waffen, ›Benzinbomben‹, sagt einer, ›wirklich‹; seine Texte seien Waffen, ein anderer. Nur die ideologische Borniertheit fehle ihm zum bewaffneten Kampf gegen den Klassenfeind. [...] Goetz trenne sich nicht mehr schützend ab vom Zustand der Welt. Er verteile keine Schuld, er nehme sie auf sich. [...] Goetz erniedrige und verletze sich selbst [...]. Er richte sich systematisch zugrunde (Hinweis auf Bierkonsum, Alkoholismus und Leberschaden). [...] Er arbeite wie ein Besessener und sei da, wo seine Texte sind [...].[19]

Diese »emphatischen und ideologisierenden«, »maß- und haltlosen Reden« über Goetz könnten – so Winkels ebenda – lange fortgesetzt werden. Dass diese Art der Führung des Diskurses als ›subjektivierendes Reden‹ verstanden werden kann, sollte offensichtlich sein. Die wiederholte Engführung von Autor und Text produziert ein starkes *Image,* an dessen Entstehung sowohl Autorschaft als auch die Rezeption eines Identitätseffekts maßgeblich beteiligt sind. *Image* wird hier definiert als die durch mediale Sichtbarkeit bedingte konsensuale Signifikanz eines subjektivierten Diskurs-Elements, wobei diese Signifikanz durch Kommunikation

---

16 Vgl. Schäfer (2007): »Luhmann als ›Pop‹«, S. 263; Wegmann (2009): »Stigma und Skandal«, S. 217.
17 Vgl. Kyora (2003): *Postmoderne Stile,* S. 287; Hägele (2010): *Politische Subjekt- und Machtbegriffe,* S. 19.
18 Vgl. zur Wirkmächtigkeit der Klagenfurter Aktion Doktor / Spies (1997): *Gottfried Benn – Rainald Goetz,* S. 101, 104, 139; Wegmann (2009): »Stigma und Skandal«, S. 214, 218. Siehe auch die Gestaltung des Titelbildes von Christoph Jürgensen / Gerhard Kaiser: *Schriftstellerische Inszenierungspraktiken – Typologie und Geschichte.* Heidelberg: Winter 2011. Obwohl in dem Band die Aktion von Klagenfurt nicht weiter erwähnt wird, ziert eine blutige Rasierklinge den Umschlag, was ohne Zweifel eine Anlehnung an die Ereignisse von 1983 darstellt. Noch deutlicher ist nur der Umschlag des von Stefan Neuhaus und Johann Holzner herausgegebenen Sammelbandes *Literatur als Skandal,* der den blutend lesenden Rainald Goetz direkt abbildet.
19 Winkels (1991): *Einschnitte,* S. 225f.

(re)produziert wird. Diese Signifikanz zu untersuchen und Konsistenzen und Interferenzen zwischen *Image* und Werk herauszustellen, die poetologischen Verflechtungen zwischen beiden zu identifizieren, ist eines der Ziele der folgenden Kapitel.

Es ist jedoch anzumerken, dass bereits vor diesem Datum Goetz im literarisch-medialen Feld in Erscheinung getreten ist.[20] Zuerst durch essayistische und journalistische Arbeiten, die er bis in die 1990er Jahre fortsetzte, so u. a. bei der *Süddeutschen Zeitung*, der *Spex*, der *Zeit*, dem *Spiegel* im *TransAtlantik* und im *Kursbuch*, womit er durchaus symbolisches Kapital im literarischen Feld sammeln konnte.[21] Danach vor allem in einigen von Michael Rutschky bei Suhrkamp herausgegebenen Sammelbänden,[22] wobei viele dieser Texte anschließend in den Sammelbänden *Hirn* (1986) und *Kronos* (1993) wieder veröffentlicht wurden. Als eine Besonderheit kann festgestellt werden, dass sich diese Texte meist nicht klar einer journalistischen oder literarischen Gattung zuordnen lassen, sondern zwischen literarischem und feuilletonistisch-journalistischem Anspruch changieren. Damit ist eine wichtige Eigenschaft des Werks von Goetz angesprochen: die oft hybride, mehrere Gattungs- und Medienarten überspannende Form der einzelnen Publikationen.

Vor allem die früheren, kürzeren Texte werden oft durch die Beigabe von Bildern illustriert. Es finden sich Fotografien aus medizinischer Literatur, aus der deutschen und amerikanischen Tagespresse, Comics, offenbar selbstgemalte Zeichnungen und Gemälde oder auch komplexe Collagen aus verschiedensten Pressequellen, die überschrieben und manipuliert wurden. Nicht zuletzt spielt die Fotografie eine bedeutende poetologische Rolle – dies dürfte spätestens deutlich geworden sein, als Goetz mit *elfter september 2010. Bilder eines Jahrzehnts* im Jahr 2010 einen reinen Fotoband bei seinem Stammverlag Suhrkamp veröffentlichte. Aber bereits bei den frühesten Publikationen finden sich immer wieder Fotos eingefügt, die entweder den Autor zeigen oder aber die offensichtlich von ihm selbst aufgenommen wurden. Dieses abbildende Verfahren mündet gar in ›Foto-Geschichten‹, die klassisch mit Sprechblasen und begleitendem Text simple Narrationen entfalten.[23] Vor allem diese selbstgemachten oder aber den

---

20 Vgl. Doktor / Spies (1997): *Gottfried Benn – Rainald Goetz*, S. 104.
21 Vgl. dazu Wegmann (2009): »Stigma und Skandal«, S. 217.
22 Es handelt sich dabei um die Anthologien *Errungenschaften. Eine Kasuistik* (1982); *1982. Ein Jahresbericht* (1983) und *1983 Ein Jahresbericht* (1984).
23 Vgl. hierzu vor allem Goetz: *Hirn* (1986): S. 131, 136f., 158, eine ›Fotostory‹ auf S. 161ff. In Goetz: *Kronos* (1993) siehe S. 51, 67, 113, 116, 118, 218, 282, 310, 351, 364. Siehe auch den Beitrag Goetz (1999): »Samstag, 5 Juni 1999. Hotel Europa« in der von Christian Kracht herausgegebenen Anthologie *Mesopotamia*, der nur aus unkommentierten Fotografien besteht.

Autor abbildenden Fotos, zusammen mit den Collagen und Gemälden, können dazu genutzt werden, ein dichtes Netz von intratextuellen Verweisen im gesamten Werk von Goetz herzustellen.[24]

Etwas einfacher verhält sich die Abgrenzung bei den für die Bühne geschriebenen Titeln, mit denen Goetz ebenfalls sehr erfolgreich gewesen ist.[25] Die Publikationen *Krieg* (1986) und *Festung* (1993) setzen sich aus je drei darin enthaltenen ›Stücken‹ zusammen,[26] während *Jeff Koons* (2000) zwar zum mehrbändigen Komplex *Heute Morgen* gehört, jedoch für sich ein einzelnes Werk bildet – mit dem auch Goetz' Tendenz zum postdramatischen Theater nicht mehr übersehen werden kann.

Sucht man nach literarischen Werken ›reiner Form‹ in Goetz' Œuvre, wird es verhältnismäßig übersichtlich: *Irre* (1983), *Kontrolliert* (1988) und *Johann Holtrop* (2012) werden auf den Umschlägen jeweils als ›Roman‹ ausgewiesen, ebenso wie *Rave* (1998) und *Dekonspiratione* (2000) als ›Erzählungen‹. Das als ›Material‹ titulierte dreibändige Werk *1989* (1993) besteht aus in ihrer Herkunft ununterscheidbaren Textfragmenten, -schnipseln und Listen, die – so erklärt es der Peritext – eine »Zeitmitschrift der großen öffentlichen Rede in den Medien«[27] darstellen. Dieses sperrige Werk, das keinerlei inhaltliche Narration enthält, gehört damit einem, wenn nicht dokumentarischen, so doch gegenwartsfixierenden Diskurs an, der entscheidend für das Verständnis eines großen Teils von Goetz' Texten ist.[28] Die Publikationen *Abfall für alle* (1999) und *Klage* (2008) stellen die in die Buchform überführten gleichnamigen Weblogs von Goetz dar, und die kleine Publikation *loslabern* (2009) trägt den schlichten Untertitel *Bericht. Herbst 2008*. Die anderen Goetz zuweisbaren Publikationen sind entweder Kollaborationen (wie *Mix, Cuts & Scratches* von 1997 mit dem DJ Westbam) oder Sammlungen von anderweitigen Veröffentlichungen und Interviews wie *Celebration* (1999) und (teilweise) *Jahrzehnt der schönen Frauen* (2001).

---

24 Vgl. zu den Collagen auch Doktor / Spies (1997): *Gottfried Benn – Rainald Goetz*, S. 127.
25 So ist Goetz dreimaliger Träger des Mülheimer Dramatikerpreises: 1988 für *Krieg*, 1993 für *Katarakt* und 2000 für *Jeff Koons*, vgl. hierzu die Liste in Kühn (2004ff.): »Rainald Goetz«, S. 1 oder auch Deist (2011): »Biografisches zu Rainald Goetz«.
26 Bei *Krieg* handelt es sich um die Stücke: *Heiliger Krieg*; *Schlachten* und *Kolik*; bei *Festung* handelt es sich um die Stücke *Kritik in Festung*; *Festung* und *Katarakt* die meist auch einzeln aufgeführt worden sind. Ausführlicher zu den Theaterstücken bei Goetz siehe Windrich (2007): *Technotheater*.
27 Goetz (1993): *1989*, Bd. 1, S. 2.
28 Vgl. dazu Hägele (2010): *Politische Subjekt- und Machtbegriffe*, S. 12f.; Drügh (2005): »Taping it all«, S. 156 und vor allem Schumacher (2003): *Gerade Eben Jetzt*, vor allem S. 111–154.

Eine weitere Besonderheit am Werk von Goetz ist, dass die meisten selbständigen Publikationen in zusammengehörende Komplexe gebündelt werden, die einen thematisch-ästhetischen Rahmen für die so zusammengeführten Einzeltitel bilden. Standen die Romane *Irre* und *Kontrolliert* noch je für sich allein, so wurde der Sammelband *Hirn* als ›Schrift Zugabe zu *Krieg*‹ tituliert. Der Komplex *Festung* bestand aus drei Einzeltiteln (in fünf Bänden), der Komplex *Heute Morgen* aus fünf Einzeltiteln und der Komplex *Schlucht*, der unter Umständen zum jetzigen Zeitpunkt (Winter 2013/14) noch nicht abgeschlossen ist,[29] aus mindestens vier Titeln.[30]

Schon die Auflistung der Einzelwerke sollte deutlich gemacht haben, dass ein Werkbegriff, der nur die ›literarischen‹ Publikationen enthält, bei Goetz zu kurz greift, da die ihm als Autor zugeordneten Titel keinesfalls poetisch homogen sind und nicht nur dem literarischen Feld zugeordnet werden können. Bereits 1997 schlugen Thomas Doktor und Carla Spies in ihrer sehr lesenswerten Untersuchung zu Goetz und Gottfried Benn darum vor, den Werkbegriff in Bezug auf Goetz auszuweiten und »die nicht an die Printmedien gebundenen medialen Realisationsweisen von Literatur« jeweils den Werken zuzurechnen.[31] Ich möchte in meiner Untersuchung ähnlich vorgehen, dabei jedoch weniger vom ›Werk‹ sprechen, als vielmehr von verfügbarem Material, das einer für dieses verantwortlichen Autorfunktion zugewiesen werden kann. Dies erlaubt auch, andere mediale Erzeugnisse gleichberechtigt mit dem literarisch-schriftlichen Output eines Autors zu betrachten. Neben den Weblogs, die nachträglich zu den Büchern *Abfall für alle* und *Klage* wurden, gehören bei Goetz hierzu auch die Audio-CD *Word. Soziale Praxis* (1994) oder die vom Autor gelesenen Hörspielfassungen von *loslabern* und *Johann Holtrop*.[32] Etwas schwieriger ist die Behandlung

---

29 Vgl. dazu ein Interview mit Rainald Goetz: Mangold / von Uslar (2012): »Wut ist Energie«.
30 Diese Zusammenführung gilt teilweise nur für die bei Suhrkamp erschienenen Werke, was vom Verlag durch jeweils angepasste Umschlagsfarben gekennzeichnet wird. Die Nummerierung folgt dabei nicht unbedingt der Erscheinungsreihenfolge. Diese Reihenfolge, die Anzahl der Einzelbände und die Titel der Bücher innerhalb eines Komplexes konnten sich von der Planungsphase bis zur Realisierung durchaus ändern, vgl. dazu Baisch / Lüdeke (2000): »Was kommt? Was geschieht?«, S. 147. Zudem werden teils auch ›Werke‹ in das Verzeichnis aufgenommen, die gar nicht publizierbar sind, wie die Ausstellung *politische fotografie* des Literaturmuseums Marbach 2011, vgl. dazu Goetz (2012): *Johann Holtrop*, S. 2. Das Werkverzeichnis auf dieser Seite ist auch insofern bemerkenswert, als dort erstmalig innerhalb einer Suhrkamp-Publikation Bände des Merve-Verlags und eine Bildstrecke aus der Zeitschrift *Monopol* als den Werkkomplexen zugehörig ausgewiesen werden.
31 Doktor / Spies (1997): *Gottfried Benn – Rainald Goetz*, S. 13.
32 *loslabern* wurde zuerst gesendet vom BR2 am 12. März 2010. *Johann Holtrop*, ebenfalls auf BR2, erstmals gesendet am 12. Oktober 2013.

des Musik-Videoclips *Mädchen*, der etwa 1996 entstanden ist[33] oder auch der drei im ZDF ausgestrahlten Sendungen des *Nachtstudios*, bei denen Rainald Goetz sowohl konzeptionell als auch persönlich beteiligt war.[34] Der Übersicht halber sei jedoch noch eine Liste derjenigen Druckwerke mitsamt der eingeschriebenen Gattungsbezeichnungen angefügt, die konzeptionell als einem Komplex zugehörig markiert wurden und darin ihre interne Nummerierung erhalten haben.

1. *Irre. Roman* (1983, Suhrkamp)

2.1. *Krieg. Stücke* (1986, Suhrkamp)
2.2. *Hirn. Schriftzugabe* (1986, Suhrkamp)

3. *Kontrolliert. Roman / Geschichte*[35] (1988, Suhrkamp)

4. *Festung*
   4.1. *Festung. Stücke* (1993, Suhrkamp)
   4.2. *1989. Material* (1993, Suhrkamp, drei Bände, jeweils einzeln nummeriert mit 2.1., 2.2., 2.3.)
   4.3. *Kronos. Berichte* (1993, Suhrkamp)

5. *Heute Morgen*
   5.1. *Rave. Erzählung* (1998, Suhrkamp)
   5.2. *Jeff Koons. Stück* (1998, Suhrkamp)
   5.3. *Dekonspiratione. Erzählung* (2000, Suhrkamp)
   5.4. *Celebration. Texte und Bilder zur Nacht* (1999, Suhrkamp)
   5.5. *Abfall für alle. Roman eines Jahres* (1999, Suhrkamp)
   5.5.1. *Mix, Cuts & Scratches* (1997, Merve)[36]

---

33 Das Musikstück ist erschienen auf dem Sampler »Five Years Of Eye Q Music« bei Eye Q Records 1996 und findet sich auch auf Goetz (1994): *Word*, als Track Nr. 2. Als Autor wird neben Rainald Goetz noch Oliver Lieb aufgeführt. Der dazugehörige Videoclip ist unter wechselnden Adressen – damit offenbar unautorisiert – auf *YouTube* verfügbar.
34 Die Sendungen wurden konventionell von Volker Panzer moderiert und im ZDF am 5., 12. und 19. September 2001 live ausgestrahlt. Neben Panzer gehörten in diesen drei Sendungen auch Rainald Goetz und Moritz von Uslar zur ›Stammbesatzung‹. Siehe die Mitschnitte der Sendungen auf folgendem *YouTube*-Kanal: www.youtube.com/user/alexomat2/videos (zuletzt eingesehen am 17.12.2013).
35 In der internen Zählung, die sich bei den späterer Publikationen als Peritext normalerweise auf S. 4 findet, erhält *Kontrolliert* die Bezeichnung »Geschichte«, wie auch in *Kontrolliert* selbst, vgl. Goetz (1988): *Kontrolliert*, S. 5. Die Titel sowohl der Hardcover- als auch der Taschenbuch-Ausgabe geben die Gattungsbezeichnung jedoch als »Roman« an.
36 Dieser Titel weist eigentlich den DJ Westbam als Autor aus, lediglich der Untertitel »mit Rainald Goetz« verweist auf eine Doppelautorschaft. Allerdings macht die darin auf S. 4 eingefügte Ordnungszahl deutlich, dass das Werk zum Komplex *Heute Morgen* gehört. In den

5.7. *Jahrzehnt der schönen Frauen. Taggedichte und Interviews* (2001, Merve)[37]
6. *Schlucht*[38]
6.1. *Klage. Vanityfair 2007/08* (2008, Suhrkamp)
6.2. *loslabern. Bericht. Herbst 2008* (2009, Suhrkamp)
6.2.1. *D•I•E abstrakte. Gedichte zu Zeichnungen* (2010, Holzwarth)[39]
6.3. *Johann Holtrop. Roman* (2012, Suhrkamp)
6.4. *elfter september 2010. Bilder eines Jahrzehnts* (2010, Suhrkamp)

Damit ist der größte Teil des Korpus, der in dieser Arbeit in Hinblick auf die Autorschaft von Rainald Goetz untersucht wird, erschlossen. Nun kommt es darauf an zu differenzieren, welche Bereiche der Autorschaft damit jeweils berührt sind und relevant werden können.

Nach einem an Michel Foucaults Ideen angelehnten Schema, das Michael Wetzel realisiert hat und das hier modifiziert wurde,[40] sind drei relevante Diskursbereiche der Autorschaft in den westlichen Gesellschaften anzusetzen. Diese drei Bereiche bestehen ihrerseits jeweils aus Konglomeraten von verwandten und verschlungenen Diskursen und bilden die drei Seiten dessen, was im Folgenden als ›Autorschaft‹ verstanden wird.

Der erste und am exaktesten einzugrenzende ist der Bereich des JURIDISCH-SOZIALEN DISKURSES. Dieser umfasst die Frage nach der juridischen Zuordnung und Verantwortlichkeit eines Autors für ›seine‹ Texte / Produkte. Autorschaft wird damit vor allem im Sinne einer rechtlichen und ökonomischen Größe und im Hinblick auf die juridisch-ökonomische Verwertbarkeit des ihr zugewiesenen Materials – die meist als Produkte gehandelt werden – definiert. Das Urheberrecht

---

Suhrkamp-Publikationen wird dieser Titel normalerweise nicht gelistet. Eine Ausnahme findet sich in Goetz (2012): *Johann Holtrop*, S. 4, wo der Titel die Ordnungszahl 5.1.1. erhält.
37 Auch dieser Titel erscheint normalerweise nicht in den Suhrkamp-eigenen Auflistungen, eine Ausnahme ist wiederum Goetz (2012): *Johann Holtrop*, S. 4, wo der Titel die Ordnungszahl 5.5.1. erhält. Das Fehlen der Ordnungszahl 5.6. in der Auflistung oben ist nicht weiter erklärbar, jedoch könnte diese Leerstelle durch die 2001 im Hörverlag erschienene Audio-Doppel-CD *Heute Morgen*, oder aber durch die 1994 bei Eye Q Records erschienene Doppel-CD *Word* gefüllt werden.
38 In Goetz (2012): *Johann Holtrop*, S. 4, finden sich für *Schlucht* noch folgende Werke: 6.4.1. *Kapitalistischer Realismus, Monopol* 10/2010 (eine Bildstrecke) und 6.4.2. *politische fotografie*, Literaturmuseum Marbach 2011 (eine Fotoausstellung).
39 Das Buch ist als ›Künstlerbuch‹ angelegt und enthält Zeichnungen von Albert Oehlen und kurze Texte von Goetz. Die Auflage ist auf 300 Exemplare limitiert. Es trägt keine Nummerierung, die es als dem Komplex *Schlucht* zugehörig markieren würde, wird aber in Goetz (2012): *Johann Holtrop*, S. 4 mit dieser Ordnungszahl aufgenommen.
40 Vgl. Wetzel (2000): »Autor / Künstler«, S. 494–502. Die diskursiven Bereiche des Autorschaftsbegriffs werden nach Wetzel eingeteilt in: 1.) Ideologische Diskurse; 2.) Sozial-rechtliche Diskurse und 3.) Autopoietisch-individuelle Diskurse.

regelt einen Großteil dieser Beziehungen und der Rest unterläuft den in einer Kultur üblichen Verfahren der Autoritätszuweisung – somit sind Verträge und Signaturen die in diesem Bereich primär relevanten Textsorten. Streng genommen sind damit immer nur die Effekte dieses Bereichs der Autorschaft beobachtbar, während die sie konstituierenden Schriftstücke (Verträge) nicht poetisch relevant werden. Allerdings ist die Kopplung leicht daran identifizierbar, dass der Name des Autors auf einem Buchumschlag – stellvertretend für seine Signatur – das Eigentumsverhältnis anzeigt. Sollte man diesen Diskurs einem Funktionsbereich zuordnen, so wäre das sicherlich die ›Alltagswirklichkeit‹.[41]

Auch der zweite Bereich der Autorschaft, den Michael Wetzel etwas unglücklich als »Ideologische Diskurse«[42] zusammenfasst und den ich den ÄSTHETISCH-LITERARISCHEN DISKURS nennen möchte, kann eine Relevanz für das Subjekt erlangen. Im Kern geht es bei dieser Seite der Autorschaft um die Frage nach der Herkunft und den Ursprungsbedingungen von Texten. Die Antworten auf beide Fragestellungen sind an den Autor gebunden, welcher als Künstler und Person in seinem Verhältnis zu Kunst und Gesellschaft die freie Zirkulation der Zeichen sowohl ermöglicht, als auch einschränkt. Hier sind es die literarischen Texte selbst, bzw. die anderen mit dem Autor verbundenen künstlerischen Produkte, die einen Zugriff auf den ›Autor‹ erlauben. Die Autorität, die der ›Autor‹ in diesem Bereich inne hat, ist in erster Linie eine ästhetische, und beruht auf einer Tautologie: Als Garant einer bestimmten Schreibweise kann der ›Autor‹ seine Autorschaft im ästhetisch-literarischen Diskurs nur durch eben seine Schreibweisen rechtfertigen, die zu den künstlerischen Produkten führen.

Wenn man die Trennung, die Roland Barthes zwischen dem »Schriftsteller« und dem »Schreiber« aufmacht,[43] nachvollziehen möchte, so ist sein sakralisierter Schriftsteller – der sich hier im Gegensatz zum ›Autor‹ noch bester Gesundheit erfreut – eben in diesem Bereich des Autorschaftsdiskurses anzusiedeln. Die

---

41 Es ist dieser Bereich, den Michel Foucault in seinem Vortrag »Was ist ein Autor?« als Untersuchungsbereich skizzierte. Sein Erkenntnisinteresse war dort jedoch anders angelegt als hier, seine Beschreibung der Funktionsweisen der juridisch-sozialen Autorfunktion zielte darauf ab, die Ergebnisse im Hinblick auf die Rolle des Subjekts zu verwenden: »Kurzum, es geht darum, dem Subjekt (oder seinem Substitut) seine Rolle als ursprüngliche Begründung zu nehmen und es als variable und komplexe Funktion des Diskurses zu analysieren.« Foucault (2003): »Was ist ein Autor?«, S. 259. Während diese »ursprüngliche Bedeutung« ruhig da begraben bleiben kann, wo Foucault sie beerdigt hat, geht es mir darum, aufzuzeigen, wie der juridisch-soziale Autorschaftsdiskurs an die anderen zwei Bereiche der Autorschaft gekoppelt werden kann.
42 Vgl. Wetzel (2000): »Autor / Künstler«, S. 496–499.
43 Vgl. Barthes (1981): »Schriftsteller und Schreiber«.

Tätigkeit, die damit verbunden wird, muss streng intransitiv,[44] eine Geste sein, oder um es mit Barthes' Worten zu sagen: »Der Schriftsteller ist [...] der einzige, der seiner Definition nach, seine eigene Struktur und die der Welt in der Struktur des Wortes aufgehen läßt.«[45] Sollte man diesen Diskurs einem Funktionsbereich zuordnen, so wäre dies ohne Zweifel die ›Literatur‹. Der Autor ist damit zwar einerseits die Begründung der Texte (im Sinne von: der Grund, der sie ermöglicht), hat aber auf der anderen Seite in diesem Bereich kein Mitspracherecht: Die Eigenschaften, die ihm im ästhetisch-literarischen Diskurs zugewiesen werden, entstehen qua Beobachtung, Kommentar und Kritik der Leserinnen und Leser. Wenn ein solcher Diskurs über eine Autorin / einen Autor existiert, dann werden alle neuen Werke als Fortschreibungen – oder aber Brüche – zu den bisher identifizierten Poetiken kenntlich gemacht. So kann man annehmen, dass Goetz' Fotoband *elfter september 2010* weniger unter einem bildästhetischen Gesichtspunkt rezipiert worden ist – wie dies bei einem künstlerisch ambitionierten Fotografen am ehesten der Fall wäre – sondern unter dem Einfluss eines dokumentarisch-geschichtlichen Diskurses, dem viele seiner Werke der 1990er Jahre angehörten.[46] Die einzige Möglichkeit eines Autors, in diesem Bereich unmittelbaren Einfluss auf seine eigene Autorschaft auszuüben, besteht in der Konstruktion einer Metaposition, wie sie typisch für poetologische Texte und Vorlesungen ist.

Man kann mit Hilfe des Wörtchens »Geste«, das bei dem oben genannten Zitat von Roland Barthes vorkommt, mit einem Umweg über Giorgio Agamben wieder zu Foucault zurückkehren und den Blick wiederum auf das Subjekt fokussieren. In seinem Essay »Der Autor als Geste« schreibt Agamben: »Wenn wir das, was bei jedem Akt des Ausdrucks unausgedrückt bleibt, Geste nennen, dann können wir sagen, daß [...] der Autor im Text nur in einer Geste gegenwärtig ist, die den Ausdruck in dem Maß möglich macht, wie sie in seiner Mitte eine Leere erstellt.«[47] Das Problem dieser Anwesenheit durch Abwesenheit, das Agamben zu erfassen sucht, erlangt ausschließlich dadurch seine Relevanz, dass in den so einer Autorschaft zugeordneten Texten »*wirklich* Leben durchkreuzt« und Existenzen »*tatsächlich* gewagt und verloren worden« sind.[48] ›Wirklich‹ und ›tatsächlich‹ sind hier die Indikatoren dafür, dass in der literarisch-textuellen Geste die Grenze zwischen dem Fiktiven und dem Faktualen übertreten werden kann. In

---

44 Vgl. auch Foucault (2003): *Die Ordnung des Diskurses*, S. 28.
45 Barthes (1981): »Schriftsteller und Schreiber«, S. 46.
46 Vgl. Lintzel (2010): »Führungsleute und Geballtheitszustände«; Delabar (2010): »Sinnsuche, Satzsuche, Bildsuche«.
47 Agamben (2005): »Der Autor als Geste«, S. 62.
48 Agamben (2005): »Der Autor als Geste«, S. 63, Herv. I.K.

seiner Funktion im ästhetisch-literarischen Diskurs wirkt der Autor zwar einerseits als die Instanz, welche die Fiktion einschränkt,[49] zugleich macht er sich für das, was sich jenseits der explizit literarischen Diskurse befindet, angreifbar eben aufgrund seiner hybriden Eigenschaft, welche die polykontexturale Rolle der Autorschaft ausmacht. An den Grenzen der ästhetisch-literarischen Diskurse wird damit das Subjekt in seiner existenziellen Daseinsform sichtbar, oder um es etwas blumiger mit Agamben zu sagen: »Subjektivität wird erzeugt, wo das Lebende, wenn es der Sprache begegnet und sich in ihr rückhaltlos aufs Spiel setzt, in einer Geste zur Schau stellt, daß es nicht auf die Sprache reduziert werden kann.«[50]

Agambens Bemerkung ist insofern ergiebig, als im Fall von Goetz immer wieder seine Person in Bezug auf seine Werke thematisiert wird. Von dem Klagenfurter Auftritt an und bestärkt durch die Lesarten des Erstlingsromans *Irre* werden immer wieder autobiographische Lesarten seiner Bücher proklamiert, in denen ein gewisser Intentionalismus zum Tragen kommt, der die so gelesene Literatur an die Subjektivität der Person des Autors bindet. Hubert Winkels protokolliert die Ausprägungen eines solchen Diskurses und schreibt, dass

> wenn von Goetz die Rede ist, seine Texte häufig nur als Hinweise, Erklärungen, Marginalien zu, als Dokumente, Exklamationen, Zeugnisse von einer Person, einem Leben, einem Menschen (einem Phantasma also, wie hier selten gut deutlich wird) gelesen werden. Im Zentrum der Vorstellungen steht der Welthaltige und Leibhaftige, den Lesern, den Entfernten des Lebens, bleibt die Hülle des Textes; eine Verbindung aus Heiliger Schrift (Programm) und ihrem Nachfolger, der brennenden Konfession.[51]

Es sind Äußerungen dieser Art, die auf den dritten hier relevanten Bereich der Autorschaft verweisen, denn seine stärkste Ausprägung erlangt die Kopplung von Autor und Subjekt in den AUTOPOIETISCH-INDIVIDUELLEN DISKURSEN. Die

---

[49] Vgl. Foucault (2003): »Was ist ein Autor?«, Anm. 15 (Variante) auf S. 260. Vgl. auch Foucault (2003): *Die Ordnung des Diskurses*, S. 21: »Der Autor ist dasjenige, was der beunruhigenden Sprache der Fiktion ihre Einheiten, ihren Zusammenhang, ihre Einfügung in das Wirkliche gibt.«
[50] Agamben (2005): »Der Autor als Geste«, S. 69.
[51] Winkels (1987): »Ohrschaden«, S. 71. In eine ganz ähnliche Richtung schreibt Maxim Biller, der mit Goetz eine neue Epoche der »Ichzeit« anbrechen lässt und ihm attestiert, »etwas unerhört Neues« geschaffen zu haben: »Er stellte seine ganze verletzende und verletzliche Person stolz ins grelle öffentliche Licht. Er zeigte, wie ein irrer Aktionskünstler oder verzweifelter Popstar, dass es für ihn keinen Unterschied gibt zwischen seinem Leben und seinem Werk. Er bedeutete allen, die Bücher brauchen, durch einen kleinen Klingenschnitt: Ihr müsst und könnt glauben, was ich schreibe, denn ich bürge mit meinem Körper, mit meiner Seele, mit meinem Leben dafür.« Biller (2011): »Ichzeit«.

Selbstthematisierung als Künstler *und* Mensch / Subjekt / Person ist hier das Zuordnungskriterium und es ist nur natürlich, dass die hier zu berücksichtigenden Zeichen oftmals vom ›literarischen Werk‹ kaum unterschieden werden können. Autobiographien, Briefe, Tagebücher – die Textarten die Michael Wetzel als typisch für diesen Bereich benennt –[52] stehen hier gleichberechtigt neben den Zeichen, die auf einen Habitus des Autors schließen lassen, oder die zur Selbstdarstellung in nicht-literarischen Medienangeboten verwendet werden. Sollte man die hier erfassten Diskurse einem Funktionsbereich zuordnen, so wäre das sicherlich die ›Alltagswirklichkeit‹.

In diesem Bereich sind auch all die ›Autorspiele‹ anzusiedeln, mögen sie als Pseudonyme, Künstlernamen oder Herausgeberfiktionen umgesetzt sein. Und der Reiz für Leserinnen und Leser scheint in erster Linie darin zu bestehen, aus den verschiedentlich gegebenen Hinweisen aus Presse, Literatur und medialen *Images* Identitäten der so beobachtbaren Autorinnen und Autoren zu konstruieren. Sabine Kampmann schreibt zu diesen Phänomenen:

> Das Bedürfnis danach, Identitäten zu konstruieren, hängt mit dem generellen Nutzen zusammen, den die Reduktion von Komplexität in sozialen Systemen bedeutet. Ein Kunstwerk kann so nur einer bestimmten Person zugeordnet werden, einem Künstler eben, der juristischer Urheber ebenso wie inhaltlicher Schöpfer ist und mit dessen Individualität das einzigartige Werk zu erklären ist.[53]

Ein Kritikpunkt wäre hier einzubringen, denn eine derart einfache Herstellung der Identität einer Autor-Person ist aufgrund der stets fortgesetzten *dissémination* aller Zeichen nicht möglich. Das Argument dazu, die autopoietisch-individuellen Diskurse ernst zu nehmen und zugleich ihre Trennbarkeit von den anderen zu negieren, kann man Roland Barthes' Essay über »Schriftsteller und Schreiber« entnehmen.[54] Denn indem er die an sich unhaltbare Teilung in diese zwei Existenzformen vornimmt, führt er einen wichtigen Rezeptionsmodus von Texten neben der fiktional grundierten Literatur vor. Die Tätigkeit des Schreibers ist eine transitive, die von ihm organisierten Texte bilden kein abgeschlossenes System wie die Literatur, sondern sind auf Anschluss ausgelegt, möchten sie ihre Funktion, ihren »Zweck«[55] nicht verlieren. Ihre engagierten politischen Texte zeichnen Heinrich Böll, Hans Magnus Enzensberger oder Günter Grass als Barthes'sche Schreiber aus – neben ihrer sonst deutlicher sichtbaren Funktion

---

52 Vgl. Wetzel (2000): »Autor / Künstler«, S. 500.
53 Kampmann (2011): »Funktionsrolle Autor«, S. 150.
54 Barthes (1981): »Schriftsteller und Schreiber«.
55 Barthes (1981): »Schriftsteller und Schreiber«, S. 49.

als (literarische) Schriftsteller. Den Bezug zu den autopoietisch-individuellen Diskursen der Autorschaft stellt eben diese Verbindung dar. Weil Autoren nicht nur auf die ästhetische Dimension ihres Werks beschränkt werden und sich oftmals auch nicht beschränken lassen wollen, erlauben sie eine Subjektivation jenseits der rein ästhetisch-literarischen Diskurse und stellen in Interviews, Autobiographien oder auf ›privaten‹ Seiten im Internet Zeichen zur Verfügung, die sie als Subjekte und mithin Personen zu konstituieren erlauben. Die damit einhergehende Autorität von Autoren als Personen des öffentlichen Lebens speist sich dabei aus den beiden anderen Bereichen der Autorschaft: juridisch-sozial sind sie die Eigentümer ihrer Texte, ästhetisch-literarisch sind sie die Schöpfer spezifischer Stile und Ästhetiken. Der sich auf diesen Bereich der Autorschaft beziehende Diskurs ist indes deutlich schwerer zu fassen, als die beiden anderen. Bei der juridisch-sozialen Seite reicht in der Regel ein Blick auf den Buchumschlag oder eine Nachfrage beim Verlag. Auch der Sonderfall des Plagiats macht, sobald er juristisch ausgetragen wird, diesen Bereich nur sichtbarer. Der ästhetisch-literarische Diskurs wird vom Feuilleton und der Wissenschaft behandelt und fortgeschrieben. Den kommunikativen Prozessen in den autopoietisch-individuellen Diskursen dagegen haftet stets die Konnotation an, nur irrelevanter Klatsch zu sein. In der folgenden Analyse werde ich die Wirkmächtigkeit dieser Diskurse, ihre enge Bindung an den ästhetisch-literarischen Bereich nachweisen und vor allem darlegen, inwiefern diese Prozesse gemeinsam daran beteiligt sind, innerhalb der Autorschaft Subjekte entstehen zu lassen.

Man kann die Diskursbereiche der Autorschaft schematisch so darstellen:

Tab. 1: Diskursbereiche der Autorschaft

Diskursbereich	primäre Bezugszeichen	primäre Rolle
juridisch-sozial	Verträge, Signaturen	Urheber / Eigentümer
ästhetisch-literarisch	literarisches Werk	Schöpfer
autopoietisch-individuell	Tagebücher, Briefe, Interviews, private Webpages	Person

Und auch hier gilt es, dem Vorwurf der starren Festlegungen entgegenzutreten, denn ohne Zweifel wird es unmöglich sein, einen dieser Bereiche in einer ›reinen‹ Ausprägung zu beschreiben oder seine Grenzen aufzuzeigen, da dabei stets auch Elemente der anderen Bereiche zum Vorschein kommen werden. Es sollte deutlich geworden sein, dass sich diese drei Diskurskonglomerate stets überschneiden und ihre Wirksamkeiten aufeinander und aus sich gegenseitig beziehen. Diese Dreiwertigkeit ist als ein ordnendes Schema zu verstehen, um bei der

Analyse festzustellende konkrete Ausprägungen der Autoren in etwa zuordnen zu können. Mir liegt in erster Linie daran, deutlich herauszustellen, dass es letztlich die Frage nach der Anbindung des Subjekts und der dabei wirksamen Prozesse ist, welche die Autorschaftsdebatte so produktiv macht und Fragestellungen z.B. soziologischer Natur erlaubt, die auch jenseits der Literaturwissenschaft der Autorschaft Bedeutung zuweisen können. Die hier vorgestellten Diskurse lassen sich zugleich als spezifisch in der Art der Anbindung des Subjekts betrachten, wobei das Interesse in der vorliegenden Arbeit vor allem auf den autopoietisch-individuellen und den ästhetisch-literarischen Bereich gerichtet ist. Der Verdacht liegt nahe, dass es vor allem die Überschneidungsgebiete dieser beiden Diskurse sind, in denen sich die Subjektkulturen am stärksten und zugleich komplexesten an die Autorschaft binden.

3.2 Der Autorname

Was diese Überschneidung zusammenhält, ist die zumeist gegebene Gleichheit der Namen: Der Autorname auf dem Buchdeckel ist in der Regel identisch mit demjenigen einer realen Person[56] und dient dazu, diese Diskursbereiche funktional aneinander zu koppeln. Uwe Wirth macht darauf aufmerksam, dass Michel Foucault in dem Vortrag »Was ist ein Autor?« eben die Frage zu beantworten sucht, wie das Verhältnis zwischen den Möglichkeiten der Zuweisung eines Namens beschrieben werden kann.[57] Denn im Gegensatz zur Rezeption unter den Bedingungen des autobiographischen Paktes[58] verweist der Autorname nach Foucault eben nicht auf eine empirische Person, sondern benennt immer nur die diskursinterne Autorfunktion. Der Autorname ist damit nicht als rein referentiell oder rein denotativ zu bezeichnen, sondern bewegt sich nach Foucault zwischen den Polen des Bezeichnens und des Beschreibens, wobei er an beide gebunden bleibt, jedoch keinem Pol ausschließlich zugewiesen werden kann.[59] Er erfüllt damit in erster Linie eine »propositionale Funktion«, indem er als ein

---

56 Vgl. hierzu u.a. Bourdieu (1998): »Die biographische Illusion«. Bourdieu beschreibt dort die Mechanismen der Namenszuweisung vor allem in Bezug auf bürokratische Systeme und die Herausbildung einer narrativen Biographie.
57 Vgl. Wirth (2008): *Die Geburt des Autors aus dem Geist der Herausgeberfiktion*, S. 34.
58 Vgl. Lejeune (1998): »Der autobiographische Pakt«, S. 227f., 243f.
59 Das Gleiche gilt auch für Eigennamen. Vgl. Foucault (2003): »Was ist ein Autor?«, S. 243. Uwe Wirth weist darauf hin, dass sich Foucault an die entsprechenden Überlegungen von Searle anlehnt, der sich selbst wiederum auf Gottlob Frege und John Stuart Mill bezieht. Vgl. Wirth (2008): *Die Geburt des Autors aus dem Geist der Herausgeberfiktion*, S. 34–37.

›Klassenname‹ fungiert, der lediglich eine gewisse Anzahl von Texten zueinander in Verbindung setzt.[60] Diese Betrachtung des Autornamens ist jedoch stark auf seine funktional-logische Verwendung in spezifischen Diskursen beschränkt. Sie reicht beispielsweise nicht aus, um Entstehungsprozesse beschreiben zu können oder die gesellschaftlichen Implikationen zu erfassen, die auftreten, wenn sich die oben geschilderten drei Diskursbereiche vermischen und ein Autor / eine Autorin in außerliterarischen Bereichen wie Politik (wie Peter Handke) oder Fernsehunterhaltung (wie Benjamin von Stuckrad-Barre) sichtbar wird. Der Autorname bekommt seine Aussagefunktion auf die Weise zurück, dass er Zugehörigkeiten oder Abgrenzungen zu verschiedenen Diskursen kennzeichnet, oder wie es Uwe Wirth zusammenfasst:

> Der Name des Autors auf dem Titelblatt dient nur noch in zweiter Linie der Bezeichnung der Person, an erster Stelle steht die Kennzeichnung der Person in ihrer Funktion *als Autor* – eine Funktion, die durch einen Zuschreibungsakt vollzogen wird und eine juristisch-performative Rahmung des Diskurses vornimmt. Die zweite Funktion des Autornamens besteht in der Kennzeichnung von Diskursgrenzen.[61]

Möchte man das an der Dreiteilung der Autorschaft nach Michael Wetzel überprüfen, so ergibt sich ein klares Bild. Die Verbindung zwischen den juridisch-sozialen und den literarisch-ästhetischen Diskursen wird eben durch den identischen Namen der Autorfunktion gewährleistet. Ein weiteres Wirksamkeitsfeld eröffnet sich, wenn autopoietisch-individuelle Textsorten vorhanden sind, bei denen die Namensidentität erhalten bleibt, oder aber der Sonderfall einer literarischen Figur vorkommt, die den gleichen Namen trägt wie der Autor des Werks, was bei Rainald Goetz immer wieder der Fall ist. Die Autorfunktion kann mit ihren in jedem Diskurs spezifischen Konnotationen an jeweils die anderen Diskurse anschließen und übt so eine ›Rahmenfunktion‹ aus, die sowohl »in der Einheitsstiftung als auch in der Zuordnung zu einem bestimmten Diskurstyp«[62] bestehen kann.[63]

---

60 Vgl. Wirth (2008): *Die Geburt des Autors aus dem Geist der Herausgeberfiktion*, S. 36f. Die Bedeutung des Begriffs ›propositionale Funktion‹ entlehnt er dabei Bertrand Russel. Gemeint ist ein leeres Schema, das jedoch als Funktion Elemente determinieren kann.
61 Wirth (2008): *Die Geburt des Autors aus dem Geist der Herausgeberfiktion*, S. 37.
62 Wirth (2008): *Die Geburt des Autors aus dem Geist der Herausgeberfiktion*, S. 37.
63 Die Nicht-Identität von Personenname und Autorname kann als Mittel genutzt werden, um überhaupt in den literarischen Diskurs Aufnahme zu finden, wie in den Fällen von Charlotte Brontë (Pseudonym: Currer Bell) oder Mary Ann Evans (Pseudonym: George Eliot). Wenn Autorname und Personenname identisch sind, so kann die Veröffentlichung unter einem neuen Autornamen die Erschaffung einer neu konnotierten Autorschaft befördern wie im Fall von Richard

Zusammenfassend lässt sich sagen, dass sich ›Autorschaft‹ immer nur als eine temporale und spezifische Ausprägung in multifunktionalen und polykontexturalen Autorschaftsdiskursen präsentiert. Sie ist damit eine spezifische ›Praxis / Diskurs-Formation‹[64], die sich aus anderen ›Praxis / Diskurs-Formationen‹ wie z.B. ökonomisch-juridischem Eigentum, ästhetischen Poetiken, Subjektkulturen usw. speist und die wiederum auf besondere Weise an diesen Formationen beteiligt ist. Während es unbestreitbar Konventionen gibt, die dazu führen, dass Autorschaft überhaupt als existent anerkannt werden kann, können sich die einzelnen Ausprägungen diachron reformulieren und transformieren – womit sich die Konventionen ebenfalls wandeln können. Die Formen, die Autorschaft annehmen kann, die Strukturen, denen sie vielleicht folgt und ihre möglichen Kopplungsarten und Verbindungsstrategien zu Subjektkulturen – all das kann immer nur anhand konkreter Einzelanalysen aufgezeichnet werden.

Möchte man ›Autorschaft‹ und ›Identität‹ als Konfigurationsrahmen ernst nehmen und ihre Wirkungen im soziokulturellen Gefüge der ästhetischen und kommunikativen medialen Prozesse beschreiben, so ist hierzu ein induktiver Zugang nötig, der stets auf die Verifikation einer vorher deduktiv gesetzten Größe abzielt, die in diesem Fall ›das Subjekt‹ ist.

3.3 Identität und Autorschaft im Kontext der Subjektivation

Es ist bisher dargelegt worden, wie sich Autorschaft als Gefüge von drei Bereichen durch die darin ablaufenden Prozesse fassen lässt. Ein Autor ist juridisch-sozial der Eigentümer bestimmter Schriften, ihm werden ästhetisch-literarisch bestimmte Poetiken und Schreibweisen zugewiesen – und er kann innerhalb autopoietisch-individueller Diskurse als eine öffentliche Person greifbar sein. All diese Schlussfolgerungen werden durch einen weiteren Umstand ermöglicht,

---

Bachman (Pseudonym von Stephen King) oder Barbara Vine (Pseudonym von Ruth Rendell). Ein als solches gleich erkennbares Pseudonym wie »Sophie Dannenberg« kann als Anreiz wirken, um die ›tatsächliche‹ Verbindung zwischen Autorname und Personenname herzustellen, wenn wie im Falle von Dannenberg und ihres Romans *Das bleiche Herz der Revolution* der literarische Text kritische und brisante Anschlüsse an außerliterarische Diskurse befördert. Das Pseudonym ist damit der klassische Fall einer Grenzziehung zwischen Diskursen, kann jedoch wie im Fall von »Dannenberg« den gegenteiligen Effekt erzielen. Die Fälle der fiktiven Autorfunktionen ›Luther Blissett‹ oder auch ›Alan Smithee‹ erlauben noch radikaler als Pseudonyme eine Trennung der Diskurse.

64 Vgl. zu diesem Konzept: Reckwitz (2008): »Praktiken und Diskurse«, S. 201ff.

der auf das Subjekt hinführt und den ich mit dem Foucault'schen Terminus der ›Begründung‹ bezeichnen möchte.

Diese Autorschaft als ›Begründung‹ soll hier in erster Linie als eine notwendige Prozessbedingung der autopoietischen Subjektivation im Sinne von ›Urheberschaft‹ bezeichnet werden. Ist der Umstand der ›Begründung‹ für ein rezipiertes Zeichen nicht gegeben, kann also die ›schöpferische Quelle‹ dessen nicht benannt werden, so kann keine Subjektivation stattfinden. Diese notwendige ›Quelle‹ ist die ›auktoriale Instanz‹, die alle auf das Subjekt verweisenden Diskurse und Praktiken erst ermöglicht. Da die Position, die diese Instanz besetzt, im Bereich der autopoietischen Subjektivation angesiedelt ist, entzieht sie sich in dieser Form der Beobachtung. Die ›auktoriale Instanz‹ markiert damit – um einen Terminus von Wolfgang Iser zu verwenden – die »Nullstelle des Diskurses«.[65] Als solche glänzt sie innerhalb eines Textes oder Zeichengefüges immer durch ihre Abwesenheit, ist jedoch als ›Nullstelle‹ die operative Bedingung eines Diskurses und damit möglicher zu subjektivierender Zeichen. So ist Rainald Goetz als ›Funktionsstelle Autor‹ innerhalb von Diskursen diejenige Größe, anhand welcher die Nullstelle operativ gemacht werden kann, und d.h. in Praktiken oder Kommunikationsvorgängen so zur Anwendung gebracht wird, dass es gelingt, »zwischen der auktorialen Instanz und dem ihr ›entspringenden‹ Diskurs ein Verhältnis herzustellen, das dem Gesagten Geltung gewinnt.«[66]

Die ›Begründung‹ ist also die unbeobachtbare Grundbedingung zu subjektivierender Zeichen. Damit ist sie ein wesentliches Element der autopoietischen Subjektivation und kann, wie alle Elemente dieser Technologie, erst durch die ›Subjektivation durch Macht‹ sichtbar gemacht werden – sie erfüllt mithin nicht das Kriterium der medialen Beobachtbarkeit. An einer Stelle in der *Ordnung des Diskurses* spielt Foucault den Gedanken durch, ein ›begründendes Subjekt‹ in sein Denken einzuführen um »die Realität des Diskurses zu übergehen«:[67]

> Das begründende Subjekt hat ja die Aufgabe, die leeren Formen der Sprache mit seinen Absichten unmittelbar zu beleben; indem es die träge Masse der leeren Dinge durchdringt, ergreift es in der Anschauung den Sinn, der darin verwahrt ist; es begründet auch über die Zeit hinweg Bedeutungshorizonte, [...] in denen die Sätze, die Wissenschaften, die Deduktionen ihr Fundament finden. In seinem Bezug zum Sinn verfügt das begründende Subjekt über Zeichen, Male, Spuren, Buchstaben. Aber es muß zu seiner Offenbarung nicht den Weg über die besondere Instanz des Diskurses nehmen.[68]

---

65 Den Untertitel »Die Nullstelle des Diskurses« bei Iser (2003): »Auktorialität«.
66 Iser (2003): »Auktorialität«, S. 220.
67 Foucault (2003): *Die Ordnung des Diskurses*, S. 31.
68 Foucault (2003): *Die Ordnung des Diskurses*, S. 31.

Damit ist die Existenz eines solchen ›begründenden Subjekts‹ nicht geleugnet, es entzieht sich jedoch einer Erfassung, da es nicht Element von Diskursen oder diskursiven Praktiken ist. Soll aber das ›begründende Subjekt‹ seine Rolle in einem Diskurs übernehmen, so muss es als Nullstelle in einer Diskurs-Funktion operationalisiert werden. Um das einfacher zu formulieren: Es gibt keinen Grund daran zu zweifeln, dass hinter der Autorfunktion Rainald Goetz ein begründendes Subjekt steht, das mit dem gleichen Namen evoziert werden kann. Es kann jedoch nicht Gegenstand der Untersuchung sein. Vielmehr kann es nur in seinen diskursiven Ausprägungen und Praktiken erfasst werden.

Das Phänomen der ›Begründung‹ ist nicht exklusiv der Autorschaft vorbehalten, handelt es sich doch bei dem oben beschriebenen Prinzip um eine allgemeine Form der Repräsentation, die das als Kultur verstandene Gefüge der kollektiv verstehbaren soziokulturellen Praktiken ermöglicht. Mit der ›Begründung‹ ist zugleich die elementare Existenzbedingung von ›Diskursen‹ beschrieben, die Andreas Reckwitz zufolge als »spezifische soziale Praktiken der Produktion von geregelten Repräsentationen; [als] ›Praktiken der Repräsentation‹«[69] benannt werden können.

Ist ›autopoietische Begründung‹, diese allgemeine Form der Repräsentation also eine Prozessbedingung von Diskursen und Praktiken, so ist ›Identität‹ ein mögliches Prozessergebnis, das immer dann zustande kommt, wenn eine diskursübergreifende auktoriale Instanz identifiziert werden kann. Wenn es auch in *Chatrooms* unproblematisch ist, wenn eine Deckung der auktorialen Instanz mit Phänomenen in anderen Diskursen nicht hergestellt werden kann, so bildet im Gegensatz dazu die Identität eines Subjekts ›mit sich selbst‹ die operative Grundlage z.B. des juridischen Systems.[70] Identität sollte damit eher als ein ›Identitätseffekt‹ gefasst werden, der nicht primär durch die Arbeit der Individuen an ›sich selbst‹, sondern durch Zuweisungen und Subjektivationen anderer hergestellt werden kann.[71] Dieser Identitätseffekt erlangt immer erst dann Relevanz und Wirksamkeit, wenn zwischen Diskursbereichen eine Kopplung herstellbar ist und solche Zeichen zwischen den Diskursen ausgetauscht werden, die nach den jeweiligen Diskursordnungen eine mit sich identische, begründende Instanz

---

69 Reckwitz (2010): *Das hybride Subjekt*, S. 43. Reckwitz bezieht sich dabei auf den Diskursbegriff von Michel Foucault (2002) *Archäologie des Wissens* und da vor allem S. 116, 297.
70 Vgl. die Probleme, die z.B. beim Phänomen der Multiplen Persönlichkeitsstörung im Rechtssystem entstehen bei Kraus (2000): *Das erzählte Selbst*, S. 75–92.
71 Nach Reckwitz muss der Begriff der ›Identität‹ gegenüber dem des ›Subjekts‹ als zweitrangig gehandelt werden, vgl. Reckwitz (2010): *Das hybride Subjekt*, S. 46. Zugleich muss das subjektinterne Ziel ›Identität‹ bei Prozessen der ›Selbsthermeneutik‹ durchaus berücksichtigt werden.

über die Diskursgrenzen hinweg aufweisen.[72] Dieser Effekt kommt beispielsweise dann zum Tragen, wenn bei der Klagenfurter Lesung von Goetz der Protagonist des gelesenen Textes *Subito* plötzlich als jener »Herr Goetz«[73] identifizierbar wird, der sowohl im Text als auch in der damaligen Gegenwart des 25. Juni 1983 in Klagenfurt liest. Der Identitätseffekt wird noch weiter verstärkt, als der lesende Autor Goetz synchron mit der textuellen Figur bei den Worten »Ich schneide ein Loch in meinen Kopf, in die Stirne schneide ich das Loch.«[74] zur Rasierklinge greift und eben jenen textuellen Schnitt in der Realwelt an sich selbst ausführt. Wo vorher keine Identität war, wird durch die Beobachtung dieser Szene eine hergestellt.

Wenn man diese Konstellation vor Augen hat, dann wird es einfacher erklärbar, warum nach Roland Barthes »Der Tod des Autors«[75] unvermeidbar durch die »Geburt des Lesers«[76] evoziert wird: Barthes beschreibt in seinem Essay die Auflösung einer Konstruktion ›Autor‹, in welcher die beiden Technologien der Subjektivation in eins gefallen waren und dieser ›Autor‹ als Instanz fest an einen konkret alltagswirklichen (empirischen) Menschen gebunden gewesen ist. Eine Verstehensfigur also, die als Sinngarant eines Textes deswegen verantwortlich gemacht werden konnte, weil ihre vorgebliche Identität über den ästhetisch-literarischen und autopoietisch-individuellen Bereich der Autorschaft und die anderen darin inkorporierten Diskurse hinweg gewährleistet war. Dass schon nach Barthes der Text durch die Leseinstanz entsteht,[77] ist eine Bestätigung der hier entworfenen Systematik und betont die dominante Rolle des Beobachtens bei den hier zu analysierenden ästhetischen Praktiken. Identität *ist nicht*, sondern *wird gemacht* – und zwar unabhängig von den Objekten/Subjekten, die dabei in eins gesetzt werden. Die Subjektivation als Subjektivation durch Macht wird damit als der eigentliche Austragungsort der hier beschriebenen Prozesse bestätigt. Gegenüber der ›Begründung‹ als einer ›Autorschaft der Nullebene‹ nach Wolfgang Iser kann die von Foucault entworfene Autorfunktion anders beschrieben werden: Sie wird erfassbar als die für Autorschaft spezifische Form einer ›diskursiven Autorschaft‹, die durch entsprechend codierte Praktiken reproduziert wird. Um diese Praktiken als solche wahrzunehmen, ist in jedem Fall ein beobachtendes Subjekt oder eine

---

72 So z.B. Ausbildungsstand, Beruf, Sozialsystem (Krankenversicherung, Rentenversicherung), Religionszugehörigkeit. Oder aber auch in privaten Bereichen wie Liebe und Sexualität – und ihren institutionellen Kopplungen wie ›Ehestand‹.
73 Goetz (1986): »Subito«, S. 15.
74 Goetz (1986): »Subito«, S. 20.
75 Barthes (2000): »Der Tod des Autors«.
76 Barthes (2000): »Der Tod des Autors«, S. 193.
77 Barthes (2000): »Der Tod des Autors«, S. 191ff.

beobachtende Institution notwendig, welche die Ergebnisse der Beobachtung operativ macht.[78]

Der vermeintliche Tod des Autors wird bei den im Folgenden verhandelten Texten mit Hilfe derjenigen semiotischen Prozesse aufgehoben, welche die Lesart von Identität nahelegen – wie dies beim Klagenfurt-Schnitt geschah. Die Komplexität wird noch dadurch erhöht, dass in nicht-literarischen Diskursen, die von den verhandelten Autoren unabhängig existieren (Presse, Wissenschaft), diese Identitäten weiterverhandelt werden und damit Autor-Subjekt-Figuren in Diskursbereichen konstruiert werden, die nicht der Literatur angehören. Diese Fortschreibungen verweisen damit auf den autopoietisch-individuellen Bereich des Autorschaftsdiskurses, sind jedoch von den verhandelten Autoren nicht unmittelbar beeinflussbar.

Noch eine weitere Art der Fortschreibung lässt sich beobachten: So findet sich die Figur ›Rainald Goetz‹ nicht nur im Werk des gleichnamigen Autors, wo er noch einen gewissen Grad an Kontrolle über sie hat. In der Kurzgeschichte »contrazoom« von Joachim Bessing beispielsweise begegnet man einer Figur dieses Namens, die all die Eigenschaften der bekannten Autorfunktion trägt und die mit den Protagonisten auf einer Toilette Kokain konsumiert und sich ständig Notizen macht.[79] Bei Joachim Lottmann wird Goetz in nahezu jedem Roman erwähnt und auch in dem Roman *Mai 3D* wird die gleichnamige Figur beim Schreiben von Notizen beobachtet.[80] Bei der so fortgeschriebenen Figur ist nicht immer klar zu erkennen, ob sie ihre Eigenschaften von der literarischen Figur Rainald Goetz aus »Subito«, *Rave*, *Abfall für alle* usw. hat, oder ob sie auf den alltagswirklichen Fortschreibungen der Person basiert.

In der folgenden Grafik werden die Arten der Einschreibungen und Fortschreibungen je nach Diskursbereich geordnet dargestellt und sollen so diejenigen Prozesse veranschaulichen, die an der Subjektivation von Autor-Subjekten beteiligt sind.

Die hier relevanten Diskurse verteilen sich auf die grauen Flächen. Die Basis des Schemas wird durch die nicht beobachtbaren Bereiche gebildet, die aus der Analyse herausfallen, jedoch Autorschaft und damit Subjektivation erst ermöglichen. Die gestrichelte Linie zwischen den Funktionsbereichen »Alltagswirklichkeit« und »Literatur« symbolisiert einerseits die Unterschiedlichkeit der Konfigurationen dieser Bereiche, andererseits zugleich ihre Durchlässigkeit. In den Bereichen [1] und [2] finden sich die Zeichen, die unmittelbar von den

---

78 Vgl. Iser (2003): »Auktorialität«, S. 220.
79 Vgl. Bessing (1999): »contrazoom«, S. 113ff.
80 Vgl. Hennig von Lange / Müller-Klug / Haaksman: *Mai 3D*, S. 61f.

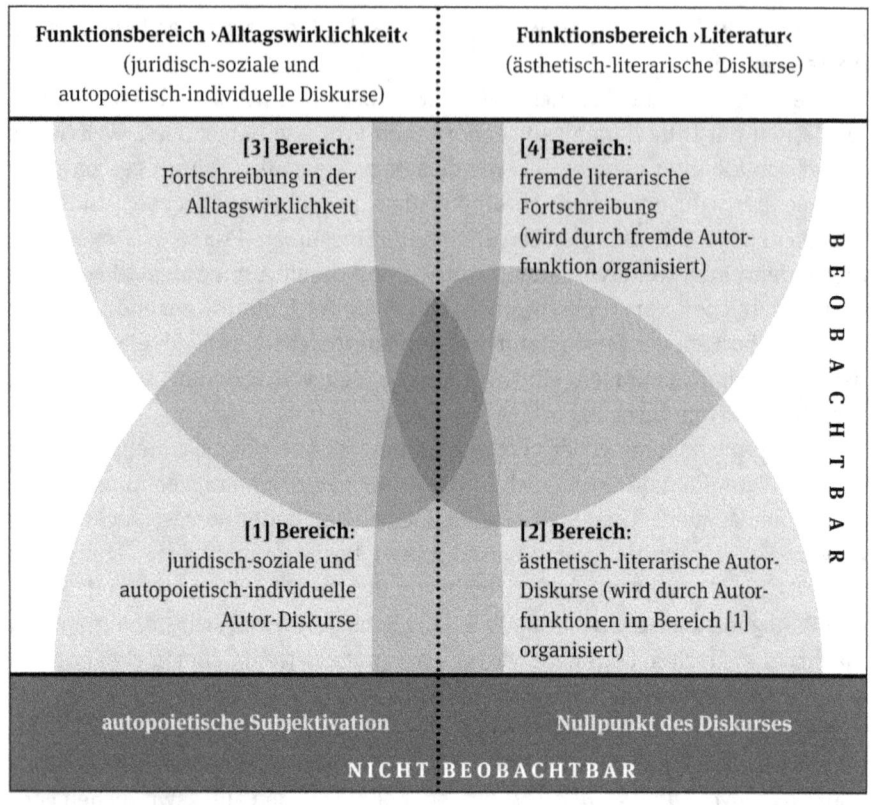

Grafik 1: Bereiche der Subjektivation.

Autoren ›begründet‹ werden – und in denen sie ›sich selbst‹ damit beobachtbar machen. Hier entsteht in der Regel am meisten Material, da alle literarischen Werke (potenziell) und alle Egodokumente darunter fallen. Bei dem Bereich [2] handelt es sich jedoch um einen Spezialfall der literaturgebundenen Subjektivation, der immer nur dann vorhanden ist, wenn die Autorfunktion als Figur in den Text projiziert wird und dort als Figur oder als Erzähler erscheint, wie es z.B. im Fall von »Subito« mit der Figur »Herr Goetz« der Fall ist. Ist ein solcher Umstand gegeben, findet eine Überschneidung von Texten aus dem Bereich des ästhetisch-literarischen Diskurses und derjenigen Texte aus dem Bereich des autopoietisch-individuellen Diskurses statt. Die einfachen Fälle eines extra-, homo- und autodiegetischen Erzählers sind damit nicht berührt – vielmehr muss eine zumindest namentliche Identität oder Andeutung zum alltagswirklichen

Bereich gewährleistet sein.[81] Der Bereich [1] wird üblicherweise mit Zeichen aufgefüllt, mit deren Hilfe die Autorfunktion alltagswirklich organisiert wird. Darunter fällt in erster Linie der Autorname auf dem Buchumschlag, aber auch etwaige dort zu findende Autorfotos ebenso wie Verlagsangaben zur Biographie, die Homepages von AutorInnen oder deren Interviews in Presse und Fernsehen.[82]

Als das Beispiel einer Überschneidung dieser Bereiche kann der Klagenfurt-Auftritt von Goetz gelten: Wie bereits oben beschrieben, erscheint er in dem vorgetragenen Text selbst als Autor-Figur, die – im Text, damit im Werk und damit vor allem innerhalb des ästhetisch-literarischen Diskurses organisiert – bei der Klagenfurter Lesung vorträgt. In der alltagswirklichen Situation der realen Lesung transformiert der Autor die gleichnamige literarische Figur in die ›Wirklichkeit‹ der Lesung, indem er seinen Text beim Wort nimmt und sich bei der entsprechenden Textstelle die Stirn aufschneidet. Die Gebiete, in denen sich die Felder überlappen, markieren damit spezifische Formen der Identität, und so kann der Deckungsbereich von [1] und [2] als Ergebnis einer Rezeption unter den Vorgaben des autobiographischen Pakts verstanden werden.

In den Bereichen [3] und [4] dagegen wird die Figur des Autors zum Objekt in Diskursen, die eine andere Urheberschaft aufweisen – die Autor-Figur wird sowohl in alltagswirklicher wie auch literarischer Rede von anderen fortgeschrieben. In den Bereich [3] fallen alle Pressereaktionen auf den Goetz'schen Klagenfurt-Auftritt, aber auch dessen wissenschaftliche Behandlung in der Sekundärliteratur. Der Bereich [4] wird aktiv, wenn beispielsweise Joachim Lottmann in seinen Romanen über Rainald Goetz referiert oder eine Figur gleichen Namens bei Joachim Bessing in der Diegese erscheint.[83] Die gleiche Größe der Bereiche täuscht: Die Bereiche [3] und [4] überschneiden sich nur marginal und der Bereich [4] ist in der vorliegenden Studie auf einige Dutzend Fälle beschränkt,

---

81 Als Beispiele können die Texte *Rave*, *Abfall für alle* oder *Klage* von Rainald Goetz gelten, ebenso wie die Romane *Deutsche Einheit*, *Die Jugend von heute*, *Zombie Nation* und *Der Geldkomplex* von Joachim Lottmann oder *Das bin doch ich* von Thomas Glavinic. Auch das Spiel mit Alter-Ego-Figuren zählt dazu, wenn genug Zeichen bereitgestellt werden, die eine Identität zwischen Figur / Erzähler und Autorfunktion / empirischer Person nahelegen. Dieser Fall findet sich bei Joachim Lottmann: Die Helden und Erzähler der meisten seiner Bücher tragen das Kürzel »Jolo« und referieren in diesen Texten auf ihre Autorschaft derjenigen Bücher, die in dem Bereich des juridisch-sozialen Diskurses von der Autorfunktion ›Joachim Lottmann‹ organisiert werden. Dieses Spiegelungsverfahren ist eine Variation des *Mise en abyme* bzw. der ›Doppelrahmung‹ nach Niklas Luhmann.
82 Normalerweise basiert dieser Bereich auf den Signaturen der Verlagsverträge, die jedoch nur über ihre strukturellen Kopplungen als existent angenommen werden können.
83 Vgl. Bessing (1999): »contrazoom«, S. 113ff. oder auch Lottmann (2009): *Der Geldkomplex*, S. 274f.

seine Überschneidung mit dem Bereich [2] lässt sich an einigen wenigen Beispielen abzählen.

Der für diese Studie entscheidende Bereich ist diejenige Fläche, welche die Zeichen aus allen vier Bereichen versammelt und die damit eine gemeinsame Schnittmenge markiert. Darin finden sich Zeichen, Strukturen und Praktiken, die eine Stabilität und Identität über alle relevanten Diskurse hinweg aufweisen und gleichrangig in Subjektivationsprozesse eingebunden werden können, mit denen Autor-Subjekt-Figuren konstruiert werden. Dieser Bereich markiert damit den identischen Kern der so hergestellten Subjekte.

Die Aufgabe besteht nun darin, nachzuweisen, welche einzelnen Zeichen in den verschiedenen Bereichen der Subjektivation aktiv werden, welchen Bereichen sie primär zugeordnet werden können, mit Hilfe welcher Strategien sie sich verknüpfen lassen und wo und auf welche Weise sie sich überschneiden und damit Identität evozieren. Mit dem Augenmerk darauf, dass Subjektivationen u.a. mit dem Ziel, Identität herzustellen, vollzogen werden, lassen sich durch eine ausführliche Analyse der Texte auf ihre rhetorischen Mittel, narrativen Verfahren, Strukturbildungen etc. die bei Subjektivationen aktiv werdenden ›Poetiken des Selbst‹ formulieren. Diese Poetiken vollziehen sich durch eine Kopplung und Zusammenführung der Zeichen unterschiedlicher Bereiche und erlauben damit eine Art der Existenz, die sich sowohl aus alltagswirklichen als auch literarischen Konfigurationen speist. Um diese Zeichen exakt fassen und vergleichen zu können, muss zuerst gesetzt werden, wie die Bedingungen ihrer Zirkulation beschaffen sind. Wenn hier von Zeichen gesprochen wird, die ›alltagswirklich‹ oder ›literarisch‹ oder auch beides zugleich sind, dann verweist das auf nichts Geringeres als den gesamten soziokulturellen medialen Komplex, als der sich unsere Welt präsentiert. Mit den Worten von Uwe Wirth: »Um die Welt zum Sprechen zu bringen, muß man sie in Form einer hypothetischen Landkarte auf das Maß der eigenen Fragestellung reduzieren.«[84] Genau das soll im folgenden Kapitel geleistet werden.

3.4 Textualität der Kultur: Diskurse, Praktiken und ›Pop‹

Um von Subjektivationsprozessen sprechen zu können, muss das Vorhandensein eines (menschlichen) Subjekts als Interpreten gewährleistet sein, das innerhalb seiner Kognition Signifikationsprozesse in Gang setzen kann, die einem Objekt einen Subjektstatus zuweisen. Dies wiederum setzt bereits eine gelungene

---

[84] Wirth (1999): *Diskursive Dummheit*, S. 111.

Subjektivierung voraus, denn ohne das Wissen um die eigene Subjekthaftigkeit und konventionelle Praktiken der Subjektivation kann niemand ein Objekt in ein Subjekt-Stadium befördern. Und damit ist bereits der Kern eines Problems berührt, denn wenn sich Subjektivation ihrer Struktur nach als *self-fulfilling prophecy* erweist, kann sich, wenn Subjektivation untersucht werden soll, das Augenmerk immer nur auf die einzelnen Prozessschritte richten, da diese selbst das Prozessergebnis nicht nur determinieren, sondern in sich das Prozessergebnis beinhalten. Möchte man also die spezifischen Ausprägungen der Subjektivation in den oben dargestellten vier Bereichen untersuchen, sollte man die einzelnen Zeichen isolieren und sie einer Deutung unterziehen.

Damit stellt sich die grundsätzliche Frage, was als Korpus der Untersuchung dienen kann. Andreas Reckwitz stellt überzeugend dar, dass man nicht notwendig bei der Gretchenfrage, ob man Praktiken oder Diskurse untersucht, landen muss, sondern dass der Gegenstand der Kulturwissenschaften nach einem Modell von ›Praxis / Diskurs-Formationen‹ erfasst werden kann.[85] (Und dies umso eher, als nichtdiskursive Praktiken immer erst nach ihrer Überführung in Diskurse zum wissenschaftlichen Gegenstand werden können.) Man sieht sich als Literaturwissenschaftler jedoch mit dem Rechtfertigungszwang konfrontiert, auf welche Art denn so etwas wie Fotografien oder Collagen zu Gegenständen werden können, die nach den gleichen Prinzipien vergleichbar sein sollen wie literarische Texte. Ich lege entsprechend im Folgenden dar, aus welchen Kategorien sich die analytischen Einheiten dieser Untersuchung speisen.

An erster Stelle steht eine Einschränkung: Der primäre Untersuchungsgegenstand sind Diskurse und diskursive Praktiken. Zuerst kann man beide (Diskurse und Praktiken) auf einer Ebene behandeln derart, dass sie »*Praktiken der Repräsentation* darstellen, das heißt Praktiken, in denen Objekte, Subjekte und Zusammenhänge auf eine bestimmte, regulierte Weise dargestellt werden und in dieser Darstellung als spezifische sinnhafte Einheiten erst produziert werden.«[86] Oder um es anders zu formulieren: Diese Elemente sind als Paradigmata rekonstruierbar.[87] Von hier aus lassen sich zwei aus einander folgende heuristische Größen ableiten: Das Archiv und das Korpus. Das Archiv ist dabei die systematisch schwieriger zu erfassende Größe, da sie je nach Setzung die Textualität derjenigen Kultur determiniert, auf die analytisch zugegriffen werden kann. Das Archiv ist in erster Linie durch die Kontiguität – oder auch: die usuelle Kookkurrenz – der darin enthaltenen Elemente gekennzeichnet und stellt für sie den Kontext

---

85 Vgl. Reckwitz (2008): »Praktiken und Diskurse«.
86 Reckwitz (2008): »Praktiken und Diskurse«, S. 203.
87 Vgl. Baßler (2005): *Die kulturpoetische Funktion und das Archiv*, S. 190.

dar, während es selbst keinen Kontext besitzt.[88] Alle Elemente in einem solchen Archiv sind direkt oder indirekt intertextuell verknüpft.[89]

Während Moritz Baßler das Archiv durchaus als allgemein und materiell denkt und vom »Archiv einer Kultur« spricht,[90] kann meines Erachtens immer nur von *einem* konkreten Archiv *einer* konkreten Untersuchung die Rede sein. In Baßlers Konzeption ist ein zu untersuchendes Diskurskorpus diejenige Teilmenge eines Archivs, die herauskommt, wenn man einen intelligenten Suchbefehl durch das Archiv schickt und die so markierten Texte gruppiert.[91] Ich möchte diese Perspektive umkehren. Wenn ein Archiv die Menge aller kontigen und paradigmatisch verknüpften Zeichen ist, so wird sein Bestehen und sein Umfang durch jeden neuen Suchbefehl determiniert, oder anders formuliert: Ohne Suchbefehl kein Archiv. Denn wo soll die Kontiguität der Archivelemente herkommen, wenn nicht dadurch, dass erst durch das Anlegen einer Differenz eine Differenz in das Verhältnis zweier Elemente hineinkopiert wird? Die Elemente eines Archivs sind damit weder indexikalisch noch repräsentierend, sondern symbolisch und selbstreferentiell. Durch jeden Suchbefehl wird eine Art Übersetzungsleistung entfaltet, die in ihrer Struktur der in diesem Archiv gerade gegebenen Textualität entspricht: Durch den Suchbefehl werden einerseits die Elemente des Archivs durch Differenzierung abgegrenzt und so erst definiert; zugleich werden anhand dieser Elemente die der Suche zugrunde gelegten Codes reformuliert und / oder bestätigt. Das Archiv wird im Moment des Lesens erschaffen und besteht aus den jeweils lesbaren Elementen. Die Textualität stellt einen Komplex dar, der aus diesen lesbaren Elementen und der Matrix aus Codes besteht, mit denen diese Elemente sinnhaft operationalisiert werden können. Der Diskurs dagegen ist dem Archiv vorgängig und ermöglicht diejenige Operation, die als ›intelligenter Suchbefehl‹ identifiziert werden kann. Der Diskurs operiert dabei nicht durch Kontiguität, Intertextualität oder Paradigmata, sondern durch das, was der Machtbegriff von Michel Foucault fasste.[92] Die Bewegungen der ›Macht‹, von denen Foucault in der *Der Wille zum Wissen* spricht, können als Ausdifferenzierungen und Re-Kontextualisierungen der symbolischen Dimension der Zeichen benannt werden. Das Archiv kann immer nur mit den Zeichen gefüllt sein, die man beim Suchen darin erkennt, es generiert die Zeichen nicht selbst, da es gegenüber dem Suchbefehl und den diskursiven Codes nachträglich ist. Allerdings verhält es sich so,

---

88 Vgl. hierzu Baßler (2005): *Die kulturpoetische Funktion und das Archiv*, S. 55ff., 199f.
89 Vgl. Baßler (2005): *Die kulturpoetische Funktion und das Archiv*, S. 200.
90 Baßler (2005): *Die kulturpoetische Funktion und das Archiv*, S. 199f.
91 Vgl. Baßler (2005): *Die kulturpoetische Funktion und das Archiv*, S. 196.
92 Vgl. dazu Foucault (1983): *Der Wille zum Wissen*, S. 113–124.

dass die Diskurse als ›Medien‹ in der Luhmann'schen Terminologie fungieren und die jeweils generierten Archive und die als relevant angesehenen Korpora als die ›Formen‹, durch die die Diskurse beobachtbar gemacht werden.[93]

Das Korpus einer Untersuchung kann damit bestimmt werden als die Menge derjenigen Elemente, die beim Suchdurchlauf in einem Archiv als relevant angesehen werden. Die *hier* relevanten Diskursformationen sind zum einen Autorschaft und zum anderen Subjekthaftigkeit und Identität. Die Suchbefehle beziehen sich damit auf alle Elemente, die eine usuelle Kookkurenz innerhalb dieser Diskursformationen aufweisen und die zugleich das Kriterium erfüllen, medial reproduzierbar und beobachtbar zu sein. Nicht-medialisierte *face-to-face*-Kommunikation[94] fällt aus diesem Bereich ebenso heraus wie beispielsweise die Haarfarbe von Rainald Goetz – die erste ist nicht identisch iterierbar, die zweite leistet keine Kollokation innerhalb der relevanten Diskursformationen.[95] Als Archiv generiert sich damit ein Bereich derjenigen Einheiten, die im Hinblick auf den Suchbefehl sinnhaft sein könnten. Im Fall von z.B. Goetz alle seine Texte, die ihm zugewiesenen visuellen Elemente (Fotos, die ihn zeigen oder die durch seine Autorschaft organisiert werden), seine Blogs, seine Musik-Arbeiten, seine Radio- und TV-Auftritte und letztlich alle Nennungen seines Namens im Presse- und Mediensystem sowie in fremdseitig organisierter Literatur. Das Korpus stellen all die Zeichen dar, die innerhalb des Archivs mit ›Autorschaft‹, ›Subjektivität‹ und ›Identität‹ in einem Verhältnis der zeichenhaften Kollokation stehen. Es ist so gesehen die Konstruktion eines Syntagmas, um im zweiten Schritt die Elemente des Korpus auf ihre Verbindungen untereinander – unter dem Blickwinkel des Suchbefehls – zu analysieren und damit die Rekonstruktion

---

[93] Vgl. zu der Medium-Form-Unterscheidung Luhmann (2001): *Einführung in die Systemtheorie*, S. 227f.

[94] Mit ›Kommunikation‹ werden alle Signifikationsprozesse bezeichnet, in denen mindestens noch ein anderes Subjekt als das ›Ich‹ der RezipientInnen als beteiligt angesehen wird. Diese Konzeption überschneidet sich zu einem Großteil mit der von Luhmann geschilderten Vorstellung von ›Kommunikation‹ als Daseinsweise sozialer Systeme, vgl. Luhmann (1987): *Soziale Systeme*, S. 66f., 143 und vor allem 192: »Der basale Prozeß sozialer Systeme, der die Elemente produziert, aus denen diese Systeme bestehen, kann [...] nur Kommunikation sein«. Damit ist alles als ›Kommunikation‹ gekennzeichnet, in dem von RezipientInnen eine Lokution identifiziert wird. Zum Begriff der Lokution vgl. Austin (2002): *Zur Theorie der Sprechakte*, S. 112–125.

[95] Das heißt nicht, dass mündliche Kommunikation generell ausgeschlossen wird oder die Haarfarbe notwendig irrelevant ist. Tatsächlich kann letztere wichtig werden, wenn man beispielsweise Goetz' Zugehörigkeit zu kulturellen Gruppen untersuchen möchte. Dann würde sein wasserstoffblondes Haar in Klagenfurt 1983 als signifikantes Merkmal innerhalb der Codes der New-Wave- oder Punk-Szene und damit im Kontext einer ›Pop‹-Poetik behandelt werden können.

der zugrundeliegenden Paradigmata – sprich: der ›Poetiken des Selbst‹ – leisten zu können – womit die Analyse geleistet wäre.[96]

Der Blinde Fleck dieses Konstrukts besteht in dem Suchbefehl, der von WissenschaftlerInnen generiert werden muss, was wiederum das Ergebnis von dynamisch ablaufenden Signifikationsprozessen ist.[97] Das Problem des *re-entrys* besteht nun darin, dass bei der Untersuchung nur zum Vorschein kommen kann, was per Suchbefehl ermöglicht wird; der Suchbefehl selbst aber nur von einer höheren Ebene der Beobachtung her beobachtet werden kann. Die kulturpoetischen Funktionen, als die sich die ›Poetiken des Selbst‹ auch bezeichnen lassen, müssen auf ein System von Äquivalenzen zurückzuführen sein, diese Äquivalenzen sind jedoch bereits vor dem Beginn der Untersuchung implizit gegeben. Moritz Baßler erkennt diesen Mechanismus in dem »hermeneutische[n] Rest«,[98] der bei der Selektion der als relevant erachteten Äquivalenzen verbleibt und (leider) nicht hintergehbar ist. Denn »[d]ie Archivanalyse, in die man damit eintritt, ist keine Erweiterung der Lektüre, sie macht nur explizit, was immer schon Bedingung der Lektüre war und ist.«[99] – Wenn damit die Bedingungen der Lektüre als diejenigen Kategorien verstanden werden können, die das Syntagma zu selektieren und das Paradigma zu rekonstruieren erlauben, müssen diese Bedingungen einerseits innerhalb des Interpreten gesucht werden und andererseits auf die Diskurse zurückführbar sein, in denen sie entstanden. »Der Interpret [= der/die WissenschaftlerIn; I.K.] steht nicht außerhalb einer abgeschlossenen Aussage, die es zu verstehen gilt, sondern ist aktiver Teil der allgemeinen Vernetzung.«[100] Man kann diesen ›hermeneutischen Rest‹ auch als einen Code bezeichnen, der in den Diskursformationen geprägt wurde und in den die Mechanismen der Macht eingeschrieben sind.[101] Damit ist er entsprechend dem Charakter der Macht einerseits unverzichtbar, andererseits auch kreativ. Was am Ende der Untersuchung

---

96 Vgl. hierzu Baßler (2005): *Die kulturpoetische Funktion und das Archiv*, S. 59–64; sowie als Grundlage das Konzept von Paradigma und Syntagma in: Jakobson (1979): *Poetik*, S. 94.
97 Vgl. dazu Baßler (2005): *Die kulturpoetische Funktion und das Archiv*, S. 71, 197.
98 Baßler (2005): *Die kulturpoetische Funktion und das Archiv*, S. 341.
99 Baßler (2005): *Die kulturpoetische Funktion und das Archiv*, S. 363.
100 Baßler (2001): »Einleitung: New Historicism«, S. 17.
101 Der Hermeneutik-Begriff ist dabei m.E. zum Teil zu Unrecht übel beleumundet. Es gibt genug Hermeneutik-Konzeptionen, die den Prozess der Rekonstruktion der von einem Subjekt vorgenommenen Deutung von Zeichen betonen. Der von Manfred Frank angewendete Hermeneutik-Begriff kommt dem sehr nahe und schließt damit auch dekonstruktive Verfahren als hermeneutische Verfahren ein, vgl. Frank (1988): »Subjekt, Person, Individuum«. Trotzdem besteht in der vorliegenden Studie das Ziel darin, den ›hermeneutischen Rest‹ so gering wie möglich zu halten, um eine konsensuale Nachvollziehbarkeit der Ergebnisse anzustreben.

herauskommt, ist nicht nur ein Bericht über die Anschlussfähigkeit der Suchbefehle, sondern auch als Metakommentar der Diskurse lesbar, in denen die Suchbefehle entstanden.

Mit dieser Konzeption lässt sich ein weiteres hier relevantes Feld gut beschreiben: Sowohl Rainald Goetz als auch Joachim Lottmann werden dem Komplex des literarischen Pop zugeordnet. Schon die erste mediale Aufmerksamkeit, die Goetz in den 1980er Jahren zuteil wurde, markierte ihn entsprechend,[102] ab der Mitte der 1990er Jahre repräsentierte er gemeinsam mit Thomas Meinecke und Andreas Neumeister quasi den literarisch als hochwertig akzeptierten Anteil der damals aufkommenden Welle der ›neuen‹ deutschsprachigen Pop-Literatur. Diese Zuordnung ist insofern wichtig, als mit ihr bestimmte poetische Verfahren und Tendenzen impliziert werden, die sich auch auf die ›Selbstinszenierung‹ der mit ›Pop‹ *gelabelten* Autoren erstrecken.[103] Es ist zu fragen, inwieweit ›Pop‹ auch auf die ›Poetiken des Selbst‹ der untersuchten Autoren einwirkt. Dabei ist Vorsicht geboten, denn ›Pop‹ ist auch in der Forschung nach wie vor ein analytisch schwer zu handhabender Begriff,[104] so dass geklärt werden sollte, wovon die Rede ist, wenn das Wort auftaucht.

Ich schlage vor, ›Pop‹ ganz allgemein zu beschreiben als jeweils synchron vorliegendes Archiv, das infolge des selbstreferentiellen Suchbefehls ›Was ist Pop?‹ generiert wird.[105] Da sich die Bedingungen des Suchbefehls entsprechend den Bewegungen der Macht in einer Diskursformation stets verändern, liefert sich die Begründung der Wandelbarkeit des Pop-Begriffs von selbst: Jede Zeit und jede Diskursformation hat ihren eigenen ›Pop‹, solange sich das soziokulturelle Gefüge aus Zeichen und Codes in Bewegung befindet. ›Pop‹ ist damit aus mindestens drei Perspektiven zu betrachten, die es auch erlauben, den wissenschaftlichen Diskurs über Pop zu kategorisieren.

Die erste Perspektive ist eine historische, die sich in der Frage formuliert, was zu einem bestimmten Zeitpunkt und in bestimmten Diskursen dem ›Pop‹ zugerechnet wird. Diese Frage führt zu immer neuen Reihen von synchronen Schnitten, wie sie beispielsweise Thomas Jung, Thomas Ernst oder auch Johannes

---

[102] Vgl. dazu Seiler (2006): »Das einfache wahre Abschreiben der Welt«, S. 239; Doktor / Spies (1997): *Gottfried Benn – Rainald Goetz*, S. 110.
[103] Vgl. dazu allgemein Paulokat (2006): *Benjamin von Stuckrad-Barre*, S. 38; siehe auch Jung (2002): »Vorwort«, S. 11.
[104] Vgl. dazu Winkels (1999): Grenzgänger, S. 581f. Siehe auch Oswald (2001): »Wann ist Literatur Pop?«, S. 29.
[105] Thomas Doktor und Carla Spies schlagen als entscheidende Frage auch die Distinktion in ›in‹ vs. ›out‹ vor, vgl. Doktor / Spies (1997): *Gottfried Benn – Rainald Goetz*, S. 111, siehe auch ebenda zum dynamischen Phänomen der Übergänge von ›Pop‹ zu ›Mainstream‹ S. 112.

Ullmaier geleistet haben.[106] Solche Untersuchungen sagen meist mehr über die Diskursformationen, denen die Frage entsprang, als über den Gegenstand aus.[107] Im besten Fall bieten die Ergebnisse solcher Definitionen Kataloge derjenigen Gegenstände, Geistesströmungen und ästhetischen Elemente, die für eine bestimmte Art von Pop konstitutiv sind (die also das jeweilige Archiv des Pop bilden). Aus diesen Taxonomien lassen sich dann Reihungen historischer Pop-Begriffe extrahieren, die dann in wissenschaftlichen Diskursformationen weiter prozessiert werden können.[108] Anspruchsvollere Untersuchungen, die dieser Perspektive folgen, belassen es nicht bei normativ konnotierten Eigenschaften- und Topoi-Katalogen des ›Pop‹, sondern suchen die poetologischen Prinzipien des jeweils historischen ›Pop‹ zu definieren. Mit solchen Zielsetzungen, die beispielsweise nach der ›Poetik der Oberfläche‹ als konstitutivem Merkmal der Pop-Literatur fragen,[109] kommen sie an die zweite hier skizzierte Perspektive heran.

Diese zweite Perspektive ist die der Bedingungen, unter denen die Suchbefehle des Pop generiert werden. Es geht in ihnen weniger darum, was in dem Archiv jeweils enthalten ist, als vielmehr um die Codes, die den Suchbefehl des ›Pop‹ generieren. Wenn Thomas Doktor und Carla Spies bemerken »Innovation, Simultaneität und Spontaneität heißen die Programme von Pop. Einem der je historischen Pop-Phänomene verhaftet bleiben zu wollen, bedeutet Dogmatik und Unbeweglichkeit«,[110] so benennen sie damit Funktionsprinzipien, die über einzelne Pop-Archive hinaus ihre Gültigkeit haben.[111] Diejenigen Definitionen von ›Pop‹, die seine Prozesshaftigkeit betonen, wie es beispielsweise Hubert Winkels tut,[112] erweisen sich damit als historisch wesentlich stabiler als die der ersten

---

106 Vgl. dazu Ernst (2005): *Popliteratur*; Jung (2002): »Vorwort«; Jung (2002): »Trash, Cash oder Chaos?«; Ullmaier (2001): *Von Acid nach Adlon und zurück*.
107 Das würde die starke normative Färbung vieler Pop-Definitionen erklären. Vgl. dazu vor allem die in der Bibliographie gelisteten Arbeiten von Thomas Jung.
108 Die Historisierung des ›Pop‹ wird besonders deutlich, wenn beispielsweise Rolf Dieter Brinkmann, Hubert Fichte oder auch Peter Handke (und ihre Werke) im Zusammenhang von Popdiskursen behandelt werden. Aus heutiger Sicht ist selbst der Peter Handke, der 1966 in Princeton gegen die »Gruppe 47« pöbelte, so weit von gegenwärtigem Pop entfernt, wie Dieter Bohlen vom Literaturnobelpreis.
109 Vgl. dazu den Sammelband von Grabienski / Huber / Thon (2011): *Poetik der Oberfläche*.
110 Doktor / Spies (1997): *Gottfried Benn – Rainald Goetz*, S. 117.
111 Während die Untersuchungen, die auf der ersten Perspektive basieren, darauf angewiesen sind, dass ihre Untersuchungsgegenstände bereits vorher als ›Pop‹ attribuiert wurden, können Untersuchungen aus der zweiten Perspektive die analysierten Gegenstände auch erst dem ›Pop‹ zuweisen. Vgl. auch den Ansatz von Martin Jörg Schäfer, der Pop ähnlich aus systemtheoretischer Perspektive beschreibt, Schäfer (2007): »Luhmann als ›Pop‹«, S. 278f.
112 Vgl. Winkels (1999): »Grenzgänger«, S. 585f.

Perspektive und bieten Modelle, um auch andere Pop-Phänomene untersuchen zu können. Auch das Archiv-Paradigma, das Moritz Baßler als maßgeblich für die Pop-Literatur der 1990er Jahre identifiziert,[113] wird damit als ein für die deutschsprachige Literatur der 1990er Jahre spezifischer Suchbefehl verständlich, der darin besteht, dass Elemente gesucht und aus einem kulturellen Raum in einen anderen überführt werden – und dort eine neue Funktionalisierung erhalten. Pop wird damit eine »Archivierungs- und Re-Kanonisierungsmaschine«,[114] die per Suchbefehl immer neue Elemente in das eigene Archiv aufnimmt, sie wieder abstößt und dabei nicht nur den Suchbefehl nach und nach ändert, sondern auch den Zeichencharakter der Elemente zumindest temporär umschreibt.[115]

Als Beispiel für eine solche Beschreibung der Mechanismen kann die Unterscheidung von Pop I und Pop II durch Diedrich Diederichsen dienen.[116] Der von ihm so erkannte Pop I, den er in den 1950er bis zu den 1980er Jahren ansiedelt, generiert seine Suchbefehle im Modus der Abgrenzung von gängigen Vorstellungen der Hochkultur und von den politischen, kapitalistischen und gesellschaftlichen Strukturen der Organisierten Moderne. Der Pop II übernimmt ab den 1990er Jahren Teile dieser Distinktion, schwächt sie jedoch ab. Das Verhältnis zur Politik wird weitgehend getilgt, das Verhältnis zur Ökonomie ist eher affirmativ und das Verhältnis zur Gesellschaft ist eher durch Inklusion als Affirmation geprägt. Die distinktiven Mechanismen werden eher auf dem Gebiet des ›Stils‹ aufrechterhalten und erstrecken sich auf das Mögen der ›richtigen‹ Musik, das Tragen der ›richtigen‹ Mode und den Konsum der ›richtigen‹ Produkte. Diederichsens Texte bewegen sich dabei auf einer Zwischenstufe zu der hier relevanten dritten Perspektive auf den ›Pop‹. Einerseits versucht er immer wieder die Mechanismen des ›Pop‹ durch die Untersuchung seiner Dynamiken aufzuschließen, andererseits schreibt er die meiste Zeit von der Seite eines bestimmten Pop her – und schreibt diesen damit selbst fort und moduliert durch seine Auslotungen die Suchbefehle selbst.[117]

---

113 Vgl. dazu einschlägig Baßler (2002): *Der deutsche Pop-Roman*; oder auch etwas kompakter: Baßler (2003): »Sammeln und Generieren«.
114 Baßler (2002): *Der deutsche Pop-Roman*, S. 46.
115 Dieser Ansatz macht es schwierig, zwischen ›Pop‹ und Trends oder Moden zu unterscheiden. Man könnte die Bedingungen der Diskurse einschränken, in denen ›Pop‹ entsteht und z.B. feststellen, dass Suchbefehle des ›Pop‹ vor allem von Akteuren in der Pubertät und frühen Adoleszenzphase formuliert werden. Dies gilt es wieder kulturell spezifischer zu fassen und zu diskutieren, ob ›Pop‹ ein Phänomen moderner westlicher Gesellschaften ist, oder aber jede Zeit und Kultur ihre eigenen Ausprägungen von ›Pop‹ generierte. Vgl. Rutschky (2003): »Wertherzeit«.
116 Vgl. Diederichsen (1999): *Der lange Weg nach Mitte*, S. 272–286.
117 Man kann das an seiner Publikation *Sexbeat* beobachten. In der Einleitung der dritten

Die dritte Perspektive auf den ›Pop‹ ist diejenige, die im Hinblick auf Rainald Goetz besonders relevant wird. Sie besteht darin, auf reflexive Weise zu beobachten, wie ›Pop‹ sich selbst (be)schreibt und im diesem Prozess den ›Pop‹ mit den Mechanismen eines autopoietisches Systems immer wieder herzustellen und fortzuschreiben.[118] Der reflexive Grad dieser Vorhaben kann dabei als Nagelprobe für Pop-Literatur im engeren Sinne angewendet werden, wie Hubert Winkels schreibt:

> [E]s gibt ein geradezu klassisches Kriterium, das einen deutlichen Schnitt ermöglicht zwischen populärer Literatur, die mit Pop-Versatzstücken umgeht, und einer Pop-Literatur im eminenten Sinn. Es ist der Grad der Reflexivität, über den ein Pop-Text gebietet, ohne aus dem Zusammenhang der zeitgenössischen populären Ikonographie auszuscheren und ohne den eigenen, an Pop angelehnten Sound zu vernachlässigen.[119]

Die Schriften von Goetz führen von Anfang an einen Metadiskurs, der die eigenen Poetiken sowohl zu formulieren als auch zu hinterfragen sucht – dies jedoch stets eingeflochten in eine Literatur, die als ›Pop‹ identifiziert werden kann. Das Paradigma der Archivierung als *téchne* des ›Pop‹ ist vor allem in den *Jahresbericht*-Publikationen und in den Listen / Notizen von *1989* präsent, lässt sich aber auch in den Poetiken identifizieren, die in *Abfall für alle*, *Klage* und *loslabern* vorherrschen. In dem Peritext von *1989* wird mit dem Zitat »and trying / to figure out what / was happening – and taping it all«[120] an die Tradition des Aufzeichnens von Andy Warhol angeschlossen – ein Topos und ästhetisches Bezugssystem, das von Goetz über Jahre hinweg immer wieder hergestellt wird.[121] Diese als ›Pop‹-spezifisch zu fassende Poetik speist sich dabei jedoch nicht nur aus dokumentarischen Diskursen, wie das berühmte »einfache wahre Abschreiben der Welt«[122] aus »Subito« auf den ersten Blick implizieren mag, sondern ist sich auch stets der Nachträglichkeit des so entstehenden Textes bewusst.[123] Und auch

---

Auflage versucht er, die Prinzipien des ›Pop‹ und seine eigene Position darin als Mit-Produzent nachträglich zu beleuchten. Vgl. Diederichsen (2002): *Sexbeat*, S. XXV–XXXIV.
118 Vgl. zur Wichtigkeit der Reflexivität bei der Formierung des Pops der 1980er Jahre Seiler (2006): *»Das einfache wahre Abschreiben der Welt«*, S. 236.
119 Winkels (1999): »Grenzgänger«, S. 581f.; Oswald (2001): »Wann ist Literatur Pop?« S. 29.
120 Vgl. Goetz (1993): *1989*, S. 7. Das Zitat findet sich identisch in allen drei Bänden.
121 Vgl. eine der frühesten Nennungen von Andy Warhol als poetologischen *peer*: Goetz (1986): »Und Blut«, S. 189, zuerst erschienen in der *Spex* im Oktober 1985. Warhol taucht auch im Peritext der Druckversion von *Abfall für alle* auf und wird im Werk selbst immer wieder thematisiert.
122 Vgl. Goetz (1986): »Subito«, S. 19.
123 Vgl. zum Prinzip der reflexiven »Nachzeitigkeit« auch Doktor / Spies (1997): *Gottfried Benn – Rainald Goetz*, S. 120.

wenn der dokumentarische Anspruch oft im Vordergrund zu stehen scheint, wie an der Anlage der *1989-* und *Abfall-für-alle*-Projekte beobachtbar ist, so ist doch die subjektiv determinierte Position der Autor-Figur immer wieder Gegenstand der poetologischen Aushandlungen im Text. Diese Passagen sind einerseits als Metadiskurse lesbar, bilden jedoch zugleich auch einen wesentlichen Bestandteil der Werke, die sie zu hinterfragen scheinen. Das Ganze ist zudem verbunden mit einem durchaus auch ästhetischen Anspruch, der an den entstehenden Text angesetzt wird.[124] Eine Untersuchung solcher Textstrategien muss beide Aspekte berücksichtigen und darauf achten, mit welchen Verfahren die Passagen, die im Gestus eines Metadiskurses verfasst sind, auf den Text selbst rückwirken und wie sie zugleich explizit und implizit damit die poetologischen Gesetze dieses Textes niederschreiben. Es ist darum nicht überraschend, dass sich in vielen Texten von Goetz metaleptische Verfahren finden lassen. Die ästhetischen Ansprüche codieren die Textmasse zusätzlich, so dass quasi nie ein einziges Gesetz oder nur *eine* poetologische Maxime zur Erklärung des Textes hinreicht. Aus den poetologischen Dynamiken von Goetz, die oft den ›Pop‹ seiner Gegenwart nachzuzeichnen suchen, wird so selbst eine Matrix für diesen ›Pop‹ – und Goetz als Autor sowohl einer seiner Fortschreiber, als auch eine der darin zu findenden Figuren.

Eine Behandlung von ›Pop‹, die möglichst alle Aspekte berücksichtigen möchte, sollte vermutlich alle drei Perspektiven zugleich einnehmen und sowohl die Archive, die Modi der Suchbefehle als auch die Fortschreibungen von innen heraus berücksichtigen. In dieser Arbeit ist dies nicht notwendig – der kurze Exkurs sollte nur die Dynamiken aufzeigen, denen die hier untersuchten Poetiken unterliegen – und den Blick dafür schärfen, dass hier stets ein *re-entry* am Werk ist, das eine kausale Einteilung in Poetik vs. Text nicht erlaubt. Beide sind vielmehr ineinander verschränkt und bedingen sich gegenseitig.

3.5 Der Medienkompaktbegriff

Der hier im Folgenden verwendete Textbegriff ist sehr weit gefasst. Textualität ist oben definiert worden als ein Komplex, der aus den lesbaren Elementen eines Archivs und der Gesamtheit derjenigen Codes besteht, die dazu dienen, diese Elemente innerhalb eines spezifischen Suchbefehls sinnhaft zu machen. Für diese Untersuchung fällt alles in den Bereich des zu berücksichtigenden Textes, was mit den jeweils untersuchten Autoren im Hinblick auf Autorschaft, Identität und Subjektivität kookurriert. Dies ist – um es salopp zu sagen – eine ziemlich

---

124 Vgl. dazu Drügh (2005): »Taping it all«, S. 147 und 153f.

disparate Menge an Daten. Um eine Vergleichbarkeit der Ergebnisse bei diesem Forschungsvorhaben zu erreichen, müssen die untersuchten Elemente *sowohl* vergleichbar, als auch differenzierbar sein, da sonst die Gefahr besteht, sowohl literarische als auch ›alltagswirkliche‹ Zeichen gleichwertig zu behandeln. Ein solcher Relativismus wird hier explizit nicht angestrebt. Es gilt daher weiter zu sondieren: Was noch fehlt, ist die Aufstellung von tragfähigen Medien- und Zeichenmodellen, die mit Hilfe eines Rahmenmodells differenzierbar sein sollen, um die Verhältnisse zwischen RezipientInnen (BeobachterInnen), Zeichenbegründern und Korpus zu beschreiben. Um anschließend die analysierten Zeichenprozesse als alltagswirklich oder literarisch einordnen zu können, ist es zudem notwendig, die so gewonnene Architektur der Zeicheneinordnung um den Aspekt der Performanz zu erweitern. Ist dies geleistet, können die Begriffe ›Referentialität‹, ›Fiktionalität‹ und ›Authentizität‹ produktiv zur Anwendung kommen. Bevor alle diese Überlegungen anhand des Klagenfurt-Auftritts von Goetz entwickelt werden, ist es noch zusätzlich nötig, eine weitere Unterscheidungskategorie einzuführen. Die Elemente des Korpus mögen durch Kookurrenz bestimmt sein, sie sind jedoch nicht gleichwertig, da sie u.a. durch unterschiedliche mediale und institutionelle Konnotationen bestimmt werden. Um auch auf der Ebene der medialen Verortung differenzieren zu können, ist ein adäquater Medienbegriff zu finden, der möglichst alle Diskurse, Funktionsgebiete und Medienkanäle zu synthetisieren oder aber zu ordnen vermag. Am besten funktioniert so etwas an einem konkreten Beispiel:

Wer von dem Goetz'schen Skandal von Klagenfurt noch nie gehört hatte, dem bot sich im Juni 2009 die Gelegenheit, dies nachzuholen. Bei der 33. Austragung des Ingeborg-Bachmann-Preises sorgte der Autor Philipp Weiss für ein gewisses Aufmerken, als er nach der Diskussion seines Textes ›Blätterliebe‹ mit dem Kommentar, das Folgende sei »notwendiger Bestandteil dieses Textes«[125] sein Manuskript faltete und aß. Die Irritation von Jury und Presse hielt sich in Grenzen, was nicht weiter erstaunt, hatte doch 26 Jahre zuvor Rainald Goetz einen wesentlich radikaleren ›notwendigen Bestandteil des Textes‹ ebenfalls vor laufender Kamera vorgelegt – ein Umstand, den kaum eine der Pressemeldungen zur Aktion von Weiss unerwähnt ließ.[126]

---

125 Die Diskussion mit der anschließenden Verspeisung der Blätter kann auf den Seiten des Ingeborg-Bachmann-Preises angesehen werden unter mms://apasf.apa.at/nocms-worldwide/kaernten_tddl_2009_weiss_disk.wmv (zuletzt eingesehen am 17.12.2013).
126 Vgl. u.a.: Maack (2013): »Zu viele Tiere?«; Hugendick (2009): »Schon hundert Mal gehört«; Krekeler / Schiller (2009): »Einen nordischen Eindruck hinterlassen«; Bartels (2009): »Bachmann-Preis beliebt trotz Klagen«; Müller (2009): »Im Land der Software«.

Damals, am 25. Juni 1983, dem dritten Tag des Wettbewerbs, trug der bis dahin weitgehend unbekannte Goetz seinen Text »Subito« vor und fügte sich wenige Minuten vor Ende der Lesung – vermutlich mit einer Rasierklinge, das lässt sich auf den Aufnahmen nicht genau erkennen – einen Schnitt in die Stirn zu. Während ihm das Blut über Gesicht, Kleidung und Manuskript lief, las er zu Ende und stellte sich dann den Kommentaren der Jury. Die Aktion generierte Aufmerksamkeit: Bereits am gleichen Abend wurde sie in den ›Tagesthemen‹ der ARD erwähnt[127] und am folgenden Tag erschien eine entsprechende Meldung der dpa.[128] Damit wurde ein mediales *Image* des Autors Rainald Goetz initiiert, das bis heute fortwirkt.[129] Goetz – so der Tenor – sei ein Medienakteur, Nutznießer des Fernsehzeitalters und provokanter Aktionist, der lediglich Publicity für sich aus der blutigen Performance herauszuschlagen suchte.[130]

Möchte man die Genese dieses *Images* nachvollziehen und den Auftritt selbst analysieren, stößt man auf die Schwierigkeit, dass die offizielle Seite des ORF, auf der ein Mitschnitt angeboten wird, nicht funktioniert.[131] Nun könnte man sich an das ORF-Studio mit der Bitte um Einsicht in die Archive wenden, oder aber – einfacher und naheliegender – selbständig das Internet durchsuchen. Dies sollte schnell zum Erfolg führen, da Mitschnitte des Auftritts immer wieder kursieren und frei einsehbar sind.[132] Wenn man das Video gefunden hat und zur Analyse

---

127 Vgl. Müller / Schmidt (2001): »Goetzendämmerung in Klagenfurt«, S. 266.
128 »Blut floß am Wochenende beim Ingeborg-Bachmann-Literaturwettbewerb [...] als sich der deutsche Autor Rainald Götz [sic] zum Abschluß seiner Lesung vermutlich mit einer Rasierklinge einen tiefen Schnitt auf der Stirn beibrachte. Blutüberströmt trug er die letzten Passagen seines Wettbewerbs-Textes vor, der bereits zuvor wegen seiner Aggressivität gegen das kulturelle und literarische Leben und insbesondere den Bachmann-Preis selbst beim Publikum und der Jury Spannungen ausgelöst hatte. [...] Götz, von Haus aus Mediziner, lebt in Berlin und München.« Zitiert nach: Doktor / Spieß (1997): *Gottfried Benn – Rainald Goetz*, S. 73. Auch die elf Pressereaktionen auf den Klagenfurter Wettbewerb, die Fink und Reich-Ranicki sammelten, schildern den Vorfall meist sehr ausführlich, vgl. die »Resonanzen« in: Fink / Reich-Ranicki [Hg.] (1983): *Klagenfurter Texte 1983*, S. 201–245.
129 Fast alle Rezensionen der Werke von Goetz gehen zumindest beiläufig auf den so generierten Skandal ein, vgl. von den aktuelleren u.a. Fanizadeh (2012): »Schweine des Kapitals«; Haibach (2010): »Mittendrin in dieser Kaputtheit«; Delabar (2010): »Sinnsuche, Satzsuche, Bildsuche«; Opitz (2009): »Analysen und Verrisse«.
130 Vgl. u.a. die »Resonanzen« in Fink / Reich-Ranicki [Hg.] (1983): *Klagenfurter Texte 1983*, S. 201–245.
131 Vgl. bachmannpreis.orf.at/25_jahre/1983/start_1983.htm, zuletzt eingesehen am 17.12.2013.
132 Tatsächlich ändern sich öfter die Adressen, unter denen der Mitschnitt verfügbar ist, da die *Postings* regelmäßig gelöscht werden. Eine einfache Suche mit Google führt aber meist zum Erfolg. Hier wird folgende, 11:16 min lange Version analysiert: www.youtube.com/watch?v=_BEjgp9MAEY (zuletzt eingesehen am 17.12.2013).

nutzen möchte, sind jedoch noch vorab Fragen zu klären, die entscheidend bei der Einordnung der daraus gewonnenen Daten sein können: Kann das Material eindeutig datiert und zugeordnet werden? Mit welchen technischen Mitteln ist es realisiert? (Eine Kino-Produktion erfordert andere Herangehensweisen als eine Studio-Aufnahme im Fernsehen oder gar eine private Aufnahme.) Daran schließen sich Fragen der Bearbeitung an: Handelt es sich um ›originales‹ Material oder wurden Ton und Bild manipuliert? Hinzu kommen Fragen nach der institutionellen Einbindung: Ist das Angebot von einer Sendeanstalt oder einer Produktionsfirma realisiert worden, oder ist gar der Autor selbst daran beteiligt gewesen? Wenn man das Material als unmarkiert ansieht und all diese Fragen ignoriert – wenn man sich also unvoreingenommen und uninformiert an die Analyse setzt, ist eine Kontextualisierung der Daten nicht möglich. Da in dieser Arbeit die komplexen Zusammenhänge von Textfiguren und medial anderweitig beobachtbaren Figuren interessieren, wäre es sträflich, den Kontext unmarkiert zu belassen.

Siegfried J. Schmidt legte seinen Medienkompaktbegriff im Jahre 2008 vor, womit er ältere von ihm entwickelte Modelle überarbeitete. Sein Ansatz kann hier insofern produktiv genutzt werden, als er in erster Linie eine systematische Heuristik anbietet, mit der einzelne Zeichen und Zeichenkomplexe innerhalb des weiten Textbegriffs recht genau auf die jeweils darin wirksamen Bedeutungsdimensionen untersucht werden können. Das Material kann damit genau markiert und kontextualisiert werden. Schmidt vermeidet bei seinem Ansatz eine zu weite Herangehensweise, indem er die sinnlichen Wahrnehmungsmedien wie Licht und Schall aus seinem Schema herausnimmt und sich auf aufwandslos plausibilisierbare – wie er es formuliert: »intersubjektiv beobachtbare«[133] Zeichenkomponenten beschränkt.[134] Sein Modell erbringt dabei die Leistung, so strukturell unterschiedliche Elemente wie ›semiotische Kommunikationsmedien‹ und ›technische Verbreitungsmedien‹ zu synthetisieren und dabei die möglichen Aktanten der medialen Kommunikationsprozesse – sprich: die beobachtenden Personen – nicht zu ignorieren.[135] Überdies betrachtet er Medienprozesse als semiotische Grundelemente der Kultur und betont die »Koevolution von Medien, Kognition und Gesellschaft«[136] – dieser Aspekt ist für die vorliegende Arbeit besonders wichtig, da im Folgenden die ›operative Fiktion‹ der Medien als basaler

---

133 Schmidt (2008): »Der Medienkompaktbegriff«, S. 150.
134 Vgl. Schmidt (2008): »Der Medienkompaktbegriff«, S. 154f.
135 Damit greift er einige Aspekte des »the medium is the message« von Marshall McLuhan auf und entfernt sich zugleich von der Medium–Form-Unterscheidung bzw. Systematisierung, die Niklas Luhmann in seiner Theorie vornimmt. Vgl. zu letzterer u.a. Luhmann (1997): *Die Kunst der Gesellschaft*, S. 165–222.
136 Schmidt (2008): »Der Medienkompaktbegriff«, S. 153.

Bestandteil der ›Realität‹ aufgefasst wird und den damit analysierten Zeichenprozessen ihre »Realität der Erscheinung«[137] zugewiesen werden kann.

Der Begriff der ›operativen Fiktion‹ kann dabei in Zukunft diejenigen der ›Realität‹, ›Objektivität‹ oder auch ›Wirklichkeit‹ ersetzen, allerdings nur unter der Voraussetzung, dass es sich dabei um (massen)medial vermittelte Phänomene handelt.[138] Der Terminus ist von Niklas Luhmann eingeführt worden, um den Umstand der Geschlossenheit des kognitiven Apparats zu berücksichtigen und die Kategorie des Intersubjektiven zu vermeiden. Er konstruiert ihn dabei im besonderen Hinblick auf die Rolle derjenigen Massenmedien, die als ›one-to-many-Medien‹ wirksam werden und stellt fest:

> Ihre gesellschaftliche Primärfunktion liegt in der Beteiligung aller an einer gemeinsamen Realität oder, genauer gesagt, in der Erzeugung einer solchen Unterstellung, die dann als operative Fiktion sich aufzwingt und zur Realität wird.[139]

Da die vorliegende Studie sowohl nachvollziehbar als auch wirklichkeitsrelevant sein soll, kommt diese »Unterstellung« – bzw. die Elemente, die zu ihrem Funktionieren führen – als einziger Untersuchungsgegenstand infrage.[140] Der Medienkompaktbegriff reicht dabei nicht aus, um zu beschreiben, wie operative Fiktionen in der medial vermittelten Welt entstehen – diese Prozesse werden im Kapitel über Rahmen, Konfiguration und Performanz ausführlicher behandelt – er bietet jedoch eine Systematisierungsmöglichkeit, um diese Prozesse genauer beschreiben zu können.

Schmidts Medienbegriff beinhaltet vier Komponenten, die hierarchisch ineinander gefügt sind und an deren ›Spitze‹ die »Medienangebote«[141] stehen. Eine Aufnahme des Klagenfurt-Auftritts von Goetz auf *YouTube*, die mit Hilfe einer bestimmten URL immer wieder angeschaut werden kann, wäre ein Beispiel für

---

137 Jameson (1986): »Postmoderne – Zur Logik der Kultur im Spätkapitalismus«, S. 59.
138 Diejenigen Prozesse, die eine Unmittelbarkeit innerhalb des psychischen Systems von Beobachterinnen und Beobachtern herzustellen in der Lage sind, werden damit nicht geleugnet, jedoch in dieser Studie ignoriert.
139 Luhmann (2005): *Soziologische Aufklärung 3*, S. 367. Der Terminus ist in den Kommunikationswissenschaften und der Medienwirkungsforschung sehr produktiv aufgenommen worden und wird auch von Siegfried J. Schmidt verwendet. Vgl. u.a.: Schmidt (2003): »*Eine* Geschichte der Geschichten & Diskurse«.
140 Was damit aus der Untersuchung explizit ausgeschlossen wird, sind etwaige persönliche Erfahrungen mit den behandelten Autoren oder Untersuchungsmaterial, das nur unter großem Aufwand beschafft werden kann, wie beispielsweise eventuell im Marbacher Literaturarchiv befindliche Korrespondenzen oder Manuskriptfassungen des Suhrkamp-Autors Goetz.
141 Vgl. Schmidt (2008): »Der Medienkompaktbegriff«, S. 145, 147.

ein solches Medienangebot. Es ist dabei jedoch nicht als Entität, sondern als Prozessresultat zu betrachten, welches »die Bedingungen des jeweiligen Mediensystems als spezifische Charakteristika ständig in sich führ[t].«[142] Das gesamte »Mediensystem« konstruiert sich dabei aus dem Zusammenwirken der vier Komponenten ›Kommunikationsinstrumente‹, ›Medientechniken‹, ›institutionelle Einrichtungen‹ und ›Medienangebote‹.

Unter die KOMMUNIKATIONSINSTRUMENTE werden alle zur Kommunikation genutzten Einheiten gezählt, die keinerlei technische Infrastruktur zu ihrer Rezeption benötigen.[143] Schmidt fasst darunter Sprachen, ›natürliche‹ Bilder und die Realisierung nonverbaler Kommunikation.[144] Da nach Schmidt nicht-schriftlich vermittelte Sprache damit nicht als Medium selbst betrachtet wird, erfolgt eine strenge Unterscheidung in interaktive und medienvermittelte Kommunikation,[145] wobei nur letztere durch seinen Medienkompaktbegriff erfasst wird. Da Schmidt die systemtheoretische und auch von mir übernommene Systemtrennung in biologische, psychische und soziale Systeme als gültig erkennt, kann Kognition als unbeobachtbarer Prozess nicht Gegenstand seines Medienbegriffs werden.[146] Lediglich die Kommunikationsinstrumente (Optik, Akustik, Haptik, Olfaktorik, Gustatorik) müssen aufgrund ihrer semiotisch relevanten Materialität einbezogen werden. Auf der Ebene der Kommunikationsinstrumente kann ein Ereignis wie Goetz' Schnitt in Klagenfurt insofern differenziert betrachtet werden, als die Qualität der Zeichen sich dahingehend unterscheidet, ob man von dem Ereignis in der Zeitung liest, eine Audioaufnahme hört, Fotos betrachtet oder audiovisuelles Material wie den oben genannten *YouTube*-Clip rezipiert. Abhängig vom Kommunikationsinstrument werden dabei mehr oder weniger Zeichen unterschiedlicher Codierung angeboten, womit die Rezeption maßgeblich determiniert wird. So ist dem Clip sowohl die Stimmfärbung, der Lesegestus oder auch Mimik und Gestik von Goetz in Abhängigkeit von den gelesenen Passagen zu entnehmen, die in anderen Kommunikationsinstrumenten verloren gehen würden. Diese Elemente können damit als Zeichen in das Korpus der Untersuchung aufgenommen werden.

---

142 Schmidt (2008): »Der Medienkompaktbegriff«, S. 145.
143 Der Umstand, dass Brillen, Hörgeräte, Operngläser, Mikroskope und dergleichen streng genommen auch zur Infrastruktur gehören müssten, kann vernachlässigt werden – es handelt sich nur um eine Heuristik.
144 Vgl. Schmidt (2008): »Der Medienkompaktbegriff«, S. 144.
145 Vgl. Schmidt (2008): »Der Medienkompaktbegriff«, S. 151.
146 Vgl. Schmidt (2008): »Der Medienkompaktbegriff«, S. 153.

Die zweite Komponente des Mediensystems bilden die MEDIENTECHNIKEN.[147] Darunter werden all die Techniken subsumiert, die uns erst in die Lage versetzen, Medienangebote zu realisieren – Beispiele wären die Offset-Drucktechnik bei Büchern, das LCD-Panel des Fernsehers bei TV-Sendungen oder die Soft- und Hardware eines Computers bei der Rezeption des *YouTube*-Clips.[148] Dabei sind die Medientechniken, die zur *Herstellung* der Medienangebote benötigt werden, nur insofern relevant, als das Wissen um sie spezielle ästhetische oder historische Diskurse entfalten kann. Damit sind die Medientechniken an der Zeichenproduktion nicht neutral beteiligt, sondern prägen sich mit spezifischen Konnotationen in das Medienangebot ein.[149] Sie normieren das Zeit- und Kontextgefühl der Rezipientinnen und Rezipienten, steuern ihre Aufmerksamkeit und sind spezifisch emotional und kontextuell konnotiert. Die Medientechniken sind damit unmittelbar an der strukturellen Wirkung – und über ihre kulturellen Konnotationen außerdem an der semiotischen Wirkung der durch sie ermöglichten Medienangebote beteiligt.[150] Sie erfordern eine gewisse Kompetenz in ihrer Handhabung, von der die Intensität und Art ihrer strukturellen Effekte mit abhängt. Dem fraglichen Clip kann auch bei der Rezeption über das Internet eine Einschreibung der Medientechnik ›Fernsehen‹ angesehen werden. Hierfür sorgt einerseits das für TV typische *setting* in einem Studio, die Konventionen des Schnitts und der Kameraführung und nicht zuletzt die geringe Auflösung des Bildmaterials.[151] Die Anmoderation erweist sich ebenso als typische Komponente des Dispositivs TV, über die allgemeines Wissen vorausgesetzt werden kann. Die blassen Farben

---

147 Schmidt verwendet hierfür auch den Begriff der ›technischen Dispositive‹, der hier nicht übernommen wird, da er – in Anlehnung an den Dispositiv-Begriff von Foucault – zu viele Implikationen und Unklarheiten beinhaltet.
148 Vgl. Schmidt (2008): »Der Medienkompaktbegriff«, S. 144ff.
149 So kann beispielsweise eine Aufnahme mit einer Super-8-Kamera innerhalb eines Authentizitätsdiskurses rezipiert werden, wenn man weiß, dass diese Kamera leicht und quasi von jedem bedient werden kann. Eine so denkbare ›Ästhetik des Alltäglichen‹ verwandelt sich jedoch schnell in einen artifiziell konnotierten Manierismus, wenn die Technik nicht mehr zeitgemäß und damit kaum mehr verbreitet ist.
150 Allein der Umstand, dass vor dem rezipieren eines Medienangebots zuerst eine Entscheidung für eine Medientechnik erfolgt, spricht für die fehlende Neutralität der Medientechnik. Weiterhin bleiben die jeweiligen technischen Grenzen den Medienangeboten ebenso eingeschrieben wie eine kulturell jeweils spezifische Semantik. Vgl. zu den strukturellen Effekten u.a.: Berghaus (1999): »Wie Massenmedien wirken«.
151 Die Reduktion der Datenmenge kann zwar auch auf die Transformation der Daten für die Internet-Nutzung zurückzuführen sein, allein jedoch schon das Bildformat von 4:3 verweist auf die Techniken des analogen Fernsehens. Durch die Datierung des Ereignisses auf 1983 wird damit auch die maximale Auflösung der TV-Bilddaten auf native 768 × 578 Bildpunkte (PAL) festgelegt.

implizieren einen Ursprung aus einer als vergangen apostrophierten ästhetischen Epoche, womit der Clip auch ohne Kenntnis der genauen Datierung als der Vergangenheit angehörig betrachtet wird. Auf der anderen Seite ist die Verortung im Internet dem Material ebenso eingeschrieben. Durch die unentgeltlichen und freien Rezeptionsmöglichkeiten wird es als ein Element markiert, das problemlos der Verfügbarkeit von Suchbefehlen offen steht und in Archive überführt werden kann.

Die dritte Komponente stellen die INSTITUTIONELLEN EINRICHTUNGEN bzw. ORGANISATIONEN dar, die für die Produktion und Verbreitung der Medienangebote verantwortlich sind und sich dafür der Medientechniken bedienen. Fragen zur Urheberschaft eines Textes werden üblicherweise hier durch eine Anbindung an juridisch-soziale Diskurse ausgehandelt und ein Autor / eine Autorin etablieren sich hier als Quasi-Institution im Rahmen anderer Institutionen wie Verlage, Zeitungen, Zeitschriften etc. Die einzelnen institutionellen Einrichtungen können dabei spezifisch konnotiert (vgl. nur den Ruf von Suhrkamp vs. Kiepenheuer & Witsch) oder mit bestimmten Ästhetiken verbunden sein, die sich auf die Rezeption der Medienangebote auswirken. Bei dem betrachteten Clip wird die institutionelle Verortung des Materials durch das eingeblendete Logo der Fernsehanstalt ›ORF Kärnten‹ greifbar,[152] womit ein durchaus seriöser Rahmen für die Rezeption des Clips gesetzt wird. Denn es lässt sich ohne Mühe verifizieren, dass das ORF diejenige Sendeanstalt ist, die seit 1983 die Lesungen des Ingeborg-Bachmann-Wettbewerbs aufzeichnet, die zudem im Kärntner Studio in Klagenfurt stattfinden. Das Material wird damit als ›original‹ rezipierbar, da es als der realisierenden Institution zugehörig markiert ist. Es impliziert dabei jedoch zusätzlich auch einen gewissen Grad an Bearbeitungsschritten, da im Fernsehen – im Gegensatz zu statischen Webcams – die Medienangebote durch Schnittverfahren und eine Choreographie der Kameraführung für die Zuschauer aufbereitet werden.[153] Als weitere Institution wird darüber hinaus die Webseite *YouTube* greifbar, auf welcher der Clip rezipiert werden kann. Entscheidend ist hier das Wissen um die Strukturen dieser Institution: So werden Urheberrechtsverletzungen nicht geduldet und davon betroffene Clips gelöscht. Bei dem infrage stehenden Clip ist dieser Status unklar. Das *upload*-Profil ist offensichtlich nicht mit der Institution des ORF identisch, verweist aber auch nicht auf den Autor Rainald Goetz – der Clip verbleibt auf dieser Ebene weitgehend unmarkiert, die Konnotationen speisen

---

152 Andere Medienangebote, die z.T. das gleiche Material enthalten, entbehren dabei dieser Einblendung.
153 Bei der Analyse wird sich zeigen, dass der Eingriff durch Schnitte auf Bild- und Ton-Ebene massiv daran beteiligt gewesen ist, das ›Skandalöse‹ des Auftritts von Goetz hervorzuheben.

sich eher aus der originären Verortung beim ORF.[154] Allerdings bietet *YouTube* als Institution die Möglichkeit, die Zahl der Aufrufe dieses Clips einzusehen und Kommentare zu lesen oder selbst zu verfassen. Zusammen mit den Statistiken des ›Mag-ich-‹ und ›Mag-ich-nicht-Buttons‹ gehören diese Daten zu dem von Dispositiv und Institution hergestellten Kontext des Materials.[155]

Der Clip des Klagenfurter Auftritts ist damit als MEDIENANGEBOT in erster Linie ein Prozessresultat der drei anderen Komponenten. Der so dargebotene Inhalt – Teile der Lesung von Goetz, sein Schnitt in die Stirn und die Kommentare der Juroren – verbleibt nicht kontextlos, sondern entwickelt spezifische Konnotationen, die ihn ästhetisch und historisch verorten. Mit Hilfe des Medienkompaktbegriffs können diese semantischen Implikationen auch jenseits des konkreten Inhalts kleinteilig seziert und verglichen werden – was damit auch auf das Medienangebot selbst zurückwirkt.

Die Relevanz eines solcherart strukturierten Medienbegriffs für die vorliegende Arbeit – wie eines Medienbegriffs überhaupt – kann durch die Bekräftigung von Schmidts These erfolgen, dass

> [...] Medienangebote soziale Instrumente zur strukturellen Kopplung von Kognition und Kommunikation sind, also zur Kopplung von Aktanten, Organisationen, Institutionen und Unternehmen im symbolischen Raum eingesetzt werden können, weil im kognitiven wie im kommunikativen Prozessieren von Medienangeboten kollektives kulturelles Wissen als operative Fiktion eingesetzt wird.[156]

---

154 Der *YouTube*-Kanal, auf dem dieser Clip verfügbar ist, wird von »86sulphur« organisiert und enthält heute (17.12.2013) lediglich fünf Aufnahmen der Lesungen des Ingeborg-Bachmann-Preises von 1983, alle offenbar des gleichen Ursprungs wie der Goetz-Clip, vgl. www.youtube.com/user/86sulphur.

155 Hinzu kommen konventionellerweise die optionale Beschreibung des Clips sowie die *tags*, die ein gezieltes Finden des Clips ermöglichen sollen. Von den *tags* kann man auf mögliche Suchbefehle schließen und damit Teile des Archivs rekonstruieren, dem dieser Clip zugehörig sein kann. Die *Tags* sind bei *YouTube* inzwischen nur noch über den Quelltext der Seite einzusehen und befinden sich dort aktuell in der Zeile 162. Sie lauten in diesem Fall: »Rainald Maria Goetz Bachmann Preis Klagenfurt Marcel Reich-Ranicki Performance Berlin Chausseestraße Lesung Walter Jens Peter Härtling 1983 Rasierklinge Blut Maxim Biller Christian Kracht Benjamin von Stuckrad-Barre Pop Literatur Joachim Lottmann Österreich Deutschland Alban Nicolai [sic] Herbst« (vgl. www.youtube.com/watch?v=_BEjgp9MAEY, zuletzt eingesehen am 17.12.2013) – das ist insofern beachtenswert, als Maxim Biller, Christian Kracht, Benjamin von Stuckrad-Barre und Joachim Lottmann in dem Clip nicht zu sehen sind. Diese Autoren werden mit dem Auftritt von Goetz unter dem Stichpunkt ›Pop‹ als einem Paradigma zugehörig markiert.

156 Schmidt (2008): »Der Medienkompaktbegriff«, S. 152.

Es kann nichts analysiert werden, was ›Jenseits des Diskurses‹ oder auch ›Jenseits der Medien‹ liegt – entsprechend müssen alle untersuchten Zeichen in Bezug auf die prozessbedingte Beschaffenheit ihrer im Medienkompaktbegriff aufgezeigten Komponenten untersucht werden, um zu klären, ob von da aus Bestandteile ihrer semiotischen Qualität durch mediale Kontextualisierung determiniert werden.

3.6 Intertextuelle Beziehungen – eine Begriffsklärung

In der Konstruktion des Medienkompaktbegriffs wird das ›Medium‹ als solches durch Ausdifferenzierung eigentlich aufgelöst – was bei der Rezeption eines Zeichens durch eine Analyse mit dem Medienkompaktbegriff in den Blick rückt, sind die Prozessebenen, die im Zeichen ihre für die Rezipientinnen und Rezipienten beobachtbaren semantischen Sedimente hinterlassen haben. Der Medienkompaktbegriff eignet sich damit generell für kulturwissenschaftliche Studien, um die in das Korpus aufgenommenen Elemente des Archivs zu kontextualisieren und ihre ›materiellen‹ Bedeutungsschichten offen zu legen.[157] Er taugt jedoch nur sehr begrenzt dazu, die Beziehungen zwischen verschiedenen Medienangeboten darzustellen. Das Problem wird evident, wenn man die audiovisuelle Klagenfurt-Lesung von Goetz im Zusammenhang mit dem darin gelesenen Text »Subito« zu betrachten sucht. Eine Auflistung der semantischen Sedimente des abgedruckten Textes würde keine Grundlage bilden, auf der sich Vergleiche zu der Leseperformance anstellen lassen. Es gilt weiterhin zu berücksichtigen, dass sich Passagen aus »Subito« in gleichem Wortlaut in dem Roman *Irre* finden lassen.[158] Überhaupt ist die Arbeit mit Textbezügen und Text-Kontext-Bezügen eine der deutlichsten Eigenschaften von Goetz' Texten. Doktor / Spies formulieren entsprechend:

> In Hinblick auf bildkünstlerische Formen der Reproduzierbarkeit [...] können wir im Falle von Goetz für die Literatur praktizierte Reproduktionen nachweisen. Zwischen vielen seiner Texte bestehen derartige intertextuelle Vernetzungen. Binnenmedial sind diese Bezüge lediglich in Fokussierung auf die entsprechenden Texte zu nennen. Als Material können die entsprechenden Versatzstücke selbst bereits medialisierte Fragmente sein.[159]

---

[157] Damit wird auch der Anspruch der Kulturwissenschaften eingelöst, neben einem *close reading* parallel ein *wide reading* auszuführen. Vgl. zu dieser Forderung Hallet (2006): »Intertextualität als methodisches Konzept«, S. 54.
[158] Vgl. die Auflistung bei Doktor / Spies (1997): *Gottfried Benn – Rainald Goetz*, S. 97, Anm. 322. Siehe dazu auch Wegmann (2009): »Stigma und Skandal«, S. 210f.
[159] Doktor / Spies (1997): *Gottfried Benn – Rainald Goetz*, S. 124. Vgl. auch eine Nachzeichnung der Beziehungen zwischen dem Text »Ästhetisches System«, erschienen in Goetz (1991): *Kronos*. Frankfurt/M.: Suhrkamp, S. 365–401 und der darin vorkommenden kontextuellen Elemente

Um solcherart Beziehungen beschreiben zu können, bieten sich mehrere Termini wie ›Intertextualität‹, ›Hypertextualität‹, ›Intermedialität‹ oder ›Transmedialität‹ an – alle unterschiedlich akzentuiert und zudem noch uneinheitlich genutzt. Hier gilt es einige Klärungen zu leisten und die Mechanismen der möglichen Verbindungen im Korpus zu beleuchten.

Es ist natürlich auch nach fünfzig Jahren richtig, dass ein

> Text nicht aus einer Reihe von Wörtern besteht [...], sondern aus einem vieldimensionalen Raum, in dem sich verschiedene Schreibweisen [écritures], von denen keine einzige originell ist, vereinigen und bekämpfen. Der Text ist ein Gewebe von Zitaten aus unzähligen Stätten der Kultur.[160]

Parallel zum Sinn dieser Feststellung formulierte Julia Kristeva zur gleichen Zeit ihren weiten Textbegriff, in dem sie im »Wortstatus« die Achse ›Text‹–›Kontext‹ in Eins setzte. Als eine Folge dieser von ihr in Anlehnung an Bachtin »Ambivalenz« bzw. »Dialogizität« genannten Eigenschaft muss jedes Schreiben als ein Schreiben-Lesen *(écriture–lecture)* aufgefasst werden. Text, Geschichte und Gesellschaft werden in einer solchen Konzeption synthetisiert.[161] Das im Kapitel 3.4 dargelegte Modell von Textualität, Archiv und Suchbefehl, das in dieser Untersuchung zum Tragen kommt, erweist sich leicht als an Kristevas Modell anschlussfähig und korrespondiert mit ihrem ›weiten Textbegriff‹.[162] Auch sind die Überlegungen zur Iterierbarkeit, die Jacques Derrida in seinem Aufsatz »Signatur Ereignis Kontext« formulierte und als wesentlich für alle Zeichen bestimmte, an beide Modelle anschließbar und vervollständigen das Modell der Intertextualität,

---

ebd., S. 121, Anm. 386. Doktor und Spies weisen darin nach, dass die intertextuellen Beziehungen in Goetz' Texten zum Teil erst bei der Komposition einer Textsammlung wie *Kronos* erstellt werden und nicht von Beginn an Bestandteile der Texte sind. Auch dieser Umstand sorgt dafür, dass rein werk- und titelgebundene hermeneutische Analysen bei Goetz versagen würden. Die Beziehung von Einzeltext (als Medienangeboten) und Sammelband (als einer Art niedrig gestufter Institution) lässt sich hingegen mit dem Medienkompaktbegriff aufschlüsseln.
160 Barthes (2000): »Der Tod des Autors«, S. 190. Herv. i. Orig.
161 Vgl. Kristeva (2003): »Bachtin, das Wort, der Dialog und der Roman«, S. 335, 341. Vgl. auch die grundsätzliche Forderungen danach, alle Texte zu kontextualisieren bei Hallet (2006): »Intertextualität als methodisches Konzept«, vor allem S. 53ff., 57 und 62ff.
162 Dabei treten jedoch auch Abweichungen zutage. So ist davon auszugehen, dass nicht – nach Kristeva – nur poetische Worte als ›doppelte‹ gelesen werden müssen, sondern dass diese Setzung grundsätzlich für alle Zeichen gelten kann. Als zusätzliche Erweiterung ist zu bemerken, dass die ›poetische‹ Logik, von der Kristeva spricht und die zu dem weiten Textbegriff führt, natürlich nicht als ›0–2‹ sondern viel eher als ›0–n‹ beschrieben werden muss: Die Ausdifferenzierung und Wandlung der Zeichen ist optional unendlich.

in das Kristevas Ausführungen münden. Demnach ist es genau die von Kristeva respektive Bachtin genannte Ambivalenz – die unendliche und nie identische Wiederholbarkeit und Zitierbarkeit der Zeichen – die Derrida zufolge unsere Zeichen- und Kommunikationssysteme überhaupt ermöglicht. Er formuliert:

> Meine »schriftliche Kommunikation« muss, trotz des völligen Verschwindens eines jeden bestimmten Empfängers überhaupt, lesbar bleiben, damit sie als Schrift funktioniert, das heißt lesbar ist. Sie muss in völliger Abwesenheit des Empfängers [...] wiederholbar – »iterierbar« sein. Diese Iterierbarkeit [...] strukturiert das Zeichen der Schrift selbst, welcher Typ von Schrift es im übrigen auch immer sein mag (piktographisch, hieroglyphisch, ideographisch, phonetisch, alphabetisch, um sich dieser alten Kategorien zu bedienen).[163]

Der letzte Satz des Zitats macht deutlich, dass das Prinzip der Iteration nicht nur auf die konventionellen »Schriften« anzuwenden ist, sondern als grundlegendes Prinzip erst alle Signifikationsprozesse ermöglicht. Als »Text« kann damit jedes beobachtbare (damit potentiell zeichenhafte) und kommunikativ wirksame Phänomen aufgefasst werden.

Julia Kristevas Konsequenz aus der Feststellung, dass die Ambivalenz als Eigenschaft des poetischen Wortes bestimmt wird, ist die Forderung nach einer neuen Wissenschaft, in welcher diese poetische Logik nachgezeichnet werden soll. Es gelte vor allem, sich mit der Art der Zeichenverbindungen zu beschäftigen[164] – das (weite) Konzept der Intertextualität war damit formuliert. Dieses sei aber nach ihrem Modell quasi nicht zu bewältigen, da nach dieser Konzeption die Intertextualität kein spezifischer, sondern ein allgemeiner Zustand sei, der sich als Beziehung zwischen allen Zeichen findet. Manfred Pfister kritisierte entsprechend:

> Bei einer solchen Ausweitung des Textbegriffs ist natürlich *kein* Text mehr *nicht* intertextuell, ist Intertextualität kein besonderes Merkmal bestimmter Texte oder Textklassen mehr, sondern mit der Textualität bereits gegeben. Damit ist jeder Text in jedem seiner Teile und Aspekte intertextuell.[165]

Als Ersatz für das Konzept der Intersubjektivität bleibt jedoch die Intertextualität in der von Kristeva formulierten Weite als die grundlegende Kategorie von Zeichenbeziehungen für die vorliegende Arbeit erhalten, mehr noch: Das Konzept kann im Anschluss an Kristevas Ideen noch erweitert werden. Wenn

---

163 Derrida (1988): »Signatur Ereignis Kontext«, S. 298.
164 Vgl. Kristeva (2003): »Bachtin, das Wort, der Dialog und der Roman«, S. 341ff.
165 Pfister (1985): »Konzepte der Intertextualität«, S. 8, Kursivierungen im Original gesperrt.

eine der Dimensionen des Wortstatus der Raum ist, in dem sich die Differenzen der Zeichen formulieren, dann darf die Verbindung dieser Zeichen nicht als eine lineare gedacht werden, sondern als eine verräumlichte. Mit der Iterierbarkeit der Zeichen korrespondiert ihre Dissemination – eine unabschließbare Bewegung die eben deshalb entsteht, weil Text und Kontext sich stets reformulieren und sich nie in der exakt gleichen Konstellation zueinander befinden können.[166] Zugleich kann die Bestimmung eines Textes / Zeichens immer nur über den Kontext erfolgen – wäre dies nicht der Fall, so wäre der Text hermetisch, »nicht lesbar, geschweige denn interpretierbar«[167] und so sinnvoll wie eine Privatsprache. Die Intertextualität als Beziehungsdimension von Zeichen und Texten kann damit ebenso als eine ›Hypertextualität‹[168] beschrieben werden – möchte man ein Modell für diese Art von Text- und Zeichenbeziehungen finden, so muss man dafür auf eine dreidimensionale Rhizomstruktur zurückgreifen, in der alle Elemente potentiell mit allen anderen Elementen in Verbindung stehen. Das einzig Neue gegenüber Kristevas Konzeption der Intertextualität, das der Begriff der Hypertextualität zu leisten vermag, ist die Betonung der *Verbindungen* zwischen Zeichen. Wenn man jedoch davon ausgeht, dass diese Verbindungen selbst, und die *Art* dieser Verbindungen, maßgeblich daran beteiligt sind, wie die semantischen Sedimente eines jeden Zeichens rezipiert werden, kann die Hypertextualität als *terminus technicus* entfallen. Auch alle *intra*textuellen Bezüge, die in den Texten von Goetz häufig zu finden sind und sowohl die Komplexität als auch Geschlossenheit des Werks deutlich erhöhen, können als intertextuelle Beziehungen aufgefasst werden, bei denen eine der Institutionen – die jeweils identische Autorfunktion, die sie organisiert – als statische Größe verbleibt.[169]

---

[166] Man beachte die Betonung der Kategorie Raum u.a. bei Frederic Jameson in Bezug auf die Postmoderne als kulturelle Dominante: Jameson (1986): »Postmoderne – Zur Logik der Kultur im Spätkapitalismus«, S. 60f., 94. Bei Derrida ist es die Verräumlichung als Grund des Bruches, der die Iterierbarkeit der schriftlichen Zeichen ausmacht. Diese Verräumlichung ist explizit als eine potentielle Re-Kontextualisierung angelegt. Vgl. Derrida (1988): »Signatur Ereignis Kontext«, S. 300f.
[167] Hallet (2006): »Intertextualität als methodisches Konzept«, S. 53.
[168] Zum Begriff der Hypertextualität vergleiche Genette (1993): *Palimpseste*, S. 15. Demnach ist Hypertextualität nur eine der möglichen transtextuellen Verbindungen und ist dann gegeben, wenn das Verhältnis zwischen einem neueren Text (Hypertext) und einem älteren Text (Hypotext) so bestimmt werden kann, dass der neuere Text den älteren Text auf eine Weise überlagert, »die nicht die des Kommentars ist«, ebd. Vergleiche auch im Anschluss daran Wirth (2006): »Hypertextuelle Aufpfropfung als Übergangsform«. Nach Wirth wird die Hypertextualität vor allem durch die Möglichkeit der nicht-sequenziellen Verknüpfung von Zeichen gewährleistet.
[169] Vgl. zu solchen Beziehungen in Goetz' Texten Doktor / Spies (1997): *Gottfried Benn – Rainald Goetz*, S. 222, Anm. 683.

Der Begriff der Intertextualität kann indes noch mehr leisten als den Begriff der Hypertextualität einzuschließen: Wenn nach dem Medienkompaktbegriff ›Medien‹ nicht mehr als Zeichenträger oder spezielle technische Kanäle zur Übertragung von Informationen greifbar werden, damit auch nicht als scheinbar statische Entitäten, wenn also nur die Ausdifferenzierungen ihrer verschiedenartigen Prozess-Komponenten in den Blick kommen, muss auch die Verwendung des Begriffs ›Intermedialität‹ überdacht werden, welchen Werner Wolf im Hinblick auf eine Verwendung in den Literaturwissenschaften folgend definiert:

> Intermedialität bedeutet das Überschreiten von Grenzen zwischen konventionell als distinkt angesehenen Kommunikationsmedien, wobei solches Überschreiten sowohl innerhalb von einzelnen Werken oder Zeichenkomplexen als auch zwischen solchen vorkommen kann.[170]

Damit ist nach Wolf Intermedialität ein *umbrella-term,* der sich je nach angenommener Taxonomie ausdifferenzieren lässt und u.a. den Umstand der ›Transmedialität‹ in sich beinhaltet. Klassische Fälle von ›Intermedialität‹ wären demnach Comics als Mischformen von Bild und Text, Literaturverfilmungen oder literarische Werke, in die Bilder und Zeichnungen aufgenommen wurden, wie es beispielsweise in Goetz' *Irre* der Fall ist.[171]

Wenn man jedoch von einem weiten Text- und somit auch Intertextualitätsbegriff ausgeht, so ist der Medienwandel eher die Norm als die Ausnahme, da auch sämtliche Verknüpfungen zwischen Text und Kontext damit erfasst werden müssen. Der Begriff der Intermedialität erweist sich als obsolet, denn die Transformationen, die durch einen Medienwandel oder Medienwechsel erfolgen, sollen in zwei zusammenhängenden Schritten betrachtet werden: Einerseits mit Hilfe des Medienkompaktbegriffs, der diese Transformationen auf allen Ebenen genau nachzuzeichnen erlaubt,[172] andererseits mit der Zuweisung der jeweils relevanten

---

170 Wolf (2002): »Intermedialität«, S. 167. Sein Argument für die separate Verwendung des Begriffs ist hauptsächlich, dass es sich bei Intertextualität um ein intramediales Phänomen handelt, während bei einem Medienwandel andere Prozesse relevant werden. Seine Verwendung des Begriffs ist damit lediglich durch den eng angelegten Textbegriff zu rechtfertigen. Der von ihm dabei aufgewandte Medienbegriff ist mit dem Medienkompaktbegriff kompatibel. Vgl. einen ganz ähnlichen Ansatz auch bei Caduff (2006): »Intermedialität«.

171 Vgl. dazu in Goetz (1983): *Irre* vor allem S. 241, 251f., 262, 274, 283, 293, 296ff. und 313.

172 An Wolfs sonst produktivem Ansatz ist zu kritisieren, dass er die relevanten Kommunikationsebenen als konventionell annimmt und damit sein eigenes *re-entry* nicht reflektiert, sprich von »Medien« als scheinbar festen Entitäten beziehungsweise Zeichen-Kanal-Verbunden spricht. Es lässt sich indes streiten, ob beispielsweise der Text »Subito« sich innerhalb seiner drei Veröffentlichungen unterscheidet. Selbst wenn er jeweils zeichenidentisch bliebe (was nicht der Fall ist), ließe sich argumentieren, dass die Publikation in der Anthologie

Zeichensysteme. Denn während die semantisch-semiotischen Veränderungen auf der Ebene der Medientechniken und der institutionellen Einrichtungen recht problemlos nachgezeichnet werden können, erfolgt die deutlichste Schwierigkeit auf der Ebene der Kommunikationsinstrumente. Denn bei einem Wechsel auf dieser Ebene wird das Zeichen nicht nur verändert, sondern auch tatsächlich transformiert. Anstatt die (relativ) bedeutungsneutralen symbolischen Zeichen der Schrift von »Subito« oder die gleichen Worte in *Irre* zu lesen, kann man sie in dem Videoclip des Auftritts akustisch realisiert, betont und rhythmisiert rezipieren. Der hier stattfindende Wechsel markiert einen nicht zu vernachlässigenden Grenzübergang, der mit dem Terminus der ›Transmedialität‹ am ehesten erfasst wird. Neben dem Begriff der Intertextualität soll damit der Begriff der Transmedialität in dieser Arbeit als einziger dazu eingesetzt werden, Transformationsprozesse von Zeichen und Text-Kontext-Beziehungen zu beschreiben.[173]

Während es noch relativ einfach ist, die Veränderungen von einem schriftlich fixierten Text und seiner akustisch realisierten Variante zu beschreiben, so sind die Transformationen von einem schriftlichen – und damit primär symbolisch codierten – Text zu seiner audiovisuellen Umsetzung wie im Fall von Goetz' Klagenfurt-Lesung wesentlich komplexer, da hier noch indexikalische und ikonische Dimensionen der Zeichen hinzukommen.[174] Um den Medienkompaktbegriff

---

Rawums, hg. von Peter Glaser, Köln: Kiepenheuer & Witsch 1984, S. 152–165 durch die spezifische Kontextualisierung andere Bedeutungsnuancen bekommt, als innerhalb der Sammlung *Hirn* oder gar in der offiziellen Wettbewerbs-Publikation von Fink / Reich-Ranicki [Hg.] (1983): *Klagenfurter Texte 1983*, S. 65–77. Mit Hilfe des Medienkompaktbegriffs ließe sich sehr exakt nachzeichnen, welche veränderten Parameter welche semantischen Änderungen nach sich ziehen können.

173 Der Terminus trifft nicht exakt den zu erfassenden Umstand, ist aber griffig genug um hier verwendet zu werden. Eine genaue Erfassung der hier gemeinten Phänomene sollte eher von »Zeichensystemwechseln« oder »Zeichentransformationsprozessen« sprechen. Da dies jedoch vor allem im Zusammenhang mit »Medienwechseln« im Sinne des Wechsels von Medientechniken und Kommunikationsinstrumenten auftritt, soll ›Transmedialität‹ genügen.

174 Uwe Wirth nimmt hier eine vierstufige (von Null bis Drei) Taxonomie der Intermedialitätsausprägungen vor, die als erste Heuristik gut genutzt werden könnte. Alle von ihm geschilderten Prozesse lassen sich jedoch auch mit dem Medienkompaktbegriff fein differenzieren – bis auf die »dritte Stufe«. Diese betrifft die »konzeptionelle Aufpfropfung« bei der die anderen medialen Verbundmöglichkeiten als poetologisches Konzept und damit als »*Metapher für eine mediale Aufpfropfung*« in dem Text identifizierbar werden wie beispielsweise sekundäre Oralität oder die Übertragung von Film-Schnitt-Techniken in literarischen Texten. Vgl. Wirth (2006): »Hypertextuelle Aufpfropfung als Übergangsform«, S. 32f. Als Beispiel hierfür kann das ›Drehbuch‹ dienen, das in Goetz (1983): *Irre* auf S. 241 beginnt, siehe dazu auch Doktor / Spies (1997): *Gottfried Benn – Rainald Goetz*, S. 129. Genau genommen handelt es sich dabei jedoch nicht so sehr um inter- oder transmediale Phänomene als vielmehr um Effekte

produktiv nutzen zu können, muss seine Ebene der Kommunikationsmittel mit einem tragfähigen Zeichenbegriff gekoppelt werden, der solche Wandlungsprozesse der Zeichen nachzuvollziehen erlaubt. Das strukturalistische Zeichenmodell von Ferdinand de Saussure, welches mit dem arbiträren Double von Signifikant und Signifikat arbeitet und die jeweilige Ausdifferenzierung eines Signifikanten im Hinblick auf andere Ausdifferenzierungen betrachtet, die dann das Zeichensystem bilden, reicht hier allerdings nicht aus, da es primär ein Zeichensystem der Sprache und vergleichbarer Systeme darstellt.[175]

3.7 Zeichenbegriff und Zeichenverbundsystem

Die Elemente, die in dieser Studie behandelt werden, sind bisher als ›Texte‹, ›Elemente des Archivs‹ oder aber allgemein als ›Zeichen‹ bezeichnet worden. In Anlehnung an Umberto Eco ist im Folgenden alles als ›Zeichen‹ zu verstehen, »was aufgrund einer vorher festgelegten sozialen Konvention als etwas aufgefasst werden kann, das für etwas anderes steht.«[176] Die Deutung der Elemente, die aus dem Syntagma des Archivs mögliche Paradigmen und damit auch die ›Poetiken des Selbst‹ erst herstellt, soll als eine »*mögliche* Interpretation durch einen *möglichen* Interpreten«[177] verstanden werden. Dieser mögliche Interpret soll als *methodischer* Garant für die Existenz der Signifikation verstanden werden, während der analysierende Wissenschaftler (also der, der hier »ich« schreibt) als *empirischer* Garant fungiert – und sich dabei die Freiheit nimmt, die von Eco erwähnten »sozialen Konvention[en]« der Deutung dieser Zeichen womöglich erst anzustoßen, indem er (= ich) Verbindungen der Elemente aufzeigt, die auch anderen sinnhaft erscheinen.

Im Folgenden wird das von Uwe Wirth in Anlehnung an die Ideen von C. S. Peirce entwickelte »Zeichenverbundsystem« angewendet und an den Medienkompaktbegriff von Schmidt in einer Weise angebunden, die es praktikabel zur Analyse gestalten soll. Zuerst muss hierfür die Kompatibilität des triadischen

---

die lediglich durch eine entsprechende Kompetenz der RezipientInnen zum Tragen kommen können. Sollte dies der Fall sein, so kann diese »konzeptionelle Aufpfropfung« viel besser im Inhalt der Texte und durch die Rekonstruktion ihrer Poetik erfasst werden.
175 Vgl. de Saussure (1998): »Grundfragen der allgemeinen Sprachwissenschaft«, vor allem S. 197, 199ff.
176 Eco (1990): *Im Labyrinth der Vernunft*, S. 27. Eco übernimmt damit die Definition von Charles Morris, der sich wiederum auf die Zeichendefinition von C. S. Peirce stützt.
177 Eco (1990): *Im Labyrinth der Vernunft*, S. 27.

Zeichenbegriffs von Peirce mit dem Konzept der Intertextualität und des weiten Textbegriffs nach Kristeva und Derrida gewährleistet sein.

Die grundlegenden Eigenschaften eines Zeichens nach Jacques Derrida sind ihre Iterierbarkeit und im Anschluss daran ihre unendliche Dissemination:

> [A]ufgrund seiner wesentlichen Iterierbarkeit kann man ein schriftliches Syntagma aus der Verkettung, in der es gegeben oder eingefasst ist, immer herauslösen, ohne dass ihm dabei alle Möglichkeiten des Funktionierens, wenn nicht eben alle Möglichkeiten von »Kommunikation«, verlorengehen. Man kann ihm eventuell andere zuerkennen, indem man es in andere Ketten einschreibt oder ihnen aufpfropft. Kein Kontext kann es einschließen. Auch kein Code, wobei der Code hier zugleich die Möglichkeit und die Unmöglichkeit der Schrift, ihrer wesentlichen Iterierbarkeit (Wiederholung, Andersheit) ist.[178]

Der damit implizierten »Dekonstruktion des transzendentalen Signifikats«[179] kommt das Modell von Peirce – wie Derrida in der *Grammatologie* anmerkt – sehr nahe. In dem Zeichenmodell von C. S. Peirce manifestiert sich das Zeichen in den drei Dimensionen ZEICHEN, OBJEKT und INTERPRETANT. Das ›Objekt‹ kann als die ›materielle‹ oder ›neuronale‹ Dimension des Zeichens verstanden werden: Als derjenige Reiz, der unser kognitives System erreicht. Sobald dieser Reiz weiter prozessiert wird und etwas ›anderes‹ evoziert, entsteht die Zeichendimension der Triade.[180] Die Beziehung, in der ›Zeichen‹ und ›Objekt‹ (›Reiz‹) zueinander und zum Interpreten stehen, bzw. durch den Interpreten ja erst hergestellt werden, wird durch den ›Interpretanten‹ geregelt. Der ›Interpretant‹ darf dabei keinesfalls mit dem Interpreten gleichgesetzt werden, sondern ist vielmehr stellvertretend für den propositionalen bzw. konnotativen Gehalt des Zeichens innerhalb des jeweils konkreten Signifikationsprozesses. Damit entspricht dem ›Interpretanten‹ als Element des Zeichens in etwa die Differenzierungsleistung des Egos innerhalb eines Kommunikationsprozesses bei Luhmann,[181] wobei der ›Interpretant‹ zugleich auch die kontextuelle Bindung an alle anderen Zeichen leistet. Der ›Interpretant‹ kann damit als ein psychisches Ereignis im Bewusstsein eines möglichen (methodischen) Interpreten gesehen werden.[182]

---

178 Derrida (1988): »Signatur Ereignis Kontext«, S. 300.
179 Derrida (1983): *Grammatologie*, S. 85.
180 Das Wort ›Objekt‹ mag missverständlich sein: Tatsächlich ist es mit ›Reiz‹ besser umschrieben. Wenn unser Objekt beispielsweise wäre: ›Ein verbundenes Gebilde aus Holz, das in der Mitte seiner vertikalen Ausdehnung eine Fläche bildet, die mit Stoff bezogen ist‹, dann wäre unser Zeichen dafür: ›Stuhl‹ und ein möglicher Interpretant ›ich kann mich setzen‹.
181 Vgl. hierzu Luhmann (1987): *Soziale Systeme*, S. 208ff.
182 Vgl. Eco (1990): *Im Labyrinth der Vernunft*, S. 26. Ganz konkret ist der ›Interpretant‹ damit der Träger des »hermeneutischen Rests«, den Moritz Baßler in seiner Konzeption mit gutem

Die Generierung des Suchbefehls, die zu einem Archiv führt, bleibt zwar als Blinder Fleck erhalten, in der Beobachtung durch eine Ordnung höheren Grades – z.B. durch einen Wissenschaftler, der die zeichenhaften Elemente in den Werken eines Autors analysiert – kann durch den Vergleich syntagmatischer Reihen, in denen diese Elemente des Paradigmas positioniert werden können, ein möglicher Interpretant (re)konstruiert werden. Erscheinen die untersuchten Syntagmata sinnhaft und das rekonstruierte Paradigma (die ›Poetiken des Selbst‹) nachvollziehbar, so hat dies ein Selektionsmechanismus zustande gebracht, der eben nicht mechanisch *alle* Ähnlichkeiten registrierte, sondern sinngeleitet aussortierte, indem die irrelevanten Syntagmata verworfen wurden.[183] Die Angemessenheit der als relevant erachteten Einordnungen eines Paradigmas kann am ehesten durch die Wirksamkeit des ›Interpretanten‹ erklärt werden, der die so sichtbar gewordenen Text-Kontext-Beziehungen filtert und strukturiert.

Das Schema des dabei wirksamen »semiotischen Dreiecks« nach Peirce kann so dargestellt werden:

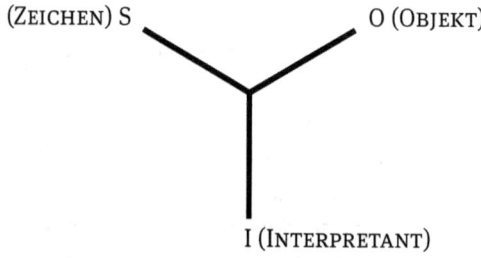

Die Definition des Zeichens, die Peirce vorlegt, lautet entsprechend:

> Ein Zeichen [...] ist alles, was in einer solchen Beziehung zu einem zweiten steht, das sein Objekt genannt wird, dass es fähig ist ein Drittes, das sein Interpretant genannt wird,

---

Grund so gering wie möglich zu halten trachtet. Vgl. dazu Baßler (2005): *Die kulturpoetische Funktion und das Archiv*, S. 341. Es führt jedoch m.E. zu Problemen, wenn man diesen ignoriert oder zu vermeiden vorgibt, denn dies hieße, sein eigenes *re-entry* zu missachten. Es ist natürlich ausgeschlossen, sich selbst beim Beobachten zu beobachten, vgl. Maturana / Varela (1987): *Der Baum der Erkenntnis*, S. 21–36; Luhmann (1987): *Soziale Systeme*, S. 61ff. Gleichzeitig ist es aus meiner Perspektive unerlässlich, das Zustandekommen des Syntagmas, das es zu untersuchen gilt und das man in einer Untersuchung selbst erstellt hat, zu reflektieren.

183 Es soll zum Beispiel nicht untersucht werden, auf welcher Position auf einer Druckseite in den Romanen *Irre* und *Kontrolliert* der Name des Protagonisten ›Dr. Raspe‹ erscheint und dies mit der Position des Namens ›Rainald Goetz‹ auf den Druckseiten von *Abfall für alle* und *Klage* verglichen werden.

dahingehend zu bestimmen, in derselben triadischen Relation zu jener Relation auf das Objekt zu stehen, in der es selbst steht. Dies bedeutet, dass der Interpretant selbst ein Zeichen ist, der ein Zeichen desselben Objekts bestimmt usf.[184]

Die Zeichen sind demzufolge in einer infiniten Prozesshaftigkeit begriffen, oder wie es Uwe Wirth formuliert: »Insofern besteht der infinite semiotische Prozess in der Interpretation eines Zeichens durch ein anderes Zeichen.«[185] Dies nun ist an Kristevas und Derridas Ideen anschlussfähig und ermöglicht über die Transformationen des Interpretanten den Kontext-Zugang auch im Sinne eines weiten Textbegriffs. In dem Suchbefehl-Textualität-Archiv-Modell kann die Wirksamkeit des Interpretanten entsprechend auf der Ebene verortet werden, wo die Relation zwischen den je relevanten Machtbewegungen des Diskurses und dem sinngeleiteten Suchbefehl reguliert wird. Je nach Ausprägung des Interpretanten kann damit das durch den Suchbefehl erstellte Archiv ein anderes sein und auch Elemente, die die gleiche Zeichen-Objekt-Relation aufweisen, ausschließen, wenn sie ›nicht passen‹. Die jeweilige Ausprägung des Interpretanten kann damit selbst Zeichencharakter erhalten – das Objekt (der ›Reiz‹) erfährt so die Möglichkeit, verschieden codiert zu sein.[186]

Die Zeichen werden von Peirce weiterhin in die drei Arten ›Ikon‹ (Bild, Marke, Laut), ›Index‹ (Hinweis, Anzeichen) und ›Symbol‹ (Begriff, Idee, Diskurs) unterteilt. Ich möchte diese Typologie nutzen und zugleich leicht abwandeln indem ich mich u.a. auf die Überlegungen von Uwe Wirth stütze. Die ›reine‹ Ausprägung der Peirce'schen Zeichenarten kann mit gutem Grund angezweifelt werden[187] und Wirth plädiert dafür, von einem »Zeichenverbundsystem« auszugehen.[188] Die Überlegung dahinter besagt, dass in jedem Zeichen, das wir als solches identifizieren, alle drei Zeichentypen integriert sind, wobei eines davon jeweils als

---

184 Peirce (1983): *Phänomen und Logik der Zeichen*, S. 64.
185 Wirth (2008): *Die Geburt des Autors aus dem Geist der Herausgeberfiktion*, S. 56.
186 Man kann das beispielsweise an dem Zeichen »Goetz« durchspielen: Die gleiche Buchstabenfolge (das gleiche ›Objekt‹) erfährt je nach Ausprägung des Interpretanten eine andere Zeichenhaftigkeit. Auf dem Buchumschlag von *Irre* verweist es auf die so genannte Autorfunktion, im Roman selbst verweist es auf eine Figur gleichen Namens, die mit der Autorfunktion nicht identisch ist, vgl. Goetz (1983): *Irre*, S. 71 – um nur wenige Seiten weiter auf eine andere Figur gleichen Namens zu verweisen, die mit dem Träger der Autorfunktion identisch zu sein scheint (ebd., S. 87f.). Der Unterschied zwischen diesen beiden Figuren wird durch die Logik des Textes nachvollziehbar – man könnte auch sagen: Durch die Macht, die in dem poetischen Diskurs dieses literarischen Werkes zum Tragen kommt. Der Unterschied selbst wird als Argument der Nicht-Identität zu einem Zeichen.
187 Vgl. u.a.: Mersch (1998): »Einleitung«, vor allem S. 18f.
188 Wirth (2006): »Hypertextuelle Aufpfropfung als Übergangsform«, S. 30.

dominant angesehen werden kann. So würde beispielsweise eine Fotografie aus dem Band *Celebration*, die Rainald Goetz im Partygeschehen zeigt,[189] dominant ikonischer Natur sein, da sie mit Hilfe eines optischen Kommunikationsinstruments auf eben jene optische Wahrnehmung und damit auf sich selbst verweist. Zugleich hätte sie eine indexikalische Dimension, da sie als Anzeichen auf die ›tatsächliche‹ Anwesenheit der dargestellten Person im konkreten Partygeschehen referiert. Die symbolische Dimension könnte darin bestehen, dass eine Verschmelzung der textuellen Figur mit der Autor-Figur und der auktorialen Position des Textes nahegelegt wird. Das Ineinandergreifen der drei Zeichentypen ergibt das Zeichenverbundsystem. Diese Konzeption ist insofern allen anderen vorzuziehen, als bei einem weiten Text- wie auch Kontextbegriff die Zeichen nur in einer wie oben geschilderten Vermischung angetroffen werden können.

Nach Peirce wird das Ikon durch diejenige Eigenschaft als Zeichen definiert, die es als solches in sich beinhaltet[190] – klassischerweise wäre das wie oben geschildert eine abbildende Eigenschaft, die über eines der Kommunikationsinstrumente vermittelt wird – also optisch, akustisch oder haptisch. Da jedoch die ›reine‹ Ausprägung eines Ikons nicht möglich ist, da es dann ausschließlich auf sich selbst verweisen würde und damit keine zeichenhafte Eigenschaft mehr hätte, ist die ikonische Dimension auch immer auf die indexikalische Dimension angewiesen.[191] Bei der Kopplung an den Medienkompaktbegriff muss die ikonische Dimension vor allem an die Ebene der Kommunikationsinstrumente gebunden sein. Erfolgt ein Wechsel dieser, so ist auch eine Verschiebung des ikonischen Gehalts eines Zeichens naheliegend. Da ein Wechsel der Kommunikationsinstrumente bzw. ihrer Qualität und Intensität meist durch einen Wechsel der Medientechniken erfolgt, müssen in Hinblick auf die ikonische Dimension eines Zeichens auch diese in den Blick genommen werden.

Ein reiner Index würde Peirce zufolge keinerlei Information vermitteln, sondern lediglich Aufmerksamkeit auf das Objekt generieren, für das er als Anzeichen fungiert.[192] Die Hauptfunktion der Indices besteht also darin, Kontextbeziehungen herzustellen. Die indexikalische Qualität eines Zeichens ist damit dadurch bestimmt, dass sie es ermöglicht, die triadische Beziehung $\overset{S\ \ O}{\underset{I}{Y}}$ so zu spiegeln und so zu verschieben, dass ein ›Interpretant‹ zu einem ›Symbol‹ werden kann,

---

189 Vgl. z.B. Goetz (1999): *Celebration*, S. 70.
190 Vgl. Peirce (1998): »Neue Elemente«, S. 41, 46ff.
191 Ebenso sind die anderen Dimensionen immer auch auf die beiden jeweils anderen angewiesen. Gleichwohl ist eine indexikalische Dimension für ein Symbol wichtiger als die ikonische und die ikonische für ein Index wichtiger als die symbolische.
192 Vgl. Peirce (1998): »Neue Elemente«, S. 42, 46ff. Vgl. auch Wirth (2008): *Die Geburt des Autors aus dem Geist der Herausgeberfiktion*, S. 58ff.

damit wieder eine Triade mit dem ›Objekt‹ bildet etc. ad infinitum. Diese Leistung in Bezug auf die Qualität des Index kann jedoch nur innerhalb des Interpretanten liegen.[193] Der indexikalische Gehalt kann in seiner Bedeutung auf allen vier Ebenen des Medienkompaktbegriffs geprägt werden, wenn man davon ausgeht, dass eine Instanz (Wissenschaftler) beim Generieren eines Archivs verschiedene ›Interpretanten‹ als gültig und in verschiedenen Syntagmen wirksam ansieht. Die Elemente der Syntagmen können dabei durch unterschiedliche ›Interpretanten‹ geprägt sein, solange die daraus rekonstruierbaren Paradigmata noch eine relative Äquivalenz zueinander aufweisen. Der Wandel der Indexikalität innerhalb eines Zeichenverbunds von $_S\!\curlyvee\!^O_I$ verweist damit auf einen Wandel des ›Interpretanten‹, den es zu untersuchen, zu begründen und als Zeichen zu bestimmen gilt, möchte man eine plausible und sinnhafte Erklärung für die Relativität der Äquivalenz der zu formulierenden Paradigmata (der ›Poetiken des Selbst‹) finden.

Der Vorteil des Zeichenmodells von Peirce gegenüber dem von de Saussure besteht in der Möglichkeit der Dynamisierung des Zeichens und in dem Potenzial einer infiniten Transformation, einer steten Umcodierung.[194] Diese Dynamik soll anhand des oben erwähnten Fotos demonstriert werden: Beim Betrachten des Bildes werden die optischen Reize in Bezug auf ein ›Zeichen‹ (S) interpretiert – das Zeichen ist die Autorfunktion ›Rainald Goetz‹. Durch diese Interpretation werden die optischen Reize in einen Objekt-Status versetzt und bilden so das ›Objekt‹ (O). Wenn man diese ›Objekt‹-›Zeichen‹-Beziehung in Bezug auf die Fragestellung nach möglichen ›Poetiken des Selbst‹ konkretisiert, erhält man einen möglichen ›Interpretanten‹ des Zeichenverbunds: Ein Signifizierungsprozess ist insofern abgelaufen, als man ›O‹—›S‹ kontextualisiert und z. B. als ›mögliche Engführung von Erzählerfigur und Autorfunktion‹ festlegt. Dieser ›Interpretant‹ kann dann im weiteren Verlauf der Analyse selbst als Zeichen verwendet werden, indem man bei der Konstruktion eines Paradigmas (der spezifischen ›Poetik des Selbst‹ von Rainald Goetz) dieses als Argument dafür verwendet, dass Goetz in seinen Werken eine Engführung von Erzählerfigur, Autorfunktion und empirischer Person praktiziert.[195]

---

193 Vgl. Peirce (1983): *Phänomen und Logik der Zeichen*, S. 67–71.
194 Vg. Wirth (2008): *Die Geburt des Autors aus dem Geist der Herausgeberfiktion*, S. 56ff.
195 Was bei der Analyse nicht genutzt wird, ist die Unterteilung in ›genuine‹ und ›degenerierte‹ Indices, vgl. Wirth (2008): *Die Geburt des Autors aus dem Geist der Herausgeberfiktion*, S. 58–61. Es ist schwer nachzuvollziehen, wie eine solche Unterscheidung getroffen werden könnte, da ›genuin‹ und ›degeneriert‹ nur Qualitäten eines Zeichens sein können, das über ein ›transzendentales Signifikat‹ verfügt, das trotz des dynamischen Potenzials der Zeichen immer identisch bleibt. Was gleichwohl möglich sein muss, sind ›genuine‹ bzw. ›degenerierte‹ Rhetoriken der Indexikalität, die als mögliche Rezeptionsmodi der Texte identifiziert werden können.

Auch in Wirths Sichtweise neigen Indices dazu, aufgrund konventioneller Lesarten die Grenze zu den Symbolen zu überschreiten. Das Symbol bildet nach Peirce die ›reinste‹ Kategorie der Zeichen und er definiert es quasi tautologisch als »ein Zeichen [...], das zu einem solchen wird kraft der Tatsache, dass es als ein solches interpretiert wird.«[196] Ein Symbol ist damit arbiträr und verweist auf seinen Referenten immer mit Hilfe eines Index. Darüber hinaus wird seine Konventionalität betont, ohne die es ebenso wenig Symbol sein könnte wie ein performativer Akt ein ebensolcher. Die symbolische Dimension eines Zeichens ist damit diejenige, die eigentlich und wesentlich an dem beteiligt ist, was ›Kultur‹ genannt wird, wobei ihre Rolle dabei nicht die der Partizipation sondern die der Produktion ist. Die symbolische Dimension vollbringt diese Leistung dadurch, dass sie fest an alle möglichen und vorstellbaren Codes gebunden ist und in ihrer Ausdifferenzierung synchron mit der Ausdifferenzierung der Codes den Bereich der Textualität immer wieder neu bestimmt.[197] Die Bewegungen der ›Macht‹, von denen Foucault in der *Der Wille zum Wissen* spricht,[198] können so verstanden werden als diejenigen »sozialen Konventionen«,[199] die sich analog zu den Ausdifferenzierungen und Re-Kontextualisierungen der symbolischen Dimension der Zeichen entwickeln.[200] Eine Veränderung des symbolischen Gehalts eines Zeichens kann im Medienkompaktbegriff durch Modifikationen in allen vier Komponenten nachvollzogen werden, wobei die Kommunikationsinstrumente am ehesten zu vernachlässigen sind.

Bei der Betrachtung der symbolischen Dimension sollte deutlich geworden sein, dass die entscheidende Leistung bei der Formierung eines Zeichens durch den oder die jeweilige RezipientIn vollbracht wird. Es liegt an ihnen,

---

196 Vgl. Peirce (1998): »Neue Elemente«, S. 44. Vgl. auch auf der folgenden Seite: »Ein Symbol ist geeignet, die Funktion eines Zeichens auszufüllen, einfach durch die Tatsache, dass es sie ausfüllt, das heißt, dass es so verstanden wird. Es ist daher das, als was es verstanden wird.«
197 Diese Feststellung deckt sich mit den Hypothesen von Umberto Eco, wonach (I) der Gesamtkomplex der Kultur als semiotisches Phänomen untersucht werden muss und (II) alle Aspekte der Kultur als Inhalte semiotischer Prozesse untersucht werden können. Vgl. Eco (1990): *Im Labyrinth der Vernunft*, S. 35.
198 Vgl. Foucault (1983): *Der Wille zum Wissen*, S. 113–124.
199 Eco (1990): *Im Labyrinth der Vernunft*, S. 27.
200 Dies muss jedoch als ein zirkulärer Prozess verstanden werden. Komplexe der symbolischen Dimensionen von Zeichen bestimmen Äquivalenzmöglichkeiten in Diskursen, aufgrund derer sinnhafte Suchbefehle formuliert werden können. Zugleich können sich aus den Folgen dieser Suchbefehle – den Archiven, den Syntagmen und den Paradigmen – neue Ausprägungen und Kombinationen der symbolischen Dimensionen von Zeichen herausbilden, die wiederum Einfluss auf die Äquivalenzmöglichkeiten in Diskursen nehmen können, insofern sie konventionalisiert werden.

Kommunikationsinstrumente zu selektieren, sich für eine Medientechnik zu entscheiden, über Wissen hinsichtlich der institutionellen Einrichtungen zu verfügen und schließlich eine Differenzqualität innerhalb von Medienangeboten durch Kontextualisierung festzustellen und damit einen konkreten ›Interpretanten‹ zu produzieren. Je nachdem, wie jede dieser Entscheidungen ausfällt, werden die ikonische, indexikalische und symbolische Dimension der festzustellenden Zeichen anders gewichtet sein.

Tatsächlich obliegt es auch den Rezipientinnen und Rezipienten, festzustellen, inwiefern eine Iterierbarkeit der Zeichen vonstattengeht, oder ob ein Zeichen trotz seiner Wiederholung identisch bleibt. Denn man könnte argumentieren, dass nicht jede Wiederholung die Struktur und den Gehalt des Zeichens verändert – insofern ist die Frage durchaus relevant, ob zwischen ›Iteration‹ und ›Zitat‹ unterschieden werden sollte.[201] Dies führt zur klassischen Unterscheidung von ›Token‹ als den einzelnen Zeichenmanifestationen und ›Types‹ als den Schemata, die reine Abstrakta darstellen und sich nur in und durch Token realisieren lassen. So wie die einzelne Kopie eines Buches ein Token ist, so ist die ›Druckvorlage‹ (›das Buch als solches‹) die entsprechende Type.[202] Dabei werden Token als Simulakren begriffen, als Kopien ohne Original, da der Type als Abstraktum jede Präsenz verwehrt bleibt. Jede einzelne Kopie stellt eine ›Replica‹ dar und macht damit ein Symbol erst sichtbar, das außerhalb des Tokens nicht existiert.

Das Verhältnis ›Type–Replica-Token‹ beruht indes auf zwei Regeln, die in ihrer Struktur im triadischen Zeichenmodell von Peirce identifiziert werden können. Die Befolgung dieser Regeln stellt die ablaufenden Signifikationsprozesse erst dar und ist damit die zeichenmanifestierende Leistung der Interpreten. Die erste ist die REPLIKATIONSREGEL, die »den Transformationsprozess des abstrakten Wort-Types in ein individuelles Wort-Token«[203] kodiert. Im Zeichenmodell von Peirce wird sie damit auf der Achse S – (I) – O wirksam und garantiert bei ihrer Befolgung die Iterierbarkeit des Zeichens.[204] Der ›Interpretant‹ steht hier in Klammern, da er bei einer Signifikation nicht umgangen werden kann, die Replikationsregel jedoch primär zwischen Zeichen (S) und Objekt (O) greift.

---

201 Nach Derrida sind Iterierbarkeit und Zitierbarkeit *quasi* synonym. Ihm zufolge ist ein Zitat »die bestimmte Modifikation einer allgemeinen Zitathaftigkeit – einer allgemeinen Iterierbarkeit«, vgl. Derrida (1988): »Signatur Ereignis Kontext«, S. 309, vgl. auch S. 309ff.
202 Vgl. hierzu Wirth (2008): *Die Geburt des Autors aus dem Geist der Herausgeberfiktion*, S. 63ff. Wirth bezieht sich bei seinen Ausführungen auf Peirce und Searle.
203 Wirth (2008): *Die Geburt des Autors aus dem Geist der Herausgeberfiktion*, S. 66.
204 Es ist dabei keinesfalls so, dass das Token O entspricht und die Type S, sondern das Verhältnis Type–Token manifestiert sich exakt auf der S–O-Achse.

Die zweite Regel ist die SIGNIFIKATIONSREGEL, welche die »konventionale Bedeutungszuschreibung [kodiert], wie sie jedem symbolischen Beziehungsverhältnis zugrunde liegt.«[205] Die Signifikationsregel wird damit auf der Achse I — (S – O) wirksam. Der ›Interpretant‹ wird damit bei einer konkreten Signifikation auf den bei der Replikationsregel hergestellten Komplex aus Zeichen und Objekt ausgerichtet. In jedem Signifikationsprozess kann dabei die indexikalische Dimension des Zeichens verändert werden, was zur Transformation des Zeichens und damit zur Dissemination führt. Es ist damit die Achse der Signifikationsregel, die Zitierbarkeit und Re-Kontextualisierung ermöglicht, je nachdem, ob Äquivalenz oder Differenz durch den Interpreten als dominant gesetzt werden. Die beiden Regeln befinden sich im Verhältnis reziproker Evokation und entfalten erst in ihrem Zusammenwirken die jeweilige Bedeutung eines Zeichens:

> [J]edes Symbol wird erst dann bedeutsam, wenn es als Replica in einem Äußerungskontext verankert ist [...]. Die jeweilige Replikationsregel ist als Gesetz der Wiederholung in jedem Replica-Token gespeichert: Jede Replica verkörpert also nicht nur eine symbolische Signifikationsregel, sondern ist immer auch die *mediale Spur* jener Replikationsregel, der sie sich verdankt.[206]

Damit sind zwei einfache und ein eher komplexer dritter Sachverhalt von entscheidender Wichtigkeit angesprochen: Zum einen, wie bereits erwähnt, dass die Zeichenbedeutung auf Iterierbarkeit beruht und dass es zum Zweiten dem Interpreten obliegt, die beiden Regeln anzuwenden, die auf kontextuellem Wissen und Konvention beruhen. Werden die Regeln nicht ›korrekt‹ angewendet (identifiziert), so kann dies zu Schwierigkeiten vor allem bei Übertretungen von Diskursgrenzen und in der Kommunikation führen.[207]

Der dritte Sachverhalt betrifft die von Wirth erwähnte »*mediale Spur*« und verweist kurz gefasst auf das Problem, ob diese Spur als identisch oder different angesehen wird. Man kann sich dies wiederum an dem Video-Clip und dem gedruckten »Subito«-Text vergegenwärtigen: Wenn der gesprochene Text und der gedruckte Text aus den gleichen Worten bestehen, kann man davon ausgehen, dass diese Zeichen damit identisch sind? Das hier offensichtliche Problem ist dasjenige der ›SICHTSCHÄRFE‹ der RezipientInnen, der bei der Anwendung der

---

[205] Wirth (2008): *Die Geburt des Autors aus dem Geist der Herausgeberfiktion*, S. 66.
[206] Wirth (2008): *Die Geburt des Autors aus dem Geist der Herausgeberfiktion*, S. 67, Herv. i. Orig.
[207] Wenn beispielsweise jemand die Emblematik der »Front Deutscher Äpfel« mit den Farben Schwarz, Weiß und Rot sowie den Referenzen auf nationalsozialistische Ikonografie als eine Hommage oder Pastiche auf deutschnationalen Chauvinismus ansieht, so wird ihm der satirische Impetus dieser politisch links orientierten Gruppe entfallen. In diesem Fall würde die Replikationsregel ›korrekt‹ und die Signifikationsregel ›falsch‹ angewendet werden.

Signifikationsregel entscheiden muss, ob die Achse I — (S – O) eine ›neue‹ Ausformung annimmt, oder ob eine Äquivalenz zu anderen I — (S – O)-Achsen besteht. Roland Barthes wählte für diese Tätigkeit die Metapher des ›Verfolgens einer Laufmasche‹,[208] nach Derrida wäre es das Folgen der ›Spur‹ – es ist die Aufschlüsselung der Ambivalenz des Wortes und die Entscheidung darüber, ob ›Identität‹ (dies entspricht einer ›absoluten‹ Äquivalenz der beiden Elemente) oder ›Zitat‹ (sowohl Äquivalenz als auch Differenz) vorliegen, die beiden Zeichen also verschiedene Interpretanten aufweisen.[209]

Besonders deutlich wird die Notwendigkeit einer solchen Entscheidung angesichts der oftmals vorhandenen Identität von Autor-, Personen- und Figurenname, wie sie in »Subito« und *Irre* ebenfalls vorliegt, bzw. überhaupt, wenn sich Funktionsbereiche überschneiden und ein Zeichen als scheinbar identisch über Diskursgrenzen hinweg wirksam zu werden scheint – wie es der Überschneidungsbereich in Grafik 1 veranschaulicht. Die Entscheidung, wie die Verhältnisse von Differenz und / oder Äquivalenz sich darstellen, bestimmt darüber, ob das Zeichen auch in anderen Diskursen wirksam werden kann oder beispielsweise im literarisch-fiktionalen Diskurs verbleibt. Sollten sich Überschneidungen abzeichnen, so führt eine Aufschlüsselung der Verfahren und Wirksamkeiten, die eine solche Überschneidung zulassen, unmittelbar zu dem, was innerhalb der ›Poetiken des Selbst‹ wirksam wird.

---

208 Vgl. Barthes (2000): »Der Tod des Autors«, S. 191.
209 Die Vorstellung, dass die ›Sichtschärfe‹ vernachlässigt werden kann, weil kompetente RezipientInnen sie automatisch ›richtig‹ einstellen würde, entspricht in etwa der Vorstellung, dass der Wert eines Gemäldes von der Größe der Leinwand und der Menge der darauf befindlichen Farbe abhängt. Zwar ist beispielsweise die Schrift als Symbol weitgehend konventionalisiert, in jedem Token als der Manifestation einer Type können jedoch zusätzliche indexikalische Funktionen identifiziert werden. Während das radikale Beispiel hier die *Tags* aus der Hip-Hop-Szene wären, kann die Relevanz der Sichtschärfe am Beispiel der Schrift demonstriert werden: Man kann behaupten, dass es gleichgültig wäre, ob das Wort ›Wort‹ in einer anderen Schrift wie hier: ›Wort‹ geschrieben wird. Bei ›*Wort*‹ wäre der Konsens diesbezüglich nicht mehr so groß, so steht zu vermuten, da die Zierlichkeit der Schrift eine illustrative Funktion in den Vordergrund rückt. Aber selbst zwischen ›Wort‹ und ›WORT‹ können Differenzen identifiziert werden. So besteht das zweite ›Wort‹ nicht aus echten Kapitälchen, sondern aus herunterskalierten Versalien und kann als Beispiel für schlechte Typographie dienen. Weiterhin ist es stark gekernt, was na helegen könnte, dass es sich dabei um die Initialen einer Firma, ein Akronym o.Ä. handelt. Je nach Kompetenz der Rezipient/innen und Kontextualisierung (beispielsweise in einer Typographie-Prüfung) würden diese Eigenschaften den symbolischen Gehalt maßgeblich bestimmen. Die Metapher der ›Sichtschärfe‹ scheint auch insofern glücklich gewählt, als die anderen Eigenschaften weiterhin identifiziert werden können, nur eben nicht im Fokus befindlich sind.

3.8 Bedeutungen durch Beobachtbarkeit: Klagenfurt, »Subito« und *Irre*

Damit sind vorerst alle Komponenten des Analysewerkzeugs bestimmt, um den Auftritt von Rainald Goetz in Klagenfurt untersuchen zu können. Als Korpus dient zum einen der gedruckte Text »Subito« aus dem Band *Hirn* und zum anderen der bereits erwähnte Clip, der bei *YouTube* verfügbar ist.[210] Intertextuelle Verbindungen lassen sich zudem zum Roman *Irre* aufzeigen.

Entscheidend für die hier angelegte Fragestellung bezüglich der ›Poetiken des Selbst‹ ist die Transformation der Erzählerfigur im Text »Subito«, ihre Aussagen zur Tätigkeit des literarischen Schreibens und letztlich die Verweise auf die Aufführungssituation in Klagenfurt selbst. Die Erzählung beginnt in einer auktorialen Erzählsituation, nach einigen Seiten jedoch wechselt diese mit der lapidaren Begründung »hier kriege ich Lust auf das Ich«[211] in die Erste Person Singular. Nur ein wenig weiter im Text wird der nun aus der Ich-Perspektive reflektierende Erzähler, der bisher mit dem Namen »Raspe« tituliert wurde, erkennbar als ein gewisser »Herr Goetz«,[212] der in eben jenem Moment in Klagenfurt die Lesung eben jenes »Subito«-Textes absolviert. Der Text ist zwar durchsetzt mit Pejorativa und Aussagen, die als ›politisch nicht korrekt‹ bezeichnet werden können – wenn man jedoch die misogynen, menschenverachtenden und gewaltverherrlichenden Passagen als Bestandteil eines literarischen und damit fiktionalen Diskurses ansieht, bietet der Text keine Grundlage für einen Skandal. Was genau passierte also damals in Klagenfurt, das das Autorbild derart prägte und sich in die Annalen des Literaturbetriebs einschrieb? Betrachten wir dazu die Aufnahme des Auftritts.

Die ersten dreißig Sekunden des Clips bestehen aus zusammengeschnittenen Aufnahmen, die auf den Wettbewerb und den Ort des Geschehens verweisen: Auf das Landesstudio Kärnten und den Ingeborg-Bachmann-Preis. Man sieht Aufnahmen, die als Überblick der Szenerie dienen: Den Lesesaal, einen Büchertisch, das Gebäude und Menschen, die ihre Plätze einnehmen. Es folgt eine kurze – dem Auftritt zeitlich klar nachgestellte – Ansage eines Moderators, der den Ort und Zeitpunkt benennt: Der dritte Tag des Wettbewerbs steht nun im Mittelpunkt der Berichterstattung und dieser dritte Tag begann – so die Worte des Moderators »pünktlich mit Punk«. Bereits diese Ankündigung ist symptomatisch für die gesamte Rezeption der nun folgenden Ereignisse. Mit »Punk« kann keine

---

210 Vgl. www.youtube.com/watch?v=_BEjgp9MAEY (zuletzt eingesehen am 17.12.2013).
211 Goetz (1986): »Subito«, S. 14.
212 Goetz (1986): »Subito«, S. 15.

Eigenschaft eines Textes gemeint sein – dafür wäre ein Adjektiv angemessener als ein Substantiv. Es ist auch nicht die Rede von einem ›Dichter‹ oder ›Schriftsteller‹ oder gar einer ›Lesung‹, einem ›Wettbewerbsbeitrag‹ – stattdessen wird mit »Punk« eine verallgemeinernde und unspezifische Referenz auf eine damals noch relativ neue subkulturelle Strömung getätigt, die, so kann man annehmen, eher negative Assoziationen weckte.[213]

Darauf folgt ein Schnitt in die laufende Lesung: Ein Mensch mit wasserstoffblonden Haaren und einer wirren Frisur wird in einer Halbtotalen am Lesetisch sitzend und einen Text vom Papier ablesend dargestellt. Es werden keine Informationen zur Identität des Lesenden geboten – der Name von Goetz wird weder vom Moderator genannt, noch in einer Bauchbinde eingeblendet. Es folgen nun mehrere Schnitte, bei denen die Kameraperspektive vor allem in eine Naheinstellung von Gesicht und Oberkörper aus seitlicher Perspektive wechselt sowie das Publikum zeigt. Nach 2:40 Minuten Laufzeit führt der lesende Akteur etwas an seine Stirn – vermutlich eine Rasierklinge – und vollführt quer darüber einen Schnitt in die Haut, ohne die Lesung zu unterbrechen. Die Kamera zeigt das über das Gesicht laufende Blut in einer Naheinstellung und wie es stetig auf das Manuskript tropft. In mehreren Überblendungen betrachtet die Kamera den Akteur von rechts, frontal und links. Der Vortrag endet in einem Brustbild, der Akteur wischt sich mit der rechten Hand über die Stirn und verteilt das Blut darauf zu einer Fläche. Er lehnt sich zurück, schaut nach rechts und links, scheint dann bei 4:08 den Blick einer bestimmten Person *offscreen* zu erwidern und zieht die Augenbrauen hoch.[214] Der Applaus wird in einer Totalen des Saals gezeigt, wobei Publikum, Lesetisch mit Vortragendem in der Mitte und die Jury an Tischen rechts und links davon in den Blick kommen und es folgt eine Naheinstellung des Lesenden, der sich nun Papiertaschentücher o. Ä. auf die blutende Stirn presst. Unmittelbar darauf setzt die Kritik der Jury ein[215] – Marcel Reich-Ranicki beginnt und lobt sowohl Vortrag als auch Text. Die Perspektive wechselt einige Male, ohne den Lesenden erneut in einer Halbtotalen oder von Nahem zu zeigen – der Blick-Schwerpunkt liegt weiterhin auf der Jury. Nach 6:25 übernehmen andere Mitglieder der Jury das Wort, äußern sich kritisch über den Text und missbilligen den

---

213 Vgl. zur Geschichte der Punk-Bewegung in Deutschland: Archiv der Jugendkulturen [Hg.] (2008): *Keine Zukunft war gestern;* sowie Schneider (2007): *Als die Welt noch unterging.* Die öffentliche Aufmerksamkeit für das Phänomen ›Punk‹ war demnach in Deutschland spätestens ab etwa 1977 gegeben.
214 Es handelt sich dabei aller Wahrscheinlichkeit nach um Marcel Reich-Ranicki.
215 Doktor / Spies schreiben, dass zwischen Ende des Lesung und Beginn des Jury-Urteils ein Schnitt angenommen werden muss, von dem man nicht weiß, welchen Zeitraum er überbrückte, vgl. Doktor / Spies (1997): *Gottfried Benn – Rainald Goetz*, S. 91, Anm. 304.

Auftritt. Die Rede von Heinrich Vormweg wird um 8:11 von einer diegetischen Stimme unterbrochen, die Humbert Fink zugeordnet werden kann: »Er selbst – er ist selbst; er will das nicht – entschuldigen Sie – er will das nicht, wir haben bereits das alles gemacht und wie ich hörte – er ist selbst ausgebildeter Arzt – er mache das öfter.« In einer Totalen ist dabei zu sehen, wie eine Frau neben dem auf seinem Platz verbliebenen Lesenden steht und ihm offenbar Hilfe anbietet, die – so kann man der Äußerung von Fink entnehmen – der Dichter ablehnt. Es folgt ein harter Schnitt: Das *setting* sind nun offenbar die an das Studio anlehnenden Räume – Menschen verlassen den Saal, laut diskutierend und offensichtlich erregt. Eine Gruppe Männer kommt bei 8:43 ins Bild – darunter auch der am gleichen Tag lesende Alban Nikolai Herbst – die offenbar das gerade zurückliegende Ereignis energisch gestikulierend kommentieren und dabei ihren Missmut äußern. Nach einem Zoom auf das in der Hand von Alban Nikolai Herbst befindliche Notizbuch erfolgt ein harter Schnitt zur – so muss man annehmen – nächsten Lesung. Nach 9:14 ist die audiovisuelle Reproduktion der ›skandalösen‹ Ereignisse damit zu Ende.

Der ganze Film vermittelt auf den ersten Blick den Eindruck von Tempo und Linearität – auf den zweiten Blick jedoch wird eine Rezeptionslenkung durch geschicktes Edieren deutlich. Bereits die durch den Moderator getätigte Ankündigung des nun kommenden »Punk« kann genau genommen nicht eingelöst werden. Der Lesende ist nicht mit einer Nietenjacke, sondern mit einem grauen Sakko bekleidet, dazu weißes Hemd und schwarze Krawatte. Lediglich die längeren wasserstoffblonden Haare und das bei 1:55 und 2:33 ins Bild kommende Nietenarmband weichen von bürgerlichen Modekonventionen ab. Zu Beginn des Clips scheinen es eher Thematik und Gestus des vorgetragenen Textes zu sein, die den angekündigten »Punk« und die damit assoziierte Provokation einlösen. Was im Film hörbar wird, sind wütende, gelegentlich ironische Sentenzen von Hass gegen alles und jeden. Was dabei unter den (Schneide)Tisch fällt, sind diejenigen Passagen des vorgetragenen Textes, die ein poetologisches Programm enthalten, sowie jene, die eben diesen Klagenfurter Auftritt selbst zum Gegenstand haben.

Tatsächlich unternimmt der Film einen enormen Aufwand, um die Komplexität des Textes zu reduzieren. Der erste Schnitt, der bei 1:55 erfolgt, unterschlägt folgende Passage: »Wie geht es weiter? Wie muß es weitergehen, gerade jetzt, nach dem ersten Roman, was muß ich tun, daß ich nicht auch so ein blöder Literaturblödel werde, der locker und dumpf Kunst um Kunst hinschreibt.«[216] Damit wird die reflexive Position des Erzählers, die im Text deutlich herausgearbeitet

---

216 Goetz (1986): »Subito«, S. 19.

wird, eingespart – diese Leistung erbringt auch der Schnitt, der um 3:16 zu finden ist.[217] Die aus poetologischer Sicht gravierendste Verkürzung erfährt der Text jedoch durch den Schnitt, der bei 2:40 ausgeführt wird. Er erfolgt an einer Textstelle, in welcher der Erzähler sich polemisch bis pejorativ von den literarischen Vertretern des »BIG SINN«[218] und damit allgemein von der *littérature engagée*, vertreten durch Heinrich Böll und Günter Grass, distanziert. Während im Film von dort direkt zu der Passage geschnitten wird, bei welcher der Akteur die Selbstverwundung vollführt, folgt im Text die wohl wichtigste poetologische Forderung, ausgesprochen durch das Sprecher/Erzähler-Ich:

> Wir müssen etwas Wichtiges tun. Wir müssen ihn kurz und klein zusammenschlagen, den Sausinn, damit wir die notwendige Arbeit tun können. Die ist was viel was [sic] Schwereres, die notwendige Arbeit ist: die Wahrheit schreiben von allem, die keinen Big Sinn nicht hat, aber notwendig ist, notwendig ist das einfach wahre Abschreiben der Welt.[219]

Unterschlägt man diese und ähnliche Textstellen, so wie es der Film tut, kann kaum verständlich werden, warum »Subito« von Rainer Kühn die Bezeichnung »subpoetischer Text mit Manifestcharakter«[220] erhielt, während das Skandalöse bei der audiovisuellen Darstellung klar in den Vordergrund rückt.

Ich möchte mich Kühns Statement anschließen und die Aussage noch erweitern: Wenn das Erzähler-Ich im Text über den Klagenfurt-Auftritt reflektiert und äußert: »Diesen Moment [...] darf ich nicht vorbei gehen lassen, ohne zum Schluß wenigstens ein paar Sätze in der Sprache des Manifests gesagt zu haben«,[221] so beziehen sich diese ›paar Sätze‹ eben auf den Schnitt in die Haut und die Leseperformance. Nicht nur die Schriftzeichen auf dem Papier bilden hier das Manifest, sondern auch der Auftritt – und seine audiovisuelle Reproduktion. Der Auftritt selbst wird dabei mitnichten vom Literarischen abgetrennt, sondern lässt sich als

---

217 Dieser Schnitt ist auch insofern bemerkenswert, als damit – trotz des Wegschneidens von ganzen siebzehn Zeilen – der Anschein der Linearität mit großem Aufwand aufrechterhalten wird: Über den Bildschnitt wird eine Audioklammer gelegt, die nur dadurch möglich wird, dass der Mund des Lesenden für einige Sekunden durch ein Blatt Papier verdeckt ist.
218 Goetz (1986): »Subito«, S. 19, Herv. i.Orig.
219 Goetz (1986): »Subito«, S. 19. Die letzte Passage des Zitats war titelgebend für die Dissertation von Sascha Seiler (2006): »*Das einfache wahre Abschreiben der Welt*«. *Pop-Diskurse in der deutschen Literatur nach 1960*. Diese prominente Wiederaufnahme spricht für die Wichtigkeit der Textstelle nicht für das Œuvre von Goetz, sondern allgemein für die Poetik eines Großteils der Literatur, die unter dem Label ›Pop‹ zusammengefasst wird.
220 Vgl. Kühn (2004ff.): »Rainald Goetz«, Abschnitt ›Essay‹, S. 2.
221 Goetz (1986): »Subito«, S. 20.

literarisches Zitat einer avantgardistischen Revolte lesen,[222] – wobei er Bestandteil eines Textes wird, der sowohl »Subito« und die Lesung in Klagenfurt als auch intertextuell verbunden den Roman *Irre* umfasst.

Dass der lesende und blutende Rainald Goetz dabei kein Unbeteiligter sein kann und seine Rolle die eines beobachtbaren Akteurs deutlich überschreitet, kann allein daran ermessen werden, wie oft im Zusammenhang von »Subito« und *Irre* vom autobiographischen Schreiben die Rede ist.[223] Was durch das Zusammenspiel von Textinhalt, Performance und medialer Reproduktion erschaffen wird, ist ein Autor-Subjekt, das sich als identisches sowohl im juridisch-sozialen, literarisch-ästhetischen als auch autopoietisch-individuellen Diskursbereich von Autorschaft positioniert und so den beobachtbaren Autor ›Rainald Goetz‹ formt. Es geht im Folgenden nicht darum, die Klagenfurt-Aktion im Kontext eines avantgardistischen Aufbegehrens und als Affront gegen den Simulationscharakter der Postmoderne zu deuten, wie es Winkels, Müller / Schmidt und Oberschelp tun.[224] Es gilt vielmehr, genauer nach den Sprecherinstanzen in den Texten »Subito« und *Irre* zu fragen. Dazu wird betrachtet, welche semiotischen Verweise sich zwischen ihnen aufzeigen lassen, wie eine Autorposition in diese Texte hineingetragen wird und inwiefern eine Referenz von da zu dem Autor ›Rainald Goetz‹ hergestellt wird. Der Klagenfurter Auftritt, der Text »Subito« und der Roman *Irre* bilden damit einen Komplex, bei dem auch die transmedialen Wandlungen der darin enthaltenen Zeichen berücksichtigt werden müssen.

Bereits »Subito« allein verfügt über drei ineinander verklammerte Ebenen, denen durch den Klagenfurt-Auftritt eine vierte und durch die mediale Reproduktion eine fünfte hinzugefügt werden.[225] Durch die intertextuelle Verknüpfung mit

---

222 Jürgen Oberschelp verweist schon sehr früh darauf, vgl. Oberschelp (1987): »Raserei. Über Rainald Goetz, Haß und Literatur«, S. 173. Vgl. ähnlich argumentierend auch Müller / Schmidt (2001): »Goetzendämmerung in Klagenfurt«, S. 252ff.
223 Die Komplexität der poetologischen Verwicklungen wird dabei meist erkannt, trotzdem bleibt das Autobiographische als mögliche Referenz ein wichtiger Diskurs innerhalb der Texte, mit der es sich auseinanderzusetzen gilt. Vgl. hierzu Winkels (1991): *Einschnitte*, S. 223, 231, 245; Müller / Schmidt (2001): »Goetzendämmerung in Klagenfurt«, S. 251f.
224 Vgl. auch Gropp (2008): »›Ich / Goetz / Raspe / Dichter‹«, S. 241: »Diese performative Dimension, Literatur als Aktionskunst zu betreiben, schließt natürlich an Traditionen des literarischen und künstlerischen Modernismus an.«
225 Der Text ist dreifach aufgelegt worden: Zuerst in Fink / Reich-Ranicki [Hg.] (1983): *Klagenfurter Texte*, S. 65–77, danach 1984 in der Anthologie *Rawums. Texte zum Thema*, hg. v. Peter Glaser, S. 152–165 und zuletzt 1986 in der hier durchgängig zitierten Textsammlung *Hirn*. Dabei behielt der Text weitgehend seine Gestalt, lediglich einige Komposita wie »KurzZuLangAufKurzZu«, Goetz (1983): »Subito«, S. 67, wurden in *Hirn* getrennt. Die in Klagenfurt gelesene Fassung stimmt bis auf marginale Abweichungen mit den gedruckten Texten überein.

Irre wird zudem eine sechste Ebene evoziert. Der Text setzt ein mit einer auktorialen Erzählsituation und der Schilderung einer kurzen Episode, in welcher ein ›Doktor Raspe‹ die Figur der Handlung ist – diese Passage stimmt nahezu wortgleich überein mit dem Beginn des zweiten Teils von *Irre*.[226] Dieser literarische Verweis auf das eigene Werk mit der Figur des Dr. Raspe bilden die erste Ebene des »Subito«-Textes und damit quasi seine ›literarische‹ Verhaftung. Gemäß der Satzung des Ingeborg-Bachmann-Preises durften nur unpublizierte Texte zum Vortrag gebracht werden – der Erstling von Goetz erschien erst 1983 zur Frankfurter Buchmesse, er hätte also ohne Bedenken seine Lesung auf Passagen aus *Irre* beschränken können. Nach einer Seite jedoch weicht »Subito« davon ab: »Das ist doch ein Schmarren, sagte Raspe, das ist doch ein Krampf, denen was vorzulesen, was eh in meinen Roman gedruckt wird [...].«[227] Damit wird die Figur Raspe mit der Autorfunktion Rainald Goetz in Eins gesetzt – wenn man davon ausgeht, dass das »meinen Roman« als Index für *Irre* gelesen werden kann.[228] Wenn man diese relative Äquivalenz als gültig anerkennt, dann besteht sie zwischen dem ästhetisch-literarischen und dem juridisch-sozialen Diskursbereich, der für Autorschaft relevant wird. Mit dem inhaltlichen Bruch, der damit eigentlich ein Übergang von *Irre* zu »Subito« ist, wird zugleich die zweite Ebene der Erzählung geöffnet und die dritte angedeutet.

Die Erzählsituation bleibt zunächst weiter auktorial. Diese zweite Ebene scheint auf den ersten Blick die gleiche Konfiguration aufzuweisen wie die ersten Absätze des Textes – und damit die Passagen aus *Irre*: Das Personal in Form von ›Raspe‹ und dem ›Direktor‹ wird übernommen, die Gewaltphantasie fortgesetzt.[229] Was den Unterschied zwischen den Textpassagen ausmacht, ist das nun gegebene Reflexionsbewusstsein, über das die Figur ›Raspe‹ in »Subito« verfügt und das ihm zumindest im zweiten Teil von *Irre* noch fehlt. Die Konfiguration ist damit eine deutlich andere: Als literarische Figur weiß er in der Diegese von »Subito« nun einerseits um die eigene Literarizität und situiert sich andererseits

---

226 Vgl. Goetz (1983): *Irre*, S. 107.
227 Goetz (1986): »Subito«, S. 9.
228 Dieser Schluss erscheint logisch, da die bis dahin vorkommenden Worte nahezu komplett zeichenidentisch mit der entsprechenden Passage aus *Irre* sind, vgl. Goetz (1983): *Irre*, S. 107. Die Abweichungen der beiden Texte erscheinen nicht relevant. Der Bruch wird auch dadurch bekräftigt, dass der zweite Teil von *Irre*, dem diese Passage entstammt, der einzige der drei Teile ist, der konventionell in einer auktorialen Erzählsituation angelegt ist und auch der einzige der Teile ist, in denen das Roman-Projekt – ein Buch über die Psychiatrie – mit keinem Wort erwähnt wird.
229 Vgl. auch Goetz (1983): *Irre*, S. 107.

selbst auch als der Autor des Textes in einem Diskurbereich jenseits des Textes – und damit auch als Autor seiner selbst.[230]

Der Text gibt sich weiterhin als die relativ konventionelle Wiedergabe einer Reise, die Raspe von München nach Hamburg führt, wo er sich mit befreundeten Künstlern und Intellektuellen trifft und überraschend daran ist höchstens die Intensität der Abneigung, die Raspe verschiedenen Elementen und Bereichen des Lebens entgegenbringt. Gleichwohl findet mitten im Text ein Perspektivenwechsel statt, der die personale Erzählsituation auflöst und Raspe vom Reflektor zum Ich-Erzähler befördert – die Erzählerposition springt von einer heterodiegetischen in eine autodiegetische: »Nüchtern wie gesagt, noch sowas von nüchtern hat Raspe das Nachtcafé betreten, und gleich bin ich, hier kriege ich Lust auf das Ich, weil jetzt wird es lustig, vor meinen Göttern gestanden [...].«[231] Der Text legt damit nahe, dass das ›Ich‹ identisch mit ›Raspe‹ und dieser identisch mit dem ›Autor von *Irre*‹ sei – im Bewusstsein der eigenen Literarizität wohlgemerkt. Wenn man dies als gesetzt ansieht, wird die Deutung der blutigen Performance sehr einfach: Wenn »Subito« und der Auftritt aus dieser Perspektive ein Manifest darstellen sollen, dann ist es ein reichlich triviales, das nur darin mündet, Schriftliches / Literarisches in Lebenswirkliches zu überführen. Eine Metaposition oder anderweitige poetologische Implikationen werden so getilgt und der ungeneigte Kritiker kann die Hasstiraden des Textes und das Skandalöse des Auftritts zum alleinigen Inhalt erklären. Es gilt jedoch, die Perspektive zu erweitern – es wird sich zeigen, dass das Gefüge der beiden Texte und des Auftritts mehr zu bieten hat als eine triviale Reduktion der Komplexität zulassen würde. Um diese Aspekte beleuchten zu können, muss die Rede auf Rahmungen, Konfigurationen und Performanz zu sprechen kommen.

---

230 In diesem bewusst ›literarischen‹ Modus des ebenso literarischen Bestehens ist es nur konsequent, dass Raspe als literarisches Zitat auftreten kann. Es folgt die Schilderung einer Reise mit der Eisenbahn, bei der vor allem das Sehen der Landschaft aus dem Fenster thematisiert wird. Diese Passage entspricht strukturell, motivisch und selbst z.T. in der Wortwahl dem Beginn der Rönne-Erzählung »Gehirne« von Gottfried Benn. Vgl. Benn (1968): »Gehirne«. Vgl. hierzu auch Doktor / Spies (1997): *Gottfried Benn*, S. 139–163; sowie Müller / Schmidt (2001): »Goetzendämmerung in Klagenfurt«, S. 255f. Die Referenz auf den RAF-Terroristen Jan-Carl Raspe bildet eine weitere Schicht dieser Figur. Evident wird dies vor allem im Moment des ›Gewaltaktes‹ von Klagenfurt, der sich in Differenz zum Programm der RAF nur autoagressiv äußert und damit zugleich den vorgeblichen Suizid von Jan-Carl Raspe in der ›Todesnacht von Stammheim‹ zitiert.
231 Goetz (1986): »Subito«, S. 14.

3.9 Rahmen, Konfiguration und Performanz

Ohne eine Theorie des Zitierens bzw. der Iteration von Zeichen wäre eine Theorie der Rahmen nicht notwendig und eine Theorie der Performanz nicht möglich. Wenn man sich das Vorkommen der Autorfunktion ›Rainald Goetz‹ in »Subito« und *Irre* sowie bei dem Auftritt als Zeichen denkt, die identisch zu sein vorgeben, muss die Frage gestellt werden, ob der Interpretant dieser identisch scheinenden Größen tatsächlich immer der gleiche ist. Man kann diese Frage auf dem Wege einer Analyse der jeweiligen Rahmen-Zuordnungen klären.

Erving Goffman entwarf seine Rahmen-Analyse, um aus soziologischer Perspektive aufzeigen zu können, warum manche Handlungen nicht jedes Mal die gleiche Relevanz erlangen, sondern von Beobachterinnen und Beobachtern – trotz identischer Handlungsstruktur – beispielsweise spielerisch oder ironisch gedeutet werden können, so wie niemand eine auf der Bühne oder von Kindern vollzogene Ehetrauung als wirksam anerkennen würde. Aus Goffmans Perspektive müsste eine veränderte Wahrnehmung des scheinbar gleichen Handlungsaktes nicht auf dem von Austin im Hinblick auf einen ›parasitären‹ Gebrauch formulierten ›Szenenwechsel‹,[232] sondern auf einer »modulierende Transformation«[233] von Rahmenbedingungen beruhen. Dabei werden spezifische Rahmungshinweise aktiv, die zeitliche oder räumliche Klammern setzen können, um die Wirkungsbereiche der jeweils modulierenden Transformation einzugrenzen.[234] Wiederum bleibt es in der Kompetenz der Rezipientinnen und Rezipienten, die Transformation zu erkennen, denn die Rahmungshinweise werden »erst durch ein bestimmtes Rahmenwissen les- und verstehbar«[235] – und die jeweils als gültig gesetzte Rahmung wird dabei als der bei der Semiose eines Zeichens oder einer Handlung gültige Interpretant auf diesem Wege greifbar.

Das Konzept von Goffman soll im Folgenden leicht abgewandelt werden, um für Signifikationsprozesse im Allgemeinen gültig zu sein. Denn es lässt sich leicht erkennen, dass die modulierende Transformation als eine Variation der Signifikationsregel betrachtet werden kann. Im Fall einer Eheschließungszeremonie im Zuge einer Theateraufführung müsste die Replikationsregel greifen, um die dargestellten Handlungen als ›Eheschließung‹ identifizieren zu können. Im Zuge

---

232 Vgl. Austin (2002): *Zur Theorie der Sprechakte*, S. 38–45. Austin nutzt dabei die Termini ›abuses‹, ›misinvocations‹ und ›misexecutions‹.
233 Vgl. Goffman (1980): *Rahmenanalyse*, S. 56.
234 Vgl. Goffman (1980): *Rahmenanalyse*, S. 55ff. Dieses Konzept ist gut an die Idee der Heterotopien von Foucault anschließbar, vgl. Foucault (2005): »Von anderen Räumen«.
235 Wirth (2008): *Die Geburt des Autors aus dem Geist der Herausgeberfiktion*, S. 54.

der Signifikationsregel würden kompetente RezipientInnen sowohl eine relative Äquivalenz als auch eine relative Differenz zu einer ›normalen‹ Eheschließungszeremonie feststellen: Die Rahmungshinweise der Aufführung würden diese tatsächlich stattfindende Eheschließung als ›Spiel‹ markieren, der Interpretant würde in diesem Fall das äquivalente Zeichen der Ehezeremonie als different lesbar machen. Bei der Analyse der Texte müssen die möglichen Rahmungshinweise identifiziert werden, um modulierende Transformationen erkennen zu können. Denn von diesen hängt es entscheidend ab, welchen Bereichen in der Grafik 1 die Zeichenkomplexe zugeordnet werden können. Das Ziel, ›Poetiken des Selbst‹ zu beschreiben, kann nur erreicht werden, indem eine Bestimmung dahingehend getroffen werden kann, ob es sich um eine Poetik einer literarischen Figur in einem literarisch-ästhetischen Diskursbereich oder um die Poetik einer empirischen Person im autopoietisch-individuellen Diskursbereich handelt – oder aber um beides, weil die Bereiche gekoppelt sind und wenn, dann wie und warum eine entsprechende Rahmung möglich ist.

Als eine Erweiterung des Rahmenbegriffs soll der Terminus der »Konfiguration« verwendet werden, den Uwe Wirth so definiert:

> Ich möchte vorschlagen, den Begriff der Konfiguration gleichermaßen auf die medialen Funktionen Speichern, Verarbeiten, Übertragen, die damit einhergehenden technisch-apparativen Aspekte und die semiotisch-performativen Funktionen Vermitteln, Verkörpern, Ausführen und Aufführen anzuwenden.[236]

Diese Anwendung hat den Vorteil, dass auch die mit Hilfe des Medienkompaktbegriffs festzustellenden Zeichentransformationen als Rahmen in ihrer Wirksamkeit und in ihrem Einfluss auf den Interpretanten beachtet werden können.

Die modulierende Transformation oder Konfiguration bleibt bei all diesen vielfältigen Möglichkeiten der wissenschaftlichen Betrachtung eine schwer zu handhabende Kategorie. Die Konfiguration ist mit ihrer Verankerung auf der Achse I – (S – O) ein manifestierender Bestandteil eines jeden Signifikationsprozesses, dabei jedoch ebenso einer Re-Kontextualisierung unterworfen, in der sich der Interpretant wandelt. Grundsätzlich ist davon auszugehen, dass die Konfigurationen historisch und diskursspezifisch sind und nur wenige so weit konventionalisiert, dass sie diskursübergreifend wirksam werden können. Somit muss ebenso akzeptiert werden, dass auch ganze Diskurse selbst, bzw. einzelne

---

[236] Wirth (2006): »Hypertextuelle Aufpfropfung als Übergangsform«, S. 29.

Diskurs-Funktionen wie beispielsweise ›Identität‹ oder ›Autorschaft‹ im Ganzen als konfigurierende Rahmen betrachtet werden können.[237]

Die Goffman'sche Rahmen-Analyse hat weiterhin den Vorteil, dass damit markante Schwächen der Sprechakt-Theorie von Austin neutralisiert werden können. Jacques Derrida hat in »Signatur Ereignis Kontext« die Performanztheorie von Austin einer scharfen Kritik unterzogen, wobei vor allem Austins Idee eines ›totalen Kontext[s]‹ und einer sich im Sprechakt vollständig mitteilenden Intention von ihm abgelehnt wurden.[238] Der Hauptvorwurf, der Austin dabei gemacht werden kann, ist derjenige, dass in seiner Konzeption Sprechakte in bestimmten Fällen ›misslingen‹ können, wobei ihr Gebrauch dann ein ›parasitärer‹ ist, der sich von dem ›normalen‹ unterscheidet, wie es bei der Ironie oder einer Theateraufführung der Fall ist.[239] Derrida argumentiert überzeugend, dass es so etwas wie einen ›totalen Kontext‹ nicht geben kann und ›Intention‹ keinesfalls eine zentrale Position in der Sprechakttheorie einnehmen darf;[240] – vielmehr sollte ›Intention‹ allenfalls als *eine mögliche* Komponente auf der Achse I – (S – O) angesehen werden, mithin als eine Intentions-Rhetorik, die damit Einfluss auf den Interpretanten nehmen kann. Behält man Derridas Novellierungen vor Augen, so lässt sich die Performanztheorie problemlos mit der Rahmen-Analyse koppeln. Anstatt von Szenenwechseln zu sprechen, auf denen die Gelingensbedingungen eines Sprechaktes beruhen, ist es mit der Rahmen-Analyse möglich, relativ äquivalente Sprechakte im Hinblick auf die im jeweiligen Kontext wirksamen modulierenden Transformationen und Konfigurationen zu vergleichen. Illokution und Perlokution verschwinden so nicht vollständig als Untersuchungskategorien, sondern verändern lediglich ihren Ort, da mit Derrida eine Auseinandersetzung zwischen einer allgemeinen Theorie der Sprechakte und einer allgemeinen Theorie der Schrift stattfindet,[241] wobei der Theorie der Schrift – bzw. in Anlehnung an Peirce der Theorie der Zeichen – mehr Gewicht zukommt.

---

237 So ist ›Autorschaft‹ als eine Konfiguration anzusehen, in der sich die Differenz von Zeichenkomplexen (Texten) *ohne* Autorfunktion und Zeichenkomplexen (Texten) *mit* Autorfunktion formuliert. Je nachdem, welche Konfiguration als gültig anerkannt wird, erlangt der Zeichenkomplex eine andere Struktur und wird auch in anderen Diskursbereichen relevant. Eine einzelne Autorfunktion kann als spezifische Konfiguration wirksam werden, was vor allem bei Skandalen oder politischen Involvierungen wie in den Fällen Handke oder Rushdie sichtbar wird.
238 Vgl. Derrida (1988): »Signatur Ereignis Kontext«, S. 304–311.
239 Vgl. Austin (2002): *Zur Theorie der Sprechakte*, S. 43f.
240 Vgl. Derrida (1988): »Signatur Ereignis Kontext«, S. 308–311.
241 Vgl. Wirth (2008): *Die Geburt des Autors aus dem Geist der Herausgeberfiktion*, S. 51.

Es mag die Frage erlaubt sein, ob die Anwendung des Performanzbegriffs in dieser Modifikation überhaupt noch Sinn ergibt. Ich glaube, diese Frage mit ›Ja‹ beantworten zu können.[242] Die Wichtigkeit der Performanz im Fall von Autorschafts-Inszenierungen kann kaum geleugnet werden – und einschlägige Forschungen schließen meist an Austin / Searle an. Und auch wenn Illokution und Perlokution als ›Rhetoriken‹ scheinbar in ihrer Wirkung entkräftet wurden, so gewinnen sie doch eine gewisse Wichtigkeit, wenn es um die Verhandlung von Fiktionalität gehen soll.

Was jedoch im Folgenden heuristisch getrennt wird, sind allgemeine Sprechakte und explizite Performativa.[243] Auch dies folgt Derridas Vorgabe, dass die Sprechakttheorie als eine allgemeine Theorie der Kommunikation anzusehen ist,[244] auch wenn der Kommunikationsbegriff damit weitgehend neutralisiert wird, da er damit in einer allgemeinen Theorie aller zeichenverarbeitenden Prozesse aufgenommen ist. Die Anwendung von Replikationsregel und Signifikationsregel ist damit kennzeichnend für Performativität im Allgemeinen und bindet sie ebenso wie Iterabilität an Dispositive der Macht.[245] Eine Analyse der Performativa in einem Diskurs erlaubt so Rückschlüsse auf die in diesem Diskurs aktiven Machtverhältnisse. Jedes iterierbare Zeichen, das mit Hilfe des Medienkompaktbegriffs erfasst werden kann, erhält damit einen potenziell lokutionären Gehalt. Damit erweist sich jedes Zeichen als potentiell performativ und unterliegt in seiner Wirkung einer oder mehreren Konfigurationen.

Bei expliziten Performativa ist der Fall jedoch komplexer, da sie über eine potenziell noch höhere interdiskursive Kompatibilität verfügen müssen. Diese Kompatibilität erreichen sie, indem sie sowohl aus diachronem als auch synchronem Blickwinkel eine feste Position im Machtgefüge innehaben, was sich in der Normiertheit und Iterierbarkeit ihrer *Form* niederschlagen muss.[246] Hochritualisierte explizite Performativa wie Preisverleihungen, Dankesreden oder auch – so ließe sich argumentieren – Autorenlesungen, Poetikvorlesungen und Signierstunden leisten dabei viel mehr als Illokution / Perlokution: Sie erlauben den diese förmlichen Handlungen ausführenden Subjekten / Diskursfunktionen den Eintritt in andere Dispositive und stellen damit Handlungen dar, die vor allem dazu bestimmt sind, Passungen zwischen unterschiedlichen Diskursen

---

242 Was ich hiermit gemacht habe.
243 Vgl. Austin (2002): *Zur Theorie der Sprechakte*, S. 28f., 52f.
244 Vgl. Derrida (1988): »Signatur Ereignis Kontext«, S. 304f.
245 Vgl. Foucault (1983): *Der Wille zum Wissen*, S. 113f.
246 Vgl. Wirth (2008): *Die Geburt des Autors aus dem Geist der Herausgeberfiktion*, S. 52f.

zu stiften.²⁴⁷ Sie sind damit wichtige Werkzeuge, um innerhalb eines Zeichens die Achse I – (S – O) stabil zu halten. Sie sorgen dafür, dass bestimmte Konfigurationen des Interpretanten erhalten bleiben, auch wenn ein konfigurierender Rahmenwechsel vollzogen wird – eine Ehezeremonie im Rahmen einer Theateraufführung könnte sonst schwerlich ihre Bedeutsamkeit innerhalb des Stücks entfalten, wenn alle Implikationen einer ›ernsten‹ Eheschließung verloren gehen würden. Im Hinblick auf die Zuordnung von Zeichenkomplexen in die Funktionsbereiche, wie in Grafik 1 dargestellt, muss die Frage der ›Passung‹ darum besonders wichtig erscheinen, da es eben diese ist, die diskursübergreifende Identität und damit die hier interessierenden Überschneidungsbereiche erschafft.

Wie kann nun diese Theorie der Performanz und der Rahmung bei der Analyse des »Subito«-Klagenfurt-*Irre*-Komplexes zur Anwendung kommen? Zunächst ist festzuhalten, dass es sich bei dem Schnitt in die Stirn zwar um eine performative Handlung handelt, die eine Äquivalenz zwischen Text und Lesesituation herstellt, dass diese jedoch nicht die Kriterien erfüllt, ein explizites Performativ zu sein, eher im Gegenteil: Der Schnitt in die Stirn erweist sich als Störung einer anderen performativen Handlung, die im Gegensatz zu der Selbstverletzung hochritualisiert ist – einer Dichterlesung beim Ingeborg-Bachmann-Preis. Der skandalöse Impetus speist sich nicht so sehr aus der Tat an sich, da es durchaus Formen ritualisierter und unter bestimmten Konfigurationen akzeptierter Selbstverletzungen gibt,²⁴⁸ als vielmehr aus der Einmaligkeit dieser Tat. Sieht man nur diese Einmaligkeit der Tat, die als eine identitätsstiftende beschrieben werden kann, dann wäre sie tatsächlich skandalös, da sie das Fiktionalitätsgebot der Literatur verletzen würde – sie wäre als eine Grenzverletzung zu deuten, wie es viele Forscherinnen und Forscher auch getan haben.²⁴⁹ Stellvertretend für viele schreibt Petra Gropp dazu:

---

247 Vgl. zu diesen Überlegungen Michel Foucault, der anhand des Rituals der Eheschließung plausibel dargelegt hat, dass es in erster Linie dazu dient, eine Aufnahme in das ›Allianzdispositiv‹ zu gewährleisten; Foucault (1983): *Der Wille zum Wissen*, S. 128f.
248 Vgl. z. B. die Praxis des Tatbir, bei dem zum schiitischen Aschura-Fest sich Gläubige mit Schwertern im Gesicht Verletzungen zufügen, in der christlichen Kultur wären die veralteten Formen der Selbstkasteiung zu nennen. Dass ein christlich grundiertes Motiv von Schuld, Buße und Erlösung in den Werken von Goetz durchaus identifizierbar ist, vgl. u. a. Goetz (1983): *Irre*, S. 12ff., 76, 89, 125f., 284, bleibt nicht von der Hand zu weisen, kann jedoch hier vernachlässigt werden.
249 Oft mit einer utopischen Attribuierung versehen, die in einem Kampf gegen den Simulationscharakter der Postmoderne zu suchen wäre und die das Authentische zum Ziel habe, vgl. dazu Gropp (2008): »›Ich / Goetz / Raspe / Dichter‹«, S. 241ff.; Müller / Schmidt (2001): »Goetzendämmerung in Klagenfurt«, S. 253ff.; Bertschik (1997): »Theatralität und Irrsinn«, S. 411; Scherer (2003): »Ereigniskonstruktionen als Literatur«, S. 64; Delabar (1990): »Goetz, Sie reden wirres

> In diesem medientheatralen Raum der Klagenfurter Lesung wird mittels der Präsentation des Körpers und des Schneidens in die Haut Literatur zum performativen, präsenzkulturellen Ereignis. [...] Diese performative Dimension, Literatur als Aktionskunst zu beschreiben, schließt natürlich an Traditionen des literarischen und künstlerischen Modernismus an.[250]

Und Stefan Scherer ergänzt im Hinblick auf die Identität, die mit dem Schnitt zwischen Text und Lesung hergestellt wird:

> Er tut das, wovon der Text im Augenblick der Fiktionsunterbrechung spricht. Er entmetaphorisiert die Rede vom In-die-Haut-Schneiden, so daß echtes Blut auf die Schrift tropft: auf die Buchstaben eines Typoskripts, das die besprochene Gewalt in der Sprache selbst bereits hervorrufen will. In der Aktion aber fällt das Reale mit dem literarischen Ereignis tatsächlich ineins.[251]

Angesichts des Zusammenfalls von Textinhalt und Aktion scheint dieses Urteil Sinn zu ergeben, der »Subito«-Text selbst auf eine Identität von Erzähler, Autor-Figur und lesendem Autor hinzuweisen – das hatte bereits die Analyse der ersten und der zweiten Ebene von »Subito« ergeben, in der deutlich gemacht wurde, dass die Figur Raspe zum Autor des Romans *Irre* transformiert und damit als Alter Ego von Rainald Goetz greifbar wurde. Diese Gleichsetzung wird auch dadurch bekräftigt, dass der Autor in noch einer weiteren Ausformung zum Bestandteil des Textes wird, womit nun die dritte der Bedeutungsebenen angesprochen ist. Denn die Konventionalität des Handlungsablaufs der zweiten Ebene von »Subito« wird an mindestens zwei Stellen aufgebrochen. Mitten in Raspes Überlegungen während der Bahnfahrt ist ein Absatz eingefügt, der einerseits einen Vorgriff des Besuchs im »Nachtcafé« darstellt, andererseits das Hier und Jetzt des Textes auf die damals konkrete Aufführungssituation in Klagenfurt überträgt:

> Schon schläft der erste Kritiker ein, sagte Raspe, oder schon zwei schnarchen mit ihrem Gehirn, während sie auf das Papier hin schauen [...] während du liest, weil du ja voll in Panik bist, während die, vor denen du deine Panik hast, sich immer wieder fragen, ob sie vor lauter Langeweile vielleicht bloß noch einen Tannenreisig im Kopf drin haben [...] und du selber sitzt mitten in der Scheiße drin, das ist das Gute, das Beste an Klagenfurt ist logisch, daß du selber voll in der Scheiße sitzt.[252]

Zeug«; Hägele (2010): *Politische Subjekt- und Machtbegriffe*, S. 28f., siehe etwas differenzierter dazu auch Wegmann (2009): »Stigma und Skandal«, S. 213.
250 Gropp (2008): »›Ich / Goetz / Raspe / Dichter‹«, S. 241.
251 Scherer (2003): »Ereigniskonstruktionen als Literatur«, S. 64.
252 Goetz (1986): »Subito«, S. 12f.

Während die Handlung in »Subito« sonst im Präteritum wiedergegeben wird, erscheint dieser Einschub wie auch die sonstige Wiedergabe der wörtlichen Rede im Präsens, die Gegenwart der Handlung im »Nachtcafé« in der Diegese scheint kongruent zu der Lesezeit in Klagenfurt zu verlaufen und die Zweite Person Singular wird von der Figur Raspe verwendet, um auf sich selbst zu verweisen und zugleich eine Differenz zwischen den Ebenen anzudeuten. Dieser Einschub bleibt nicht die einzige Engführung. An einer zweiten Stelle, die ebenso unerwartet zwischen die Handlung der zweiten Ebene des Textes geschoben wird, heißt es:

> In dem Moment, sage ich zu Gagarin, wacht ein Kritiker auf und findet: Sehr seltsam. Was ist das? Das ist doch keine Literatur. Wir wollen doch die Kunst vorgelesen kriegen. [...] So geht das nicht. Hören Sie auf zum [sic] lesen Herr Goetz. Schnauze Kritiker, sage ich zum Kritiker, der mir das sagt, jetzt bin ich dran, sage ich zu Gagarin im Nachtcafé [...].[253]

Das literarische Erzähler-Ich, das kurz zuvor noch der literarische Raspe gewesen ist, der sich wiederum als Autor dieser Literatur ausgewiesen hat, ist also eben jener »Herr Goetz«, dessen Name auf dem Umschlag der hier verhandelten Bücher steht, den wir in einer Filmaufnahme als Lesenden in Klagenfurt identifizieren können und der – so muss man annehmen – tatsächlich lesenderweise in seine eigene Stirn schnitt und geblutet hat. Was der Text hier bemüht, ist die Evozierung einer methodischen Metalepse, die transmedial zwischen »Subito«-Text und Klagenfurt-Lesung angesiedelt werden muss, um zu funktionieren. Die implizierte Grenze zwischen Text und konkreter Lesung ist dabei explizit Gegenstand des Textes, wobei diese Grenze im Text und in der Performanz seiner Lesesituation immer wieder aufgehoben, bzw. am Ende auch kurz transzendiert wird: »Da haute ich auf den Tisch [in Klagenfurt; I.K.], weil es so wahr war. Oder war das die Theke, wo ich draufgehaut [sic] habe? Wir waren ja noch in dem Nachtcafé.«[254] Denn nur in Klagenfurt ist die Situation tatsächlich eine solche,

---

[253] Goetz (1986): »Subito«, S. 15.
[254] Goetz (1986): »Subito«, S. 20. Die hier behandelten Effekte, die als metaleptisch oder quasimetaleptisch bezeichnet wurden, sind dabei *keine* vollwertigen narrativen Metalepsen, die nach der Struktur funktionieren »Es war eine dunkle und finstere Nacht, 27 Indianer saßen ums Lagerfeuer herum und sagten: ›Häuptling erzähl uns eine lange Geschichte.‹ Da stand der Häuptling auf und sagte: ›Es war eine dunkle und finstere Nacht‹« etc. ad infinitum. Zu solchen narrativen Metalepsen vgl. Klimek (2010): *Paradoxes Erzählen*, vor allem S. 31–72. Die hier beschriebenen Fälle sind damit keine Entsprechung eines narrativen *Mise en abyme, sondern* Tropen, in denen eine Simultanität von Schreiben und Handlung simuliert wird. Die Folge davon ist, dass eine Autor-Figur in den Text implementiert wird, die teilweise mit dem Erzähler identisch sein kann, teilweise aber auch von diesem abweicht und so auf eine Instanz verweist, die mit dem Träger der Autorfunktion identifiziert werden kann. Solche methodischen Metalepsen sind damit

dass »Herr Goetz« auch wirklich »Schnauze Kritiker« sagen kann und den Synchronizitätsanspruch des Textes performativ einlöst.[255] Die Indices ›Raspe‹, ›Ich‹, ›Herr Goetz‹, ›Rainald Goetz‹ verweisen jeweils auf sich gegenseitig, obwohl sie verschiedenen Ebenen angehören. Die Lokution des »Schnauze Kritiker« vollzieht sich innerhalb der literarischen Rahmung des Textes »Subito« als äquivalent zu der Performanz des Autors Rainald Goetz bei der Klagenfurt-Lesung. Dies vollzieht sich so eben aus dem Grund, dass die Konfigurationen von Text und Kontext sich als identisch ausweisen: Zumindest als Textstrategie wird ein identischer Interpretant für beide Ebenen evoziert.[256]

Betrachtet man die dreistufige Anlage des Textes, so erscheint die Szenerie von Klagenfurt als die logische vierte Ebene des »Subito«-Komplexes und der blutige Auftritt von Goetz als konsequente Umsetzung des in »Subito« geforderten poetologisch-ästhetischen Programms: Und dieses Programm besteht eben darin, dass die Figuren der verschiedenen Ebenen als Indices immer wieder auf sich gegenseitig verweisen, oder wie es Petra Gropp formuliert: »Im Schnitt in die Stirn wird die Grenzüberschreitung im Prozess der medienästhetischen Verkörperung in Szene gesetzt.«[257] Text und Kontext werden in einer sie amalgamierenden Performanz ebenso in Eins gesetzt wie die literarischen Figuren, die mit der Autorfunktion verschmelzen. Diese Deutung des »Subito«-Komplexes betont damit explizit die Äquivalenzen und Identitäten, worin sie sich stark von Müller / Schmidt abgrenzt, die vor allem die Zerstückelung und Sezession als

---

maßgeblich daran beteiligt, die Autorschaft zu fiktionalisieren. Zudem sind sie nur in Medienangeboten realisierbar, die nicht im Modus der Simultanität hergestellt und rezipiert werden.
255 Vgl. dazu Wegmann (2009): »Stigma und Skandal«, S. 210.
256 Dies ist solange möglich, wie man nur vom Text und seiner Aufführung ausgeht. Sobald die mediale Reproduzierbarkeit des Auftritts in diese Konstellation aufgenommen wird, passieren Verschiebungen im Zeichengefüge, die mit Hilfe des Medienkompaktbegriffs nachgezeichnet werden können. Entscheidend ist hierbei, dass die Autorschaft der medialen Repräsentation des Auftritts nicht mehr Rainald Goetz zuzurechnen ist, sondern lediglich das untergeordnete Thema der Selbstautorschaft im Film identifiziert werden kann.
257 Gropp (2008): »›Ich / Goetz / Raspe / Dichter‹«, S. 243. Es ist jedoch an dieser Stelle besser nicht von einer Grenzüberschreitung zu sprechen, sondern genauer von einer *Grenzaufhebung*, bzw. -transzendierung. Die so entstehende hybride Figur synthetisiert in sich Eigenschaften sowohl der Schrift als auch der Körperlichkeit in seiner Performanz und die Ziehung der Grenzen zu diesen beiden Bereichen kann damit nur in Bezug auf diese hybride Figur geschehen. Schrift und Körper berühren sich nicht direkt, sondern stehen nur in Verbindung zu der hybriden Figur, schematisch dargestellt: (a(ab)b). Müller / Schmidt formulieren dies so: »Mit dem Schnitt der Rasierklinge in die eigene Stirn wird der Text mit der Tat kurzgeschlossen.« In: Müller / Schmidt (2001): »Goetzendämmerung in Klagenfurt«, S. 253. Vgl. zu der These der Transzendierung auch Müller / Schmidt (2001): »Goetzendämmerung in Klagenfurt«, S. 259, 261, zu der These einer »Grenzverletzung« durch den Schnitt vgl. auch Wegmann (2009): »Stigma und Skandal«, S. 214f.

dominant sehen.²⁵⁸ Das »einfache wahre Abschreiben der Welt«²⁵⁹ wird durch die Engführung in der Performanz viel eher zu einem *Schreiben* dieser Welt. Durch Schnitt, Performanz und die Verweisstruktur von Text und Aktion wird eine spezifische Figur erschaffen, die sich dadurch auszeichnet, dass ihre Indices so verschiedene Elemente wie die Autorfunktion ›Rainald Goetz‹, die literarische Figur Raspe oder das (ebenfalls literarische) »Subito«-Ich sind. Thomas Wegmann schreibt hierzu:

> In der Aktion fusioniert der um den Bachmann-Preis lesende Goetz mit dem Protagonisten des vorgelesenen Textes und holt die vorangegangene Metalepse seines Textes performativ nach und ein. Die Fusion ist hier mehr als die Summe ihrer Elemente, nämlich die inszenierte Geburt des Autors Rainald Goetz aus einem Text und einem Schnitt.²⁶⁰

Die »paar Sätze in der Sprache des Manifests«²⁶¹ sind das, was aus der Kongruenz von literarischer Figur im Text und Autor/Akteur beim Auftritt entsteht: Eine Literarisierung der ›Welt‹ über die Textseiten hinaus, bzw. eine Übertragung der ›Textseiten‹ auf die Welt – was als Verfahren genau dem entspricht, was die *one-to-many*-Medien nach Luhmann dann leisten, wenn sie die operativen Fiktionen erschaffen.²⁶² Der Schnitt muss in diesem Zusammenhang weniger rein als Provokation gegen andere Literaturformen oder den Bachmann-Wettbewerb gelesen werden,²⁶³ sondern vielmehr als ›ein notwendiger Bestandteil eines Textes‹,²⁶⁴ der damit in erster Linie zu einem poetologischen Gefüge wird. Dabei jedoch anzunehmen, dass Text und Lesung in erster Linie auf eine Hervorbringung von Authentizität ausgerichtet seien und mit voller Konsequenz einen Kampf gegen den Simulationscharakter der Postmoderne führen würden,²⁶⁵

---

258 Vgl. Müller / Schmidt (2001): »Goetzendämmerung in Klagenfurt«, S. 258: »Die Montage der heterogenen Textmomente führt die Möglichkeit, die Geschichte eines Subjekts zu rekonstruieren, ad absurdum. Erkennbar wird eine sezessionistische Selbstpoetik, die den Akzent auf das Moment des Schnitts legt.«
259 Goetz (1986): »Subito«, S. 19.
260 Wegmann (2009): »Stigma und Skandal«, S. 213.
261 Goetz (1986): »Subito«, S. 20.
262 Vgl. Luhmann (2005): *Soziologische Aufklärung 3*, S. 367.
263 Vgl. eine Liste von nicht weniger als zehn Rezeptionsmöglichkeiten des Schnitts bei Wegmann (2009): »Stigma und Skandal«, S. 213f.
264 Vgl. die Formulierung von Philipp Weiss bei seinem Auftritt in Klagenfurt 2009, die hier im Kapitel 3.5 erwähnt wurde.
265 Vgl. diese Deutungen bei Hägele (2010): *Politische Subjekt- und Machtbegriffe*, S. 28f.; Müller / Schmidt (2001): »Goetzendämmerung in Klagenfurt«, S. 253ff.; Winkels (1991): *Einschnitte*; S. 234f., Bertschik (1997): »Theatralität und Irrsinn«, S. 411.

hieße, dem Text-Auftritt-Komplex eine Naivität dahingehend zu unterstellen, dass die eigenen Entstehungsbedingungen ignoriert werden würden. Dass dem nicht so ist, deutet bereits Petra Gropp an:

> Vorgeführt wird der Entwurf eines medialen Ereignisses. Text und Aktion konstituieren eine medienästhetische Szene, die den medialen Inszenierungscharakter der Aktion »Klagenfurter Literaturbetrieb« zur Schau stellt. Die Körperaktion vollzieht selbstreflexiv das kulturelle und mediale Schauspiel Klagenfurt, dessen Hauptakteur der zur Schau gestellte Dichter in Aktion ist und das auf die Hervorbringung des Künstlers als Skandalon wirkt [...].[266]

Es wird sich zeigen, dass Beobachtung und Beobachtbarkeit als Bedingungen für das Prozessieren von Zeichen explizit in »Subito« thematisiert werden – und das so deutlich, dass man dabei von einer fünften Ebene des Textes sprechen kann.

3.10 Beobachtung und Beobachtbarkeit im »Subito«-Klagenfurt-*Irre*-Komplex

Zuerst nochmals zu den kontextuellen Bedingungen, die es uns heute ermöglichen, den Auftritt von Goetz in Klagenfurt zu betrachten. Dass die Aufzeichnung in einem ›offiziellen‹ Rahmen durch den ORF geleistet wurde, ist bereits im Zuge der Analyse mittels des Medienkompaktbegriffs festgestellt worden. Wie aber kann der Modus dieser Aufzeichnung beschrieben werden? Anders als heute wurden die Lesungen nicht live im Fernsehen übertragen. Dass die Lesungen und die Preisverleihung überhaupt von Fernsehkameras aufgezeichnet wurden, war eine Novität, die eben in diesem Jahr 1983 eingeführt worden ist:[267] Allabendlich wurden die Ereignisse des Tages in einer einstündigen Sendung zusammengeschnitten präsentiert.[268] Der Schnitt von Klagenfurt hatte damit bei weitem nicht die Brisanz der Aufnahmen des Attentats auf Lee Harvey Oswald, sondern fügte sich in das Panorama der abendlichen Sendung. Im Feuilleton wurde diese Neuerung vor allem dann angemerkt, wenn das Spektakelhafte der Veranstaltung zu kritisieren war.[269] Der Skandal von Klagenfurt war damit aus der Sicht von Doktor / Spies auch weniger der Schnitt selbst oder seine

---

266 Gropp (2008): »›Ich / Goetz / Raspe / Dichter‹«, S. 242.
267 Vgl. Doktor / Spies (1997): *Gottfried Benn – Rainald Goetz*, S. 74.
268 Vgl. Doktor / Spies (1997): *Gottfried Benn – Rainald Goetz*, S. 74. Damit ist Hägele (2010): *Politische Subjekt- und Machtbegriffe*, S. 24 deutlich zu widersprechen, der behauptet, die Klagenfurter Ereignisse von 1983 seien »live und umfassend übertragen worden«.
269 Vgl. in Fink / Reich-Ranicki (1983): *Klagenfurter Texte* die »Resonanzen«, S. 212, 223f., 242f.

massenmediale Verbreitung – sie weisen überzeugend nach, dass die Zuschauerzahlen der Sendung nicht besonders hoch gewesen sein können –,[270] sondern sie argumentieren das Skandalöse anders:

> Haben wir für den Auftritt von Rainald Goetz und den Kulminationspunkt der Schnittwunde eine mediale Grenzüberschreitung behauptet, so verläuft diese im Fernsehen und in den Printmedien über die Grenzen der konventionellen mediensubsystematischen Selektivzuweisung hinweg. Für das Fernsehen heißt das konkret, daß das Bild der blutenden Stirn [...] eben geeignet war, über das reguläre mediale Subsystem hinaus bis in die Tagesthemen weiter verwendet und gesendet zu werden. Darin liegt der »Skandal« von Klagenfurt begründet![271]

Es ist eben nicht der komplexe Zusammenhang von Text oder Aktion, sondern lediglich das Bild, das weiter prozessiert wird und den Skandal zu verursachen vermag. Dass bei der Bearbeitung der Lesung für die abendliche Sendung eine massive Lenkung der Aufmerksamkeit erfolgte, der die Komplexität von Wort und Tat zum Opfer fiel, ist bereits gezeigt worden. Dass die Mechanismen dieser Weiterverarbeitung vom Fernsehen zu anderen medialen Institutionen sowohl im Text als auch in der Aktion mit angelegt waren, soll nun im Folgenden argumentiert werden.

Von dem Gottfried Benn'schen Rönne-Text »Gehirne« übernimmt Rainald Goetz in »Subito« nicht nur das Motiv der Reise, sondern auch den thematischen Komplex der Beobachtung, der sich als roter Faden durch die »Subito«-Ebenen zieht. Wenn der erste Teil von *Irre*, wie Hubert Winkels argumentiert,[272] durch die Metapher des Ohrs und des Tonbandes als Darstellungsprinzip strukturiert wird, so sind dies im Falle von »Subito« das Auge und der Fernsehapparat. Raspe – der wie Rönne meist nur mit seinem Nachnamen bezeichnet wird – reist in der Bahn »mit den Augen Claude Lorrains«,[273] des französischen Barock-Malers. Die Landschaft erscheint als eine Referenz des visuellen Medienangebots ›Gemälde‹, wie durch den Fachterminus »sfumato«[274] angedeutet wird. Fast alle im Text reflektierten Wahrnehmungen Raspes gelangen über die Augen zu seinem Bewusstsein:

---

270 Vgl. Doktor / Spies (1997): *Gottfried Benn – Rainald Goetz*, S. 86.
271 Doktor / Spies (1997): *Gottfried Benn – Rainald Goetz*, S. 103.
272 Vgl. Winkels (1991): *Einschnitte*, S. 228–238.
273 Goetz (1986): »Subito«, S. 10.
274 Goetz (1986): »Subito«, S. 10. Vgl. dazu auch Wegmann (2009): »Stigma und Skandal«, S. 211: »Sfumato bezeichnet bekanntlich eine von Leonardo da Vinci entwickelte Maltechnik, Landschaften in Nebel zu hüllen und dabei tendenziell zu dekonturieren, also auf anderer Ebene das zu betreiben, was auch Goetz' Text unternimmt, wenn er sich der antithetischen Tradition des *res fictae* zu entziehen versucht.« Herv. i. Orig.

> [...] das unaufhörliche Kurz Zu Lang Auf Kurz Zu der Lider über Raspes Bulbi. So saß Raspe und schaute ruhig in das ferne Licht. [...] Er saß und schaute. Da machte sich an Raspes linkem lateralem Augenwinkel etwas zu schaffen, ein Kratzen, nur so ein Schaben, ein stetes Schaben auf der Hornhaut, das nicht einmal die Retina erreichte [...].[275]

Das Sehen und Angesehen-Werden leiten fast alle Reaktionen Raspes ein – sei es im Zug die Interaktion mit dem »Krüppel« (»Da schaue ich lieber hin.«)[276] oder die Hasstiraden gegen die Körper sich sonnender nackter Frauen.[277] Auch »Klagenfurt« wird in der Reflexion Raspes neben dem Ohr (»sabbeln«)[278] vor allem über das Auge wahrgenommen: »Vier Tage lang geht das, vier Tage lang kannst du es dir anschauen [...]. Vier Tage lang ist sichtbar: Die Null hat kein Recht zu reden [...].«[279] Das im »Nachtcafé« geführte Gespräch darüber, wovon die Kultur bedroht sei, mündet schließlich in einer Diskussion über die Rolle des Fernsehens: »vielleicht gibt es das gar nicht in Wirklichkeit, das Klagenfurt, das gibt es doch bloß im Fernsehen, oder ist das Fernsehen schon wirklicher als wie die Wirklichkeit, oder ist die Wirklichkeit wirklicher als wie das Fernsehen?«[280] Als Raspe / Ich-Erzähler / Goetz schließlich zu einem subjektiv-pathetischen Monolog ansetzt, in dessen Verlauf er die Rasierklinge durch seine Stirn führen wird, ist es wieder die optische Metapher, die die Welt für den Sprecher erst verschwinden lässt und dann wieder – nach dem Schnitt – zugänglich macht:

> Meine Augen sind ausgestochene rote Löcher. Ich kann nichts sehen. Ich kann nicht denken. [...] Da erbrennt mein Kopf vor Schmerz. Ich muß ihn aufschlagen auf der Tischkante. Da fällt das Hirn heraus. Ihr könnts mein Hirn haben.[281] Ich schneide ein Loch in meinen Kopf, in die Stirne schneide ich das Loch. Mit meinem Blut soll mir das Hirn auslaufen. [...] Und ich schreie nichts Künstliches daher, sondern echte Schreie, die mir blutig bluten. Aber noch in meiner letzten Schwäche bin ich soo [sic] stark. [...] Ich werde die Augen wieder öffnen.[282] Ich werde die Welt wieder sehen. Ein Gieriger wird wieder schauen. Durch die

---

275 Goetz (1986): »Subito«, S. 11. Vgl. dazu auch Doktor / Spies (1997): *Gottfried Benn – Rainald Goetz*, S. 151.
276 Goetz (1986): »Subito«, S. 12.
277 »So schreit es mich an. Schaue ich weg, kommt schon wieder der nächste nackte Mensch daher, so obszön in seinem ordinär bewegten Fleisch. [...] Ich will eine Ruhe in meinen Augen haben und nicht dauernd diese Stricknadeln hineingesteckt kriegen [...].« Goetz (1986): »Subito«, S. 16.
278 Goetz (1986): »Subito«, S. 17.
279 Goetz (1986): »Subito«, S. 17.
280 Goetz (1986): »Subito«, S. 18.
281 Beim Klagenfurter Auftritt vollführt der Akteur bei dieser Textstelle den Schnitt in die Stirn.
282 Dieser und die folgenden vier Sätze finden sich fast wortgleich auf der ersten Seite des dritten Teils von *Irre* und dienen so als programmatische Einleitung, vgl. Goetz (1983): *Irre*, S. 233.

weit offenen Einfallslöcher wird das Draußen wieder in mich stürzen, ja!, der Sog wird der alte sein, und dankbar [...] werde ich mich wieder verneigen dürfen vor der so sichtbaren Welt.[283]

Die fünfte hier relevante Ebene von »Subito« ist die audiovisuell vermittelte mediale Sichtbarkeit des Auftritts (und damit die Iteration der Performanz des Schnitts), die transmediale Anlage des »Subito«-Komplexes und die Position der BeobachterInnen hierbei. Denn der Komplex aus Text und Auftritt entfaltet seine volle semantische Dimension nicht auf dem Papier und nicht durch den blutenden Schnitt, sondern in dem Zusammenspiel dieser beiden Bereiche [Ebenen 1. bis 3. (Text) + 4. (Auftritt)] und wird komplettiert durch die mediale Reproduzierbarkeit der audiovisuellen Aufzeichnung – und den damit tendenziell unendlich vielen Beobachtungspositionen.

Das poetologisch-ästhetische Programm des Manifests »Subito« wird in dem Moment eingelöst, in dem die Grenze zwischen Text und Kontext, Literatur und Performance durch das Suggerieren identischer Konfigurationen und aufeinander verweisende Indices aufgehoben wird. Und – so bleibt hinzuzufügen – diese Aufhebung immer wieder in ihrer Komplexität beobachtet werden kann.[284] An dieser Stelle bietet der Rönne-Text »Gehirne« eine mögliche Vorlage zum Verständnis der Wichtigkeit der Beobachtungspositionen: Eine Schwester *beobachtet*, wie Rönne mit seinen Händen *eine Geste vollführt*, die sie nicht deuten kann. Sie erzählt diese weiter, aber auch keine der anderen Schwestern weiß Rönnes Geste zu verstehen. Bis eines Tages ein Tier geschlachtet wird und die Schwester wiederum *beobachtet*, wie Rönne das Gehirn in seine Hände nimmt und die beiden Hälften auseinander biegt. »Da durchfuhr es die Schwester, daß dies die Bewegung gewesen sei, die sie auf dem Gang beobachtet hatte.«[285] Allerdings, heißt es an gleicher Stelle, wusste sie »keinen Zusammenhang herzustellen und vergaß es bald.«

Die *leere Geste* bleibt bei Benn unverständlich, die *gehaltvolle Geste* führt zumindest dazu, eine Verbindung herzustellen – als Indices verweisen sie nun aufeinander und schaffen so Referentialität, auch wenn das Verstehen weiterhin für die Schwester nicht möglich ist. Im Text »Subito« wird ein Anschreiben gegen den »BIG SINN« und damit das tendenziell sinnfreie (nicht sinnlose) Produzieren

---

283 Goetz (1986): »Subito«, S. 19f.
284 Man kann daraus schlussfolgern, dass die starke Bearbeitung des von dem Auftritt verfügbaren Materials mit ihrer Reduktion der Komplexität massiv gegen die poetologischen Intentionen des Komplexes arbeitet.
285 Benn (1968): »Gehirne«, S. 1188.

von Zeichen gefordert.²⁸⁶ Eine im Text nur symbolisch angedeutete Geste (»Ich schneide ein Loch in meinen Kopf«) führt nicht ausreichend zum Verständnis dieses Programms, erst die performative Einlösung der Textforderung kann die Signifikanz hinreichend offenbaren, womit der »Subito«-Komplex eben erst als *Komplex* einen Manifestcharakter bekommt.²⁸⁷ Und diese Signifikanz kann sich nur zwischen Text und Kontext entfalten, bzw. zwischen dem symbolischen Zeichensystem der Schrift und dem audiovisuellen Zeichensystem der Aufzeichnung, die als Index auf die tatsächlich eingelöste Performanz verweist. (Trotz der oben dargelegten Manipulationen der Aufnahme gibt es keinen Anlass, an der Echtheit des Blutes zu zweifeln.)

Alle Ebenen müssen mit ihren semantischen Implikationen und ihren Interferenzen berücksichtigt werden, das Meiste ist indes bereits genannt worden: Die Vorführung der gleichen Konfiguration und des gleichen Interpretanten von Text / Kontext; das Behaupten der Äquivalenz der (Erzähler)Figuren und letztlich die Wichtigkeit des Motivs der Beobachtung und Sichtbarkeit, die als Strukturprinzipien wirksam werden. An diesem Punkt gilt es anzusetzen. Denn ›Beobachtung‹ und ›Sichtbarkeit‹ sind die Bedingungen für Subjektivation und was der »Subito«-Komplex vor allen Dingen leistet, ist, vorzuführen, wie eine mehrschichtige Figur, die sich aus all den genannten Ebenen speist und in keiner davon vollständig aufgeht, entsteht.²⁸⁸ Nach Erika Fischer-Lichte kann dieser Prozess, der ein selbstreflexiver und inszenatorischer ist, als »Verkörperung« verstanden

---

286 Vgl. dazu vor allem Goetz (1986): »Subito«, S. 19.
287 Semiotisch formuliert: Ein Symbol soll für den Übergang zwischen den Bereichen stehen. Wenn es jedoch innerhalb eines Bereichs verbleibt – im »Subito«-Komplex ist dies der literarische Text –, entfaltet es keine Referenz jenseits des Inhalts, es vermag nicht performativ auszuführen, wofür es steht, nämlich Text und Kontext fest zu binden oder zu transzendieren. Wenn die symbolische Dimension um eine indexikalische Dimension erweitert wird, das Symbol in dem literarischen Text also zugleich als Index auf die Performanz im Kontext verweist (Schnitt von Klagenfurt), kann durch diese Trope der symbolische Gehalt seine volle Semantik entfalten.
288 Das Konzept der ›Automedialität‹, das Jörg Dünne und Christian Moser entwerfen, ermöglicht einen weiteren Einordnungsversuch dieser Sachverhalte. Sie entwickeln diesen explizit zu dem Zweck, Subjektivationsmechanismen auch unter Berücksichtigung der medialen Aspekte untersuchen zu können: »Es gibt kein Selbst ohne einen reflexiven Selbstbezug, es gibt keinen Selbstbezug ohne den Rekurs auf die Äußerlichkeit eines technischen Mediums, das dem Individuum einen Spielraum der ›Selbstpraxis‹ eröffnet. In diesem Sinne postuliert das Konzept der Automedialität ein konstitutives Zusammenspiel von medialem Dispositiv, subjektiver Reflexion und praktischer Selbstbearbeitung.« Dünne / Moser (2008): »Allgemeine Einleitung«, S. 13. Da in der vorliegenden Arbeit jedoch von Beginn an mit einem weiten Textbegriff gearbeitet wurde und mit dem Medienkompaktbegriff ein exaktes Instrumentarium vorliegt, wurde auf die weitere Anwendung des Begriffs der Automedialität verzichtet.

werden.[289] Raspe als Reflektor gibt durch die Wiedergabe seiner Beobachtungen einen Einblick in seine autopoietische Subjektivationsrhetorik – zugleich werden durch seine Figur die Bedingungen medialisierter Wahrnehmungen durchdekliniert.[290] Im Text wird auf diese Weise das Verhältnis zwischen Beobachtung erster Ordnung und zweiter, bzw. weiterführend n-ter Ordnung thematisiert.

Dieser Topos hat seinen Ort im »Subito«-Komplex auf der fünften Ebene – und weist zugleich voraus auf entscheidende poetologische Implikationen, die für das Verständnis des späteren Werks von Goetz elementar werden sollen. Hubert Winkels führt aus, dass der Modus des Beobachtens und Aufzeichnens schon für die frühesten Publikationen von Goetz strukturierend ist:[291] Auf den Verdacht hin, er würde aus dem gegenüberliegenden Polizeirevier beobachtet, beginnt der Erzähler von »Das Polizeirevier« mit Gegenbeobachtungen, notiert die Begebenheiten, fertigt Lageskizzen und Fotografien an.[292] Bereits hier macht er aber nicht nur seine Beobachtungspraxis – das Ergebnis seiner Beobachtungen – für andere beobachtbar, sondern wie im »Subito«-Komplex zugleich auch sich selbst als Subjekt. Bei dem Bildmaterial, das dem »Polizeirevier« beigefügt ist, handelt es sich zum großen Teil um Ausschnitte aus Presseartikeln, die mit Schreibmaschinenschrift kommentiert worden sind. Bei einem davon, das handschriftlich als der *Süddeutschen Zeitung* vom »8.2.82 Seite 9« entstammend markiert wurde, handelt es sich um einen Bericht darüber, dass »Punker« die Münchener U-Bahn blockiert hätten. Über dem der Zeitung entstammenden Foto ist mit Schreibmaschine angefügt: »Die Schilderung der Vorgänge trifft im Wesentlichen zu. Das Foto zum Text zeigt in der Mitte verwaschen, dennoch unverkennbar: mich.«[293]

---

289 Fischer-Lichte (2001): »Verkörperung / Embodiment«. Vgl. hierzu auch: Gropp (2008): »›Ich/Goetz/Raspe/Dichter‹«, S. 234f.
290 Das unterscheidet Raspe von Rönne. Beim letzteren dient die Thematik der Wahrnehmung eher einer intraspektiven Schau, die ihn in Passivität verharren lässt – Raspe hingegen setzt sich dieser Wahrnehmung insofern aktiv aus, als ja durch Text und Aktion eine Identität der Erzählinstanzen mit dem Akteur und Autor Goetz nahegelegt wird. Die Beobachtbarkeit als Bedingung ermöglicht erst diese Synthese. Vgl. dazu auch Doktor / Spies (1997): *Gottfried Benn – Rainald Goetz*, S. 160.
291 Vgl. Winkels (1991): *Einschnitte*, S. 228–238.
292 Der Text erschien zuerst in: Rutschky [Hg.] (1983): *1982. Ein Jahresbericht*, S. 211–264. Er ist wieder abgedruckt in Goetz (1993): *Kronos*, S. 11–70. Die Texte sind weitgehend identisch, das Bildmaterial ist jedoch in der späteren Publikation zusammengefasst nach dem Text platziert worden, während es in der Anthologie noch zwischen den einzelnen Textteilen verteilt wurde.
293 Vgl. Goetz (1983): »Das Polizeirevier«, S. 220 und den Text auf S. 219 sowie Goetz (1993): »Das Polizeirevier«, S. 51 und dazu den Text auf S. 17. Es finden sich zudem mit Schreibmaschine geschriebene Anmerkungen, die den Pressetext an den Stellen korrigieren, die auf den Erzähler verweisen.

3.11 Authentizität, Fiktionalität, Referentialität, Konsistenz

Bevor die Rede weiter auf solche Arten autopoietischer Subjektivationsrhetorik und die damit implizierten autobiographischen bzw. autofiktionalen Lesarten kommt, fehlen noch die Bestimmungen einiger Elemente, die nicht nur im Zusammenhang mit Goetz immer wieder zur Sprache kommen. Es geht unter anderem um die Frage, welche der dargebotenen Zeichen ›wahr‹ im Sinne von alltagswirklich und welche der Zeichen ›falsch‹ im Sinne von fiktiv sind – schließlich ist das dargebotene Foto derart unscharf reproduziert, dass sich nicht zwangsläufig ein Rückschluss auf Rainald Goetz ergeben muss. Es könnte sich auch um ein literarisches Verfahren handeln, das einem Erzähler in einem fiktiven Rahmen einen Anschluss an alltagswirkliche Begebenheiten ermöglichen soll, um ›Authentizität‹ herzustellen.

Bei der Analyse des »Subito«-Komplexes ist bereits deutlich geworden, dass es sich bei den Identitäts-Setzungen um Phänomene von Grenzaufhebungen handelt. Anders gesprochen: Es handelt sich um Probleme von Rezeptionshaltungen und Phänomen-Einordnungen, bei denen jeweils festzustellen ist, ob die Symbol-Objekt-Verbünde, die als identisch erkannt werden, den gleichen Interpretanten aufweisen und identisch zwischen verschiedenen Diskursen operativ angewendet werden können. Ist dies der Fall und es können distinkte Diskursbereiche identifiziert werden, in denen die Zeichen auf gleiche Weise Anschluss finden, handelt es sich tatsächlich um Grenzaufhebungen.

Die Kategorie der ›Authentizität‹ kann von dieser Warte aus darauf reduziert werden, nur noch eine mögliche ästhetische Rezeptionshaltung zu sein. So kann sie von moralischen, ontischen oder existenziellen Diskursen entkoppelt werden und verliert damit einen Teil der semantischen Implikationen, die ihr dadurch zukommen, dass sie oft als ein Maßkriterium dafür herhalten muss, Zeichen innerhalb alltagsweltlicher Diskurse einzuordnen.[294] Der Begriff der Authentizität selbst verweist dabei notwendig auf den Begriff der Inszenierung – ein Wort, das im Zusammenhang mit Goetz' Schnitt in die Stirn immer wieder fällt.[295] Es mag

---

[294] Vgl. hierzu Knaller / Müller (2006): »Einleitung«, S. 10f. Siehe davon abweichend die Ausführungen zur Authentizität und Autonomie von Subjekten bei Rössler (2001): *Der Wert des Privaten*, S. 103–116. Rössler schließt die Kategorie der Authentizität an das von ihr verwendete Konzept der Autonomie an, um davon ausgehend das ›Private‹ in westlichen Gesellschaften zu analysieren. In ihren Ausführungen wird Authentizität damit durchaus zum Bestandteil der Selbstpoetiken von alltagswirklichen Subjekten. Vgl. auch ausführlich zum Begriff Knaller (2005): »Authentisch / Authentizität«.

[295] Vgl. dazu Bertschik (1997): »Theatralität und Irrsinn«, S. 411; Wegmann (2009): »Stigma und Skandal«, S. 213; Oberschelp (1987): »Raserei«, S. 172f.; Hägele (2010): *Politische Subjekt- und*

darum überraschen, dass dieser Begriff in der vorliegenden Arbeit keine Anwendung finden soll. Erika Fischer-Lichte argumentiert in ihren neueren Arbeiten sehr überzeugend, dass Authentizität lediglich eine Art Konfiguration bei der Rezeption von Inszenierungen darstellt – und dass Inszenierung als eine anthropologische Konstante gehandhabt werden sollte.[296] Der Grund dafür sei eine theatrale Grundsituation der Welt:

> Wenn der Mensch nicht anders kann als sich zu inszenieren, wenn auf allen kulturellen Feldern inszeniert wird, dann erhebt sich in der Tat die Frage, wo die Grenze zwischen Inszenierungen und nicht-inszenierten Handlungen, Verhaltensweisen, Ereignissen, Räumen etc. verläuft.[297]

Das würde nicht bedeuten, dass alles Inszenierung oder unauthentisch ist, sondern lediglich, dass die Unterscheidung in Inszeniertes und Nicht-Inszeniertes (Nicht-Authentisches und Authentisches) nur dann relevant wird, wenn man diese Unterscheidung auch tatsächlich sucht oder aber es Anzeichen dafür gibt, dass eine solche Grenze mit zwei identifizierbaren Seiten existiert und operativ zur Anwendung gebracht werden kann.[298] So wie kein Polizist auf die Idee kommen würde, die Bühne einer Theateraufführung zu stürmen, um anhand des Personalausweises der Hauptdarstellerin zu prüfen, ob diese denn tatsächlich ›Maria Stuart‹ sei – so lässt sich argumentieren, dass es keinen Grund dazu gibt, in der Performance von Klagenfurt nach Authentizität zu suchen.[299] Nicht umsonst war hier bisher von ›Grenzaufhebungen‹ und nicht ›Grenzüberquerungen‹ oder ›-überschreitungen‹ die Rede: Es ist m. E. nicht möglich, die hier beobachtbare Figur auf nur einen Diskursbereich zu reduzieren. Die Figur aus ›Raspe / Ich / Herr Goetz / Rainald Goetz‹ scheint genau so angelegt zu sein, dass

---

Machtbegriffe, S. 19f., 32f. Siehe auch in Fink / Reich-Ranicki [Hg.] (1983): *Klagenfurter Texte 1983* in den »Resonanzen« S. 208f., 211f., 224, und vor allem S. 245: In dem dort abgedruckten Artikel aus der *Süddeutschen Zeitung* vom 29. Juni 1983 spricht Rosemarie Altenhofer von einer »vorausgeplante[n] Selbstinszenierung, die Mitleid und Entsetzen erregt« und »einer inszenierten Selbstverstümmelung, die sich als leere Provokation erweist«.

296 Vgl. Fischer-Lichte (2007): »Theatralität und Inszenierung«, S. 20f. Sie argumentiert an gleicher Stelle ebenso überzeugend, dass dem ästhetischen Inszenierungsbegriff die anthropologische Dimension stets inhärent sei.
297 Fischer-Lichte (2007): »Theatralität und Inszenierung«, S. 22f.
298 Vgl. Fischer-Lichte (2007): »Theatralität und Inszenierung«, S. 23.
299 Diese Lesart widerspricht derjenigen des Jurors Marcel Reich-Ranicki, der in seinem Urteil formuliert: »Dieser Wutausbruch ist nicht gemacht – das glaube ich nicht, der Wutausbruch ist authentisch [...].« Vgl. www.youtube.com/watch?v=_BEjgp9MAEY (zuletzt eingesehen am 17.12.2013), um 5:24.

sie keine irgendwie vorgängige Integrität aufweist, die sie authentisch machen könnte. Und wenn man diese Kategorie doch beibehält und argumentiert, anhand des greifbaren empirischen Autors Rainald Goetz, der echt geblutet hat, sei dieses Maß doch anzusetzen, dann ist eine solche Lesart einer Strategie aufgesessen, die innerhalb des Komplexes angelegt ist und primär innerhalb der Grenzen dieses Komplexes wirkt; dies zu übersehen ist eine der größten Schwächen weiter Teile der bisherigen Forschung zum Klagenfurt-Auftritt und zu Goetz allgemein.[300] Dies alles berücksichtigend, wird den Kategorien Authentizität und Inszenierung somit in dieser Analyse keine Funktion zukommen.[301] Sie werden allerdings als Rhetoriken bzw. mögliche Rezeptionsmodi weiterhin Geltung haben, da sie als Ergebnisse von Beobachtungen zweiter Ordnung da in den Fokus der Analyse rücken, wo sie bei der Fortschreibung der Diskurse um den Autor Rainald Goetz (und den anderen hier behandelten Autoren) wirksam werden.

Ganz anders jedoch verhält es sich mit den Begriffen Fiktionalität und Konsistenz. Diese Arbeit ist nicht der Ort, um weitreichende Überlegungen zum Konzept von Fiktionalität anzustellen, darum soll dieses soweit reduziert werden, dass die hier behandelten Phänomene innerhalb des bisher entworfenen Untersuchungsinstrumentariums kategorisierbar werden.

Als fiktional sollen diejenigen Texte und Kontexte gelten, die primär Zeichen enthalten, die sich nicht auf die unmittelbare Alltagswirklichkeit[302] von empirischen Subjekten beziehen. Dies bedeutet in erster Linie, dass sie nur in den Diskursen operativ anschlussfähig sind, die den Ursprungsdiskursen der Zeichen äquivalent sind. Solche Anschlüsse werden als Denotationen wirksam, wobei die Besonderheit fiktiver Denotation als eine Art ›uneigentlicher‹ Denotation

---

300 Vgl. solche expliziten Positionen bei Müller / Schmidt (2001): »Goetzendämmerung in Klagenfurt«, S. 253, 266f.; Winkels (1991): *Einschnitte*; S. 223, Hägele (2010): *Politische Subjekt- und Machtbegriffe*, S. 32, 70, 89 und implizit bei Oberschelp (1987): »Raserei«, S. 172f.; Hägele (2010): *Politische Subjekt- und Machtbegriffe*, S. 19f. Davon abgesetzt, da deutlich differenzierter: Scherer (2003): »Ereigniskonstruktionen als Literatur«, S. 66; Delabar (1990): »Goetz, Sie reden wirres Zeug«, S. 72ff.
301 Ähnliche Rückschlüsse in Bezug auf Authentizität stellt auch Claudia Gronemann für autobiographische und autofiktionale Schreibweisen fest. Sie folgt in ihren Überlegungen Paul de Mans Aufsatz »Autobiographie als Maskenspiel«, behandelt dabei aber anders als hier nur schriftlich vermittelte Texte. Vgl. Gronemann (1999): »›Autofiction‹ und das Ich«, S. 244, 255f.
302 »Die Wirklichkeit, auf die sich die Rede von Fiktion in Bezug auf Literatur bezieht, kann als die sogenannte *Alltagswirklichkeit* bestimmt werden. Das Konzept der realen Welt, das wir mit dieser Alltagswirklichkeit verbinden, umfaßt den Bereich unserer alltäglichen Erfahrungen, erweitert durch das, was uns durch die »Enzyklopädie« zugänglich ist.« Zipfel (2001): *Fiktion, Fiktivität, Fiktionalität*, S. 75, Herv. i. Orig. Zipfel entlehnt den Begriff der »Enzyklopädie« von Eco (1994): *Im Wald der Fiktionen*, S. 120.

begriffen werden sollte.[303] Wie aber kann man eine uneigentliche Denotation als solche erkennen, wenn ein Medienangebot – sei es ein Videoclip von *YouTube* oder ein kommentiertes Foto in einer Collage – keine Angaben dazu offeriert, wie es behandelt werden sollte? Fehlen Fiktionsmarker, die den Deutungsrahmen abstecken, gilt es, das Vermittelte auf seinen Realitätsgehalt zu prüfen, um zu entscheiden, ob eine alltagswirkliche Denotation besteht. Alltagswirklichkeit und Realität werden somit als Synonyme begriffen. Realität aber ist, wie Remigius Bunia in Anlehnung an Niklas Luhmann bemerkt, das Ergebnis von ›Konsistenzprüfungen‹,[304] die durch Referentialität erreicht werden. Aber auch hier ergeben sich Probleme, da es durchaus fiktionale Werke gibt, die ein hohes Maß an Referentialität sowohl zur Alltagswirklichkeit, als auch innerhalb ihrer fiktiven Welt aufweisen können.[305] Das Verfahren, mit dem diese Konsistenzen entstehen, charakterisiert Bunia speziell im Hinblick auf Goetz' Werk *Abfall für alle* folgendermaßen:

> Jede Ergänzung, die Aufgrund des Wissens um eine Welt – sei sie real, sei sie fiktiv – erfolgt und die Leerstellen ausfüllt, mit denen die Beobachtung zwangsläufig konfrontiert ist, soll im Folgenden *Interpolation* genannt werden.[306]

Zwar können fiktive und alltagswirkliche Welten unterschieden werden, die Grenze zwischen beiden ist jedoch in beide Richtungen durchlässig.[307] Informationen, die innerhalb des Medienkompaktbegriffs erfasst werden können, bedürfen einer Prüfung auf ihre Konsistenz, die durch Interpolation geleistet wird, wobei Referentialität auf Alltagswirklichkeit oder auf fiktive Welt festgestellt werden

---

303 Vgl. Zipfel (2001): *Fiktion, Fiktivität, Fiktionalität*, S. 73, der sich dabei auf Ideen von Nelson Goodman stützt. Die Art dieser Denotation wäre vergleichbar mit einer »modulierende[n] Transformation« der Rahmenbedingungen, mit der Erving Goffman den Effekt unterschiedlicher Bewertungen von scheinbar gleichen Handlungen beschreibt. Wirth (2002): »Der Performanzbegriff im Spannungsfeld von Illokution, Iteration und Indexikalität«, S. 37; vgl. auch Goffman (1980): *Rahmen-Analyse*, S. 55ff.
304 Vgl. Bunia (2005): »Überlegungen zum Begriff des Realismus«, S. 140: »Konsistenz bezeichnet die Vereinbarkeit von Beobachtungen.«
305 Als klassisches Beispiel kann das komplexe Universum dienen, das in den Werken von Uwe Johnson entfaltet wird. Auf der einen Seite stehen fiktive Personen und Orte wie Gesine Cresspahl und ihre Heimat Jerichow, auf der anderen Seite wird vor allem in den *Jahrestagen* durch Bezugnahme auf konkrete Orte in New York und Meldungen aus der *New York Times* eine im hohen Maße gegebene Referentialität auf (nun historische) Alltagswirklichkeit geleistet.
306 Bunia (2005): »Überlegungen zum Begriff des Realismus«, S. 137f., Herv. i. Orig. Die Bedingung für erfolgreiche Interpolation besteht dabei in der Medialität der gegebenen Zeichen.
307 Bunia (2005): »Überlegungen zum Begriff des Realismus«, S. 135.

kann. Ist dabei eine Referentialität auf Alltagswirklichkeit zu beobachten, kann geschlussfolgert werden, dass die so identifizierten Elemente zu Bestandteilen von ›operativen Fiktionen‹ werden können.[308]

Der Umstand, dass die in Literatur dargestellten Ereignisse oft eine Konsistenzprüfung auf Alltagswirklichkeit bestehen, veranlasste Bunia, diese Art des Schreibens in Bezug auf Goetz als »Quasi-Fiktionalität«[309] zu bezeichnen und Goetz' Verfahren – zumindest in *Abfall für alle* – einen »fast völlig realitätskonforme[n] Realismus« zu attestieren, für den er den Begriff »Ultrarealismus«[310] wählte. Auch Konzepte des Realismus können an dieser Stelle nicht verhandelt werden, wohl aber, mit welchen Mitteln die Bereiche der Fiktion und der Alltagswirklichkeit in den Texten ausgehandelt werden und mit Hilfe welcher Verfahren sie zueinander ins Verhältnis gesetzt werden, so dass fiktionale Elemente ihren Status soweit verändern, dass sie zu Bestandteilen operativer Fiktionen werden können. Hat man eine Reihe dieser Verfahren erkannt und benannt, verfügt man über eine Art Code, der dazu dienen kann, die Genese der Überschneidungsflächen der in Grafik 1 dargestellten Diskursbereiche zu beschreiben.

Die Kategorie der Konsistenz kann dazu genutzt werden, Realität herzustellen, bzw. wahrgenommene Phänomene darauf zu überprüfen, inwiefern sie innerhalb eines alltagswirklichen Diskurses ihre Relevanz erhalten. Nun ist Konsistenz – wie erwähnt – keine Domäne der Realitätsherstellung.[311] Dabei kann die Kategorie der Konsistenz als Prüfinstrument dazu verwendet werden, die Schlüssigkeit und Geschlossenheit von Welten und Diskursen zu überprüfen: Je dichter die Konsistenz eines Beobachtungsobjekts (sei es ein Diskurs oder ein Subjekt) ausgeprägt ist, desto stärker ist es mit sich selbst identisch. Besteht dann diese relative Identität[312] auch über distinkte Diskursbereiche hinweg, dann kann man im Detail betrachten, wie die beobachteten Objekte die Diskursgrenzen passieren und dabei ihre Äquivalenz zu sich selbst erhalten – das Verfahren ist direkt an

---

308 Luhmann (2009): *Soziologische Aufklärung 3*, S. 367.
309 Bunia (2005): »Überlegungen zum Begriff des Realismus«, S. 138.
310 Bunia (2005): »Überlegungen zum Begriff des Realismus«, S. 145, Herv. i. Orig.
311 Dass man z.B. William Shakespeares *Much Ado About Nothing* auch in einer klingonischen Übersetzung erwerben kann oder Klingonisch-Sprachkurse belegen und die Suchmaschine *Google* ebenfalls auf Klingonisch nutzbar ist, schafft eine hohe Konsistenz, die auf die klingonische Kultur verweist und sie in der Lebenswelt verankert. Das Klingonische ist damit gewissermaßen alltagswirklich, die Denotation erfolgt jedoch durch die Konfiguration der Medienangebote und den Kontext stets auf das fiktive *Star-Trek*-Universum.
312 Identität wird nicht als absolute, sondern als relative Größe gesehen, die stets das Ergebnis von Aushandlungen und Komplexitätsreduktionen ist und als ›Identitätseffekt‹ auftritt. Identität entspricht damit einer ›relativen Äquivalenz‹. Vgl. dazu meine Kapitel 2.1 und 3.3.

die hier verfolgten Ziele anschlussfähig und ermöglicht somit, die in Grafik 1 als Überschneidungen markierten Bereiche zu identifizieren.

Eine der Möglichkeiten, Konsistenz zu überprüfen, besteht darin, nachzuzeichnen, inwiefern identische Denotationen vorhanden sind, die zu einer Referentialisierbarkeit der Beobachtungsobjekte führen. Der hier relevante Begriff der Referenz kann direkt der Autobiographie- und Autofiktionsforschung entnommen werden, denn die Phänomene, die durch die hier interessierende Referentialität hergestellt werden, führen unmittelbar zu ›autobiographischen‹ Lesarten von Texten. Philippe Lejeune verwendet ihn in seiner Taxonomie der autobiographischen Schreibweisen und spricht von einem »referentiellen Pakt«,[313] der immer dann besteht, wenn ein Text als Autobiographie gelesen wird. Seine Konzeption der Referenz ist jedoch aus gutem Grund angreifbar, baut Lejeune sie doch auf der Basis idealistischer Identitäts- und Subjektvorstellungen.[314]

Claudia Gronemann geht auf Lejeunes Kriterium der Referentialität ein, modelliert es um, macht ihre Wirksamkeit anhand von Ausführungen Paul de Mans und im Rückgriff auf Jacques Lacan in den sprachlichen Strukturen fest[315] und schlussfolgert:

> [N]icht die Referentialität bringt eine bestimmte Redefigur hervor, sondern diese selbst löst den Modus der Referentialität aus. Die Referentialität würde damit zu einer Illusion (weil rhetorisch hervorgerufen) und müßte als Konstituente der Autobiographie relativiert werden, da sie [...] das eigentliche Referenzobjekt des bios sekundär macht.[316]

Und sie ergänzt wenige Seiten weiter: »Mit [...] [der] Instabilität des autobio graphischen Subjekts löst sich auch die Referentialität der Autobiographie

---

313 Lejeune (1998): »Der autobiographische Pakt«, S. 244.
314 Vgl. dazu Gronemann (1999): »›Autofiction‹ und das Ich«, S. 241. Die Referenz von identischem Autor-, Erzähler- und Figurennamen ist Lejeune zufolge »deshalb unbezweifelbar, weil sie auf zwei sozialen Einrichtungen aufgebaut ist: auf dem gesetzlichen Personenstand [...] und dem Kontrakt der Herausgabe; man hat sodann keinen Grund, an der Identität zu zweifeln.« Lejeune (1998): »Der autobiographische Pakt«, S. 243. Beide Kriterien können angezweifelt werden, da der gesetzliche Personenstand nicht Bestandteil eines literarischen Diskurses ist. Der »Kontrakt der Herausgabe« wird in juridisch-ökonomischen Diskursen wirksam – und entzieht sich einer Überprüfbarkeit durch Leserinnen und Leser, was durch so einfache Praktiken wie *Ghost writing* und Plagiat deutlich wird.
315 Vgl. Gronemann (1999): »›Autofiction‹ und das Ich«, S. 251ff. Vgl. auch de Man (1993): »Autobiographie als Maskenspiel«, S. 133.
316 Gronemann (1999): »›Autofiction‹ und das Ich«, S. 253. Es gilt zu beachten, dass sie dabei von der ›neuen‹ Art von Autobiographien nach dem Beispiel Serge Doubrovskys spricht, also von autofiktionalen Schreibweisen.

zugunsten partikulärer Zeichen auf.«[317] Diese Überlegungen sind hier insofern relevant, als damit eine Brüchigkeit aller autobiographischer Referentialitäten impliziert wird. Ein unmittelbarer Anschluss von literarischen an außerliterarische Diskurse wird damit zwar nicht unmöglich gemacht, aber jeglicher Relevanz außerhalb literarischer Diskurse beraubt. Mit der hier vorliegenden Fragestellung nach den alltagswirklich relevanten ›Poetiken des Selbst‹ ist ein solcher Begriff kaum kompatibel: Das Bemerkenswerte an Referentialitäts-Phänomenen wie der Eigenzuschreibung zu einem Pressefoto bei Goetz liegt ja genau darin begründet, dass sie durchaus Wirkungen entfalten können und autobiographische Lesarten produzieren – die dann auch außerhalb der Literatur zur Anwendung kommen können.[318] Weil die Textualität von Zeichen und ihre Referentialität weder in einer vormodernen Perspektive, noch unter dem Einfluss des *linguistic turn* durch einen epistemischen Graben getrennt sein müssen, plädiert Almut Finck in ihrer Dissertation dafür,

> [...] Referentialität und Textualität als Phänomene zu betrachten, die nicht nur nicht im Widerspruch zueinander stehen, sondern notwendig und unauflöslich aneinander gekoppelt sind, und zwar deshalb, weil kein Bezug auf ein Moment der sogenannten Lebenswelt möglich ist, der nicht immer auch an deren Formierung beteiligt wäre.[319]

Es gilt im Anschluss daran, die Wirksamkeitsmechanismen des Referentialitätsbegriffs anders zu formulieren und ihn so zu fassen, dass er universal – oder aber zumindest instrumental im Rahmen dieser Arbeit angewendet werden kann.

Befreit man den Referentialitätsbegriff von der Bürde idealistischer Entitätsvorstellungen ebenso wie von der Idee, dass es sich ›nur‹ um sprachlich-rhetorische Prozesse der Dissemination handelt, die beobachtbar sind, landet man bei zwei Feststellungen: 1. Referentialität wird immer wieder hergestellt – weder fiktive noch alltagswirkliche Welten könnten ohne sie auskommen, da sie die Grundlage dafür bildet, operative Handlungs- und Kommunikationsanschlüsse zu leisten. 2. Nicht jede Referentialität ist gleich, da sie nicht in gleichem Maße diskursübergreifend wirksam werden muss.[320] Diese unterschiedlichen

---

317 Gronemann (1999): »›Autofiction‹ und das Ich«, S. 256.
318 Es sei hier auf die sehr aufschlussreiche Wiedergabe des Diskurses über Rainald Goetz hingewiesen, in welcher deutlich wird, dass das so konstruierte Autor-Subjekt Goetz die ihm zugewiesenen Elemente zum großen Teil aus der von ihm organisierten Literatur bezieht. Vgl. Winkels (1991): *Einschnitte*, S. 225f.; Schultz-Gerstein (1987): »Der rasende Mitläufer«, S. 26ff.
319 Finck (1999): *Autobiographisches Schreiben nach dem Ende der Autobiographie*, S. 13.
320 Die Karikatur eines Politikers in einer Zeitung verweist auf eine Figur, die eine Größe im politischen System darstellt und der man u.U. die Hand schütteln und mit der man sich anfreunden

Verwendungen können mit Goffmans Rahmenmodell erklärt werden. Demzufolge müsste eine veränderte Wahrnehmung des scheinbar gleichen Handlungsaktes auf einer Modulation von Rahmenbedingungen beruhen.[321] Im Fall des Pressefotos von Goetz setzt die Publikation innerhalb einer nicht nur literarischen, sondern auch im weitesten Sinne zeitdiagnostischen Anthologie (wie es Rutschkys *1982. Ein Jahresbericht* ist) einen anderen Rahmen als beispielsweise innerhalb des Romans *Irre*. Es bleibt dabei trotzdem der Kompetenz von Rezipientinnen und Rezipienten überlassen, mögliche Transformationen und Anbindungen der Elemente zu erkennen.[322] Gelingt es in einer Analyse, den Status der Rahmungen von Untersuchungsobjekten zu bestimmen, können auch Aussagen über den Status der Referentialität getätigt werden. Bleibt die Referenz von Elementen trotz Rahmenwechsel unbeschadet erhalten, kann geschlussfolgert werden, dass ihnen eine besonders ausgeprägte Konsistenz eigen ist, denn die strukturelle Veränderung eines Rahmens indiziert eine Diskursgrenze. Zusätzlich können damit Aussagen darüber getätigt werden, welche Eigenschaften die transformierenden Modulationen im Beobachtungsobjekt verändert haben. Wenn man sich demzufolge anschauen möchte, wie Alltagswirklichkeit und Fiktion zueinander ins Verhältnis gesetzt werden, ob und wie ihre Abgrenzungen zueinander festgestellt werden können, dann sollte der Fokus darauf gerichtet sein, wie die Referentialität der in den Texten vermittelten Elemente beschaffen ist und welcher Konfiguration sie unterliegen.

3.12 Einschreibungen: Autorschaft, Autobiographie, Autofiktion

Die oben formulierte Aufgabenstellung erlaubt es, unmittelbar zu Goetz zurückzukehren und im Detail zu betrachten, wie die Referenz von Elementen durch die Diskurse zu wandern vermag. So soll der »Subito«-Klagenfurt-*Irre*-Komplex in seiner Gänze betrachtet und neben seinen impliziten Figuren-Poetiken auch

---

kann – womit die Figur einen Subjektstatus erlangt. Ein Spider-Man-Comic referiert offenbar auf die gleiche Figur wie in einem Spider-Man-Film. Man würde jedoch von einem Menschen, dem man auf der Straße begegnet und der ein entsprechendes rot-blaues Kostüm trägt, nicht erwarten, dass er/sie Spinnweben aus den Handgelenken verschießen und an Wänden hochklettern kann. (Nur, um hier den *operativen* Unterschied von alltagswirklichen und fiktiven Welten zu verdeutlichen.)
321 Vgl. Goffman (1980): *Rahmenanalyse*, S. 56.
322 Denn die Rahmungshinweise werden ja »erst durch ein bestimmtes Rahmenwissen les- und verstehbar.« Wirth (2008): *Die Geburt des Autors aus dem Geist der Herausgeberfiktion*, S. 54.

auf seine Wirksamkeit im Diskurs über Goetz und sein Werk fokussiert werden. An dieser Stelle kommt nun die Kategorie der Authentizität doch ins Spiel: Allerdings nur als rhetorisch erzeugte Rezeptionshaltung innerhalb des literarisch-performativen »Subito«-Klagenfurt-*Irre*-Komplexes.

Es ist bereits erwähnt worden, dass Goetz' Performance in Klagenfurt teilweise als leere Geste einer Provokation gedeutet wurde, teilweise jedoch als einem Authentizitäts-Paradigma angehörig identifiziert worden ist.[323] Letztere Beurteilung ist dahingehend von Interesse, da von dieser Position aus auch Rezeptionen des Romans *Irre* erfolgten und Rückschlüsse auf Goetz als Autor-Person getätigt wurden. Müller / Schmidt schreiben über Klagenfurt:

> Rainald Goetz setzt die Differenz von Text und Wirklichkeit erneut in Szene. [...] Im Ringen um eine wahrheitsgemäße Lebensschrift bleibt Rainald Goetz nur der eigene Körper als Objekt der konsequenten Tat. Authentische Literatur ist für ihn nur dadurch zu gewinnen, dass der eigene Körper zur Oberfläche der Selbsteinschreibung wird. [...] Mit dem Schnitt der Rasierklinge in die eigene Stirn wird der Text mit der Tat kurzgeschlossen.[324]

Und Christoph Hägele übertrifft diesen Gestus noch, indem er Goetz als Literat und Person jegliche Ironie abspricht und schlussfolgert, ihm ginge es um »die emphatische Behauptung von Subjektivität, Authentizität, Wahrheit und Wahrhaftigkeit«.[325] Dies mündet bei Hägeles Beurteilung des Romans *Irre* schließlich in der folgenden (kaum noch wissenschaftlich zu nennenden) Feststellung:

> Es ist ein Anschreiben gegen die moralischen und politischen Übereinkünfte einer Gesellschaft, die fortwährend als Bedrohung einer selbstbestimmten und authentischen Lebenspraxis begriffen wird. [...]
> Aber beschreibt nicht gerade dieses verzweifelte Aufbäumen des Subjekts, sein Anrennen gegen die herrschenden Verhältnisse und Gebote, den Reiz von Rainald Goetz' Literatur besonders treffend? Mit allem Recht lässt sich in kritischer Absicht vieles gegen Goetz ins Feld führen, und doch sollte man zur Kenntnis nehmen, *dass hier jemand um sein Leben schreibt, um ein selbstbestimmtes und gelingendes Leben ringt.*[326]

Dies lässt sich zwar an Giorgio Agambens Aussage anschließen, dass durch Autorschaft »*wirklich* Leben durchkreuzt« und Existenzen »*tatsächlich* gewagt und verloren«[327] werden können – wer oder was kann aber dieser jemand sein,

---

323 Vgl. u.a. Scherer (2003): »Ereigniskonstruktionen als Literatur«, S. 67, wonach die Performance »als authentische[s] Zeichen einzugreifen« vermocht habe.
324 Müller / Schmidt (2001): »Goetzendämmerung in Klagenfurt«, S. 253.
325 Hägele (2010): *Politische Subjekt- und Machtbegriffe*, S. 32.
326 Hägele (2010): *Politische Subjekt- und Machtbegriffe*, S. 89, Hervorhebung I.K.
327 Agamben (2005): »Der Autor als Geste«, S. 63, Herv. I.K.

der da um sein Leben ringen soll? Setzt Hägele hier literarische Figur und Autor-Persona als identisch, oder meint er Goetz selbst, der im öffentlichen Diskurs über ihn als Person mit den Figuren seiner Werke verschmolzen wird? Immerhin könnte ein noch nicht durch Skandal und Punk belasteter Rainald Goetz für solche Schlussfolgerungen mit eigenen Worten als Pate einstehen: Bereits 1978 – und damit gute vier Jahre vor dem Eintritt in das literarische Feld durch die Suhrkamp-Anthologien – erschien im *Kursbuch* zum Thema ›Jugend‹ ein als autobiographisch lesbarer Essay von Rainald Maria Goetz.[328] Die Thematik ist schnell umrissen: Es handelt sich um Reflexionen eines einzelgängerischen jungen Mannes, der seinen Ort in der Welt zwischen Anpassung und Isolation nicht zu finden vermag. Literatur und Politik erscheinen darin als Antipoden und die Beschreibung einer Straßenschlacht in Paris mündet in der Aussage:

> So hingeschrieben sind das nur wieder die Worte, die ich längst vorher kannte [...]. Und doch sind sie für mich jetzt voll von Erlebnis und von erschreckender Wahrheit. Ich scheue das Pathos nicht: Wie ich wünschte, gerade wenn ich diesen Pariser Herbst erinnere, daß meine Worte mehr sein könnten als nur immer wieder Worte.[329]

Wahrheit, Pathos, der Antagonismus von Wort und Tat – die Zutaten für das Klagenfurt-Spektakel scheinen damit bereits hier angelegt und bieten eine geradlinige Lesart der sich entwickelnden Poetik. Nicht überraschend wurde die Klagenfurt-Aktion und der Roman *Irre* als eine Kampfansage an die in den 1980er Jahren im Anschluss an Jean Baudrillard vielverbreiteten Simulationstheorien gelesen.[330] Neben dem realen Schnitt in die eigene Stirn war es vor allem die (mit dem Schnitt intertextuell korrespondierende) Faschingsszene im Roman *Irre*, die eine solche Deutung nahelegte. Raspe, der Hauptprotagonist des Romans, erscheint darin bestens gelaunt auf einer Party, »an Armen, Beinen und am Hals mit zahlreichen Schnittwunden geschmückt«.[331] Als der Verdacht geäußert wird, es handele sich dabei um »perfekt täuschende Imitation«, reagiert Raspe

---

328 Die autobiographische Lesart wird durch die hohe Konsistenz der darin vermittelten Angaben zur Biographie gestützt. So entsprechen die Angaben zu Abitur, Geschichtsstudium und anschließender Promotion ebenso wie dem danach aufgenommenen Medizinstudium und dem Aufenthalt in Paris den bei Kühn (2004ff.): »Rainald Goetz« getätigten Angaben im ›Biogramm‹. Vgl. dazu Goetz (1978): »Der macht seinen Weg«, S. 32f., 35–38, 43.
329 Goetz (1978): »Der macht seinen Weg«, S. 38. Auch Hubert Winkels referiert auf dieses Zitat, vgl. Winkels (1991): *Einschnitte*, S. 247, Anm. 34.
330 Vgl. dazu vor allem Hägele (2010): *Politische Subjekt- und Machtbegriffe*, S. 32, 77; Oberschelp (1987): »Raserei«; Bertschik (1997): »Theatralität und Irrsinn«, S. 409; Winkels (1991): *Einschnitte*, S. 223f.
331 Goetz (1983): *Irre*, S. 19.

äquivalent zu Goetz in Klagenfurt: »kommentarlos, jedoch freundlich [hat er] die an seiner Brust baumelnde Rasierklinge zur Hand genommen, sie auf ein unversehrtes Stück Haut seines Unterarms etwa gesetzt und dann langsam, gut sichtbar und tief in die Haut eingeschnitten.«[332] Ähnlich wie in Klagenfurt, reagiert das Publikum der Party auf diese Aktion mit Irritation und Verstimmung. Die Exegeten von Goetz' Texten hingegen konnten diese vorgebliche Äquivalenz auf das Konto des Kampfes gegen »Second-Order«-Welten[333] verbuchen. Walter Delabar kommt es dabei zu, bereits in einer frühen Phase der Goetz-Philologie differenzierend zu mahnen: »Dieser doppelte Charakter, Authentizität und Konstruiertheit, haftet jedem literarischen Text an, und Goetz selbst geht so weit, gerade dieses Problem des Literarischen zu thematisieren.«[334]

Damit verschiebt sich der Fokus erheblich – was mit den in dieser Arbeit bereits getätigten Feststellungen zur Anlage des »Subito«-Klagenfurt-Komplexes korrespondiert. Goetz und sein Werk leisten keinen Kampf gegen die Windmühlen der Simulation in der Postmoderne, sondern führen in einer fast schon foucaultianisch zu nennenden Art und Weise die Bedingungen vor Augen, unter denen man von einem solchen Kampf überhaupt ausgehen kann. Diese Anlage wird vor allem in der Struktur der oben besprochenen fünften Ebene – der Beobachtbarmachung der Beobachtbarkeit (vgl. Kapitel 3.10) – eingelöst und resultiert erst durch das Einführen dieser Metaposition in dem Manifest-Charakter von »Subito«. Stefan Scherer ist grundsätzlich zuzustimmen, wenn er im Hinblick auf »Subito« und Klagenfurt feststellt: »An der Verfaßtheit solcher Texte, die einen Ereigniseffekt generieren, können Ereigniskonstruktionen nach der Doppelung von Prozeßhaftigkeit und Strukturiertheit untersucht werden.«[335] Eben hier gilt es anzusetzen, wenn man den Diskurs über Goetz und die damit greifbaren ›Poetiken des Selbst‹ aufzuschließen gedenkt. In den Blick rückt damit die Texte (»Subito« und *Irre*) in ihrer ganzen strukturellen Komplexität, die Aktion von Klagenfurt und die sich daraus speisenden Diskurse über Goetz.

Man kann die hier nun anschließende Frage mit den Worten von Hubert Winkels formulieren:

---

332 Goetz (1983): *Irre*, S. 19. Die anschließende sehr genaue Beschreibung der Wunde und des fließenden Blutes finden sich nahezu wortgleich auch in Goetz (1986): »Subito«, S. 16 – darin werden diese Worte von dem Ich-Erzähler in einer Phantasie der Selbstverletzung formuliert. Das Ziel dieser Selbstverletzung sei es, die ›Lüge zu enttarnen‹.
333 Vgl. Winkels (1991): *Einschnitte*, S. 223, 253; Schäfer (2007): »Luhmann als ›Pop‹«, S. 269, Hägele (2010): *Politische Subjekt- und Machtbegriffe,* S. 73. Siehe deutlich differenzierter dazu auch Doktor / Spies (1997): *Gottfried Benn – Rainald Goetz*, S. 229.
334 Delabar (1990): »Goetz, Sie reden wirres Zeug«, S. 72.
335 Scherer (2003): »Ereigniskonstruktionen als Literatur«, S. 65.

> Was sind das für Texte, die sich scheinbar selbst zugunsten des ›Realen‹, des ›Lebens‹, des ›Autors‹ abzuschaffen in der Lage sind, deren Kunstfertigkeit man der Wahrheit, deren Wörtlichkeit man der Wirklichkeit zuliebe vergisst? Was sind das für Texte, die nicht simulieren und zitieren, die keinen Sinn entwenden und aufbereiten, die nicht sich selber und ihr Spiel mit sich, sondern ihren Autor bedeuten?[336]

Während seine eigenen Antworten zwar anregend, aber nicht unbedingt die ganze Komplexität des Wort-Tat-Medien-Gefüges beachtend erscheinen, bietet Stefan Scherer einen Zugang, der auf das Phänomen der Einschreibungen, das ich hier stark machen möchte, vorausweist. Er konzentriert sich in seinen Ausführungen auf den Schnitt, den Goetz in seine Stirn vollführte und argumentiert semiotisch, dass es sich dabei um einen Transformationsprozess handelt, bei dem arbiträre Symbole (Selbstverletzung, Blut) zu indexikalischen Zeichen werden.[337] Er schlussfolgert weiterhin, dass im Moment der Aktion Dasjenige, was beobachtbar ist, nicht kontextualisierbar sein kann, dass diese Kontextualisierung jedoch durch die Anlage von Text und Beobachtbarkeit (durch die audiovisuelle Verbreitung der Lesung) im Nachhinein einem Kontext zugeordnet werden kann.[338] Dieser Kontext, das wurde bereits herausgestellt, bezieht seine semantische und semiotische Ordnung aus dem Umstand der Grenzaufhebung zwischen vordem klar abtrennbaren Diskursen ›Literatur‹ und ›Alltagswirklichkeit‹.

Wenn man Doktor / Spies zustimmt, dass ›Simulation‹ als ein »Wegfall der Differenz von Wahrnehmung / Vorstellung und Realität / Referenzgröße«[339] definiert werden kann, so führt der »Subito«-Klagenfurt-*Irre*-Komplex genau zu diesem Zustand. Fügt man jedoch einschränkend hinzu, dass keine Psyche-internen Prozesse damit gemeint sein können, sondern der Wegfall dieser Differenz innerhalb derjenigen Medienangebote stattfinden muss, die durch den Medienkompaktbegriff erfassbar sind, so muss man zu der Feststellung kommen, dass diese Art ›Simulation‹ ziemlich genau dem Zustand hoher Konsistenz innerhalb einer sich formierenden operativen Fiktion entspricht. Dies erlaubt im gleichen Zuge, den Wahrheitsbegriff, der in »Subito« eine zentrale Rolle spielt, auf eine knappe Formel (zumindest innerhalb des »Subito«-Klagenfurt-*Irre*-Komplexes) einzuschränken: Der Wahrheit von allem, das keinen »BIG SINN« ergibt, ist laut »Subito« bekanntlich nur durch das »einfache wahre Abschreiben der Welt«[340]

---

336 Winkels (1991): *Einschnitte*, S. 227.
337 Scherer (2003): »Ereigniskonstruktionen als Literatur«, S. 66.
338 Vgl. Scherer (2003): »Ereigniskonstruktionen als Literatur«, S. 67ff. Es handelt sich dabei in den Worten der Systemtheorie um einen Übergang von der Beobachtung erster Ordnung zu einer Beobachtung zweiter Ordnung.
339 Doktor / Spies (1997): *Gottfried Benn – Rainald Goetz*, S. 149.
340 Goetz (1986): »Subito«, S. 19.

beizukommen – das ist der Appell des Textes. Diese Wahrheit kann aber demzufolge nur eine sprachliche, oder auch: eine literarisch transportierte sein, denn sie entsteht erst durch diese Übersetzungsleistung in Text und ihre Einspeisung in semiotische Prozesse.[341] Dies nun gilt es zu erweitern: Durch die Anlage des Komplexes wird zusätzlich das Mediale als Träger dieser Wahrheit identifizierbar, die Beobachtbarkeit und Iterierbarkeit sind dieser Struktur immanent. Durch den Schnitt, der zuerst nicht kontextualisierbar ist, wird durch die mediale Reproduzierbarkeit der Beobachtung der Kontext erst formiert, der in seiner Struktur als ein Vehikel einer solch bezeichneten Wahrheit dienen kann. Der »Subito«-Klagenfurt-*Irre*-Komplex schafft damit quasi seine eigene spezifische Textualität und ermöglicht damit einen singulären Diskursraum zu konstruieren, in dem ›Wahrheit‹ generiert werden kann. Damit wird das Ganze – und das ist eine entscheidende Feststellung – selbstreferentiell und kontextualisierend zugleich:[342] Das »einfache wahre Abschreiben der Welt« wird abgelöst durch ein ›wahres *Ein*schreiben in die Welt‹. Dieses Einschreiben unterscheidet sich von anderen – konventionellen Formen – der ›Literatur‹ durch die Art und Menge der Anschlüsse an andere Diskurse, die es zugleich erst als *Ein*schreiben ermöglichen: Durch Referentialität, Konsistenz, Simultanität[343] (man könnte auch sagen: Performativität)

---

341 Vgl. dazu auch Winkels (1991): *Einschnitte*, S. 251 und Delabar (1990): »Goetz, Sie reden wirres Zeug«, S. 74, 76f. Siehe zum Problem einer Wiedergabe der Wahrheit auch Plass (2006): »Journalism, Television, Poetry«, S. 212.

342 Selbstreferenz und Selbstreferentialität werden hier bestimmt als eine spezifische Relation von Elementen, die sich nicht notwendig in Bezug auf einen Kontext entwickelt, sondern die werkintern verbleibt. Sie umfasst damit zweierlei: 1) Zum einen wäre hier der Fall einer einfachen inhaltlichen Intratextualität gemeint, wenn ein bestimmtes Element, wie beispielsweise Raspe, in mehreren Titeln erscheint, die von einer Autorfunktion organisiert werden. Diese ›elementare Selbstreferentialität‹ ist dabei nicht exklusiv an das Werk nur *eines* Autors gebunden, sondern kann in Form von intertextuellen Bezügen auch von anderen Autoren weiterentwickelt werden, wobei dann der ursprüngliche Autor seine Autorität über das betreffende Element verliert. 2) Der hier vorliegende Fall betrifft Selbstreferentialität, die in ihrer Anlage einer strukturellen Intratextualität entspricht. Das heißt, dass die Referenz sich nicht notwendig anhand eines bestimmten Elements entwickeln lässt, sondern sich als eine Relation von Elementen darstellt, die vom jeweiligen literarischen Text als sein Kontext impliziert werden. Als Beispiel: Ein Text behauptet, der Name des Autors dieses Textes sei X, und X wäre zudem noch der Autor der Texte Y und Z. Wenn ein weiterer Text ebenfalls diese Behauptungen aufstellt, handelt es sich um eine ›strukturelle Selbstreferenz‹, die den Gesetzen der ›strukturellen Selbstreferentialität‹ gehorcht. Diese strukturelle Selbstreferenz dient außerhalb literarischer Diskurse üblicherweise dazu, Identität herzustellen, wenn beispielsweise der Besitzer eines Ausweises mittels übereinstimmender Daten (Name, Geburtstag, Geburtsort) nachweist, dass er eben jene Person ist, auf die ein entsprechender Führerschein ausgestellt ist usw.

343 Vgl. dazu Doktor / Spies (1997): *Gottfried Benn – Rainald Goetz*, S. 111.

und seine spezifische Anbindung an Autorschafts- und Subjektdiskurse. Was dabei entsteht, ist eine spezifische Form medialisierter Wirklichkeit,[344] in der sich eine Autor-Figur ›Rainald Goetz‹ aus den Bestandteilen Raspe / Ich / Goetz (Figur) / Goetz (Autor) / formiert und beobachtbar macht.[345]

Durch eine solche Konstruktion der Figur werden »Subito« und *Irre* zwar nicht als autobiographische, wohl aber als autofiktionale Texte lesbar. Durch das Lesen des »Subito«-Textes, das Wissen um Goetz' Performanz in Klagenfurt und das Sehen des Auftritts kann jede Beobachtungsinstanz die Genese der Figur rezipieren und damit das ›metaliterarische‹ wie ›metareale‹ (die Unterscheidung kann nun nur noch aufgrund einer individuellen Sichtschärfe getroffen werden) Subjekt ›Rainald Goetz‹ reproduzieren.[346] Diese Einschreibung qualifiziert Goetz bereits als ›Begründer‹ des Diskurses über sich selbst, zudem ist seine besondere Position als literarischer Autor – immerhin ist der Ingeborg-Bachmann-Preis ein bekannter Literaturwettbewerb – in dem Komplex strukturell verankert. Bei Goetz findet sich damit gleich zu Beginn seiner literarischen Beobachtbarkeit eine Verknüpfung aller in Kapitel 3.1 genannten Diskursbereiche. Die so in Klagenfurt im Jahr 1983 initiierte Autor-Figur ›Rainald Goetz‹ kann dann auch als Erfolgsmodell bezeichnet werden, das gute 30 Jahre ausgebaut und reproduziert wurde.[347] Diese Prozesse würden aber kaum als *Ein*schreibungen funktionieren, wenn ihre oben angesprochene Referentialität nicht so stark ausgeprägt wäre. Die Autonomisierung von Text und Performance hätte als Kunstwerk in einem eigenen Raum verbleiben können – die sich anschließenden Diskurse um die Autor-Figur Goetz lassen jedoch den gegenteiligen Schluss einer produktiven Weiterschreibung

---

344 Vgl. dazu im Hinblick auf die Poetik von Goetz auch Doktor / Spies (1997): *Gottfried Benn – Rainald Goetz*, S. 125.
345 Vgl. dazu auch Doktor / Spies (1997): *Gottfried Benn – Rainald Goetz*, S. 101: »[D]er lesende Rainald Goetz [nimmt] die zwischen sich und seiner Figur in der Schwebe gehaltene Aggressivität mit dem Rasierklingenschnitt auf sich selbst zurück und bringt somit sich und seine Figur, Autor und Kunstprodukt, zur versuchten Deckungsgleiche und autonomisiert den gesamten Textinhalt.« Sie sprechen an gleicher Stelle von einer chiastischen Umcodierung der Inhalte zwischen den Sphären Realität und Fiktion. Vgl. zur Figurenkonstellation in *Irre* auch S. 221, Anm. 675.
346 Müller / Schmidt stellen treffend fest: »Eine Selbstpoetik ist hier am Werk, die spielerisch mit den biographischen Daten verfährt. Das Leben wird ihr zur Materialsammlung und erlaubt die Erfindung neuer biographischer Skizzen«, Müller / Schmidt (2001): »Goetzendämmerung in Klagenfurt«, S. 259. Die Dialektik von Leben und Text, die in diesem Zitat evoziert wird, ist jedoch nicht unbedingt nachvollziehbar. Dass das vorgeblich Biographische bei Goetz immer hybrid angelegt ist und poetologisch-literarischen Schreibmaximen folgt, wird im Folgenden nachgewiesen.
347 Zum Bruch der Poetik ab 2012 vgl. Kapitel 4.5.2.

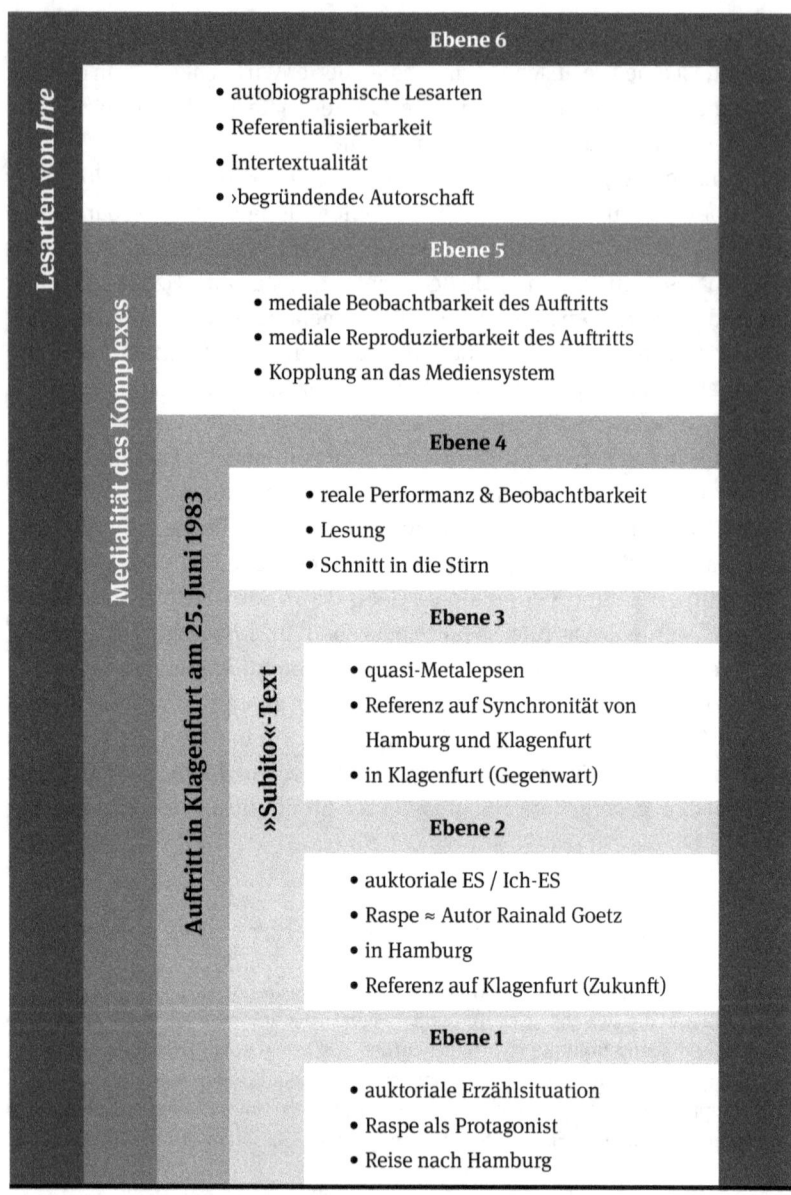

Grafik 2: Ebenen des »Subito«-Klagenfurt-*Irre*-Komplexes.

von Komplex und Subjekt-Figur zu. Drei Erfolgsgaranten der Einschreibung sind dabei wirksam – ihre kontextuelle bzw. intertextuelle Struktur stellt damit den sechsten und letzten hier relevanten Bereich des Komplexes dar (vgl. Grafik 2).

Da wäre zuerst die Referentialität zu nennen: Allein der Titel des Textes – »Subito« – referierte auf eine damals im Hamburger Schanzenviertel real existierende Kneipe[348] und auch die anderen beschriebenen Lokalitäten: der Hamburger Hauptbahnhof, die Isar-Wiesen in München und natürlich auch Klagenfurt selbst, verweisen auf reale Orte. Auch die im Text erwähnten »Chefpeinsäcke[] Böll und Grass«[349] oder der Journalist Olaf Dante Marx[350] lassen sich als referentialisierbare Personen des öffentlichen Lebens identifizieren. Dass die Annahme der Referentialität nicht auf das mit Klarnamen betitelte Personal des Textes beschränkt ist, machen die Decodierungsbemühungen der Forschungsliteratur deutlich: So wird »Neger Negersen« als der Pop-Theoretiker Diedrich Diederichsen identifiziert und die Maler »Albert Gagarin« und »Werner Andropov« werden zu den realen Malern Albert Oehlen und Werner Büttner.[351] Selbst der ›neutrale, jedoch wohlgesonnene Beobachter‹, der in *Irre* an derjenigen Stelle als Stimme erscheint, an der zum ersten Mal literarische Probleme direkt thematisiert werden, wird mit Michael Rutschky als identisch gesetzt.[352] Der Erkenntnisgewinn solcher Decodierungen kann als gering bezeichnet werden – wichtiger als der Inhalt ist die Struktur des Verfahrens, das hier zum Vorschein kommt. Die beiden anderen ›Erfolgsgaranten‹ stellen die Intertextualität und die Anbindung an Autorschaft dar, die hier gesondert betrachtet werden.

3.12.1 Intertextualität im »Subito«-Klagenfurt-*Irre*-Komplex

An Intensität gewinnen solche Prozesse der Referentialisierung durch das dichte Netz von intertextuellen und transmedialen Verknüpfungen, die sich zwischen dem »Subito«-Text, dem Auftritt in Klagenfurt und dem Roman *Irre* herstellen lassen. Zuerst ist festzuhalten, dass »Subito« zwar zum größten Teil aus Passagen besteht, die so nicht in *Irre* vorkommen, dass aber die identischen Passagen vor allem in den Teilen zwei (»Drinnen«) und drei (»Die Ordnung«) von *Irre* finden

---

348 Auch wenn es keinen Anlass gibt, an der ehemals realen Existenz dieser Kneipe zu zweifeln: Die meisten im Internet zu findenden Referenzen verweisen auf ihre Nennung in eben diesem Goetz-Text.
349 Goetz (1986): »Subito«, S. 19. Während die Textstelle in Goetz (1983): »Subito«, S. 75 nahezu buchstabenidentisch ist, werden die Namen interessanterweise in Goetz (1984): »Subito«, S. 163 mit »Dings und Dings« codiert.
350 Im Text wiedergegeben als »Olaph-Dante Marx«, vgl. Goetz (1986): »Subito«, S. 17.
351 Vgl. Wegmann (2009): »Stigma und Skandal«, S. 211; Doktor / Spies (1997): *Gottfried Benn – Rainald Goetz*, S. 99, Anm. 327. Die Namen vgl. in Goetz (1986): »Subito«, S. 12–15, 17f.
352 Vgl. Rudolph (2008): *irre/wirr: Goetz*, S. 31f.

sind.³⁵³ Darüber hinaus existiert eine große Zahl von Verweisen zwischen *Irre*, »Subito« und einigen anderen in *Hirn* und *Kronos* publizierten Texten.³⁵⁴

Der Roman *Irre* weist in seiner Anlage auf den ersten Blick eine andere Struktur auf als »Subito« – die drei etwa gleich langen Teile unterscheiden sich deutlich in Inhalt und Stil: Der erste (»Sich entfernen«) bietet eine polyphone Vielfalt von Stimmen aus der Psychiatrie, die durch Abtrennungen der Textblöcke zwar begrenzt sind, sich oft jedoch kaum einer Quelle zuordnen lassen: verschiedene Patienten, Pfleger, Ärzte und eine Journalistin kommen zu Wort oder werden durch einen auktorialen Erzähler geschildert.³⁵⁵ Während der junge Arzt Raspe darin nur eine der vielen Figuren darstellt, wird er in »Drinnen« zum Hauptprotagonisten und Träger der Fokalisierung. Dieser literarisch konventionellste Abschnitt des Romans zeichnet Raspes Entwicklung innerhalb der Institution der Psychiatrie nach und mündet in seiner Desillusionierung, seiner Hinwendung zur Punk-Kultur und literarischen Tätigkeit. Der letzte Teil schließlich bricht mit der vorher klaren Struktur. Mit dem Motto »Don't cry – work.«³⁵⁶ rückt die literarische Tätigkeit eines Autors in den Mittelpunkt. Zu Beginn scheint der Ich-Erzähler dieses Teils der gewandelte Raspe zu sein, der die Psychiatrie hinter sich gelassen hat und sich nun der literarischen Aufarbeitung seiner Erlebnisse und vor allem der von ihm durchlaufenen inneren Wandlungen widmet.³⁵⁷ Schon nach einigen Seiten erfährt die Erzähler-Instanz – ebenso unmotiviert wie in »Subito« – eine andere Attribuierung. Nach der Ankündigung »Jetzt springe ich mal kurz in die TOTALE GEGENWART«³⁵⁸ folgt ein von dem Erzähler an einen Redakteur verfasster Brief, dessen Inhalt hier weniger wichtig ist als die Unterschrift, die sich in

---

353 Vgl. dazu Goetz (1983): *Irre*, S. 107, 176, 225, 233f., 261. Vgl. zur Strukturierung des Romans auch Winkels (1987): »Ohrschaden«, S. 79; Seiler (2006): *»Das einfache wahre Abschreiben der Welt«*, S. 241

354 Vgl. da vor allem in Goetz (1986): *Hirn*, die Texte »Gewinner Und Verlierer«, S. 32–56, »Männer Fahrten Abenteuer«, S. 88–105. Auch die anderen Texte und vor allem die angefügten, »Dossier« genannten Collagen in »Der Attentäter«, S. 127–176, erneut publiziert in Goetz (1993): *Kronos*, S. 123–180, entfalten eine ganze Reihe intertextueller Bezüge innerhalb von Goetz' Texten.

355 Hubert Winkels bemerkte, dieser Teil sei nach dem Funktionsprinzip eines Tonbandes strukturiert, vgl. Winkels (1987): »Ohrschaden«, S. 74f. Dies ist jedoch nur zum Teil zutreffend, da auch die auktorialen Passagen einen großen Umfang dieses Teils einnehmen.

356 Goetz (1983): *Irre*, S. 231. Dieser Slogan findet sich ebenfalls auf der Rückseite des Schutzumschlags der Erstausgabe des Romans und fungiert somit als ein Paratext, der auf das Buch als Ganzes Anwendung finden kann.

357 Dass der Ich-Erzähler mit Raspe identisch ist, wird durch inhaltliche Anschlüsse an den zweiten Teil des Romans geleistet, vgl. hierzu Goetz (1983): *Irre*, S. 236f., 243.

358 Goetz (1983): *Irre*, S. 246. Herv. i. Orig.

der Abschiedsformel findet und »Ihr Goetz«[359] lautet. Von nun an scheint die mit »ich« betitelte Erzählinstanz ähnlichen Verschmelzungsprozessen zu unterliegen wie in »Subito«. War sie vordem noch als mit Raspe identisch lesbar (und bleibt es in gewisser Weise auch weiterhin, da sie immer wieder auf die von Raspe im zweiten Teil von *Irre* erlebten Begebenheiten referiert), so tritt Raspe nun als eine Figur neben anderen in Erscheinung, die metaleptisch mit der Autorschaft des Romans verknüpft werden.

Bemerkenswert ist u.a. die Passage, in der Raspe von der Figur »Rainald« besucht wird, die – so wird wenig später angedeutet – kettenrauchend und betrunken die Verkörperung der Psychiatrie darstellt.[360] Dass zu diesem Zeitpunkt Raspe nur *eine* Verkörperung einer vielgestaltigen und vielschichtigen Figur darstellt, wird im ersten Absatz dieser Begegnung angedeutet: »Den kaum inhalierten Rauch blies Rainald übermäßig lautstark und cool in den Raum [...] und sagte, mit seinem Kinn so speziell auf sein Gegenüber deutend, als säßen mehrere Personen am Tisch, zu Raspe hin: Na, und du?«[361] Dass diese Konstellation bereits im ersten Teil des Romans aufgebaut wurde, wird in der Retrospektive überdeutlich. Denn auch wenn ein ›Rainald‹ dort noch fehlt, so tritt »Goetz« dort bereits zweifach auf: Einerseits als ein Schüler dieses Namens, der als Patient in der Psychiatrie seinen Zustand reflektiert,[362] andererseits als »Goetz«, der sich im »Café Größenwahn« mit seinem Freund »G.« trifft, um mit ihm den Bericht über die Psychiatrie zu diskutieren, an dem »Goetz« gerade arbeite. Eine ähnliche Konstellation ist im ersten Teil des Romans auch bereits da enthalten, wo der ›neutrale, jedoch wohlgesinnte Beobachter‹ den bisherigen Stil des Buches kommentiert und dabei die (theoretische) Position des Autors innerhalb des Textgefüges beobachtbar macht.[363] Diese wird nun in der Begegnung von »Goetz« und »G.« noch verdeutlicht. G. vertritt die These, das Projekt von Goetz müsse sofort abgebrochen werden, weil die Thematisierung der Schrecken der Psychiatrie in sich

---

359 Goetz (1983): *Irre*, S. 247.
360 Vgl. Goetz (1983): *Irre*, S. 261: »Dann stand Rainald von dem Stuhl auf, und hochgewachsen stand die Psychiatrie schief im Nebel und zündete sich noch eine Zigarette an.« Vgl. auch ebd. S. 258. Vgl. zu der Konstellation der zwei Figuren auch Seiler (2006): »*Das einfache wahre Abschreiben der Welt*«, S. 241: »Raspe steht hierbei für das Intellektuellen-Ich des Autors, Rainald für das Ich, welches die Karriere in der Psychiatrie weiterhin anstrebt.«
361 Goetz (1983): *Irre*, S. 260.
362 Vgl. Goetz (1983): *Irre*, S. 69–76.
363 Auch dort wird die Position dieses Beobachters in erster Linie dazu verwendet, einen Metadiskurs einzuführen und die Position eines Erzählers und zugleich auch eines Autors sichtbar zu machen und zu problematisieren. In gleichem Zuge wird jedoch die ganze Szene mit Hilfe metaleptischer Verfahren als genuin literarisch ausgewiesen. Vgl. Goetz (1983): *Irre*, S. 20–23.

verlogen sei, da sie sich aus dem zu bannenden Schrecken dialektisch speise – dies ist die im Folgenden thematisierte Crux:

> Ich glaube nicht, fügt G. nach kurzem Schweigen noch hinzu, daß er, Goetz, durch Thematisierung dieses Sachverhalts [i.e.: der Verlogenheit des Berichts; I.K.], nicht einmal durch rückhaltlose Darstellung seiner wahren [...] Motive, diesen Bericht öffentlich zu machen, der eben aufgedeckten Verlogenheit tatsächlich entrinnen könne, eher im Gegenteil. Denn ein derart kalkuliertes intellektuelles Manöver, hören wir G. fortfahren, und unser Unbehagen wächst, da wir als wahrnehmende und berichtende Instanz zunehmend selbst Gegenstand der Analyse und Attacke zu werden scheinen, ein derartiger Rechtfertigungsversuch mache das, was er, G., [...] auch als ein Dilemma ansehen könnte, imgrunde erst wirklich zur Lüge, da *Absicht* zur Täuschung hinzutrete.[364]

Als die »wahrnehmende und berichtende Instanz« wird zum einen die Position eines expliziten Erzählers im Text greifbar – und zugleich auch eine Autor-Figur darin verankert. Die Autorschaft eben jenes Romans wird damit auf eine Reihe von Figuren verteilt (Goetz, Raspe, Ich) und durch metaleptische Verfahren immer wieder zwischen die Handlung eingestreut.

Abseits dieser Autorspiele finden sich weitere Verweise auf diejenige Figur, die nun aus den textuellen Bausteinen und der Klagenfurt-Performance sich selbst erschreibt und beobachtbar macht: Das weiße »NietenLederBand«, das sich der Erzähler kauft,[365] ist am Handgelenk des Lesenden in Klagenfurt in Großaufnahme erkennbar,[366] das im *Kursbuch* thematisierte Doppelstudium wird beiläufig erwähnt,[367] das Polizeirevier aus der Rutschky-Anthologie befindet sich wie bereits bekannt vor der Wohnung des Erzählers.[368] Sind solche Kleinigkeiten noch als wenig evident zu bezeichnen, bekommen die Fortschreibungen durch andere Autoren ein anderes Gewicht, wenn sie Elemente aus dem Roman als der alltagswirklichen Lebenswelt von Rainald Goetz zugehörig markieren. In der *Elaste* Nr. 7, einem ehemals in München erschienenen Magazin, findet sich ein mit »Rainald« betitelter Text von Lorenz Lenz, der Goetz zum Thema hat,[369] bzw. – exakter – die Legenden um Goetz und die Begegnungen des Autors mit diesem. Im Hinblick auf Fortschreibungen ist er sehr ergiebig, es sei nur eine aus *Irre* bekannte Episode erwähnt: In *Irre* ist es Raspe, der in betrunkenem Zustand in

---

364 Goetz (1983): *Irre*, S. 88. Herv. i. Orig.
365 Vgl. Goetz (1983): *Irre*, S. 319.
366 Vgl. www.youtube.com/watch?v=_BEjgp9MAEY (zuletzt eingesehen am 17.12.2013).
367 Goetz (1983): *Irre*, S. 249, 288.
368 Goetz (1983): *Irre*, S. 266f., 284,
369 Vgl. Lenz (1983): »Rainald«. Die Autorschaftszuweisung des Textes wird nur durch das Impressum auf S. 19 ersichtlich. Ich danke Till Huber für diesen wertvollen Literaturhinweis.

ein geparktes Porsche-Cabrio uriniert, dabei jedoch den darin schlafenden Besitzer übersieht, der ihn daraufhin verprügelt.[370] Im Bericht von Lenz wird eben jene Episode als durch Goetz erlebte geschildert – und reiht sich in die Reihe ähnlich spektakulärer Legenden ein.[371] Der Bogen der Referentialität wird an genau dieser Stelle über eine weitere Instanz gespannt, denn Goetz reagiert auf diese Fremdfortschreibung: In dem ursprünglich in der *Spex* publizierten und dann in *Hirn* aufgenommenen Text »Gewinner Und Verlierer« geht der offenbar gerade in Amerika befindliche Autor – auch dies eine Referenz, die sich in *Irre* und anderen Publikationen gleichlautend wiederfindet – ausführlich auf Lenz' Text aus der *Elaste* ein.[372] Anstatt jedoch die eher vulgären Schilderungen seiner Person zu korrigieren oder zu verurteilen, berichtigt er Lenz bezüglich falsch wiedergegebener Kleinigkeiten und bestätigt die fremde Fortschreibung durch Anfügen weiterer Details aus seinem Leben.

Diese intertextuellen Verknüpfungen der Elemente sind weniger in ihrem Inhalt als vielmehr in ihrer Struktur bemerkenswert. Dadurch, dass die Elemente verschiedenen Medienangeboten angehören, die zudem heterogen sind und verschiedene Konfigurationen und Diskurszugehörigkeiten besitzen, erfolgt eine Verwirrung – oder aber je nach Perspektive: Gleichschaltung – der Interpretanten dieser Elemente. Scheinen von der einen Seite die konventionell als fiktional angenommenen Elemente des Romans durch die Äquivalenz der Elemente in der konventionell als alltagswirklich angenommenen Form eines Beitrags in einer Zeitgeist-Zeitschrift wie der *Spex* auf die Seite der Alltagswirklichkeit überführbar, so muss auch der gegensätzliche Effekt als gültig erkannt werden: Die alltagswirklichen Elemente werden fiktional. Der vordem als ›rein‹ biographisch lesbare Text »Gewinner Und Verlierer« wird indifferent und partizipiert wie der »Subito«-Klagenfurt-*Irre*-Komplex an einer Grenzaufhebung, die darin vermittelte Referentialität wird unklar im Hinblick auf den jeweils anzulegenden Diskursbereich. Im gleichen Zuge jedoch wird deutlich, dass diese Elemente in verschiedenartigen Diskursen operativ angeschlossen werden. Was in »Subito« zu einem »einfache[n] wahre[n] Abschreiben der Welt«[373] führen sollte, präsentiert sich damit als ein *Ein*schreiben, das sich als operative Fiktion entfaltet. Dabei behalten diese Elemente stets ihre Hybridität bei – zumindest, wenn man den poetologischen Gestus der Texte für bare Münze nimmt. So heißt es in »Gewinner Und Verlierer«: »Wessen Wesen es ist, nicht auf den Punkt zu kommen, das

---

370 Vgl. Goetz (1983): *Irre*, S. 330.
371 Vgl. Lenz (1983): »Rainald«, S. 7.
372 Vgl. Goetz (1986): »Gewinner und Verlierer«, S. 44ff.
373 Goetz (1986): »Subito«, S. 19.

soll man nicht auf den Punkt bringen wollen. Wessen Kraft zur Wahrheit genau die Lüge ist, dem soll man nicht mit der Wahrheit kommen wollen.«[374] Dies wird jedoch nur geäußert, um in der nächsten Zeile zu schließen: »Aber man will eben doch« und anzuschließen, dass der öffentliche Diskurs über die sich so äußernde Instanz (man muss schließen, dass dies ›Rainald Goetz‹ ist) von ihr als verletzend empfunden wird. Dieser »Tratsch« hat zur Folge, dass die Instanz »wieder mal überlegen musste, wer ich eigentlich bin. Weil ich meine Geschichte [...] lieber heute als morgen verlassen würde, bin ich so ein erzkonservativer unbeweglicher Kontinuitätsfanatiker.«[375]

Mit dieser Äußerung korrespondieren drei Textstellen aus *Irre*, die damit zu wichtigen Bestandteilen der Einschreibungspoetik von Goetz werden. Im dritten Teil von *Irre* wird Raspe eine Motivation für das Schreiben des Psychiatrieberichts zugewiesen und zugleich eine poetologische Verpflichtung formuliert. Im offensichtlichen Bezug auf die disparate Struktur des dritten Teils, heißt es:

> Das ist eine Scheiße, keine Literatur, sagt man mir. Aber das muß wurscht sein, weil es maßlos um die Wahrheit geht und um sonst gar nichts, weil es nie keine Rücksicht nicht geben darf, außer darauf, daß das Ganze stimmt [...]. Und der einzige, der dieses irre Projekt zusammenhalten kann, ist logisch ein gescheit irres und zugleich irr gescheites ICH.[376]

Nur wenige Seiten weiter werden diese Aussagen jedoch scheinbar neutralisiert und als ambivalent markiert:

> 1. Logisch ist das alles frei erfunden, die Personen, die Namen, die Handlungen und die Orte dieses Romans. Das ist doch eine Literatur, ihr Blödel, und kein Kaugummi. 2. Wäre ich KaugummiFabrikant [sic], täte ich auch von meiner Arbeit erzählen [...], ich bin ja kein KaugummiFabrikant und mit der saublöden Phantasie mag ich erst recht nichts zu tun haben. Mit der können sich KunstKünstler und andere Nullen einen runterholen. Für so einen Schmarren habe ich keine Zeit. Ich muß um mein Leben schreiben. Von nix anderem rede ich.[377]

Dass die Aussage, jemand würde ›um sein Leben schreiben‹, direkt auf den Autor Goetz gemünzt wurde, ist aus der Rezension von *Irre* erkennbar, die in der *Zeit*

---

[374] Goetz (1986): »Gewinner Und Verlierer«, S. 52f.
[375] Goetz (1986): »Gewinner Und Verlierer«, S. 53.
[376] Goetz (1983): *Irre*, S. 279. Die doppelte Verneinung ist nicht als Bejahung, sondern als Verstärkung der Verneinung zu lesen. Kapitälchen so im Original. Der semantische und rhetorische Chiasmus von ›irre‹ und ›gescheit‹ legt natürlich eine Korrespondenz von Schreibprojekt und Romaninhalt nahe.
[377] Goetz (1983): *Irre*, S. 283.

erschienen ist.[378] Und es hat der Stabilität dieser Aussage offenbar nicht geschadet, dass der Roman seine Konstruktion als *Literatur* immer wieder deutlich herausstellt, um die Positionen der Instanzen von Protagonist, Erzähler und Autor zu verwirren, wie die dritte Textstelle offenbart: »Da sprach eine ruhige STILLE STIMME in ihm, die Stimme des Erzählers, deutlich hörbar, und sie sagte: Oh, wie gerne wäre ich nur noch überlegen und gelassen der Erzähler und nicht auch noch der irre Held.«[379] In der Fortschreibung des Diskurses um den Autor Goetz scheint diese literarisch eingebettete Ambivalenzstruktur direkt in eine Referentialitätsstruktur überführt zu werden.

Dies ist jedoch auch wenig verwunderlich, wenn man sich weitere – nun transmediale – Verknüpfungsmöglichkeiten der Elemente betrachtet. Denn am deutlichsten wird die Überschneidung der Bereiche vielleicht durch ein weiteres referentialisierendes Verfahren, das sich kontinuierlich in Goetz' Werk finden lässt: durch die Verwendung des eigenen Bildes in zahlreichen seiner Publikationen. Seit dem Klagenfurter Auftritt konnte Goetz mit einer gewissen Bekanntheit seiner äußeren Züge rechnen – und überhaupt verfügen ein AutorInnen im Literaturbetrieb (von wenigen Ausnahmen wie Thomas Pynchon oder Peter Licht abgesehen) über ein medial vermitteltes, visuell zu erfassendes Abbild ihres Gesichts, das in einem Referenzverhältnis zum Autornamen steht und als Kapital daran beteiligt ist, den Autor als Marke zu etablieren.[380] Der übliche Weg eines konventionellen Autorbildes[381] auf dem Waschzettel oder der Rückenklappe des Schutzumschlags wird bei der Erstausgabe von *Irre* nicht eingeschlagen. Stattdessen ist das Konterfei des Autors sehr viel prominenter auf der Vorderseite des Schutzumschlags abgebildet. Unter dem in Versalien und schief gesetzten Titel wirkt das ebenfalls schief gesetzte und an ein *cut-up* erinnernde Bild weniger wie ein Autorenporträt denn als eine zum Titel passende Illustration des Wahnsinns (vgl. Abb. 1). Es liegt nahe, dass die Gestaltung der Front nicht nur illustrativ, sondern auch als auf den Autor referierend fungiert und so Textinhalt und Autor-Figur in starkem Maße aneinander bindet.

Die exakte Korrespondenz dieses Bildes wird jedoch erst nach einem Blick ins Buch ersichtlich: Die einzelnen Teile von *Irre* werden von schwarz-weißen Reproduktionen von in relativ grobem Stil gemalten und simpel strukturierten

---

378 Vgl. Zimmer (1983): »Wie, bitteschön geht das Leben?«, S. 79 und den Anschluss dieser Formulierung nahezu gleichlautend bei Hägele (2010): *Politische Subjekt- und Machtbegriffe*, S. 89.
379 Goetz (1983): *Irre*, S. 317. Herv. i. Orig.
380 Vgl. zu diesen Mechanismen u.a. Wegmann (2009): »Stigma und Skandal«, S. 209; Niefanger (2002): »Der Autor und sein Label«.
381 Vgl. zur konventionellen Autorenfotografie u.a. die Arbeiten von Ohlbaum (2008): *Bilder des literarischen Lebens*.

Abb. 1: Goetz (1983): *Irre*, Cover der Erstausgabe.

Gemälden eingegrenzt, von denen man annehmen muss, dass sie Goetz' Hand entstammen.[382] Der dritte Teil, wird von einem strukturell äquivalenten Bild eingeleitet (vgl. Abb. 2). Die Fotografie des Autors auf dem Schutzumschlag wird als

---

[382] Dieses Verfahren findet sich in einer Reihe seiner Bücher. Die Bilder sind stets schwarz-weiß wiedergegeben, so dass man keine Rückschlüsse auf eine ursprüngliche Farbigkeit ziehen kann. Sie trennen einzelne Abschnitte der Publikationen voneinander. Vgl. Goetz (1983): *Irre*, S. 7, 103, 229; Goetz (1986): *Krieg*, S. 9, 133, 215; Goetz (1988): *Kontrolliert*, S. 11, 111, 181; Goetz (1993): *Festung*, S. 9, 95, 245; Goetz (2009): *loslabern*, S. 11; Goetz (2012): *Johann Holtrop*, S. 9, 143, 281.

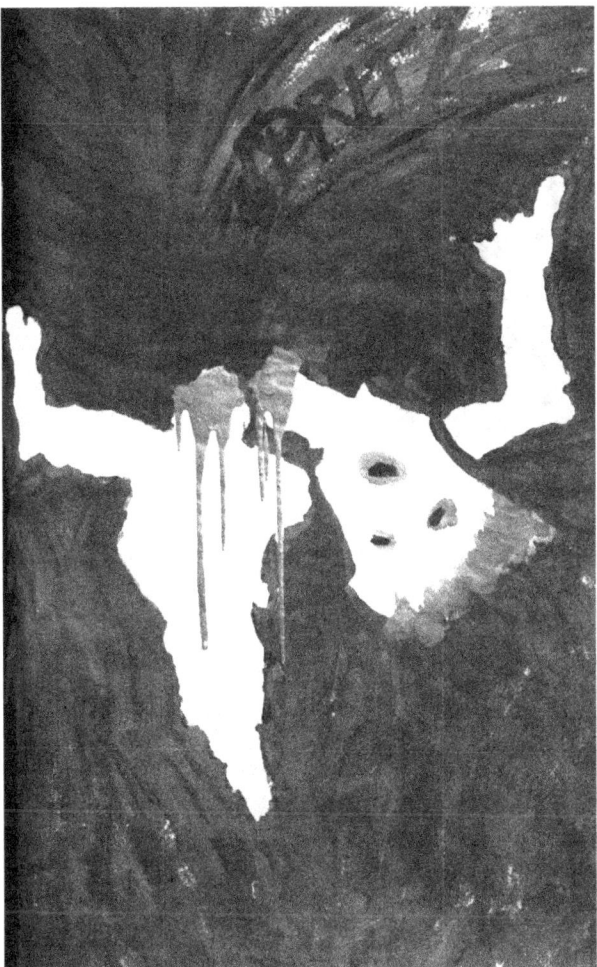

Abb. 2: Einleitendes Bild des dritten Teils »Die Ordnung«; Goetz (1983): *Irre*, S. 229.

Variante auf die Darstellung der geköpften Person im Innenteil lesbar; das dunkle Tuch, das der Autor auf dem Titel um den Hals trägt, entspricht dem Abstand zwischen Kopf und Torso der gemalten Figur. Bereits auf diese Weise wird das Abbild des Autors mit dem Inhalt des Buches assoziiert und die Züge, die eine Identität der Person mitformen, werden zum Abbild jener hybriden Figur, die sich in Klagenfurt beobachtbar machte.

Dies ist jedoch nur der Auftakt der Arbeit mit visuell vermittelten Informationen, die sich im dritten Kapitel von *Irre* findet. Die letzten hundert Seiten des Romans sind durchsetzt mit Zeichnungen, Fotografien und Ausschnitten aus

Abb. 3: »Ich fasse unterdessen noch kurz Strom –«; Goetz (1983): *Irre*, S. 293.

anatomischen Lehrbüchern und Comics, die stets inhaltlich mit dem Text korrespondieren, in ihrer Quelle und Herkunft jedoch unkommentiert bleiben.[383] Sie dienen dabei teilweise dazu, die Texthandlung zu illustrieren: Zur Passage »Ich fasse unterdessen noch kurz Strom –«[384] findet sich die Fotografie einer auf dem Boden kauernden Figur, die mit ihrer Hand in eine Steckdose fasst (vgl. Abb. 3).[385] Eine solche Illustration verändert die Konfiguration des Textes innerhalb eines Romans, da sie eine Referentialität zumindest rhetorisch offeriert.[386] Genauer zu fassen ist der Effekt der Bilder einige Seiten später, wenn das aus Klagenfurt und dem Buchumschlag bekannte Gesicht in gleich dreifacher Ausführung innerhalb des Textes erscheint. Ich möchte diesen Umstand insofern hervorheben, als damit einerseits das Verwirrspiel der Figuren- und Erzählinstanzen scheinbar zugunsten einer Identität mit dem Autor Goetz aufgelöst wird,[387] andererseits jedoch die Scharade fortgesetzt wird.

---

383 Vgl. dazu Doktor / Spies (1997): *Gottfried Benn – Rainald Goetz*, S. 130.
384 Goetz (1983): *Irre*; S. 292.
385 Das Bild scheint einer Serie zu entstammen, die auch zur Illustration von Goetz (1984): »Männer Fahrten Abenteuer« verwendet wurde. Bei der Neupublikation in Goetz (1986): »Männer Fahrten Abenteuer« wurden die Illustrationen nicht erneut aufgenommen.
386 Vgl. dazu Bertschik (1997): »Theatralität und Irrsinn«, S. 410. Julia Bertschick sieht die Bilder allerdings eher im Zusammenhang einer theatralen Konfiguration.
387 So werden die Aufnahmen von Seiler (2006): »*Das einfache wahre Abschreiben der Welt*«, S. 242 als »privat« bezeichnet – ein Attribut, das an dieser Stelle eher befremdlich wirkt, da sie doch im Rahmen eines Romans situiert werden und mitnichten Informationen über ein ›privat‹ greifbares Subjekt, als vielmehr über eine Figur vermitteln.

Abb. 4: »Ich kenne meine Schuld«; Goetz (1983): *Irre*, S. 297.

Über der für sich alleine stehenden Textzeile »Ich kenne meine Schuld. Ich will tätig Reue tun.«[388] finden sich zwei Fotografien eines Menschen, der ohne Mühe als Goetz erkennbar wird (vgl. Abb. 4). Gleich auf der folgenden Seite findet sich eine weitere Variante des Profil-Bildes in noch größerem Format. Die Erste Person Singular ist in diesem Teil des Buches nicht spezifisch ausgewiesen, verweist meist jedoch auf eine Erzählinstanz, die sich sowohl als Held wie auch als Autor eben jenes Romans zu erkennen gibt – was auf die Misch-Figur ›Rainald Goetz‹ referiert, wie sie sich auch in Klagenfurt präsentierte. Das erste Doppelporträt nun zeigt zwei ausgesprochen verschiedene Varianten dieser Figur: Der linke Teil ist mit starken Kontrasten aus einer Untersicht realisiert, der nackte Torso des Abgebildeten wird mit wenigen Strichen angedeutet.[389] Der rechte Teil ist aus einer wesentlich näheren Distanz fotografiert, die gesenkte Haltung des Kopfes scheint das Versprechen der »Buße« einzulösen. Das großformatige Porträt auf der folgenden Seite (Abb. 5) entstammt offensichtlich der gleichen Aufnahmesituation, nur dass der Kopf und der Blick des Abgebildeten nicht mehr nach unten weisen. Aus der Dreifachheit dieser Abbildungen lässt sich schließen, dass auch die multipel angelegte Figur aus ›Ich / Raspe / Goetz‹ zwar einerseits eine äquivalente Referentialität auf den Autor Goetz offeriert, andererseits jedoch eben zu keiner identischen Deckung gebracht werden kann.

---

[388] Goetz (1983): *Irre*; S. 297.
[389] Man könnte auch sagen: Eine referentielle Leerstelle wird künstlerisch ausgefüllt.

Abb. 5: ›Nach der Buße‹; Goetz (1983): *Irre*, S. 298.

Das Gesicht von Goetz lässt sich vielfach in seinen Publikationen der 1980er Jahre finden und endet als Stilmittel – mit der Ausnahme des 1999 publizierten Bandes *Celebration*, der aber einen Sonderstatus hat – erst mit Beginn der 1990er Jahre. Vor allem in den in *Hirn* und *Konos* publizierten, oft ›Dossier‹ genannten Collagen findet es sich zahlreich und behält dabei meist seine hybride Art der Referentialität. Mal wird diese Figur zum Protagonisten einer Bildgeschichte – komplett mit Sprechblasen und Bildunterschriften – unter dem Titel »Neue Massen«, die sich als ›Dossier‹ des Monats September 1984 im Text »Der Attentäter« findet,[390] mal entdeckt man es überraschend in einer Collage aus Zeitungsartikeln u. a. über den Terroristen Christian Klar.[391] In Letzterer finden sich unter der Überschrift »Gesichter des Terror-Chefs Christian Klar« sechs Abbildungen, die offenbar ursprünglich alle Christian Klar zu verschiedenen Zeitpunkten zeigen. Vier der Fotos sind durch Fotografien ersetzt, auf denen Goetz deutlich zu erkennen ist (vgl. Abb. 6). Abgesehen davon, dass von der frühsten Datierung (»1978«) bis zur spätesten (»Sommer 1982«) eine Evolution von Goetz' Aussehen evoziert wird, ist ein Anschluss an die im »Subito«-Klagenfurt-*Irre*-Komplex beobachtbare

---

[390] Vgl.: Goetz (1986): »Der Attentäter«, S. 161ff. Der Text erschien zuerst in der Juni-Ausgabe des *Merkur* 1985. Die Bildergeschichte ist zugleich eine intertextuelle Verknüpfung: Der darin dem Protagonisten in den Mund gelegte Text findet sich ebenso im mit ›Post Scriptum‹ überschriebenen letzten Absatz des Textes »Neue Massen«. Vgl. Goetz (1986): »Neue Massen«, S. 126. Dieser Text erschien zuerst in der November-Ausgabe der *Spex* 1984.
[391] Vgl. Goetz (1983): »Das Polizeirevier«, S. 260; auch publiziert in Goetz (1993): »Das Polizeirevier«, S. 67.

Abb. 6: »Gesichter des Terror-Chefs Christian Klar«; Goetz (1993): »Das Polizeirevier«, S. 67.

Identitäts-Poetik der Figur möglich. Die Maskierung des gesuchten Terroristen Klar – der nicht erkannt werden möchte und darum seine ›Identitäten‹ mit seinem Aussehen wechselt – wird als äquivalent zur Identitätsverwirrung der Figur Goetz gesetzt.

Auch in Goetz' zweitem Roman *Kontrolliert* wird die Verknüpfung von Autor-Gesicht und Text fortgesetzt. Der Erzähler des ersten Teils (»Schwarze Zelle«) formuliert gleich im ersten Satz seiner Rede, die sich ohne Absatz über die folgenden 92 Seiten erstrecken wird, er »erzähle hier die Geschichte des Jahres neunzehnhundertsiebenundsiebzig. Heute ist Montag, der siebzehnte Oktober, kurz nach

Abb. 7: Goetz (1988): *Kontrolliert*, Cover der Erstausgabe (Detail).

zwölf, nein, null Uhr zwei.«[392] Jahr und Datum verweisen auf den Höhepunkt des ›Deutschen Herbstes‹ – nur etwa 24 Stunden später wird die entführte Lufthansa-Maschine in Mogadischu von der GSG 9 gestürmt, was die ›Todesnacht von Stammheim‹ und die Ermordung des von der RAF entführten Hans-Martin Schleyer zur Folge haben wird. Und erneut verfährt der Text ambivalent: Dass hier eine Auseinandersetzung mit der RAF zu erwarten ist, wird durch die Gestaltung des Schutzumschlags überdeutlich. Dieser ist in seiner Struktur äquivalent zum Umschlag von *Irre* angelegt: Unter Autornamen und Titel findet sich ein Porträt von Goetz – situiert vor dem wohlbekannten Logo der RAF, vor dem auch der entführte Schleyer posieren musste (vgl. Abb. 7). Da dem Porträt jedoch die typische, auf einem Schild hochgehaltene Botschaft des Entführten fehlt, wird das Bild doppelt lesbar: Der Autor als Opfer und / oder auch als Täter – auf jeden Fall aber wieder als eine Figur, die mit dem Text symbiotisch verbunden ist.[393]

---

[392] Goetz (1988): *Kontrolliert*, S. 15.
[393] Vgl. dazu auch Hägele (2010): *Politische Subjekt- und Machtbegriffe*, S. 90, der »das Umschlagfoto als Versuch einer synergetischen Verschränkung von Text und Bild interpretiert«. Allerdings ist seine Deutung der Opfer-Rolle von Goetz darin und die Verklärung der RAF als Hoffnungsträger wenig nachvollziehbar.

Bei den Figuren scheint ebenfalls ein Anschluss an *Irre* zu bestehen: Wilhelm Raspe, in *Irre* nur dem Nachnamen nach identisch mit dem Terroristen Jan-Carl Raspe, erscheint wieder im Text und dient wieder als eine Spaltfigur:

> Der Bau heißt Stammheim, ich bin Raspe. Ich saß im Raspe im Gefängnis, ich ging im Raspe in der Zelle auf und ab [...]. Ich war nicht Raspe. Was denkt der Raspe, unvorstellbar. Ich bin nicht berechtigt, mir was auszudenken. [...] Raspe war Irrweg. War Irre, war Lähmung. [...] Ich bin nicht ich. Wer bin ich dann, dann bin ich nichts.[394]

Allein der Umstand, dass »Irre« nicht in der kleingeschriebenen Form des Adjektivs verwendet wird, schließt den intertextuellen Bogen zum ersten Roman. Die Figurenspiele des »Subito«-Klagenfurt-*Irre*-Komplexes scheinen zum einen als Fehler dargestellt zu werden (»Raspe war Irrweg.«), werden jedoch im Folgenden fortgesetzt. Auf der einen Seite scheint in *Kontrolliert* ein Erzähler das Wort zu haben, der identisch mit dem Autor Goetz ist – dafür sprechen die wieder oft zu findenden, durch den Kontext als autobiographisch markierten Elemente[395] – auf der anderen Seite wird die Poetik der Figuren-Verwirrung wieder aufgenommen. Der Erzähler trägt wieder die Vornamen Rainald und Maria,[396] es findet sich sogar ein Verweis auf den Klagenfurt-Auftritt,[397] – dann jedoch erfolgen abrupte Wechsel von einer auktorialen Schilderung Raspes zur Fokalisierung durch eine sich selbst in der Ersten Person Singular bezeichnende Figur.[398]

Auch die Figur ›Christian‹, die sich auf gleiche Weise gelegentlich zu ›Christian Klar‹ wandelt, scheint einerseits als Jugendfreund des Erzählers, andererseits auch als der gleichnamige Terrorist lesbar zu sein – um sich auf intertextuellem Wege wieder als eine Facette der multiplen Figur ›Rainald Goetz‹ zu erweisen. Bereits in dem 1984 publizierten und tagebuchartig angelegten Text »Wir Kontrolle Welt« findet sich im Dossier vom 1. April 1983 das Bild einer sitzenden und lesenden Person mit der Unterschrift »Ich nannte mich wieder Klar, um wieder

---

394 Goetz (1988): *Kontrolliert*, S. 16.
395 So z.B. die Hinweise auf Doppelstudium und Promotion (sogar mit genauer Angabe des Themas), journalistische Tätigkeit und Aufenthalt in Paris und sogar das korrekte Geburtsjahr und -datum, vgl. Goetz (1988): *Kontrolliert*, S. 21, 32, 38f., 54f., 99f., 120ff., 129. Vgl. auch die Auflistung in Hägele (2010): *Politische Subjekt- und Machtbegriffe*, S. 21 und ein Verweis darauf bei Werber (2000): »Intensitäten des Politischen«, S. 106.
396 Vgl. Goetz (1988): *Kontrolliert*, S. 104, 120.
397 Vgl. Goetz (1988): *Kontrolliert*, S. 77.
398 Vgl. dazu u.a. Goetz (1988): *Kontrolliert*, S. 171f.

auf der Flucht zu sein«[399] und wenige Seiten später ein Porträt des Autors mit der knappen Unterschrift »Klar«.[400]

Die Literaturkritik war von *Kontrolliert* nicht gerade begeistert. Was als eine Chronik und Abrechnung mit den Mechanismen des Terrors in der Geschichte der Bundesrepublik Deutschland angekündigt wurde, entpuppte sich, zur deutlich geäußerten Enttäuschung der Presse, wiederum als eine Aushandlung von Subjektmodellen, was direkt auf das Konto des wieder vorgeblich mit dem Erzähler identischen Autors verbucht worden ist.[401] Anders als für die Rezensenten, sind hier jedoch weniger der Inhalt und die Qualität des Romans von Interesse. Aus der Perspektive dieser Arbeit rückt der Umstand in den Vordergrund, dass in *Kontrolliert* ebenso wie in *Irre* die Raspe-Ich-Figur als Schreibender konstruiert wird.

Es kann festgehalten werden, dass das dichte Netz von intertextuellen – und mit dem audiovisuell reproduzierbaren Klagenfurt-Auftritt auch transmedialen – Verknüpfungen das so beobachtbare Figuren-Konglomerat festigt, das sich somit deutlich als polykontexturale amorphe Figur präsentiert. Diese Figur bewahrt sich zwar ihre Referenz auf den Autor Goetz, verändert aber im gleichen Zuge auch ihre Konfiguration insoweit, dass sie als eine Figur eingeschrieben wird, die sich ohne feste Diskurszugehörigkeit im medial-literarischen Raum bewegt und ihre jeweiligen Interpretanten aus diesen Bereichen soweit addiert, dass zwar Überschneidungsbereiche sichtbar werden, bei einer genauen Analyse aber auch die Inkompatibilität erhalten bleibt.

---

399 Vgl. Goetz (1984): »Wir Kontrolle Welt«, S. 73; vgl. den Text auch in Goetz (1993): »Wir Kontrolle Welt«, S. 110. Das Gesicht der abgebildeten Person ist nicht zu erkennen – wohl aber das aus Klagenfurt bekannte Nietenarmband.
400 Vgl. Goetz (1984): »Wir Kontrolle Welt«, S. 83; vgl. den Text auch in Goetz (1993): »Wir Kontrolle Welt«, S. 113.
401 Vgl. dazu Groß (1988): »Odysseus als tapferer Pirat«; Höbel (1988): »Das Wortkraftwerk als Wurstfabrik«; Winkler (1988): »Niemand, nichts, nur ich«. Deutlich differenzierter, aber ebenso sehr negativ urteilt Delius (1988): »Männerphantasien, Frauenhaß, Ichtümelei«. Diese Lesarten der Presse finden sich auch bei Christoph Hägele, der unmittelbar biographistisch argumentiert: »*Kontrolliert* [ist] auch als eine schonungslose Selbstbefragung und Trauerarbeit zu lesen, die dem Scheitern einst gehegter Hoffnungen und Überzeugungen literarisch nachspürt. *Kontrolliert* ist in hohem Maße biographisch eingefärbt, das Schreibprojekt wird getragen von dem Movens, sich den eigenen Emanzipationshoffnungen, die immer persönliche und politische zugleich gewesen sind, nochmals zu stellen.« Hägele (2010): *Politische Subjekt- und Machtbegriffe*, S. 132.

3.12.2 Wahrheit und die Insignien der Autorschaft im Frühwerk von Goetz

Es deutlich geworden, dass die Einschreibung der Figur ›Rainald Goetz‹ in erster Linie dadurch zustande kommt, dass Elemente einer bereits medialisierten Alltagswirklichkeit[402] mit anderen – damit ebenfalls medialisierten – Elementen der durch Goetz organisierten Texte und seiner Selbst-Performanz verknüpft werden und damit Referentialitäten herstellen, die im Rahmen operativer Fiktionen angeschlossen werden können. Alle diese Prozesse werden in erster Linie durch die spezifische Konfiguration von Autorschaft ermöglicht, die sich in den Texten von Goetz offenbart und die durch seine Anbindung an das literarische Feld ergänzt wird.

Während schon »Subito« als ein »subpoetischer Text mit Manifestcharakter«[403] bezeichnet worden ist, widmet sich der dritte Teil von *Irre* ganz explizit den Problemen des Beobachtens und Schreibens – als vielleicht einziger durchgehender Topos neben den Figurenspielen kann darin diese Reflexion der Bedingungen und Probleme von Autorschaft identifiziert werden. Der Beginn ist programmatisch und leitet zugleich die metaleptischen Verfahren ein, die sich nun noch deutlicher im Text finden lassen: »NEU ANFANGEN. Ja!, nocheinmal anfangen, ganz anders. Endlich möchte ich anfangen. Ich hätte so gerne ein Leben.«[404] Der Beginn dieses neuen Lebens wird durch die Schreibarbeit markiert, beides – das neue Leben der hier nun neu entstehenden Mischfigur und die Arbeit des Schreibens – werden als »Neue Aufgabe«[405] bezeichnet und bedingen sich gegenseitig: Die hier im Text aufscheinende Existenz ist an die Schreibtätigkeit geknüpft. »Nur *die Arbeit* hilft gegen das ganze schlimme Leben. Will mir einer die Arbeit nehmen, schieße ich den weg oder mich. Bin ich weg, brauche ich auch keine Arbeit mehr. [...] Weil es gegen das Leben im Leben nur diese eine ArbeitsRettung [sic] gibt.«[406] Der dritte Teil des Romans wird dabei immer wieder als eben jener Lebenstext ausgestellt, der im Zuge seiner Einforderung auch scheinbar simultan entsteht.[407] Dieses Modell einer *self-fulfilling prophecy* ist an dieser Stelle nicht neu – bereits zu Beginn des Romans wurde diese Struktur genutzt, um auch an den poetologischen Passagen des Textes ihre literarische Verfasstheit deutlich zu machen. Man beachte die Textstelle, in welcher die Einwände des ›neutralen,

---

402 Vgl. dazu Doktor / Spies (1997): *Gottfried Benn – Rainald Goetz*, S. 125, 130.
403 Kühn (2004ff.): »Rainald Goetz«, Abschnitt ›Essay‹, S. 1. Vgl. auch die nahezu gleichlautende Formulierung in Müller / Schmidt (2001): »Goetzendämmerung in Klagenfurt«, S. 267.
404 Goetz (1983); *Irre*, S. 233. Herv. i. Orig.
405 Goetz (1983); *Irre*, S. 239.
406 Goetz (1983); *Irre*, S. 239. Herv. i. Orig.
407 Vgl. in Goetz (1983); *Irre* die Metalepsen u.a. auf S. 238, 249, 257f., 279, 302,

jedoch wohlgesonnenen Beobachters‹ kommentiert werden, um daraufhin die Konstruktion der Passage durch eine übergeordnete Instanz hervorzuheben:

> [S]elbstverständlich ist er selbst, der Beobachter, auch nur eine jener imaginierten Figuren, der ganze Dialog nur Erfindung, Erfindung von mir, von mir in der Absicht erfunden, einige der theoretischen Fragen andeuten zu können, von denen ich sonst lieber schweige, da die Selbstreflexion des Schreibens eine jener vom Leben leergefegten Prachtstraßen der Literatur ist, die nicht zu betreten ich mir vorgenommen habe, und ich konstatiere, Moment, vorher notiere ich den Einwurf, ob hier etwa der neutrale wohlmeinende Beobachter spreche, und ich konstatiere den in diesem letzten Satz eingeschlossenen Widerspruch, ohne daß er mich schmerzte.[408]

Die »leergefegten Prachtstraßen« des literarischen Metadiskurses werden trotz der Verneinung allein schon durch die prominente Verwendung einer doppelten Anadiplose betreten – das Literarische ist in einem als Literatur auftretenden Text nicht hintergehbar, die Autorschaft macht sich transparent, auch wenn sie dabei als literarischer Topos auftritt. Alle Spaltfiguren ›Raspe / Ich / Goetz‹ werden als schreibende erkennbar: Raspe als Verfasser des Berichts über die Psychiatrie,[409] das ›Ich‹ als eine Figuration des Autors all dieser Zeilen, der dabei sowohl Erzähler als auch Held zugleich ist[410] und ›Goetz‹ als journalistisch tätige Figur.[411] Durch die weiter oben geschilderten Referentialitätseffekte können die textuellen Autorschaft-Zuweisungen direkt an den Träger der ›offiziellen‹ Autorfunktion Rainald Goetz angeschlossen werden. Dabei stehen jedoch nicht so sehr die einzelnen drei Bereiche der Autorschaft (vgl. die Tabelle im Kapitel 3.1) im Zentrum der Aushandlungen, als vielmehr die grundlegendere ›Begründung‹, bzw. ›Urheberschaft‹.

In *Irre* wie auch in »Subito« und in anderen Texten der 1980er Jahre wird immer wieder hervorgehoben, dass die ›Arbeit‹ des Schreibens an einer Art Transitpunkt angesiedelt ist, an welchem sich die Autorschaft manifestiert. Anders formuliert: Der Autor (nicht als Figur oder Funktion, sondern als Bedingung von Texten) steht zwischen der Welt und den Worten des Textes. Das Verhältnis zwischen Wort und Text wird durch die Betonung dieser Instanz nicht einfacher, eher im Gegenteil. In Goetz' Texten der 1980er Jahre wird immer wieder ein Begehren nach Wahrheit formuliert, das analog zu dem Imperativ aus »Subito« innerhalb der Literatur, aber nicht auf konventionellem Wege erreicht werden soll. Konstitutiv zeigt sich hier das gleichzeitige Bejahen und Verneinen der Fähigkeiten

---

408 Goetz (1983): *Irre*, S. 22.
409 Vgl. Goetz (1983): *Irre*, S. 91, 278f.
410 Vgl. u.a. Goetz (1983): *Irre*, S. 317, 329.
411 Vgl. u.a. Goetz (1983): *Irre*, S. 246–249, 271

der Schrift, die notwendige Wahrheit zu transportieren. In *Irre* reflektiert die Ich-Figur darüber, welche Prozesse im Literaturbetrieb und den Medien nach der Publikation eines Buches vor sich gehen, und zieht als Lehre daraus:

> Daß die Literatur logisch genau deshalb, weil sie praktisch eh keiner liest, die schönste Frau Königin ist. [...] Weil sie so trächtig von der Wahrheit sein darf wie sonst nichts [...]. In ihren geheimen Schoß darfst du alles hineinverstecken, jedes Tasten, jedes Irren, jede Länge, sogar die Wahrheit.[412]

Die Reflexionen über die Beschaffenheit von Worten und Texten, die in »Fleisch« geäußert werden, scheinen an diese Poetik direkt anschließbar:

> Geschrieben sind die Worte tyrannisch, hermetisch, abweisend, dogmatisch und das ist ihre Kraft. Es ist der Kampf beim Schreiben, den Ton der Wahrheit zu treffen, es gibt keinen anderen Ort als die Stille der Lektüre, wo die Hermetik der Worte und ihr maßloses gleichzeitiges Begehr, verstanden zu werden und recht zu haben, miteinander kämpfen.[413]

Zwischen dem Generieren von Sinn – dem »Begehr, verstanden zu werden« – und dem Anschluss an »Wahrheit« bleibt eine stete Spannung erhalten, die zu überwinden die Aufgabe des Schreibens ist. Der Abstand von Welt und Schrift, dem sich der Autor bei seiner ›Arbeit‹ ausgesetzt sieht, wird immer wieder betont:

> Unbeschreiblicher Ekel vor dem sogenannten Mitmensch, der Mitmensch ist mir kein Mensch, sondern eine Schleimspur im Gehirn, eine einzige Brechreizerregung, Trost der Blick zurück ins Buch. Die Finsternis der Buchstaben ist das einzige, was ich ertrage, alles andere ist Folter, Wahrnehmungsfolter, Registraturfolter, Weltfolter.[414]

Allerdings führt die Hermetik der Buchstaben nicht aus der Welt heraus oder bietet gar eine dauerhafte Lösung gegen den geäußerten Schmerz. Wer angesichts des Reizwortes ›Wahrheit‹ bei Goetz eine Flucht aus dem epistemischen Dilemma einer stets gebrochenen Wahrnehmung und Verarbeitung der Welt erwartet,[415] wird durch genaue Lektüre eines Besseren belehrt.

---

412 Goetz (1983): *Irre*, S. 278.
413 Goetz (1986): »Fleisch«, S. 67.
414 Goetz (1986): »Der Attentäter«, S. 148f. Dieser Text ist vor allem durch die ihm angefügten collagierten ›Dossiers‹ reich an intertextuellen Verweisen und die darin eingefügten Fotos von Goetz referieren immer wieder auf diese Autor-Figur, als welche die Sprecherinstanz in diesem Text somit identifiziert werden kann.
415 Vgl. derartige Unterstellungen bei Müller / Schmidt (2001): »Goetzendämmerung in Klagenfurt«, S. 253; Winkels (1987): »Ohrschaden«; S. 82, Winkels (1991): *Einschnitte*, S. 223, 243f.;

Im Text »Der Attentäter« findet sich ein sehr aufschlussreiches Zitat, das als Schlüssel sowohl für den Wahrheitsbegriff als auch für die literarische Poetik in Goetz' Texten der 1980er Jahre dienen kann und das sich nur wenige Seiten nach den gerade zitierten Weltekel-Zeilen anschließt:

> Täuschung ist alles, logisch, gezielte Fälschung zur Täuschung wessen, bis an den Rand der Selbsttäuschung getriebene Fälschung der vergangenen Zeit, akribische Vergangenheitsvernichtung durch Akribiefiktion, Fiktionsvernichtung durch scheinbare Authentizitätsakribie, Akribievernichtung durch doppelte Buchführung undsofort. Alles sei doppelte Buchführung, das sei die Wahrheit.[416]

Die doppelte Buchführung ist hier sicher nicht nur als kaufmännischer Begriff gemeint, auch wenn diese semantische Dimension reinspielt: In finanziellen Belangen wird damit ein einzelner Geschäftsvorgang sowohl mit ›Soll‹ als auch mit ›Haben‹ und damit doppelt – auf zwei Konten zugleich – gebucht. In der Literatur scheint damit eine Verschiebung einherzugehen: Der Autor betreibt die doppelte Buchführung als nicht deckungsgleiche Wiedergabe. Text und Welt kommen nicht zusammen, auch wenn es auf dem Papier so scheint und Referentialitäten mit Hilfe der Schrift herstellbar sind.[417] Ein anschauliches Beispiel lässt sich dem Roman *Kontrolliert* entnehmen: Bei der Thematisierung der Ereignisse des Herbstes 1977 ist immer wieder die Rede davon, dass »Schiller« seit vierundvierzig Tagen Gefangener der RAF sei. Während historisch informierte Leserinnen und Leser diese Codierung mühelos durchschauen, scheint auch der Romantext die fiktiv konnotierte Referentialität in eine alltagswirklich konnotierte überführen zu wollen: »Was heißt Schiller, Schiller heißt natürlich Schleier«.[418] Dies ist nun wiederum ein textueller Trick, der die doppelte Codierung des Verfahrens offenlegt. Aus dem Arbeitgeberpräsidenten Hanns Martin Schleyer ist ein Homophon geworden, das semantisch für Verhüllung, Verschleierung, Täuschung steht. Der »Schleier« im Text referiert zweifelsfrei auf den ermordeten Schleyer,

---

Delabar (1990): »Goetz, Sie reden wirres Zeug«, S. 74; Hägele (2010): *Politische Subjekt- und Machtbegriffe*, S. 32, 70. Deutlich differenziertere Herangehensweisen zum Wahrheitsbegriff bei Goetz, in denen auch die Brüchigkeit und Ambivalenz dieses Konzepts in seinen Texten hervorgehoben wird, finden sich bei Wicke / Warnke (2002): »Wenn es so würde, wie ich es mir denke«, S. 574; Windrich (2007): *Technotheater*, S. 273; Rudolph (2008): *irre/wirr: Goetz*, S. 222.
416 Goetz (1986): »Der Attentäter«, S. 167.
417 Vgl. zum Wahrheitsbegriff in *Kontrolliert* auch Werber (2000): »Intensitäten des Politischen«, S. 109, der ebd. auf S. 119, Anm. 12 festhält, dass es bei Goetz »keine wissenschaftliche Wahrheit ist, denn die erscheint nicht, sondern wird methodengeleitet erforscht und falsifikationsversuchsgehärtet vorgetragen.«
418 Goetz (1988): *Kontrolliert*, S. 38.

überträgt ihn jedoch in eine literarische Sphäre, so dass der Schleier im Text und der alltagswirklich ermordete Arbeitgeberpräsident zwar äquivalent, aber nicht identisch sind.

Die frühen Texte von Goetz tragen solche Ambivalenzen doppelt aus: Sie funktionieren erstens als eine Literatur, die alltagswirklich konform zu sein scheint und so teilweise als Einschreibung funktionieren kann, wie an dem Diskurs über die Figur ›Rainald Goetz‹ deutlich wird; und zweitens wird diese Doppelbödigkeit auch auf die vorgebliche Metaposition des Autors übertragen, der diese Zeilen schreibt: Auch wenn der Text poetologisch zu sein vorgibt und in einem kommentierenden Verhältnis zur Literatur zu stehen scheint, bleibt er dabei doch stets Literatur. Das *re-entry* wird impliziert, aber nicht vollzogen. Genau diese Struktur lässt sich analog auf die Autor-Figur in den Texten von Goetz übertragen: Diese ist natürlich der Autor der Texte, durch die sie beobachtbar wird, aber zugleich ist ihre Herkunft nicht hintergehbar – sie bleibt eine textuell vermittelte und literarisch konfigurierte Größe. Dass ihre Interpretanten sich auch aus alltagswirklichen Diskursen speisen, ist keine Frage von Wahrheit oder Welt, sondern eine Leistung des (literarischen) Textes. Der Autor ist dabei der strukturell notwendige Punkt, der eine Transformation dieser Texte in operative Fiktionen dadurch ermöglicht, dass er nicht nur die drei Bereiche der Autorfunktion besetzt, sondern eben auch als subjektivierbare Figur darin erscheint. Die Prozesse, die zu den in der Grafik 1 skizzierten Überschneidungsbereichen führen, werden durch das hybride Modell der Autor-Figur ›Rainald Goetz‹ ermöglicht und die multiple Konfiguration der in Text und Performanz vermittelten Elemente kann erst durch eine Referenz auf diese Figur diejenigen Grenzaufhebungen garantieren, von denen oben im Text die Rede war.[419] Die Grenzaufhebung und die Hybridität der Figur ermöglichen und verstärken sich gegenseitig – dies wird jedoch erst durch die strukturelle Position des Autors und seiner literarisch-performativen Figurationen sichergestellt. Die Option der Beobachtbarkeit dieser Figur korrespondiert damit mit der in die Texte eingeschriebenen Beobachterposition des Autors, der Welt und Text zueinander ins Verhältnis setzt und so erst die eigene spezifische Einschreibung ermöglicht, aus der die Poetiken des Selbst rekonstruierbar sind.

Es ist auffällig, dass in den frühen literarischen Werken von Goetz nicht alle Bereiche der Autorschaft thematisiert werden: Es gibt fast keine Erwähnungen

---

[419] Vgl. dazu auch die Metapher vom Autor als Gott im Text in Goetz (1983): Irre, S. 310f. Und natürlich sind die Grenzaufhebung und die multiple Konfiguration dabei keine Leistung des Autors, sondern der RezipientInnen oder BeobachterInnen, welche die entsprechenden semiotischen Prozesse ausführen.

der juridischen oder ökonomischen Bereiche der Autorschaft[420] und auch fast keine Reflexionen des individuellen literarischen Stils oder der in den Text vermittelten Ästhetik.[421] Dem autopoietisch-individuellen Bereich der Autorschaft kommt hingegen eine große Bedeutung zu. Zum einen in der strukturellen Konstruktion der polymorphen Autor-Figurationen, zum anderen durch die explizite autopoietische Subjektivationsrhetorik dieser Figuren.[422] Bedeutender für die hier aktive Selbstpoetik ist jedoch die Thematisierung derjenigen Tätigkeit eines Autors, die den drei Bereichen der Autorschaft, wie sie im Kapitel 3.1 skizziert wurden, vorgeschaltet ist und sich dort befindet, wo ›Welt‹ in ›Schrift‹ überführt wird. Die Wahrnehmung der Welt und ihre Transformation in literarischen Text wäre – so suggeriert es der Textinhalt – nicht möglich ohne die Tätigkeit des Beobachtens, Notierens, Fotografierens und Kontrollierens. Einige der auch in der späteren Selbstpoetik von Goetz wichtigsten Topoi werden auf diese Weise erschaffen und thematisieren ihn konkret als Beobachter und Verarbeiter der (in erster Linie, aber nicht immer medialisierten) Welt.

Bereits in »Das Polizeirevier« wird nicht nur das Objekt der Beobachtung, sondern auch der Modus des Beobachtens offengelegt: Der Ich-Erzähler macht sich Notizen und fotografiert, besorgt sich ein Teleobjektiv etc.[423] Durch die Schilderungen seiner eigenen Beobachterroutine versetzt er die Leserinnen und Leser in die Rolle von Beobachtern dritter Ordnung. Die erste Ordnung nimmt die Figur in der Diegese mit ihrer Observation des Reviers ein, die zweite Ordnung wird

---

420 Eine Ausnahme bildet die Begründung für den Aufenthalt in New York, der bereits in *Irre* angedeutet wird und dann den Rahmen einiger in *Hirn* publizierter Texte bildet, vgl. dazu Goetz (1983): *Irre*, S. 282, 331; Goetz (1986): »Gewinner Und Verlierer«; Goetz (1986): »Fleisch«; Goetz (1986): »Der Attentäter«. Darin wird dargelegt, dass der Autor anstatt eines Vorschusses für den Roman *Irre* sich vom Verlag einen längeren Aufenthalt in New York wünschte, den entsprechend der Suhrkamp-Verleger Unseld genehmigte, vgl. dazu die Wiedergabe eines Gesprächs in Lenz (1983): »Rainald«, S. 7. In dem Kommentar dieses Artikels in Goetz (1986): »Gewinner Und Verlierer«, S. 44ff. wird dieser Darstellung nicht widersprochen.
421 Die poetologischen Passagen der Texte sind zwar auf das Schreiben von Goetz direkt zu beziehen, sie behandeln jedoch meist Literatur allgemein. Die Distinktion gegenüber anderen literarischen Autoren wie Günter Grass, Heinrich Böll oder Hans Magnus Enzensberger erfolgt durch eine polemische Kritik ihres Auftretens in der Öffentlichkeit und ihres politisch ›korrekten‹ Engagements. Zu Böll und Grass vgl. Goetz (1986): »Subito«, S. 19, zu der codierten Referenz auf sie in *Irre* vgl. Goetz (1983): *Irre*, S. 285ff. Der »Dichter Ee« (ebd., S. 287, 324–328) wird durch mediale Referentialität als Enzensberger identifizierbar, vgl. dazu ebd., S. 326, sowie Greiner (1983): »Der Risiko-Spieler«.
422 Vgl. z.B. die – nicht als Autor ausgewiesene! – Figur ›Goetz‹ in Goetz (1983): *Irre*, S. 69–76 oder auch den größten Teil des dritten Abschnitts von *Irre*, da vor allem S. 252ff., 271, 306ff.
423 Vgl. Goetz (1983): »Das Polizeirevier«, S. 223, 239.

durch die Autor-Position dieses Textes dadurch besetzt, dass die Beobachtungen der ersten Ordnung wiederum beobachtbar werden:

> Stehe ich nicht, geschützt von dem Mauervorsprung, links am Fenster, dann sitze ich, direkt vor dem Fenster, an einem Tisch (ehemals Eßzimmer), auf den ich eine Schreibmaschine gestellt habe. Ich habe auch ein Papier eingespannt, aber es steht nichts drauf. Manchmal mache ich Schreibmaschinengeräusche [...].[424]

Aus dem Text werden nicht nur das Polizeirevier und die Routinen der Polizisten ersichtlich, sondern noch deutlicher das Habitat der Erzählerfigur: »Ich habe mir eine ordentliche Kamera besorgt, mit Teleobjektiv. Sie liegt auf dem Tisch neben mir, da steht auch der Globus. Links von mir läuft der Fernseher, vorhin war Tagesschau, jetzt ohne Ton.«[425] Um diese Anlage zu beglaubigen, findet sich in dem beigefügten Dossier eine Fotografie eben dieser Szene, auf der Fenster, Tisch und laufender Fernseher deutlich zu erkennen sind. Die Besonderheit dieses Fotos besteht darin, dass vor dem Tisch eine nach Draußen schauende Gestalt schemenhaft zu erkennen ist, bei der es sich, so kann man schlussfolgern, um den beobachtenden Ich-Erzähler handelt.[426] Alle später publizierten ›Dossiers‹ von Goetz präsentieren sich als ein Konglomerat von einerseits dem verarbeiteten medialen Material, das in der Regel aus Pressemeldungen und Fernsehberichten besteht, andererseits aus dem Material, das entweder durch Observation, Notat und Aufnahme des Autors entstand, oder aber – wie oben angeführt – diesen selbst zeigt und damit innerhalb der ›Dossiers‹ erst eine primäre Medialisierung erfährt.[427] Das verarbeitete Material steht dabei meist in direktem Verhältnis zu dem Text, in dessen Nähe es positioniert ist.[428]

Vor allem das Fotografieren des Fernsehbildschirms ist typisch für diese Phase des Schaffens von Goetz. Zum einen wird damit auf diejenige mediale

---

424 Goetz (1983): »Das Polizeirevier«, S. 225.
425 Goetz (1983): »Das Polizeirevier«, S. 239.
426 Vgl. Goetz (1983): »Das Polizeirevier«, S. 237.
427 Vgl. dazu Goetz (1993): »Wir Kontrolle Welt«, S. 110–121; Goetz (1993): »Der Attentäter«, S. 155–180; Goetz (1993): »Drei Tage«, S. 273–286; Goetz (1993): »Angst«, S. 308–330; Goetz (1993): »Soziale Praxis«, S. 344–364. In dem Band *Kronos* kommt lediglich der einzige ehedem unveröffentlichte Text »Ästhetisches System« ohne Fotos aus. Allerdings erschien der Text im gleichen Jahr wie *Kronos* noch in der Mai-Ausgabe der *Spex*, wo er mit einem Foto illustriert war, das sich ebenfalls beim Artwork der Doppel-CD *Word* findet. Bei den anderen, hier nicht aufgelisteten Beiträgen des Bandes fehlen den Illustrationen die für Goetz' Dossiers typischen Markierungen von Daten und die ›KONTROLLIERT‹ oder ›ERLEDIGT‹ besagenden Stempelprägungen.
428 Vgl. u.a. die Erwähnung und das Foto der Zeitschriften *Sounds* und *Titanic* in Goetz (1983): *Irre*, S. 298.

Wirklichkeit referiert, die auch Gegenstand der Texte ist, zum anderen wird die Beobachterposition des aufnehmenden und verarbeitenden Autors damit immer wieder explizit.[429] Das in diesen Bildern angelegte doppelte Verhältnis von Beobachtbarkeit (1. durch den Autor, 2. durch die LeserInnen) trifft auch auf die Bilder zu, die den Autor selbst darstellen. Zwar ist mit der Technik des Selbstauslösers durchaus eine fotografische Selbstabbildung möglich,[430] die Struktur dieser Aufnahmen ist jedoch auf eine Verdoppelung der Beobachtungsinstanz hin angelegt: Die Leserinnen und Leser leisten beim Betrachten der Fotos einen Nachvollzug der Beobachtungsperspektive der Kamera. Jeweils dann, wenn das Objekt dieser Bilder als Rainald Goetz erkennbar wird,[431] ist offenbar, dass er derjenige ist, der diese Observation ermöglicht, indem er sich – als beobachtende Autor-Figur – zum Objekt erklärt, diese Beobachtung lenkt und ihren Nachvollzug gewährleistet.[432] Diese Modi der Beobachtungsebenen werden damit fest in die Poetik seiner Texte integriert und machen zugleich ihre Abhängigkeit von seiner Autorfunktion deutlich.

Noch ein anderer Aspekt beginnt bereits im Frühwerk und zieht sich von da an als roter Faden durch die Selbstpoetik von Goetz. Das Motiv vom notizenschreibenden Autor verortet sich an der Schnittstelle zwischen dem psychischen System der Wahrnehmung und dem sozialen System der Kommunikation, in das die dann fertigen (und somit ›autorisierten‹) Texte eintreten. Eine solche Textstelle findet sich im dritten Teil von *Irre* – und ist bemerkenswerterweise im Gestus eines Diskurses über den Autor angelegt. Die »beiden mondänen Damen TRATSCH und ÜBLENACHREDE«[433] unterhalten sich und die eine berichtet über die erste Begegnung des Autors mit seinem Verleger:

> – Der trifft also, sagt die zweite, zum ersten Mal seinen Verleger, und das erste, was der Verleger zu dem Typen sagt, ist das: Man hat mich vor Ihnen gewarnt. Sie schreiben alles auf, was man sagt. Später kann man es irgendwo nachlesen. […]

---

429 Vgl. u.a. die seitenfüllenden Collagen solcher Aufnahmen in Goetz (1993): *Kronos*, S. 114f., 222, 225, 284f., 344.
430 Man vergleiche u.a. die Arbeiten von Cindy Sherman, vor allem die von 1977 bis 1980 entstandenen *Untitled Film Stills*, die stets die Künstlerin in verschiedenen Posen und Rollen zeigen, Sherman (2003): *Untitled Film Stills*.
431 Dass es sich bei der abgebildeten Person um Goetz handelt, ist nicht nur für diejenigen erkennbar, die ihn von seinem Klagenfurt-Auftritt her kennen, da gleich auf S. 7 von *Hirn* ein ganzseitiges Porträt des Autors zu finden ist.
432 Vgl. solche Aufnahmen vor allem in Goetz (1986): *Hirn*, S. 131, 136f., 158, 161ff. und Goetz (1993): *Kronos*, S. 51, 56, 67, 110, 113, 118, 218, 282, 351, 364.
433 Goetz (1983): *Irre*, S. 279. Herv. i. Orig.

Abb. 8: »German writer Rainald Goetz in midst of the police troops during Fuck Parade in Berlin in 2001«; Dauerer (2009): »Stalking the Famous – a journalistic diary«.

> – Aber der eigentliche Clou kommt ja erst. Der Typ [i.e. der Autor; I.K.] sitzt also da, lacht sich einen Ast über den bekannten Schriftsteller [der dies dem Verleger verraten habe; I.K.] und über die ganze Branche, in der sich so eine klitzekleine Geschichte wie das mit dem Mitschreiben herumspricht, als wäre das etwas Gesegnetes und nicht die selbstverständlichste Selbstverständlichkeit.[434]

Die Autor-Figur im Text macht ebenda deutlich, dass ihr das Verbreiten solcher Art von »Geschichten« etwas Erwünschtes ist. Diese ›Legende‹ von dem Autor als ›Aufschreibsystem‹ wird direkt auf Goetz projiziert und entwickelt sich zu einer seiner Haupteigenschaften (vgl. Abb. 8), die nicht nur er selbst bei öffentlichen Auftritten hervorhebt,[435] sondern die ihm auch von anderen immer wieder attestiert wird,[436] so z.B. in einem Artikel der *Süddeutschen Zeitung*:

> Es gib in der deutschen Gegenwartsliteratur viel Zeitgeschichte, viel Erinnerungspathos, viel Genealogie. Und es gibt Rainald Goetz, der [...] immer noch auf der Jagd nach Bildern

---

434 Goetz: Goetz (1983): *Irre*, S. 279f.
435 Vgl. dazu etwas weiter im Text meine Ausführungen zu seinem Auftritt in der *Harald Schmidt Show*.
436 Vgl. in literarischen Texten: Bessing (1999): »contrazoom«, S. 113f.; Hennig von Lange / Müller-Klug / Haaksman (2000): *Mai 3D*, S. 61f., Stuckrad-Barre (2000): *Blackbox*, S. 81 84, 91, 105, 109–112, 118. Vgl. in journalistischen Texten: Altenburg (2000): »Alles Kohl«; Fasthuber (2007): »Lockerheit: Trottelkategorie«; Bernard (2009): »Simultandolmetscher des Jetzt«; Schwartz (2009): »Überdurchschnittliche Tiraden«; Stern (2010): »Lesung: Loslabern mit Rainald Goetz in Berlin«; Rüdenauer (2011): »Rainald Goetz als Gesamtkunstwerk«; Bartels (2013): »Hesses Enkel mit dem Silberbart«.

und O-Tönen der Gegenwart blitzschnell die Kamera zückt oder das Richtmikrofon einschaltet.[437]

Auf diese Weise wird die Autorposition zwischen Welt und Text hervorgehoben und gestärkt: Die Autor-Figur notiert sich Dasjenige, was sie im Fernsehen oder auf Lesungen hört, und verarbeitet diese Daten, die durch das Notieren zum Material werden, in seinen Texten.[438]

In *Kontrolliert*, das zu Beginn den Gestus eines ›Berichts‹ ausstellt,[439] wird dieses Ideal eines Notierens der Welt thematisiert und zugleich als unmöglich dargelegt:

> Ich zum beispiel [sic] wäre augenblicklich gern der Automat, der alle Äußerungen zur Geschichte Schleier Wort für Wort gespeichert hätte und hier schnell wiederholen könnte, und zwar allesamt auf einen Schlag. [...] Die Leidenschaft ist nur zu gut verständlich, die durch das Abschreiben von öffentlich gesagten Sachen, im Fernsehn etwa, in dem Schreiber, der das mitschreibt, sich entfacht, weil er schreibend wirklich mitschreibt mit der Wirklichkeit. Schließlich aber sind die Worte hin gedruckt nicht Hinweis auf sich selbst und ihre Wirklichkeit, [...] sondern viel stärker auf die Leidenschaft des Schreibers, der sie fest gebannt hat durch die Abschrift. [...] Der Abschreiber hält sich für unbestechlich, Wort für Wort erweist er sich jedoch als der Betrüger.[440]

Analog zu der Konstruktion von Beobachtung und Beobachtbarkeit wird das ›Abschreiben‹ der Welt an der Stelle zu einem Einschreiben, an welcher der Autor sich als Figur im Text installiert und damit einen Diskurs erschafft, der *seine* Welt darstellt:

> Im so wirklich richtigen Augenblick war die erste Ableitung der Weltformel direkt meine Lebensformel, der gemäß ich nicht nur Wortspeicher war, der sich direkt total erbrechen könnte, sondern Weltkraftwerk im Ichkerker, geballte Energie, in sich zurückgehalten.[441]

Man muss schlussfolgern, dass der Inhalt und Gestus dieses Zitats dabei nicht mit dem dadurch evozierten Verfahren deckungsgleich sind, denn eben weil Goetz als Autorfunktion sich nicht ›zurückhält‹, sondern publiziert, werden erst die referentialisierenden Lesarten ermöglicht, die eine Anschauung dieser speziellen Welt gewährleisten. Der Widerspruch wird dabei innerhalb dieser literarisch

---

437 Müller (2012): »Der große Rundumschlag gegen die Nullerjahre«. Das dem Artikel beigefügte Foto zeigt entsprechend Goetz mit einem Fotoapparat im Anschlag.
438 Vgl. Goetz (1983): *Irre*, S. 286; Goetz (1986): »Fleisch«, S. 66.
439 Vgl. Goetz (1988): *Kontrolliert*, S. 15ff.
440 Goetz (1988): *Kontrolliert*, S. 49f.
441 Goetz (1988): *Kontrolliert*, S. 101.

grundierten Poetik ausgehalten – ein Verfahren, das sich als typisch für Goetz' Texte erweist. Die vorgeblich (und tatsächlich) subjektive Position eines Autors als Begründer des Textes und Schaltstelle zwischen (alltagswirklicher) Welt und Literatur wird vielmehr innerhalb eben dieser literarischen Welt der Texte immer wieder betont – und die Autor-Figur Goetz als ein notorischer Notizen-Schreiber subjektivierbar.

Als Pate für die Praxis des Notierens steht dabei Andy Warhol, den Goetz in seinem Text »Und Blut« zitiert: »I have no memory. Every day is a new day because I don't remember the day before. Every minute is like the first minute of my life. I try to remember but I can't. That's why I got married – to my tape recorder. So er, ich auch – to my notebook.«[442] Diese Zeilen stammen aus dem 1975 erschienen Band *The Philosophy of Andy Warhol: From A to B and Back Again* in dem Warhol unter anderem sein Verfahren des Aufnehmens von alltäglichen Gesprächen mittels Tonband darlegt.[443] Goetz' »notebook« ist dabei – entsprechend dem technischen Stand der 1980er Jahre – keine technische Gerätschaft, sondern wortwörtlich ein Notizbuch. Dieses Arbeitswerkzeug wird im Laufe der Zeit immer stärker zur Beglaubigung eines Abschreibens der Welt und seine Existenz entsprechend immer wieder hervorgehoben.

Waren bereits »Das Polizeirevier« und »Der Attentäter« als Chroniken eines Jahres lesbar, so entwickelt sich parallel zum Topos des Notierens auch der Topos vom Autor als Chronisten der Zeit. »Der Attentäter« ist analog zu den zwölf Monaten eines Jahres in zwölf Unterkapitel gegliedert, deren zehntes als eine tagebuchartige Wiedergabe des Oktobers gelesen werden kann.[444] Das Verfahren des Notierens und Wiedergebens findet einen vorläufigen Höhepunkt in den drei 1993 publizierten Bänden von *1989*. Diese gut 1.600 Seiten entbehren jeder Handlung oder einer handelnden / reflektierenden Figur und setzen sich aus Mitschriften der Medien zusammen.[445] Die einzelnen Abschnitte des Werks sind dabei nicht wie in *Irre* oder *Kontrolliert* durch Gemälde abgetrennt, sondern durch Umschläge von Notizheften (vgl. Abb. 9), die – so muss man schlussfolgern –

---

442 Goetz (1986): »Und Blut«, S. 189.
443 Vgl. dazu Warhol: (2007): *The Philosophy of Andy Warhol*, S. 199. Zum Verfahren des *tapens* auch im Hinblick auf Goetz vgl. Schumacher (2003): *Gerade Eben Jetzt*, S. 30ff.
444 Vgl. Goetz (1986): »Der Attentäter«, S. 160, 164–167. Die Erwähnung von Titeln, die später unter dem Namen von Rainald Goetz erschienen sind und an denen laut Tagebucheintrag gerade gearbeitet wird, schafft ein hohes Maß an Referentialität und wirkt beglaubigend.
445 Dazu heißt es in dem erklärenden Paratext: »*1989* ist Zeitmitschrift der großen öffentlichen Rede in den Medien; [...] das Wortgebirge gegenwärtig gesprochener Sprache, in praktisch automatischer Textgestalt, die Stimme des reinen Materials.« Goetz (1993): *1989*, Bd. 1, S. 2.

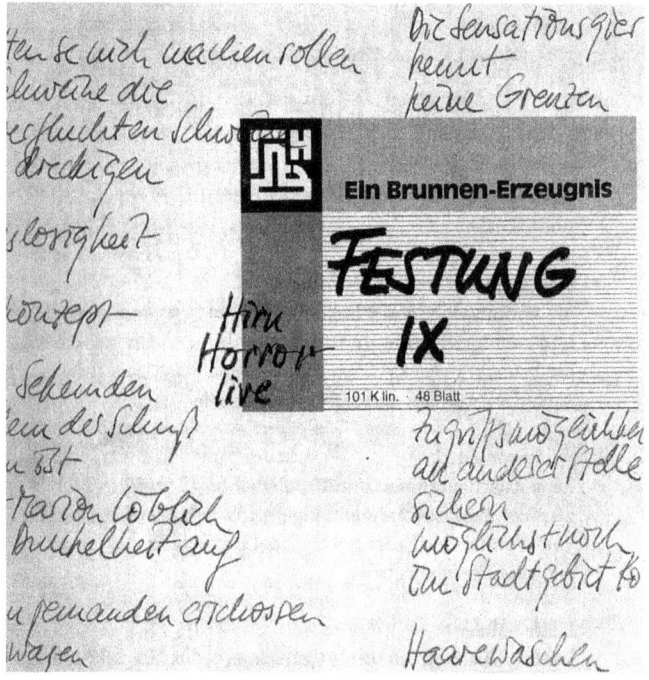

Abb. 9: Zwischenblatt von *1989;* Goetz (1993): *1989,* Bd. 1, S. 357 (Detail).

das Material enthalten, das vom Autor bei seinen Medienobservationen darin notiert wurde, um anschließend in diese Buchform überführt zu werden.[446]

Die stärkste Sichtbarmachung erlangen die Notizen schließlich in der *Zeit-Magazin*-Ausgabe 2009, die anlässlich des Erscheinens von *loslabern* von Goetz gestaltet wurde.[447] Darin finden sich zwischen Fotografien und darübergelegten einzelnen Worten immer wieder seitenweise Reproduktionen der Notizen des Autors. Gemeinsam mit dem Untertitel »Bericht«, den *loslabern* als Publikation trägt, wird auf diese Weise erneut eine starke Referentialität hergestellt, die auf den Autor als Schnittstelle zwischen Text und realer Welt verweist. Schließlich sei noch auf Goetz' Auftritt in der *Harald Schmidt Show* am 8. April 2010 in der ARD hingewiesen. Nach seinem Eintritt ins Studio und dem obligatorischen Handschlag mit Schmidt legt Goetz zuallererst einige Zeitungen, zwei Notizbücher und eine kompakte Fotokamera auf den Tisch, worauf sich folgender Dialog entwickelt:

---

[446] Vgl. dazu auch Plass (2006): »Journalism, Television, Poetry«, S. 204.
[447] Vgl. Goetz (2009): »Loslabern / Rainald Goetz: open daily 6am–10pm«.

SCHMIDT: Oh, Sie haben ja Einiges mitgebracht, wie ich sehe.
GOETZ: Genau.
SCHMIDT: Oh, um gleich hier weiter zu schreiben – oder?
GOETZ: Nee, das ist so – das sind die Notizen.
SCHMIDT: Aha. Die Sie sich wann gemacht haben?
GOETZ: So jetzt in den letzten Tagen.[448]

Daraufhin erfolgt ein Themawechsel und die Notizen werden mit keinem weiteren Wort erwähnt oder gar zur Hand genommen. Dieser Eintritt ist signifikant für das Bild der Autor-Figur Goetz. Als Autor (»um gleich hier weiter zu schreiben – oder?«) wird er durch diese ihn definierenden Werkzeuge erkennbar. Zwar wird auch der Band *loslabern* ebenfalls in die Kamera gehalten, der Eintritt des Autors in den sich durch Beobachtbarkeit definierenden Raum der TV-Sendung erfolgt jedoch durch eine Markierung und Betonung eben jener Schreibtätigkeit, die seiner Autorfunktion noch vorgeschaltet ist und seine Existenz als Autor-Figur ermöglicht.

Das Schreiben unter Berücksichtigung der Zeit und als ihr Notat wird immer deutlicher als das Einschreiben der Figur Goetz in die mediale Welt erkennbar. Auf der einen Seite findet man zwar sehr ausführlich geschilderte Figuren wie Raspe oder den jungen Psychiatrie-Patienten Goetz, die mittels autopoietischer Subjektivationsrhetorik einen Einblick in ihre Psyche zu vermitteln scheinen, auf der anderen Seite aber wird immer wieder ihre literarische *Konstruiertheit* hervorgehoben, die auf den Autor als Konstrukteur dieser Figuren verweist. Diese Autor-Figur vollführt ebenfalls eine doppelte Bewegung: Zum einen scheint immer wieder ein Programm auf, nach dem die Welt – ob medial oder erst durch den Schreibprozess medialisiert – mittels des Autors in den Text zu gelangen habe, zum anderen wird immer wieder die Unmöglichkeit eines solchen Unterfangens ausgestellt und die Konstruktion dieser Autor-Figur als eine literarische vorgeführt. Ein merkwürdiges Paradox entwickelt sich zwischen diesen sich scheinbar widersprechenden Textstrategien. Auf der einen Seite wird die Autor-Figur immer wieder gestärkt und in ihrer Allmacht über den Text und die durch diesen Text vermittelte Welt präsentiert. Auf der anderen Seite bewirkt die proklamierte Notat-Ästhetik einen Anschluss an dokumentarische Verfahren der Weltabbildung,[449] die noch zusätzlich dadurch gestärkt wird, dass die Autor-Figur vor allem in den Dossiers und Collagen als identisch mit dem Träger der Autorfunktion Rainald Goetz herausgestellt wird. Die öffentlichen Diskurse über

---

[448] Vgl. www.youtube.com/watch?v=BqDv6F9eTHA (zuletzt eingesehen am 17.12.2013), vor allem 0:09–0:23. Vgl. zu dem Auftritt auch Binczek (2012): »Fernsehauftritte der Literatur«.
[449] Vgl. dazu Weingart (2005): »Global Village Berlin«, S. 55.

diese Figur machen deutlich, dass dies soweit erfolgreich funktioniert, als die Autor-Imago als Element von nicht-literarischen operativen Fiktionen erscheint, obwohl sie sich ihre verschiedenen Konfigurationen und Interpretanten (literarische und alltagswirkliche) ziemlich konsistent erhält. Die Grenzaufhebung, die anhand des »Subito«-Klagenfurt-*Irre*-Komplexes dargestellt wurde, wirkt trotz der in ihr enthaltenen Paradoxie als Garant für erfolgreiche Kommunikation und Weiterschreibung der Figur. Man kann daraus zwei Schlüsse ableiten, die entscheidend für die Konstruktion der Figur ›Rainald Goetz‹ sind:

1.) Die literarische Rahmung der Figur wird im Diskurs über den Autor teilweise ignoriert und die Eigenschaften der Figuren (Raspe / Ich / Goetz / Rainald / Klar usw.) nahezu identisch dem Träger der Autorfunktion zugewiesen. Dies führt dazu, dass die Romane *Irre* und *Kontrolliert* teilweise selbst in der Forschungsliteratur als autobiographische gelesen werden, da die Tätigkeiten der literarischen Autor- und Schreiberfiguren als äquivalent zu Rainald Goetz erscheinen.[450] Ein Großteil seiner Texte – von dem *Konkret*-Essay über die Rutschky-Anthologien bis zum Komplex *Festung* – erscheinen somit als Fortsetzungsgeschichten einer nach und nach entstehenden großen Autobiographie. In dieser wird eine Künstler-Persönlichkeit sichtbar, die – auch mittels des Schnitts von Klagenfurt – entlang der Leitlinien Pathos, Gewalt, Vitalismus und Authentizität an utopische Konzepte der Moderne anschließt, um der Disparität des Subjekts in der Postmoderne zu entkommen.[451]

---

450 Vgl. diese Lesarten bei Oberschelp (1987): »Raserei«, S. 171; Winkels (1991): *Einschnitte*, S. 223; Wegmann (2009): »Stigma und Skandal«, S. 210; Windrich (2007): *Technotheater*, S. 58, 351; Hägele (2010): *Politische Subjekt- und Machtbegriffe*, S. 20, 102, 157; Baumgart (1986): *Glücksgeist und Jammerseele*, S. 227f. Differenzierter, da vorsichtiger mit autobiographischen Zuschreibungen, siehe dazu Winkels (1987): »Ohrschaden«, S. 80f.; Seiler (2006): *»Das einfache wahre Abschreiben der Welt«*, S. 242.

451 Vgl. das entsprechende Verhältnis zur Postmoderne vor allem bei Oberschelp (1987): »Raserei«, S. 172f.; Hägele (2010): *Politische Subjekt- und Machtbegriffe*, S. 45, 103; Rudolph (2008): *irre/wirr: Goetz*, S. 215f., 227; Winkels (1987): »Ohrschaden«, S. 69. Gegenteilige Urteile, denen zufolge Goetz gerade durch seine Verfahren an die Disparität in der Postmoderne anschließe, finden sich bei Meier (2007): »Realismus abstrakter Art«, S. 176, 183; Bertschik (1997): »Theatralität und Irrsinn«, S. 411; Kyora (2003): *Postmoderne Stile*, S. 287. Zum Vitalismus bei Goetz vgl. Gropp (2008): »›Ich / Goetz / Raspe / Dichter‹«, S. 236f. 247; Müller / Schmidt (2001): »Goetzendämmerung in Klagenfurt«, S. 266; Schäfer / Siegel (2006): »The Intellectual and the Popular«, S. 197; Winkels (1987): »Ohrschaden«, S. 80; Delabar (1990): »Goetz, Sie reden wirres Zeug«, S. 75; Binczek (2001): »Was also ist der Ort des Textes?«, S. 297; Doktor / Spies (1997): *Gottfried Benn – Rainald Goetz*, S. 119; Hägele (2010): *Politische Subjekt- und Machtbegriffe*, S. 28f., 71, 148; Plass (2013): »Realismus und Vitalismus«. Zu Pathos und Emphase bei Goetz vgl. Baisch / Lüdeke (2000): »Was kommt? Was geschieht?«, S. 151; Windrich (2007): *Technotheater*, S. 56, Anm. 108; Schumacher (2003): »Das Populäre. Was heißt denn das?«, S. 167; Binczek (2001): »Was also

2.) Auf der anderen Seite des Phänomen-Komplexes ›Rainald Goetz‹ und der mit dieser Figur verbundenen Texte steht die Feststellung, dass Gestus und Inhalt der Worte nur bedingt geradlinige Ableitungen ihres Sinns erlauben, da ihnen Zweifelhaftigkeit und Brüchigkeit stets eingeschrieben bleiben. Damit einher gehen die Identitätswechsel der Figuren, die eben stets als Figurationen *literarischer* Figuren erkennbar sind und einen direkten Rückschluss auf den Autor verbieten. Die autobiographische Lesart der Texte sollte aus dieser Perspektive vor allem durch den folgenden Umstand unmöglich sein: Jede metaleptische Störung der Narration, jede poetologische Ausführung, jede Zurschaustellung einer Beobachtungssituation geschieht unter dem Vorzeichen, dass der Träger der Autorfunktion nur als Figur innerhalb des Textes greifbar werden kann. Der Modus dieser Figur, der ihre Konfiguration maßgeblich beeinflusst, basiert auf den Strukturen der Grenzaufhebung, die dazu führen, dass Grenzziehungen jeglicher Art unterbleiben, solange die Figur ihre Referenz aus textuell oder medial vermittelten Elementen der Texte generiert. Was auf diese Weise sichtbar wird, ist das Modell einer fehlenden Metaposition: Jede Figuration des Autors, die in ein Verhältnis zum Text gesetzt wird – als notierend, verarbeitend, den Text erschreibend usw. – hat diese Eigenschaften nur qua Text und ist damit in erster Linie selbstreferentiell, ein Jenseits des Textes ist aus dem Text heraus nicht rekonstruierbar. Die autobiographischen Lesarten erweisen sich so als ein kategoriales Paradox, anhand dessen eine weitere relevante Differenz deutlich wird, die konstitutiv für die Selbstpoetik von ›Rainald Goetz‹ wirkt: Der Unterschied zwischen Autobiographie und Autofiktion.

3.12.3 Von der Autobiographie zur Autofiktion: Wo ist die Metaposition?

Der autobiographische Diskurs, in dem die Figur ›Rainald Goetz‹ (und ihre andersnamigen Variationen) mit dem Träger der Autorfunktion Rainald Goetz gleichgesetzt wird, stellt eine radikale Reduktion der Komplexität der beobachtbaren Phänomene dar.[452] Die Abgrenzung von autobiographischen Lesarten zu

---

ist der Ort des Textes?«, S. 297; Hägele (2010): *Politische Subjekt- und Machtbegriffe*, S. 32, 38f., 71. Zur Gewalt siehe Winkels (1991): *Einschnitte*, S. 234f., 248; Scherer (2003): »Ereigniskonstruktionen als Literatur«, S. 64; Wegmann (2009): »Stigma und Skandal«, S. 213f.; Hägele (2010): *Politische Subjekt- und Machtbegriffe*, S. 80; Rudolph (2008): *irre/wirr: Goetz*, S. 77, Anm. 137.

452 Vgl. zur Geschichte der Autobiographie den einschlägigen Sammelband mit vielen Grundlagentexten von Niggl [Hg.] (1998): *Die Autobiographie*. Eine gute Zusammenfassung des Phänomenkomplexes bietet Wagner-Egelhaaf (2005): *Autobiographie*. Vgl. alternativ dazu auch Holdenried (2000): *Autobiographie*. Einen Problemaufriss von autobiographischen Schreibweisen

autofiktionalen Lesarten lässt sich jedoch sehr gut anhand dieser Komplexitätsreduktion demonstrieren.

Bereits die sehr weit rezipierten Versuche von Philippe Lejeune, die Autobiographie definitorisch festzusetzen und sie zugleich von ihren ›Nachbargattungen‹ Memoiren, autobiographischer Roman etc. abzugrenzen, machen deutlich, dass solche Ordnungsversuche höchstens heuristischen Wert haben können.[453] Dass die Autobiographie definiert werden könne als »[r]ückblickender Bericht in Prosa, den eine wirkliche Person über ihr eigenes Dasein erstellt, wenn sie das Hauptgewicht auf ihr individuelles Leben, besonders auf die Geschichte ihrer Persönlichkeit legt«,[454] kann nur als Hilfsmittel dienen, um die Mechanismen unkritischer autobiographischer Lesarten zu erschließen. Befeuert werden solche Verstehensmuster stets von einer angenommenen Identität von Autor, Erzähler und Figur – diese Triade nimmt Lejeune als Ausgangspunkt für seine Beschreibung der Verstehensmechanismen.[455] Die auf diese Weise angenommene Identität löst nicht alle Probleme, denen sich die Autobiographie als Text zwischen literarischer Fiktion und alltagswirklicher Referentialität ausgesetzt sieht, sie schränkt jedoch die Beweglichkeit der in ihnen vermittelten Elemente ein. Einem solcherart konfigurierten Text kann in wesentlich einfacherem Maße eine Verpflichtung zur Wahrheit, Wahrhaftigkeit und Authentizität zugesprochen werden, wenn davon ausgegangen wird, dass die im Text beobachtbare Subjekt-Figur identisch mit dem Autor ist, der einem beispielsweise als Person bei einer Lesung am Tisch gegenüber sitzt. Der ›autobiographische Pakt‹, den Lejeune einführt, basiert auf eben dieser Identität,[456] während davon abweichende Lesarten, die einer Identität von Autor, Erzähler und Figur entbehren, unter der Konfiguration eines ›romanesken Pakts‹ gelesen werden sollten.[457]

Auf dem Gebiet der Literatur verursacht eine solchermaßen konstruierte Identität solange keine Probleme, wie man bereit ist, die Funktionsbereiche, in denen die durch die Texte vermittelten Elemente wirken können, rigide voneinander

---

in der Postmoderne bietet die hervorragende Dissertation von Finck (1999): *Autobiographisches Schreiben nach dem Ende der Autobiographie*.
453 Vgl. Lejeune (1998): »Der autobiographische Pakt«. Lejeune schafft es sehr genau, die anzulegenden Rezeptionsbedingungen von Autobiographien darzulegen, scheitert aber an der selbstgestellten Aufgabe, sie trennscharf als Gattung zu definieren. Als Kritik an solchen Ordnungsversuchen siehe Wagner-Egelhaaf (2005): *Autobiographie*, S. 5–9, 60–65.
454 Lejeune (1998): »Der autobiographische Pakt«, S. 215.
455 Vgl. dazu Lejeune (1998): »Der autobiographische Pakt«, S. 217–243. Siehe auch den Anschluss dieses Konzepts bei Genette (1992): *Fiktion und Diktion*, S. 79–89.
456 Vgl. Lejeune (1998): »Der autobiographische Pakt«, S. 230f.
457 Vgl. Lejeune (1998): »Der autobiographische Pakt«, S. 232–235.

abzutrennen. So skizziert beispielsweise Bernd Blöbaum eine strikte Trennung in einen Bereich, welcher »an eine sozial verbindliche Wirklichkeit gebunden« ist,[458] mit »Fakten« als »Rohstoff« hantiert und damit dem hier verwendeten Terminus der Alltagswirklichkeit entspricht.[459] Auf die andere Seite setzt Blöbaum den Bereich der Literatur, für den das Fiktionale mit seinen uneigentlichen Denotationen vorbehalten sei.[460] Er stellt dabei heraus, dass beide Bereiche eine Vermittlung von Wirklichkeit leisten, ihre Rezeptionsmodi jedoch grundsätzlich verschiedene sind;[461] die Bereiche sich durch die Konfigurationen der mit ihnen assoziierten Elemente unterscheiden.

Nun muss man nicht unbedingt auf das in dieser Arbeit favorisierte Konzept der operativen Fiktion und die damit korrespondierenden konstruktivistischen Denkweisen zurückgreifen, um eine solche Distinktion abzulehnen. Bereits in Goethes *Dichtung und Wahrheit* wird der Autobiographie nicht so sehr objektive Faktentreue, als vielmehr die Verpflichtung auf eine subjektive Wahrhaftigkeit zugewiesen.[462] Spätestens seit den Phänomenen der Sprachskepsis und noch radikaler nach dem *linguistic turn* wird die Vermittlungsleistung von Sprache und Text im Bezug auf die Welt als problematisch angesehen.[463] Lejeunes autobiographischer Pakt indes wird nur möglich durch einen ebenfalls geschlossenen referentiellen Pakt. Ist diese Voraussetzung gegeben, können die so gelesenen Elemente zu alltagswirklich konfigurierten Bestandteilen von operativen Fiktionen werden. In einer solcherart rezipierbaren Literatur wird die Trennung der Funktionsbereiche aufgehoben – das Gleiche gilt für die Textgattung der *hypomnêmata*,[464] die Foucault als Elemente der *epimeleia heautou*, der antiken »Sorge um sich selbst« zitiert.[465] Was bei einer solchen Rezeptionssetzung vorliegt, ist eine paradoxe Verdoppelung von Autorschaft und Identität, wie sie Wolfgang Iser anhand der *Essais* von Michel de Montaigne beschreibt: »Was hier geschieht, ist eine ›Verdoppelung‹ des Autors, die insofern einen paradoxen Charakter besitzt, als das ›Ich‹ der *Essais* von einem Ort außerhalb beschrieben

---

458 Blöbaum (2003): »Literatur und Journalismus«, S. 29.
459 Blöbaum (2003): »Literatur und Journalismus«, S. 29.
460 Vgl. Blöbaum (2003): »Literatur und Journalismus«, S. 29f. Vgl. dazu auch Zipfel (2001): *Fiktion, Fiktivität, Fiktionalität*, S. 73 und meine Ausführungen im Kapitel 3.11.
461 Blöbaum (2003): »Literatur und Journalismus«, S. 30.
462 Vgl. dazu Wagner-Egelhaaf (2005): *Autobiographie*, S. 2ff.
463 Vgl. Finck (1999): *Autobiographisches Schreiben nach dem Ende der Autobiographie*, S. 11f., 37–56.
464 Zu den *hypomnêmata* vgl. Foucault (2007): »Über sich selbst schreiben«.
465 Zur antiken *epimeleia heautou* vgl. Foucault (2007): »Technologien des Selbst«, da vor allem S. 290–309.

wird, sich aber zugleich von dieser auktorialen Instanz ›speist‹.«⁴⁶⁶ Genau dies ist die Annahme einer literarisch eingebetteten ›autopoietischen Subjektivationsrhetorik‹, die von den Figuren auf den Autor übertragen wird, wie es an Goetz demonstriert wurde. Und diese Annahme ist insofern prekär, als sie die Prozesse der Subjektivation mitsamt der Funktion ›Autorschaft‹ und dem Prozessergebnis ›Identität‹ von einer literarisch-fiktiven Konfiguration in eine alltagswirklich-empirische Konfiguration überführt. Dabei wird den so entstehenden Texten ein Status von ›Wahrheit‹ zugewiesen, der gleichwohl immer nur auf diesen Texten beruht.

Paul de Man kritisierte solche Setzungen und entwickelte in Abgrenzung zu Lejeune und Genette die Idee, Autobiographie nicht als »Gattung oder Textsorte, sondern [als] eine Lese- und Verstehensfigur, die in gewissem Maße in allen Texten auftritt«⁴⁶⁷ zu verstehen. Die bei Lejeune skizzierte Schließung eines referentiell-autobiographischen Pakts basiert nach de Man auf dem Umstand, dass die in den Texten identifizierbare Identität von Autor, Erzähler und Figur als performativer Sprechakt aufgefasst wird, der es erlaubt, definierte Grenzen zwischen dem vormals fiktiven Text und der Alltagswirklichkeit zu ziehen.⁴⁶⁸ De Man selbst hingegen setzt den Schwerpunkt bei einer solchen Entscheidung auf die Seite der Beschaffenheit des Textes:

> Die Bedeutung der Autobiographie besteht dann nicht darin, daß sie eine verläßliche Selbsterkenntnis liefert (was sie auch gar nicht tut), sondern darin, daß sie auf schlagende Weise die Unmöglichkeit der Abgeschlossenheit und der Totalisierung aller aus tropologischen Substitutionen bestehenden textuellen Systeme demonstriert [...].⁴⁶⁹

Der Text, der durch entsprechende Lesarten als Autobiographie erkannt wird, ist damit immer durch eine Doppelbewegung gekennzeichnet, bei der auf der einen Seite die Textualität und die Verhaftetheit der Tropen offensichtlich ist, jedoch die Option einer Identität von Autor, Erzähler und Figur als Verstehensoption mitsamt der damit möglichen Anschlüsse an andere Diskurse (rechtliche, moralische, politische etc.) stets erhalten bleibt.⁴⁷⁰ Diese Doppelbewegung wirkt sich auf den Status der in einem Text beobachtbaren Subjekt-Figuren aus: Wer wie Rainald Goetz Texte schreibt, die eine Identität von Erzähler, Autor und Figur zumindest nicht ausschließen, partizipiert an den autobiographischen

---

466 Iser (2003): »Auktorialität. Die Nullstelle des Diskurses«, S. 220, Herv. i. Orig.
467 de Man (1993): »Autobiographie als Maskenspiel«, S. 134.
468 Vgl. de Man (1993): »Autobiographie als Maskenspiel«, S. 135.
469 de Man (1993): »Autobiographie als Maskenspiel«, S. 134f.
470 Vgl. dazu auch Wagner-Egelhaaf (2005): *Autobiographie*, S. 11.

Mechanismen der Welt- und Selbsterschaffung durch Text.[471] Fiktion und Alltagswirklichkeit stehen sich aus dieser Perspektive nicht als ausschließende Größen gegenüber:

> Die autobiographische Geste wird also als eine *Redefigur* betrachtet, die ihren Referenten fiktional entwirft. Und dieser fiktionale Referent ist durchaus in der Lage, referentielle Produktivität zu entfalten, d. h. außertextuell wirksam werden zu können. Fiktion und Autobiographie stellen so gesehen keine alternativen Optionen dar, sondern sind überhaupt nicht voneinander zu trennen.[472]

Der Referent der so rezipierten Texte dient dabei einerseits als ihr Begründer, andererseits muss er als Träger der Autorfunktion erkennbar sein. Autorschaft kann sich – mit Giorgio Agamben – zwischen Leben und Text positionieren, wobei sie sich aus beiden speist, jedoch in keinem der Bereiche vollkommen aufgeht: »Der Autor markiert den Punkt, wo sich ein Leben im Werk aufs Spiel gesetzt hat. Aufs Spiel gesetzt, nicht ausgedrückt; aufs Spiel gesetzt, nicht erfüllt.«[473] Auch wenn der Autor als Begründer des Textes (und damit angeschlossen auch als Träger der Autorfunktion) das Werk zwar ermöglicht, jedoch darin nicht anders als eine textuelle Figur enthalten sein kann,[474] so ist dennoch die reale Problemlage gegeben, dass die Subjektivationen der Autorfunktion im ästhetisch-literarischen Bereich sich auf die Subjektivationen des autopoietisch-individuellen Bereichs und damit auch auf die empirische Person auszuwirken in der Lage sind. Genau an dieser Stelle ist der Übergang von der Autobiographie zur Autofiktion anzusiedeln.

Im *Handbuch der literarischen Gattungen* bietet Frank Zipfel folgende Definitionsabstufungen an:

> Eine ›Autofiktion‹ ist ein Text, in dem eine Figur, die eindeutig als der Autor erkennbar ist (durch den gleichen Namen oder einer unverkennbare Ableitung davon, durch Lebensdaten oder die Erwähnung vorheriger Werke), in einer offensichtlich (durch paratextuelle Gattungszuordnung oder fiktionsspezifische Erzählweisen) als fiktional gekennzeichneten Erzählung auftritt.
>
> In einer weiten Definition versteht man darunter Erzähltexte, die sich selbst zur Fiktion erklären – z. B. durch die Gattungsbezeichnung ›Roman‹ –, in denen jedoch der

---

471 Vgl. Wagner-Egelhaaf (2005): *Autobiographie*, S. 61.
472 Wagner-Egelhaaf (2005): *Autobiographie*, S. 82f. Herv. i. Orig.
473 Agamben (2005): »Der Autor als Geste«, S. 66
474 Vgl. Agamben (2005): »Der Autor als Geste«, S. 66ff. Agamben bezieht sich explizit auf das Konzept der Subjektivation von Michel Foucault und versucht seinerseits auszuarbeiten, welcherart der alltagswirkliche Bezug von Autorschaft in diesem Subjektivationskonzept beschaffen sein kann, vgl. ebd. S. 59ff. und 68f.

Autor als Figur auftritt; in einer engen Definition Erzähltexte, die dem Leser sowohl den autobiographischen Pakt als auch den Fiktionspakt anbieten.[475]

Im Frühwerk von Rainald Goetz zeigt sich das Verhältnis vom Träger der Autorfunktion (Rainald Goetz) und Autor-Figur (›Rainald Goetz‹) auf folgende Weise: Auf der einen Seite werden Informationen dargeboten, die eine Rückbindung an die Alltagswirklichkeit erlauben und ein Referentialitätsbegehren suggerieren,[476] auf der anderen Seite erfolgt immer wieder die Vorführung der literarischen Konfiguration der Texte und Figuren. Weder ein kohärentes Konzept von Referentialitätspakten, noch ein kohärentes Konzept von Fiktionspakten[477] jeweils allein kann dazu verhelfen, die Texte so zu erschließen, dass keine Widersprüche im Status der in ihnen dargebotenen Elemente verbleiben. Das Oszillieren zwischen den Lesarten erfüllt die von Zipfel genannte Bedingung für Autofiktion.[478]

Es stellt sich jedoch die Frage, inwieweit das Konzept der Autofiktion in der Form, in der es Zipfel darlegt, tatsächlich für die Texte von Goetz angemessen ist. Denn er nutzt zur Definition die von ihm als gegensätzlich markierten Koordinaten ›autobiographisches‹ versus ›fiktionales‹ Erzählen, um – soweit folgt er Lejeunes Linie – dem ersten einen referentiellen Pakt und dem zweiten einen Fiktionspakt zuzuweisen,[479] und schlussfolgert:

> Es erscheint mir kaum möglich, einen Text durchgehend sowohl nach dem referentiellen Pakt wie auch nach dem Fiktions-Pakt zu lesen. Ich denke vielmehr, dass das vom autofiktionalen Text inszenierte Spiel darin besteht, dass der Leser von einem Pakt zum anderen wechselt und dies mehrmals im Laufe der Lektüre. Die dabei möglicherweise entstehende Verwirrung ist nicht die Vermischung zwischen referentiellem Pakt und Fiktions-Pakt, sondern nur die Verwirrung, dass der Text weder nach den Leseinstruktionen des Referenz-Paktes, noch nach denen des Fiktions-Paktes eindeutig aufzulösen ist.[480]

---

475 Zipfel (2009): »Autofiktion«, S. 31.
476 Programmatisch findet sich dieser Gestus in der Kurzbeschreibung von *Hirn*, die den Texten vorangestellt ist: »Krieger: Wenn du singst, höre ich nichts. Erzähle mir lieber wirkliche Geschichten. *Hirn:* So eilen wir dahin, Stille, Schrift, und ich erzähle wirkliche Geschichten.« Goetz (1986): *Hirn*, S. 2.
477 Vgl. zu den Begriffen Zipfel (2009): »Autofiktion. Zwischen den Grenzen von Faktualität, Fiktionalität und Literarität?«, S. 306.
478 Vgl. dazu auch Zipfel (2009): »Autofiktion. Zwischen den Grenzen von Faktualität, Fiktionalität und Literarität?«, S. 306.
479 Vgl. Zipfel (2009): »Autofiktion. Zwischen den Grenzen von Faktualität, Fiktionalität und Literarität?«, S. 286–297, 306.
480 Zipfel (2009): »Autofiktion. Zwischen den Grenzen von Faktualität, Fiktionalität und Literarität?«, S. 306.

Das Problem an einer solchen Setzung steckt in einem Detail von Zipfels Fiktionskonzept, bei dem er von einer Illokutionsintention des Autors ausgeht, die darin besteht, das Prinzip des *make-believe* zu evozieren.[481] Diese Setzung wird jedoch nur dann möglich, wenn es Anzeichen dafür gibt, dass ein Autor – also ein Subjekt, das in der Alltagswirklichkeit als Träger der Autorfunktion existiert und referentialisierbar ist – in eine Metaposition zu seinem Text und zu seinen textuellen Figurationen gebracht werden kann. Anhand des Frühwerks von Goetz wurde nachgewiesen, dass dies eben dann nicht der Fall ist, wenn die Imago des alltagswirklichen Trägers der Autorfunktion maßgeblich durch die Interpretanten der Autor-Figuren im Text gespeist wird. Die im Auftritt von Klagenfurt dargebotene Poetik von Goetz zitiert den Versuch einer Synthese von Autor und Autor-Figur an – und man könnte daraus schlussfolgern, dass die Elemente, die hier verschmolzen werden sollen, verschiedenen Diskursbereichen angehören. Tatsächlich verbleibt die Performance dabei jedoch explizit medial vermittelte Literatur und die Synthese der Elemente wird als literarische Trope verständlich. Auf der anderen Seite ist jedoch nicht zu leugnen, dass durch die Referentialität des Schnitts der Text eben durch die Performanz des Schnitts faktual wird.[482]

Die Analyse der Texte von Goetz und des Diskurses über ihn offenbart eine Lesart, in der sich ein darin (re)konstruierbares Subjekt nicht sofort in einer dekonstruktivistischen Bewegung auflösen muss, ohne aber, dass dieses Subjekt damit rein faktual wird. Martina Wagner-Egelhaafs Beschreibung der Autofiktion ist hier passend: Diesem Schreiben geht es eben »nicht mehr um die Alternative ›Wirklichkeit‹ oder ›Fiktion‹«,[483] vielmehr herrscht ein Oszillieren vor, das

---

[481] Er fasst dieses, auf Samuel Taylor Coleridges Aussage vom ›willing suspension of disbelief‹ basierende Prinzip folgendermaßen zusammen: »Der Rezipient hält die fiktive Geschichte ebenso wenig für wahr, wie der Autor sie als wahre Geschichte behauptet. Zum anderen gilt: Der fiktive Adressat liest die Geschichte ebenso sehr als wahr, wie der fiktive Erzähler sie als eine innerhalb der fiktiven Welt tatsächlich passierte Geschichte erzählt.« Zipfel (2009): »Autofiktion. Zwischen den Grenzen von Faktualität, Fiktionalität und Literarität?«, S. 292.
[482] Auch Claudia Gronemann entwickelt ihren Begriff von der Autofiktion – wie in der vorliegenden Arbeit – im Rahmen poststrukturalistischer Sprach- und Subjekttheorien und setzt diese deutlich von den Authentizitätspostulaten der ›klassischen‹ Autobiographie und den darin vermittelten idealistischen Subjektmodellen ab. In ihrem Modell verliert das Subjekt seine Autonomie in dem Moment, in dem es sich in die dekonstruktivistisch gedachte Supplementarität der sprachlichen Strukturen einfügt, was die Wirksamkeit autobiographischer Texte auf die außerliterarische Wirklichkeit radikal negieren würde – ein Schluss, den den Erfahrungen aus dem Diskurs über den Autor Goetz widerspricht. Vgl. Gronemann (1999): »›Autofiction‹ und das Ich«, S. 240ff., 247, 253, 256.
[483] Wagner-Egelhaaf (2006): »Autofiktion oder: Autobiographie nach der Autobiographie«, S. 361.

keine dominierende Lektüreperspektive bietet und sich so dem Problem einer Grenze zwischen autobiographisch-referentiellem und fiktional-fiktivem Schreiben entzieht.[484] Aus dieser Perspektive kann im Anschluss an Paul de Mans Vorschlag, die Autobiographie als »Lese- und Verstehensfigur« zu begreifen,[485] jedes literarische Schreiben auch als autobiographisches Schreiben identifiziert werden. Allerdings ist dazu die Erfüllung folgender Bedingungen notwendig: Das Schließen eines autobiographisch-referentiellen Pakts muss als mögliches Rezeptionsergebnis von Texten erhalten bleiben und ihre sprachliche Verfasstheit darf nicht als Ausschlussfaktor dienen. Bei Texten wie denjenigen von Goetz, die einerseits ein Referentialitätsbegehren anbieten wie auch quasi gleichzeitig vorfindbare Fiktionsmarker offerieren, muss die Option bestehen bleiben, beide Lesarten – autobiographisch-referentielle *und* fiktional-fiktive – als zum gleichen Grad gültig für den Text und die darin identifizierbaren Subjekt-Figuren anzuerkennen.

Frank Zipfel schließt eine solche Option aus und Paul de Man beschreibt sie als unglücklichen Zustand, bei dem man in einer Drehtür zwischen beiden Lesarten gefangen bleibt.[486] Allerdings werden die weiteren Analysen – vor allem die zu Alban Nikolai Herbst – zeigen, dass diese Drehtür teilweise die einzige ›Welt‹ sein kann, auf die man sich zu einigen weiß. Und in der Autofiktion gilt es, genau dieser Rezeptionsmöglichkeit, in der performative Selbstwidersprüche erhalten bleiben können und fiktive Elemente an alltagswirkliche Diskurse angeschlossen werden, nachzugehen und die darin wirksamen Mechanismen nachzuzeichnen.

Als ›AUTOFIKTIONAL‹ soll damit eine graduell feststellbare Rezeptionsmöglichkeit von Texten gelten, die sich je stärker ausgeprägt, je deutlicher die Anzeichen dafür sind, dass durchgehend sowohl autobiographisch-referentielle als auch fiktional-fiktive Pakte geschlossen werden können. Die Schaltstelle zwischen Autorfunktion und Autor-Figur dient dabei als Prüfungsinstanz, anhand derer die in den Texten identifizierbaren Metapositionen bemessen werden.

Als ›METAPOSITION‹ gilt hier im Folgenden eine Konstellation, bei der die Träger der faktualen, juridisch-ökonomisch verorteten Autorfunktion klar von den Autor-Figuren im Text geschieden werden können. Heuristisch ist dies ohne Probleme möglich, wenn man die Namensidentität von Autor, Erzähler und Figur nicht als Maßgabe für eine Identität mit der Autorfunktion ansetzt. In der Praxis

---

484 Vgl. Wagner-Egelhaaf (2006): »Autofiktion oder: Autobiographie nach der Autobiographie«, S. 366, 368.
485 de Man (1993): »Autobiographie als Maskenspiel«, S. 134.
486 Vgl. de Man (1993): »Autobiographie als Maskenspiel«, S. 133f.; Zipfel (2009): »Autofiktion. Zwischen den Grenzen von Faktualität, Fiktionalität und Literarität?«, S. 306.

ist man jedoch fortwährend mit Verschmelzungsphänomenen konfrontiert, wie am Werk von Goetz veranschaulicht wurde. Die Metaposition wird als eine Beobachtung zweiter Ordnung begriffen, in welcher der Träger der Autorfunktion sich als Beobachter der textuellen Autor-Figur installiert und sich damit im Kontext zu den literarischen Texten verortet.[487] Es ist dabei entscheidend, dass die Träger der Autorfunktion im Kontext eine andere Konfiguration aufweisen, als die literarischen Figuren.[488] Tropologische Strukturen wie *Mise en abyme* und Metalepse stören die Ordnung der Metaposition, da sie die Konfigurationen der so zueinander ins Verhältnis gesetzten Texte und Figuren angleichen. Im Hinblick auf die Grafik 1 kann man formulieren, dass die gestrichelte Linie zwischen den Funktionsbereichen Alltagswirklichkeit und Literatur nicht übertreten werden darf, oder aber: Der Autor als Träger der Autorfunktion muss anders subjektivierbar sein, als die Autor-Figur. Besteht eine solche Konstellation, kann sowohl eine autobiographische als auch autofiktionale Lesart ausgeschlossen werden.

Als autofiktionale Texte sollen damit alle jene gelten, in denen Metapositionen trotz einer Namensidentität von Autorfunktionsträger und Autor-Figur entweder nicht bestehen, oder aber als Bestandteile der Texte in diese inkorporiert werden. Die Darstellung einer Schreibsituation reicht nicht dazu aus, von einer Metaposition auszugehen, da sie den gleichen literarischen Gesetzen wie der restliche Text unterliegt. Der besondere Gewinn, den eine Betrachtung autofiktionaler Texte verspricht, besteht darin, dass solche Figurationen nicht als sekundär in Bezug auf Alltagswirklichkeit angesehen werden dürfen, da nach Paul de Man angenommen werden könnte, dass nicht das Leben die Autobiographie, sondern die Autobiographie das Leben hervorbringt.[489] Martina Wagner-Egelhaaf schließt hier an:

> Konkret bedeutet das, dass sich im Licht der autobiographischen Selbstverschriftlichung das Leben ändert. Gleichzeitig ist zu sehen, dass der autofiktionale Akt selbst schon Teil des zu beschreibenden Lebens ist. Schrift und Leben sind, so besehen, wechselseitig ineinander verschränkt und genau diese Verschränkung stellt eine permanente Überschreitung der Grenze zwischen Leben und Buch dar.[490]

---

[487] Eine klassische Situation hierfür ist die Poetikvorlesung, in welchen Autorinnen und Autoren die Bedingungen und Regeln ihres eigenen Schreibens reflektieren und dabei deutlich machen, dass sie weder mit der Erzählinstanz noch mit der Autor-Figur in den Texten identisch sind.
[488] Ein gutes Beispiel dafür, wie ein Autor scheinbar aus einer Beobachtung zweiter Ordnung heraus an der Konfiguration seines literarischen Werkes partizipiert, findet sich in Uwe Johnsons Interview mit Marie Cresspahl. Vgl. Johnson (1988): »*Ich überlege mir die Geschichte*«, S. 90–110. Vgl. dazu Sangmeister (1995): »Das Flackern zwischen Fakten und Fiktionen«.
[489] Vgl. de Man (1993): »Autobiographie als Maskenspiel«, S. 132f.
[490] Wagner-Egelhaaf (2008): »Autofiktion & Gespenster«, S. 137.

Ein literarischer Text, in welchem eine Autor-Figur geschildert wird, die sämtliche Metapositionen in diesen Text hineinträgt, wird damit zur einzigen Quelle der Subjektivation dieser Figur. Wenn davon abweichende Kontexte fehlen, in denen diese Figur sich selbst anders konfiguriert und darüber hinaus eine hohe Konsistenz aufweist, kann man dieser Figur einen realen Subjekt-Status zusprechen. So gesehen handelt es sich bei Autofiktionen um Schreibweisen, in denen literarische Autorschaft das Potenzial aufweist, zur Autorschaft transzendenter (da die Grenze von Alltagswirklichkeit und Literatur aufhebender) und alltagswirklich referentialisierbarer Subjekt-Figuren zu werden, die als Personen wahrgenommen werden können. Werden jedoch Subjekt-Figuren mit abweichenden Interpretanten beobachtbar, die in einer grundsätzlich anderen Konfiguration eine Metaposition einnehmen, dann verliert die Autofiktion ihre Grundeigenschaft der Nivellierung aller Grenzen und aus der so rekonstruierbaren Zentralperspektive der Beobachtung zweiter Ordnung heraus werden wieder die alten Dichotomien von Autobiographie und Fiktion, Alltagswirklichkeit und Literatur erkennbar.

Ausgehend von einer solchen Setzung kann das bisherige Vorgehen der Analyse als eine Untersuchungsabfolge zur Identifikation von autofiktionalen Schreibweisen dargestellt werden, die sich in sechs Stufen synthetisieren lässt:

1. Der erste Schritt ist die Bestimmung der zu untersuchenden Figur. Zuerst gilt es, alle medialen Daten zu akquirieren, die von der gleichen Autorfunktion organisiert werden und darin die zu untersuchende Figur zu suchen. Dies schließt alle literarischen, poetologischen und journalistischen Printprodukte ein, wie Medienangebote aus dem Radio und Fernsehen, wenn die untersuchte Autor-Subjekt-Figur dafür verantwortlich zeichnet oder in diesen erscheint. Nicht zuletzt müssen auch alle digitalen Repräsentanzen berücksichtigt werden: Homepages, Weblogs, *Facebook*-Seiten, *Twitter*- und *YouTube*-Accounts etc.[491]

2. Die Medienangebote müssen auf ihre Rahmung hin abgeglichen werden: Dieser Schritt dient dazu, eventuell vorhandene Diskursgrenzen zu erkennen.[492] Ist dies geleistet, kann man die Frage stellen, ob sich zu diesen Rahmungen Poetiken rekonstruieren lassen – und falls ja, ob diese in Bezug auf die darin

---

[491] Optional lässt sich als 1.1 zusätzlich der gesamte Diskurs über das Untersuchungsobjekt sammeln: journalistische Kommentare; Nennungen auf Websites; Literatur, in der der Autor als Figur erscheint; und nicht zuletzt die wissenschaftliche Sekundärliteratur. Dieser Schritt ermöglicht es, auch die Kontexte zu rekonstruieren, die auf die Autor-Figur referieren, ohne von ihr organisiert zu werden, um gegebenenfalls vorhandene Interferenzen aufzuspüren.

[492] Was gehört z.B. einem klassisch literarischen Diskurs an, was ist poetologisch, was als ›privat‹ zu bewerten?

beobachtbare Figur voneinander abweichen. Sollten Abweichungen feststellbar sein, werden autofiktionale Schreibweisen unwahrscheinlicher.

3. Anschließend gilt es, Informationsdichte und Simultanität der die Figur betreffenden Daten zu prüfen – je höher diese ausfallen, desto wahrscheinlicher wird die Konsistenz dieser Figur.

4. Nun ist nach Konsistenzen der Figur zu fragen. Sind solche identifizierbar, muss geprüft werden, ob diese Konsistenzen über alle in Schritt 2. festgestellten Diskursgrenzen und Rahmungen hinweg erhalten bleiben.[493]

5. Dem ist eine Analyse der Referentialität der untersuchten Daten anzuschließen. Beschränkt sich die Referentialität nur auf distinkte Diskursbereiche oder bestimmte Rahmungen, z.B. als konsistentes Bestehen einer ausschließlich in Romanen vorhandenen Figur, wird Autofiktion unwahrscheinlicher. Ist die Referentialität in üblicherweise distinkten Diskursbereichen oder gar zur Alltagswirklichkeit gegeben, so können die solcherart entstehenden operativen Fiktionen als Indiz für Autofiktion genommen werden.

6. Zuletzt richtet sich der Fokus darauf, inwiefern die so sichtbar gemachte Figur eine Ausprägung aufweist, die in einer Metaposition zu ›sich selbst‹ – oder auch zu Variationen von sich selbst – steht, oder ob alle Möglichkeiten einer Metaposition immer auf gleiche Weise in den Text integriert werden. Wird dabei Letzteres festgestellt, kann man aus der Perspektive dieses Modells von erfolgreich und produktiv umgesetzten autofiktionalen Schreibweisen / Subjekt-Praktiken / Selbstpoetiken sprechen.

3.13 Der Autor als Figur, die Figur als Autor: metaleptische Selbstpoetik bei Goetz

Die bisherige Analyse hat gezeigt, dass eine Lesart, die von einer einfachen Identität von Autor, Erzähler und Figur(en) ausgeht, nicht ausreicht, um die Komplexität der Identitäts- und Subjektivierungsprozesse im Frühwerk von Rainald Goetz zu erfassen. Es ist ebenso dargelegt worden, dass die Figuren in *Irre* und *Kontrolliert* synthetische Figuren mit unklaren Grenzen sind,[494] die durchaus – wie es Christoph Hägele nahelegt – eine Aushandlung von Subjekt- und

---

[493] Hat man zusätzlich Schritt 1.1. ausgeführt, kann die Suche nach Konsistenzen auch auf die ›fremden‹ Medienangebote ausgeweitet werden.
[494] Vgl. zu *Irre* hierzu u.a. Doktor / Spies (1997): *Gottfried Benn – Rainald Goetz*, S. 221, die Anm. 675.

Identitätsmodellen in der Moderne und Postmoderne demonstrieren,[495] aber zugleich jegliches Anlegen von Authentizitätspostulaten bei solchen Konstellationen verfehlt ist. Von den aktuelleren Forschungsansätzen zu Goetz ist vor allem derjenige von Thomas Wegmann positiv hervorzuheben, der die mediale Performanz von Goetz als einen festen Bestandteil seines ästhetischen Programms erkennt, von dem aus die Differenz von Authentischem und Fiktivem sowohl betont, als auch suspendiert wird,[496] und der endlich auch den Fokus auf die metaleptischen Verfahren im Werk von Goetz richtet.[497] Allgemein aber nimmt die Identitätsproblematik in der Forschung zum Frühwerk von Goetz einen großen Raum ein, sei es, um darin ein sezessionistisches Gegenmodell zu den Identitätszwängen der westliche Gesellschaft zu lesen,[498] oder sei es – konträr dazu – um in seinem Werk dem Ausdruck einer Suche nach einer eindeutigen und souveränen Identität nachzuforschen. Dabei kann die Setzung von Martin Jörg Schäfer und Elke Siegel als Ausgangspunkt dienen, um die Identitätsproblematik als eine Frage nach Selbstpoetiken zu formulieren: »Indeed, the scenarios of Goetz's public performances, which are never about Goetz as a private person, are intricately intertwined with writing and textuality.«[499]

Von den Koordinaten ›Schreiben‹ / ›Autorschaft‹ und ›Textualität‹ aus wird ein Desiderat erkennbar, das bereits Thomas Doktor und Carla Spies mit der Frage »nach der spezifischen *Funktion* dieser literarisierten Alternative zum biographischen Verhalten des Autors«[500] einforderten. Wobei dem anzufügen bleibt, dass hier weniger die *Funktion* ins Verhältnis zur Biographie zu bringen wäre, als vielmehr die *Struktur* zu erkennen ist, die es erlaubt, *solche Fragen* überhaupt zu stellen. Dies wird in den folgenden drei kurzen Kapiteln nachgeholt. Dabei kann ein erstes wichtiges Merkmal der Selbstpoetik der Figur ›Rainald Goetz‹ festgehalten werden: Die paradoxe Konfiguration der Figuren zwischen den literarischen und den alltagswirklichen Welten führt gemeinsam mit der mehrfach kon-

---

495 Vgl. dazu Hägele (2010): *Politische Subjekt- und Machtbegriffe*, S. 32f. Fast die komplette Dissertation von Christoph Hägele geht dieser Frage nach. Und auch wenn sie sowohl in der Anlage ihrer Fragestellung als auch in den Analysen nicht zu überzeugen vermag, ist sie doch als symptomatisch für die Evozierung des Problemfelds der Identität und Subjekthaftigkeit im Werk von Goetz lesbar.
496 Vgl. dazu Wegmann (2009): »Stigma und Skandal«, S. 215. Allerdings geht Wegmann von synchronen Grenzüberschreitungen und Grenzziehungen aus – sein Ansatz ist damit nicht vollständig mit dem von mir vertretenen Diktum der Grenz*aufhebung* deckungsgleich.
497 Vgl. Wegmann (2009): »Stigma und Skandal«, S. 218.
498 Vgl. dazu Müller / Schmidt (2001): »Goetzendämmerung in Klagenfurt«, S. 258.
499 Schäfer / Siegel (2006): »The Intellectual and the Popular«, S. 197.
500 Doktor / Spies (1997): *Gottfried Benn – Rainald Goetz*, S. 187. Herv. I. K.

figurierten Performanz des Trägers der Autorfunktion Rainald Goetz in Klagenfurt zum Phänomen der Grenzaufhebung. Drei weitere Punkte werden hier relevant: (1.) Gestus und Inhalt der Texte, soweit darin Subjektmodelle und Identitätsproblematiken thematisiert werden, sowie daran anschließend die Subjektmodelle, die durch die Texte offeriert werden; (2.) eine Zusammenfassung des Diskurses über Goetz mit einem Schwerpunkt auf den autobiographischen Lesarten; (3.) eine Einordnung der so rekonstruierten Modelle im Kontext der theoretischen Setzungen der Autofiktionstheorie.

3.13.1 Thematisierung und Struktur der Subjektmodelle im Frühwerk

Der Fokus derjenigen Arbeiten, die sich den Subjektmodellen im Frühwerk von Goetz widmen, ist vor allem auf den Erstling *Irre* gerichtet, bietet doch die Auseinandersetzung mit der Psychiatrie einen guten Raum, um die Thematik beschädigter Identität auszuhandeln. In der Lesart von Doktor / Spies kommt es der Raspe-Figur zu, die Dispersion der beschädigten Psyche vor allem dadurch aufzuzeigen, dass sie als kontingentes Subjekt innerhalb der Psychiatrie situiert wird und durch diese Setzung die Prozesse des Identitätszerfalls der anderen veranschaulicht.[501] Raspe ist dabei zwei gleichzeitig ablaufenden Prozessen unterworfen: Zum einen wird die Kontingenz der Figur durch die Partizipation an der Rede der ›Irren‹ ein Stück weit aufgelöst,[502] zum anderen entwickelt sich in ihm ein Konflikt, der dadurch begründet ist, dass Raspe als Arzt auf der Seite der Macht positioniert ist. Sein Wunsch nach Distinktion wird dabei als Streben nach Souveränität lesbar, der insofern utopische Züge trägt, als Raspe im zweiten Teil des Romans vorwiegend fatalistisch den Machtprozessen in der Klinik gegenübersteht und damit eine machtvolle Position innerhalb des Psychiatriediskurses einnimmt, während er zur gleichen Zeit beginnt, sich der Punk-Kultur anzunähern, die mit ihrer Nähe zum Anarchismus den Machtbeziehungen der Klinik diametral entgegen steht.[503]

Das Leiden an der eigenen Rolle wird innerhalb des Romans im dritten Teil durch die Hinwendung der Figur zur literarischen Arbeit überwunden, bzw. wird die Schreibarbeit als möglicher Prozess einer solchen Überwindung entworfen. Die ersten Zeilen des dritten Teils machen zugleich deutlich, dass diese Tätigkeit einer Autor-Figur in der Erschaffung ihres Lebens mündet: »NEU ANFANGEN. Ja!,

---

501 Vgl. dazu Doktor / Spies (1997): *Gottfried Benn – Rainald Goetz*, S. 248.
502 Vgl. Doktor / Spies (1997): *Gottfried Benn – Rainald Goetz*, S. 223f.
503 Vgl. dazu Doktor / Spies (1997): *Gottfried Benn – Rainald Goetz*, S. 244f.

nocheinmal anfangen, ganz anders. Endlich möchte ich anfangen. Ich hätte so gerne ein Leben.«[504] Die metaleptischen Störungen des Textes offerieren dabei die Lesart, dass der erste und zweite Teil des Romans einerseits Produkt der Tätigkeit einer Autor-Figur sind, dass diese Figur jedoch im dritten Teil erst ›echt‹ erschrieben wird, da sie nun nicht mehr den Gesetzen der Klinik zu folgen hat und den eigenen Existenzraum der Schrift bestimmt. Die synthetische Figur fungiert so als Beobachtungsposition zweiter Ordnung zu den Beobachtungspositionen in den ersten zwei Teilen des Romans. Diese Figur wird als Element eines Subjektmodells verständlich, welches auf dem Prototyp ›Künstler / Autor‹ basiert und in dem die Beobachtungspositionen dieser Subjekt-Figur zwischen Welt und Text inhaltlich wie auch strukturell betont werden, um sie auf diese Weise als Kern dieses Subjektmodells zu installieren.[505]

Die Autor-Figur Raspe / Goetz hatte bereits beim Klagenfurt-Auftritt ihre hybride Kontur als Beobachter zwischen Welt und Text erhalten. In den Deutungen des Auftritts von Gabriele S. Feulner und Sascha Seiler wird herausgestellt, dass durch die Performanz des Schnitts vor allem die Kunst und der sie produzierende Künstler entgrenzt werden sollen, um der Totalität von Welt und Text angemessen begegnen zu können.[506] Die Tendenz dieser Feststellungen erscheint einerseits richtig, andererseits zu allgemein formuliert, wenn man die polymorphe Analge des »Subito«-Klagenfurt-*Irre*-Komplexes in seiner Gänze zu berücksichtigen trachtet. Die Transformation der Raspe-Figur vom Arzt zum Autor bietet dabei in nuce ein Modell, an dem die Konstruktion der Autor- / Künstlerfigur ›Rainald Goetz‹ veranschaulicht werden kann, ohne dabei die Figuren identisch setzen zu müssen. Bereits 1987 merkte Jürgen Oberschelp in einem Essay an, dass die autobiographische Färbung der Figur ›Rainald Goetz‹ nicht im Sinne der Biographie eines alltagswirklichen Subjekts, sondern als Selbstinszenierung einer literarischen Figur eben jenen Namens zu begreifen sei.[507] Die textuelle

---

504 Goetz (1983): *Irre*, S. 233. Herv. i. Orig.
505 Diese Position weicht entschieden von den Schlussfolgerungen Christoph Hägeles ab, der in *Irre* vor allem eine Auseinandersetzung mit den Macht- und Subjekttheorien von Michel Foucault sieht. Er begeht dabei den Fehler, den Text des Romans lediglich in Inhalt und Gestus zu analysieren und die komplexe strukturelle Anlage der Beobachter- und Autor-Figuren ebenso wie die metaleptischen Tropen zu ignorieren, was dazu führt, dass er *Irre* als »fortgesetzten Behauptungskampf um [...] Autonomie und Authentizität« des Subjekts liest, während dieser Aspekt in der vorliegenden Analyse auf einer eher beiläufigen Bedeutungsebene angesiedelt ist. Vgl. Hägele (2010): *Politische Subjekt- und Machtbegriffe*, S. 83. Vgl. auch ebd. S. 73, 82.
506 Vgl. Feulner (2008): »Vom Medienpessimismus zur Medienaffirmation«, S. 233; Seiler (2006): »*Das einfache wahre Abschreiben der Welt*«, S. 244.
507 Vgl. Oberschelp (1987): »Raserei«, S. 171.

Ausgestaltung einer Autor-Figur wurde einige Jahre später in der sehr differenzierten und reflektierten Analyse von Thomas Doktor und Carla Spies zum Gegenstand der Untersuchung, in welcher Raspe als ›Stellvertreter‹ des Autors Goetz in den Fokus rückte. Anhand der Entwicklung der Figur durch die drei Teile von *Irre* hindurch zur synthetischen Autor-Figur Raspe / Goetz zeichnen sie die Genese seiner Autorschaftsfiguration von einer Nicht-Beteiligung im ersten Teil zu einer poetologisch reflektierenden Instanz nach.[508] Sie stellen hierbei eine Analogie zur Autor-Subjekt-Konstruktion in Gottfried Benns Rönne-Novellen fest und schlussfolgern in Hinblick auf diese und auf *Irre*,

> daß die Texte poetologische Versuchsanlagen darstellen, daß sie poetologische Programme konturieren, indem sie sie ausschreiben. Maßgebliche Repräsentanten dieser poetologischen Konzepte sind die jeweiligen Hauptfiguren, die weniger als psychologisch kontingente Subjekte, denn als mit Defekten ausgestattete Modellfiguren angelegt sind. Als solche kommt ihnen die binnentextuelle Repräsentation der poetologisch zur Frage gestellten Autorschaft zu, die nicht notwendig mit einer extratextuellen Autorenbiographie analog gesetzt werden muß.[509]

Diese Feststellungen schließen sich nahtlos an die in Kapitel 3.12.2 geleisteten Analysen an und verdeutlichen, dass die Raspe-Figur ebenso wie die anderen Autor-Figurationen im Werk von Goetz als Versuchsanordnungen zu betrachten sind. Die Problematiken von Autorschaft und Autor-Subjekten werden an ihnen veranschaulicht, indem sie innerhalb der Literatur durchdekliniert werden. In ihrem Fazit räumen Doktor / Spies zudem konsequent mit der Lesart des Modells einer grenzüberschreitenden, avantgardistischen Künstler-Existenz auf:

> Die an den Patientenfiguren und Raspe veranschaulichte Tendenz zur optionalen Entdifferenzierung von Innerem und Äußerem ist literaturimmanent und schreitet nicht etwa die systematische Grenze realer Subjekte und ihrer Umwelt oder die Grenze zwischen Literatur und außerliterarischen Systemen ab. Da aber in binnenliterarischer Repräsentation eben diese Grenze thematisiert wird, hat es den Anschein, als sei *Irre* der Konzeption einer avantgardistischen Ästhetik verpflichtet, die »wirklich« die Entdifferenzierung von literarischer Kunst und Umwelt anstrebe.[510]

Das Phänomen der Grenzaufhebung, das von mir vor allem als prägend für den Klagenfurt-Auftritt festgestellt wurde, widerspricht nicht dieser Setzung, da in einer Grenz*aufhebung* im Gegensatz zu einer Grenz*überschreitung* die Differenz

---

508 Vgl. Doktor / Spies (1997): *Gottfried Benn – Rainald Goetz*, S. 130f.
509 Doktor / Spies (1997): *Gottfried Benn – Rainald Goetz*, S. 258.
510 Doktor / Spies (1997): *Gottfried Benn – Rainald Goetz*, S. 260.

eben jener distinkter Bereiche entfällt, auf denen das Modell einer avantgardistischen Entdifferenzierung von Kunst und Welt basiert.[511]

Innerhalb des sich so abzeichnenden Paradoxes von Referentialitätsbegehren und Fiktionalitätsverhaftung muss gleichwohl das Modell einer Autor-Figur als optionaler Partizipant eines utopischen Modells festgehalten werden, in dem Welt und (künstlerischer) Text zur Deckung gelangen. In der Ausgestaltung dieser Figur bei Goetz wird dabei immer wieder die Unmöglichkeit einer solchen Setzung vorgeführt. Oder anders formuliert: Auch die Konstruktion einer konsistent referentialisierbaren Autor-Figur, mag sie Medienschnipsel notierend, fotografierend, lesend oder sich selbst an der Stirn verletzend beobachtbar sein, bleibt ein Element der Literatur, solange ihre Interpretanten literarisch konfiguriert sind.[512] Die Selbstpoetik der beobachtbar gemachten Figur ›Rainald Goetz‹, die aus den Synthesen ihrer Figurationen heraus als die *Figur* eines ordnenden und sich selbst einschreibenden Autors sichtbar wird, ist damit weniger aus den Inhalten der autopoietischen Subjektivationsrhetorik der Einzelfiguren ableitbar, als aus der *Struktur ihrer Beobachtbarkeit,* während sich im gleichen Zuge die poetologischen Reflexionen der Figuren zu einem mit dieser Selbstpoetik korrespondierenden Inhalt transformieren. All die Elemente, die Goetz oder Raspe als Figur zugeschrieben werden – ihre Gewalttätigkeit, ihr Vitalismus,[513] ihr homosexuelles Begehren,[514] ihre Aufladung mit messianischen Zügen und das selbst auferlegte Martyrium des Künstlers[515] – rücken damit bei einer Betrachtung der

---

511 Zum so gezeichneten Modell einer Autor-Existenz ist noch anzufügen, dass die letzten Worte von *Irre* – »Ist endlich alles eines, meine Arbeit?«, Goetz (1983): Irre, S. 331, – die Einheit von Welt, Text und der dazwischen geschalteten Autorschaft eben immer nur als Modell präsentieren: Es wurde veranschaulicht, dass die Autor-Figuren im Text zwar aufgrund der Metalepsen und der Grenzaufhebungen sich aus den gleichen Konfigurationen wie der Träger der Autorfunktion speisen, dass aber eine Identität dieser Größen prinzipiell nicht erwirkt werden kann, da das *re-entry* nachzuvollziehen, aber innerhalb der Literatur nicht zu umgehen ist.
512 Damit ist auch den Feststellungen von Thorsten Rudolph entschieden zu widersprechen. Er liest *Irre* als einen »Versuch, das Begehren des neuzeitlichen Subjekts nach Einheit zum immer wieder letzten Mal an sein Ende zu führen, und zwar mittels einer Ineinanderblendung erkenntniskritischer, ästhetischer sowie politischer Probleme und ihrer Rückführung auf den gemeinsamen ›Grund‹«, Rudolph (2008): *irre/wirr: Goetz*, S. 124. Eine solche Lesart ignoriert den reflexiven Modus der Figuration, in welcher Goetz seine Autor-Figuren entwickelt.
513 Vgl. dazu Gropp (2008): »›Ich / Goetz / Raspe / Dichter‹«, S. 235ff.; Binczek (2001): »Was also ist der Ort des Textes?«, S. 297. Vgl. auch, jenseits des Frühwerks Plass (2013): »Realismus und Vitalismus«.
514 Vgl. dazu Goetz (1983): *Irre*, S. 20, 273.
515 Vgl. dazu Doktor / Spies (1997): *Gottfried Benn – Rainald Goetz*, S. 222; Winkels (1991): *Einschnitte*, S. 226, 251.

aktiven Selbstpoetik in den Hintergrund. Ihnen mag zwar inhaltlich eine gewisse Relevanz zukommen, entscheidender wird jedoch hier die strukturelle Anlage einer Doppelfigur: Auf der beobachtbaren Seite die synthetische Autor-Subjekt-Figur ›Rainald Goetz‹ – und auf der nicht beobachtbaren Seite dasjenige Subjekt, das als Träger der Autorfunktion jenseits des Textes an der Nullstelle des Diskurses angesiedelt ist.[516]

Diese Doppelfigur entspricht in ihrer Anlage der Struktur der Subjektivation, wie sie Michel Foucault dargestellt hat: Die beobachtbare Seite resultiert aus denjenigen Prozessen, die hier als ›Subjektivation durch Macht‹ bezeichnet wurden, während die nicht beobachtbare Seite strukturell die Position der ›autopoietischen Subjektivation‹ einnimmt. Dasjenige Subjekt, das als Träger der Autorfunktion jenseits der Texte auftritt, markiert die Nullstelle des Diskurses, die erst durch die Figurationen innerhalb von literarischen und journalistischen Texten – oder allgemeiner: durch Beobachtbarkeit innerhalb von Medienangeboten – operationalisierbar wird. Wie bei der Subjektivation ist diese – an sich nicht verifizierbare – Nullstelle die Bedingung für die erfolgreiche Etablierung der Autor-Figur(en). So wie man annehmen kann, dass ein Subjekt, das man als solches subjektiviert, innerhalb seines psychischen Systems zeitgleich sich selbst autopoietisch als Subjekt erkennt, so geht man davon aus, dass ein Autor als Begründer und Quelle der Texte vorhanden ist. Die dann beobachtbare Seite dieser Doppelfigur ist – so eine These – umso einfacher als dasjenige Subjekt identifizierbar, das die Nullstelle der Autorschaft besetzt, je stärker es sich als Beobachter alltagswirklich referentialisierbarer Elemente erkennbar macht und je deutlicher in die beobachtbare Seite der Figur die strukturelle Position eines ›Autors als Begründer‹ motivisch eingebunden ist. Eben so ließe sich die fortwährende Thematisierung der eigenen Beobachterposition, des Notierens, Fotografierens und Kontrollierens des medialen Diskurses im Werk von Goetz lesen.

Entsprechend wurde der Verwendung bereits medialisierten Materials im Werk mittels Collage oder einfachem Zitat bereits von Müller / Schmidt attestiert, sie diene in erster Linie der Profilierung einer schöpferischen Autor-Figur.[517] Doch

---

516 Dass der Träger der Autorfunktion nicht beobachtbar ist, gilt natürlich nur als Einschränkung für alle Analysen der Art, wie die vorliegende. Für den Suhrkamp-Verlag als Unternehmen ist er als Rechtsperson und Eigentümer der von ihm autorisierten Texte beobachtbar, für das Finanzamt und Einwohnermeldeamt als Wahlberechtigter und mit Rechten versehener Bürger und Steuerzahler, für seine Freunde als private Person im Rahmen direkter Interaktion etc.
517 Vgl. Müller / Schmidt (2001): »Goetzendämmerung in Klagenfurt«, S. 268. Allerdings verpassen sie es, diese Verfahren als Bestandteil einer komplexen Subjekt-Poetik zu bestimmen, da sie die Mehrschichtigkeit der Figuren im Werk von Goetz nicht hinreichend thematisieren und von einer Entmetaphorisierung der literarischen Rede ausgehen, vgl. dazu ebd., S. 262.

auch hier ist der Sachverhalt komplexer: Die Verwendung des medialisierten Diskurses wird bereits in *Irre* inhaltlich anhand der Autor-Figur Raspe veranschaulicht, indem Raspe seine Autor-Rolle durch Selektion und Reproduktion der Rede aus der Psychiatrie nach und nach manifestiert.[518] Diese in der Diegese gefasste Anlage wurde so gedeutet, dass der »Space« genannte Raum der intertextuellen Verbindungen, den Raspe als Autor auszuloten sucht,[519] dem »Subito«-Diktum vom »einfache[n] wahre[n] Abschreiben der Welt«[520] entspräche.[521] In meiner Analyse ist indes verdeutlicht worden, dass die referentialisierenden Verfahren des Zitats und Verweises durch die komplexe poetologische Anlage der Texte eher dem Einschreiben einer Autor-Figur entsprechen. Der hohe Bewusstseinsgrad für die Prozesse der Medialisierung und ihre Wirklichkeitseffekte wird sowohl in die Diegese der Romane eingebettet,[522] als auch strukturell in die Anlage der Klagenfurt-Performance implementiert. Durch die Vermischung von bereits vorher medialisiertem Material in den Collagen der Dossiers und in *Irre* mit demjenigen Material, das erst durch die Autorschaft von Goetz medialisiert wird – hier wären alle Zeichnungen und Selbstporträts zu subsumieren – erfolgt eine Einschreibung in die massenmedialen Zeichenprozesse der Welt, in der stets die Doppelgestalt aus Autor-Figur und Träger der Autorfunktion aufscheint. Von dieser Setzung ausgehend ist es nur konsequent, alle medialen Aufführungssituationen dieser Figur dem Werk von Goetz hinzuzurechnen, wie es Martin Jörg Schäfer und Elke Siegel vorgeschlagen haben.[523]

Zusammenfassend lässt sich über die Vorkommen von Subjektmodellen und Identitätsproblematiken im Werk von Goetz sagen, dass diese zwar auch inhaltlich in den Texten deutlich greifbar sind, jedoch ihre Wichtigkeit gegenüber der strukturellen Anlage zurücktritt. Die Selbstpoetik der Figur ist darauf ausgerichtet, über ein Modell von schöpferischer Autorschaft die Problematiken einer solchen Position zwischen Werk und Text zu demonstrieren und die verschränkten Prozesse von Beobachtung und Beobachtbarkeit in den Fokus zu rücken. Der Gestus wird an denjenigen Stellen, an denen er Authentizität, Wahrhaftigkeit und Realität zu vermitteln scheint, aufgebrochen, um die literarische Gemachtheit eben dieser Texte zu demonstrieren und sie damit hybrid zu

---

518 Vgl. dazu Doktor / Spies (1997): *Gottfried Benn – Rainald Goetz*, S. 131, 162.
519 Vgl. dazu Goetz (1983): *Irre*, S. 299f.
520 Goetz (1986): »Subito«, S. 19.
521 Vgl. diese Position bei Seiler (2006): *»Das einfache wahre Abschreiben der Welt«*, S. 240 und Rudolph (2008): *irre/wirr: Goetz*, S. 85.
522 Vgl. dazu u. a. das ›Drehbuch‹ in *Irre*, sowie weitere Textestellen. Goetz (1983): *Irre*, S. 241ff., 263, 274, 309f.
523 Vgl. Schäfer / Siegel (2006): »The Intellectual and the Popular«, S. 196.

machen. Aber auch diese Hybridität wird als ein Modell markiert, das trotz der ausgestellten poetologischen Komplexität in erster Linie literarisch verortet ist und selbstreferentiell wirkt. Die Grenzaufhebungen sorgen nicht dafür, dass eine Synthese literarischer und alltagswirklicher Diskurse stattfindet, sondern schaffen einen spezifisch konfigurierten Zwischenraum. Genau in diesem Raum des eigenen Werkes ist die Autor-Figur ›Rainald Goetz‹ angesiedelt und ihre Besonderheit besteht darin, dass sie trotz der strukturellen Hermetik ihrer Konstruktion die Möglichkeit bietet, sie als Element von operativen Fiktionen anschließen zu können und damit auch den Autor als Nullstelle des Diskurses zu operationalisieren. Genau dieser Umstand von ausgehaltener Unentscheidbarkeit der Zuordnung und gleichzeitig vorhandener Referentialisierungsmöglichkeit erweist sich als typisches Merkmal dieses Modells einer Selbstpoetik, das zudem noch durch den medialen Diskurs über diese Figur ergänzt wird.

3.13.2 Fortschreibungen der Goetz/Raspe-Figur: Diskurse der Frühphase

Man kann vorausgreifend formulieren, dass das in Goetz' Werken präsentierte Modell insofern ›funktioniert‹, als die Eigenschaften der beobachtbaren und literarisch eingebetteten Autor-Figur zum großen Teil auch für den Träger der Autorfunktion als gültig erkannt werden. Der Modus dieser Übertragung von Eigenschaften wird zwar teilweise als auf einer Inszenierung basierend gekennzeichnet, das hindert den Diskurs jedoch nicht daran, von Goetz als von einer einheitlichen Person auszugehen, der gewisse Eigenschaften zugewiesen werden. Sascha Seiler schreibt über die Frühphase der Goetz-Rezeption:

> Interessant ist hierbei, dass der selbstzerstörerische Impetus Goetz' zu jener Zeit noch als stark autobiographisch gedeutet wurde. [...] Der Aspekt einer groß angelegten medialen Inszenierung, wie man sie von Goetz auch bei späteren Werken bzw. Werkzyklen beobachten konnte, wurde zwar angedeutet, jedoch in ihrer Dimension noch nicht als solche erkannt.[524]

Die metaleptischen und selbstabbildenden Verfahren in seinen Werken werden somit dahingehend gedeutet, dass der Autor in einem quasi-symbiotischen Verhältnis zu seinen Texten stehen würde – ein Verfahren, dem Hubert Winkels einen dokumentarischen Dienst erweist, wenn er diese Haltungen zusammenfasst:

---

[524] Seiler (2006): »Das einfache wahre Abschreiben der Welt«, S. 242.

> Wird über Goetz gesprochen, so ist z.B. häufig vom Terrorismus die Rede; er sei ein Mann, der den Terrorismus gleichsam von innen kenne (womit dann eine Art mentaler Kern gemeint ist); der Schriftsteller [...] sei nach Stammheim gepilgert; er sei der einzige, dessen revolutionäre Energie keine Zugeständnisse an herrschende Lebensformen zulasse; er bastele Waffen, ›Benzinbomben‹, sagt einer, ›wirklich‹, seine Texte seine Waffen, ein anderer. [...] [E]r sei die notwendig militaristische Verkörperung des Dandys im nachbürgerlichen Zeitalter (›eine Prosa der Kampfstiefel und der nervös vibrierenden Nasenflügel‹).[525]

Im Diskurs über Goetz – so stellt Winkels heraus – erfolgt dabei immer wieder die Äquivalenzsetzung zu anderen Autoren, deren öffentliche Imago von bestimmten nonkonformen Elementen dominiert wird, wie dem jungen Gottfried Benn und Georg Büchner.[526] Die Zeichnung eines Genies, eines der gängigsten Muster der Auratisierung von literarischen Autoren,[527] lässt sich im Goetz-Diskurs ebenso finden,[528] wie die Verweise auf seine ärztliche Tätigkeit, die damit die Suggestion einer autobiographischen Erklärungsfolie zumindest für *Irre* liefert.[529] Aus Raspe und dem Klagenfurt-Auftritt generierte sich das Bild eines »Streber-Punker«[530] und »poète maudit«.[531] Es zeigt sich dabei, dass die Komplexität der gesamten Anlage von Text und Figur nicht ausreicht, um die Trivialität eines solchen identifikatorischen Transfers von Eigenschaften zu stören. Genau diese Prozesse müssen somit als mit-konstitutiv für die Poetik der Doppelfigur aufgefasst werden: Die Option einer direkten Gleichsetzung der Figuren, ihr Anschluss an operative Fiktionen und das Unterschlagen der Komplexität ihrer Anlage und ihrer literarischen Konfiguration. Etwas resigniert klingt entsprechend das Fazit von Winkels, wenn er die Wiedergabe des Diskurses über Goetz abschließt:

> Was ich zeigen will ist die schlichte Tatsache, dass, wenn von Goetz die Rede ist, seine Texte häufig nur als Hinweise, Erklärungen, Marginalien zu, als Dokumente, Exklamationen, Zeugnisse von einer Person, einem Leben, einem Menschen (einem Phantasma also, wie hier selten gut deutlich wird) gelesen werden. Im Zentrum der Vorstellungen steht der

---

525 Winkels (1987): »Ohrschaden«, S. 70.
526 Vgl. Winkels (1987): »Ohrschaden«, S. 70. Thomas Doktor und Carla Spies legten entsprechend eine Untersuchung vor, in der Benn und Goetz dahingehend verglichen werden, wie ihr ›skandalöser‹ Eintritt in den Literaturbetrieb beschaffen war und welche poetologischen Implikationen den vorgeblichen Spaltfiguren der Autoren – Raspe und Rönne – zugewiesen werden können, vgl. Doktor / Spies (1997): *Gottfried Benn – Rainald Goetz*.
527 Vgl. dazu u.a. Begemann (2002): »Der Körper des Autors«; Zeithammer (2000): *Genie in stürmischen Zeiten*.
528 Vgl. dazu Winkels (1987): »Ohrschaden«, S. 80; Schultz-Gerstein (1987): »Der rasende Mitläufer«, S. 26; Doktor / Spies (1997): *Gottfried Benn – Rainald Goetz*, S. 91.
529 Vgl. dazu Delabar (1990): »Goetz, Sie reden wirres Zeug«, S. 70.
530 Schultz-Gerstein (1987): »Der rasende Mitläufer«, S. 26.
531 Winkels (1991): *Einschnitte*, S. 225.

> Welthaltige und Leibhaftige, den Lesern, den Entfernten des Lebens, bleibt die Hülle des Textes; eine Verbindung aus Heiliger Schrift (Programm) und ihrem Nachfolger, der brennenden Konfession.[532]

Die Stabilität der so konstruierten Autor-Figur kann auch an ihrer Übernahme in wissenschaftliche Diskurse demonstriert werden, in denen die Annahme einer solchen Einheit teilweise dazu dient, ein Desiderat zu konstruieren und darauf ein Forschungsprogramm aufzubauen. Paradebeispiele dieser Art bieten die Bücher von Christoph Hägele und Thorsten Rudolph. Hägele fragt in seiner Arbeit nach den politischen Subjekt- und Machtbegriffen im Werk von Goetz – eine durchaus legitime Frage, die jedoch von ihm darauf aufgebaut wird, dass die autopoietische Subjektivationsrhetorik der Figur Raspe derjenigen von Goetz entsprechen würde, da die Figuren deckungsgleich seien und von ihm entsprechend als identische markiert werden.[533] Er weist Goetz dabei die bereits bekannten Topoi des authentischen Anschreibens gegen den Simulationscharakter der Postmoderne zum Zwecke einer souveränen Selbstbehauptung des Subjekts zu, ohne sie als Rhetorik der Figur zu kennzeichnen.[534] Dies führt dazu, dass Hägeles Text zu einer spekulativen Fortschreibung der Goetz-Figur wird:

> Einerseits scheint Goetz im Besitz eines hoch verfeinerten Sensoriums für subtil wirkende Autonomie- und Freiheitsgefährdungen zu sein. Ein anderer Grund ist wohl persönlichkeitspsychologischer Natur. Die Ich-Ansprüche von Rainald Goetz sind ausgesprochen hoch, dies bekundet sich in seinem stark entwickelten Ehrgeiz, der genialischen Arbeitswut und seiner ausgeprägten Bildungsbesessenheit. Eine Haltung der ironischen Distanz gegenüber sich selbst und den Verhältnissen, eine Haltung des gelassenen »Darüber-Stehens« [...] ist Goetz indes nicht möglich. [...] Viele seiner Schriften und Selbstzeugnisse weisen ihn als eine vergrübelte, alles hinterfragende Persönlichkeit aus, der ein unproblematisches, gewissermaßen auch unbewusstes Akzeptieren gesellschaftlicher Rollen und Ansprüche nicht möglich ist.[535]

Der Duktus dieser Zeilen demonstriert noch stärker als ihr Inhalt, dass die Identifikation des Trägers der Autorfunktion mit den textuellen Figurationen als funktionaler Bestandteil der Selbstpoetik im Frühwerk von Goetz erkannt werden muss.

Es wird damit deutlich, dass sich die Selbstpoetik von Goetz aus zwei Strategien formiert: Zum einen evoziert sie sich aus der hybriden Selbsteinschreibung der Figur, – wobei diese Hybridität mit dem ihr immanenten Paradox von

---

532 Winkels (1987): »Ohrschaden«, S. 71.
533 Vgl. dazu Hägele (2010): *Politische Subjekt- und Machtbegriffe*, S. 11, 14, 25, 38, 70, 89, 102.
534 Vgl. Hägele (2010): *Politische Subjekt- und Machtbegriffe*, S. 32, 70.
535 Hägele (2010): *Politische Subjekt- und Machtbegriffe*, S. 84.

beobachtbarer Seite und Nullstelle des Diskurses hier strukturell angelegt ist. Zum anderen speist sie sich aus denjenigen Fortschreibungen, welche diese Hybridität zugunsten einer gesetzen Identitätsannahme ignorieren, um auf diese Weise operative Fiktionen dieser Figur in die Welt zu setzen. Nur so ließe sich plausibel erklären, warum Thorsten Rudolph sich in seiner Dissertation die Mühe macht, Raspe mit dem Fachvokabular der klinischen Psychiatrie eine Diagnose auszustellen[536] – ein Erkenntnisgewinn wird dadurch nicht erkennbar, wohl aber die Transformation Raspes in eine Konfiguration, in der für ihn die gleichen Diskursregeln gelten, wie für alltagswirkliche Subjekte.

3.13.3 Die ›hybride metaleptische Selbstpoetik‹

Wie ordnen sich nun all diese Effekte, (Re-)Konfigurationen, Ein- und Fortschreibungen in die Theorien der Autofiktion? Ganz wunderbar, möchte man auf den ersten Blick meinen. Die Poetik der Doppelfigur ›Rainald Goetz‹ bietet so viele Anschlusspunkte an ihre nicht beobachtbare Seite, dass darin das utopische Moment einer Existenz qua Literatur zur Wirklichkeit zu gelangen scheint – eine Beobachtung, die durch die Art des Diskurses über diese Figur und ihre Fortschreibungen sich zu bestätigen sucht. Jürgen Oberschelp erkennt in der Anlage des Klagenfurt-Auftritts gewisse Kräfte, die eine »avantgardistische Utopie einer Vereinigung von Kunst und Leben«[537] als gescheitert betrachten, um sie jedoch zugleich als literarisches Zitat anzubringen, in dem »das vergossene Blut [...] eine Reminiszenz an Substanz und substanzielle Revolten [ist], es ist Teil einer spielerischen (Selbst-)Inszenierung«.[538] Wenn die Differenz von Welt und Text jedoch nicht mehr einer idealistischen Denktradition folgend konstruiert wird und ihre weltkonstituierende Kraft verliert, dann wird die Erzeugung von Welt qua Text am Beispiel der Selbstpoetik der Figur ›Rainald Goetz‹ unmittelbar greifbar.

Die Konstruktion einer Subjekt-Figur, die das Potenzial aufweist, als identisch mit einem sich ›dahinter‹ befindlichen Subjekt erkannt und als operative Fiktion fortgeschrieben zu werden, fügt sich fast perfekt in die theoretischen Schemata der Autofiktion: Eine Identität von Autor, Erzähler und Figur wird immer wieder evoziert, um gleich wieder gebrochen zu werden. Sowohl ein referentieller Pakt als auch ein fiktionaler Pakt können nacheinander oder auch zugleich als Konfiguration zum Einsatz kommen. Die rhetorische Positionierung der Figur zwischen

---

536 Vgl. Rudolph (2008): *irre/wirr: Goetz*, S. 62.
537 Oberschelp (1987): »Raserei«, S. 173.
538 Oberschelp (1987): »Raserei«, S. 173.

Welt und Text erschafft trotz des deutlich ›literarischen‹ Charakters der Prozesse ein scheinbar konsistentes Subjekt.[539] Das Subjekt in all seinen Variationen entzieht sich zugleich eindeutigen Grenzzuweisungen, schafft aber durch seine Hybridität etwas Wichtiges: Die beobachtbare Seite der Figur ermöglicht durch ihre Anlage *als Figur* diejenige Leerstelle, die von einem Begründer-Subjekt besetzt wird, das jenseits des Textes als Träger der Autorfunktion auftritt. Soweit lässt sich das Werk von Goetz als autofiktionaler Lebenstext lesen, wenn man bereit ist, dieses Konzept als Existenzform ernst zu nehmen. Walter Delabar bemerkt hierzu:

> Schließlich [...] läßt sich die Frage, ob Goetz eigentlich den Aufstand gegen das literaturkritische Establishment ernst meint und dafür die eigene Existenz ins Feld führt, kaum sinnvoll stellen, denn Spektakel und Ästhetizismus sind davon nicht zu trennen, außer eben durch Miß- oder Gottvertrauen.[540]

Weit davon entfernt, die Konstruktion eines Subjekts auf »Gottvertrauen« basieren zu lassen, kann man als LeserIn die Fabrikation dieser Existenz in den literarischen Werken und in den medialen Fortschreibungen nachvollziehen. Kennzeichnendes Merkmal dieser Selbstpoetik ist, dass die angelegte Hybridität der Figur zu einem fortwährend ausgehaltenen Paradox führt, in welchem diese Hybridität fortwährend ebenso behauptet wie negiert wird. Zudem fällt es trotz dieser komplexen und hybriden Anlage den meisten RezipientInnen leicht, von diesem Phänomenfeld auf ein einheitliches Subjekt zu schließen und die Komplexität der Figur zu reduzieren, oder aber diese Komplexität als Teil einer Inszenierung auf die Seite der Literatur zu schieben, um auf diese Weise implizit ein ›Dahinter‹ zu rekonstruieren, das zu der empirischen Person Rainald Goetz führen soll. Ein solches Modell möchte ich im Folgenden als HYBRIDE METALEPTISCHE SELBSTPOETIK bezeichnen, da die Annahme eines symbiotischen Verhältnisses des Autors mit seinem Text darin zwar offeriert wird, diese Anlage jedoch bei Goetz stets eine literarische Konfiguration aufweist.

Dies ist auch als ein erstes Indiz dafür zu lesen, warum es sich im Fall der Selbstpoetik im Frühwerk von Goetz nicht um eine vollständige Autofiktion handelt. Ein weiteres Indiz dafür ist, dass im Werk von Goetz die Autor-Figuren zwar deutlich als ›Begründer‹ der Texte konstruiert werden, ihnen jedoch keinerlei Anbindung an den juridisch-sozialen Bereich der Autorfunktion zugewiesen wird. Das deutlichste Argument findet sich jedoch, wenn man nach der

---

539 Diese Konsistenz besteht allerdings z.T. darin, als Figur inkonsistent und multipel zu sein.
540 Delabar (1990): »Goetz, Sie reden wirres Zeug«, S. 73f.

Metaposition fragt. Denn die aus den Analysen zu schließende Antwort lautet, dass eine solche hier nicht angelegt ist. Diese Feststellung mag zunächst irritieren – wurde doch nachgewiesen, wie die Doppelgestalt aus beobachtbarer Autor-Figur und nicht beobachtbarem Träger der Autorfunktion in den Texten aufgebaut wird, es sei nur an die Verwicklung der Beobachtungen verschiedener Grade erinnert, die in den Texten und Collagen, den Selbstbildern und Identitätsspielen immer wieder zum Vorschein kommt. Bei einer genaueren Betrachtung fällt jedoch auf, dass diese Verdoppelung der Figur stets der gleichen literarischen Konfiguration unterliegt. Die Leerstelle, die in der diskursiven Fortschreibung des Subjekts ›Rainald Goetz‹ aufgefüllt wird, ist zwar nur aufgrund der Konstruktion der Autor-Figur in Goetz' Texten und ›seiner‹ Performanz strukturell möglich, aber eben hier befindet sich das Problem: Diese Figur referiert niemals darauf, einen anderen Existenzmodus zu besitzen, als eben diesen textuell und medial vermittelten. Die Evozierung der Leerstelle hat keinen weiteren Ursprung als den Text und die Metaposition eines den Textfluss metaleptisch störenden Autors speist sich stets aus dem gleichen Interpretanten wie der Text selbst. Für das Frühwerk gilt: Wenn man von dem Klagenfurter Auftritt absieht, der hier ja dem Werk hinzugezählt wurde, gibt es außerhalb der Texte von Rainald Goetz keine medialisierten Hinweise darauf, dass eine Person dieses Namens alltagswirklich existiert. Konform dazu findet sich für das gesamte Frühwerk kein Interview mit dem Autor – Rainer Kühn verzeichnet in seiner Bibliographie das erste für das Jahr 1995.

Alle Texte des Frühwerks von Goetz werden hier entsprechend als den gleichen Rahmenbedingungen unterliegende gehandhabt. Die rhetorisch evozierte Metaposition, die auf der Staffelung der Beobachtungsverhältnisse und der Reflexivität ihrer Anlage basiert, erlaubt keine weiteren, darüber hinausgehenden Schlüsse, in welchen die Stelle dieser Metaposition anderen Interpretanten unterliegen würde. Die Selbstpoetik im Frühwerk von Goetz ist damit zwar durchaus als konsistente Autofiktion zu bezeichnen, erweist sich jedoch als eine Art Autofiktion-*light*, da sie niemals inhaltlich auf eine alltagswirklich referentialisierbare Stelle verweist, in welcher der Träger der Autorfunktion an dem Modell partizipieren und sich aus diesem speisen könnte. ›Rainald Goetz‹ wird damit als eine im eigenen Werk erschaffene Figur greifbar, die von anderen fortgeschrieben wird. Eine existenzielle Dimension kann dieser Art der Subjekt-Poetik nicht zugewiesen werden, solange man von Literatur und Welt als zumindest heuristisch getrennten Bereichen ausgeht.

4 Von *Heute Morgen* bis *Schlucht:* Internet, Wahrheit und Fortschreibungen bei Rainald Goetz

»Man müßte die Sprache von ihrer Mitteilungsabsicht frei kriegen können. Daß die Schrift nur noch so ein autistisches, reines, von der Zeit selbst diktiertes Gekritzel wäre, Atem. Jenseits des Todes. Aber auf dessen Eintreten muß sie dann warten, um Text zu werden. Schade ist das.«
Goetz (1998): *Rave*, S. 262

4.1 Latenz und die Ausweitung der Medien: Musik, Internet, TV

Fünf Jahre sollten vergehen, bis nach der Publikation des *Festung*-Komplexes[1] wieder ein Buch von Rainald Goetz in seinem Stammverlag Suhrkamp erscheinen sollte. Nachdem bereits 1997 der Merve-Verlag *Mix, Cuts & Scratches* von Westbam in Zusammenarbeit mit dem Autor veröffentlichte, wurde der neue Zyklus *Heute Morgen*[2] dann am 25. März 1998 mit *Rave* eingeläutet.[3] Die lange Dauer bis zur Publikation mag insofern überraschen, als der in *Kronos* ganz am Ende zu findende Text »Ästhetisches System« retrospektiv als eine Art Cliffhanger gelesen werden kann, der bereits einen ganzen Katalog der Inhalte und Eigenschaften von *Heute Morgen* enthält. Die im Nachtleben aktive Figur Wolli wünscht sich darin ein Buch, das ihn, seine Freunde und die ganze Szene der Techno- und Partygänger adäquat abbilden müsste:

> Das gab es tatsächlich noch nicht, uns und das, was wir so gelebt hatten, die letzten drei, vier Jahre. Müßte doch endlich mal wer machen vielleicht, könnte ja vielleicht einer schreiben, den geilen Realreißer aus der Technowelt. Drogen, Sex, Musik; Party, Liebe, Platten-

---

[1] *Festung* wurde ursprünglich in einem Schuber mit allen fünf Teilbänden gemeinsam publiziert, die damit zunächst nicht einzeln verfügbar waren, vgl. dazu Seiler (2006): *»Das einfache wahre Abschreiben der Welt«*, S. 306.
[2] Der Name *Heute Morgen* referiert auf einen *running gag* von Harald Schmidt, der von ihm in seiner TV-Show immer wieder angebracht wurde. Die gesamte Phrase lautet: »Heute Morgen, um 4 Uhr 11, als ich von den Wiesen zurückkam, wo ich den Tau aufgelesen habe«. Vgl. dazu Seiler (2006): *»Das einfache wahre Abschreiben der Welt«*, S. 292.
[3] Bei einem Blick in das Buch *Abfall für alle* kann der Eindruck entstehen, dass die Internetversion bereits vorher erschien, da darin der erste Tag der Aufzeichnung als der 4. Februar 1998 verzeichnet ist. Tatsächlich ging *Abfall für alle* unter der Internet-Adresse www.rainaldgoetz.de erst am 30. März 1998 und damit fünf Tage nach der Veröffentlichung von *Rave* online. Vgl. dazu Goetz (1999): *Abfall für alle*, S. 149ff. Siehe dazu auch Baisch / Lüdeke (2000): »Was kommt? Was geschieht?«, S. 145, Anm. 18.

laden; [...] Drogenfilm: Below Zero, klar. [...] Alle personenbezogenen Daten natürlich verschlüsselt. Oder totaler Klartext, klar.[4]

Der aus mehreren nacheinander erschienenen Bänden bestehende Komplex *Heute Morgen*[5] und vor allem die Erzählung *Rave* schien dann eben das zu bieten: Drogen und Musik, Partyszene und Gruppendynamiken, dargeboten in einer unkritischen, sehr nahen, durchgehend affirmativen Haltung. Der so identifizierte Gestus führte zu einem Anwachsen ideologisch kritischer Stimmen bis hin zu Vorwürfen, Goetz würde sich durch seine vorgeblich ausgestellte, quasi-religiöse Begeisterung für die Musik und die Party-Massen, seine neue Bevorzugung des Prolligen und seine Distinktion von intellektuellen Haltungen in die Nähe des rechtspopulistischen Lagers bewegen.[6] Insgesamt wurde *Heute Morgen* von vielen KritikerInnen als einer anderen Poetik angehörend betrachtet, als das bis dahin publizierte Œuvre des Autors.[7] Dem Körper und der Sexualität würde ein neuer Stellenwert zukommen,[8] während das Politische als Thematik in den Hintergrund treten würde, um »das Kerngeschäft der Kunst«[9] in den Blick zu nehmen.

Die Musikszene bildet den Inhaltsrahmen von *Rave* und stellt eine der wichtigsten Thematiken von *Celebration* dar. Laut Sascha Seiler diente das kompositorische Prinzip des Mixens der Musik durch den DJ als Vorbild für die offene und zugleich serielle Anlage von *Heute Morgen*.[10] Christoph Hägele kommt sogar zu dem Schluss, die Aufnahme in die Gemeinschaft der tanzenden Massen würde die Goetz seit *Irre* begleitende Suche nach »einer autonom und souverän gelebten Subjektivität« beenden und ihn »auf diese Weise aus den Fängen einer

---

4 Goetz (1993): »Ästhetisches System«, S. 386.
5 Vgl. zu den Einzelbänden die Auflistung im Kapitel 3.1.
6 Vgl. Beispiele für den Diskurs bei Windrich (2007): *Technotheater*, S. 56, Anm. 107 und Anm. 108. Vor allem Goetz' Beitrag »Hard times, big fun« über die Loveparade, der am 11. Juli 1997 im *Zeit-Magazin* erschienen ist, sorgte für Kontroversen. Der Beitrag findet sich wieder abgedruckt in Goetz (1999): *Celebration*, S. 203-235. Das anlässlich dieses Artikels geführte Interview mit Redakteurinnen der *Texte zur Kunst*, in dem die Nähe zu rechtem Gedankengut als Vorwurf formuliert wurde, ist unter dem Titel »Praktische Politik« auch ebenda wieder abgedruckt, S. 243-271.
7 Diese Annahme bildet die Ausgangsbasis von Thorsten Rudolphs Untersuchung, der nachzuweisen versucht, dass *Irre* und *Rave* auf »kategorial verschiedene Modelle hinsichtlich der epistemologischen Voraussetzungen, der ästhetischen Umsetzung und der politischen Implikationen vorführen«, Rudolph (2008): *irre/wirr: Goetz*, S. 16. Seine Ausführungen können indes nicht vollends überzeugen, was weniger an der Vorannahme als an Rudolphs wissenschaftlich-analytischer Praxis liegt.
8 Vgl. Windrich (2007): *Technotheater*, S. 57.
9 Windrich (2007): *Technotheater*, S. 61. Siehe auch ebd. 59ff.
10 Vgl. Seiler (2006): »*Das einfache wahre Abschreiben der Welt*«, S. 292.

existenziell bedrohlichen Lebenskrise« befreien.[11] Tatsächlich findet sich in »Drei Tage« analog zum Beginn des dritten Teils von *Irre* der proklamierte Anfang eines ›neuen Lebens‹ (»Incipit vita«),[12] doch lehrt die Erfahrung des hybriden Charakters der Texte von Goetz, mit solchen Aussagen eher vorsichtig zu sein.[13]

Für die strukturelle Anlage der Selbstpoetik von Goetz spielen weder Inhalt noch Struktur der elektronischen Musik eine große Rolle. Etwas anders verhält es sich mit der Systemtheorie – Niklas Luhmann avanciert zu einer wichtigen Instanz, auf die im Werk immer wieder referiert wird.[14] Johannes Windrich weist in seiner Arbeit sehr überzeugend nach, dass die Systemtheorie bereits für das Theaterstück *Festung* eine Art theoretisches Gerüst bietet und auch für *Heute Morgen* wesentliche Elemente als Denkfiguren offeriert, die in Goetz' Poetik integriert werden.[15] Und tatsächlich scheint die Systemtheorie diejenigen Strukturen zu benennen und in ein philosophisches System zu integrieren, die hier als besonders wichtig für die Poetik von Goetz benannt wurden. Bereits an der Anlage des Klagenfurt-Auftritts wurde nachgewiesen, wie das komplexe System von Beobachtungen n-ter Ordnung in dem Text und der Aufführungssituation identifiziert werden kann. Die Figuration der Autorschaft im Werk von Goetz speiste sich von da an entsprechend aus einem Modell, dass aus einander nachgeordneten Beobachtungsinstanzen besteht und aus der Spannung, die sich zwischen diesen Beobachtungsinstanzen bei einem Übergang von Welt in Text aufbaut. Im Luhmann'schen Konzept der Latenz identifiziert Windrich nun ein Element, das eben diesem Punkt des Übergangs insofern vorgelagert ist und ihn strukturiert, als es ihn theoretisch erst ermöglicht. In der Denkfigur der Latenz wird zum einen der Übergang von einer Beobachtungsinstanz zur nächsten betont, zum

---

11 Hägele (2010): *Politische Subjekt- und Machtbegriffe*, S. 146.
12 Goetz (1993): »Drei Tage«, S. 265.
13 Vgl. zu dieser Textstelle Rudolph (2008): *irre/wirr: Goetz*, S. 221.
14 Vgl. dazu Windrich (2007): *Technotheater*, S. 54, der an der Stelle allerdings biographisch argumentiert. Eine anschauliche Illustration findet sich auf der Doppelseite 126f. in Goetz (1999): *Celebration* auf einem Foto, auf welchem der Autor in *Das Recht der Gesellschaft* lesend abgebildet ist, während vom Boden des Swimmingpools, in welchen Goetz seine Füße hält, der Name »Andy Warhol« auf die Oberfläche des Wassers schimmert. Damit werden zwei wichtige Bezugspunkte für die Poetik von *Heute Morgen* gleichzeitig evoziert.
15 Vgl. dazu vor allem Windrich (2007): *Technotheater*, S. 386. Die gesamte Arbeit von Windrich baut auf der Annahme, dass musikalische und systemtheoretische Denkmodelle entscheidend für das Verständnis von Goetz' Theaterstücken sein können – was von ihm überzeugend dargelegt wird. Seine Arbeit stellt damit den elaboriertesten Versuch dar, die Funktion der Systemtheorie im Werk von Goetz nachzuweisen und hebt sich positiv von dem Versuch Martin Jörg Schäfers ab, der es seinerseits verpasst, die Grundbegriffe seiner Untersuchung darzulegen und sein eigenes *re-entry* zu reflektieren, vgl. Schäfer (2007): »Luhmann als ›Pop‹«.

anderen wird dieser Übergang als »Indifferenzpunkt« markiert und bezeichnet damit diejenigen Prozesse, die zwischen einer sinnlichen Aufnahme der Welt und ihrer Transformation in ein psychisches System stattfinden.[16] Die Latenz bietet damit analog dazu ein Modell des Übergangs von Welt und Text und weist dem Autor als Zwischeninstanz eine spezifische Position zu – ein Umstand, der bei der Poetik von *Heute Morgen* wie schon beim Klagenfurt-»Subito«-*Irre*-Komplex von entscheidender Wichtigkeit ist. Denn *Heute Morgen* ist im selbstproklamierten Gestus nichts Geringeres als eine »Geschichte der Gegenwart«,[17] die durch einen Autor hindurch ihren Weg in den medialen Raum und zu den Leserinnen und Lesern zu finden habe. In *Abfall für alle* formuliert die Erzählerfigur, die zu keinem Zeitpunkt einen Zweifel daran lässt, der Autor ›Rainald Goetz‹ zu sein:

> Was ist HEUTE MORGEN als Ganzes? [...] Es ist eben die Gegenwart, deren Ganzes, das Ganze der Gegenwart. Was ich, verteilt auf einzelne Teile, sprechen lassen will, zum Sprechen bringen will. [...] Eine Erzählung machen, die die Nacht zum Gegenstand hat, eine, die dem Tag gehört. Also nicht Konzentration, wie noch bei Festung, am extremsten natürlich bei Kontrolliert, sondern Expansion, Teilung, Explosion. Bits and Pieces. Parts and [...] *private parts*. Die ja diesmal endlich auch.[18]

Das Wortspiel mit dem englischen Begriff für Geschlechtsteile betont den Aspekt der Privatheit, den *Heute Morgen* damit zu enthalten habe, noch zusätzlich. Einer neuen Art von Selbstpoetik scheint hier der Weg geebnet und tatsächlich weist *Abfall für alle* – als umfangreichstes Werk auch in vielerlei anderer Hinsicht das Kernstück von *Heute Morgen* – bei einer oberflächlichen Lektüre keine der Figurenspiele auf, die noch »Subito«, *Irre* und *Kontrolliert* ausgemacht haben. Als eine der entscheidenden Wendungen in der Poetik von Goetz identifiziert Johannes Windrich dann auch die gewandelte Konstruktion der Subjektivität, was er mit dem Einfluss der Systemtheorie zu erklären sucht:

---

16 Vgl. dazu Windrich (2007): *Technotheater*, S. 263f.
17 Vgl. dazu den Klappentext von *Dekonspiratione*: »Mit Dekonspiratione wird das Buch Heute Morgen, eine fünfbändige Geschichte der Gegenwart, abgeschlossen.« Sascha Seiler behauptet, dass die Klappentexte stets von Goetz selbst verfasst werden, vgl. Seiler (2006): »*Das einfache wahre Abschreiben der Welt*«, S. 245, Anm. 49. Auch wenn sich kein Beleg dafür findet, spricht doch der Sprachstil der Klappentexte für die Richtigkeit der Annahme. Dass *Heute Morgen* aus fünf Bänden besteht, kann jedoch nur unter Vorbehalt gelten, da m.E. mindestens auch *Jahrzehnt der schönen Frauen* hinzugezählt werden muss. Vgl. die Auflistung der Bände in Kapitel 3.1.
18 Goetz (1999): *Abfall für alle*, S. 114. Versalien im Orig.; Kursivierungen I.K.

> Anfangs darauf bedacht, den eigenen Haß und mit ihm eine externe Position aufrecht zu halten, löst Goetz die Konfrontation im Zuge der Luhmann-Lektüren immer mehr auf und lenkt die Energie auf Spannungen innerhalb der eigenen Texte um.
> [...] Expansion statt Konzentration, lautet das Motto, offene statt geschlossene Formen. Es kommt nicht mehr darauf an, alle Facetten eines Themas zusammenzuführen, sondern viele mögliche Wege und Verzweigungen aufzuzeigen, ohne sie alle zu Ende zu gehen.[19]

Die vielen möglichen Wege und Verzweigungen geben auch das Stichwort, einen weiteren Aspekt zu beleuchten, der innerhalb des Entstehungszeitrahmens von *Heute Morgen* zum Vorschein kommt: Die Ausweitung der Mittel, Formate und Konfigurationen, die nun in das Werk integriert werden.

War Goetz bis in die Mitte der 1990er Jahre in erster Linie ein literarischer Autor, der sich abgesehen von dem Klagenfurt-Auftritt im literarischen Feld rar machte, so besetzt seine Autorschaft nun eine ganze Reihe von Medienangeboten, die abseits des Literaturbetriebs angesiedelt sind. Dabei widerspricht sein Vorgehen Martin Jörg Schäfer zufolge einer entscheidenden Konstituente der Systemtheorie, indem Goetz durch die Verwendung verschieden konnotierter Formate die Leitdifferenz des gesellschaftlichen Subsystems ›Kunst‹ insofern verletzt, als seine Werke sowohl an den Systemen Kunst als auch Nichtkunst partizipieren.[20] Tatsache ist, dass Goetz spätestens mit der Wiederveröffentlichung seiner in der *Spex*, im *Merkur* usw. erschienenen Texte in den eigenen Bänden *Hirn* und *Kronos* die konventionelle Unterscheidung von literarischem und journalistischem Werk untergraben hat. In den vorherigen Kapiteln wurde nachgewiesen, dass auch ein Großteil der ›journalistischen‹ Texte der gleichen Poetik folgt wie seine ›genuin literarischen‹ Publikationen. Seit der Mitte der 1990er Jahre tritt Goetz nun auch mit Titeln und Formaten hervor, die man primär im Bereich der Unterhaltung oder der feuilletonistischen Tätigkeit ansiedeln würde.

Den Beginn markiert dabei die 1994 gemeinsam mit den Musikproduzenten Oliver Lieb und Stevie Be-Zet realisierte und beim Label *Eye Q Records* veröffentlichte Doppel-CD *Word*.[21] Einer der darauf enthaltenen Titel (»Mädchen«)

---

[19] Windrich (2007): *Technotheater*, S. 68f. Christoph Hägele seinerseits versucht direkt zu argumentieren, dass Goetz sich seine Subjektivität mit Hilfe der Systemtheorie zusammengebaut habe. Auch wenn diese Idee nicht ganz abwegig ist, wenn man die Anlage der Beobachtungsebenen als konstitutiven Bestandteil der Selbstpoetik der Figur ›Rainald Goetz‹ ansieht, so muss eine solche Setzung für alle Kenner der Systemtheorie absurd erscheinen, da darin einem Subjekt einfach keine funktionale Position zukommt.
[20] Vgl. dazu Schäfer (2007): »Luhmann als ›Pop‹«, S. 263. Vgl. die theoretische Grundlegung der Leitdifferenz des Subsystems ›Kunst‹ bei Luhmann (1997): *Die Kunst der Gesellschaft*, S. 295–300.
[21] Die erste, von Lieb produzierte CD trägt den Titel »Soziale Praxis«, die zweite, von Be-Zet produzierte CD den Titel »Ästhetisches System«. Die darauf zu findenden elektronischen

wurde anschließend visualisiert und als Videoclip auf dem Musiksender VIVA gesendet.[22] Die Kooperation mit DJ Westbam wurde im Jahr 2000 auch auf musikalischem Gebiet fortgesetzt. Aus der Zusammenarbeit der Künstler entstand die beim Hörverlag erschienene Doppel-CD *Heute Morgen*, die wiederum elektronische Stücke und vom Autor gelesene Textpassagen aus allen bereits erschienenen Bänden von *Heute Morgen* enthielt. Diese musikalischen Produktionen lassen sich als poetologisch-strukturelle Kontrapunkte zu der Erzählung *Rave* verstehen, indem sie das darin implizit thematisierte Verhältnis von Sprache und Musik durch die Wahl der anderen Medientechnik der literarischen Produktion entgegen stellen. Sascha Seiler führt aus, dass die Technomusik nicht nur das inhaltliche, sondern auch das strukturelle Moment von *Rave* ausmachen würde:[23] Die Musik würde nicht nur die Rede, sondern auch die Wahrnehmung der Protagonisten in der Diegese so strukturieren, dass sie lediglich als Wortfetzen zwischen den Beats ihren Weg in den Text finden:

> Dann sah ich, wie sie mir ihr –
> Und drehte mich –
> Und lauter neue Blicke. Ich lachte weil –
> Ich weiß nicht so genau –
> Und drehte sich um. »Was ist denn?«
> Ach so, ja, ja. Gut.[24]

Musikstücke enthalten von Goetz gesprochene, elektronisch verfremdete und in die Stücke integrierte Textpassagen. Es existiert eine limitierte Version mit gleichem Titel und Artwork, die noch eine zusätzliche, dritte CD mit dem Titel »Katarakt« enthält – darauf findet sich der Text des gleichnamigen Theaterstücks aus *Festung*, gesprochen vom Autor. Ausführliche Informationen dazu findet man im Netz unter www.tursa.franken.de/OliverLieb_discog.html#RainaldGoetz. Hörbeispiele finden sich unter www.discogs.com/Rainald-Goetz-Word/release/43830 (beide zuletzt eingesehen am 17.12.2013). Es existiert weiterhin eine 12"-Vinyl-Promo-Edition, die einige der Titel aus »Soziale Praxis« enthält und im gleichen Jahr ebenfalls bei *Eye Q Records* erschien.
22 Der Clip wird später noch analysiert. Eine Aufnahme findet sich unter www.youtube.com/watch?v=VT1bECC7XK8 (zuletzt eingesehen am 17.12.2013). Allerdings lassen sich Entstehungskontext, Veröffentlichungsgeschichte und die Verantwortlichkeit der Produktion nicht rekonstruieren, da der Clip in keiner Datenbank enthalten ist und sich keine Angaben dazu recherchieren lassen. Es kann angenommen werden, dass er um 1996 entstand, die Bauchbinde gibt als Autor »Rainald Götz« an.
23 Vgl. Seiler (2006): »*Das einfache wahre Abschreiben der Welt*«, S. 294f. Siehe dazu auch ausführlicher Schumacher (2003): *Gerade Eben Jetzt*, S. 142–154.
24 Goetz (1998): *Rave*, S. 18.

Neben diesem quasi-mimetischen Prinzip, für das sich noch mehr Beispiele finden lassen,[25] erlangt die Musik in *Rave* ihre Bedeutung in einer Anlehnung an Überlegungen Friedrich Nietzsches, in denen die Position des Subjekts zwischen einer unerreichbaren Präsenz in der Musik und seiner Auflösung darin, und dem Gegenpol der Sprache, in welchem es als Subjekt einer Aussage erst konstituiert wird, zum Gegenstand wird. Sandro Holzheimer vergleicht in seiner Analyse die Positionen der deutschen Romantiker und Nietzsches Überlegungen auf ihren Einfluss in *Rave* und kommt zu dem Ergebnis, dass sich im Antagonismus zwischen Sprache und Musik ein Zugang zu der Poetik der Erzählung findet.[26] Mit diesem Punkt ist genau die oben erwähnte Denkfigur der Latenz angesprochen, die sich an der Stelle manifestiert, in welcher ein Subjekt sich der Musik und dem Tanz aussetzt und darin aufzugehen glaubt. In *Rave* wird ein solcher Punkt scheinbar als möglicher Bestandteil der Poetik eines Subjekts präsentiert:

> Vom Rand her kamen die Beine und Lichter, auf Füßen, in Flashs, die Schritte und Bässe. die Flächen und das Gezischel, die Gleichungen und Funktionen einer höheren Mathematik.
> Er war jetzt selber die Musik.[27]

Und tatsächlich scheint hier Nietzsche als Subtext aufzuscheinen, wenn sich nur zwei Seiten weiter das folgende Zitat findet:

> Ich habe vergessen, wie man geht,
>   how to walk and speak
>   and I am toward
>   flying into the air
>   raving[28]

---

25 So z.B. der Peritext von *Rave*, der als Zitat von Westbam ausgewiesen ist und lediglich »BAM BAM BAM« lautet, womit der Klang der Beats von einer lautlichen Ebene der Wahrnehmung in das symbolische System der Schrift übertragen wird. Vgl. Goetz (1998): *Rave*, S. 9. Siehe auch das gleiche Verfahren ebd., S. 19: »eins eins eins – / und eins und eins und – / eins eins eins –«. Das Verfahren der rhythmisierten Sprache findet sich auch fast durchgehend in Goetz (1998): *Jeff Koons*. Vgl. dazu Schumacher (2003): *Gerade Eben Jetzt*, S. 145ff.
26 Vgl. Holzheimer (2009): »Ich stehe da genau in der Mitte«, S. 197: »Wo es um die Beschreibung der Erlebnisqualität geht, die der Musik inhäriert, reiht sich Goetz' Text ganz ausdrücklich in die diskursiven Traditionen des frühromantischen und nietzscheanischen Musiktopos ein. Unmittelbarkeit und Innerlichkeit sind die Bezugspunkte einer Erfahrung von Musik, in der sich die Konturen von Wirklichkeit und Subjekt aufzulösen beginnen«. Siehe dazu auch Baßler (2002): *Der deutsche Pop-Roman*, S. 146.
27 Goetz (1998): *Rave*, S. 19.
28 Goetz (1998): *Rave*, S. 21.

Während man darin einerseits den Text des 1993 veröffentlichten Songs »Religion« der *Members of Mayday* erkennen kann, findet sich schnell die entsprechende Vorlage bei Nietzsche, die einen Bogen über Musik, Tanz, Subjektivität, Religion und Kunst spannt:

> Singend und tanzend äußert sich der Mensch als Mitglied einer höheren Gemeinsamkeit: er hat das Gehen und das Sprechen verlernt und ist auf dem Wege, tanzend in die Lüfte emporzufliegen. Aus seinen Gebärden spricht die Verzauberung. Wie jetzt die Tiere reden, und die Erde Milch und Honig gibt, so tönt auch aus ihm etwas Übernatürliches: als Gott fühlt er sich, er selbst wandelt jetzt so verzückt und erhoben, wie er die Götter im Traume wandeln sah. Der Mensch ist nicht mehr Künstler, er ist Kunstwerk geworden [...].[29]

Durch diese Vorlage wird eine mindestens dreifache Lesart des Motivs eines Aufgehens in der Musik bei Goetz evoziert: Zum einen bleibt es natürlich als Motiv erhalten, das sich im Text nachverfolgen lässt. Der Erzähler und Protagonist von *Rave*, (der allerdings wieder als eine doppelte Figur aus ›Wirr‹ und ›Rainald‹ angelegt ist) begibt sich immer wieder in die Einflusssphäre der tanzenden Massen und reflektiert seine Teilnahme an der so entstehenden Gemeinschaft und sein Aufgehen in dem auditiv-körperlichen Erlebnis.[30] Zum anderen scheint sich dieses Motiv der Selbstpoetik der Figur ›Rainald Goetz‹ insofern anzunähern, als die Idee eines Künstlers als (eigenes) Kunstwerk darin integriert wird und die Musik und der Tanz damit zu denjenigen Medien werden, in denen eine solche Transformation möglich zu sein scheint. Diese Denkbewegung wird zudem durch die zahlreichen, stets mit der Musik verbundenen Passagen explizit religiöser Konnotation in *Rave*[31] gestützt:

> [W]ie müßte so ein Text klingen, der von unserem Leben handelt? Ich hatte eine Art Ahnung von Sound in mir, ein Körpergefühl, das die Schrift treffen müßte.
> eine Art: Ave –

---

[29] Nietzsche (1999): »Die Geburt der Tragödie«, S. 30.
[30] Vgl. dazu die Überlegungen in Holzheimer (2009): »Ich stehe da genau in der Mitte«, S. 197ff. Holzheimer liest dieses Motiv als eine Alternative zu der Subjekttheorie von Jacques Lacan: In der Musik bestehen keine Signifikanten, unter die sich ein Subjekt unterwerfen könne, weswegen eine solche Aufnahme in der Musik zu einer Freiheit des Subjekts führen würde: »Das Erleben der Musik transferiert das Subjekt auf eine Seinsebene, die jene Leerstelle der Sprache identifiziert, an der ihre Bezeichnungslogik kollabiert.«, ebd., S. 201. Aus den von mir gleich anschließenden Überlegungen wird jedoch ersichtlich, dass ein solches Modell nur anhand der Motive im Text durchexerziert wird und dabei immer durch eine literarische Verfasstheit gekennzeichnet ist, hinter der ein schreibender und nicht musizierender oder sich auflösender Autor steht. Damit wird das Motiv nicht als Bestandteil einer Selbstpoetik von Goetz relevant.
[31] Vgl. dazu auch Goetz (1998): *Rave*, S. 79, 131.

»Ave Maria, gratia plena.«
Sowas in der Art von: bene –
  bendictus [sic] –
  bist du –
  und gebenedeit auch unter deinen Leibern –³²

Ich möchte argumentieren, dass hier die Texte von Goetz erneut etwas anderes aussagen als sie poetologisch-strukturell ausführen – womit das Motiv einer Auflösung des Subjekts und seiner Wandlung zu einem Kunstwerk nicht vollkommen schwindet, aber lediglich gestischen Charakter annimmt und sich damit als Bestandteil einer Selbstpoetik auf struktureller Ebene disqualifiziert. Denn trotz der scheinbar mimetischen Anlage von *Rave*, trotz des ausgestellten Gestus eines Ethnologen bei der teilnehmenden Beobachtung³³ und der emphatischen Bejahung des Erlebten durch die Figur, die erneut der Autor ›Rainald‹ ist,³⁴ scheint im Text immer wieder die Anlage eines Autors durch, der eben nicht mit der Figur des Textes gleichgesetzt werden kann, weil er ihr *vorgeordnet* ist. Die Wortgruppe »bendictus – / bist du – / und gebenedeit« aus dem Zitat oben weist darauf hin.

In der westkirchlichen Form des »Ave Maria« liest sich die Textstelle »Ave Maria, Gratia plena, Dominus tecum. Benedicta tu in mulieribus et benedictus fructus ventris tui, Iesus«,³⁵ während die deutsche Übersetzung entsprechend lautet: »Gegrüßet seist du, Maria. Du bist voll der Gnade; der Herr ist mit dir. Du bist gebenedeit unter den Frauen, und gebenedeit ist die Frucht deines Leibes, Jesus.«³⁶ Die korrekte Form einer Misch-Wiedergabe auf Latein und Deutsch wäre entsprechend in etwa ›Benedicta – / bist du / gebenedeit‹. Im Zitat aus *Rave* wird das »gebenedeit« damit verdoppelt und durch die falsche Schreibweise des »bendictus« zusätzlich hervorgehoben. Damit liegt auch eine Verdoppelung des Wortsinns nahe: Dadurch, dass das lateinische ›gesegnet‹ bereits im »gebenedeit« enthalten ist, weist das »bendictus« auf die – zumindest in der richtigen

---

32 Goetz (1998): *Rave*, S. 32. Vgl. auch die Untersuchung dieser Textstelle bei Schumacher (2003): *Gerade Eben Jetzt*, S. 150ff.
33 Vgl. einen entsprechenden Vergleich zum Gestus in Winkels (1999): »Grenzgänger«, S. 598; Seiler (2006): *»Das einfache wahre Abschreiben der Welt«*, S. 295, 299f. und Opel (2002): *Sprachkörper*, S. 87.
34 Vgl. dazu Goetz (1998): *Rave*, S. 29. Es finden sich zahlreiche weitere Entsprechungen, von denen aus man schließen kann, dass der Protagonist von *Rave* wieder diejenige Figur ist, die im Klagenfurt-»Subito«-*Irre*-Komplex bereits beschrieben wurde.
35 Vgl. *Catechismus Catholicae Ecclesiae* (1997), Abs. 2676. Vgl. das Gebet nahezu wortgleich zum Katechismus – und damit abweichend von der Zitation in *Rave* – in Goetz (2008): *Klage*, S. 79.
36 Vgl. *Katechismus der Katholischen Kirche* (2003), Abs. 2676.

Schreibweise darin enthaltene – wörtliche Bedeutung des ›wohl / gut reden‹ hin, und damit auf eine Eigenschaft des literarischen Textes, bzw. die Funktion, die diesen Text autorisiert (»bendictus – / bist du –«). Die strukturelle Position des Autors wird damit auch auf dem Feld des musikalischen Erlebens hervorgehoben.

Solche kleinen metaleptischen Störungen finden sich häufiger in dem Text, ebenso wie Ungenauigkeiten der Wiedergabe von referentialisierbaren Elementen der öffentlichen Rede. Die Anlage der Selbstpoetik scheint damit durch das Modell der Latenz und die Thematisierung der Musik nicht neu aufgesetzt worden zu sein – es überwiegen die strukturellen Kontinuitäten, die sich in einer Vervielfachung, Ausstellung und gleichzeitigen Verschleierung der Autorposition im Text äußern.[37] Was dagegen neu ist, ist die erheblich stärkere Betonung eben des Gestus einer Identität, einer möglichen Aushandlung der Subjektivität durch die Kunst und die damit korrespondierende religiöse Grundierung, die sich bis zum Titel des neuesten Zyklus von Goetz fortsetzt.[38] Die Figur ›Rainald Goetz‹ bekommt im Folgenden eine deutlich stärkere und konsistentere Kontur – ohne dabei jedoch ihre hybride Anlage in der Poetik aufzugeben.

Die Ausweitung der Mittel zeigt sich auch daran, dass die Medientechnik Internet von Rainald Goetz dazu genutzt wurde, ein Medienangebot zu generieren, das zunächst genuin in dieser Medientechnik angesiedelt war, ohne Anbindung an Verlag und Buchmarkt. Am 30. März 1998 war unter der Web-Adresse www.rainaldgoetz.de das Projekt *Abfall für alle* zum ersten Mal online verfügbar.[39] Erst

---

[37] Dies widerspricht auch der These von Moritz Baßler, der zufolge Goetz »in vor-postmoderner Weise auf einem nicht zu versprachlichenden Eigentlichen« beharrt. Baßler (2002): *Der deutsche Pop-Roman*, S. 153. Während dieser Gestus durchaus in *Heute Morgen* immer wieder ausgespielt wird, finden sich gleichberechtigt diejenigen Momente, die auf die sprachliche Verfasstheit aller Diskurse und einen Autor verweisen, der im Modus der Latenz zwischen Welt und Text geschaltet ist. Dieser Autor – und dies wird später vor allem anhand des Begriffs ›LICHT‹ aus *Abfall für alle* erläutert werden – bleibt dabei jedoch immer eine textuelle Größe. Die kognitive Geschlossenheit des psychischen Systems bleibt als Bedingung bestehen, auch wenn der Text synchron und mimetisch zu sein vorgibt, oder ›der Schrift‹ die Autorität über sich selbst zugewiesen wird. Der Bezug auf das Vor-Sprachliche ist dabei jedoch eine der Hauptquellen für die poetologischen Paradoxien, die in *Heute Morgen* umgesetzt werden.

[38] Der hier verwendete Titel *Schlucht* für den neuesten, seit 2008 erscheinenden Werkkomplex von Goetz ist ebenso wie *Heute Morgen* die Abkürzung einer längeren Phrase. Bei *Schlucht* ist dies: »und müsste ich gehen in dunkler Schlucht«, vgl. Goetz (2008): *Klage*, S. 3. Dieser Satzteil erweist sich als eine Variation auf den Psalm 23,4, der in der Einheitsübersetzung lautet: »Muss ich auch wandern in finsterer Schlucht, / ich fürchte kein Unheil; denn du bist bei mir«.

[39] Vgl. dazu Goetz (1999): *Abfall für alle*, S. 149ff. Siehe dazu auch Baisch / Lüdeke (2000): »Was kommt? Was geschieht?«, S. 145, Anm. 18. Die Web-Adresse war noch in der Erstausgabe großformatig auf dem Buchrücken abgedruckt.

nachträglich erschien *Abfall für alle* bei Suhrkamp in Buchform,[40] die Domain ging für Jahre offline, wird aber etwa seit 2012 von Suhrkamp für Werbezwecke genutzt. Das *Blog History Project* listet dieses Medienangebot unter den zehn ersten deutschsprachigen Blogs,[41] womit Rainald Goetz nach Elfriede Jelinek die Ehre zukommt, als zweiter deutschsprachiger Autor einen Publikationsschwerpunkt im Internet gesetzt zu haben. Die Wahl des Domain-Namens ist dabei bemerkenswert, da sie einen direkten Anschluss an den Autor gewährleistet. Üblicherweise finden sich unter strukturell äquivalent benannten Domains diejenigen Webseiten, auf denen sich Autoren ebenso wie Privatpersonen vorstellen und über ihre Veröffentlichungen und Biographie informieren – die Domains haben damit repräsentativen Charakter und der Begriff ›homepage‹ weist sie als eine Art digitales Zuhause aus.[42] Dieser Umstand ist insofern wichtig, als der Inhalt der Seite damit auf eine spezifische Art und Weise konfiguriert wird, die ihn als quasi symbiotisch mit der Autor-Figur ›Rainald Goetz‹ ausweist – ein ähnliches Prinzip, wie es bereits bei der Gestaltung der Umschläge von *Irre* und *Kontrolliert* praktiziert wurde.

Ein weiteres Novum im zeitlichen Kontext von *Heute Morgen* war die Beteiligung von Goetz an der ZDF-Sendung »Nachtstudio«. Es handelt sich dabei um ein Format, das konzeptionell in der Erzählung *Dekonspiratione* entworfen worden ist: »Eine wöchentliche Talkshow übers Fernsehen. Drei feste Leute,[43] ein Gast, fünf vorher festgelegte Sendungen der vergangenen Woche, die dann nach Art des literarischen Quartetts diskutiert werden.«[44] Der »Schriftsteller, Zeitdiagnostiker und Erfinder dieser drei Sendungen« sei Rainald Goetz, so der Moderator Volker Panzer zu Beginn der Sendung – und die Literatur werde nun beim Wort genommen.[45] Die Ausweitung der Mittel wird damit durch eine Grenzüberschreitung

---

40 Siehe die eher wenig nachvollziehbaren Spekulationen über den Grund der Entscheidung zur Buchveröffentlichung bei Feulner (2008): »Vom Medienpessimismus zur Medienaffirmation«, S. 234.
41 Vgl. die Zeitleiste auf www.metaroll.de/bloghistory.html (zuletzt eingesehen am 17.12.2013).
42 Vgl. z.B. die Seiten von Daniel Kehlmann (www.kehlmann.com), Elfriede Jelinek (www.elfriedejelinek.com), Martin Mosebach (www.martin-mosebach.de), Christian Kracht (www.christiankracht.com) oder Sibylle Berg (www.sibylleberg.ch). Alle zuletzt eingesehen am 17.12.2013.
43 Goetz als der geistige Vater des Formats gehört dann auch mit Moritz von Uslar und Volker Panzer zu der ›Stammbesatzung‹ der von vornherein auf drei Folgen festgelegten Sendung.
44 Goetz (2000): *Dekonspiratione*, S. 60.
45 Vgl. die Sendung vom 5. September 2001 unter www.youtube.com/watch?v=XuLOZ7ZGkp4 (zuletzt eingesehen am 17.12.2013), 1:20–1:33. Diese ›Regeln‹ werden von Volker Panzer zu Beginn jeder der drei Sendungen vorgestellt. Diese Sonderform des »Nachtstudios« wurde im ZDF am 5., 12. und 19. September 2001 ausgestrahlt. Das Konzept der mittleren Sendung wurde durch die Terroranschläge in New York und Washington gestört – die Berichterstattung über diese

markiert, indem ein Konzept, das im literarischen Rahmen entwickelt wurde, tatsächlich als ›Fernsehfeuilleton‹ realisiert wird, was sich ohne Probleme in die Poetik fügt, die sich auch in den früheren Werken von Goetz finden lässt: Die Gesprächspartner führen eine Metadiskussion über ihre Beobachtungen des Fernsehprogramms, während sie selbst im Fernsehen beobachtbar sind. Diese strukturelle Anlage findet auch bei der Ausgestaltung der Sendung ihren Niederschlag: Zur Ausstattung des Studios gehört ein Fernsehgerät, auf welchem gelegentlich die aktuellen Aufnahmen aus dem Studio erscheinen, die dann von der gerade sendenden Kamera ihrerseits gefilmt und so zur Beobachtung den ZuschauerInnen an den Endgeräten angeboten werden.[46] Die Beobachtung n-ter Ordnung wird damit auch als ästhetisches Mittel der Komposition des audiovisuellen Materials vorgeführt, so wie es bereits in »Das Polizeirevier« und anderen Texten von Goetz geschah.

Vor allem als Diskutant und Co-Moderator präsentiert sich Goetz den Zuschauerinnen und Zuschauern als ein ihrer Beobachtung ausgesetztes Objekt, das subjektiviert und durch Interpolation in einen Personenstatus gebracht werden kann. Ein Novum, wenn man vom Klagenfurt-Auftritt absieht, der unter ganz anderen Bedingungen stattfand. Denn zwar obliegt die Komposition des gesendeten Materials (die Entscheidung für die Formate, Kamerafahrten und Schnitte) der Regie der Sendung, die Manipulierbarkeit der gezeigten Ereignisse ist jedoch dadurch eingeschränkt, dass das »Nachtstudio« live aus Berlin übertragen wurde. Die Konfiguration des so entstehenden Materials ist damit eine ganz andere, als die der bewegten Bilder aus Klagenfurt, da es viel eher ein Moment der Nähe, Unmittelbarkeit und damit auch ›Authentizität‹ in sich trägt.

In den Texten von Goetz finden sich von Anfang an theoretische Auseinandersetzungen mit den Bedingungen und Wirksamkeiten bewegter Bilder und des Fernsehens im Besonderen.[47] Die drei Bände von *1989* stellten eine Art künstlerisch arrangierter Transformation in den abstrakten und symbolischen Raum der Schrift dar – nun situiert sich der Autor als Figur direkt in der Medientechnik, ohne auf das transformierende Potenzial seiner Autorschaft zurückgreifen

---

Ereignisse dominierte dann einen großen Teil der Diskussion. Alle drei Sendungen sind auf dem *YouTube*-Kanal des Nutzers ›alexomat2‹ zu finden (www.youtube.com/user/alexomat2) und werden somit nicht von einer offiziellen Institution bereitgestellt. Es gibt aufgrund der Bauchbinden und des Inhalts der Clips jedoch keinen Zweifel darüber, dass es sich dabei um die originalen Sendungen handelt.
46 Vgl. die Aufnahme vom 5. September 2001 unter www.youtube.com/watch?v=XuLOZ7ZGkp4 (zuletzt eingesehen am 17.12.2013), 5:36, 8:57. Das Verfahren lässt sich in allen drei Sendungen finden. Vgl. dazu auch Binczek (2012): »Fernsehauftritte der Literatur: Rainald Goetz«.
47 Vgl. dazu allein in Goetz (1983): *Irre*, S. 46–53, 257f., 263–267, 295f., 309f.

zu können. Johannes Windrich zufolge bildet das Fernsehen für Goetz einen Beobachtungsraum, der das Potenzial aufweist, besonders präzise Rede entstehen zu lassen, da die Subjekte dabei unmittelbar beobachtet werden können, wie sie ihre Worte formen. Dies erlaubt eine sehr viel unmittelbarere Subjektivation, als es die durch einen Autor in das System der Schrift transformierten Worte bieten.[48] In die Begriffe der vorliegenden Analyse übersetzt, heißt das, dass die Subjektivation der Autor-Figur ›Rainald Goetz‹ damit der Einflusssphäre seiner Autorschaft entzogen ist. In der fortdauernden Beobachtung lösen sich die Figurationen und Stilisierungen auf und die vordem literarisch-fiktional konfigurierte multiple Figur ›Rainald Goetz‹ wird zu einer – wenn auch medial vermittelten, so doch auch in stärkerem Maße alltagsweltlichen – Person transformiert, zu einer einheitlichen Form, die als Träger der verschiedenen Rollenvarianten und Identitätszuschreibungen fungiert. Dieses Moment der *Personalisierung* einer vordem primär literarischen Figur ist ein wichtiges Merkmal der Phase von 1995 bis 2001: Die nun verfügbaren Beobachtungsmodi erfordern andere Interpretanten, als die Romane, *Spex*-Artikel und Dossiers der früheren Zeit.

Die Veränderungen der öffentlich-medialen Selbstdarstellung von Rainald Goetz werden auch dadurch deutlich, dass Goetz nun deutlich öfter als vorher als Interviewpartner zur Verfügung steht, bzw. selbst als Interviewender auftritt. Verzeichnen die einschlägigen Bibliographien für die Zeit vor 1995 lediglich zwei solche Textformen (ein *von* Goetz und ein *mit* Goetz geführtes Interview), so steigt ihre Anzahl ab 1995 signifikant an: Charis Goer und Tina Deist nennen bis 2001 die Zahl von fünfzehn Interviews in verschiedenen Zeitungen und Magazinen.[49] Allerdings unterzieht Goetz diese Textsorten nachträglich dem gleichen Verfahren, das er bei der Zusammenstellung von *Hirn* und *Kronos* angewendet hat, indem er die Publikationen erneut in Bände aufnimmt, die seiner Autorschaft unterliegen und den größten Teil der Gespräche in *Celebration* und *Jahrzehnt der schönen Frauen* erneut abdruckt. War die Konfiguration dieser Texte vordem durch die Publikation in nicht-fiktionalen Periodika dominiert, so erhält sie durch diesen Schritt eine Remodulation und wird in den Werkkontext von *Heute Morgen* integriert. Auf diese Weise erhält auch *Heute Morgen* als Komplex einen anderen Stellenwert, da die ehemals journalistisch funktionalisierbaren Texte einen Teil ihrer Gattungs-Konnotation an die Poetik des Komplexes weitergeben.

Nicht zuletzt installiert sich Goetz durch die 1998 im Rahmen der Frankfurter Poetikvorlesungen gehaltenen Vorträge namens *PRAXIS* in einer Position, die

---

48 Vgl. dazu Windrich (2007): *Technotheater*, S. 74ff.
49 Vgl. Goer / Deist (2011): »Auswahlbibliographie«, S. 103. Die Liste ist nicht vollständig, deckt jedoch den größten Teil der publizierten Interviews ab.

klassischerweise dazu dient, einen Autor in eine Metaposition zu seinem Werk zu bringen, indem er die Grundlagen, Motive und Gesetze seines Schaffens reflektiert und einem Publikum darlegt.[50] Eine Position also, die bisher stets als Denkfigur in den Werken von Goetz präsent war, nun jedoch in einer vollkommen anderen Konfiguration umgesetzt werden musste. Statt die Autorschaft und die poetologischen Reflexionen auf verschiedene Figuren und Hierarchien des eigenen Textes zu verteilen, musste der Autor wieder – wie in Klagenfurt – sich ›selbst‹ als Träger der eigenen Autorfunktion figurieren und sich damit zugleich auch als Person der Subjektivation in einer interaktionistischen Kommunikationsanlage aussetzen.[51] All diese Änderungen und Neuerungen der Produktion von medialen Elementen gilt es als Folie im Hinterkopf zu behalten, wenn aus der Gesamtanlage von *Heute Morgen* die Kontinuitäten und Abweichungen in der Selbstpoetik der Autor-Figur ›Rainald Goetz‹ rekonstruiert werden.

4.2 Eine »Geschichte der Gegenwart«: Die poetologische Anlage von *Heute Morgen*

Wie wird die Poetik der Autor-Figur ›Rainald Goetz‹ im Komplex *Heute Morgen* modifiziert? Die einzelnen Werke des Zyklus lassen sich als Träger und Formationen bestimmter poetologischer Fragestellungen lesen, die durch ihren Inhalt wie auch ihre Struktur jeweils verschiedene Antworten offerieren. Sascha Seiler hebt dabei die zyklische Anlage des Komplexes hervor und schließt:

> Das einzelne Werk verlangt eine andere Rezeptionshaltung als der gesamte Zyklus. [...] Der Blick des Rezipienten richtet sich somit auf die in diesem Fall explikative Serialität von *Heute Morgen*, anhand derer man einen kreativen Prozess akribisch aufarbeiten kann.

---

50 Die Vorlesungen wurden am 28. April, dem 5., 12., 19. und 26. Mai 1998 gehalten. Sie wurden anschließend nicht wie üblich separat bei Suhrkamp veröffentlicht, sondern in *Abfall für alle* integriert.

51 Eine noch stärkere Ausprägung erlangen diese Prozesse im Jahr 2012: Zum einen hält Goetz gemeinsam mit Diedrich Diederichsen am 3. Mai 2012 eine »Mosse-Lecture« an der HU in Berlin, zum anderen hält er im Rahmen der Heiner-Müller-Gastprofessur im Sommersemester 2012 mehrere Poetikvorlesungen an der FU Berlin. Im Vorfeld des Erscheinens von *Johann Holtrop* im Herbst 2012 absolviert er mehrere Lesungen und öffentliche Termine – und Suhrkamp beginnt in eben jener Zeit verstärkt, Videos von Goetz im hauseigenen *YouTube*-Kanal zu posten, vgl. die Playlist mit 15 Aufnahmen unter www.youtube.com/playlist?list=PL0903A7713368B5FF (zuletzt eingesehen am 17.12.2013). All dies markiert letztlich einen Paradigmenwechsel in der Selbstpoetik von Goetz, vgl. dazu Kapitel 4.5.2.

> Dieser poetologischen Introspektion liegt nun vor allem das Konzept zugrunde, dass jeglicher Aspekt des Alltags beleuchtet werden muss [...].[52]

Einigen Teilen komme dabei die Rolle zu, als eine Art Träger der poetologischen Anlage in nuce zu fungieren, wobei Seiler hier vor allem die beiden letzten Teile von *Dekonspiratione* und die in *Abfall für alle* implementierten *PRAXIS*-Vorlesungen benennt.[53] An den von Seiler hervorgehobenen Passagen ist signifikant, dass sie in erster Linie die Schrift dahingehend betrachten, inwiefern sie als Aufnahme- und Wiedergabemedium der Welt dienen kann – ein von Goetz altbekannter Topos also. Und auch wenn Lutz Hagestedt betont, es ginge in *Heute Morgen* und vor allem in *Rave* darum, die durch den Text vermittelte Wirklichkeit nicht in einen metaphorischen Zustand kippen zu lassen, sondern reale Beschreibungen der Wirklichkeit anzufertigen,[54] so ist doch durch weite Teile der Forschung eben das aporetische Verhältnis von Sprache / Text und Welt als zentrales Motiv des Komplexes identifiziert worden.[55] Das dabei auszulotende Potenzial der Schrift, so hebt Albert Meier hervor, besteht dahingehend in einer Art *Double bind*, als sie einerseits zu den Welterfahrungen eines Subjekts in nachträglicher Position steht, auf der anderen Seite jedoch durchaus den Anspruch haben soll, für diese repräsentativ zu sein – womit die wesentlichen Elemente der ›Sprachskepsis‹ benannt wären.[56] Im Hinblick auf *Rave* stellt Meier passend fest:

> Es geht in dieser Prosa nicht darum, Musik-Erfahrungen mit sprachlichen bzw. poetischen Mitteln nachzuahmen; beabsichtigt ist dem gegenüber das Ausspielen der Eigengesetzlichkeit von Schrift gerade im Unterschied zu den anderen Künsten, ohne dabei denselben Anspruch aufzugeben, Realität bzw. Realitätserfahrung zu repräsentieren.[57]

Heute Morgen als eine Geschichte der Gegenwart nimmt dabei teilweise Anleihen an Hubert Fichtes *Geschichte der Empfindlichkeit*,[58] – wie auch diese enthält Goetz' Projekt verschiedene Textsorten, die im Rahmen des Komplexes unter einer ähnlichen Konfiguration gelesen werden müssen. Der Text präsentiert sich

---

52 Seiler (2006): »*Das einfache wahre Abschreiben der Welt*«, S. 306.
53 Vgl. Seiler (2006): »*Das einfache wahre Abschreiben der Welt*«, S. 306.
54 Vgl. Hagestedt (1998): »Richtig hart Formuliertes«, S. 14.
55 Vgl. Holzheimer (2009): »Ich stehe da genau in der Mitte«, S. 204f., 207; Scherer (2003): »Ereigniskonstruktionen als Literatur«, S. 79f.; Meier (2007): »Realismus abstrakter Art«, S. 177ff.; Seiler (2006): »*Das einfache wahre Abschreiben der Welt*«, S. 303.
56 Vgl. dazu im Hinblick auf Goetz Holzheimer (2009): »Ich stehe da genau in der Mitte«, S. 204.
57 Meier (2007): »Realismus abstrakter Art«, S. 178. Siehe dazu auch ebd. S. 179.
58 Vgl. dazu Weingart (2005): »Global Village Berlin«, S. 50.

nun bei Goetz – so ähnlich wie in *Festung*[59] – als ein z.T. aus scheinbar unbearbeitet zusammengesetzten Wiedergaben des medialen Diskurses bestehender, das dokumentarische Prinzip lässt auf diese Weise keine großen Narrationen aufkommen.[60] Dabei gelte es, im Gesamtkomplex einen Bogen zu schlagen von dem großen medialen Raum, der allen zur Beobachtung frei stehen würde,[61] zu den soziokulturellen Phänomenen des Musik- und Nachtlebens. Alle diese Räume und Phänomene würden das Denken kontextualisieren und prägen[62] – und erst wenn sie insgesamt ausgeleuchtet wären, eine Arbeit, die durch ein ordnendes und leitendes Prinzip zu leisten ist, das in diesem Fall wieder durch die strukturelle Position eines Autors figuriert wird, erst dann ließe sich – so der Gestus von *Heute Morgen* – ein derartiges ›Jetzt‹ herstellen, durch das die Vergangenheit erfasst werden könne.[63]

Es wird sich zeigen, dass der gerade verwendete Konjunktiv aus dem Grund verwendet wurde, als durchaus von einer Art ›ordnendem Narrativ‹ in *Heute Morgen* gesprochen werden kann, das sich wieder einmal in Gestalt der Autor-Figur ›Rainald Goetz‹ präsentiert. *Heute Morgen* trägt damit zwar durchaus den Gestus einer »Geschichte der Gegenwart« – was in den Klappentexten und den meta-poetologischen Reflexionen in der Diegese immer wieder betont wird – der Komplex lässt sich jedoch mindestens ebenso gut und plausibel als ›Geschichte einer Figur‹ lesen. Es präsentiert sich damit darin erneut ein Missverhältnis von ›Behaupten‹ und ›Vorführen‹, eine Diskrepanz von Gestus und Performanz, die ihre Spannung noch zusätzlich daraus bezieht, dass beide Seiten den Eindruck erwecken, die gültige Lesefolie für den Komplex zu liefern. Es ist darum notwendig, nicht nur die implizite poetologische Struktur der Texte, sondern auch die explizit darin formulierten poetologischen Ansprüche zu beachten – wenn auch unter dem Vorbehalt, dass sie als poetologische Denkfiguren in einer literarischen Konfiguration gelesen werden sollten.

Als explizit ausgestellte »Geschichte der Gegenwart« lässt sich *Heute Morgen* anhand von vier Eckpfeilern analysieren, die in verschiedenen Formationen in

---

[59] Sascha Seiler sieht *Festung* als eine Vorstufe zu *Heute Morgen*, vgl. Seiler (2006): »*Das einfache wahre Abschreiben der Welt*«, S. 245.

[60] Vgl. dazu Plass (2006): »Journalism, Television, Poetry«, S. 203; Feulner (2008): »Vom Medienpessimismus zur Medienaffirmation«, S. 240. Diese Feststellung gilt in erster Linie *Abfall für alle*, in begrenztem Umfang jedoch auch *Rave* und *Celebration*.

[61] Brigitte Weingart spricht in diesem Zusammenhang von einem »Mediascape«, vgl. Weingart (2005): »Global Village Berlin«, S. 49.

[62] Vgl. dazu Windrich (2007): *Technotheater*, S. 258.

[63] Vgl. diesen Gedanken, entwickelt anhand von *Abfall für alle*, bei Siegel (2006): »Remains of the Day«, S. 251.

allen Bestandteilen des Komplexes zu finden sind und seine wichtigsten poetologischen Setzungen enthalten. Dies sind: (1.) Das Modell eines Archivs der Kultur der jeweiligen Gegenwart. (2.) Die Rolle der Zeit bei der Herstellung dieses Archivs. (3.) Das damit implizierte Verhältnis zur Welt – wobei hier vor allem Fragen nach dem Grad des ›Realismus‹ des so entstehenden Werks in den Vordergrund rücken. Und letztlich (4.) die in dieses Gefüge implementierte Figur des Autors, der wieder als Katalysator zwischen Welt und Text erscheint und durch seine Tätigkeit alle Prozesse nicht nur autorisiert, sondern auch als Ursprungsprinzip des Textes verantwortet.

Es wurde bereits dargelegt, inwieweit das Schreiben von Rainald Goetz einerseits daran beteiligt ist, den Bereich ›Pop‹ aus einer – als solche ausgestellten aber strukturell nicht eingelösten – Metaposition auszuloten, und wie er andererseits selbst seinen Anteil daran hat, diesen als ›Pop‹ bezeichneten Komplex durch den eigenen Text fortzuschreiben. Dieser Doppelprozess kommt in *Heute Morgen* besonders stark zum Vorschein. Als »Geschichte der Gegenwart« dienen die Bände durchaus als eine ›Geschichte des Pop der 1990er Jahre‹. Der darin als poetologischer Suchbefehl formulierte Aspekt des Erfassens medialer, sozialer und kultureller Elemente und Prozesse der Bereiche »Rave, Techno, Pop«[64] führt zu einem Archiv eben jener Elemente – während im gleichen Moment die Texte selbst als Bestandteile dieses historischen Archivs eingeschrieben werden. Die so entstehende strukturelle Spannung kann als Teil des poetologischen Programms verstanden werden. Auf der einen Seite findet sich in der Sekundärliteratur immer wieder die Bestätigung, dass Goetz' Schreiben als einem Pop-Paradigma angehörig betrachtet werden sollte, was nicht nur mit der Thematik der Bücher, sondern auch mit der ästhetischen Form der Umsetzung begründet wird.[65] Auf der anderen Seite wird der hohe reflexive Anspruch seines Schreibens hervorgehoben, der an Niklas Luhmann geschult, die Beobachtungen n-ter Ordnung zum wichtigsten Schaffensprinzip erklärt – und auf diese Weise zugleich den ›Pop‹ als einen reflexiven Modus der Archivierung performativ ausführt.[66]

---

64 So zu finden auf der Rückseite des Booklets der CD *Heute Morgen*: »Rainald Goetz hat mit *Heute Morgen* das Lebensgefühl der 90er Jahre schriftlich festzuhalten versucht: Rave, Techno, Pop. Es geht um Entgrenzung, Auflösung und Vermischung in der Realität.« Goetz (2001): *Heute Morgen*.
65 Vgl. dazu Windrich (2007): *Technotheater*, S. 114–117; Hagestedt (1998): »Richtig hart Formuliertes«, S. 10.
66 Vgl. dazu auch Schäfer (2007): »Luhmann als ›Pop‹«, S. 269, 278f.; Windrich (2007): *Technotheater*, S. 119; Schäfer / Siegel (2006): »The Intellectual and the Popular«, S. 198f. Zum reflexiven Charakter des ›Pop‹ siehe Winkels (1999): »Grenzgänger«, S. 581f. und Oswald (2001): »Wann ist Literatur Pop?«, S. 29.

Vor allem das bereits in den 1980er Jahren von Goetz thematisierte Verfahren des ›taping it all‹, das im Rückgriff auf Andy Warhol formuliert wird,[67] erhält in *Heute Morgen* – und darin vor allem in *Abfall für alle* – einen wichtigen Stellenwert als dasjenige Modell, mit dem die Erschaffung der »Geschichte der Gegenwart« maßgeblich realisiert werden soll. Dabei leisten die Texte von Goetz einen durchaus beachtenswerten Spagat: Sie sind zum einen so verfasst, dass sie ein weites Panorama der Kultur – die explizit nicht nur die Hochkultur, sondern vor allem die Jugendkultur ist –[68] insofern abbilden, als sie diese in den Raum des Textes überführen; diese Poetik geht jedoch nicht in dokumentarischen Diskursen auf, da zu jedem Moment eine ästhetisierende Strukturierung dieser Elemente deutlich ist,[69] die gleichwohl so geschickt angelegt ist, dass die Referenz auf den kontextuellen Ursprung dieser Elemente erhalten bleibt.[70] Sascha Seiler sieht in dieser Praxis eine adäquate Umsetzung des Prinzips ›Pop‹ auf literarischem Gebiet und erklärt so das Fehlen von Plots und Narrativen,[71] – allerdings kam diesen Elementen im Werk von Goetz noch nie ein besonderer Stellenwert zu.[72] War bereits bei *1989* das Feld der Ursprünge der wiedergegebenen Rede nicht spezifisch markiert und sehr breit angelegt, so setzt sich diese Tendenz in *Heute Morgen* fort.[73] Diese Feststellung würde die Fragen der vorliegenden Untersuchung nicht weiter tangieren, wenn die Konzentration auf das weite Feld der Rede nicht zugleich ein neues Strukturelement mit sich bringen würde, das es erlaubt, diese Rede innerhalb einer literarisch repräsentierten Alltagswirklichkeit zu ›kerben‹: Die Zeit hält einen wirkungsvollen Einzug in das Werk von Rainald Goetz.

Das Notieren des Datums beim Generieren eines tagebuchartigen Textes findet sich bereits früher, beschränkt sich dabei jedoch meist auf die simple Datumsangabe.[74] In *Abfall für alle* wird die Datumsanzeige in den meisten Fällen

---

67 Vgl. dazu Drügh (2005): »Taping it all«, S. 154 und Schumacher (2003): *Gerade Eben Jetzt*, S. 129f.
68 Vgl. dazu Schumacher (2003): »Das Populäre. Was heißt denn das?«, S. 161.
69 Vgl. dazu Drügh (2005): »Taping it all«, S. 147, 156.
70 Vgl. Weingart (2005): »Global Village Berlin«, S. 59.
71 Vgl. Seiler (2006): »*Das einfache wahre Abschreiben der Welt*«, S. 299.
72 Selbst in Goetz (2012): *Johann Holtrop*, Goetz' bislang konventionellstem Roman, ist das Hauptnarrativ des ›Untergangs‹ des Hauptprotagonisten in einem kaleidoskopartigen Panorama entwickelt – und nicht entlang einer explizit signifikanten *storyline*.
73 Vgl. dazu Windrich (2007): *Technotheater*, S. 69; Schumacher (2003): »Das Populäre. Was heißt denn das?«, S. 164.
74 Vgl. Goetz (1983): »Das Polizeirevier«, S. 222, 226, 246; Goetz (1983): »Wir Kontrolle Welt«; Goetz (1993): »Der Attentäter«, S. 146–150. Vor allem bei »Wir Kontrolle Welt« ist jedoch zu beachten, dass sich dieses Verfahren durchgängig in allen Beiträgen der Anthologie findet, die

durch das Ergänzen einer exakten Zeitangabe ergänzt und dieses Verfahren zugleich als Bestandteil der Poetik dieses konkreten Projekts betont:

1556 jetzt
geht also dieser ZIFFERNWAHNSINN wieder los
und mit welchem Vergnügen
für mich[75]

Die Verpflichtung auf das Bezeugen der Gegenwart in dieser Internetschrift geht so weit, die Notation der Zeit selbst dann beizubehalten, wenn keine Schrift produziert wird, die mit einem Zeitnotat verortet werden könnte:

Mittwoch, 30.9.98, Berlin.
1201.
1217
1329.
1412.
1503.
1618.
Aussichten eher düster[76]

Oder aber, einen Tag wie den Jahreswechsel 1998 zu 1999 in Sekundenschritten nachzuschreiben und den Fortschritt der Zeit auf diese Weise zu verbildlichen:

2359.47.
was geht dir jetzt im Augenblick durch den Kopf
1.1.1999
0000.19.
0000.30.
0000.38.
0000.45.
0000.51.
0000.58.
0001.07[77]

---

entsprechend den Untertitel »Tag für Tag / Der Jahresbericht« trägt. Dem folgend finden sich darin Einträge für jeden einzelnen Tag des Jahres 1983. Auch die in *Hirn* und *Kronos* abgedruckten Collagen und Dossiers tragen zumeist ein aufgestempeltes Datum und die einzelnen Kapitel von *1989* sind nicht nur mit einer knappen Überschrift, sondern auch mit einem Datum versehen, an dem – so kann man schlussfolgern – die jeweiligen Medienaufzeichnungen entstanden sind.
75 Goetz (1999): *Abfall für alle*, S. 14. Herv. i. Orig.
76 Goetz (1999): *Abfall für alle*, S. 616.
77 Goetz (1999): *Abfall für alle*, S. 837.

Während Ulrich Plass in diesem genauen Notat eine »cultic quality« mit quasi-religiösen Zügen erkennt[78] und im Autor Goetz nicht nur einen Chronisten, sondern damit auch Hersteller von Zeit sieht,[79] betrachtet Eckhard Schumacher diese Praxis vor allem in Hinblick auf die Herstellung eines »JETZT«, das in *Abfall für alle* immer wieder beschworen wird. Anders als Elke Siegel, die angibt, diese Minutenprotokolle »try to capture in writing as much as possible of what is at hand, both material and immaterial, physical and spiritual«,[80] um damit einen Abstand zum Geschriebenen zu negieren und aufzulösen,[81] liest Schumacher dieses Verfahren einer Jetzt-Herstellung als Mittel und Weg, das Jetzt zu serialisieren, damit entgegengesetzt zu Siegels Deutung die jeweils gegebene Nachträglichkeit des Jetzt zu betonen und damit einen Zugriff auf Vergangenheit zu erlauben.[82] Ebenfalls anders als Sascha Seiler, der dieser Poetik unterstellt, durch die Verpflichtung auf eine ›Chronik der Gegenwart‹ den Autor im Strom der so gesammelten Stimmen verschwinden zu lassen,[83] rückt Schumacher den Fokus auf die Autor-Figur, die hinter den Zeit-Protokollen stets wieder sichtbar wird:

> Das »Schreiber-Ich«, in seiner Gegenwartsfixierung unweigerlich in den Gegenstand der Beschreibung verstrickt, arbeitet [...] an einer Präsentation von Gegenwart, die nicht nur die »Unfaßbarkeit des Geschehens« in Szene setzt, sondern aufgrund »ihrer schriftlich fixierten Form« jede Beobachtung als eine »Konstruktion« ausweist, die nicht zu denken ist ohne die korrespondierende »Konstruktion der Vergangenheit« [...].[84]

Und er schließt: »Die ›Zeit‹, die ›ihren Helden hinaus ins Leben‹ schickt, [...] ist immer schon das Produkt einer Transkription, ohne die weder das Subjekt des Schreibens noch das Objekt der Beschreibung zu denken sind.«[85] An eine solche poetologische Verortung der Zeitnotate, an die Sichtbarmachung der Nullstelle des Diskurses, die durch die Minutenprotokolle jeweils operationalisiert wird und die sie ordnende Autor-Instanz als strukturelle Größe zum Vorschein kommen lässt, ist auch die bezüglich *1989* geäußerte Feststellung von Ulrich Plass anschließbar: »The decision to transcribe the hated chatter of the talking heads presents an attempt to once again reaffirm the artistic autonomy of

---

78 Vgl. Plass (2006): »Journalism, Television, Poetry«, S. 214.
79 Vgl. Plass (2006): »Journalism, Television, Poetry«, S. 218.
80 Siegel (2006): »Remains of the Day«, S. 245.
81 Vgl. Siegel (2006): »Remains of the Day«, S. 245f.
82 Vgl. Schumacher (2003): *Gerade Eben Jetzt*, S. 130f.
83 Vgl. Seiler (2006): »*Das einfache wahre Abschreiben der Welt*«, S. 245.
84 Schumacher (2003): *Gerade Eben Jetzt*, S. 130f. Die von ihm verwendeten Zitate finden sich in Goetz (1999): *Abfall für alle*, S. 93, 685.
85 Schumacher (2003): *Gerade Eben Jetzt*, S. 132.

giving form.«[86] Die im Text festgehaltene Zeit verweist – erneut – auf die hybride Doppelgestalt aus Autor-Figur und Autor-Instanz. Sie wird damit so wie in den früheren Poetiken als derjenige Punkt entworfen, an dem Welt via Autorschaft sich in Text zu transformieren hat.

Die germanistische Forschung tut sich einigermaßen schwer damit, das Verhältnis von Welt und Text in *Heute Morgen* zu bestimmen: Zu deutlich scheint der Gestus des Textes selbst auf eine mimetische Wiedergabe der Realität der Welt und der Medien – mithin referentialisierbarer Elemente – zu pochen. Die Positionen reichen von einer Einschätzung der Sprache als ›Sound der Wirklichkeit‹ mit angehängtem Authentizitätspostulat und entsprechend emphatischer Autor-Figur, die dies alles als offene Membran zu Papier bringt,[87] bis zu kritischeren Stimmen, die den Inhalt der poetologischen Passagen an den Texten selbst überprüfen.[88] Dieses Verhältnis abzuschätzen ist schwierig, da *Abfall für alle*, an dem diese Problemlage meist diskutiert wird, zum einen über einen enorm hohen Grad an Referentialität verfügt – fortwährend werden darin Personen und Ereignisse des öffentlichen Lebens erwähnt –, als auch zum anderen viele Passagen enthält, die poetologischer Natur sind – oder sich zumindest so lesen lassen. Der Klappentext der Erstausgabe scheint die Konfiguration auch entsprechend so zu setzen, dass Fiktionalität suspendiert wird:

> Ein Tagebuch zunächst mal also, so erzählt Abfall für alle vom Leben eines Schreiber-Ichs in Berlin. Er sitzt an dieser Arbeit, schreibt und probiert zu schreiben, er geht einkaufen, schaut Fernsehen und liest die Zeitungen. Er geht ins Kino, ins Theater, schaut Ausstellungen an. Und er verreist und trifft Freunde, *fast schon fiktiv*, und redet *ganz echt* mit allen Mitbewohnern und Sprechern im Raum des Medialen.[89]

Dem gegenüber steht die fiktionalisierende Rahmung des Ganzen als »Roman eines Jahres« im Untertitel. Und tatsächlich scheint es naheliegend zu sein, diese Paradoxie einer Unentscheidbarkeit zwischen referentiellem Pakt und romanesken Pakt erneut als Lesefolie für *Abfall* anzulegen und den Text damit in die Nähe autofiktionaler Schreibweisen zu rücken. Johannes Windrichs Feststellung bezüglich der Theaterstücke von Goetz, in denen immer wieder Personen des

---

[86] Plass (2006): »Journalism, Television, Poetry«, S. 218. Ob der »chatter« tatsächlich »hated« ist, soll hier nicht diskutiert werden.
[87] Vgl. Hägele (2010): *Politische Subjekt- und Machtbegriffe*, S. 148; Wicke/Warnke (2002): »Wenn es so würde, wie ich es mir denke«, S. 571ff.; Weingart (2005): »Global Village Berlin«, S. 59; Holzheimer (2009): »Ich stehe da genau in der Mitte«, S. 205.
[88] Vgl. hier Meier (2007): »Realismus abstrakter Art«; Bunia (2005): »Überlegungen zum Begriff des Realismus« und insgesamt Windrich (2007): *Technotheater*.
[89] Goetz (1999): *Abfall für alle*, Klappentext. Herv. I.K.

öffentlichen Lebens als Dramatis personae auftreten, kann dann auch in Hinblick auf den gesamten Komplex *Heute Morgen* formuliert werden:

> Sprache und Sprecher werden nicht einfach an ihre Inkonsistenz, sondern bestimmter an ihr Gehört- und Gesehenwerden erinnert. Wort und Welt öffnen sich dadurch immer wieder neu füreinander; sie geraten in eine wechselnde Balance, verlieren einander aber nicht aus den Augen.[90]

Dieser oszillierende Modus macht es schwierig bis unmöglich, den Stellenwert des Textes auf eine Lesart hin zu bestimmen. Auch die poetologischen Passagen von *PRAXIS*, die sich in *Abfall für alle* eingebettet finden, sind davon betroffen. Einerseits als Metakommentare des Autors Goetz lesbar, sind sie doch auch durchgehend Figurenrede in der Diegese und werden damit auch – der poetologischen Anlage der Beobachtungen n-ter Ordnung folgend – als Meta-Metakommentare fassbar.

Ein Problem ergibt sich, wenn diejenigen Personen zu Figuren werden, über die üblicherweise kein Wissen bei Leserinnen und Lesern vorausgesetzt werden kann, die aber trotzdem mit Bestimmtheit als alltagswirkliche Personen identifiziert werden können. Der Maler Albert Oehlen und der mit bürgerlichem Namen Maximilian Lenz heißende DJ Westbam werden in *Celebration*, *Abfall für alle* und *Dekonspiratione* als konsistente Figuren rekonstruierbar, deren Begegnungen mit der Erzählerfigur jedoch vor allem im ›privaten‹ Raum interaktiver zwischenmenschlicher Kommunikation erfolgen – so zumindest die Schilderungen im Text. Für solche und ähnliche Anlagen in *Abfall für alle* übernimmt Remigius Bunia aus den Texten von Goetz den Begriff des »Ultrarealismus«,[91] um ihn noch anschließend um den Begriff der »Quasi-Fiktionalität«[92] zu erweitern. Albert Meier indes wählt einen anderen Zugang zum gleichen Problem, indem er den Stellenwert der Ironie in *Heute Morgen* untersucht und ebenso wie Windrich zu dem Schluss gelangt, dass Realität und Fiktionalität bei Goetz nicht als Gegensätze angelegt sind, sondern sich verschränken.[93] Er attestiert Goetz dabei, ironische Textverfahren ohne Ironisierungsabsicht anzuwenden und auf diese Weise

---

90 Windrich (2007): *Technotheater*, S. 431.
91 Bunia (2005): »Überlegungen zum Begriff des Realismus«, S. 145.
92 »Quasi-Fiktionalität bezeichnet sämtliche Operationen, die eine Welt um Beobachtungen ergänzen, die nicht von der in Rede stehenden Beschreibung unmittelbar gedeckt sind, aber aufgrund der für Welten charakteristischen Konsistenzerfordernisse hinzugefügt werden können oder gar müssen.« Bunia (2005): »Überlegungen zum Begriff des Realismus«, S. 145f.
93 Vgl. Meier (2007): »Realismus abstrakter Art«, S. 182. Allerdings liest Meier die *PRAXIS*-Vorlesungen als genuin poetologische Texte und nicht als metapoetologische Figurenrede.

eine individuell erfahrbare »Authentizität *sui generis*« zu produzieren.[94] Dem Text kommt dabei die Leistung zu, einerseits durch Einschreibung eine Realität aufzubauen, die durchaus im Rahmen operativer Fiktionen anschlussfähig ist, im gleichen Zuge jedoch auch literarischer Text im Modus der Selbstreferentialität zu bleiben. Meier schließt:

> Nicht mehr ironisch ist dieses Schreiben in doppelter Hinsicht: Zum einen wahrt es – unbeschadet seiner poetischen Komplexität – einen direkten Bezug zur Lebenswirklichkeit, indem es die »Realität der Sprache« ernst nimmt und gerade durch dieses nach wie vor autonome Instrument »Informationen über die Gegenwart« liefert, wie man das [...] von aller Kunst erwartet; zum anderen gibt es keiner utopischen Relativierung des Gegenwärtigen Raum und dementiert auf diese Weise den scheinbar unvermeidlichen Sekundärcharakter des Schreibens. [...] Das Ergebnis ist ein in der Tat ›abstrakterer‹ Realismus. Er braucht keine Fremdreferenzialität mehr, weil nicht die Lebenswelt, sondern das Schreiben sein konkretes Material darstellt.[95]

Meier erkennt also den Zwiespalt des auch an Luhmann geschulten konstruktivistischen Weltbaus an, der in den Werken von Goetz identifizierbar ist, ohne dem somit für sich stehenden Text eine potenzielle Wirksamkeit jenseits des literarischen Diskurses abzusprechen. Die Poetiken der frühen Jahre werden somit als fast identische auch in Goetz' Schaffen nach 1995 erkennbar. Der Unterschied von *Heute Morgen* liegt weniger in einem strukturellen Wechsel der poetologischen Anlage, als vielmehr in der Intensität des Gestus, mit dem die Texte immer wieder behaupten, Dokumente, Protokolle, Notate einer allgemein verbindlichen Wirklichkeit zu sein – wobei sie aber im gleichen Moment auch Zweifel an der Zuverlässigkeit eben jener Aussage streuen. War die Anlage des Verhältnisses von Welt und Text in den früheren Werken vor allem anhand der Konstruktion der Doppelgestalt aus beobachtbarer Autor-Figur und der nicht beobachtbaren strukturellen Verortung des Trägers der Autorfunktion angelegt, so gilt es nun nachzuforschen, wie diese Doppelfigur ihre Transformation in das neue Jahrtausend überstanden hat.

---

94 Meier (2007): »Realismus abstrakter Art«, S. 181. Herv. i. Orig. Vgl. auch ebd. S. 181f.
95 Meier (2007): »Realismus abstrakter Art«, S. 183.

4.3 Autorschaft in *Heute Morgen:* Spalt- und Einheitsfiguren, Verschiebungen – und Realismus

Rave, als erste Publikation des Komplexes erschienen, folgt auf den ersten Seiten offensichtlich dem Spiel mit den Spaltungen der Figuren, das bereits seit »Subito« und *Irre* bei Goetz angelegt war. Diejenige Instanz, die als Träger der Fokalisierung fungiert, teilt sich auf in eine Größe, die in der Ersten Person Singular zu Wort kommt und offensichtlich den Namen »Rainald« trägt,[96] und auf der anderen Seite in eine Instanz, die von diesem ›Ich‹ nicht immer zu trennen ist und als ›Wirr‹ bezeichnet wird: »Als Wirr die Musik wieder distinkt als –. Stimmt gar nicht. Ich hatte nur plötzlich gedacht: Was war denn das?«[97] In *Abfall für alle* findet sich ein Hinweis, dass der Name dieser Figur in den englischen und französischen Übersetzungen einer Broschüre der Musik-Veranstaltung ›Mayday‹, welche eine Passage aus *Rave* enthält, nicht übersetzt werden soll.[98] Thorsten Rudolph argumentiert daraus, dass es sich damit um einen Eigennamen handeln müsste. Seiner Auslegung zufolge weise dies zwar auf einen doppelten Modus der Autor-Erzähler-Figur hin, in der Betonung der Doppelung wäre jedoch auch die Einheit dieser Figur hervorgehoben.[99] Die zumindest zweifache Lesart des Wortes »Wirr« mit ›Wir‹ und ›irr‹[100] betont die plurale Denkfigur und erinnert an die duale Anlage von ›Raspe / Goetz‹ in den früheren Werken. Diese Pluralität wird auch an denjenigen Stellen greifbar, in denen die Beobachtung n-ter Ordnung wiederum in Form quasi-metaleptischer Störungen in den Text installiert werden, um auf diese Weise den Konstruktionscharakter des Textes zu betonen:

> Wirr wollte etwas sagen, der Blick ging hinüber, auf die andere Seite, zwischen den Tanzenden hindurch. Eine Beobachtung schaute vorbei und war schon wieder weg.
> Und ich dachte, in einzelnen Worten: »Wirrnis, – Komma, Gedankenstrich – , Doppelpunkt: ANGENEHM. Ausrufezeichen!« Es war jetzt im Moment aber zu anstrengend, das genau auch so zu notieren. Durch das Nicht-Notieren allerdings wiederholte sich die ganze »Wirrnis-angenehm«-Wortfolge mit allen Satzzeichen-Bezeichnungs-Worten mehrmals ausdrücklich im Inneren des Kopfes, irgendwo im Hirn. Bis ich es bemerkte.[101]

---

96 Vgl. Goetz (1998): *Rave*, S. 29.
97 Goetz (1998): *Rave*, S. 20.
98 Vgl. Goetz (1999): *Abfall für alle*, S. 59
99 Vgl. Rudolph (2008): *irre/wirr: Goetz*, S. 126.
100 Man könnte argumentieren, dass zusätzlich auch die Zweite Person Plural – ›Ihr‹ darin klanglich enthalten ist, ebenso wie ein Bezug auf den Erstling *Irre*.
101 Goetz (1998): *Rave*, S. 31. Herv. i. Orig.

Der Wechsel der Fokalisierung von ›Wirr‹ zu ›ich‹ wird dazu genutzt, einen als Zitat ausgewiesenen Gedankeninhalt darzustellen, um dann direkt an das Motiv des Notierens und Beobachtens anzuschließen. Die Störung ist keine narrative Metalepse, sondern lässt in »Komma, Gedankenstrich – , Doppelpunkt: ANGENEHM. Ausrufezeichen!« die Satzzeichen einfach den Gedankeninhalt umsetzen. Der Umstand, dass diese sich ebenso auf dem Papier finden, torpediert die nachgerückte Bemerkung, dass das Notieren unterlassen worden sei. Durch das ›bemerken‹, so kann man schlussfolgern, ist die Arbeit der Autorschaft initiiert worden. Auf diese Weise wird der Doppelfigur aus ›Wirr‹ / ›Ich‹ eine dritte, sie verwaltende Einheit zur Seite gestellt. Das Wiedergeben des Denkens und Redens der Figur in Anführungszeichen, vollzieht diese Erweiterung mit und markiert sie als sekundäre Größen, die durch einen Autor beobachtet und organisiert werden, der selbst im Text nicht enthalten ist.

Ein äquivalentes Verfahren lässt sich auch im postdramatischen Stück *Jeff Koons*[102] finden, das Johannes Windrich unter der Prämisse der Luhmann'schen Systemtheorie ausführlich untersucht.[103] Der siebte und finale Akt, der die Binnennummerierung »V. DAS BILD« trägt,[104] ist anders angelegt als die anderen Teile des Stücks: Während in diesen sich die Perspektiven der sprechenden Instanzen immer wieder verschieben, wird die sich hier äußernde Instanz nur in der Ersten Person Singular vernehmbar, wie sie offenbar gerade ihre eigene Ausstellungseröffnung verlässt und über diese, die gerade erlebte Nacht und die Macht der Bilder reflektiert.[105] Im letzten Textblock nun wird diese Konstruktion gebrochen, indem zu diesem ›Ich‹ eine andere Größe ins Beobachtungsverhältnis gesetzt wird: »und sah ihn das sehen / und aufatmen, nicken und gehen / und ging also heim / nach Hause / schon müde beinahe / und hörte es bumpern im Herzen / ba dum, ba dum«.[106] Windrich schließt daraus, dass diese Verdoppelung der Beobachtungsinstanz darauf zurückzuführen sei, dass das sprechende ›Ich‹ nun von seinem eigenen ›Künstler-Ich‹ getrennt wird, während es vordem eins

---

102 Vgl. diese Einordnung des Stücks bei Windrich (2007): *Technotheater*, S. 220ff.; Schäfer (2006): »›Fantasy Realism‹«, S. 255.
103 In *Jeff Koons* findet sich keinerlei Zuschreibung der Rede zu einzelnen Figuren – der Text ist lediglich in Textblöcke mit knappen, z.T. die Szenerie erläuternden Überschriften unterteilt, die Abfolge der Akte ist nicht chronologisch (das Stück beginnt mit dem ›Dritten Akt‹) und die Binnenstruktur der Akte ist unübersichtlich. Vgl. zum Aufbau die Ausführungen in Windrich (2007): *Technotheater*, S. 397–401 mitsamt einer schematischen Skizze, die das Verhältnis von Akten und Themenbereichen darlegt.
104 Vgl. Goetz (1998): *Jeff Koons*, S. 155.
105 Vgl. hierzu auch Windrich (2007): *Technotheater*, S. 409.
106 Goetz (1998): *Jeff Koons*, S. 158f.

gewesen war,[107] während ich hier – ganz ähnlich wie Windrich – argumentieren möchte, dass in dieser Passage die Anlage der Denkfigur von Beobachtung und Beobachtbarkeit veranschaulicht wird, so wie sie bereits in den früheren Poetiken von Goetz identifiziert wurde.[108] Für die dramatischen Werke des Autors generell fasst Windrich die Bedeutung dieser Denkfigur zusammen:

> Bei Goetz springen die Reflexionen, die Beobachtungen zweiter Ordnung kraft der formalen Konstruktion in Beobachtungen erster Ordnung um; er zielt weniger darauf, die sie ermöglichenden Begriffshierarchien offenzulegen, als vielmehr darauf, die Thesen mit ihrer eigenen Beobachtbarkeit zu konfrontieren und somit divergierende Anschlüsse zu ermöglichen.[109]

Während bezüglich der Ausstellung der divergierenden Anschlüsse Windrich zuzustimmen ist, liegt m.E. die poetologische Leistung dieser Passagen in der Betonung des Wechsels der Beobachtungsinstanzen, um auf die ihnen zugrundeliegenden ›Begriffshierarchien‹ hinzuweisen und diesen Umstand – ebenso wie den damit strukturell verbundenen Moment der ›Latenz‹ – als Bestandteil der poetologischen Anlage der Texte hervorzuheben.

Ein ähnliches Verfahren, das sowohl mit Ähnlichkeit als auch mit Differenz hantiert, ohne die Grenze zwischen ihnen explizit zu betonen, findet sich im Videoclip zum Musikstück »Mädchen«.[110] Die Visualisierung dieses dem Album *Word* entnommenen Stückes zeigt Akteure in einer Studio-Situation vor einem stets gleich bleibenden blauen Hintergrund. Die einzelnen Akteure sind in der Regel nicht länger als fünfzehn Sekunden zu sehen und werden durch harte Schnitte abgelöst, ohne erneut zu erscheinen. Die meisten von ihnen werden dabei gefilmt, wie sie Printprodukte – in der Regel Magazine wie *Der Spiegel* oder *Max* – betrachten oder lesen, wobei einige von ihnen die Vierte Wand durch einen Blick in die Kamera durchbrechen. Von besonderem Interesse ist hierbei der zuletzt gezeigte Akteur von 4:00–4:10, der zugleich die intensivste Durchbrechung der Vierten Wand leistet, da seine einzige Handlung darin besteht, zu Beginn den Kopf von einer Lektüre zu heben und den Blick bis zum Ende des Clips

---

107 Vgl. Windrich (2007): *Technotheater*, S. 409f., Anm. 805.
108 *Jeff Koons* wartet zudem auch mit einer Setzung auf, in welcher eine Instanz die Beobachtung eines Schriftstellers bei der Arbeit wiedergibt: »Typ am Schreibtisch, Stift in der Hand / steht auf, schreibt, steht wieder auf, geht auf und ab / schreibt, Bücher am Boden, Papiere, alles da voll / Kopf gesenkt, schreibt da also, nickt / und steht wieder auf / geht auf und ab, redet, redet da dauernd / schreibt, was er redet, nickt, wie er schreibt / schreibt, wie er spricht«. Goetz (1998): *Jeff Koons*, S. 145.
109 Windrich (2007): *Technotheater*, S. 430.
110 Vgl. www.youtube.com/watch?v=VT1bECC7XK8 (zuletzt eingesehen am 17.12.2013).

direkt in die Kamera zu richten. Auffällig sind dabei zwei zusammenspielende Elemente des visuellen Materials: Der Akteur gleicht auffällig dem sich in Klagenfurt die Stirn aufschneidenden Rainald Goetz – die wasserstoffblonden Haare sind zu einer wirren, hochgekämmten Frisur arrangiert und selbst die Gesichtsform erinnert an ein Bild des Autors als junger Mann.[111] Die Bauchbinde, die entsprechend den Regeln der sendenden Institution VIVA am Ende des Clips über das Bewegtbildmaterial gelegt wird, unterstreicht noch diese identifikatorische Lesart. Darin heißt es: »Rainald Götz / Mädchen«, wobei leicht der Eindruck entsteht, diese Zeile gelte als Markierung des gerade auf dem Bildschirm sichtbaren Akteurs. Auch wenn nicht verifiziert werden kann, ob das Bildmaterial und sein Arrangement tatsächlich durch die Autorschaft von Goetz autorisiert sind, wird das Spiel mit den Lesarten auffällig und kann als Beispiel für die Ambivalenz von Ähnlichkeit und Differenz dienen, die letztlich immer wieder auf diejenige Figur verweist, die durch den »Subito«-Klagenfurt-*Irre*-Komplex bekannt und beobachtbar geworden ist – auch wenn den Kennern von Goetz' Physiognomie auf den ersten Blick erkennbar sein sollte, dass es sich dabei nicht um ein Autorenporträt handelt.

Schließen diese Beispiele quasi nahtlos an die poetologischen Positionen der früheren Werke an, so gilt es jedoch, sich zu erinnern, dass diejenigen Momente, in denen die Anlage von Beobachtung und Beobachtbarkeit transparent gemacht wurde, in den früheren Werken immer mit denjenigen Textstellen kontrastiert werden konnten, in denen die Identität der Figure(n) und nicht ihre Pluralisierung betont wurde. Diese textuelle und mediale Praxis wird in *Heute Morgen* fortgesetzt und zugleich potenziell noch intensiviert – wenn das angesichts der autobiographischen Lesarten der früheren Texte überhaupt noch möglich ist. Der Erzähler in *Rave* ist trotz der eigenen Spaltfigur ›Wirr‹ immer wieder als die Figur des Autors ›Rainald Goetz‹ mitsamt dem Anschluss an seine außertextuelle Rolle als Träger der Autorfunktion erkennbar,[112] wobei das Notizbuch und die Praxis

---

111 Die Ähnlichkeit war offenbar so auffällig, dass sich in den Kommentaren des Clips die Frage fand, ob dieser letzte Akteur denn Goetz sei – was von anderen Kommentatoren mit dem Hinweis bejaht wurde, er müsse da aber noch sehr jung gewesen sein. Diese Kommentare fanden sich zu einer inzwischen gelöschten Version des Clips und können hier nicht nachgewiesen werden.

112 Vgl. dazu Seiler (2006): *»Das einfache wahre Abschreiben der Welt«*, S. 293: »Der Erzähler wird vordergründig mit dem Autor Rainald Goetz identifiziert und unternimmt keinen Versuch, Distanz zum Geschehen zu vermitteln. Aufgrund von Goetz' Herangehensweise an das Thema und die aus verschiedenen Quellen stammende Kenntnis des Lesers um dessen tatsächliches Erleben der Raves, fällt es schwer, zwischen Reportage und Fiktion zu unterscheiden.« Siehe auch folgende Textstellen in Goetz (1998): *Rave*, S. 29, 58f., 70, 132, 159, 189, 208f., 218. Dass der Erzähler von *Rave* autobiographisch angelegt sei, findet sich auch in Baßler (2002): *Der deutsche*

des Notierens der erlebten Gegebenheiten und Gespräche erneut als Insignien des Autors erscheinen und immer wieder thematisiert werden.[113]

Während für *Rave* als Einzelwerk noch die plurale Anlage der Figur festgestellt werden kann, rückt im Gesamtkomplex *Heute Morgen* eine einheitliche Instanz ins Bild, welche die Diskurse der Massenmedien filtert, bearbeitet und von den Geschehnissen des Nachtlebens berichtet.[114] Der in den Texten skizzierte Anspruch an die präsentierte Art des Schreibens ist hoch:

> KRYPSE-REGEL: Ein Text soll kein Geheimnis haben. Er sollte nichts verschweigen, was er selber von sich selber weiß. [...]
> Sag alles, was du weißt.
> So klar und simpel, wie es geht.
> [...] Die Frage ist nur dauernd: wann, wo, und wie kann dieses ALLES in welchen Portionen und Teilchen, und an welchen Stellen genau gesagt werden. Und zwar möglichst so, wie es sich gerade so ergibt, praktisch automatisch, als würde es sich von selber sagen. Also ohne Gewaltanwendung, unforciert, ohne Verletzung der Regeln von Takt und Diskretion, die innerhalb eines Textes gelten.[115]

Und obgleich in *Rave* immer wieder das Modell konstruiert wird, dass das Buch, das man soeben liest, synchron zum Erleben der Autor-Figur im Text geschrieben wird,[116] erfolgt woanders die Feststellung, dass erst mit dem ›Tod des Autors‹ der Text sein Recht erlangen könne. – Um dies im gleichen Zuge zu bedauern und damit in einer utopischen Wunschvorstellung zu fordern, dass die Prämissen des *linguistic turn*, nach denen Signifikant und Signifikat arbiträr sind und es bleiben müssen, nicht mehr gelten sollen:

> Tagebuch. Dienstag. Man müßte die Sprache von ihrer Mitteilungsabsicht frei kriegen können. Daß die Schrift nur noch so ein autistisches, reines, von der Zeit selbst diktiertes

---

Pop-Roman, S. 144. Vgl. dazu auch die Ausführungen in Schumacher (2011): »Adapted from a true story«, S. 78–81.
113 Vgl. Goetz (1998): *Rave*, S. 26f., 31, 43, 126, 264. Siehe dazu auch Seiler (2006): »*Das einfache wahre Abschreiben der Welt*«, S. 294.
114 Vgl. dazu Schumacher (2003): »Das Populäre. Was heißt denn das?«, S. 162. Siehe dieses Modell auf *Abfall für alle* übertragend auch Baisch / Lüdeke (2000): »Was kommt? Was geschieht?«, S. 155.
115 Goetz (1998): *Rave*, S. 209, Herv. i. Orig.
116 Vgl. dazu die quasi-metaleptischen Störungen in Goetz (1998): *Rave*, S. 17, 189 und 261. In diesen wird immer wieder auf »dieses Büchlein hier« referiert, das – so kann man schlussfolgern – nichts anderes ist, als die Erzählung, die man gerade vor sich hat. Vgl. hierzu und zu den gleichen Verfahren in *Dekonspiratione* auch Schumacher (2011): »Adapted from a true story«, S. 81–86.

> Gekritzel wäre. Atem. Jenseits des Todes. Aber auf dessen Eintreten muß sie dann warten, um Text zu werden.
> Schade ist das.[117]

Eckhard Schumacher stellt fest, dass in *Heute Morgen* durch die Konstruktion eines Autors im Text, der die Ströme der Medienangebote als lesende und wahrnehmende Instanz registriert und in Text verarbeitet, an genialistische Autormodelle angeschlossen wird, was im Kontext von Pop und dem Anspruch einer ›Geschichte der Gegenwart‹ eher befremdend anmutet:

> Viele der Kontroversen, die sich um Goetz' Texte und seine öffentliche Inszenierung als Autor winden, lassen sich auf diese Kopplung des rezeptiven Mit- und Abschreibens mit einer sehr ausgeprägten und in vielen Punkten sehr traditionellen Vorstellung von Autorschaft zurückführen, auf die Kopplung von Pop-Verfahren des Zitierens und Inventarisierens mit einer in diesem Kontext nicht so verbreiteten Kunst-Emphase, die durchaus als Reaktivierung von Wertmaßstäben und narrativen Mustern aus dem 18. und 19. Jahrhundert verstanden werden können.[118]

Sascha Seiler verweist implizit auf solche Überlegungen, wenn er feststellt, dass in *Heute Morgen* das gesamte Gefüge der Gegenwartskultur eingefangen werden soll – und das aus der subjektiven Warte eines Individuums, der niemand anderes als der Autor Rainald Goetz sei.[119] Zum Modell einer Einheitsfigur in *Heute Morgen* lässt sich somit zusammenfassend sagen, dass selbst in denjenigen Texten, in denen eine solche Denkfigur durch den Gestus des Textes unmöglich gemacht wird, die Einheitlichkeit einer den Text schreibenden und verantwortenden Autor-Instanz immer wieder evoziert wird. Macht diese Feststellung es auch leicht, darin die einfache Fortschreibung der Autor-Figur ›Rainald Goetz‹ aus den früheren Werken zu sehen, so ist allein die schiere Menge der Verweise auf die vorgeblich außertextuelle und außerliterarische Alltagswirklichkeit des Individuums gleichen Namens beachtlich – womit dieser Subjekt-Figur eine wesentlich stärkere Konsistenz zukommt, als dies vordem der Fall war.[120]

---

117 Goetz (1998): *Rave*, S. 262.
118 Schumacher (2003): »Das Populäre. Was heißt denn das?«, S. 167. Siehe zu Goetz als Autor und Leser auch ebd., S. 166. Eine ähnliche These, dass das Projekt *Heute Morgen* ein ›Originalgenie‹ impliziert, findet sich auch in Baßler (2002): *Der deutsche Pop-Roman*, S. 145f. Siehe ganz ähnlich auch Feulner (2008): »Vom Medienpessimismus zur Medienaffirmation«, S. 241f. und die Ausführungen zur Autorschaft in *Heute Morgen* bei Schumacher (2011): »Adapted from a true story«.
119 Seiler (2006): »*Das einfache wahre Abschreiben der Welt*«, S. 298.
120 Einen interessanten Ansatz in eine ähnliche Richtung liefern Martin Baisch und Roger Lüdeke. In ihrer Untersuchung der Frankfurter *PRAXIS*-Vorlesung von Goetz beschäftigen sie sich

Die Mittel, die in diesem Prozess zum Einsatz kommen, sind klassischerweise intertextuelle Verweise, die zudem durch eine große Anzahl von Selbstzitaten ergänzt werden. Die Anlage einer Autor-Figur als Empfänger der medialen und partynächtlichen Datenströme wird als eine ›Obsession am Ich‹ erkannt,[121] der Schreiber als »Welt-Text-Empfänger und Forscher«[122] wird als ein Medium konstruiert, das durch die Form des Textes – hier greift die Luhmann'sche Medien-Form-Unterscheidung – beobachtbar wird und auf diese Weise an der Ausformung seiner Subjekthaftigkeit arbeitet.[123] Die gesammelten und prozessierten Daten aus Kultur und Lebenswelt markieren damit eine sich aus diesen Diskursen speisende Subjekt-Figur.[124]

Man kann ohne Mühe feststellen, dass die intertextuellen Verweise in *Rave* oder *Abfall für alle* so angelegt sind, dass sie einerseits die Texte zum Kontext der Kultur, aus dem sie entstanden sind, öffnen, zum anderen aber auch innerhalb des Werkkontextes des Autors Rainald Goetz platzieren.[125] Veranschaulichen

---

vor allem mit den darin entwickelten Begriffen von ›Stil‹ und ›Kritik‹. Den ersteren erkennen sie dabei als einen der Aushandlungsorte von Individualität – und somit auch von Subjektivität: »Angesichts der irreduziblen Medialität und Sprachnatur der Wirklichkeitserfahrung erweist sich der Begriff des Stils jedoch als zutiefst aporetisches Konstrukt. Als Schnittstelle zwischen Eigen- und Fremdrezeption umfasst Stil die ›gesamte, punktuell-totale, innerlich-äußere Mixtur‹ (472), die sich nicht nur dem herrschenden Diskurs, sondern mehr noch jeder begrifflichen Identifikation prinzipiell verweigert. Die ›Wahrnehmung von Stil‹ (472) bildet die unfassbare und unaussprechliche Probe aufs Exempel diskursiver Individualität.« Baisch / Lüdeke (2000): »Was kommt? Was geschieht?«, S. 152. Die Seitenangaben der Zitate beziehen sich auf Goetz (1999): *Abfall für alle*. Mit dem Urteil von Baisch / Lüdeke deckt sich der Inhalt einer Textpassage in Goetz (1986): »Fleisch«, S. 72f.: »Mode ist das Gegenteil von Stil. Stil ist die ununterbrochene, besessene, hochgeheime Arbeit am Selbst. Diese Arbeit schließt alles ein, von der Formung des Fleisches nach dem Willen, der Entscheidung zu einem bestimmten Lebenstempo, einem bestimmten Gang, der Auswahl eines letzten kleinen scheinbar bedeutungslosen Accessoires, bis hin zur entschlossenen Negation dieser Arbeit.« Diese Ausführungen der Figur sind fast nahtlos an Michel Foucaults Überlegungen zu den ›Hermeneutiken des Selbst‹ anschlussfähig. Allerdings habe ich in meiner Analyse zu wenige Hinweise dafür gefunden, dass ›Stil‹ eine strukturelle Stelle oder auch den Inhalt der Selbstpoetik der Figur ›Rainald Goetz‹ bestimmen würde, so dass dieser Spur nicht weiter nachgegangen wird.

121 Vgl. Schäfer / Siegel (2006): »The Intellectual and the Popular«, S. 198.
122 Goetz (1999): *Abfall für alle*, S. 333.
123 Vgl. hierzu Feulner (2008): »Vom Medienpessimismus zur Medienaffirmation«, S. 236.
124 Es ist jedoch erneut wichtig, dem Gestus des Textes nicht blindlings zu folgen und stattdessen die poetologischen Passagen in *Heute Morgen* (auch) in ihrer literarischen Konfiguration zu lesen, dass man den Aussagen der Autor-Figur nur soweit Glauben schenkt, wie die Konstruktion der Texte es bestätigt.
125 Vgl. Breuer (2009): »Mich kennen die Leute«, S. 87; Windrich (2007): *Technotheater*, S. 270.

lässt sich der erste Fall am bereits erwähnten Nietzsche-Zitat in *Rave*[126] und der zweite Fall an den immer wieder erwähnten eigenen Werken oder am teilweise identischen Figuren-Personal der Bücher. Auch die Anlage jener Figuren, die Züge des Autors tragen – sei es der ›Angeklagte‹ in *Festung*[127] oder der ›Alte‹ in *Katarakt*[128] – schafft eine Art rhizomatisches Geflecht zwischen den Büchern, eine Art Goetz-Universum, wie man es z.T. auch aus den Romanen von Uwe Johnson kennt, in denen die Bezüge zwischen den Protagonisten über mehrere Romane hinweg entwickelt werden.[129]

Das Verhältnis zwischen den intratextuellen und den intertextuellen Verweisen ist dabei nicht so klar definiert, wie man auf den ersten Blick annehmen könnte. Man könnte annehmen, dass die intertextuellen Verweise eine Öffnung auf einen referentialisierbaren und teilweise auch alltagsweltlichen Kontext hin ermöglichen, während die intratextuellen Verweise die Selbstbezüglichkeit des Gesamtwerks, die Autonomie der poetischen Rede und damit eine Art hermetischer Schließung des Textes nach sich ziehen müssten. Eine so simple Unterscheidung ist hier unpassend: Der Einschätzung von Sascha Seiler, der zufolge die in *Rave* zahlreich vorkommenden Zitate nun nicht mehr in einem metaphorischen Raum abgelagert und verfremdet werden würden,[130] gilt es explizit zu widersprechen; bei einer genaueren Betrachtung erweist sich die gesamte ›Geschichte der Gegenwart‹ als eine leicht verschobene, verfälschte und eine explizit bearbeitete. Der Erzähler wird immer wieder als unzuverlässig markiert, z.B. wenn er einige der einfach überprüfbaren Elemente der Populärkultur in einem ›falschen‹ Zustand in den Text einflicht.[131] Diese Verfälschungen sind dabei jedoch stets so ausgeführt, dass die Elemente leicht erkannt werden können und durch die Ungenauigkeit der Wiedergabe nur minimale Verschiebungen entstehen.[132]

---

126 Vgl. dazu auch Holzheimer (2009): »Ich stehe da genau in der Mitte«, S. 199. Holzheimer ordnet es in den Kontext der Aushandlung einer musikalisch-tanzenden Existenz ein. Er erkennt jedoch nicht die Doppelcodierung als Text des Songs »Religion« der *Members of Mayday*.
127 Vgl. dazu Windrich (2007): Technotheater, S. 374, Anm. 742, siehe die bewusste Textstelle in Goetz (1993): *Festung*, S. 142ff.
128 Vgl. dazu Goetz (1993): *Festung*, S. 251–295. Siehe dazu auch Windrich (2007): *Technotheater*, S. 362.
129 So ist beispielsweise die Geschichte von Gesine Cresspahl erst vollständig zu überblicken, wenn man sowohl die *Jahrestage* als auch die *Mutmaßungen über Jakob* berücksichtigt.
130 Vgl. Seiler (2006): »*Das einfache wahre Abschreiben der Welt*«, S. 246.
131 Was auch immer wieder mit einem Moment der Unzuverlässigkeit innerhalb der Diegese markiert wird. Vgl. u.a. Goetz (1998): *Rave*, S. 29: »Pills pills pills – / Girls girls girls – / Wie ging die nochmal, diese Nummer?«.
132 So beispielsweise, als der Protagonist Schütte einen erfolglosen Telefonanruf tätigt: »Man hörte die Ansage: ›the number you have reached is momentarily not available‹.« Goetz (1998):

Anders als im Fall von Schleier / Schleyer in *Kontrolliert* ist eine einfache Decodierung der in *Heute Morgen* vermittelten Elemente nicht angestrebt. Stattdessen ist das Prinzip der Latenz als eines Moments der Unzuverlässigkeit auf alle scheinbar alltagswirklichen Elemente in den Texten zu übertragen, um auf diese Weise eine Autorposition zu skizzieren, die auch in ihrer doppelten Präsenz – als Figur innerhalb der Texte und als Funktion in der außerliterarischen Wirklichkeit – keinerlei Einheit von Sinn zu garantieren vermag.

Diese Ambivalenz zwischen Gestus und Inhalt führt zu einer Dialektik von Fiktionalität und Referentialität:

> Mark hörte dann jemanden neben sich den Satz sagen: »Die Staatsanwaltschaft ermittelt jetzt auch wegen des Verdachts der Verletzung der Vertraulichkeit des Wortes.«
> Und ich dachte sofort: »Phantastisch.«[133]

Und nur wenige Seiten später legt der Erzähler sein Projekt eines Films oder Techno-Comics dar, in dem abzubilden wäre, »wie alles wirklich war«,[134] um dann festzustellen: »Man hätte da eine irrsinnige Freiheit der Rede. / Andererseits –«.[135] Das melancholische Moment des Scheiterns einer unmittelbaren Weltwiedergabe ist ein roter Faden, der sich durch *Heute Morgen* zieht.[136] Während Sandro Holzheimer die sprachskeptischen Momente in *Rave* betont und diese plausibel an die Subjekttheorie von Jacques Lacan anbindet, der zufolge das Subjekt durch seine sprachliche Repräsentation von einer reinen Präsenz des Seins entfremdet wird,[137] sehen viele Vertreter der Forschung den Gestus des Textes zugleich

---

Rave, S. 194. Mindestens zwei Fehler sind darin identifizierbar – und wenn man zudem die Erfahrung gemacht hat, im englischsprachigen Raum ein gerade nicht erreichbares Mobiltelefon anzurufen, lautet der ›korrekte‹ Wortlaut ›The number you have called [oder auch: dialed] is temporarily not available‹.
133 Goetz (1998): *Rave*, S. 18.
134 Goetz (1998): *Rave*, S. 23.
135 Goetz (1998): *Rave*, S. 31.
136 Vgl. auch Schäfer / Siegel (2006): »The Intellectual and the Popular«, S. 198. Allerdings wird dort diese Aussage aus anderen Gründen formuliert: Schäfer / Siegel gehen davon aus, dass Goetz im Anschluss an Theodor Adornos Diktum, demzufolge es kein ›richtiges Leben im falschen‹ geben könne, an der ›Entfremdung‹ leide und auf diese Weise seine schriftstellerische Arbeit und die von ihm erlebte Welt nicht zu einer Deckung bringen könne. Diese Position missachtet jedoch die autofiktionalen Implikationen der Autor-Konstruktion von Goetz und liest *Heute Morgen* wenn nicht als intentionale Aussage, so doch die hybride Anlage von Fiktionalität und Referentialität verkennend, die dem ganzen Komplex eingeschrieben ist.
137 Vgl. Holzheimer (2009): »Ich stehe da genau in der Mitte«, S. 204. Womit diese Anlage als Modell und Thema innerhalb der Diegese, aber nicht als strukturelles Prinzip des Textes oder Bestandteil einer Selbstpoetik von ›Rainald Goetz‹ markiert werden muss.

auch als poetologisches Prinzip und übersehen die Hybridität seiner Anlage. Die selbstzugeschriebene Rolle des ›Chronisten der Gegenwart‹ wird als das leitende Movens der Textproduktion benannt, was zur Folge habe, dass der lesende und schreibende Autor seine schöpferische Autorschaft marginalisiert und lediglich zum Durchgangspunkt des medialen Diskurses wird.[138]

Vor allem wegen der Wichtigkeit der Zeit-Notate in *Abfall für alle* wird dieser Text teilweise weniger einem Tagebuch- als einem Chronik-Paradigma zugehörig erkannt, was zur Folge habe, dass das ›Ich‹ des Textes sich aus dem Zentrum des Projekts verabschiede, um die Zeit als Aktant an seine Stelle zu setzen.[139] Zahlreiche Passagen aus *Heute Morgen* und besonders *Abfall für alle* scheinen dem Recht zu geben:

> 1422.20. Die Zeit.
> 1422.34. Die Zeit.
> 1422.40. Die Zeit.
> 1423.02. Der nichts als der Durchgangsaugenblick zu sein. Die geschehen zu lassen, zuzuschauen, was da passiert, durch die, wenn sie passiert, wenn es geschieht, wenn sie da ist, da, da, da. Der Zeit der Ort zu sein, ganz einfach.[140]

Davon setzen sich diejenigen Forschungsmeinungen ab, die den Gestus solcher Passagen zwar als ebensolchen identifizieren – schließlich war Schrift im Internet zumindest noch im Jahr 1998 durch Nachträglichkeit gekennzeichnet –, diesen jedoch auch als Teil eines poetologischen Programms begreifen, das stets auf den Autor als Funktionsstelle und Figur zurückwirkt: Der ›gläserne Autor‹ sei Teil des Gesamtkunstwerks[141] und das ›Ich‹ als Vermittler zwischen Text und Welt bürge für das Entstehende mit seinem Leben und stehe im Zentrum des ›ästhetischen Systems Goetz‹.[142]

---

[138] Vgl. dazu Seiler (2006): »*Das einfache wahre Abschreiben der Welt*«, S. 249f.; Kreienbrock (2006): »Paying Attention«, S. 223; Baisch / Lüdeke (2000): »Was kommt? Was geschieht?«, S. 154f.
[139] Vgl. dazu Siegel (2006): »Remains of the Day«, S. 246f. Vgl. auch ebd., S. 242: »The ›I‹ is merely the scene for text, for language. It is not acting as the subject, but is an object of experimentation by the world, and this means by language, which precedes and surpasses it. The hope is that diary could become a new text-generating, not an ›I‹-generating, model.«
[140] Goetz (1999): *Abfall für alle*, S. 619.
[141] Vgl. Seiler (2006): »*Das einfache wahre Abschreiben der Welt*«, S. 249. Hier im Hinblick auf Goetz (1993): *1989* formuliert – allerdings ist die Aussage ohne Probleme auch auf *Heute Morgen* zu übertragen.
[142] Vgl. Schäfer (2007): »Luhmann als ›Pop‹«, S. 279f.

Wie man sich diesen ›Autor‹ und dieses ›Ich‹ vorzustellen habe, wie sein / ihr poetologisches Programm in *Heute Morgen* umgesetzt ist, wird mit Hilfe eines intertextuellen Verweises gleich auf der ersten Seite von *Rave* – und damit auf der chronologisch ersten Seite von *Heute Morgen* überhaupt – angedeutet: »Man muß sich Sowieso als einen glücklichen Menschen vorstellen. / Von wem war das gleich?«[143] Das ausgestellte Unwissen markiert einerseits den Erzähler als einen nicht allwissenden, unter Umständen auch unzuverlässigen, die explizite Frage verweist zugleich auf die strukturelle Position eines den Text lenkenden Autors und formuliert einen Imperativ: Bitte den entsprechenden Verweis identifizieren. Wie bei dem Nietzsche-Zitat verbirgt sich dahinter ein ganzes philosophisch-poetologisches Gerüst, das sich damit in die Poetik des *Heute-Morgen*-Komplexes einschreibt: »Wir müssen uns Sisyphos als einen glücklichen Menschen vorstellen.«[144] – so lautet die hier gesuchte Textzeile von Albert Camus. Und diejenige Textstelle, die in diesem Schlusssatz des Essays mündet, erweist sich als ein möglicher Schlüssel für die gesamte Selbstpoetik der Figur ›Rainald Goetz‹. In *Der Mythos des Sisyphos*, in dem sich Camus bekanntermaßen mit dem Absurden auseinandersetzt, wird ein Modell skizziert, nach dem der Mensch dem Tod als dem Grund der Absurdität zwar nicht entkommen könne, dass ihm aber zugestanden wird, durch die Annahme des Absurden und die Revolte dagegen sich selbst zu verwirklichen und eine Welt zu erschaffen, in der er der Herr sei – wobei der den Tod überlistende und zur Strafe bis an sein Lebensende einen Stein den Berg hinaufrollende Sisyphos als Verbildlichung dient:

> Darin besteht die verborgene Freude des Sisyphos. Sein Schicksal gehört ihm. Sein Fels ist seine Sache. [...] Der absurde Mensch sagt ja, und seine Anstrengung hört nicht mehr auf. Wenn es ein persönliches Geschick gibt, dann gibt es kein übergeordnetes Schicksal oder zumindest nur eines, das er unheilvoll und verachtenswert findet. Darüber hinaus weiß er sich als Herr seiner Tage. In diesem besonderen Augenblick, in dem der Mensch sich seinem Leben zuwendet, betrachtet Sisyphos, der zu seinem Stein zurückkehrt, die Reihe unzusammenhängender Handlungen, die sein Schicksal werden, als von ihm geschaffen, vereint unter dem Blick seiner Erinnerung und bald besiegelt durch den Tod. Derart überzeugt vom ganz und gar menschlichen Ursprung alles Menschlichen, ein Blinder, der sehen möchte und weiß, daß die Nacht kein Ende hat, ist er immer unterwegs.[145]

Hier nun lassen sich zahlreiche Verbindungen zur Selbstpoetik von Goetz und dem in *Heute Morgen* praktizierten Modell der Autorschaft finden: Die ›Reihe

---

143 Goetz (1998): *Rave*, S. 17.
144 Camus (2011): *Der Mythos des Sisyphos*, S. 145.
145 Camus (2011): *Der Mythos des Sisyphos*, S. 144f.

unzusammenhängender Handlungen, die sein Schicksal werden‹ sind im Licht autofiktionaler Lesarten tatsächlich von niemand anderem als der Figur ›Rainald Goetz‹ selbst geschaffen – hier fügt sich die von mir im Kapitel 3.12 dargelegte Praxis des Einschreibens nahtlos an.[146] Als derjenige, der in seinen Texten einen Diskursraum erschafft, in welchem die Doppelinstanz aus beobachtbarer Autor-Figur und unbeobachtbarer Autorfunktion angesiedelt ist, ist er ›der Herr seiner Tage‹, da diese Figur nur durch eigene Autorschaft zur selbstreferentiellen Existenz gelangt. Und letztlich wird das Motiv einer ›Geschichte der Gegenwart‹ ebenso wie das Modell eines ›Chronisten der Zeit‹ als ein absurdes und unabschließbares Unterfangen fassbar: All die Verweise und Zeitnotate werden zu keinem weiteren Ergebnis führen, als zum Erschaffen von Text, ohne die Präsenz der Zeit jemals einholen zu können. Die Anlage des Projekts ist ebenso paradox wie die darin skizzierte Position eines Chronisten als ›Durchgangsaugenblick‹ von Zeit und medialen Daten. Und genau in diesem Paradox kann die so konstruierte Subjekt-Figur ihre textuelle Souveränität erlangen, denn durch die Ausführung dieses poetologischen Programms erschafft sie einen eigengesetzlichen Diskursraum, der fiktional und referentiell zugleich konfiguriert sein kann. Die Figur ›Rainald Goetz‹ schreibt damit in *Heute Morgen* ihre ›hybride metaleptische Selbstpoetik‹ weiter fort – nun allerdings mit deutlich dezenteren Fiktionalitätsmarkern und einer stärkeren Emphase des ›tatsächlich gelebten Lebens‹.

Die ›Verschriftlichung der eigenen Person‹[147] ist in Bezug auf Goetz spätestens seit seinem Klagenfurt-Auftritt festes Element des über ihn geführten Diskurses und wird durch die Tagebuch-Anlage von *Abfall für alle* noch verstärkt. Ob die Figur des Autors in den Büchern nun identisch mit dem alltagswirklichen Autor Goetz sei, wird bis zum heutigen Tag in der Forschung ausgehandelt, wobei an dieser Stelle meist die Betrachtung des Realitätsgehalts der Texte dazu dienen soll, diese (an sich fruchtlose) Frage zu beantworten.[148] Auf der anderen Seite finden sich differenzierte Ansätze, die den Realitätsgrad der Texte nicht entlang

---

146 Es finden sich quasi wortgleiche Anleihen an einen ›Blinden, der sehen möchte‹ und an die ›herrschende Nacht‹ in Goetz (1983): *Irre*, S. 233 und Goetz (1986): »Subito«, S. 20.
147 Vgl. Hagestedt (1998): »Richtig hart Formuliertes«, S. 6.
148 Auffällig ist dabei, dass selbst in wissenschaftlichen Qualifikationsschriften Beweise sehr zweifelhaften Charakters zur Anwendung kommen, um zu belegen, dass es der ›Privatmensch Goetz‹ sei, der sich in seine Texte einschreiben würde. Vgl. Seiler (2006): »*Das einfache wahre Abschreiben der Welt*«, S. 294, 297f., 304f. Vor allem auf den zuletzt genannten Seiten changiert Seiler deutlich an der Grenze zwischen Diskurswiedergabe und Diskursfortführung, da die Quellen seiner Aussagen offenbar in seinem Wissen als ›Insider‹ der Szene begründet sind und nicht primär in Medienangeboten, die für andere überprüfbar wären. Was er auf diese Weise leistet, ist weniger eine Analyse des Diskurses über Goetz, als dessen explizite Fortschreibung.

einer simplen ›wahr–unwahr‹-Unterscheidung analysieren, sondern auch die poetologisch verankerten Brüche und Widersprüchlichkeiten der Texte achten und integrieren.[149] Da jedoch die poetologischen Passagen in Goetz' Texten stets auch als literarische und damit – wenn überhaupt, dann – als meta-poetologische gelesen werden sollten, verhindert die Hybridität der Textanlage eine so einfache Setzung.

Remigius Bunia betont in seiner auf Luhmann aufbauenden Systematik die gleichzeitig präsente Durchlässigkeit und Abgeschlossenheit fiktiver und alltagswirklicher Welten und weist denjenigen Phänomenen, die als ›realistische‹ erkannt werden, ihren Ort innerhalb des kommunikativ-medialen Systems zu.[150] Das von ihm vorgeschlagene Instrument der ›Konsistenzprüfungen‹ ermöglicht es, die Vereinbarkeit der Beobachtungen zwischen fiktiven und alltagswirklichen Welten herzustellen[151] – womit das Maß an ›Realitätshaltigkeit‹ in den Texten von Goetz quantifiziert werden könnte. Es geht jedoch weniger darum, Tabellen mit in den Romanen vorkommenden Elementen anzulegen und diese auf ihr ›tatsächliches‹ Vorhandensein hin abzuhaken, als vielmehr um die Anschlussfähigkeit dieser Elemente:

---

149 Vgl. dazu Bunia (2005): »Überlegungen zum Begriff des Realismus«, S. 149; Schumacher (2003): »Das Populäre. Was heißt denn das?«, S. 167; Windrich (2007): *Technotheater*, S. 96 und Schumacher (2011): »Adapted from a true story«, S. 81–86. Auch Martin Jörg Schäfer liefert in seiner Untersuchung des Stücks *Jeff Koons* einen interessanten Ansatz für das Verständnis des in *Heute Morgen* gültigen Realismusmodells, indem er Goetz' Werk die Anlage pluraler Realismus-Konzepte attestiert, die er mit dem Begriff des ›fantasy realism‹ erfasst: »Art actually performs its unity as pluralism. Applied to Goetz's fantasy realism, this means that there have to be as many different realisms as there are sensual sensations; that is, there would be never-ending dissent about what is real.« Schäfer (2006): »›Fantasy Realism‹«, S. 265. Die Hinführung zu diesem Konzept kann indes nicht überzeugen, da Schäfers Modell nur funktioniert, wenn Gestus und Performanz des Textes als identisch gesetzt werden könnten. In eine ähnlich unergiebige Richtung geht Thorsten Rudolph, der davon ausgeht, Goetz wolle in seinen Texten eine ›objektive Gestalt der Welt‹ nachbilden. Vgl. dazu Rudolph (2008): *irre/wirr: Goetz*, S. 176. Einen ganz anderen Ansatz bieten Martin Baisch und Roger Lüdeke. Sie stärken die Position der Autors als Leser und Rezipient des medialen Diskurses, um daran anschließend den Modus der Selbstreflexion dieser Figur zu betonen. Dieses so skizzierte Produktionsmodell binden sie dann in Rückgriff auf Goetz' Ausführungen in der *PRAXIS*-Vorlesung an die Begriffe von ›Stil‹ und ›Kritik‹. Die so entwickelte poetologische Position führt jedoch ihnen zufolge in eine Aporie, in welcher Welt und Text stets neu zueinander in ein spannungsvolles Verhältnis gesetzt werden müssen – und auf diese Weise auch die Position des Autors als Leser und Schreiber immer neu aushandeln. Vgl. dazu vor allem Baisch / Lüdeke (2000): »Was kommt? Was geschieht?«, S. 150, 153ff.
150 Vgl. dazu Bunia (2005): »Überlegungen zum Begriff des Realismus«, S. 135, 137.
151 Vgl. Bunia (2005): »Überlegungen zum Begriff des Realismus«, S. 140.

Realismus liegt genau dann vor, wenn ein hohes Maß an als identisch beobachtbarer Beschreibung zwischen fiktiver und realer Welt besteht. Das heißt, dass die in einem literarischen Text vorfindbaren Formen und ihr so vorgestellter Gebrauch auch in der realen Welt ›anwendbar‹ sind. Das heißt *nicht*, dass die in einem Roman auffindbaren Sätze oder die abgebildeten, auf einem Gemälde sichtbaren Bäume so tatsächlich irgendwo irgendwann auffindbar sein müssen. Vielmehr sind die gebrauchten Formen unmittelbar aktuell so verwendbar wie sie in der Kunst vorliegen. Um die graduellen Unterschiede der Realitätsnähe fassen zu können, ist es notwendig, auf einer anderen Ebene als derjenigen der Personen und Orte von Realitätsnähe zu sprechen. Es ist der abstrakte Begriff der Unterscheidung, der die hier vorliegende Erörterung ermöglicht, indem er die Möglichkeit, bestimmte benennbare Unterscheidungen zu treffen, in den Blick nehmen kann und damit *nicht* prüfen muss, ob ihre Anwendung zu richtigen oder falschen Aussagen führt.[152]

Eine solche Herangehensweise erlaubt es, die Figurationen des Autors in den Texten auf die gleiche Weise zu erfassen wie alle anderen darin vorkommenden Elemente,[153] ohne die damit implizierten autofiktionalen Lesarten zu neutralisieren, indem ihnen jede Wirkmächtigkeit außerhalb der Literatur abgesprochen werden würde.[154] In *Abfall für alle* erkennt Bunia nun einen ›Ultrarealismus‹, bei dem »praktisch alle Beobachtungen der fiktiven Welt als Beobachtungen der realen Welt gesehen werden mögen«.[155] Seine Systematik wäre jedoch nicht komplett, wenn er nicht auch für die ›andere Seite‹ der realistischen Phänomenlage die entsprechenden Operationen bestimmen würde: ›Quasi-Fiktionalität‹ entsteht durch »sämtliche Operationen, die eine Welt um Beobachtungen ergänzen, die nicht von der in Rede stehenden Beschreibung unmittelbar gedeckt sind, aber aufgrund der für Welten charakteristischen Konsistenzerfordernisse hinzugefügt werden können oder gar müssen.«[156] Das typische Verfahren hierbei sei die Interpolation, die nun aber nicht notwendig eine zwischen Alltagswirklichkeit und Fiktion ist, sondern die nach den internen Gesetzen der Texte zu funktionieren habe. Anders formuliert: Wenn man die in *Rave* vorkommenden Figuren ›Laarmann‹ und ›Helli‹ als den Herausgeber der Zeitschrift *Frontpage* Jürgen Laarmann und als den Techno-DJ Hell identifiziert, so nicht unbedingt, weil man um die alltagswirkliche Existenz dieser Personen weiß und annimmt, auf sie werde

---

152 Bunia (2005): »Überlegungen zum Begriff des Realismus«, S. 141, Herv. i. Orig.
153 »[M]an weiß [...], dass der (reale) Autor sich durch seine (›Selbst-‹) Darstellung im Roman den Regeln ›seiner‹ fiktiven Welt überantwortet. Damit ist der Autor im Roman selbstverständlich uneingeschränkt fiktiv, selbst wenn einzelne Zuschreibungen (beispielsweise seine Autorschaft im Falle des betreffenden Textes) realistisch sein können.« Bunia (2005): »Überlegungen zum Begriff des Realismus«, S. 149.
154 Vgl. dazu Bunia (2005): »Überlegungen zum Begriff des Realismus«, S. 144.
155 Bunia (2005): »Überlegungen zum Begriff des Realismus«, S. 145.
156 Bunia (2005): »Überlegungen zum Begriff des Realismus«, S. 145f.

im Text referiert, sondern weil dies der Verknüpfungslogik des Textes entspricht. Quasi-Fiktionalität ist damit nach Bunia etwas komplett anderes als Fiktionalität per se.[157]

Die Besonderheit des Projekts *Heute Morgen* liegt nun darin, dass die an die Texte angelegten Interpolationen sich gleichwertig aus den Medienangeboten und dem kulturellen Wissen der Alltagswirklichkeit als auch aus dem literarisch konfigurierten Text-Universum von Goetz speisen können. Albert Meier betont diese doppelte Konfiguration der Schrift, die wiederum auch durch die Abbildung von Fotos in *Rave* und *Celebration* gestützt wird, die klar identifizierbar den Autor im nächtlichen Geschehen und neben bekannten DJs zeigen.[158] Die doppelte Konfiguration des Textes überträgt sich damit auch auf die Figur des Autors im Text: Zur Interpolation kann das Wissen über die Figur ›Rainald Goetz‹ aus den früheren Werken ebenso herangezogen werden, wie der außertextuell kolportierte Diskurs über den Nachtgänger.[159]

Johannes Windrich verortet das Fiktionale in *Abfall für alle* auf eine sehr nachvollziehbare Weise als aus »einem potenzierten Dialog zwischen Schrift und Wirklichkeit [resultierend], aus einer sensiblen Kommunikations-Beziehung, die jeden Tag neu austariert wurde«.[160] Mehr noch, er positioniert den Autor im Text in Beziehung zu den fiktionalisierenden Effekten:

> In der Literatur fungiert das Fiktive [...] als Korrektiv des allzu Nahen, Bedrängenden. Es geht darum, weder den Leser durch unverstellte Intimität zu behelligen noch sich selbst oder Nahestehende durch Preisgabe privater Informationen zu entblößen. Entscheidend daran: der Autor behandelt die Fiktion nicht als internes, nur der subjektiven Imagination zugehöriges Phänomen, sondern als Reflex der kommunikativen Gegebenheiten, unter denen ein Text verfaßt und publiziert wird – und damit ist sowohl der tägliche Umgang des Schriftstellers als auch die Antizipation des Lesers gemeint.[161]

---

157 Vgl. dazu Bunia (2005): »Überlegungen zum Begriff des Realismus«, S. 145f.
158 Vgl. Meier (2007): »Realismus abstrakter Art«, S. 176. Die Abbildungen finden sich indes in erster Linie in *Celebration*, in *Rave* werden lediglich die einzelnen Teile durch Fotografien abgetrennt, von denen nur die erste auf S. 11 Goetz neben dem DJ Sven Väth zeigt.
159 Vgl. solche Kolportagen in der Presse, wobei wiederum der Kreis der medialen Fortschreibung geschlossen wird. In den gelisteten Artikeln ist immer wieder von Goetz als ›Nacht- und Partygänger‹ die Rede: Fasthuber (1999): »Man lebt nur zweimal«; Biller (2004): »Meine Tage mit Rainald«; Assheuer (1998): »Die Spiritualität der Popmoderne«; Illies (1998): »So schaute aus«.
160 Windrich (2007): *Technotheater*, S. 100.
161 Windrich (2007): *Technotheater*, S. 99. Er bezieht sich dabei auf eine Textstelle in Goetz (1999): *Abfall für alle*, S. 358. Diese ist dabei Teil der *PRAXIS*-Vorlesung.

Das Fiktionale wird damit nicht zur Setzung eines definitiv anzunehmenden Rezeptionsmodus, sondern zu einer quasi über dem Text schwebenden Option, der das Potenzial zugesprochen wird, alles Private und ›Wahre‹ – all die Elemente, die alltagswirklich anschlussfähig an das Leben tatsächlich lebender Personen sind – in sich aufzunehmen und ihre Interpretanten auf diese Weise so zu bestimmen, dass die literarische Freiheit stets als Folie und Erklärung angelegt werden kann: Bei den geschilderten Drogen-Eskapaden etc. handele es sich ›nur‹ um Fiktion.

Dies wird jedoch erneut paradox: Denn in der Art und Weise, wie in der poetologischen Vorlesung *PRAXIS* der Modus der Fiktion für *Heute Morgen* gesetzt wird,[162] werden fiktionale Lesarten potenziell neutralisiert, da sie nivellierend wirken und eine Grenzaufhebung leisten, wie es bereits aus dem »Subito«-Klagenfurt-*Irre*-Komplex bekannt ist. Man erinnere sich an die Formulierung in *Irre*, die da besagte »Logisch ist das alles frei erfunden, die Personen, die Namen, die Handlungen und die Orte dieses Romans. Das ist doch eine Literatur, ihr Blödel, und kein Kaugummi.«[163] – Und dann erinnere man sich auch daran, dass diese Aussage weder die biographistischen Lesarten, noch die Gleichsetzungen von Autor und Figur verhindern konnte. Wenn man so möchte, wird *Heute Morgen* damit an denjenigen Stellen für fiktional erklärt, an denen die Texte am alltagswirklichsten – oder auch: realistischsten – zu sein vorgeben.

4.4 Ein Versuch in Simultanität und Konsistenz: *Abfall für alle*[164]

Mit der Wahl des Internets als Ort der Publikation wird eine deutlich andere Rahmung erreicht, als es bei Veröffentlichungen in Buchform der Fall ist. Mit dem Medienkompaktbegriff lassen sich die Differenzen nachvollziehen: Bei den

---

162 Windrich bezieht sich auf folgende Passage aus der letzten *PRAXIS*-Vorlesung: »Erst durch die Arbeit an Abfall wurde mir richtig klar, in welcher Ausschließlichkeit beinahe alles Private eben genau dem FIKTIVEN Text vorbehalten bleiben muß. / Das Fiktive gibt Freiheit zur Distanznahme, je nach Bedarf, fängt so die im Authentischen angelegte Zumutung ab, daß der Text einem als Leser zu nahe tritt. Was die Sozialrealität an Ordnendem und Befriedendem für die individuelle Madness und Krankheit leistet, daß man sich also vor anderen und für andere im Sozialen so präsentiert, daß es halbwegs geht, und dadurch auch WIRKLICH von einem potenziell schwer gestörtem zu einem halbwegs Gehenden WIRD, – das muß im Text das Fiktive stellvertretend stellen, nachbauen quasi, fiktionalisieren.« Goetz (1999): *Abfall für alle*, S. 358, Herv. i. Orig.
163 Goetz (1983): *Irre*, S. 283.
164 Teile dieses Kapitels sind bereits publiziert in Kreknin (2011): »Das Licht und das Ich«.

Kommunikationsmitteln finden sich noch keine weitreichenden Änderungen – *Abfall für alle* enthält weder Ton- noch Bewegtbilddaten. Dabei lässt sich ganz allgemein sagen, dass das Internet keine grundsätzlich neuen Möglichkeiten der Kommunikation oder Narration bietet, dass es jedoch in der Lage ist, eine Synthese anderer medialer Kommunikationstechniken zu leisten und somit die Qualität und Intensität ihrer Nutzung zu steigern. Die von Goetz erreichte Intensivierung wird dabei vor allem bei der Betrachtung der gebotenen ›Informationsdichte‹ und der damit einhergehenden ›Simultanität‹ deutlich. Durch das Zusammenspiel der beiden Größen verändert sich derjenige Rezeptionseffekt, der bisher als Konsistenz[165] bezeichnet wurde und dessen Zustandekommen vor allem durch Interpolationen erreicht wird. Das Wahrnehmen dieser Konsistenz – so die bereits früher hier geäußerte These – ist als Prozess maßgeblich daran beteiligt, die Figur ›Rainald Goetz‹ als mit sich einheitliches Subjekt herzustellen.

Die Kategorie der ›Informationsdichte‹ bezeichnet dabei einfach nur den Umstand, dass ein Mehr an Informationen zur Verfügung steht, das auf ein medial oder interaktiv anwesendes Gegenüber referiert und dazu benutzt werden kann, dieses Gegenüber als Subjekt wahrzunehmen, wobei hier vor allem wahrgenommene Intimität und Privatheit entscheidend wirken. Es ist dabei prinzipiell gleichgültig, ob dieses Gegenüber eine fiktive Figur oder eine alltagswirkliche Person ist – bei vorhandener Konsistenz kann das Subjekt nachträglich in den Modus der Fiktion oder der Alltagswirklichkeit versetzt werden. War es bisher schon relativ leicht, sich ›ein Bild von Rainald Goetz‹ dahingehend zu machen, dass er als Person mit einem erwartbaren Satz von Eigenschaften konstruiert werden konnte, so bot die quantitativ nahezu unbegrenzte Möglichkeit der Publikation im Netz ein weites Feld, diese Eigenschaften zu vervollständigen. Symptomatisch dafür ist der Nachruf von Johanna Adorján, der kurz nach dem Ende des Projekts in der *Süddeutschen Zeitung* veröffentlicht wurde und in dem sie retrospektiv die von ihr genossene Spannung preist, einem ›denkenden Menschen anonym so dicht auf den Fersen‹ gewesen zu sein, um darauf einen Abriss des Lebens von Goetz in der Zeit dieser Beobachtbarkeit nachzureichen:

> Vor einem Jahr ist Rainald Goetz von München nach Berlin gezogen. Da wurden Regale sortiert, Tütensysteme angelegt und in München zurückgelassene Bücher und Platten vermißt: Es ging viel um Ordnung anfangs. Im Frühjahr arbeitete Goetz an einem Vortrag, den er im Mai an der Frankfurter Universität zu halten hatte, »Praxis«. [...] Als er die Rückmeldung an

---

[165] Konsistenz wird hier nach Remigius Bunia begriffen als »die Vereinbarkeit von Beobachtungen«, Bunia (2005): »Überlegungen zum Begriff des Realismus«, S. 140. Er stützt sich dabei auf Niklas Luhmann, der ausführt, dass Realität als »das Resultat von Konsistenzprüfungen« bezeichnet werden kann, vgl. Luhmann (1997): *Die Gesellschaft der Gesellschaft*, S. 102.

der Münchner Universität versäumt – er war dort sechs Semester lang in Soziologie eingeschrieben –, hat sein Leben als Student ein Ende. Er nimmt Fahrstunden – die Theorieprüfung hat er vor ein paar Wochen bestanden –, ansonsten tut Goetz, was alle tun: fernsehen, lesen, einkaufen. [...] Meistens aber war im Internet zu lesen, was Rainald Goetz am Vortag gedacht hatte. Und egal, ob es dabei um Harald Schmidts letzte Sendung ging, um Nachbarn im allgemeinen, um Freundschaft oder um Ausgehen, egal, ob man die erwähnten Personen kannte, und auch egal, ob man derselben Meinung war: Es hat Spaß gemacht, die Gedanken von Rainald Goetz zu lesen.[166]

Die Medientechnik Internet erlaubte es Goetz, innerhalb von 343 Tagen das Äquivalent von 864 Seiten Text zur Rezeption freizugeben und damit den – nach 1989 – umfangreichsten Titel seines Werks zu realisieren. Die große Menge der Informationen war um die Figur gruppiert und gelangte qua ihrer Autorschaft zu den RezipientInnen, wobei der Interpretant so gesetzt wurde, dass *Abfall für alle* als Dokument und Tagebuch gelesen worden ist.[167]

Mit der so hergestellten Informationsdichte korrespondiert die Simultanität, die das Internet als Medientechnik zu suggerieren vermag, was innerhalb des Medienkompaktbegriffs auch Auswirkungen auf den Status der institutionellen Anbindung des Medienangebots nach sich zieht. Kein langwieriger Lektorats-, Satz- und Herstellungsprozess wird zwischen Textproduktion und Lesemöglichkeit geschaltet. Man kann zudem davon ausgehen, dass keine Zensur und keine Eingriffe in den Text durch andere Institutionen als diejenige des Autors erfolgten. Das so entstehende Medienangebot bot damit das Potenzial, deutlich ›privaterer‹ Natur[168] zu sein als die bisherigen Texte von Goetz, da für

---

166 Adorján (1999): »Frisch auf den Tisch«.
167 So wurde *Abfall für alle* im Rahmen der Ausstellung »@bsolut privat!?: Vom Tagebuch zum Weblog« des Museums für Kommunikation in 2008 und 2009 in Nürnberg, Frankfurt/M. und Berlin gezeigt. Vgl. dazu im Katalog der Ausstellung: Hagestedt (2008): »... und gehalten alles nur von der Strenge der Zeit« und Kropp (2008): »Selbstbeobachtung im Medienwechsel«. Das Werk wurde dabei in digitaler Form auf einem offline-Rechner den Besucherinnen und Besuchern zum Lesen angeboten. Vgl. zur Rezeption im Zuge eines Tagebuch- und Dokument-Paradigmas auch die Lesarten bei Adorján (1999): »Frisch auf den Tisch«; Göttler (1999): »Der Müll wird nicht verbessert«; Steinfeld (1999): »Abfall. Kein Internet mit Rainald Goetz«; Zeese (2008): »Gedanken, wenig mündlich verbal«; Rathgeb (1999): »Panik vor dem Jetzt«; Hagestedt (2008): »... und gehalten alles nur von der Strenge der Zeit«; Kropp (2008): »Selbstbeobachtungen im Medienwechsel«.
168 Vgl. die Bestimmung des ›Privaten‹ bei Rössler (2001): *Der Wert des Privaten*, S. 16–26. Sie benennt darin folgende Eigenschaften des Privaten: Es bezeichnet eine Sphäre, in der Individuen nach eigenem Ermessen Handlungen tätigen und Verantwortungen übernehmen können und die dem Zugriff übergeordneter Institutionen entzogen ist. Bei ›privater‹ Kommunikation können Individuen entscheidenden Einfluss darauf nehmen, mit wem sie kommunizieren, welche Topoi und Gesetze der Kommunikation dabei zum Einsatz kommen und wie lange die Kommunikation

Lektoren oder Redakteure kein Mitspracherecht angenommen werden konnte. Mehr noch: Aufgrund der ausgestellten Simultanität des Erscheinens als täglich aktualisierter Text, reduzierte *Abfall für alle* als Internetschrift die Nachträglichkeit auf ein Minimum im Vergleich zu allen bis dahin denkbaren Medienangeboten und schloss so implizit an unmittelbare interaktionistische Formen der Kommunikation oder performative Handlungen wie den Schnitt von Klagenfurt an.[169] Es ist jedoch wichtig hervorzuheben, dass die Simultanität, die dem Projekt auf die Fahnen geschrieben worden ist, tatsächlich eher die Form eines Topos hatte, einen eher gestischen Charakter, was erst bei einer genaueren Betrachtung der technischen Bedingungen und der Veröffentlichungspraxis zum Vorschein kommt.

Abfall für alle im Internet unterschied sich erheblich von herkömmlichen Weblogs, wie wir sie heute kennen, durch seine starre und im Vorhinein festgelegte Struktur, die eine auffüllbare Matrize bildete.[170] 343 Tage lang sollte die Form aufgefüllt werden, wobei darin jedem Tag eine einzelne Webseite zugewiesen

---

aufrechterhalten wird. Dies schließt eine Kontrolle über den Grad der Beobachtbarkeit der eigenen Person ein und beinhaltet zugleich, dass die Individuen ›im eigenen Namen‹ sprechen und damit auch die Verantwortung für die von ihnen geäußerten Kommunikationsinhalte und Handlungen übernehmen. In ihrer Setzung ist Privatheit damit eine wichtige Bedingung, um eine ›relative Autonomie des Subjekts‹ zu gewährleisten. Sie selbst leistet dabei einen Anschluss an den Begriff der Authentizität, indem sie »Authentizität als Bedingung von Autonomie« (ebd., S. 109) festlegt.

169 Zur Bedeutung der Nachträglichkeit im Kontext der Autobiographie vgl. Finck (1999): *Autobiographisches Schreiben nach dem Ende der Autobiographie*, S. 16, 57–76, vor allem S. 62, 67ff. Die Unmittelbarkeit der Performance von Klagenfurt war jedoch streng genommen nur für die bei der Lesung Anwesenden gegeben.

170 Vgl. die Definition des Weblogs in Reichert (2008): *Amateure im Netz*, S. 50: »Eines der bekanntestes Formate, das für viele prototypisch für das Web 2.0 steht, ist das Weblog (Blog), worunter eine kontinuierlich aktualisierte Webseite verstanden wird, deren Beiträge rückwärts chronologisch dargestellt sind und in der Regel von anderen Nutzern kommentiert werden können.« Siehe ähnlich auch die Definition bei Herbst (2005): »Das Weblog als Dichtung«, S. 5: »Es handelt sich [beim Blog] um eine Art öffentlich im Internet geführtes Tagebuch meist privaten, weniger häufig themengebundenen Inhalts. In vielen Fällen sind die Beiträge von Lesern kommentierbar, bisweilen ergeben sich aus Beiträgen und Kommentaren geschriebene Diskussionen, die ihren Chat-Ursprung, also eine skizzenartig verschriftlichte Oralität, weder leugnen können noch es wollen.« Siehe zu der Geschichte des Weblogs knapp auch Folger (2008): »*New kids on the blog?*«, S. 284–289. Folger datiert die Entstehung des Blogs auf das Jahr 1997 und nennt für das Jahr 1999 – und damit für das Jahr, in dem *Abfall für alle* eingestellt wurde – die Zahl von lediglich 23 Blogs weltweit, während 2006 bereits über 200 Millionen Blogs existierten, davon 300.000 allein in Deutschland. Vgl. ebd., S. 285. Darüber, dass *Abfall für alle* die Möglichkeiten des Internets zur Vernetzung und Kommunikation nicht nutzt, vgl. auch Schumacher (2003): »Das Populäre. Was heißt denn das?«, S. 165.

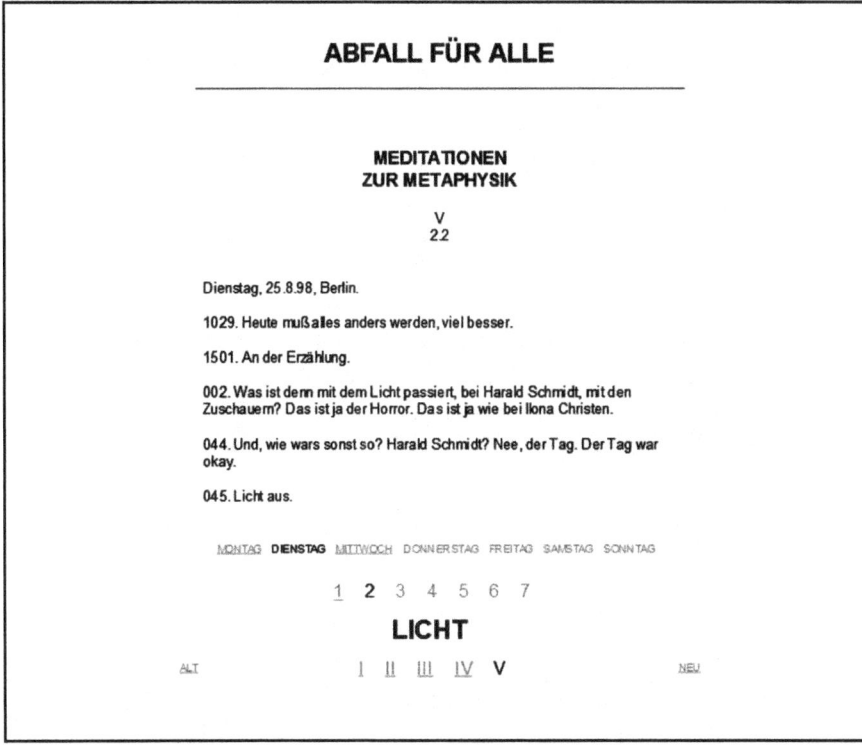

Abb. 10: Screenshot *Abfall für alle* V.2.2 vom 25.08.1998.

wurde. Die Tage unterteilten sich in jeweils Wochen à sieben Tage und konnten auf der Oberfläche der Seite mittels der ausgeschriebenen Wochentage angesteuert werden. Eine Woche bildete wiederum eine von sieben Einheiten, die mit einer arabischen Ziffer auf der Oberfläche der Seite angesteuert werden konnten und diese sieben Einheiten à sieben Wochen unterteilten sich jeweils in sieben Blöcke, die auf der Seitenoberfläche mit römischen Zahlen ausgewiesen waren (vgl. Abb. 10). Wählte man die Adresse an, erschien dabei stets die aktuellste Seite als Startseite.[171] Die übergeordnete Struktur erlaubte einerseits eine

---

[171] Durch den Umstand dieses täglichen Wechsels des Textes der Eingangsseite muss auch Wicke / Warnke widersprochen werden, die behaupten, das Internet wäre nicht konstitutiv für das Projekt gewesen, vgl. Wicke / Warnke (2002): »Wenn es so würde, wie ich es mir denke«, S. 570. Allerdings ging ein ganzer Katalog von Eigenschaften durch die Publikation in Buchform verloren. Dies weist jedoch nur darauf hin, dass zwischen der Internetversion und der Buchversion deutlich unterschieden werden sollte.

Nummerierung der Tagesbeiträge nach der internen *Abfall-für-alle*-Zeitrechnung (I.1.1. – entspricht dem 04. Februar 1998 als erstem und VII.7.7. dem 10. Januar 1999 als letztem Beitrag) und legte andererseits die Dauer des Projekts fest.[172] Die Fixierung der Zeit ist auch innerhalb der Beiträge stets präsent: Die wenigsten von ihnen bilden einzelne homogene Texte, sondern folgen vielmehr einem Tagesverlauf, was durch die Angabe der Uhrzeit vor fast jedem Textblock deutlich wird.[173] Die Idee hinter dieser Zeitfixierung ist nicht neu, nun aber erlangt das Suggerieren von Unmittelbarkeit durch die vorgeblich Simultanität der Medientechnik eine bisher nicht erreichte Qualität. Jede Markierung eines Augenblicks als Gegenwart wird durch die nächste Markierung bereits überholt, was Eckhard Schumacher dazu veranlasste, diese Versuche als »Verfahren der Serialisierung des Jetzt, unabgeschlossene und unabschließbare Reihen, in der jedes Jetzt seine Ablösung« durch ein weiteres Jetzt immer schon impliziert und voraussetzt«[174] zu beschreiben.

Dass dieser Versuch aufgrund der Nicht-Simultanität der meisten schriftlichen Medien eher einem »ZIFFERNWAHNSINN«[175] gleicht, scheint der Erzähl- und Reflexionsinstanz des Projekts – dem nun von München nach Berlin gezogenen Schriftsteller ›Rainald Goetz‹ – bewusst zu sein. Gebannt auf ein Blatt Papier oder auch auf einen Bildschirm entwickeln die Zeitziffern des *Abfalls* immer nur eine Referenz auf Vergangenes, das in einem gewissen Augenblick eben Gegenwärtiges und Unmittelbares gewesen sein soll. Die Nachträglichkeit der so beobachtbaren Zahlenreihen und der dazugehörigen Schrift ist trotz der täglichen Aktualisierung der Seite nicht hintergehbar[176] – und dennoch wird der

---

172 Der Text legt nahe, dass zuerst ein anderes System für das Projekt angedacht gewesen ist, das sich als Zeitbaum realisieren sollte, jedoch aufgrund finanzieller Beschränkungen nicht umgesetzt werden konnte; vgl. Goetz (1999): *Abfall für alle*, S. 97.
173 Vgl. zur Bedeutung dieser Minutenprotokolle für die Poetik von *Abfall für alle* Siegel (2006): »Remains of the Day«, S. 235, 245f.
174 Schumacher (2003): *Gerade Eben Jetzt*, S. 37f.
175 Goetz (1999): *Abfall für alle*, S. 14, Herv. i. Orig.
176 Im Hinblick auf barrierelos rezipierbare Medienangebote wurde die Nachträglichkeit erst 2006 durch den Dienst *Twitter* weiter reduziert. Zwar erfolgt auch die Zustellung von Chat-Nachrichten, SMS oder E-Mails nahezu synchron in dem Moment, in welchem diese abgesendet werden, jedoch sind diese im Gegensatz zu *Twitter* nicht ohne weiteres für anonyme LeserInnen zugänglich, da sie zwar durchaus auch als *one-to-many*-Medien genutzt werden können, hierfür jedoch konkrete Adressaten notwendig sind. Der Dienst *Twitter* erfordert zwar ebenfalls eine Anmeldung, um die Nachrichten der anderen Nutzer synchron nachverfolgen zu können, es besteht jedoch davon unabhängig wie bei einem Weblog die Möglichkeit, bereits publizierte Nachrichten anonym einzusehen.

Versuch einer Gegenwartsfixierung über 343 Tage hinweg aufrechterhalten und das Paradox einer ›Geschichte der Gegenwart‹ performativ umgesetzt.

Dabei bleibt *Abfall für alle* ein in sich geschlossenes und selbstreferentielles Universum unter der Kontrolle eines Autors, der erneut vorgibt, mit dem alltagswirklichen Träger der gleichnamigen Autorfunktion identisch zu sein. Durch die Implementierung der Autor-Figur in den Text scheint *Abfall für alle* nach den Gesetzen der hybriden metaleptischen Selbstpoetik zu funktionieren. Waren jedoch den früheren Texten stets Brüche der Figuren eingeschrieben, die eine naiv angenommene Identität desavouierten, so wird diese Praxis in *Abfall für alle* größtenteils unterlassen.

Die mit den Zeitziffern ausgestellte scheinbar unmittelbare Schreibtätigkeit und die damit stetig voranschreitende Publikation im Stunden- und Minutentakt erweist sich jedoch bei genauer Betrachtung als ein durch Textinhalt und die Eigenschaften der Medientechnik angebotenes Versprechen, das nicht komplett eingelöst wird. Obwohl die Aufzeichnungen am 4. Februar 1998 beginnen, wurde die Seite im Netz erst am 30. März 1998 für alle verfügbar.[177] Auch die fünf Frankfurter *PRAXIS*-Vorlesungen wurden erst nachträglich in die Tagesstruktur eingefügt, nachdem sie zuvor außerhalb der Zeitordnung zur Verfügung standen.[178] Es kann darum angezweifelt werden, ob tatsächlich »[r]esultatives Schreiben als Aufzeichnung der subjektiv empfundenen Realität«[179] als poetologischer Imperativ von *Abfall für alle* angesehen werden kann, in welchem die zeitliche Nähe von Schreibakt und Veröffentlichung des Textes als Produktionsmaxime ihre Wirkung zu entfalten vermag.

Ein weiterer Aspekt erlaubt es noch deutlicher, die ausgestellte Unmittelbarkeit des Schreibens und den von Remigius Bunia attestierten Ultrarealismus[180] von *Abfall für alle* infrage zu stellen. Die gedruckte Version von *Abfall* erschien noch im Jahr 1999, während die Onlineversion etwa ein Jahr nach dem Ende des Projekts aus dem Netz entfernt wurde.[181] Vergleicht man die Internetversion mit

---

177 Vgl. Goetz (1999): *Abfall für alle*, S. 149ff.
178 Vgl. dazu Baisch / Lüdeke (2000): »Was kommt? Was geschieht?«, S. 144, Anm. 17. ebd. S. 147f.
179 Wicke / Warnke (2002): »Wenn es so würde, wie ich es mir denke«, S. 571.
180 Vgl. Bunia (2005): »Überlegungen zum Begriff des Realismus«, S. 145.
181 Ich beziehe mich bei allen Nennungen der Onlineversion auf die komplette Sammlung der HTML-Seiten von *Abfall für alle*, die ich freundlicherweise von Eckhard Schumacher erhalten habe, wofür ich ihm an dieser Stelle vielmals danken möchte. Wenn man die Metadaten der einzelnen Dokumentseiten betrachtet, kann man feststellen, dass der zeitlich jüngste unveränderte Eintrag (II.3.6., das entspricht dem 11. April 1998) zuletzt am 12. April 1998 modifiziert wurde und der zeitlich älteste (VII.7.7.) tatsächlich als letzter am 14. Januar 1999. Die zeitliche

dem gedruckten Buch, werden Änderungen sichtbar. Die Unterschiede zur Druckfassung finden sich vor allem in kleineren Abweichungen der Groß- und Kleinschreibung, geringfügigen Eingriffen in die interne Reihenfolge der Tagestexte und den Satzbau sowie gelegentlich in der Tilgung oder Umformulierung ganzer Passagen.[182] Am signifikantesten werden die Änderungen jedoch im Hinblick auf das Personal von *Abfall für alle*, denn dieses scheint zumindest zu Beginn nicht identisch zu sein.

In der Buchversion entsprechen die erwähnten Personen denjenigen, die man bereits aus den anderen Werken des Goetz-Universums kennt und deren Nachnamen man leicht vervollständigen kann: Albert (Oehlen), Moritz (von Uslar), Max (Maximilian Lenz = Westbam) usw. Wie auch all die anderen Figuren des öffentlichen Lebens treten sie neben Christian Kracht, Maxim Biller oder Joachim Lottmann mit ihren Klarnamen auf und sind damit gut alltagswirklich referentialisierbar. Anders zumindest zu Beginn der Internetversion. Die Stelle von Albert wird darin von Ascan eingenommen, die Stelle von Moritz durch Benedikt besetzt, der DJ Max erscheint als Bernhard usw.[183] Es ist dabei bemerkenswert, dass im zeitlichen Fortschreiten des Internet-Textes die Alias kontinuierlich aber ohne harten Bruch durch die jeweiligen Klarnamen ersetzt werden, und spätestens ab April 1998 findet sich das bekannte Personal in Buch und Internet identisch wieder.[184] Zwei Dinge werden bei diesem Befund relevant: Zum einen

---

Reihenfolge der Modifizierungen entspricht damit zwar in etwa den angegebenen Entstehungsdaten, es finden sich jedoch immer wieder zwischenzeitlich modifizierte Seiten, deren ausgestelltes Produktionsdatum deutlich vor dem letzten Modifikationsdatum liegt – etwa 40 % der Seiten (darunter auch diejenigen, die der Struktur zufolge zeitlich vor der Freischaltung der Seite entstanden sein sollen) wurden an zwei Tagen im Dezember 1998 und damit kurz vor dem Abschluss des Projekts modifiziert. Welche etwaigen Änderungen dabei durchgeführt wurden, lässt sich natürlich nicht rekonstruieren.

182 Damit wäre Natalie Binczek zu widersprechen, die behauptet, die beiden Versionen hätten eine identische Buchstabenfolge. Vgl. dazu Binczek (2001): »Was also ist der Ort des Textes?«, S. 295.

183 Dass Westbam alias Maximilian Lenz ein Faible für das Werk des Schriftstellers Thomas Bernhard hat, ist bereits in anderen Werken von Goetz angedeutet worden. Siehe dazu Goetz (1999): *Celebration*, S. 130; Goetz (1998): *Dekonspiratione*, S. 193f. Siehe auch ein Interview mit Westbam in der *Zeit*: Assheuer (1997): »Maximilian Lenz alias Westbam ist Deutschlands erfolgreichster DJ – und der Philosoph des Techno«. Dies macht deutlich, dass zumindest diese in *Abfall für alle* gewählte Codierung nicht vollkommen arbiträr ist, sondern über ein System der Kookkurrenz funktioniert und entsprechend nicht vollkommen hermetisch verbleibt, sondern die Option einer Decodierung beinhaltet.

184 Die hier gemeinten Tageseinträge umfassen die Blöcke I und II – und gehören damit zu den nachträglich modifizierten. Da zum Zeitpunkt der Modifikation im Dezember 1998 das Personal in den fortlaufend publizierten Beiträgen bereits buchidentisch benannt ist, erscheint es

ist der Text der Buchversion damit als ein nachträglich bearbeiteter zu betrachten. Die temporale Nähe von Schreibaugenblick und Veröffentlichungspraxis ist also zumindest in diesem Medienangebot aufgelöst. Zum anderen wird der Umgang mit Referentialität in den Goetz'schen Schriften nun ein anderer, als dies bisher der Fall war. War vordem zu beobachten, dass fiktionalisierende Codierung gleichberechtigt mit der Wiedergabe referentialisierbarer Elemente innerhalb eines Werks bestand, so wird nun tatsächlich eine Genese der Poetik im Werk beobachtbar, die in einer Setzung der Modi im Hinblick auf die Fiktionalität und Referentialität der vermittelten Elemente besteht.

Am Beginn von *Abfall für alle* stand zunächst der in einer Reflexion der Erzählinstanz formulierte Anspruch, dem Ziffernwahnsinn der Zeitnotate zu folgen und dabei explizit keine Literatur entstehen zu lassen, sondern einen wahrhaftigen Text, der sich aus Oberfläche der Alltagswirklichkeit und Lebenszeit einer Autor-Figur kontinuierlich entwickelt. Die Warnung »VORSICHT Literatur«[185] bezieht sich dabei auf die üblicherweise als genuin angesehenen literarische Verfahren, wobei das *Abfall*-Projekt diesen als Experiment entgegengestellt wird:

> Letztlich stelle ich mir eine Literatur vor, die wie Zeitung ist. [...] [E]rweitert um dieses eine reale Einzelmoment, das jeder einzelne Leser der Zeitung zufügt, durch sein Lesen, in Gedanken, in Gesprächen, durch seine Interessen, sein emotionales Geführtsein von seiner Geschichte, all das als sozusagen abstraktes Schwerefeld, nicht EIN konkretes Leben, sondern die allgemeine Tatsache, daß dem Allgemeinen ein Ich gegenübersteht, ixzillionenfach. Diese Kollision oder Interferenz: das wäre das mehr, das ich von einem Buch erwarte, von Literatur. Sicher nicht, daß sie ist wie Literatur, das ist sie ja eh. Da kann sie ja nur wegwollen davon.[186]

Diese Art der Literatur gibt sich dabei den Anschein, einer maximalen Referentialität verpflichtet zu sein, die eine ebenso möglichst umfassende Interferenz[187]

---

unwahrscheinlich, dass die Namen erst nachträglich im Dezember 1998 codiert wurden: Die Bearbeitung der Buchversion spricht für eine Vereinheitlichung. Womit hier argumentiert wird, dass die Alias tatsächlich in den zuerst online gegangenen Tageseinträgen vorhanden waren.
185 Goetz (1999): *Abfall für alle*, S. 15, Herv. i. Orig.
186 Goetz (1999): *Abfall für alle*, S. 102, Herv. i. Orig. Vgl. dazu auch Siegel (2006): »Remains of the Day«, S. 166.
187 Interferenz in der hier verwendeten Definition kann mit ›Überschneidung / Berührung distinkter Diskursbereiche, bei der Elemente ihre Signifikanz von dem einen Diskurs auf den anderen zumindest teilweise übertragen‹ umschrieben werden. Systemtheoretisch definiert Michael Giesecke dies wie folgt: »Jedes System muß mit Einflüssen und Veränderungen der Umwelt fertig werden. Ich bezeichne diese Berührungen und Überschneidungen von Systemen mit Umweltsystemen als Interferenz.« Giesecke (1988): *Die Untersuchung institutioneller Kommunikation*, S. 95. Siehe die Verwendung des Begriffs auch in Goetz (1999): *Abfall für alle*, S. 779f.

erlaubt und sich so von herkömmlichen fiktionalen Schreibweisen entfernt. Diese Verpflichtung an die Referentialität wird jedoch durch die anfängliche Referenzlosigkeit des Personals, die typisch für fiktionale Poetiken ist, unterlaufen: Wenn keine Referentialität auf alltagswirkliche Subjekte gegeben ist, kann mit gutem Recht von einer ›uneigentlichen Denotation‹ gesprochen werden.[188] Die Änderung der Figurennamen in Klarnamen kann damit als Folge einer poetologischen Verpflichtung an das Nichtfiktionale gesehen werden.

Die Aushandlung von Fiktionalem und Alltagswirklichem folgt dabei in *Abfall für alle* einer auf den ersten Blick paradox erscheinenden Bestimmung:

> Plötzlich kams mir: daß das FIKTIVE natürlich der Ort des PRIVATEN ist. Da ist es dann sozial gehalten und gefaßt. Und daß das Nichtfiktive, das sozusagen AUTHENTISCHE fürs ALLGEMEINE zuständig wäre. Also genau umgekehrt als man doch im ersten Moment so denken würde, ganz automatisch auch denkt. Bloß ein unklarer Instinkt einem sagt: irgendwas daran stimmt nicht so ganz.[189]

Abfall für alle, als öffentlich einsehbarer Text, ist klar dem Allgemeinen zugeordnet und sei damit nicht fiktiv – damit geht eine von der Autor-Figur immer wieder geäußerte Aversion gegen fiktionalisierende Verfahren einher, die sich entweder als wahrheitsgetreu präsentieren,[190] oder aber ihren Wahrheitsgehalt hinter »fiktiver Fiktionalität«[191] verbergen. Der letzte Umstand ist jedoch nicht zu allen Zeiten des Projekts gegeben. Einerseits werden Informationen präsentiert, die rein privater Natur zu sein scheinen, andererseits wird im gleichen Zuge erklärt, dass die Figur ›Rainald Goetz‹ in den Büchern fiktiv sei – was als Effekt des Textes deutlich begrüßt wird, um damit wiederum die Eigenschaften der – als fiktiv ausgegebenen Figur – in die Selbstpoetik der nun gerade sprechenden Instanz einzufügen:

> Ich darf den Führerschein jetzt endlich wieder neu machen. Zum dritten Mal in meinem Leben. Dann kam Markus dazu und berichtete, wie drogenverseucht ich bei der Frankfurter Veranstaltung auf Rüdiger gewirkt hätte. Folge der Authentizitäts-Fiktion des Texts, daß die Sünden meiner Helden ganz direkt MIR zugerechnet und vorgeworfen werden, insofern okay.[192]

---

188 Vgl. dazu Zipfel (2001): *Fiktion, Fiktivität, Fiktionalität*, S. 73.
189 Goetz (1999): *Abfall für alle*, S. 125, Herv. i. Orig.
190 Goetz (1999): *Abfall für alle*, S. 500f.
191 Goetz (1999): *Abfall für alle*, S. 600.
192 Goetz (1999): Abfall für alle, S. 247, Herv. i. Orig. In der Internetversion weicht der letzte Satz etwas von der Druckfassung ab und verstärkt noch die Freude über die identifizierende Lesart: »Solange die Authentizitäts-Fiktion so knallt, daß die Sünden meiner Helden MIR zugerechnet und vorgeworfen werden, hat der Text sein Ziel erreicht, eines der vielen.«

Dass die Texte von *Abfall für alle* jedoch auch alltagswirkliche Interferenzen produzieren, die von der Autor-Figur nicht kontrollierbar sind, wird im Verlauf des Projekts als ein Problem der ›sozialen Praxis‹ formuliert. Diese ›soziale Praxis‹ – oder auch: ›das soziale Spiel‹ – umschreibt im Werk von Goetz die einfache Tatsache, dass alltagswirkliche Personen miteinander kommunizieren und dies ihre Alltagswirklichkeit beeinflussen kann.[193] Das Schreiben an *Abfall* präsentiert sich ab einem bestimmten Punkt als ein »Problem des richtigen Lebens«[194] und fordert Konsequenzen, um den Status des Projekts zu verändern und seinen Interpretant neu zu setzen:

> [A]lles ist falsch.
> DESHALB heißt der Plan, trotz allem, jetzt folgendermaßen: ich schreibe dieses Buch, das hier entsteht,
> ABFALL FÜR ALLE
> Roman
> eines Jahres
>
> plangemäß zu Ende. Der Plan bezieht sich auf nichts anderes als auf die äußere Ordnung. Die folgt der Vorgabe der Täglichkeit. Da wir die Tage in jeweils sieben Tagen pro Woche zählen, ergibt sich die unten, am Ende jedes neuen Tages neu weiterwachsende, um LICHT herum gruppierte Ordnung von selber.[195]

Als ›Roman eines Jahres‹ hat der Text nun eine literarische Gattungsbezeichnung bekommen, die unter anderem die Privatheit des darin erscheinenden Personals schützen soll.[196] Zugleich soll der Text dadurch, dass er nicht mehr als Egodokument (Tagebuch) gelesen werden soll, seine Wahrhaftigkeit bewahren.[197]

Was aber ist darunter zu verstehen, dass die Ordnung des *Abfalls* um »LICHT« herum gruppiert entsteht? Fritz Göttler schrieb in seiner Rezension in der *Süddeutschen Zeitung Extra*, ›Licht‹ sei das womöglich wichtigste Wort des ganzen Unternehmens gewesen – ohne allerdings seiner Bedeutung nachzugehen.[198] Auf jeder der Seiten des digitalen *Abfalls* finden sich diese fünf Buchstaben am Ende eines jeden Eintrags als feste und unveränderbare Größe der aufzufüllenden Matrix wieder (vgl. Abb. 10). Abgesehen von den Verweisen auf eine überdeterminierte Aufklärungsmetapher oder auf vorgebliche Sterbeworte von Dichterfürsten

---

[193] Vgl. dazu u.a. Goetz (1999): *Abfall für alle*, S. 26, 127f., 162, 244, 279f., 446, 568, 681, 708, 738.
[194] Goetz (1999): *Abfall für alle*, S. 620.
[195] Goetz (1999): *Abfall für alle*, S. 620, Herv. und Formatierung i. Orig.
[196] Vgl. dazu auch Schäfer (2006): »›Fantasy Realism‹«, S. 257.
[197] Vgl. dazu auch Siegel (2006): »Remains of the Day«, S. 166.
[198] Vgl. Göttler (1999): »Der Müll wird nicht verbessert«.

kann die Signifikanz des LICHTs in diesem Projekt hergeleitet werden als direkter Bezug auf die Autorinstanz, die als Figur und Funktion den Text intern und extern organisiert, womit das LICHT zu einem Markierungszeichen der Selbstpoetik des Subjekts ›Rainald Goetz‹ wird.[199]

Aufgefordert, etwas zu dem Begriff ›LICHT‹ zu äußern, schreibt die Autor-Figur in *Abfall für alle:* »Gerne. 1. Schönes Wort, in dem viel drin steckt, z.B. alle via ich. 2. Titel der immer noch in Arbeit befindlichen Wochentage-Oper von Stockhausen. [...] Und 3. ist das angeblich doch das Ende«.[200] Das Ende – auch ein Euphemismus für den Tod – wird in *Abfall* tatsächlich durch ein ›Licht‹ markiert: Es ist das letzte Wort des Textes[201] und findet sich sowohl in der Erstausgabe als auch in den nachfolgenden Taschenbuchversionen prominent auf dem Rückumschlag des Buches, unter einem Asterisk platziert.[202] Zugleich könnte man das *Abfall*-Projekt ebenfalls als eine ›Wochentage-Oper‹ bezeichnen. Am wichtigsten jedoch ist der Hinweis auf den deiktischen Marker der Ersten Person Singular. Das ›Ich‹ wird als Bestandteil und Mitte des ›Licht‹ zum ordnenden Prinzip des Textes.[203]

Dass der Text »die vollständige Identität von Autor, Erzähler und Figur«[204] als Denkfigur anbietet, wird beim Lesen schnell deutlich – die Identität über die Diskursbereiche ›literarisch – alltagswirklich‹ hinweg funktioniert über ein

---

199 Vgl. einige diesbezüglich interessante Bemerkungen in Delabar (1990): »Goetz, Sie reden wirres Zeug«, S. 77. Delabar identifiziert das Wort LICHT bereits in *Krieg* und schlägt allgemein vor, dieses Drama im Hinblick auf Subjektivismus zu lesen.
200 Goetz (1999): *Abfall für alle*, S. 598.
201 Vgl. Goetz (1999): *Abfall für alle*, S. 864.
202 Dieser Asterisk findet sich auf allen bei Suhrkamp erschienenen Büchern des *Heute-Morgen*-Komplexes auf dem Buchrücken / Rückumschlag – mit Ausnahme von *Celebration*, dessen Schutzumschlag aus einem reproduzierten Foto des mit Sonnenbrille und Hut ›maskierten‹ Autors besteht, der stehend vor einer Wand mit zahlreichen angehefteten Notizen, Zetteln und Zeitungsausschnitten abgebildet ist. Man könnte gleichwohl argumentieren, dass darin die Position des Asterisk durch die ›versteckte‹ Figur des Autors besetzt wird – was den Asterisk der anderen Publikationen zugleich zu einem ›maskierten‹ Stellvertreter der Autor-Figur macht.
203 Vgl. dazu auch das kleine ›Gedicht‹ in Goetz (1999): *Abfall für alle*, S. 346: »Aussicht / Pfirsich spricht Gedicht / ich nicht richtig / Licht / Geschicht«. Alle darin verwendeten Wörter enthalten das ›ich‹ – durch die zentrierte Formatierung des Textes in der originalen Internetversion wird es noch deutlicher in die Mitte gerückt. Damit wäre Natalie Binczek zu widersprechen, die herausstellt, dass es dem Projekt »nicht um kontextuelle Schließung, sondern um Sequentialisierung« gegangen wäre. Vgl. dazu Binczek (2001): »Was also ist der Ort des Textes?«, S. 297f. Allein schon die vorher festgelegte Matrix lässt auf ein zentrales Ordnungsprinzip schließen und die Position des LICHTS als struktureller Stellvertreter des Autors unterstreicht noch diesen Anspruch.
204 Bunia (2005): »Überlegungen zum Begriff des Realismus«, S. 150.

Herstellen von Referenzen auf außertextuelles Wissen um den Autor[205] – dies alles entspricht den Beobachtungen, die auch für die früheren Texte von Goetz getroffen wurden. Dem Text des *Abfalls* eine Autonomie zuzusprechen und der ordnenden Instanz des Autors nur die marginale Rolle eines möglichst neutralen Mediums zuzuweisen, das die Schrift und die Gegenwartsmomente lediglich durch sich hindurch lässt, wie es in der Forschung gelegentlich geschieht,[206] hieße allerdings, dem Gestus des Textes aufzusitzen. Auch wenn das Modell des ›Durchgangspunkts‹ der Zeit, aus dem heraus die Schrift sich generiert, immer wieder in *Abfall für alle* angesprochen wird,[207] ist sich die Erzählinstanz ihres Einflusses auf die Schrift stets bewusst, wobei sie sich eben auf diese Weise auch erst als den strukturellen Punkt ausstellt, an dem die Latenz zwischen Welt und Schrift ausgetragen wird:

> Je authentischer man zu werden versucht, je genauer an den Erlebnissen der Realität dran man erzählt und berichtet, umso stärker merkt man die Diskrepanz zum Wirklichen, die Unfaßbarkeit des Geschehenen, die Konstruktion, die Auswahl, das, zugespitzt gesagt, schlicht FIKTIVE des Resultats, der Darstellung in ihrer schriftlich fixierten Form. Man müßte einen neuen, ganz simplen Realismus-Vorbehalt vorausschicken: alle hier auftretenden Personen, alle Schauplätze und Geschehnisse sind echt, alles hier Erzählte ist wirklich passiert, aber was sich in Wirklichkeit in echt zugetragen hat, kann ich nicht sagen. Ich kann nur berichten, wie es gewirkt hat, auf mich.[208]

Das ›Ich‹, das hier sichtbar wird, ist erneut ein mindestens doppeltes: Zum einen das ›Ich‹ einer Figur im Text und zum anderen die schriftliche Außenstelle des alltagswirklichen Trägers der Autorfunktion Rainald Goetz. Die Konsequenz aus dieser Konstellation besteht darin, dass seine Stelle im Text von *Abfall für alle* nicht ersetzbar und zugleich die Bedingung dieses Textes ist: »Abfall, Ichformversuch, weltbestimmt«.[209] Das ganze Werk befindet sich auf diese Weise in einem Schwebezustand zwischen dem Fiktiven und Lebenswirklichen, wie er allen autofiktionalen Texten eigen ist und wird im Ganzen als Selbstpoetik dieser Doppelfigur begreifbar:

---

[205] Die Position der Erzählinstanz ist von einer Figur besetzt, die in Klagenfurt ihre Stirn aufschnitt und den Roman *Irre* verfasste; vgl. Goetz (1999): *Abfall für alle*, S. 122, 181) die *Kontrolliert* und *Krieg* schrieb (ebd., S. 22, 114, 122 u.v.m.) und sich als Rainald Goetz vorstellt bzw. gerufen wird (ebd., S. 17, 57, 181, 447, 630, 665 u.v.m.).
[206] Vgl. Siegel (2006): »Remains of the Day«, S. 242, 247, 249; Kreienbrock (2006): »Paying Attention: Reading Rainald Goetz Reading«, S. 227; Wicke / Warnke (2002): »Wenn es so würde, wie ich es mir denke«, S. 576; Baisch / Lüdeke (2000): »Was kommt? Was geschieht?«, S. 154f.
[207] Vgl. u.a. Goetz (1999): *Abfall für alle*, S. 619.
[208] Goetz (1999): *Abfall für alle*, S. 685.
[209] Goetz (1999): *Abfall für alle*, S. 729.

> An jeder Rißstelle von Wirklichkeit springt Fiktion von Kontinuität ein, jedes isolierte Element von Erleben sieht sich selbst sofort als Teil einer Geschichte, in einer Sukzession von vernünftigem Ablauf von Geschehen. Deshalb habe ich immer das Gefühl, je näher an der Wirklichkeit und realen Alltagserfahrungen ich dran bin, umso stärker bin ich mitten im Fiktiven.[210]

Abfall für alle entspricht damit den Bedingungen der Autofiktion dadurch, »dass der sprachhandlungslogische Widerspruch zwischen referentiellem Pakt und Fiktionspakt erhalten bleibt«,[211] und damit beim Lesen jeweils unterschiedliche Pakte nacheinander oder auch zugleich bestehen können, ohne zu einer endgültigen Deckung zu kommen. Man kann damit festhalten, dass im ersten Internet-Werk von Goetz eine ausgestellte Identität von Autor-Figur und Autorfunktion festgemacht werden kann, die sowohl referentiell als auch fiktional konfiguriert ist, ohne dass diese beiden Modi eine irgendwie endgültige Aushandlung erfahren.[212]

Die paradoxe Situation, die unvermeidbare Aporie werden damit als Bedingungen des ganzen Komplexes *Heute Morgen* erkannt und darin immer wieder ausformuliert. Man kann Martin Baisch und Roger Lüdeke darin zustimmen, dass in *Abfall für alle* die »[ä]sthetische Praxis [...] zum unmittelbaren Manifestationsmedium der ästhetischen Praxis ihres Autors geworden [ist]«[213] – man müsste dies nur insofern konkretisieren, als der hier greifbare Autor wieder eine textuelle Autor-Figur ist, deren externe (›alltagswirkliche‹) Grenzen unscharf bleiben müssen – die internen Grenzen sind dabei jedoch durch den Text gesetzt, und werden sowohl im Inhalt als auch durch die Konstruktion des ›LICHTS‹ als zentrales Prinzip des Textes bestimmt. Anders formuliert: Durch die Zuweisung der fiktionalen Gattungsbezeichnung soll eine Privatsphäre geschützt werden, die zuerst durch diesen Text beobachtbar geworden ist – dies zumindest behauptet der Text. Dadurch, dass die Fiktion dem Alltagswirklichen entsprechen soll (vgl. letztes Zitat), wird eine indifferent bleibende Äquivalenz evoziert, die zu einer Grenzaufhebung im Hinblick auf den alltagswirklichen Kontext führt, nach der Gleichung: 1. Das Alltagswirkliche ist das Alltagswirkliche. 2. Das Alltagwirkliche im Text ist das Fiktive. 3. Das Fiktive im Text ist immer nur das Fiktive.

---

210 Goetz (1999): *Abfall für alle*, S. 787.
211 Zipfel (2009): »Autofiktion«, S. 306.
212 Es ist ein Bestandteil der Poetik von Goetz, dass innerhalb eines Textes jeder Aussage durch eine gegenteilige Aussage widersprochen werden kann; vgl. hierzu Goetz (1999): *Abfall für alle*, S. 122; Siegel (2006): »Remains of the Day«, S. 167.
213 Baisch / Lüdeke (2000): »Was kommt? Was geschieht?«, S. 165.

Die Doppelgestalt aus beobachtbarer Autor-Figur und dem nicht beobachtbaren Träger der Autorfunktion wird auf diese Weise zwar nicht aufgelöst, aber mit einem neuen Status versehen. Durch die Position des ›LICHTS‹ wird die strukturelle Stelle des nicht beobachtbaren Trägers der Autorfunktion in den Text eingeschrieben. *Heute Morgen* hat demzufolge im Hinblick auf den Grad seiner Autofiktionalität einen ganz anderen Status, als die früheren Werke von Goetz. Waren in diesen alle Ausprägungen einer Autor-Figur literarisch konfiguriert, so dass die Metaposition des Funktionsträgers davon nicht tangiert wurde, so wird nun diese Metaposition sowohl inhaltlich als auch strukturell in den Text implementiert. War die Metalepse in den früheren Romanen ein Ausnahmefall, so ist sie in *Abfall für alle* das Hauptprinzip, nach dem der Text funktioniert. Der Grad der Konsistenz der darin beobachtbaren Autor-Figur ist vordem nicht erreicht worden, ebenso wie der Grad der Referentialisierbarkeit – diese wird jedoch zugleich durch das Attribut ›fiktiv‹ gebrochen. Entscheidend ist jedoch, dass die Metaposition des Autors, der sein Werk kommentiert, in Form der *PRAXIS*-Vorlesungen in den Text aufgenommen worden ist.

Wurde hier im Hinblick auf die früheren Werke von einer Autofiktion-*light* gesprochen, so muss diese Einschätzung nun geändert werden: Zumindest *Abfall für alle* scheint eine ›vollwertige‹ Autofiktion zu sein, oder wie es auf dem inneren Schutzumschlag des Buches heißt: »Schließlich war, ein Traum, der wahr geworden ist, das Buch entstanden, das ich bin.« Dabei sind jedoch zwei gegenläufige Tendenzen in eine Einheit zu bringen: Auf der einen Seite entspricht das Werk vollständig den Bedingungen autofiktionalen Schreibens und implementiert mit den Poetikvorlesungen sogar die möglichen Metapositionen;[214] auf der anderen Seite stehen zwei Beobachtungen, die eine solche Setzung erschweren. Da wäre zum einen erneut der Widerspruch zwischen Textinhalt / poetologischem Textduktus und der tatsächlichen poetischen Praxis, was an den Transformationen vom Internet zum Buch nachgewiesen wurde. Und da wäre zum anderen eine Schwierigkeit, die wirklich paradoxer Natur ist: Wenn die Metaposition in Form der Poetikvorlesungen in das als ›Roman‹ bezeichnete Konvolut implementiert ist, dann müsste dieser Text ja demzufolge auch als Figurenrede betrachtet werden, in welcher eine solche Metaposition simuliert wird. Innerhalb des Werks fügt sich die *PRAXIS*-Vorlesung nahezu nahtlos ein: Zwar fehlen die Zeitprotokolle und die einzelnen Blöcke sind als solche gekennzeichnet, Thema, Wortwahl, die sprunghafte Struktur der Rede – all das stellt jedoch keinen Bruch im

---

214 Vgl. zum Zusammenhang der Poetikvorlesungen und des Werkkomplexes *Heute Morgen* Baisch / Lüdeke (2000): »Was kommt? Was geschieht?«, S. 147.

Romankontext dar: Die sprechende Instanz unterliegt keinem Wandel, sondern setzt ihre Diskurse aus den früheren Einträgen fort.

Wenn die frühere Selbstpoetik der Figur ›Rainald Goetz‹ als ›hybride metaleptische Selbstpoetik‹ bezeichnet wurde, so sollte sie in *Heute Morgen*, zumindest aber in *Abfall für alle* als MIMETISCH-METALEPTISCHE SELBSTPOETIK bezeichnet werden. Die Hybridität ist zwar weiterhin vorhanden, ebenso die Reflexivität der Instanzen und das Spiel mit den verschiedenen Ebenen der Beobachtung, dies alles geht jedoch ein in ein Modell, das eine vollkommene und ungebrochene Deckung von Autor-Figur und dem Träger der Autorfunktion anbietet.[215] Die spezifische Bestimmung der Rolle des Fiktionalen wirkt dabei als Beobachtungsschutz ganz anderer Natur, als es die Metalepsen in den früheren Texten getan haben: Wiesen diese immer wieder auf die Differenz von Autor-Figur und dem Träger der Autorfunktion qua vorhandener und nicht vorhandener Beobachtbarkeit hin, so besteht die nun zugewiesene Rolle des Fiktionalen eher darin, ein alltagswirkliches Subjekt der Beobachtung zu entziehen, indem der Status der Informationen über dieses als ›nicht alltagswirklich‹ markiert wird.

Eine ergiebige Versuchsanlage für die Analyse eines solchen Verfahrens findet sich in den drei *Nachtstudio*-Sendungen. Als ›geistiger Schöpfer‹ und Teilnehmer des Formats setzte sich Goetz darin in Echtzeit den Blicken von potenziell Millionen von ZuschauerInnen aus. Dabei scheinen alle beobachtbaren Elemente der Figur schon aus den Büchern bekannt. In der ersten Sendung mit Bomberjacke und Turnschuhen bekleidet, mit Münchner Färbung sprechend, Papiere, Zeitungen, Notizen um sich herum ausgebreitet, bietet Goetz das nervösüberdrehte Bild,[216] das man auch mit dem Ich-Erzähler von *Abfall für alle* verbinden würde. Auffällig ist dabei, dass obwohl die Sendung nach den Prinzipien der Beobachtung n-ter Ordnung angelegt ist, eine Reflexion der eigenen Vorgehensweise und der eigenen Praktik von den Beteiligten bis auf den Schlussteil der letzten Sendung unterbleibt. Einen ›doppelten Boden‹ scheint dieser Akteur nicht zu besitzen und obwohl die Sendung eine Meta-Talkshow ist, scheint sich die Inszenierung der Figur auf nur einer Ebene einzuspielen, was einen deutlichen Kontrast zu der Performance von Klagenfurt 1983 darstellt. Als jedoch die Rede darauf kommt, ob in Talkshows Menschen ›öffnend‹ dargeboten werden,

---

[215] Allerdings erweist sich das Modell bei genauer Betrachtung als nicht tragfähig, da es weiterhin eine strukturelle Hybridität enthält, die Identität prinzipiell verhindert.

[216] So spricht er stets stark gestikulierend, lauter und schneller als alle anderen Beteiligten. Bei den Nahaufnahmen seines Gesichts fällt vor allem in der ersten Sendung auf, dass die Mimik nie zum Stillstand kommt. Und erneut werden auch die aus den Büchern wohlbekannten Notizen mehrmals als Insignien des Autors eingeblendet. Vgl. die Clips auf folgendem *YouTube*-Kanal: www.youtube.com/user/alexomat2/videos (zuletzt eingesehen am 17.12.2013).

ergreift Goetz das Wort und liefert implizit ein Kommentar zu der in *Abfall für alle* und *Heute Morgen* gültigen Selbstpoetik:

> Das wäre jetzt genau die Frage. Damals [gemeint ist die Sendung Nr. 2 vom 12.09.2001; I.K.] hat Frau Bruns [...] nach Authentizität gefragt und wollte darauf abheben, dass doch klar ist: Es sind bestimmte Rollen da, man kann doch nicht wirklich etwas ernsthaft Echtes von diesen Menschen [gemeint sind die Gäste der Talkshows; I.K.] erwarten. Und da muss man natürlich sagen natürlich *immer*, ähm, diese – diese diese Kamera, die da sozusagen dieses Aufzeichnungsgerät, das verhindert natürlich, dass es wirklich direkte Einblicke in die Wirklichkeit gibt. Und *trotzdem* ist man heute als Talkshowzuschauer natürlich extrem geeicht auf die feinsten Zwischentöne und genau in der Sprachmelodie, in der Gestik, im Inhalt des Gesagten. Sozusagen in diesen Interferenzen spielt sich die Beurteilung ab.[217]

Formuliert wird also die Idee, dass geschulte Zuschauer trotz der künstlichen Beobachtungssituation in einem Medienangebot der Medientechnik Fernsehen durchaus in der Lage sein sollten, die beobachtbaren Akteure auch ›als Menschen‹ zu subjektivieren, von den die Akteure in ihrer Rede leitenden Institutionen[218] zu abstrahieren und sich damit ein Urteil über ein ›privates‹ Subjekt zu bilden.[219] Direkt übertragen auf *Abfall für alle* hieße das, dass die Fiktion eine reichlich dünne Folie wäre, um das Private zu kaschieren. Die Figur des Autors wäre demzufolge nicht nur mit dem Träger der Autorfunktion deckungsgleich, sondern würde auch ›private‹ Einblicke auf das alltagswirkliche Subjekt gewähren. Dies aber – so muss man schlussfolgern – kann nie durch den als fiktional ausgestellten Text selbst belegt oder direkt geleistet werden, sondern ist explizit eine nicht verifizierbare Subjektivationsleistung der Beobachterinnen und Beobachter.

Der Text selbst, dem die prozessierten Informationen entnommen werden, kann damit weiterhin autofiktional sein – er ist jedoch gewissermaßen nicht die Selbstpraktik der autopoietischen Subjektherstellung, sondern bietet durch Struktur und Inhalt für Beobachterinnen und Beobachter die Option, die darin dargebotene Figur als auch ›privates‹ Subjekt und Person zu konstituieren. Der

---

217 Vgl. die Aufnahme vom 19. September 2001 unter www.youtube.com/watch?v=oltf2i-4EUU (zuletzt eingesehen am 17.12.2013), 5:59–6:37. Die Kursiva markieren besonders betonte Stellen der Rede.
218 Gemeint sind z. B. bei Politikern ihre Parteien oder das Kabinett.
219 Zwar heißt es in *Abfall für alle*, es werde keine Intimitäten enthalten – vgl. Goetz (1999): *Abfall für alle*, S. 162 – dieses Diktum ist jedoch zweifelhaft, da fortwährend intensive Gefühle der Figur und auch der Inhalt von Träumen eine Aufnahme in das Werk finden. Vgl. festhaltend an der These, es gäbe darin keine Einsichten über ein ›privates‹ Subjekt Baisch / Lüdeke (2000): »Was kommt? Was geschieht?«, S. 149.

Text selbst verhält sich ambivalent: Zum einen bietet er die Identität von Autor-Figur und Träger der Autorfunktion an, zum anderen nivelliert er die Konfiguration dieser Identität ins Fiktionale, um aber als Option die Einheitlichkeit bestehen zu lassen und Anschluss an das alltagswirkliche Subjekt zu gewähren. Diese mimetisch-metaleptische Selbstpoetik tut so, als ob sie die Poetik eines alltagswirklichen, gleichwohl aber fiktiven Subjekts wäre. Durch ihre beständige Thematisierung bleiben Fiktion und Alltagswirklichkeit darin durch die Spannung von Beobachtbarkeit und Nichtbeobachtbarkeit stets in einem dynamischen Modus einer Aushandlung begriffen und formieren dieses Subjekt sowohl inhaltlich als auch strukturell. Die Zeitnotate von *Abfall für alle* werden als selbstreferentielle Chronik eines fiktionalen Subjekts begreifbar und ganz nebenbei wird der Anspruch einer ›Geschichtsschreibung der Gegenwart‹ nur zu einem Nebenschauplatz, an dem in erster Linie die ›Geschichte eines Subjekts‹ geschrieben wird. Dieses so hergestellte vollwertig autofiktionale ›Ich‹, das immer wieder den Ort dieses Subjekts markiert, dient im Text als einziger Garant einer durch Aushandlung entstehenden fiktionalen ›Wahrheit‹ über sich selbst – und unterscheidet sich von dem ›Ich‹ der früheren Texte dadurch, dass bei seiner Einspeisung in operative Fiktionen keine weiteren Metapositionen berücksichtigt werden müssen, die seinen Status noch ändern könnten: Es ist damit durch und durch konsistent und seinen Spaltfiguren übergeordnet, auch wenn es sich aus ihnen speist.

4.5 *Klage* und *Schlucht*: konsistente Fortschreibungen

Nach der Veröffentlichung von *Jahrzehnt der schönen Frauen* im Jahr 2001 sollte es sechs Jahre dauern, bis Rainald Goetz wieder im literarischen Feld in Erscheinung trat. Der erste Eintrag seines Blogs *Klage*, der auf den Onlineseiten der inzwischen eingestellten deutschen Ausgabe der Zeitschrift *Vanity Fair* verfügbar war, ist auf den 1. Februar 2007 datiert.[220] Spätestens als *Klage* 2008 auch in Buchform erschien, war klar, dass damit erneut ein Werkkomplex initiiert wurde: *und müsste ich gehen in dunkler Schlucht* – oder auch kurz einfach *Schlucht* – trägt die interne Nummer 6 und wurde 2009 durch *loslabern*, 2010 durch *D•I•E* und

---

[220] Tatsächlich wurde der Blog vermutlich am 13. oder 14. Februar 2007 mitsamt der älter datierten Einträge online verfügbar gemacht. Die ersten Reaktionen in der Presse finden sich am 15. Februar 2007, vgl. kau (2007): »Abfall für wenige«. Vgl. einen entsprechenden Kommentar, in welchem auch auf die technische Einrichtung von *Abfall für alle* Bezug genommen wird in Goetz (2008): *Klage*, S. 25.

den Bildband *elfter september 2010* sowie 2012 durch den Roman *Johann Holtrop* ergänzt. War *Heute Morgen* konzipiert als eine ›Geschichte der Gegenwart‹ – und damit in erster Linie den kulturellen Tendenzen der 1990er Jahre verpflichtet –, so setzt *Schlucht* diesen Ansatz fort und konzentriert sich auf ähnliche Weise auf die ›Nuller Jahre‹ des neuen Jahrtausends.[221] Allerdings ist die Welt, in welche diese Texte nun gesetzt werden, eine gänzlich andere, als sie in der Entstehungszeit von *Abfall für alle* noch war: Durch das ›Web 2.0‹ und die nun gesteigerte Verbreitung des Internets ist die massenmediale Kommunikation in wesentlich geringerem Maße auf die traditionellen Institutionen der *one-to-many*-Medien angewiesen.[222] Diese Prozesse führen dazu, dass es deutlich einfacher geworden ist, zum Objekt der massenmedial verfügbaren Beobachtung zu werden: Nahezu jeder Mensch in den internetaffinen Kulturen kann – vorausgesetzt, er ist mit der Handhabung der Medientechnik Internet vertraut und besitzt Zugang dazu – Fotos, Videos oder Kommentare von Personen frei verfügbar machen und sie damit in das mediale Gefüge einschreiben – oftmals ohne ihr Wissen und meist ohne die Kontrolle der so subjektivierbaren Personen. Dies spiegelt sich unmittelbar in der öffentlichen Wahrnehmung und Fortschreibung der Figur ›Rainald Goetz‹ und es lassen sich für die Periode nach *Heute Morgen* zwei grundsätzliche Feststellungen treffen:

(1.) Die in *Heute Morgen* dargebotene mimetisch-metaleptische Selbstpoetik bildet für *Schlucht* eine Art solider Basis, von welcher aus eine konsistente Autor-Figur immer wieder verschiedene Rollen sprechen lassen kann, ohne dass die Einheitlichkeit der Autor-Figur dadurch gefährdet wäre. Das Schlüpfen in die verschiedenen Sprecherrollen, das in *Klage* und auch *loslabern* fortwährend praktiziert wird, korrespondiert mit einer Dynamik des immer-wieder-zur-Einheit-Zurückkehrens, dessen strukturelle und inhaltliche Position von der aus *Heute Morgen* bekannten Autor-Figur besetzt wird – was letztlich dazu führt, dass diese Autor-Figur als konsistentes Autor-Subjekt greifbar ist.[223] Zwar wird in *Klage* und

---

221 Am deutlichsten wird dieser Anspruch in der Struktur des Bildbandes *elfter september 2010*, in welchem den drei Kapiteln die Jahre des Jahrzehnts bis 2010 chronologisch zugewiesen sind, vgl. Goetz (2010): *elfter september 2010*, S. 7, 61, 155.
222 Der Begriff ›Web 2.0‹ wurde im Jahr 2004 geprägt. Ramón Reichert charakterisiert ihn folgendermaßen: »Dieser medienkulturelle Populismus stellt die Handlungsfähigkeit der Social Software als ›die‹ Ermöglichung eines ›ungehinderten‹ Austauschs von Informationen, einer ›schrankenlosen‹ Partizipation und einer ›hierarchiefreien‹ Kollaboration nach dem Prinzip des *peer-to-peer* in Aussicht.« Reichert (2008): *Amateure im Netz*, S. 8. Vgl. dazu ebd., S. 9ff.
223 Dieses Prinzip wird selbst beim Bildband *elfter september 2010* beibehalten. Während man erwarten sollte, dass in dieser Publikation der Autor in seiner festen Position als Beobachter hinter der Kamera verbleibt, finden sich, dieses Prinzip konterkarierend, mindestens zwei Bilder, die Rainald Goetz selbst zeigen. Vgl. Goetz (2010): *elfter september 2010*, S. 41, 85. Die Praxis des

auch in *loslabern* das Verhältnis von Wirklichkeit und Fiktion weiterhin ständig ausgehandelt – das Diktum von *Abfall für alle,* demzufolge das Fiktionale als Deckmantel des Privaten zu dienen habe, wird erneut sowohl eingehalten als auch kritisiert, – dies ändert aber nichts an der Stabilität des Autor-Subjekts. Die Rezensionen von *Klage* und auch von *loslabern* sprechen dahingehend eine eindeutige Sprache und bestärken die Wirksamkeit der mimetisch-metaleptischen Selbstpoetik, die immer zugleich auch ein Autorschaftsmodell in sich trägt: Derjenige, der in den beiden Büchern spricht und berichtet, ist niemand anderes als der Autor Rainald Goetz – und seine ›Impersonierungen‹ als Höllor, Klagor, Bösor, Kyritz, Henker, Goethe / Göthe, Max Aue etc. werden nur als transparente Maskierungen gelesen, hinter denen sich stets der Autor als eine vorgeblich bekannte Person verbirgt, deren Eigenschaften aus Inhalt und Gestus der Texte erschlossen werden können.[224]

(2.) Die mimetisch-metaleptische Selbstpoetik erweist sich auch dort noch als überaus beständig, wo sie der kontrollierenden Autorschaft von Goetz enthoben ist: Die darin entworfenen Parameter der Figur finden eine quasi ungebrochene Fortschreibung nicht nur im literarisch interessierten Feuilleton, sondern auch in den Medienangeboten des Web 2.0 (vgl. Abb. 8) und in den quasi-literarischen

---

Fotografierens wird zudem immer wieder als Verfahren selbst thematisiert, wenn auf den Bildern Situationen festgehalten werden, in denen der Fotografierende selbst zum Objekt des Fotografierens wird (vgl. ebd., S. 68, 208) oder offenbar soeben geschossene Polaroidaufnahmen erneut abfotografiert werden (vgl. ebd., S. 51f.).

224 Zu denjenigen, die Goetz als Autor und Erzähler von *Klage* und *loslabern* gleichsetzen, vgl. folgende Rezensionen: Opitz (2009): »Analysen und Verrisse«, bezeichnet explizit Goetz als »hochgradig unzufrieden«, als nicht »zimperlich« und nennt ihn einen ›klugen und sensiblen Beobachter‹ und einen »Meister im Enttarnen«; Schwedes (2009): »Freude auslösende Anmutungen von Wahrheit« unterstellt ihm »Größenwahn«; Andre (2008): »Der Scharfrichter aus Berlin-Mitte« urteilt mit am drastischsten, bezeichnet Goetz als manisch und schreibt: »›Klage‹ ist ein überwältigendes Zeugnis der Idiosynkrasie, das, vom persönlichen Ekel vor Personen und Ansichten getrieben, eine schmerzend scharfe Auslegung der Welt ist. Goetz, der Scharfrichter, urteilt über sie alle«; Wulff (2008): »Rainald Goetz rechnet ab und klagt« geht rein intentionalistisch vor und unterstellt Goetz, sich »in einem sehr puristischen Sinn als Aufklärer« zu verstehen, »was ein gewisses Isoliertbleiben erfordert«. Siehe ganz ähnlich dazu auch Fasthuber (2008): »Brandauer ist der scheußlichste Mensch«; Müller (2008): »Zeitgenosse des Jahres«; Bernard (2009): »Simultandolmetscher des Jetzt«; Hartwig (2009): »Die Gute und die Bösen«. Siehe etwas differenzierter dazu Delabar (2009): »Klages Gesang«. Siehe auch die biographistische Deutung von *Klage* bei Hägele (2010): *Politische Subjekt- und Machtbegriffe,* S. 133. Vgl. aber auch davon abweichend Müller (2009): »Writer's Blog«, S. 249, wo es heißt, *Klage* würde von Goetz benutzt werden, um eine ›nichtformatierte Ich-Figur‹ zu erschaffen. Gemeint ist vermutlich die fehlende Referentialität der Sprecher-Instanz, was gleichwohl angesichts der Fortschreibungen in der Presse widerlegt werden kann.

Aufnahmen der Figur, wie sie beispielsweise Joachim Lottmann leistet.[225] Dieser zweite Aspekt ist von Interesse, da in den Nuller Jahren das Potenzial von Fremdfortschreibungen von Figuren, wie oben angedeutet, durch die Möglichkeiten des Internets massiv zugenommen hat. War der in der Grafik 1. ausgewiesene Bereich [4] der fremden literarischen Fortschreibungen bisher kaum berührt, so findet sich etwa ab dem Jahr 2000 eine kaum überschaubare Anzahl von Referenzsetzungen in Medienangeboten im Internet. Diese verweisen immer wieder auf die Autor-Figur, bestätigen ihre bisher bekannten Eigenschaften, schreiben ihr weitere zu oder bieten einfach nur Material zur Beobachtung an. War Rainald Goetz in den 1980er Jahren für die Öffentlichkeit außerhalb des genuin literarischen Feldes quasi unsichtbar – seine Arbeit für die *Spex* wird hier subsumiert – so kann nun jede Person mit wenigen Klicks audiovisuelles Material rezipieren, das der autorisierenden Kontrolle der darin dargebotenen Figur entzogen ist.

Damit korrespondiert ein weiterer Aspekt, der an den in Punkt (2.) gelisteten Prozessen partizipiert: Rainald Goetz wird nicht nur durch die Autorschaft anderer Autoren, Personen und Institutionen beobachtbar, sondern bietet zugleich selbst die Optionen dieser Beobachtbarkeit, indem er verstärkt Informationen über sich selbst bereitstellt, die seiner autorisierenden Kontrolle nur bedingt unterliegen. Der bereits erwähnte Auftritt in der *Harald Schmidt Show*[226] ist hier ebenso zu nennen wie die Gestaltung des *Zeit-Magazins* Nr. 41 vom 1. Oktober 2009. In diesem Heft unterliegen laut Editorial die Seiten 10–31 der Gestaltung von Goetz –

---

225 Es finden sich eine Reihe von literarischen oder quasi-literarischen Aufnahmen der Figur ›Rainald Goetz‹ in das Werk anderer AutorInnen. Am wichtigsten ist hier sicher das Œuvre von Joachim Lottmann, in dessen Romanen Goetz (bis auf die Ausnahme des aktuellsten Werkes *Hundert Tage Alkohol*) stets ebenso Erwähnung findet, wie in seinem Blog *Auf der Borderline nachts um halb eins*. Zu nennen wären aber auch die Vorkommen dieser Figur in Bessing (1999): »contrazoom«, S. 113ff.; Stuckrad-Barre (2000): *Blackbox*, S. 81–84, 91, 105, 109–112, 118 oder auch in Hennig von Lange / Müller-Klug / Haaksman (2000): *Mai 3D*, S. 61f., wo es in einer Fortschreibung des notierenden und feiernden Autors aus der *Heute-Morgen*-Zeit heißt: »Links neben dem Mischpult steht Rainald Goetz. Hellgrüne Bomberjacke, die Ärmel hochgekrempelt. In der linken Hand eine Flasche Beck's, in der rechten Hand eine Zigarette. [...] Rainald Goetz steht immer noch links neben dem DJ-Pult. Jetzt hat er einen kleinen Block in der Hand und schreibt.« Eine weitere Fundgrube der Fortschreibungen findet sich auf den Seiten des Internet-Forums *Wir höflichen Paparazzi*, welches sich darauf verlegt hat, zufällige Begegnungen mit berühmten Persönlichkeiten wiederzugeben. Darin wird von verschiedenen Usern Goetz immer wieder als stets notierend und fotografierend, dabei agil, energisch, ungeschickt und freundlich geschildert. Die Auskünfte gehen so weit, anzugeben, zu welchen Orten in Berlin man sich zu welcher Uhrzeit zu begeben habe, um ihm zu begegnen. Vgl. *Wir hoefliche Paparazzi* (2000ff.): »Goetz, Rainald« unter www.hoeflichepaparazzi.de/forum/showthread.php?t=10027 (zuletzt eingesehen am 17.12.2013).
226 Vgl. www.youtube.com/watch?v=BqDv6F9eTHA (zuletzt eingesehen am 17.12.2013).

was dieser weniger dazu nutzt, edierten Text unter eigenem Namen zu publizieren, als vielmehr dazu, dutzende Fotografien von urbanen Räumen, Büchern, Zeitungen und seitenweise Abbildungen seiner Notizen abzudrucken, die jeweils nur mit wenigen, großformatigen Schlagwörtern versehen sind.[227] Hinzuzuzählen wären hier auch die Abbildung seines Schreibtisches in der *Zeit-Literatur* Nr. 12[228] (vgl. auch Abb. 11) und überhaupt die Tatsache, dass er im Zeitraum des Erscheinens der *Schlucht*-Bände zahlreiche Lesungen und öffentlichen Auftritte absolvierte.[229] All diese Faktoren zusammen führen dazu, dass damit erstmalig die in der Grafik 1 dargelegten Bereiche der Autorschaft in vollem Umfang besetzt werden. Vor allem die Fremdfortschreibungen vonseiten Joachim Lottmanns leiten dabei zu einem Modell von Selbstpoetiken über, das in einem quasi-dialogischen Raum stattfindet, von dem nie vollkommen klar ist, ob das Entstehende literarisch oder alltagswirklich konfiguriert ist, und durch wessen Autorschaft die

---

227 Vgl. Goetz (2009): »Loslabern / Rainald Goetz: open daily 6am–10pm«. Zu beachten ist auch das ›alternative Cover‹ auf S. 3, das den Autor inmitten von Büchern und Zeitschriften zeigt.

228 Vgl. hierzu in *Zeit-Literatur* Nr. 12 (2010) die S. 86. Die Abbildung wird unter der Überschrift »Der Schreibtisch von Rainald Goetz« von Iris Radisch kommentiert. Die Bildlegende gibt jedoch Rainald Goetz selbst als Fotografen an, so dass man davon ausgehen kann, dass die Abbildung der Autorität seiner Autorfunktion unterliegt.

229 In erster Linie ist hier die Lesung im ›Edition Suhrkamp Laden‹ am 15. Mai 2010 zu nennen, die zahlreich in Text, Bild und Ton dokumentiert wurde. Vgl. hierzu: Flüh (2010): »Hirn an der Wand scheibchenweise«; Stern (2010): »Lesung: Loslabern mit Rainald Goetz in Berlin«; Vuine (2010): »Und so begab es sich in jenen Tagen [...]«. Zudem wäre – zeitlich noch davor liegend – die Feier zum Ende des Blogs *Klage* zu nennen, die am 21. Juni 2008 abgehalten wurde und ebenfalls von Journalisten und Bloggern kommentiert wurde. Vgl. dazu die beiden Einträge von Joachim Lottmann vom 22. und 23. Juni 2008 unter den Titeln »Das Ende von Rainald Goetz« und »Nachtrag zur Party von Rainald Goetz« bei Lottmann (2007ff.): *Auf der Borderline*, http://blogs.taz.de/lottmann/2008/06/22/das_ende_von_rainald_goetz/ und http://blogs.taz.de/lottmann/2008/06/23/nachtrag_zur_party_von_rainald_goetz/ (zuletzt eingesehen am 17.12.2013) sowie Minkmar (2008): »Verachtung für alle«; o.N. (2008): »Vorbei mit ›Klage‹« sowie Nowak (2008): »Adieu!«. Siehe auch die Reaktionen auf die Buchvorstellung von *elfter september 2010*, die am 9. September 2010 erfolgte: Rosenfelder (2010): »Die intellektuelle Ein-Mann-Show des Rainald Goetz«; o.N. (2010): »Rainald Goetz – elfter september 2010«; Bartels (2010): »Wieder werkwärts« sowie auf seinen Auftritt anlässlich der Ausstellung seiner Bilder im Museum der Moderne in Marbach am 07. April 2012: Rüdenauer (2011): »Rainald Goetz als Gesamtkunstwerk«; o.N. (2011): »Lächerliche Eitelkeiten«; Breidecker (2011): »Der letzte Citoyen« sowie eine Aufnahme der Lesung auf *YouTube* unter der Adresse www.youtube.com/watch?v=LTBQ0Eusias (zuletzt eingesehen am 17.12.2013). Weiterhin stellt sich Goetz als Vorleser bei Rainer Schmidts Video-Projekt zu seinem Roman *Liebestänze* zur Verfügung und ist auf der entsprechenden Homepage als Vorleser zweier Seiten des Romans zu sehen, vgl. dazu Schmidt (2009): *Liebestänze*, www.liebestaenze.de die Seiten 20 und 282 (zuletzt eingesehen am 17.12.2013). Goetz' Auftritte anlässlich des Erscheinens von *Johann Holtrop* 2012 werden noch gesondert behandelt.

darin vermittelten Elemente organisiert werden. In den Schreibweisen von Lottmann zeigt sich eine von Goetz stark abweichende Praxis der Selbstfortschreibung, was der Analyse die Gelegenheit gibt, im Kapitel 4.6 von Goetz abzurücken und in einem fließenden Übergang alternative Modelle zu betrachten.

Alle diese Prozesse münden allerdings in eine poetologische Zäsur, die auf das Jahr 2012 datiert werden kann und im Kapitel 4.5.2 behandelt wird: Mit *Johann Holtrop* erscheint der erste konventionelle Roman von Goetz überhaupt, ein Werk, in welchem sich (fast) keine Spuren seiner Selbstfiguren finden lassen. Begleitet wird das Erscheinen von einer so noch nie dagewesenen ›Öffentlichkeitsoffensive‹ von Goetz, in welcher er nicht nur Lesungen absolviert und Interviews gibt, sondern in deren Kontext auch eine Metaposition des Autors greifbar wird. Diese Prozesse markieren einerseits das Ende der (aktiven) Autofiktion von Goetz, andererseits sind sie unmittelbar aus den vorhergehenden poetologischen Aushandlungen in seinen Werken ableitbar. Ob die in dieser Arbeit analysierten Selbstpoetiken von Goetz damit einen historischen Status erlangen, wird erst durch künftige Forschung zu verifizieren sein.

4.5.1 Diskretion, literarische Wahrheit und Pastiche: *Klage*[230]

Die Entstehungsvoraussetzungen der zweiten Internetschrift von Rainald Goetz waren andere als bei *Abfall für Alle*: *Klage* war keine Matrize mit festgelegter Tageszahl mehr, sondern sah so aus wie jeder andere konventionelle Blog, mit den nicht unwesentlichen Unterschieden jedoch, dass weder Bildmaterial noch Hyperlinks darin integriert wurden und auch die Kommentar-Funktion deaktiviert war. Auch der Ort der Publikation unterschied sich: Keine Domain mit dem Namen des Autors, sondern institutionell eingebunden in die Webseiten der deutschen Ausgabe der Zeitschrift *Vanity Fair*.[231] Auch der Ton der Publikation schien zumindest in den ersten Einträgen erheblich von Goetz' erster Internetschrift abzuweichen, obwohl in den ersten Zeilen die Erleuchtungsmetapher, mit der *Abfall für alle* geschlossen hat, wieder aufgenommen wurde: »Beim Heben des Kopfes wird der Dunkelraum sichtbar, den ich in letzter Zeit in verschiedene

---

230 Teile des Kapitels sind bereits publiziert worden in Kreknin (2011): »Das Licht und das Ich«.
231 *Klage* ist inzwischen aus dem Internet verschwunden und nachträglich bei Suhrkamp in Buchform erschienen. Wie im Fall von *Abfall für alle* unterlagen dabei die einzelnen Einträge Bearbeitungen und wurden selektiert, so dass hier erneut die Internetversion und die Buchversion als eigenständige Varianten betrachtet werden müssen. Die Änderungen sind jedoch nicht so signifikant wie in der früheren Internetschrift und werden hier nicht weiter beachtet, da sie den Status der Referentialität nur unwesentlich beeinflussen.

Richtungen hin auszumessen versucht habe«.²³² Diese Zeilen werden jedoch nicht von dem im *Abfall für alle* stets präsenten ›Ich‹ der Autor-Figur Goetz notiert, sondern von der Figur Kyritz, die sich wie ein roter Faden durch den Text zieht und als ›Maskierung‹ des Autors erscheint. Wie oben bereits vermerkt, dient diese Maskierung jedoch nicht dazu, ein Verwirrspiel der Instanzen wie in *Irre* oder »Subito« einzuleiten: Das auch als Sprecherinstanz präsente Ich gibt sich immer wieder als ›Rainald Goetz‹ zu erkennen.²³³ Dennoch ist die Poetik offenbar eine andere als in *Abfall für alle:* Der Ziffernwahnsinn der protokollarischen Zeitnotate entfällt komplett – die Veröffentlichungsdaten der Beiträge werden zwar entsprechend der üblichen Ordnungsstrukturen von Weblogs angegeben, es fehlen jedoch die Minutenprotokolle.²³⁴

Drei Dinge sind für die Einschätzung der Referentialität des ersten Viertels von *Klage* entscheidend, um daraus Rückschlüsse auf die darin wirksame Selbstpoetik und Autorposition zu ziehen: ERSTENS nimmt dessen ›Ich‹ je nach Thema andere Rollen ein – Kyritz beispielsweise ist diejenige Instanz, die für die Berichte aus dem Bundestag verantwortlich ist, dort verschiedene Sitzungen besucht und mit seiner Kamera aufnimmt.²³⁵ Diese Figur wird mit einer Biographie versehen, die sich von derjenigen der Autor-Figur Goetz unterscheidet²³⁶ und scheint damit tatsächlich fiktiv in dem Sinne zu sein, dass außerhalb von *Klage* keine weitere Referenz auf sie geleistet werden kann.²³⁷ ZWEITENS wird in wiederkehrenden Fragmenten der Entwurf eines historischen Familienromans greifbar, in

---

232 Goetz (2008): *Klage,* S. 11.
233 Vgl. Goetz (2008): *Klage,* S. 23, 38, 25, 70, 162, 397.
234 Bemerkenswert ist, dass der Tageseintrag vom 29. März 2007, der noch als einziger dieser Poetik des minutiösen Notierens folgte, nicht in die Buchversion von *Klage* aufgenommen wurde. Ich beziehe mich dabei auf die fast vollständige Offlineversion von *Klage,* die ich von Eckhard Schumacher erhalten habe, wofür ich ihm an dieser Stelle vielmals danken möchte.
235 Vgl. Goetz (2008): *Klage,* S. 17, 25.
236 Vgl. Goetz (2008): *Klage,* S. 27,
237 Allerdings ist diese Art der ›Maskierung‹ nicht besonders wirksam insofern, dass die Autor-Figur dahinter ›unsichtbar‹ werden würde – dafür sprechen die auf S. 242 in Anm. 224 gelisteten Rezeptionen, die völlig unproblematisch Goetz mit dem Erzähler von *Klage* gleichsetzen. Vgl. davon abweichend Müller (2009): »Writer's Blog«, S. 250. Müller argumentiert, dass die Erzählerfigur unter »Legitimationsdruck« stehen und an einer »Entzweiung mit sich selbst« arbeiten würde. Würde man dieses Phänomen in *Klage* rein textimmanent untersuchen, könnte es in gewisser Weise bestätigt werden. Allerdings hat sich in der Analyse immer deutlicher herausgestellt, dass ein rein textimmanentes Vorgehen bei dem an Goetz angelegten Werkbegriff nicht in der Lage ist, die Komplexität der inter- und intratextuellen Verweise und Referenzen so zu entschlüsseln, dass die Elemente aus einem einzigen Text heraus ausreichend gedeutet werden könnten.

welchem die Geschichten der Harnacks, Brittings und eben Kyritz' fortgeschrieben werden.[238] Auch diese Bestandteile des Textes lassen sich nicht durch Interferenzen auffüllen und verbleiben damit komplett im Modus der literarischen Fiktion.[239] DRITTENS ist die Handhabung des Personals sowohl in *Klage* als auch in *loslabern* ebenfalls anders als in *Abfall für alle* oder den anderen Werken von *Heute Morgen*: Die Personen des öffentlichen Lebens wie Politiker, Künstler oder Journalisten, die durch die institutionalisierten *one-to-many*-Medienangebote beobachtbar sind, verbleiben als Figuren mit ihren Klarnamen benannt.[240] Daneben treten jedoch immer wieder Figuren, die lediglich mit einer unspezifischen Initiale bezeichnet werden: »Freitagabend, Basso: B, C, D, E, A in lockerer Runde [...] Leise sitzen G und H im Eckchen, flüstern [...]. Klatschreporter M wackelt dominant durch den Raum, er kommt vom Gegenkosmos K, wird von N geschnitten«.[241] Das Problem der sozialen Praxis wird damit umgangen, der Terminus ›Diskretion‹ wird zu einem der wichtigsten in *Klage* – und folgend zu einem derjenigen Punkte, an dem sich neue poetologische Aushandlungen anschließen, in denen zum wiederholten Mal im Œuvre Goetz' die Frage nach dem Verhältnis von Literatur, Welt und Wahrheit gestellt wird.

Initiiert wird diese Auseinandersetzung um die Rolle und Leistung der Literatur – und ihre Verantwortung – durch einen harten Einschnitt, der den Inhalt und die poetologischen Prämissen von *Klage* radikal transformiert und der exakt auf den Eintrag vom 23. April 2007 datiert werden kann, der den dazu passenden Titel »Eine Untersuchung über die Prinzipien der Moral« trägt.[242] An diesem

---

238 Der so angedeutete Roman, der die Lebensgeschichte von Kyritz zum Gegenstand hat, trägt den Titel »Der Henker«, vgl. Goetz (2008): *Klage*, S. 75. Anderseits taucht auch eine Figur namens Dr. Henker als der Autor dieses Romanprojekts auf, vgl. ebd., S. 44, 57, 302, 422. Die Figur des Dr. Rudolf Kyritz – die Referenz auf Name und Titel des Autors Dr. Rainald Goetz ist offensichtlich – ist größtenteils vom historischen Teil dieser Familiengeschichte abgelöst und in der Gegenwart angesiedelt. Siehe zu den Fragmenten des ›Familienromans‹ vor allem Goetz (2008): *Klage*, S. 18, 40ff., 52, 61ff., 68, 71ff., 94, 187f., 394f.
239 Lothar Müller beschäftigt sich unter anderem mit diesem ›historischen Roman‹, wobei er vor allem Goetz anzukreiden scheint, dass *Klage* ein Substitut für eben jenen Roman sei, den Goetz – so Müller – nicht zu schreiben schaffe. Vgl. dazu Müller (2009): »Writer's Blog«, S. 252. Ist es jedoch nicht so, dass der Roman, den Müller soweit zu erkennen glaubt, dass er ihn einzuklagen versucht, nicht anders als durch *Klage* erst evoziert wird?
240 Bereits in *Abfall für alle* war das Feuilleton ein wesentliches Objekt der Beobachtung durch die Sprecherinstanz, was in *Klage* und auch *loslabern* fortgesetzt wird. Vgl. dazu u.a. Weingart (2005): »Global Village Berlin«, S. 63.
241 Goetz (2008): *Klage*, S. 15. Vgl. dieses Verfahren auch ebd., S. 115, 124, 133, 142, 148f., 235, 262, 292, 294f., 300, 366, 375, 384, 392, 397, 425.
242 Vgl. dazu Goetz (2008): *Klage*, S. 108.

Tag hält die Figur Barbie als Begleiterin und Gesprächspartnerin der Ich-Autor-Figur Einzug in *Klage*. Diese Barbie entstammt allerdings keinem Spielzeugregal, sondern dem Roman *Zombie Nation* von Joachim Lottmann.[243] Letzterer – Journalist für verschiedene Zeitungen und literarischer Autor – wurde bereits in *Abfall für alle* erwähnt, was in folgendem Urteil mündete: »dieser Mensch ist wirklich BÖSE. Finster, zuinnerst, zutiefst und ohne Grund, einfach böse«.[244] Der Grund für dieses Urteil war, dass Lottmann in seinen Reportagen eine Poetik verfolgte, die absolut undurchschaubar zwischen Realität und Fiktion angesiedelt war:

> Alles spielte auf der Grenzlinie zum Fiktiven, nur Ausgedachten, absichtlich gestört. Alles war gestellt, erfunden, nur erzählt, behauptet, zurückgenommen als Lüge. Das war jetzt gelogen, das habe ich nur so gesagt. ALLES LÜGE. Wirklich alles, Spiel«[245]

Während man mit den Ergebnissen des bis hierher analysierten Werks von Goetz davon ausgehen könnte, dass eine solche Poetik seinem Schreiben eigentlich ähnlich wäre und darum Sympathie auslösen könnte, wird in *Abfall für alle* das Problem von Lottmanns Schreiben darin gesehen, dass dieser mit einer klar ausgestellten Identität vom Träger der Autorfunktion und Erzählerfigur arbeitet, ohne die für Goetz üblichen selbstreflexiven Strukturen zu bedienen. Die Brisanz von Lottmanns Referentialisierungs- und Fiktionalisierungsverfahren zeigt sich im Jahr 2007 jedoch noch deutlich stärker als in der Zeitperiode von *Heute Morgen*. Denn etwa zeitgleich mit *Klage* initiierte Lottmann einen eigenen Blog namens *Auf der Borderline nachts um halb eins* auf den Webseiten der *Tageszeitung*, so dass ein direkter Vergleich der Poetiken hier naheliegend ist.[246] Die Erwähnungen dieses Blogs und allgemein von Lottmanns poetologischen Verfahren ziehen sich von da an als roter Faden durch *Klage* und provozieren immer wieder (meta)poetologische Passagen über die Bedingungen und Effekte des Schreibens und die

---

243 Allerdings wird sie bei Lottmann (2006): *Zombie Nation* etwas abweichend ›Barbi‹ geschrieben. Dass es sich dabei trotzdem um die Aufnahme der ›gleichen‹ Figur handelt, wird aus dem Pastiche-Charakter des Textes ersichtlich, ebenso wie aus der fortwährenden Auseinandersetzung mit Lottmanns Poetik. Zudem wird das Auftauchen dieser Figur auch von Lottmann (2007ff.): *Auf der Borderline*, http://blogs.taz.de/lottmann/2007/05/02/und-weiter-12/ (zuletzt eingesehen am 17.12.2013) kommentiert und sie als Figur des eigenen Werks deutlich herausgestellt.
244 Goetz (1999): *Abfall für alle*, S. 501, Herv. i. Orig.
245 Goetz (1999): *Abfall für alle*, S. 501, Herv. i. Orig.
246 Vgl. Lottmann (2007ff.): *Auf der Borderline*, http://blogs.taz.de/lottmann. Der erste Eintrag des Blogs ist auf den 12. April 2007 datiert und beginnt mit den programmatisch erscheinenden Worten »Was ich jetzt sage, ist die Wahrheit.« Vgl. ebd., http://blogs.taz.de/lottmann/2007/04/12/fruehling-der-gefuehle/ (beide zuletzt eingesehen am 17.12.2013).

Positionen des ›Ichs‹ in der so entstehenden Schrift – und die daraus entstehenden Auswirkungen auf das mediale Gefüge und die Alltagswirklichkeit der darin verhandelten Personen.

Die Haltungen, die die Schreibinstanzen in *Klage* gegenüber der Lottmann zugesprochenen Poetik einnehmen, sind ambivalent und reichen von Formen der stilistischen Imitation, die durchaus den Charakter von Pastiches haben,[247] bis zu strikten Ablehnungen, die darin münden, Lottmanns »Textich so viel Böses« zu attestieren, und anzufügen, »man hat Angst vor einem solchen Menschen«,[248] da durch seine Schreibweisen direkte Rückwirkungen auf die Alltagswirklichkeit entstehen würden. Der Text von *Klage* wird nun da paradox, wo das Verhältnis von Literatur und Wirklichkeit verhandelt wird. Das Ziel, das es zu erreichen gelte, sei die Herstellung von ›Wahrheit‹ im Modus der Fiktion – also ein von Goetz spätestens seit *Irre* vertrautes Verfahren, welches bei ihm ebenso oft proklamiert, wie auch zurückgenommen worden ist.[249] Die Spannungen zwischen Alltagswirklichkeit und Literatur werden hier jedoch deutlicher problematisiert, als es in seinem bisherigen Werk der Fall gewesen ist:

> Wenn man Texte über beide Welten [gemeint ist Alltagswirklichkeit und Fiktion; I.K.] macht, entstehen an dieser Stelle Probleme. Man fängt dann versehentlich an zu dichten, aus Verwirrung, aus Unsicherheit. Nichtdichtung im guten Sinn ist einfach Abschrift des jeweils Gegebenen, was keine Vorgabe an Einfachheit beinhaltet, aber eine an Objektivität.[250]

Der poetologische Diskurs kommt dabei im gesamten Verlauf nicht zu einer Setzung, sondern laviert zwischen Positionen, in denen mal die Wahrhaftigkeit, mal die ›zusammengelogene‹ Struktur des Dargebotenen betont wird.[251] Das behandelte Problem wird besonders anschaulich anhand der Thematisierung des *Esra*-Prozesses um Maxim Biller und des Buches *Havemann* von Florian Havemann, die in *Klage* auf vielen Seiten verhandelt werden. In beiden Fällen war die Freiheit der Literatur von rechtlicher Seite eingeschränkt worden, um die Persönlichkeitsrechte lebender Personen, die in den Büchern als Figuren erkennbar

---

247 Vgl. dazu vor allem die Vorkommen der Figur Barbie oder auch der aus Lottmanns Blog bekannten – und auf die Schriftstellerin und Journalistin Ariadne von Schirach verweisenden – Figur Ariadne, oder aber die direkten Begegnungen der Erzählerfigur Goetz mit der Figur Lottmann. Vgl. dazu Goetz (2008): *Klage*, S. 106–114, 123f., 235f.
248 Beide Zitate Goetz (2008): *Klage*, S. 134.
249 Vgl. dazu Goetz (2008): *Klage*, S. 68: »Die kalte Wüste der Erinnerungen: Lüge. Die Schmerzen der Vergegenwärtigung. Aus lauter falschen Sätzen eine Wahrheit werden lassen: Literatur«.
250 Goetz (2008): *Klage*, S. 175.
251 Vgl. dazu u.a. Goetz (2008): *Klage*, S. 171f., 175ff., 235–238, 275, 279, 282f., 404–410.

wurden, zu schützen. Für die Autor-Erzähler-Figur in *Klage* erwächst aus diesem Konflikt eine Verpflichtung zur Diskretion, die in einer Formulierung der Prinzipien einer wahrhaftigen Literatur mündet:

> [U]nser Auftrag ist nichts anderes als das: Welt, Wahrheit und textinduzierte KICKS. Dabei geht es nicht um uns persönlich, sondern um das geistige Sprühen, das im Zusammenstoß der Figuren entsteht, die unsere Namen tragen, die wir aber selbstverständlich nicht sind. Und [ich; I.K.] räumte dabei ungefragt zugleich auch ein, dass trotzdem auch den Textfiguren deshalb nicht jedes ungerechtfertigte Leid angetan werden darf, Motto: Freiheit der Kunst: nein, sagte ich. Sondern: Wahrheit des Lebens, maximale Komplexität. [...] Weil die Wahrheit anders nicht sagbar ist: dieser Kraftvektor erzeugt Literatur. KLAGE. Schöner wäre es, dürfte diese Wahrheit verborgener bleiben, wie es ihrer Natur entspricht. Aber es ist, wie es ist. Und so weine nicht, Klage, klage.[252]

Eine solche Art von Literatur ist einerseits zwar referentialisierbar, gibt jedoch andererseits auch eine explizit fiktionale Konfiguration an die darin verhandelten Elemente weiter. Der so gesetzte Interpretant wirkt zurück auf die Position der Sprecherinstanz in *Klage*, um einerseits die Identität zwischen dem Träger der Autorfunktion und der literarischen Autor-Figur zuzulassen, und sie zugleich wieder zu durchkreuzen.[253] Neben den eingangs erwähnten ›Maskierungen‹ der Autor-Figur, seien es Kyritz, Goethe, Mommsen oder Henker, wird nun im Laufe des Projekts die Äußerungsinstanz immer häufiger an die Schrift selbst abgegeben: Nicht der Autor spricht, sondern die »Klage« selbst.[254] Damit wird eine Denkfigur angeboten, in der die Machtverhältnisse vom Produzenten auf das Resultat übertragen werden – der Autor ist nicht mehr Erschaffer des Textes, sondern selbst Ergebnis dieses Schreibens und diesem auf gewisse Weise ausgeliefert. Darüber hinaus wird Schrift damit als ein Medium entworfen, in dem

---

[252] Goetz (2008): *Klage*, S. 184, Herv. i. Orig. Eine Besonderheit dieser Passage ist, dass sie als Gespräch mit einer Figur namens Lügenbaron angelegt ist, die mit dem sich äußernden Autor indirekt diskutiert. Die Hybridität der dieser Passage zu entnehmenden Festlegung ist somit in den Text fest integriert und erlaubt es nicht, diese explizite Setzung als poetologisch gültige Metaposition zu lesen.

[253] Vgl. zur stets ambivalenten Funktion der Sprache auch Goetz (2008): *Klage*, S. 104: »Unterschlupf suchen im Wort, um so zu allem immer mitzusagen: im Gegenteil, im Gegenteil. Das ist das Schöne an jeder sprachlichen Äußerung, sie hält von selber die Balance, sie zieht den Schweigeschweif des nichtgesagten Gegenteils am Gesagten hinter sich her«.

[254] Vgl. dazu Goetz (2008): *Klage*, S. 30, 181f., 185, 236f., 244, 257, 409f., 414, 429. Ein ähnliches Verfahren wurde bereits in *Abfall für alle* dann und wann praktiziert, trat jedoch nicht so stark in den Vordergrund. Vgl. dazu auch Binczek (2001): »Was also ist der Ort des Textes?«, S. 311, 313.

Selbstreflexion und Reflexivität möglich sein soll – und explizit nicht als ein potenzieller Träger von Authentizität.[255]

Bis dieses Modell explizit wird, finden sich zahlreiche andere Passagen, die in direkter Art und Weise die Probleme der mimetisch-metaleptischen Selbstpoetik aufnehmen und die Position des Autors zu dem von ihm autorisierten Text variieren, bis es letztlich zur Abgabe der Autorität über das eigene Selbst kommt: So lebe die Autor-Figur aus der Intuition heraus, »dass nämlich die eigenen Texte und man selbst in echt absolut ein und dasselbe seien.«[256] – Diese Anlage wird jedoch nur wenige Seiten später auf alle Formen der nichtmedialisierten sozialen Interaktion ausgeweitet: »der Künstler ist nicht nur sein Werk, sondern auch die Summe aller öffentlichen Äußerungen, Auftritte, Fehltritte und Lächerlichkeiten, die ihm im Kontakt mit der Öffentlichkeit im Lauf seines Lebens passiert sind.«[257] Eine solche Setzung führt in *Klage* zu der als bedrückend empfundenen Einsicht der Autor-Erzähler-Figur, in öffentlichen Kontexten eine Rolle des ›Selbst‹ spielen zu müssen:

> und den von diesem Dasein als Schreiber bewirkten Lebensfolgen in der Wirklichkeit, die ich rundherum und in jeder Hinsicht absolut widerwärtig, ja richtiggehend zum KOTZEN finde und ablehne: eben diese Existenzform für andere, öffentlich darzustellen, sich selbst also [...] den anderen vorspielen zu müssen bei einem Auftritt als Autor meiner Texte. Es versetzt mich in PANIK, es macht mich todtraurig, ich finde es grotesk und elend und absurd [...].[258]

Der durch den Autor autorisierte Text nimmt dabei immer stärker die Position der eigentlichen Autorität über das in dem Text generierte ›Ich‹ der Autor-Figur ein – und das an Paradoxien nicht gerade arme Werk von Goetz wird damit erneut um zwei, sich stark gegenüberstehende Paradoxien erweitert.[259] Die erste besteht eben in dem Gestus, dass die verantwortende Instanz als Person der Macht des eigenen Textes ausgeliefert ist:

---

255 Vgl. dazu Müller (2009): »Writer's Blog«, S. 251.
256 Goetz (2008): *Klage*, S. 249.
257 Goetz (2008): *Klage*, S. 268. Dieses Statement wird allerdings der Instanz ›Landgericht Berlin‹ als Urteil zugewiesen und knapp kommentiert mit »Das Urteil ist rechtskräftig, weil es realistisch ist.« Die anschließenden Reflektionen der Erzählinstanz legen nahe, dass sie dieser Aussage generell zustimmt. Vgl. zum Verhältnis von der in dem Modell implizierten Körperlichkeit und Wahrheit auch Windrich (2007): *Technotheater*, S. 273.
258 Goetz (2008): *Klage*, S. 346.
259 Vgl. zu dieser Poetik des ausgehaltenen Selbstwiderspruchs bei Goetz auch Wicke / Warnke (2002): »Wenn es so würde, wie ich es mir denke«, S. 574.

> Der Text war der Spitzel gegen das Ich des Autors. Noch bevor andere Personen in ihrer Privat- und Intimsphäre möglicherweise verletzt werden konnten, war der Autor selbst von den Folgen der dauernd gegen ihn laufenden Beobachtung durch den eigenen Text bedroht. Der Text weiß mehr, als für den eigenen Lebensvollzug gut ist, das erfährt man beim Schreiben [...].[260]

Dem entgegen steht die im Text ausgetragene Behauptung, dass das textuell geformte Autor-Ich als Garant für eine kohärente Lesart dient, um die Fiktion des Textes in sich schlüssig zu halten, dass es jedoch zugleich als eine Größe greifbar wird, die von jenseits des Textes in diesem platziert wird, was damit auf eine textunabhängige Existenz der Autor-Figur verweist:

> Der direkteste und letztlich beste, spezialfiktionale Plausibilitätsgenerator ist natürlich das direkte, ganz normale Ich. An dem der Autor zwar *nicht beliebig herumfiktionalisieren darf*, das ihm zugleich aber doch auch zeitweise *quasi untersagt* sein kann.[261]

Das »ganz normale Ich« sei damit – ähnlich wie in *Abfall für alle* – von einer transparenten Folie der Fiktion bedeckt, die immer in sich die Möglichkeit trägt, innerhalb der fiktionalen Konfiguration auch das Nicht-Fiktionale zu enthalten. Was aber ist unter dem »zeitweise quasi untersagt« zu verstehen? Offenbar der Umstand, dass das Ich des Autors den Text dann und wann auch zu verlassen habe, obwohl dieses Ich auf eine Figur verweist, die erst durch den Text erschaffen wird.

Ein bereits bekanntes Spannungsverhältnis von Welt und Text wird damit in *Klage* erneut evoziert und nicht gelöst, sondern lediglich – als Literatur – vorgeführt. Der Anspruch, durch den Text Wahrheit entstehen zu lassen, rückt damit erneut in den Vordergrund und wird zugleich explizit als eine an Autorschaft gebundene Selbsttechnik ausgestellt. Die Problematik eines Schreibens, das an der Alltagswirklichkeit von Subjekten ausgerichtet ist, wurde – wie erwähnt – vor allem anhand des *Esra*-Prozesses behandelt[262] und scheint in der Äußerung einer Erzählinstanz, die als der Autor Rainald Goetz identifiziert werden kann, zu einer vorläufigen Setzung zu finden, die die Rechte und Freiheiten der Literatur zugunsten der Diskretion beschneidet, um damit keine unkontrollierten Interferenzen mit der Alltagswirklichkeit entstehen zu lassen: »Früher dachte ich, dass Wahrheit der Letztregulator für Literatur ist, dass der Literatur alles erlaubt wäre, was wahr ist. Dieses Denken war ein falsches Denken.«[263]

---

260 Goetz (2008): *Klage*, S. 344. Vgl. auch in ähnlicher Weise ebd., S. 292.
261 Goetz (2008): *Klage*, S. 288. Herv. I.K.
262 Vgl. dazu u.a. Goetz (2008): *Klage*, S. 236.
263 Goetz (2008): *Klage*, S. 275.

Der Roman *Havemann* wird dann jedoch zum Anlass, alle Setzungen der Diskretion und Fiktionalität einer Kritik zu unterziehen. Das Buch von Florian Havemann wird ohne jegliche Ironie bewundernd als »wirklich politische Kunst«[264] bewertet und die darum entbrennende Diskussion um das Verhältnis von Öffentlichem und Privatem scheint in ihrer Unlösbarkeit das Ende von *Klage* zu provozieren:

> [D]ie grundsätzliche Textfrage: wie soll verfahren werden mit dem Beobachtungsverbot? Aufhebung: Staatssicherheit. Einhaltung: Kleinfamilientaburegel. Aufhebung: Literatur. Beachtung der Taburegel: Leben. [...] Die vom HAVEMANN Angegriffenen [...] reagieren nach altem DDR-Muster: die Wahrheit muss verboten werden. Das ist natürlich kompletter Blödsinn. Aber die Provokation an die Kunst verschärft sich dadurch: eine unverbietbare Form für die Wahrheit zu finden.[265]

Das Ideal einer wahrheitsgemäßen Literatur scheint nicht einlösbar zu sein, ohne damit alltagswirkliche Probleme zu provozieren und die Sprecherinstanz Klage – an dieser Stelle deutlich identisch mit der mimetisch-metaleptischen Autor-Figur ›Rainald Goetz‹ – kapituliert implizit vor diesem Anspruch.[266]

Generell entsteht der Eindruck, dass die Konfrontation mit der Poetik des *Havemann* dazu führt, dass *Klage* als Projekt abgeschlossen wird: Findet die Auseinandersetzung damit zum Ende April 2008 statt, so wird *Klage* mit nur noch wenigen Einträgen im Mai fortgeführt und im Juni letztlich beendet – im Internet bestehen die Einträge des Juni fast nur noch aus den als Bilder gepostete Einladungen zu der entsprechenden Abschiedsparty am Tag der Sommersonnenwende des Jahres 2008. Und auch darin findet sich eine Anspielung auf das LICHT und seine Referenz auf die Autor-Figur ›Rainald Goetz‹: In der lichtintensivsten Zeit des Jahres nämlich offeriert die Autor-Figur eine interaktionistische und nichtmedialisierte Beobachtungsmöglichkeit der eigenen Person – um dann anschließend das ›Ich‹ dieser Autor-Figur der allgemeinen Beobachtung zu entziehen.[267]

---

264 Goetz (2008): *Klage*, S. 409.
265 Goetz (2008): *Klage*, S. 407.
266 Vgl. Goetz (2008): *Klage*, S. 410: »Und vom ersten Buch an habe ich eben das gemacht: verzichtet, codiert, gestrichen, abgeschwächt. Selten die Sache dadurch verbessert, aber das Erscheinen der Bücher so überhaupt erst möglich gemacht.«
267 Dass die in der Internetversion von *Klage* gepostete und auch für die Druckfassung übernommene Einladung zu der Party tatsächlich zu einer alltagswirklichen Begegnung mit der Person Goetz führen konnte, braucht nicht angezweifelt zu werden. Vgl. dazu die auf S. 244 in der Anm. 229 gelisteten Beiträge, die von den Ereignissen dieser ›sozialen Praxis‹ verpflichteten Veranstaltung berichten.

Ein vier Wochen zuvor datierter Eintrag deutet dies an und leistet direkten Anschluss an das Problem einer literarisch umgesetzten Selbstpoetik. Die Sprecherinstanz ist darin wieder der unmaskierte Rainald Goetz, der sich durch Frankfurt am Main bewegt und die dort zehn Jahre zuvor stattgefundene und in *Abfall für alle* verewigte Poetikvorlesung *PRAXIS* rekapituliert, um sich zu fragen, wie sein literarischer Weg – und seine eigene Position darin – aussehen könnte:

> Es war mit den Jahren automatisch ein Interesse an Lebensläufen entstanden, an den Gegebenheiten des Charakterlichen und Schicksalhaften, an Charakteren also und an Biographien, an fremder Individualität im Verlauf über längere Zeiten hin, dafür hatte sich ein Gespür ausgebildet, für den Rohstoff also des ROMANS sozusagen, während gleichzeitig, durch das Übergehen des Ichs in die Objektivität seines Lebens hinaus, ein zentraler ICHVERLUST sich ereignet hatte, und zwar genau dort, von wo zuvor der Roman gekommen, das Reden und Erzählen hervorgesprudelt, der Text dem Ich entsprungen war. Dort war etwas weg, und draußen in der Welt war etwas dazugekommen. Was heißt das für den Text? Das wird für den Fall der hier denkenden Figur Henker nur im Experiment einer möglicherweise zukünftigen PRAXIS ermittelt werden können.[268]

Auch wenn abschließend wieder Henker als die reflektierende Instanz gesetzt wird, leistet diese Passage doch einen aufschlussreichen Kommentar zu den selbstpoetischen Grundlagen der Autor-Figur Goetz: Der Weg des Ichs in die »Objektivität seines Lebens« korrespondiert mit der Sendung der auf die Figur referentialisierbaren Daten, was im Gestus dieser Passage den Effekt habe, dass sich dieses Ich in der ›Welt‹ ansiedele (»draußen in der Welt war etwas dazugekommen«) und damit die strukturelle Stelle der begründenden Autorschaft als Leerstelle verbleibt. Der »ICHVERLUST« ist damit viel eher ein Wechsel der Positionen und in die Sprache der vorliegenden Untersuchung übersetzt, hieße dieses Modell: Der Autor Rainald Goetz konstituiert sich dadurch, dass sich die strukturelle Position seiner begründenden Autorschaft mit Hilfe seiner Texte, die die notwendige Beobachtbarkeit durch andere ermöglichen, in operative Fiktionen der Alltagswirklichkeit einschreibt.

Die hier für *Heute Morgen* festgestellte mimetisch-metaleptische Selbstpoetik ist damit auch für *Schlucht* nicht gefährdet. Die geforderte »PRAXIS« offenbart sich vielmehr als doppeltes Verfahren – zum einen als das literarische Schreiben und Publizieren eines begründenden Autors, was Goetz kurz nach *Klage* dann mit *loslabern* erneut praktizierte; und als Selbstpraxis eines autofiktionalen Subjekts, das zukünftig auf Metapositionen zu sich selbst *innerhalb seines Schreibens* zu verzichten habe. Der Text bekommt auf diese Weise vielleicht am deutlichsten

---

[268] Goetz (2008): *Klage*, S. 421f. Herv. i. Orig.

im bisherigen Werk von Goetz eine existenzielle Dimension zugesprochen, ohne dabei aber zur gleichen Zeit seine fiktionale Konfiguration aufzugeben. Wie im Zeichenmodell von Charles Sanders Peirce angelegt, vollführt vielmehr der so gesetzte Interpretant des Beobachtungsobjekts ›Rainald Goetz‹ (das im gleichen Zuge durch Beobachtung als Subjekt konstituierbar ist) eine Transformation zu einem symbolischen Zeichen – der Figur ›Rainald Goetz‹ – das nicht mehr der autorisierenden Autorschaft des Trägers der gleichnamigen Autorfunktion unterliegt, sondern ausgiebig von anderen Autoren fortgeschrieben wird und so seine Konfiguration zwischen Alltagswirklichkeit und fiktionaler Literatur zu halten vermag, im gleichen Zuge das Modell einer autofiktionalen Existenzform präsentierend.

Zur gleichen Zeit jedoch bedeutet diese Praxis auch, dass Rainald Goetz in den Raum des Sozialen eintritt – ohne Maskierungen. Die Vollendung der mimetisch-metaleptischen Selbstpoetik im Text markiert zugleich ihr Ende: Die *Figur* des Autors ist nun stabil, sie entstammt dem Werk, ist aber nicht auf die Autorisierung durch die Autorfunktion angewiesen. Der Autor selbst hingegen tritt nun in einer neuen Form in der Öffentlichkeit auf – als *Person*, die durchaus in einer Metaposition zum bisherigen Werk und zu sich selbst stehen kann. Bei Goetz ist die Geburt der Autor-Person mit dem Tod der Autofiktion bezahlt worden: »Incipit vita nova«,[269] mit *Johann Holtrop* beginnt ein neuer Abschnitt.

4.5.2 Die *Johann-Holtrop*-Konsequenz

Der Roman *Johann Holtrop. Abriss der Gesellschaft*, der im Herbst 2012 erschien, ist der erste konventionelle Roman von Goetz überhaupt – was vor allem bedeutet, dass sich darin keine auf ihn direkt verweisende Figur findet. Dabei ist der poetologische Bruch bei weitem nicht so radikal, wie man zunächst vermuten möchte. Das Credo einer Wirklichkeitsmitschrift wird auch vom neuen Werk erfüllt – die vorangestellte »Schutzschrift«, die die Fiktionalität des Geschilderten betont, erweist sich einmal mehr als eine ›transparente Folie‹.[270] Das Feuilleton reagierte entsprechend, suchte nach den ›realen Vorbildern‹ der Figuren und wurde schnell fündig. Die titelgebende Hauptfigur des Romans verweise auf den ehemaligen Bertelsmann-Manager Thomas Middelhoff, der Konzern Assperg AG

---

[269] Goetz (1993): »Drei Tage«, S. 265.
[270] »Natürlich basiert dieser Roman auf der Realität des Lebens auch wirklicher Menschen. Aber es ist ein Roman, Fiktion, fiktiv in jeder Figur, alles hier Erzählte auch: Werk der Literatur.« Goetz (2012): *Johann Holtrop*, S. 4.

entsprechend auf Bertelsmann. Die Ableitungen aller Charaktere waren linear, einfach und konsensfähig, kaum eine Rezension verpasste es, darauf zu verweisen – das Wort ›Schlüsselroman‹ fiel auch dann, wenn betont wurde, *Johann Holtrop* gehöre nicht zu dieser Gattung.[271] Die *Frankfurter Allgemeine Sonntagszeitung* veröffentlichte gar unter der Überschrift »Der Schlüssel zum Roman« eine ganze Seite, auf welcher ein Teil des Romanpersonals als identisch mit realen Vertretern der Medien- und Wirtschaftswelt ausgewiesen wurde: »Johann Holtrop ist Thomas Middelhoff«, »Trude Gosch ist Friede Springer« etc.[272] In der *Zeit* stellt Rüdiger Jungbluth zwar heraus, dass Goetz permanent die Wirklichkeit verfälschen würde – das vorgeblich betriebswirtschaftliche Vokabular der Figuren sei oft schlicht erfunden, die geschilderten finanziellen Zusammenhänge unsinnig – zweifelt aber trotzdem nicht am referentiellen Potenzial des Werks: »Die Zahl derer, die sich bei der Lektüre in ihrer persönlichen Ehre verletzt fühlen könnten, liegt im zweistelligen Bereich.«[273]

Dabei war es im Vorhinein durchaus wahrscheinlich, dass auch *Johann Holtrop* wieder ein Goetz-Roman werden würde, die gelegten Spuren in *loslabern* gaben hierfür Anlass. Denn darin wird der »legendäre Johann Holtrop«[274] als ein Vorfahre von Goetz geschildert, dessen nachgelassene Briefe die Goetz-Figur gelesen hat und der das Heliotrop erfunden habe, laut *loslabern* »eine Lichtmaschine zur Behandlung schlimmster Depressionen«.[275] Hierin steckt ein doppelbödiger poetologischer Witz, denn als Heliotrop ist ein von Carl Friedrich Gauß entwickelter Sonnenspiegel bekannt, der in der Vermessungstechnik dazu diente, Vermessungspunkte über sehr weite Entfernungen hinweg erkennbar zu machen.[276] Ließe sich bereits dies als möglicher Bestandteil einer Selbstpoetik lesen (Selbstverortung in der Zeit über vorgebliche Vorfahren, dazu wieder ein Messinstrument – nun allerdings für den Raum und nicht für die Zeit), so bringt

---

271 Folgende Rezensionen erwähnen die ›realen Vorbilder‹: Schwartz (2012): »Das große Rad der Gegenwart«; Platthaus (2012): »Im Gehege des Wirtschaftsungeheuers«; Weidermann (2012): »Die böse Botschaft der Literatur«; Bartels (2012): »Das Ungeheuer von Loch Kaputtness«; Fanizadeh (2012): »Schweine des Kapitals«; Hamann (2012): »Der Tod muss nicht schlimm sein«; Müller (2012): »Der große Rundumschlag gegen die Nullerjahre«; Kämmerlings (2012): »Holtrop, c'est moi«; Hammelehe (2012): »Neuer Roman von Rainald Goetz«. Dirk Kurbjuweit löst das Personal zwar nicht auf, bezeichnet den Roman jedoch als »eine gute Ergänzung zum Journalismus«, Kurbjuweit (2012): »Sex kommt kaum vor«.
272 Vgl. Meck (2012): »Der Schlüssel zum Roman«.
273 Jungbluth (2012): »Tickt so die Wirtschaft?«.
274 Goetz (2010): *loslabern*, S. 111f.
275 Goetz (2010): *loslabern*, S. 112.
276 Vgl. dazu den Artikel »Heliotrop« in: *Meyers Großes Konversations-Lexikon.* (1902–1908), Bd. 9, S. 145.

Klage und *Schlucht*: konsistente Fortschreibungen — **257**

die griechische Bedeutung des Wortes Heliotrop (›was sich zur Sonne hinwendet‹) uns wieder in die Nähe des ›LICHTS‹, das für die Selbstpoetik in *Abfall für alle* eine entscheidende Rolle spielte.

Tatsächlich ließe sich argumentieren, dass Goetz durchaus auch in *Johann Holtrop* präsent sei, die Hinweise hierfür sind jedoch bei einer Fragestellung nach autofiktionalen Praktiken zu spekulativ. – Und auch die Kritiker konnten sich nicht einigen, ob der Roman nun misslungen war, weil Goetz es nicht geschafft habe, sich selbst in einen Erzähler zu transformieren,[277] oder ob die Figur des Johann Holtrop nur so geraten sei, weil Goetz in Middelhoff einen Zwilling gefunden hätte.[278] Entscheidender in diesem Zusammenhang ist die in dieser Häufung vorher nie dagewesene Realpräsenz von Goetz im literarischen Feld und dessen Peripherien, die vom März 2012 bis zum Jahresende andauerte.

Im November 2011 wurde bekannt, dass Goetz den mit 30.000 Euro dotierten ›Berliner Literaturpreis‹ des Jahres 2012 erhalten würde. Mit der Auszeichnung geht die Berufung auf die Heiner-Müller-Gastprofessur für deutschsprachige Poetik am Peter-Szondi-Institut der FU Berlin einher. Bereits über die Preisverleihung am 27. März 2013 wurde in den Medien berichtet,[279] – bemerkenswert schien jedoch, dass noch viele weitere solcher öffentlichen Auftritte von Goetz angekündigt waren, wie Gerrit Bartels im *Tagesspiegel* feststellte:

> Tatsächlich gehört [...] Goetz nicht zu der Sorte von Schriftstellern, die sich öffentlich gern inszenieren, gerade wenn sie ein neues Buch veröffentlicht haben, die in jedes verfügbare Mikrofon sprechen oder für die Interviews und Lesungen das tägliche Brot sind. [...] Umso erstaunlicher ist es, dass es in der nächsten Zeit eine Rainald Goetz-Offensive geben wird. [...] So viel öffentlicher Goetz war nie.[280]

Noch vor der öffentlichen Antrittsvorlesung der Poetikprofessur absolvierte Goetz gemeinsam mit Diedrich Diederichsen am 3. Mai eine ›Mosse-Lecture‹ an der HU Berlin, die zwar kein großes Medienecho fand,[281] aber in voller Länge als Video im Internet frei verfügbar ist.[282] Eine Woche später erfolgte die Antrittsvorlesung an

---

277 Vgl. Müller (2012): »Der große Rundumschlag gegen die Nullerjahre«; Weidermann (2012): »Die böse Botschaft der Literatur«.
278 Vgl. Kämmerlings (2012): »Holtrop, c'est moi«.
279 Vgl. Kuhlbrodt (2012): »Sichtlich bewegt«; Bartels (2012): »Lob ist schlecht«.
280 Bartels (2012): »Rainald Goetz greift an«.
281 Vgl. Kuhlbrodt (2012): »Die Gedanken müssen sich beeilen«.
282 Mosse Lectures (2012): »Rainald Goetz & Diedrich Diederichsen: ›mehr‹«. Ein *still* am Ende des Videos (vgl. 1:27:03) markiert es als »Eine Produktion des Computer- und Medienservice« der HU Berlin. Auch der Account »Mosse Lectures« auf *YouTube*, dem das Video entnommen ist, verweist auf diese offizielle Institution. Die Vorlesung ist aus den Aufnahmen zweier Kameras

der FU, die ebenfalls in voller Länge im Internet als Video zur Verfügung steht,[283] über die in Printmedien berichtet wurde[284] und die durchaus in dem Bewusstsein rezipiert worden ist, dass nun eine neue Etappe in der (Selbst)Poetik von Rainald Goetz angebrochen sei: »Und wenn es so etwas wie eine Wende gibt im Leben und Schreiben des Schriftstellers Rainald Goetz, dann hat er die poetologische Grundlage dafür an diesem schwülen Donnerstagabend in Dahlem gegeben.«[285]

Diese Wende besteht dabei neben der verstärkten öffentlichen Performanz vor allem darin, dass Goetz erstmals deutlich in eine Metaposition zu sich und seinem Werk rückt. Für die öffentliche Wahrnehmung zeigt er sich wie ein konventioneller Autor, der vor die Presse tritt,[286] öffentliche Lesungen vor großem Publikum absolviert[287] und Interviews gibt, um seinen neuen Roman zu bewerben.[288]

---

montiert worden, allerdings scheint die Tonspur keine Lücken aufzuweisen, so dass eine Manipulation oder eine Kürzung des Materials unwahrscheinlich ist.

283 SuhrkampVerlag (2012): »Antrittsvorlesung von Rainald Goetz im Rahmen der Heiner Müller-Gastprofessur«. Die anbietende Institution auf *YouTube* ist zwar der Suhrkampverlag, die eigentliche Produktionsinstanz des Videos ist jedoch die HU Berlin, wie aus den *stills* im Vor- und Abspann sowie aus dem Design der Bauchbinden ersichtlich wird. Das Video enthält keinerlei Schnitte, so dass eine bewusste Manipulation des Materials ausgeschlossen werden kann.

284 Vgl. Kuhlbrodt (2012): »Schreiben heißt atmen«; Rüther (2012): »Der Dämon und die Wende«. Auch über die nachfolgenden Sitzungen der Schreibwerkstatt, zu denen nur Studierende nach Anmeldung zugelassen waren, wurde berichtet, vgl. Kedves (2012): »›Auch aus dieser Welt einen Flash‹«; Fischl (2012): »Der Punk des Denkens«; Kohler (2012): »Über Dämonen, Schwachsinn und Literatur«; Kohler (2012): »Über Joseph-Beuys-Gedächtnis-Maiglöckchen, subtextfreie Sätze und Lachfalten«; Kohler (2012): »Geschichten aus dem ›Ich-Kabuff‹; Kohler (2012): »Kritik, Hass und fundamentale Kaputtheit«.

285 Rüther (2012): »Der Dämon und die Wende«.

286 Ausgewählte RezensentInnen wurden August 2012 zu Suhrkamp geladen, um Vorabexemplare des Romans zu erhalten. Eine offenbar als grotesk wahrgenommene Veranstaltung, da sich Goetz anfangs vor den Versammelten unter einer Decke versteckte. Vgl. Bartels (2012): »Entdeckung!«; Lintzel (2012): »Unter schwarzem Polyester«; Encke (2012): »Die Einladung«; Poschard (2012): »›Es ist gut geworden, und es riecht sogar gut‹«. Eine Aufnahme der Ansprache von Goetz findet sich unter SuhrkampVerlag (2012): »Rainald Goetz präsentiert ›Johann Holtrop‹«.

287 So z.B. die Premiere von *Johann Holtrop* im Deutschen Theater in Berlin am 26. September 2012 oder auf der Frankfurter Buchmesse wenige Wochen später. Vgl. die Aufnahmen unter SuhrkampVerlag (2012): »Buchpremiere, Deutsches Theater« – vgl. dazu auch Kuhlbrodt (2012): »Gefeuert, gefeuert, gefeuert« – und PaschenLiteratur (2012): »Rainald Goetz liest aus ›Johann Holtrop‹«. Teilweise werden die ›Lesungen‹ auch speziell für eine Videoaufnahme realisiert und über das Internet verbreitet, vgl. SuhrkampVerlag (2012): »Lesung zur Longlist, 17. August 2012«; SuhrkampVerlag (2012): »gefeuert. Lesung zur Shortlist«.

288 Vgl. das Video eines Interviews auf der Frankfurter Buchmesse 2012 mit Ijoma Mangold unter SuhrkampVerlag (2012): »Zeit-Stand, mit Ijoma Mangold, 11. Oktober 2012« sowie ein sehr langes Interview in der *Zeit*: Mangold / von Uslar (2012): »Wut ist Energie«.

Suhrkamp etabliert sich als diejenige Institution, die Goetz' Auftritte archiviert und der Öffentlichkeit als Videos zur Verfügung stellt: teilweise unter der Adresse www.johannholtrop.de,[289] teilweise über den eigenen *YouTube*-Kanal, auf dem eine Playlist zum Autor zusammengestellt ist.[290]

Zwei Dinge sind an den Auftritten von Goetz bemerkenswert: Zum einen finden sich viele der Elemente wieder, die bereits aus den Büchern bekannt sind und die als Insignien seiner Autorschaft fungiert haben: Erneut ist seine kleine Kamera anwesend und wird von ihm prominent genutzt,[291] erneut macht er sich Notizen, während er unter Beobachtung steht,[292] erneut breitet er Material in Form von Zeitungen um sich aus.[293] Daraus ließe sich schließen, Goetz sei als Person ›tatsächlich‹ so, wie er sich in seine Bücher eingeschrieben habe und wie er von den anderen Autorinnen und Autoren fortgeschrieben wurde. Er wird jedoch bei diesen Auftritten – und dies ist der zweite bemerkenswerte Punkt – vor allem als die Verkörperung einer literarisch konfigurierten Figur gesehen, und nicht als das ›natürliche Vorbild‹ seiner textuellen Scheindoppelgänger. Die subjektivierenden Urteile über ihn als Person werden nicht etwa korrigiert, sondern linear fortgeschrieben: »Viel zu nervös, zu anfällig für Irritationen und Wut ist insgesamt sein Wesen.«[294] Als Quelle und Beleg für diese Linearität müssen dabei seine literarischen Werke herhalten:

---

[289] Zuletzt eingesehen am 17.12.2013. Zu diesem Zeitpunkt fanden sich dort zwei Videos, die identisch sind mit SuhrkampVerlag (2012): »Rainald Goetz präsentiert ›Johann Holtrop‹« und SuhrkampVerlag (2012): »Lesung zur Longlist, 17. August 2012«.
[290] Diese enthält aktuell (17.12.2013) fünfzehn Videos mit über fünf Stunden Laufzeit, vgl. www.youtube.com/playlist?list=PL0903A7713368B5FF.
[291] So ist sie bei der ›Mosse-Lecture‹ klar auf dem Tisch erkennbar, vgl. Mosse Lectures (2012): »Rainald Goetz & Diedrich Diederichsen: ›mehr‹«. Bei der Antrittsvorlesung schießt Goetz zunächst zwei Bilder vom Auditorium, bevor er mit dem Vortrag beginnt, vgl. SuhrkampVerlag (2012): »Antrittsvorlesung von Rainald Goetz im Rahmen der Heiner Müller-Gastprofessur« 11:06 sowie Kedves (2012): »›Auch aus dieser Welt einen Flash‹«, S. 753; Kohler (2012): »Über Dämonen, Schwachsinn und Literatur«; Kuhlbrodt (2012): »Schreiben heißt atmen«.
[292] Vgl. Kohler (2012): »Über Joseph-Beuys-Gedächtnis-Maiglöckchen, subtextfreie Sätze und Lachfalten«.
[293] Vgl. Kohler (2012): »Über Joseph-Beuys-Gedächtnis-Maiglöckchen, subtextfreie Sätze und Lachfalten«. Vgl. auch die Aussage der Interviewer in der *Zeit*: »Was ja zu jedem öffentlichen Auftritt gehört bei Ihnen, schon seit längerem, dass Sie immer einen Packen Zeitungen dabei haben, selbst auch jetzt hier bei diesem Interview.« Mangold / von Uslar (2012): »Wut ist Energie«, sowie das Vorzeigen der Zeitung am Ende eines öffentlichen Interviews in SuhrkampVerlag (2012): »Zeit-Stand, mit Ijoma Mangold, 11. Oktober 2012«, 32:50.
[294] Kedves (2012): »›Auch aus dieser Welt einen Flash‹«, S. 752.

1983 hatte er in *Irre* als Raspe geschrieben: »[...] Ich will Professor werden. [...]« In seiner Antrittsvorlesung wies er dann allerdings schon energisch von sich, Literatur [...] für lehrbar zu halten. [...] Bevor er überhaupt ein Wort spricht, zückt Goetz seinen Fotoapparat und macht eine Aufnahme des vollbesetzten Audimax. [...] *Gegenobservation*, ähnlich der Feindbeobachtung, wie sie der Paranoiker in Goetz' Bericht *Das Polizeirevier* (*Kronos*, 1993) anstellt.[295]

Das Arrangement der Autorschaftsinsignien wird nicht als zufällig, sondern als einer bewussten Ordnung folgendes erkannt, das nur als ein natürliches oder zufälliges zu wirken habe: »Unter und neben dem Tisch liegen Zeitungen und Zeitschriften. Titanic, *Zeit*, Spiegel, Berliner Zeitung – sie wirken wie wahllos fallengelassen, sind aber von Goetz genau so, wie sie dort liegen, angeordnet worden.«[296] Er ist damit in seinen öffentlichen Auftritten des Jahres 2012 doppelt konfiguriert: Auf der einen Seite wirkt die literarisch-künstlerische Figur gleichen Namens als Deutungsfolie, auf der anderen Seite bemüht er sich immer wieder darum, eben diese Figur und diese identifizierenden Lesarten der Figur als different zur eigenen Person darzustellen. Er, der Goetz, der gerade mit den Menschen rede, sei ganz anders, auch wenn er – das sei klar – sein ›Ich‹ bis *Johann Holtrop* zum Hauptgegenstand seiner Literatur erhoben habe.

Diese neue Metaposition lässt dabei eigentlich keinen Raum für Interpretationen, die Sezession der literarischen und der interaktionistischen (auch wenn für uns nachträglich medialisierten) Daseinsform wird als absolut gültig dargestellt und ihre Genese aus den früheren autofiktionalen Poetiken erläutert – und dies in einer erstaunlichen Deutlichkeit, welche die Ergebnisse der vorliegenden Studie bestätigt. Bereits das Motto der Antrittsvorlesung deutet darauf hin: »leben und schreiben. der existenzauftrag der schrift«.[297] In der Vorlesung selbst wird der Schrift eine Art eigener Wille attestiert – der Gestus erinnert an das Verfahren aus *Klage,* bei dem die *Klage* selbst als schreibende Instanz inszeniert wurde.[298] Durch diese Eigenwilligkeit der Schrift und die Verzahnung mit dem

---

295 Kedves (2012): »›Auch aus dieser Welt einen Flash‹«, S. 753. Herv. i. Orig.
296 Kohler (2012): »Über Joseph-Beuys-Gedächtnis-Maiglöckchen, subtextfreie Sätze und Lachfalten«. Herv. i. Orig.
297 Vgl. das deutlich erkennbare Tafelbild in SuhrkampVerlag (2012): »Antrittsvorlesung von Rainald Goetz im Rahmen der Heiner Müller-Gastprofessur«.
298 »Und das ist die Grunderfahrung des Schreibens, dass das was da steht, nicht das sagt, was man hatte sagen wollen, dass der Eigensinn der Schriftlichkeit, der Fixierung, der textlichen Verbalität sich dauernd vordrängt. Sehr stark sagt der Text, was er will – nicht was er nach dem Willen des Schreibers sagen sollte.« SuhrkampVerlag (2012): »Antrittsvorlesung von Rainald Goetz im Rahmen der Heiner Müller-Gastprofessur«, 15:34–15:52. Vgl. auch Goetz (2008): *Klage*, S. 30, 181f., 185, 236f., 244, 257, 409f., 414, 429.

›Ich‹ der Schreibenden, würde eine Existenzialität entstehen, die sich im Zeitalter der Neuen Medien grundlegend gewandelt habe: »Schreiben ist atmen. Früher war es das Leben der Schriftsteller, das so konstruiert war, eine Spezialexistenz, privilegiert [...] – und heute lebt jeder so, schreibt, schreibt andauernd seinen Existenztext mit und vor sich hin.«[299]

Zwei sich widersprechende Modi der Existenz werden angedeutet, die textuelle und die unmittelbar interaktionistische.[300] Nachdem Goetz am Ende des Vortrags eine Linearität der eigenen Existenz in der eigenen Schrift herausstellt,[301] endet er mit den folgenden Sätzen, die eine Zäsur markieren und implizit das Ende des *rein* textuellen Lebens betonen, das eigene Erscheinen als Person im öffentlichen Raum dabei poetologisch legitimierend:

> Der Auftrag der Schrift heißt: weggehen von ihr. Ein Leben führen, und zwar bestmöglich und so reich an allem wie es nur geht, das den schriftinhärenten Isolationismus aufsprengt, widerlegt, verunmöglicht – aber als Sehnsucht eines wahren besseren Lebens in der Stille der Texte zugleich erhält und die Bewegung dorthin so immer wieder neu veranlasst. Diesen absurden Versuch, sich von den widersprüchlichen Kräften nicht zerreißen zu lassen, ihnen ausgesetzt beidem zugewendet zu bleiben, sollte das Experiment ›Leben und Schreiben‹ mit immer neuen Texten, lebenslang, versuchen.[302]

Die *Johann-Holtrop*-Offensive ist damit eine Fortsetzung der bisherigen Poetiken mit anderen Mitteln, der neue Roman ein erster solcher Versuch, der den Austritt des Autors aus seinem eigenen Text einfordert. Immer wieder macht Goetz deutlich, dass alle früheren Texte ausschließlich ›Ich‹-Texte waren, die in einem metaleptischen Verhältnis zum Schreiber gestanden haben[303] – und es wirkt fast

---

[299] SuhrkampVerlag (2012): »Antrittsvorlesung von Rainald Goetz im Rahmen der Heiner Müller-Gastprofessur«, 18:03–18:24.
[300] Vgl. SuhrkampVerlag (2012): »Antrittsvorlesung von Rainald Goetz im Rahmen der Heiner Müller-Gastprofessur«, 22:30ff.
[301] Vgl. SuhrkampVerlag (2012): »Antrittsvorlesung von Rainald Goetz im Rahmen der Heiner Müller-Gastprofessur«, 55:43–56:36.
[302] SuhrkampVerlag (2012): »Antrittsvorlesung von Rainald Goetz im Rahmen der Heiner Müller-Gastprofessur«, 57:11–57:51.
[303] Vgl. SuhrkampVerlag (2012): »Buchpremiere, Deutsches Theater«, T. 5, 5:34– 7:27: »[M]it der Figur Holtrop [...] ist mir klar geworden, woran es gehackt und gefehlt hat: am Abschied. Dem totalen Abschied von meinem ›Ich‹ als Gegenstand, Motor, Sprecher und Zentralfigur meiner Geschichten. Fünfundzwanzig Jahre habe ich mich mit diesem ›Ich‹ beschäftigt in allen meinen Büchern. Es gab so viel Klärungsbedarf, so viel Störung und Gestörtsein, so viel *Irre* in mir.« Vgl. ganz ähnlich auch PaschenLiteratur (2012): »Rainald Goetz liest aus ›Johann Holtrop‹«, 10:08 und SuhrkampVerlag (2012): »Zeit-Stand, mit Ijoma Mangold, 11. Oktober 2012«, 20:19–20:35.

wie ein Freud'scher Versprecher, dass dieses ›Ich‹ in einem Interview mit Ijoma Mangold vervielfältigt wird:

> Ich dachte immer ganz automatisch, ich mache so weiter wie bisher, [...] dass das ›Ich‹ meiner Geschichten die Ich-Figur bleibt und ist. Und irgendwann [...] hab ich plötzlich gemerkt, mit dieser Holtrop-Figur, die aufgetaucht ist: ich muss mich vollkommen *von dieser Ich-, von diesen Ich-, von dieser Ich-Gestalt* verabschieden. Und dann ist quasi der Kontinent des Romans für mich aufgegangen.[304]

Die Konsequenz aus dem Ganzen ist, dass Goetz erstmalig als ein konventioneller Autor erscheint – die Auftritte und Interviews mögen poetologisch legitimiert sein, sie selbst haben (zumeist) keine poetische Struktur mehr. Das am 29. November 2012 in der *Zeit* veröffentlichte Interview wirkt dann auch streckenweise wie eine Zusammenfassung der hier bisher vorgelegten Ergebnisse,[305] wobei nicht nur die früheren Poetiken analysiert werden, sondern auch die Wahrnehmung dieser Poetiken in der Öffentlichkeit und die daraus erwachsenden existenziellen Probleme zur Sprache kommen:

> [I]ch wollte, dass meine Argumente besser erkennbar werden, die waren vom Ich-Effekt meiner Bücher verdeckt. [...] Mit dem *loslabern*-Buch habe ich das nochmal in einer Weise durchgerissen, die mir unglaublich Spaß gemacht hat, und habe dann aber festgestellt, dass die Resonanz das nicht so künstlich auffasst, wie ich das selber sehe. Für mich ist das Ich immer auch eine Kunstfigur gewesen. Ich habe nie quasi unmittelbar von mir selbst irgendwas erzählt.
>
> Aber die Leute dachten: immer dieselben echten Typen! Die Leute wollen sich mit echten Typen nicht als Figuren auseinandersetzen, was für mich ganz normal ist. Für mich bin ich selbst als öffentliche Figur nicht das Ich, das ich bin.[306]

Wie sich die Selbstpoetik von Goetz von nun an weiter entwickeln wird, kann nur spekuliert werden. Fakt ist, dass fast drei Jahrzehnte der Ich-Einschreibung ihre Spuren hinterlassen haben und dass jede Metaposition, die Goetz nun in der Öffentlichkeit zu sich selbst, seinem Schreiben und seinen Auftritten einnimmt, die früheren Poetiken nicht tilgen kann – sie bleiben als mögliche Deutungsfolien bestehen. Ob die Zäsur dauerhaft wirksam sein wird, muss sich noch erweisen. Eines verdeutlicht sie jedoch bereits jetzt: Die poetische Dynamik ist eine der

---

304 SuhrkampVerlag (2012): »Zeit-Stand, mit Ijoma Mangold, 11. Oktober 2012«, 7:58–8:33, Herv. I.K.
305 Die vorliegende Studie mitsamt aller Thesen wurde bereits im Mai 2012 als Dissertation eingereicht, der Wechsel der Selbstpoetik von Goetz machte nur dieses eine nachträgliche Kapitel notwendig.
306 Mangold / von Uslar (2012): »Wut ist Energie«.

wichtigsten Eigenschaften des Werks von Goetz. Was ist eine vollständige Autofiktion poetisch wert, wenn man nicht über sie hinausgehen kann? Genau dieses Darüberhinausgehen ist die *Johann-Holtrop*-Konsequenz.

4.5.3 Fortschreibungen eines konsistenten autofiktionalen Subjekts – Fazit Rainald Goetz

Wie können die Transformationen der Selbstpoetik von Rainald Goetz nun am Ende der Analyse zusammengefasst werden? Welche Schlüsse lassen sich ziehen und wie fügt sich das Herausgearbeitete in die anfangs geschilderte Anlage der Untersuchung – vor allem in Hinblick auf die in Grafik 1 entworfenen Bereiche der Subjektivation?

Es ist offensichtlich, dass die Selbstpoetik von Goetz nicht so geradlinig und eindimensional verläuft, wie es von Michel Foucault entworfen wird: Die Texte als *hypomnêmata* zu lesen verbietet sich allein schon aus dem Grund, dass die meisten von ihnen, wenn nicht direkt eine literarische Gattungsbezeichnung, so doch eine deutlich literarische Konfiguration aufweisen. Trotzdem möchte ich dafür argumentieren, dass die den Texten extrahierbaren Selbstpoetiken implizit an einer *epimelēsthai sautou* teilhaben, die im Rahmen autofiktionaler Selbstpraktiken situiert werden kann. Überdeutlich ziehen sich dabei zwei Komponenten durch das ganze Werk, die sich letztlich als fest eingeschrieben in die Struktur der hybrid-konsistenten Subjekt-Figur namens Rainald Goetz erweisen und jeweils eine spezielle *Ableitung* offerieren, die beide nicht übersehen werden dürfen, wenn das Schema eines spezifischen Subjektmodells entworfen werden soll:

1. Die Selbstpoetik befindet sich in einem Modus der stetigen Aushandlung.[307] Die dabei als Ränder entworfenen Positionen, die jeweils die Interpretanten der so umgesetzten Selbstpoetik beeinflussen können, sind als Modelle von ›Fiktion‹ und ›Welt‹ bzw. ›Alltagswirklichkeit‹ greifbar. Ihr Verhältnis zueinander ist dabei kein streng ausschließendes und ihre Gegensätzlichkeit ist eher als eine heuristische Setzung zu verstehen, die in der Praxis der Existenz dieser Subjekt-Figur immer wieder unterminiert wird. Anschaulich wird dieses Verhältnis vor allem am Begriff der ›Wahrheit‹, der in den Werken von Goetz immer wieder zentral

---

[307] Das Modell der Erlangung von Stabilität in einem dynamischen Modus findet sich auf ganz ähnliche Weise in den Ideen, die Hartmut Rosa in seiner Studie zum Modus der Zeit in der Moderne vorlegte, vgl. Rosa (2005): *Beschleunigung. Die Veränderung der Zeitstrukturen in der Moderne*, S. 428–459.

gesetzt wird und nicht zur Ruhe kommt, da er zwischen den beiden Polen frei flotiert und keinem fest angehören kann. Anhand der Anlage der Selbstpoetik im »Subito«-Klagenfurt-*Irre*-Komplex wird die wortwörtliche Komplexität dieser Existenzform insofern beobachtbar, als die Einschreibung und Markierung der Position eines ›Ichs‹ darin stets hybrid verbleibt – trotz all der Referentialität und der autobiographistischen Lesarten der Romane *Irre* und *Kontrolliert* überwiegt darin eine literarisch-fiktionale Konfiguration. In der frühen Variante von Goetz' Selbstpoetik wird damit der gesamte Funktionsbereich der Alltagswirklichkeit (vgl. Grafik 1) ausgelassen, da eine primäre alltagswirkliche Subjektivation nicht geleistet werden kann. Der Interpretant der so entworfenen vielschichtigen Figur lässt sich damit nicht unmittelbar auf ein als empirisch anzunehmendes Autor-Subjekt beziehen. Dies ändert sich auch nicht durch die bereits damals geleisteten Fremdfortschreibungen, denn das Archiv von Eigenschaften, das diese evozieren, entbehrt einer anderweitigen Referentialisierbarkeit.[308] Die Metaposition des Autors bleibt dabei als strukturelle Leerstelle unbesetzt – diese Nagelprobe einer vollwertigen Autofiktion wird von den frühen Schriften nicht bestanden.

Die Werke im Kontext von *Heute Morgen* und *Schlucht* bieten eine andere Verhandlungsweise der Position eines ›Ichs‹ an: Die hybride metaleptische Selbstpoetik der frühen Periode wandelt sich zu einer mimetisch-metaleptischen Konstruktion, in welcher kein Raum mehr für anderweitige Verstecke eines ›Ichs‹ übrig bleiben. Waren die Figurationsspiele mit Raspe, Klar, Goetz etc. als Anlagen lesbar, die von einer nicht in die Texte implementierbaren Figur gesteuert wurden, die – wenn sie beobachtbar geworden wäre – als Träger der Autorfunktion Rainald Goetz in den Texten, Collagen, Fotos und Auftritten erscheinen müsste, so wird dieses Vakuum ab *Heute Morgen* strukturell gefüllt. Auch wenn dann das ›Private‹ dieser Subjekt-Figur nach wie vor darin besteht, dass nicht alle ihre Elemente einer Beobachtung durch andere ausgesetzt werden, so werden doch nun all die strukturellen Positionen eines ›Ichs‹ in die Gesamtheit des

---

308 Im Oktober 1983 erschient in der *Elaste* ein Text über Goetz von Lorenz Schröter, auf den dieser wiederum im Februar 1984 in der *Spex* reagierte, um ein negatives Bild von Lorenz zu zeichnen. Letzterer nahm dies zum Anlass, in der folgenden März-Ausgabe der *Spex* mit einem weiteren Text zu entgegnen, der ausschließlich eine (negative) Charakterisierung von Goetz zum Inhalt hatte. Interessant zu beobachten ist dabei, dass in den Texten der beiden Autoren gewisse Elemente als auf Goetz referierend entworfen werden, die einem Insiderwissen zu entstammen scheinen und den Charakter von Klatsch haben. Ob Goetz tatsächlich bereits als Schüler nackt im Biologie-Lehrbuch abgebildet war oder ob er tatsächlich in ein geparktes Porsche-Cabrio uriniert hat, ist nicht ohne Weiteres überprüfbar, erschafft aber Goetz-spezifische ›Legenden‹, die zu seinem Image beitragen. Vgl. dazu: Lorenz (1983): »Rainald«; Goetz (1984): »Gewinner Und Verlierer«; Lorenz (1984): »Die große Auskotze«.

disparaten Textes integriert – alle in einem Text denkbaren Metapositionen inbegriffen. Zwar werden die Figurenspiele mit Wirr, Kyritz, Henker etc. fortgesetzt, sie sind zum Zeitpunkt von *Schlucht* jedoch nur noch mit einer als ›Fiktion‹ ausgewiesenen transparenten Folie bedeckt, hinter der das Autor-Subjekt Rainald Goetz aufscheint, das mit *Johann Holtrop* dann auch tatsächlich als Person in die Öffentlichkeit tritt. Die textuellen Doppelgänger sind keine alternativen Ich-Entwürfe mehr, wie es noch Raspe in »Subito«, *Irre* und *Kontrolliert* war, sondern Variationen textueller Stimmen eines konsistenten Kerns, der von einem autofiktionalen Subjekt besetzt wird. Diese Komponente der Selbstpoetik von Goetz ist in nuce die Variation auf moderne und postmoderne Modelle der Subjektivität, in denen die Variabilität und Wandelbarkeit eines ›Ichs‹ demonstriert wird – mit der Option, mit diesen Mitteln ein durchaus konsistentes Subjekt erschaffen zu können, das quasi unbeschadet durch mediale Kanäle in die operativen Fiktionen der Alltagswirklichkeit eingeschrieben werden kann.

Die Ableitung dieser Komponente ist darin zu finden, dass diese Konsistenz keine irgendwie genuine ist – von idealistischen Modellen einer Autobiographie sind die von Goetz organisierten Texte unendlich weit entfernt. Vielmehr ist der zurzeit feststellbare Status quo des vorherrschenden Subjektmodells davon gekennzeichnet, dass es in jedem Moment in der Lage ist, weitere Metamorphosen zu durchlaufen, was allein schon darauf zurückzuführen ist, dass ›Wahrheit‹ – auch als die Wahrheit der Poetik eines Subjekts – eine dynamische Größe darstellt. Jede Veränderung sowohl des literarischen Textes als auch der Alltagswirklichkeit – sofern beide aufeinander referieren – enthält das Potenzial, die Selbstpoetik und damit auch das Subjekt zu wandeln. Die jüngste Zäsur seit 2012 erweist sich damit als ›logisch‹ auch im Sinne der autofiktionalen Poetik, auch wenn diese damit zu einem vorläufigen Ende auf der Ebene des Textes kommt.

2. Die zweite maßgebliche Komponente der Selbstpoetik von Goetz lässt sich darin identifizieren, dass Autorschaft stets ein konstitutives Element davon darstellt. Damit ist nicht die autopoietische Selbstautorschaft gemeint, die jedem Subjekt attestiert werden kann, sondern explizit die Bezüge auf die strukturellen und funktionalen Positionen eines Literatur herstellenden Autor-Subjekts im literarischen Feld. Die Rezeption der ›skandalösen‹ Vorkommnisse von Klagenfurt 1983 hat zu großen Teilen die Komplexität einer solchen Anlage bereits in den frühesten Texten von Goetz verdeckt. Auffallend ist dabei, dass besonders in den kürzeren Texten, die in den 1980er Jahren publiziert wurden, der wesentliche Bezug nicht auf die Position eines Autors im literarischen Feld erfolgt – dieses kommt lediglich in »Subito« und *Irre* und auch dort eher knapp vor – sondern vor allem das Modell einer ›begründenden‹ Autorschaft immer wieder aufgezeigt wird, das eine Stelle markiert, die zwischen Welt und Text angesiedelt ist. Der oben geschilderte Mangel einer Metaposition in der hybriden metaleptischen

Selbstpoetik ist von mir darauf zurückgeführt worden, dass die begründende Autorschaft immer wieder als strukturelle Position explizit gemacht wird, dabei aber referenzlos verbleibt, da sie nicht unmittelbar an die Autorschaft der Autorfunktion Rainald Goetz gekoppelt wird. Vielmehr handelt es sich um den theoretisch-künstlerischen Entwurf eines begründenden Schöpfers, der die Texte hervorbringt und in ihnen seine – so entworfene – Position zwischen Welt und Text immer wieder durch schöpferische Praxis markiert, ohne sie dabei jedoch explizit mit einem Autor-Subjekt zu besetzen.

Die Bezüge auf die schöpferische Tätigkeit eines Autors, die vor allem durch die Thematisierung des Notierens, Schreibens und Fotografierens immer wieder geleistet werden, schaffen dabei die Grundlage für das von *Heute Morgen* bis *Johann Holtrop* feststellbare Modell der mimetisch-metaleptischen Selbstpoetik. Der Autor, der qua Beobachtung seine begründende Autorschaft vollführt, bleibt in *1989* und den dramatischen Texten noch im Hintergrund – um dann in *Heute Morgen* die Anlage einer ›Geschichtsschreibung der Gegenwart‹ dahingehend zu erweitern, dass er sich selbst als konsistente Autor-Figur beobachtbar und die Genese zur autofiktional evozierten Person perfekt macht. Vor allem *Abfall für alle* lebte im Internet vom Gestus einer täglichen Schreibarbeit: Dass die Texte täglich neu hinzukamen, von inhaltlichen roten Fäden durchzogen, die auf die Lebenswelt einer Person übertragen werden konnten und auch Ereignisse wie Theater-Aufführungen und Ausstellungseröffnungen behandelten, die anderweitiger Beobachtung zugänglich waren – all das erzwang einen Wandel des Interpretanten von fiktional-literarisch zu alltagswirklich-referentiell.[309] Dass auch dieses Projekt einer stark vorstrukturierten poetologischen Anlage verpflichtet war und zudem die Referentialität sich in der Genese von der Internetversion zum gedruckten Buch wandelte, wurde hier nachgewiesen. Trotz dieses gesamten literarischen Unterbaus vollzieht sich in *Abfall für alle* ein Wandel des Interpretanten, der mit der Figur Rainald Goetz verbunden werden kann. Die hohe Konsistenz der Figur und die reichhaltig dargebotenen Möglichkeiten zur Interpolation festigen sie zu einem Subjekt, das *auch* als alltagswirklich angesehen werden kann. Und dies umso eher, als nun mit der Thematisierung der Bereiche

---

[309] Hinzu muss der Werkkontext mit der Publikation des Interviewbandes *Celebration* beachtet werden. Signifikant ist, dass Goetz darin Texte abdruckte, die Medienangeboten entstammen, von denen konventionell angenommen wird, dass sie primär alltagswirkliche und eben nicht fiktionale Referenzen aufbauen. Nun spricht die Zweitpublikation unter der Autorität seiner eigenen – vorwiegend literarischen – Autorschaft zwar einerseits dafür, dass sie wie die anderen Texte des Autors als Literatur betrachtet werden sollten, ihre primäre Konfiguration aus den Medienangeboten und Institutionen der Erstveröffentlichungen bewirkt jedoch, dass sie mindestens im gleichen Maße auch alltagswirklich gelesen werden können.

der juridisch-sozialen und autopoietisch-individuellen Autor-Diskurse auch diejenigen Positionen der Autorschaft in die Selbstpoetik integriert werden, die vordem fehlten. Der Umstand, dass die klassischerweise für eine Metaposition vorgesehene Frankfurter Poetikvorlesung in das Werk integriert wurde, sagt mehr über die poetologische Anlage des Ganzen, als der Inhalt der Vorlesung selbst.

Spätestens in *Schlucht* wurde das Modell eines konsistenten autofiktionalen Subjekts soweit bestätigt, dass die vormalige Figur nun als Akteur des öffentlichen Lebens wahrgenommen werden kann.[310] Auch die in *Klage* erneut aufgenommenen Wechsel der Stimmen, die eigentlich eine Rückkehr zu den literarisch konfigurierten Figurenspielen sein könnten, unterliegen dem Gesetz der ›transparenten Fiktionalität‹. Der Text vollführt eine Mimikry, die darin besteht, dass er immer wieder suggeriert, dass die in der Ersten Person Singular sprechende Instanz nicht nur vom Autor als Figurenrede organisiert wird, sondern dass es tatsächlich die Autor-Instanz und der Träger der Autorfunktion sind, die in der Autor-Figur aufgehen. Waren Metalepsen bereits vorher ein Bestandteil der Selbstpoetik, so werden diese seit *Heute Morgen* noch dahingehend mimetisch, dass sie eine Identität von Figur und dem Träger der Autorfunktion erlauben. Dies hat allerdings zur Folge, – und dies ist die Ableitung der Autorschafts-Komponente – dass damit der Träger der Autorfunktion (also konventionell gedacht die alltagswirkliche Person Rainald Goetz) die in seinem Werk zu findenden Referenzen auf sich selbst soweit fiktionalisiert hat, dass auch diese Position zum festen Bestandteil eines konsistent referentialisierbaren autofiktionalen Subjekts geworden ist. Mit anderen Worten: Die öffentliche Person Rainald Goetz ist immer nur der *Autor* Rainald Goetz und nie mehr als das.[311]

Bei einer genaueren Betrachtung des Bildmaterials, welches von Beginn an in Goetz' Werk integriert wurde, wird die oben getätigte Beobachtung bestätigt: Alles, was als die der Beobachtung ausgesetzte private Lebensumgebung des Autors identifiziert werden kann, scheint einem strengen Arrangement zu folgen, das dem Gesetzt gehorcht, dass lediglich die mit der Autor-Rolle assoziierten Elemente in die Bilder aufgenommen werden. Es finden sich weder Fotos von Kücheneinrichtung, Schlafzimmer oder Urlaubsbilder, wie sie beispielsweise

---

310 Vgl. Beispiele dafür in der Anm. 224 auf S. 242.
311 Die einzigen Gegenbeispiele finden sich in der ›Mosse‹-Lecture, wenn Goetz über seine Wohnung spricht und darüber, dass er schon lange kein Kokain konsumiert habe, vgl. Mosse Lectures (2012): »Rainald Goetz & Diedrich Diederichsen: ›mehr‹«, 6:02ff., 1:13:38 und 1:16:00 sowie in dem *Zeit*-Interview, in welchem Goetz teils eine autopoietische Subjektivationsrhetorik pflegt, die zunächst nicht als Figurenrede erscheint: »Man ist vom Naturell her eben leider Nervensäge, das weiß ich ja auch aus dem privaten Bereich, weil alles so leicht hysterisch übertrieben ist.« Mangold / von Uslar (2012): »Wut ist Energie«.

Alban Nikolai Herbst in seinem Weblogs anbietet, noch arrangierte Bilder, die den Autor in Momenten sozialer Begegnung zeigen, wie sie Joachim Lottmann zu seinem Markenzeichen gemacht hat.[312] Stattdessen verweist der Bildinhalt bei Goetz immer wieder auf das nicht-private Autor-Subjekt und seine Tätigkeit: Sei es seine Position als Beobachter, wie in »Das Polizeirevier«, oder als Sammler von Daten und Materialien, die dann wiederum als Folge einer transmedialen Transformation als referentialisierbare Elemente in den Texten erscheinen.[313] Vor allem Letzteres knüpft ein dichtes Netz von intertextuellen und intratextuellen Verweisen. Ein gutes Beispiel hierfür stellt die Abbildung des Schreibtisches im Heft der *Zeit-Literatur* Nr. 12 dar,[314] der als »Schreibtisch von Rainald Goetz« tituliert wird (vgl. Abb. 11). Zentral im Bild finden sich wieder all die Insignien, die mit Goetz als Autor assoziiert werden: Notebook, Stift, ein blaues Notizheft der Firma Brunnen[315] und natürlich auch eine Kleinbildkamera.[316] Das blaue Plakat am oberen Bildrand leistet eine Referenz auf den Vornamen von Goetz, links daneben findet sich auf gelbem Hintergrund mit »Don't cry – work!« das

---

[312] Es gibt freilich auch Aufnahmen, die Goetz in sozialer Interaktion darstellen, beispielsweise als Illustrationen von Goetz (1999): »Die Ordnung der Ekstase« – dem Text hier vorangestellt auf S. 96f. In der ersten Publikation im Merve-Band *Mix, Cuts & Scratches* fehlten diese noch. Die Aufnahme der Bilddaten in den *Celebration*-Band kann interpretiert werden als beglaubigendes Moment, das den Interpretanten des Textes auf eine alltagswirkliche Referentialität verpflichten soll. Letztlich zeigen die Bilder Goetz im Gespräch mit dem DJ Westbam – was wiederum als Stärkung der Autor-Position gedeutet werden kann, da sich daraus schließen ließe, dass der von Goetz autorisierte Text auf derjenigen sozialen Interaktion / Kommunikation basiert, die hier fotografiert wurde. Ausnahmen von der Verpflichtung auf die Autor-Rolle werden sich natürlich immer finden lassen, bleiben allerdings rudimentär.
[313] Vgl. dazu vor allem Goetz (1999): »Samstag, 5. Juni 1999. Hotel Europa«, S. 149, 151f., 159f. Goetz (1999): *Celebration*, S. 131–136, 201f., 242 und vor allem den Schutzumschlag der Erstausgabe dieses Bandes, der eine Variation des Schreibtisch-Motivs darstellt, indem er den Autor (maskiert mit Sonnenbrille und Mütze) vor einer Wand abbildet, die mit Zetteln und Ausschnitten vollgehängt ist. Siehe auch Goetz (2009): »Loslabern / Rainald Goetz: open daily 6am–10pm«, S. 12f., 18f. – zu beachten ist hier auch das ›sekundäre Cover‹ des Magazins auf S. 3, das Goetz vor Bücherregalen und einem Haufen arrangierter Zeitschriften zeigt. Vgl. ebenfalls Goetz (2010): *elfter september 2010*, S. 57, 80, 94, 142, 186. Das Abbilden des arrangierten Materials kann als Fortsetzung der Dossier-Collagen aus dem Frühwerk gesehen werden. Anders als die Collagen enthalten die neuen Materialbilder jedoch keine sekundäre Überarbeitung durch Notizen, Stempel u.Ä., sondern stellen jeweils für sich genuine Tableaus dar.
[314] Vgl. hierzu Radisch (2010): »Der Schreibtisch von Rainald Goetz«.
[315] Vgl. auch die Abbildungen der Notizhefte in Goetz (1993): *1989*, Bd. 1, S. 95, 231, 357, 447. Die Abbildungen der Umschläge der genutzten Hefte finden sich in allen drei Bänden und trennen die Kapitel voneinander ab. Vgl. auch Abb. 9.
[316] Ein menschlicher Schädel daneben ist bereits in den Abbildungen des Schreibtisches in *Kronos* zu finden. Vgl. Goetz (1993): *Kronos*, S. 218.

Abb. 11: »Der Schreibtisch von Rainald Goetz«; *Zeit Literatur* 12 (2010), S. 86.

Motto des dritten Kapitels von *Irre*.³¹⁷ Knapp darunter findet sich der 2008 bei Hatje Cantz erschienene Katalog einer Ausstellung von Jeff Koons in der Berliner Nationalgalerie – der gleich eine doppelte Referenz auf das Werk von Goetz leistet: Der großformatig gesetzte Name des Künstlers ist identisch mit dem Titel des dramatischen Textes von 1998 – der auf dem Foto kaum zu erkennen Titel der Ausstellung ist mit *Celebration* ebenfalls der Titel eines 1999 erschienenen Buches von Goetz. Rechts im Regal gesellen sich die Erstausgaben von *Irre* und *Abfall für alle* hinzu und etwa mittig im Bild findet sich prominent ausgestellt die Ausgabe des *Zeit-Magazins* Nr. 41 vom Oktober 2009, die Goetz zu großen Teilen gestaltet hat. Ebenfalls etwa in Bildmitte findet sich eine Uhr – und der Bezug auf den »ZIFFERNWAHNSINN« aus *Abfall für alle* wird komplettiert durch einen links auf dem Schreibtisch stehenden gläsernen Kalender – beide zusammen erweisen ihren Tribut an die Poetik einer ›Geschichte der Gegenwart‹ und erlauben

---

317 Vgl. Goetz (1983): *Irre*, S. 231. Selbiges findet sich auch auf dem Rücken des Schutzumschlags der Erstausgabe.

den Zeitpunkt der Aufnahme genau zu benennen: 12:55 Uhr, am Montag, dem 22. Februar 2010.[318]

In besonderem Maße wird die Stabilität und Konsistenz der Autor-Figur Rainald Goetz jedoch in dem in Grafik 1 als Nr. 4 ausgewiesenen Bereich der ›fremden literarischen Fortschreibung‹ deutlich. Wo immer Goetz in den literarischen Texten anderer Autoren auftritt oder eine Figur identifizierbar wird, die an ihn angelehnt zu sein scheint, bezieht diese Figur ihre Elemente weniger aus einem Wissen um seine Person, als vielmehr aus dem Pool derjenigen Eigenschaften als Autor und im Wissen um die Poetik, die Goetz in seinen Werken präsentiert. Dies beginnt mit seiner vorgeblichen Besessenheit von der Beobachtung des Fernsehprogramms[319] und führt weiter über die von ihm selbst immer wieder vorgebrachte Praxis des Notierens, Fotografierens und Verarbeitens dieser Beobachtungen in seinem Werk. Exemplarisch ist dafür der kurze Text »contrazoom« von Joachim Bessing. Der Ich-Erzähler schildert darin seine Erlebnisse auf der Frankfurter Buchmesse, die er gemeinsam mit Christian Kracht besucht. Die Anzahl der darin vorkommenden, deutlich referentialisierbaren Figuren des öffentlichen Lebens erlaubt es indes nicht, den Text einfach als eine journalistische Reportage zu betrachten – zu absurd scheinen einige der geschilderten Ereignisse. Gleichwohl wird die darin vorkommende Figur Rainald Goetz unmittelbar im Zusammenhang seiner Autorschaft und im Wissen seiner Poetik einer ›Geschichte der Gegenwart‹ geschildert:

> In einem Sessel in der Lobby saß Rainald Goetz und schrieb in sein Notizbuch. […] »Hey super. Ihr hier. Was hast du denn da für einen supertollen Streifen auf deinem Hemd?«

---

318 Es ließe sich noch eine Reihe weiterer Elemente sowohl in dieser als auch in anderen Abbildungen der Lebensumgebung benennen, die solche intertextuellen und intratextuellen Referenzen erlauben. Diese Schnitzeljagt würde zwar die Konsistenz der Figur noch weiter erhöhen, hätte allerdings keinen darüber hinausgehenden Erkenntniswert.

319 Maxim Biller gibt den Hinweis darauf, dass eine Figur aus einer seiner Erzählungen an Goetz angelehnt sei, vgl. Biller (2004): »Meine Tage mit Rainald«: »In dieser Zeit schrieb ich eine Erzählung. Sie handelte von einem Schriftsteller, der tage- und nächtelang vor dem Fernseher sitzt und Wort für Wort mitschreibt, was dort gesprochen wird. Der Schriftsteller war irgendwie Rainald.« Diesen Hinweisen zufolge kann es sich nur um den Text »Eine Liebe im Vorkrieg« handeln. Vgl. Biller (1994): *Land der Väter und Verräter*, S. 335–346, hier vor allem S. 336f., 341ff. Der Bezug erfolgt eindeutig auf die Poetik von *1989*. Vgl. die Thematisierung von Goetz' Fernsehkonsum und seine Praxis des Herstellens von Material aus diesen Beobachtungen auch in dem als Pastiche lesbaren Beitrag »Arkadien der Anarchie« im Blog *Peripathy* vom 03.10.2009: »Rainald Goetz sitzt vor der Glotze.Oder steht da.Bei mir läuft TV:Nachrichten.[…]Goetz hat zwei Videorekorder und drei Fernseher vor sich.[…]Goetz protokolliert & studiert die Emanationen des Bildschirms & seiner Speaker.Er sagt,beide doppelten sich.« o.N. (2009): »Arkadien der Anarchie«. (Das Fehlen der Leerzeichen zwischen der Interpunktion entspricht dem Original.)

Ich fragte mich, warum er das fragte. [...] Das war bestimmt nur ein Versuch, mich zu einer Antwort zu bringen, die er irgendwann in seinen Büchern verwenden konnte. Seit seinem Buch »Rave« waren wir nämlich alle sehr mißtrauisch geworden. Darin hatte er die belauschten Drogengespräche vieler unserer Bekannten einfach aufgeschrieben, und denen war das im nachhinein ziemlich peinlich gewesen. [...] Rainald Goetz lachte ununterbrochen und schrieb alles mit.[320]

All die Bestandteile, die den festen Kern des Autors ausmachen, finden sich hierin wieder – und selbst die Hybridität der Wahrheit dieser Figur wird in dem Text angedeutet, wenn der Ich-Erzähler in Zweifel zieht, ob Goetz mit ihm gemeinsam tatsächlich Kokain geschnupft habe, oder ob er lediglich so getan hätte, als ob.[321] Egal ob bei Hennig von Lange / Müller-Klug / Haaksman, bei Maxim Biller oder bei Rafael Horzon: Goetz kommt, lacht und macht sich Notizen, um das Beobachtete in seinen Büchern zu verarbeiten. – Eine Figur also, die ausschließlich aus ihrer Autorschaftsrolle heraus konstruiert wird, während alle Informationen jenseits davon unterbleiben.[322]

4.6 Intermezzo: Rainald Goetz als Figur bei Joachim Lottmann

Eine besondere Rolle unter den Fortschreibungen von Rainald Goetz nehmen die Texte von Joachim Lottmann ein.[323] Kommt er bereits in allen früheren Romanen

---

320 Bessing (1999): »contrazoom«, S. 113f.
321 Vgl. Bessing (1999): »contrazoom«, S. 114f.
322 Vgl. dazu Hennig von Lange / Müller-Klug / Haaksman (2000): *Mai 3D*, S. 61f.; Monioudis (1999): »Inkubation«; Horzon (2010): *Das Weisse Buch*, S. 54, 58. Siehe hier auch Goetz auf einem Foto im nicht paginierten Bildteil zw. S. 144 und 145. Das Buch von Horzon spielt sehr deutlich mit der Spannung zwischen referentialisierbarer Alltagswirklichkeit und Fiktion. Vgl. ebd., S. 142, Anm. 1.: »Nichts an diesem Buch ist erfunden, alles liegt offen zur Überprüfung, und alles ist wahr.« Einen ähnlichen Status haben auch viele Werke von Benjamin von Stuckrad-Barre. In Stuckrad-Barre (2000): *Blackbox* erscheint Rainald Goetz als professioneller Fotograf für ein Klatsch-Magazin: »Der Rainald! N [sic] komischer Typ, aber ich mag ihn, und er hats auch wirklich drauf, im richtigen Moment auf den Auslöser zu drücken, nämlich dauernd.«, S. 118. Vgl. auch ebd. S. 84 die ihm zugewiesene Figurenrede: »Ich denke, wenn ich die beiden erwische [i.e. fotografiere; I.K.], dann sollte es auch wirklich im Foto sichtbar sein, dieses Erwischtwerden. [...] Ich denke mehr so an leichte Unschärfe, [...] also daß der Leser durch mein Bild eben den Eindruck bekommt, er gucke quasi durchs Schlüsselloch [...].«
323 So wird in dem Blog *Der Umblätterer* gar behauptet, in einem leicht ironischen Ton wohlgemerkt: »Keine Literaturgeschichte wird je über Goetz sprechen können, ohne ›Die Goetz-Rezeption bei Joachim Lottmann‹ unerwähnt zu lassen.« – Um dann im Gegenzug auch den umgekehrten Fall festzustellen. Vgl. Paco (2008): »Die Wahrheit über Joachim Lottmann«.

von Lottmann als Figur vor oder wird zumindest darin erwähnt,[324] so findet sich der Höhepunkt der Fortschreibungen in Lottmanns Blog *Auf der Borderline nachts um halb eins* in derjenigen Zeit, in welcher Goetz gerade in *Klage* auf Lottmanns Poetik eingeht. Seine Charakterisierung darin folgt allerdings den Regeln der Poetik von Lottmann. Und das bedeutet, ganz egal ob Roman, Blogbeitrag oder eine journalistische Reportage: Diejenigen Elemente, die konventionell als alltagswirkliche Fakten und diejenigen, die als literarische Fiktion gelten, werden in einer vollkommen indifferenten Weise vermischt. In der »beim Schreiben im Lottmanngenerator quasi autonom, von selbst aufflammende[n], pararealistische[n] Lottmannsaga«[325] changiert die Konfiguration so stark, dass die Texte einen eigenen, Lottmann-spezifischen Interpretanten hervorbringen, der exklusiv in seinem autofiktionalen Universum wirksam wird – dabei aber so viele Beglaubigungs- und Referentialisierungsmomente ihre Wirkung entfalten, dass dabei von einem besonderen ›poetologischen System Lottmann‹ gesprochen werden kann, das ebenso wie die Poetik von Goetz zahlreiche Anschlüsse und Fortschreibungen sowohl in der Literatur als auch in der Alltagswirklichkeit findet.

In Lottmanns Fortschreibungen von Goetz wird zuerst augenfällig, dass offensichtlich Ausgedachtes und Unwahres gleichwertig neben Details stehen, die von einer sehr guten Kenntnis von Goetz' Werk und seiner Poetik zeugen.[326] Interessanter ist dabei jedoch, dass die Autor-Position von Lottmann explizit in Abgrenzung zu der Autor-Position und der damit verbundenen Poetik von Goetz

---

324 Vgl. hierzu eine implizite Nennung ›dieses Menschen aus München, dessen Bücher ich las‹ in Lottmann (1987): *Mai, Juni, Juli*, S. 13 und explizit S. 49; weiterhin explizite Nennungen und Auftritte als Figur in: Lottmann (1999): *Deutsche Einheit*, S. 49, 278, 362; Lottmann (2004): *Die Jugend von heute*, S. 145, 165; Lottmann (2006): *Zombie Nation*, S. 34. Siehe auch die Nennungen im Reportagen-Band Lottmann (2007): *Auf der Borderline nachts um halb eins*, S. 18, 40, 69f., 75, 102, 115, 129, 133, 139, 242 und in den späteren Romanen Lottmann (2009): *Der Geldkomplex*, S. 15, 134, 148, 274f.; Lottmann (2011): *Unter Ärzten*, S. 61, 222.
325 Goetz (2008): *Klage*, S. 108.
326 In das Reich der Legenden gehört die Behauptung, Goetz stamme aus Basel, Lottmann (1999): *Deutsche Einheit*, S. 49, oder aber, dass dieser der Autor der Bücher *Der Menschenwächter*, *Tugend*, *Wachen und Strafen* und *Volksmäßiger Beobachter* sei, vgl. Lottmann (2007ff.): *Auf der Borderline*, http://blogs.taz.de/lottmann/2007/05/02/5-kapitel-die-grundsatzdebatte/ (zuletzt eingesehen am 17.12.2013). Mit den erfundenen Titeln wird die Wichtigkeit der Beobachtung und die moralische Komponente des Werks von Goetz parodiert – was insgesamt seiner Poetik nicht unangemessen erscheint und zugleich auf ihre Kosten einen humoristischen Effekt erzeugt. Auf der anderen Seite werden wenig bekannte Publikationen wie Goetz' 1978 im *Merkur* erschienener Essay »Der macht seinen Weg« erwähnt – wenn auch ebenfalls leicht abgefälscht als »Der geht seinen Weg«, vgl. Lottmann (2007ff.): *Auf der Borderline*, http://blogs.taz.de/lottmann/2009/05/05/katja_hentschel/ (zuletzt eingesehen am 17.12.2013).

entworfen wird.³²⁷ In dem Maße, in dem Lottmann sich als Autor profiliert, wird auch Goetz mal als Vorbild und mal als Konkurrent manifest – was anhand zweier Beispiele deutlich gemacht werden kann, die jeweils ein Ereignis von Goetz' literarischer Praxis kommentieren und konfigurierend überschreiben.

Das erste Ereignis dieser Art nimmt das Ende von *Klage* und die daraufhin stattfindende Abschiedsparty zum Anlass, um die Autorschaft von Lottmann und seine Poetik an den Äquivalenten von Goetz auszurichten. Der Ich-Erzähler in Lottmanns Blog (der stets mit diesem selbst identisch ist) berichtet, wie er die Party besucht und von Goetz quasi autorisiert wird, mit dem eigenen Schreiben im *Borderline*-Blog fortzufahren:

> »Es ehrt mich, daß Du heute gekommen bist, Lojo.«
> Ich erwiderte ohne zu zögern, es sei außerordentlich schade, daß der Blog ›Klage‹ zusammengebrochen sei. Es würde nun etwas fehlen, daß für manche existentiell wichtig und unersetzbar gewesen sei. Goetz antwortete leise, es sei jetzt umso dringlicher, daß ich nicht auch aufgebe.
> Ich straffte mich. Eigentlich hatte ich genau das vorgehabt. Aber er hatte recht, mein Blog durfte nun nicht verstummen. Irgendwann, aber nicht jetzt. Ich drückte ihm noch einmal ergriffen die Hand, als Zeichen des Einverständnisses.³²⁸

Diese Geste der Verpflichtung zum Weiterschreiben wird in den beiden darauf folgenden Beiträgen erneut thematisiert und resultiert in einer Art ›poetologischer Gemeinschaft‹, die damit zwischen Goetz und Lottmann aufgebaut wird, was zur Folge hat, dass Lottmann als Autor sich implizit anhand der Poetik und der Position von Goetz im literarischen Feld mitsituiert.³²⁹

---

327 So wird er auf der Beschreibung seines Blogs auf den Seiten der *Tageszeitung* als »Der Anti-Goetz« vorgestellt, vgl. http://blogs.taz.de/lottmann/bio/ (zuletzt eingesehen am 17.12.2013).
328 Lottmann (2007ff.): *Auf der Borderline,* http://blogs.taz.de/lottmann/2008/06/22/das_ende_von_rainald_goetz/ (zuletzt eingesehen am 17.12.2013). »Lojo« oder auch ›Jolo‹ ist eine gängige Abkürzung sowohl für Joachim Lottmann als auch für dessen literarisches Alter Ego Johannes Lohmer und kommt in fast allen seinen Romanen ebenso vor wie als Anrede des Erzählers durch die Figuren in seinem Blog.
329 Dies erfolgt in *Klage* in ähnlicher Weise auch anlässlich des Verbotsurteils des Romans *Esra* von Maxim Biller: »Und was heißt das Urteil jetzt für uns Borderliner?, sagte ich zu Joachim Lottmann, auf den ich im Festsaal Kreuzberg bei dem Samstagskonzert zu Ehren von Jens Friebe getroffen war. Ganz offensichtlich hatte Lottmann in den letzten Wochen sein Aussehen ins noch einmal Schlankere verbessert, er war noch jünger und gutaussehender geworden […]. Dann sagte Lottmann, springend zum aktuellen Anlass, du meinst wohl den Fall ESRA, und ich sagte, ja natürlich.« Goetz (2008): *Klage,* S. 235. Es lässt sich mit wenig Aufwand feststellen, dass tatsächlich am 13.10.2007 ein Konzert von Jens Friebe im Festsaal Kreuzberg stattgefunden hat. Ob eine Begegnung zwischen Goetz und Lottmann ebenso stattgefunden habe, kann jedoch mit gutem Recht ebenso angezweifelt werden wie Lottmanns Bericht von der *Klage*-Abschiedsparty:

Das zweite hier zu erwähnende Ereignis ist ebenfalls auf eine Aktion von Goetz im literarischen Feld zurückzuführen und fällt mit dem Erscheinen von *loslabern* im Oktober 2009 zusammen. Der *Borderline*-Blog war zu diesem Zeitpunkt bereits acht Wochen nicht mit neuen Inhalten gefüllt worden, was sich von der zuvor gepflegten Praxis des fast täglichen Publizierens deutlich abhebt.[330] Am 16. November 2009 nun wird ein neuer Text mit dem Titel »Epilog« online gestellt, der – so wird zu Beginn formuliert – den Gesetzen des ›loslaberns‹ von Rainald Goetz gehorchen und in nur einer Stunde zu entstehen habe, woraufhin die *Borderline* nicht mehr weiter existieren sollte. Es folgt ein Abgesang an den eigenen Blog und vor allem eine Auseinandersetzung mit Rainald Goetz und denjenigen Passagen, in denen dieser in *loslabern* Lottmann beschrieben hat. Goetz' Text erscheint dort wie eine Fortsetzung seiner Angst-Hypothese aus *Abfall für alle* und *Klage*, wobei er nun eine vorgebliche Begegnung der beiden Autoren zum Anlass nimmt:[331]

> Joachim Lottman [sic] war aufgetaucht. [...] Der große Meister des paranoischen Hyperrealismus himself wirkte, ebenfalls wie immer, frisch, tänzerisch, der Leichteste unter uns Schweren, die Popmaschine der Wahrheit, Joachim! Dein Eindruck? Joachim Lottmann: [...] wir müssen uns um die Gegenwart kümmern, die Gespenster bannen, zeigen, zum Reden kommen lassen, komm, ich geh mal eben vor. Er ging sofort los und eine Wahnsinnspanik war mir ins Gesicht, in den Kopf, ins letzte Gehirn gefahren. Ich hatte eine unfassbare ANGST vor Joachim Lottmann. Wahrscheinlich, dachte ich jetzt, hinter Lottmann hergehend, haben die Leute vor mir genau dieselbe Angst, wie ich sie vor Lottmann habe, die Angst vor Lüge, die Angst, Figur zu werden, die Angst, missbraucht zu werden. Und sie hatten recht, dachte ich [...].[332]

Die Fotos, die dieser auf seinem Blog zur Illustration und Beglaubigung des tatsächlichen Sachverhaltes postete, finden sich auch als Illustrationen für den Bericht einer weiteren, zwei Jahre später stattfindenden Party. Vgl. Lottmann (2007ff.): *Auf der Borderline*, http://blogs.taz.de/lottmann/2010/01/31/helene_hegemann/ (zuletzt eingesehen am 17.12.2013). Auch die Bemerkung von Lottmanns gutem und jungen Aussehen scheint eine Anlehnung an das Prinzip des ›Zu-Tode-Lobens‹ zu sein, das Lottmann regelmäßig in seinen Schriften praktiziert. Auch die Übernahme dieser Praxis durch Goetz spricht für den hohen Grad an Dynamik, die sich in den Auseinandersetzungen mit der Poetik des jeweils anderen Autors zwischen den beiden Schriftstellern entwickelt.
330 Als Grund für das (vorläufige) Einstellen des Schreibens wird angegeben, dass mit dem Ende von *Klage* nun auch kein ›Anti-Goetz‹ mehr nötig sei. Vgl. Lottmann (2007ff.): *Auf der Borderline*, http://blogs.taz.de/lottmann/2009/11/16/epilog/ (zuletzt eingesehen am 17.12.2013). Allerdings wird die *Borderline* ab Januar 2010 wieder – mehr oder weniger regelmäßig – mit neuen Inhalten gefüllt.
331 Vgl. dazu Goetz (1999): *Abfall für alle*, S. 500f.: Goetz (2008): *Klage*, S. 134.
332 Goetz (2010): *loslabern*, S. 109f. Diese Episode ist auf dem ausführlich behandelten Herbstempfang der *Frankfurter Allgemeinen Zeitung* angesiedelt.

Wie im oben geschilderten Fall, scheint nun ein Reiz-Reaktions-Schema einzusetzen: Beide Autoren thematisieren die Beobachtung durch den jeweils anderen und setzen ihn somit wiederum der Beobachtung aus. Im »Epilog« nun entwirft Lottmann eine komplette Charakterisierung von Goetz (in Abgrenzung zu sich selbst) und schreibt eine Geschichte ihrer persönlichen Beziehung, nicht überraschend dabei: mit dem Augenmerk auf die Poetik der beiden Autoren:

> Im Buch selbst [gemeint ist *loslabern*; I.K.] geht es wieder darum, daß ich so ein böser Mensch sei, und daß er, Goetz, wohl auch so sei. Er trage das gewissermaßen ›Böse‹ vielleicht ebenso in sich, spiegelverkehrt oder so, unbewußt, den ewigen Lottmann, und er kann das alles nur erkennen, weil er es auch habe, das Virus. Er habe Angst vor mir, und deswegen auch Angst vor sich selbst, und so weiter. [...] Ich hätte damals gern begütigend auf ihn eingesprochen, aber seine Angst vor mir ließ das nicht zu.[333] [...] »Jetzt holt mich der Lottmann!« stand in seinen verzerrten Gesichtszügen, dabei wollte ich ihm wirklich nur helfen. Nämlich die Wahrheit sagen, die gänzlich banale. [...] Wovor fürchtet sich der Mann? Ist es einfach schlechtes Gewissen, weil er ein Verbrechen begangen hat, oder viele? [...] Bekanntermaßen haben wir alle drei – Goetz, Biller, ich – durch unser Schreiben die Gefühle anderer verletzt. Schriftsteller tun das ja angeblich immer, sagen manche. Bei uns dreien waren die Verletzungen aber besonders massiv. [...] Doch Goetz glaubt, dies allein im Dienste der Wahrheit zu tun. Er ist scheinbar ein Opfer seiner unbedingten Wahrheitsliebe. Wenn es um die Wahrheit geht – und gemeint ist immer die Wahrheit der Ideen – kennt er keine Freunde mehr. Wahrscheinlich würde er dem Satz zustimmen, daß ich ein pathologischer Lügner sei und er ein pathologischer Wahrheitssager. [...] Theoretisch müßten seine Verletzungen sogar mehr schmerzen als meine. Ich kann beweisen, daß ich von meinem fünften Lebensjahr an strikt darauf geachtet habe, die wahren Schwächen der Menschen tunlichst zu verschweigen. [...] Biller war da das Gegenteil und Goetz ist es das [sic] noch.[334]

Auf diese Weise werden zwei bemerkenswerte Anschlüsse geleistet. Zum einen situiert Lottmann die Poetik von Goetz in einer Äquivalenz zu der eigenen – um damit zum einen eine Inklusion zu leisten, zum anderen aber zugleich eine Distinktion durchzuführen, die ihn, Lottmann, als moralischen Sieger aus dem Vergleich herauskommen lässt. Zum anderen betont er erneut den Wert des Wahrheitbegriffs in Goetz' Werk und attestiert dieser Komponente von Goetz' Poetik zugleich das Potenzial, in alltagswirklichen Bereichen eine pejorative Wirkung zu entfalten und damit Menschen so zu verletzen, dass damit – Stichwort Maxim Biller – eine Interferenz zu juridisch-sozialen Diskursen entstehen kann. Vor allem aber entwirft er damit erneut das Bild einer Person namens

---

333 Auf diese Weise beglaubigt Lottmann direkt die vorgebliche Wahrhaftigkeit der bei Goetz geschilderten Ereignisse.
334 Lottmann (2007ff.): *Auf der Borderline*, http://blogs.taz.de/lottmann/2009/11/16/epilog/ (zuletzt eingesehen am 17.12.2013).

Rainald Goetz, die von ihrem Schreiben nicht zu trennen ist und in einem metaleptischen Verhältnis zu derjenigen Literatur steht, die sie als Träger der gleichnamigen Autorfunktion organisiert und autorisiert.

All diese Faktoren zusammen erlauben es, die in Grafik 1 angedeutete Überschneidung der vier verschiedenen Funktionsbereiche als Kern der Selbstpoetik von Rainald Goetz zu bestimmen. Als Konstante, die maßgeblich an der Konsistenz dieser autofiktionalen Figur beteiligt ist, lässt sich der dynamische Modus der Selbstpoetik bestimmen, der in jedem der Texte immer wieder zur Aushandlung kommt, da er an einen Begriff der ›Wahrheit‹ gebunden ist, der aus der Perspektive des Textes heraus nicht einmal heuristisch festgesetzt werden kann. Das Changieren zwischen fiktionalen und referentiellen Konfigurationen dieser Selbstpoetik erschafft damit paradoxerweise das stabile Modell einer dynamischen Position, in welcher ein in seiner Selbstpoetik dynamisches Subjekt platziert werden kann. Die expliziten Anschlüsse der Autorschaft an die Selbstpoetik können ebenfalls als maßgeblich für den Kern dieses Subjekts angesehen werden. In diesem Zusammenhang ist nicht nur der Bezug auf die strukturelle Position eines schöpferischen Begründers, sondern auch dessen Kopplung an die Autorfunktion im literarischen, juridischen und sozialen Feld entscheidend. Die Autorschaft manifestiert sich dabei im ambivalenten Modus von Beobachtung und Beobachtbarkeit, gekoppelt an die schöpferischen Praktiken des Schreibens, Fotografierens und Publizierens. Als Besonderheit der Selbstpoetik von Goetz kann dabei die konsensuale Annahme einer Identität von Autor-Figur und Träger der Autorfunktion festgestellt werden – was wesentlich auf ein paradoxes Prinzip zurückgeführt werden kann: Die konsistente Anlage der Autor-Figur seit *Heute Morgen* sorgt zum einen für eine umfassende *Fiktionalisierung* des so entworfenen Subjekts, zum anderen aber sorgt die Konsistenz dieser Figur für ihre breit gefächerte und kaum jemals aufgebrochene *Aufnahme in operative Fiktionen,* die als alltagswirklich konfiguriert angenommen werden können[335] – die Fortschreibungen durch Joachim Lottmann leisten hier einen großen Anteil, auch

---

[335] Damit ist nicht gemeint, das hier behandelte Subjektmodell wäre seiner Anlage nach ›authentisch‹ im Sinne von ›genuin‹. Diese von Hägele (2010): *Politische Subjekt- und Machtbegriffe,* S. 103, 157 gemachte Unterstellung kann als ebenso unbegründet abgewiesen werden wie Hägeles Behauptung, der bei Goetz diagnostizierte Subjektivismus würde »in Richtung einer gegenmodernen Regression« (ebd., S. 103) umschlagen. Vielmehr muss das Vorhandensein von einander widersprechenden Elementen als Teil einer Ästhetik und Selbstpoetik angesehen werden, die eindeutig als modern bzw. postmodern apostrophiert werden kann. Auch der Annahme einer Goetz unterstellten, in seiner Selbstpoetik zu erreichenden Autonomie, wie sie Hägele ebd., S. 259 behauptet, wird durch die Praxis der Fremdfortschreibungen als Bestandteil der Selbstpoetik widersprochen.

wenn ihre Konfigurationen selbst hybrid bleiben. Im Zuge all dieser Prozesse wird die Möglichkeit einer Metaposition soweit nivelliert, dass alle von der Autorfunktion organisierten Texte und Praktiken als einer einzigen Instanz entstammend gelesen werden können, die keinen anderen Äußerungsmodus zulässt. Die teils impliziten und teils auch in den Texten explizit thematisierten Paradoxien einer solchen Annahme – die generelle Gleichsetzung von Figurenrede und Autorenrede – scheinen die Stabilität dieser Kerneigenschaften nicht zu tangieren, wie an den sehr gleichförmigen Fortschreibungen der Figur in literarischen Texten, im Feuilleton, im Internet und selbst in der germanistischen Forschung[336] gezeigt werden kann.

Alles zusammenfassend demonstriert die Selbstpoetik von Rainald Goetz die Möglichkeit einer Unmöglichkeit:[337] Dass das Modell einer literarisch entworfenen Autor-Figur zu der konsistenten Form eines autofiktionalen Autor-Subjekts finden kann, obwohl die poetologische Anlage explizit von einer selbstreflexiven und Widersprüche enthaltenden ästhetischen Praxis ausgeht, in welcher eine naiv anzunehmende Identität der beiden Größen immer wieder negiert wird.[338] Die Besonderheit dieses so entstehenden Subjekts kann also darin gesehen werden, dass es zwar fiktional, aber nicht fiktiv ist, da auch alltagswirkliche Anschlussfähigkeit stets geleistet werden kann. Weiterhin brachte die Analyse dieses Modells zahlreiche Elemente zum Vorschein, die sich in gleicher oder ähnlicher Weise auch bei den anderen hier behandelten Autoren finden werden – das System der Selbstpoetik von Rainald Goetz kann somit als prominentes und bekanntes Modell dienen, auf dessen Basis sich die Variationen der anderen Selbstpoetiken behandeln lassen.

---

336 Vgl. Windrich (2007): *Technotheater*, S. 344, 385; Hägele (2010): *Politische Subjekt- und Machtbegriffe*, S. 14, 39, 131, 150, 157, 194 und besonders deutlich 198: »Der zum sozialen Autismus neigende, einzelgängerische Autor mag sich im vergrübelten, scheuen und zurückgezogen lebenden Soziologen [gemeint ist Niklas Luhmann; I.K.] ein Stück weit wiedererkannt haben.«
337 Vgl. auch den Ansatz von Albert Meier, der Goetz im Kontext des postmodernen Schreibens verortet und ihm attestiert, »den Dualismus von ›ironisch‹ vs. ›unironisch‹ [zu] transzendieren«, Meier (2007): »Realismus abstrakter Art«, S. 176. Über den Verzicht auf Ironie bei Goetz siehe auch Windrich (2007): *Technotheater*, S. 91.
338 Vgl. ganz ähnlich zum »System Goetz« auch Schäfer (2007): »Luhmann als ›Pop‹«, S. 263, 266. Allerdings ist in diesem Aufsatz nicht deutlich genug herausgestellt, aus welchen Komponenten dieses ›System‹ bestehe und in welchen Diskursbereichen es angesiedelt sei / wirksam werde.

5 Das seriell-äquivalente Alter Ego: Joachim Lottmann / Jolo

»So war das mit Literatur – alles ausgedacht. Deswegen mochte ich es nicht lesen.«
Joachim Lottmann (1987): *Mai, Juni, Juli*, S. 241

Wer oder was ist eigentlich »Joachim Lottmann?« Die Frage scheint nicht ganz unberechtigt zu sein, wenn in einem Artikel in der *Frankfurter Allgemeinen Zeitung* ein Foto mit eben jener Bildunterschrift versehen wird.[1] In der Tat ist das angehängte Fragezeichen ein Indikator dafür, dass eine entsprechende Fragestellung nicht ganz trivial ist – und wie die meisten nicht-trivialen Fragen auch eine nicht-triviale Antwort verdient. Oder gleich mehrere: Joachim Lottmann ist ein literarischer Autor, der zumeist im Kontext der deutschsprachigen Popliteratur verortet wird, als deren exponierter Vertreter und Mitbegründer er gilt.[2] So könnte eine Antwort lauten. Oder aber so: Joachim Lottmann ist ein auch literarisch tätiger Journalist, dessen Texte meist im Kontext des *Borderline-* oder *New Journalism* verortet werden[3] und der in der *Spex*, im *Spiegel*, in der *Frankfurter Allgemeinen Zeitung*, der *Welt*, der *Jungle World*, der *Süddeutschen Zeitung*, der *Tageszeitung*, der *Zeit* und dem *Standard* veröffentlichte. Legt man damit den Schwerpunkt auf seine Pressearbeit, wird zumindest einfacher erklärbar, warum Lottmanns Name im literaturwissenschaftlichen Diskurs ausgesprochen selten fällt[4] und weswegen man ihn aktuell vergeblich in allen einschlägigen Autorenlexika suchen wird.

---

1 Vgl. Spiegel (2004): »Die letzten Teenager«.
2 Vgl. entsprechend Seiler (2006): »Das einfache wahre Abschreiben der Welt«, S. 15f., 234, 323; Weidermann (2006): *Lichtjahre*, S. 227ff.
3 Vgl. entsprechend Bleicher (2004): »Sex, Drugs & Bücher schreiben«, S. 126f.
4 In Überblicksdarstellungen, welche die Literatur ab den 1980er Jahren besonders im Pop-Kontext behandeln, ist sein Name dann und wann anzutreffen, vgl. Baßler (2005): *Der deutsche Pop-Roman*, S. 110f., 114, 153; Seiler (2006): »Das einfache wahre Abschreiben der Welt«, S. 15f., 234, 281, 323; Winkels (2005): *Gute Zeichen*, S. 151ff.; Weidermann (2006): *Lichtjahre*, S. 227ff.; Rauen (2010): *Pop und Ironie*, S. 2, 127. Erstaunlicherweise erscheint Lottmann bei Ullmaier (2001): *Von Acid nach Adlon* lediglich mit einem Titel in der angehängten Bibliographie, ohne in dieser reichhaltigen Materialsammlung weiter erwähnt zu werden. Ausführlichere Behandlung erfährt er nur in zwei Publikationen: Winkels (1991): *Einschnitte*, S. 128–138; Drügh (2007): »Verhandlungen mit der Massenkultur«; und seine Romane werden in einigen wenigen anderen Fällen herangezogen, um Themenfelder zu illustrieren, ohne dass eine weiterführende Auseinandersetzung mit seiner Poetik oder seiner Person erfolgt: Kauer (2009): »Der Zauber männlicher Verletzlichkeit«; Waltz (2006): »Was das Geschlechterverhältnis einmal war und heute ist« und Krause (2010): »Auf der Suche nach der normalen Nation«.

Ein Grund hierfür könnte darin bestehen, dass seine Prosa für die meisten emanzipierten und literarisch sozialisierten Menschen eine ungewöhnliche Lektüre darstellt: Wenn Heinz Drügh Lottmanns zweitem Roman *Deutsche Einheit* attestiert, er würde zu einem großen Teil aus »frauenverachtende[r] Altmännererotik«[5] bestehen, so ist dies als ein Euphemismus zu verstehen. Und auch wenn man über den allgegenwärtigen Sexismus hinweg sieht, so muss man das von Drügh gefällte Urteil auf alle Romane Lottmanns übertragen: »Auch in stilistischer Hinsicht ist man im Falle von *Deutsche Einheit* mit der Zumutung von fast 400 Seiten Prosa konfrontiert, die kaum nennenswert überformt zu sein scheinen [...].«[6]

Der leise Zweifel am Ende dieser Aussage weist jedoch auf ein Versprechen hin – und tatsächlich entlockt Drügh dem Roman in seiner Analyse Aspekte, die der ausgestellten Trivialität der Prosa Hohn sprechen.[7] Darum sei nun ein dritter Anlauf unternommen, um die Frage zu beantworten, wer Joachim Lottmann sei (und was ihn dazu qualifiziert, zum Gegenstand der vorliegenden Studie zu werden): Joachim Lottmann ist das paradoxe Konstrukt eines Subjekts, das sich jeder Festlegung entzieht. Seine literarischen und seine journalistischen Texte ergeben ein Amalgam, in welchem ein Universum entsteht, das einem oberflächlichen Blick zufolge zahlreiche Referenzen auf unsere Alltagswirklichkeit offeriert – nur um sich bei einer genaueren Prüfung als heterogene Sammlung von Elementen zu erweisen, deren Konfiguration vollkommen unklar verbleibt. Der so zwischen allen Texten installierte Interpretant lässt sich auf ein autofiktionales Subjekt reinster Prägung beziehen, in welchem alle Möglichkeiten einer Metaposition bereits implementiert sind. Die so greifbare Selbstpoetik entwickelt sich dabei quasi ›auf der Höhe des Diskurses‹, indem sie sich immer wieder an vergleichbare Poetiken anlehnt – sei es das Schreiben von Rainald Goetz, die Popliteratur, der Journalismus oder Ästhetiken des Weblogs – und sich wiederum von ihnen absetzt, um eine sehr spezifische und eigenwillige Form von Selbstpoetik zu praktizieren.

Wenn man im Internet recherchiert, gezielt das Feuilleton durchsucht und dabei die Rolle Lottmanns für das Schreiben von Goetz vor Augen hat, zeigt sich, dass Lottmann, seine Schreibweisen und seine Selbstpoetik in bestimmten Kreisen als paradigmatisch gelten.[8] Die hier vorliegende Analyse stellt damit

---

5 Drügh (2007): »Verhandlungen mit der Massenkultur«, S. 188.
6 Drügh (2007): »Verhandlungen mit der Massenkultur«, S. 188.
7 Vgl. dazu auch Krause (2010): »Auf der Suche nach der normalen Nation«, S. 49, Anm. 21, und ihr impliziter Anschluss an die These von Drügh, bei *Deutsche Einheit* handele es sich um einen ›Thesenroman‹, ebd., S. 51.
8 Vgl. dazu Weidermann (2006): *Lichtjahre*, S. 228; Kauer (2009): »Der Zauber männlicher Verletzlichkeit«, S. 131.

ein lange überfälliges Desiderat dar und soll zum ersten Mal im literaturwissenschaftlichen Diskurs einen Überblick über das Phänomenfeld ›Lottmann‹ bieten. Und dies beginnt mit der ersten Feststellung: Der Autor und seine Erzählerfiguren lassen sich nicht trennen.[9] Dies war bereits der Fall, als 1987 der erste Roman unter dem Label ›Lottmann‹ erschien.

5.1 Eintritt ins literarische Feld: *Mai, Juni, Juli*

Ist es normalerweise üblich, auf dem Buchrücken den potenziellen Lesern das Versprechen einer Lektüre anzubieten, sei es in Form einer knappen Zusammenfassung des Inhalts, eines aussagekräftigen Textbeispiels oder von Presse- und Kritikerstimmen zum Werk, so unternimmt *Mai, Juni, Juli*, Lottmanns erster Roman, genau das Gegenteil, indem er einen Katalog von Negationen offeriert:

> Kein Sex, keine *verdammt gute* Literatur, keine Monomanie, keine Exzesse, kein Tiefgang, keine geschmäcklerisch artifizielle Yuppie-Schreibe, kein Gegröhle, kein lasterhaftes Auskotzen, keine Phantasie, [...] *kein Geraune im Imperfekt*, [...] kein Vergangenheitsbewältigungsmist, auch kein Avantgarde-Scheiß, kein Dada, [...] kein Buch für Gaumenfreunde [sic], keine witzigen Schlaumeier-Alternativo-Weisheiten, kein Parfüm, kein Patchwork, kein Cut Up, kein Tschernobyl. Tut mir leid, Brillenfreunde.[10]

Dies nun liest sich wie eine paradigmatische Reihe von Erwartungshaltungen, die in den 1980er Jahren an Literatur angelegt wurden – soweit zumindest die Suggestion des Textes – und installiert zugleich im letzten Satz eine Sprecherinstanz, die mit dem Autor oder Erzähler gleichzusetzen wäre. Nimmt man nach der Lektüre des als »ein Roman« ausgewiesenen Bandes,[11] den Katalog der Negationen erneut in Augenschein, erweist sich die Liste als vorsätzliche Täuschung: »[L]asterhaftes Auskotzen« lässt sich in dem Text ebenso reichlich finden wie der »Vergangenheitsbewältigungsmist« sowie ein buntes Patchwork, welches darin besteht, dass dem *einen* Roman die Bestandteile zahlreicher *weiterer* Romane, Kurzgeschichten oder Pressetexte beigefügt wurden, die sich in ersteren nahtlos

---

9 Vgl. dazu auch Krause (2010): »Auf der Suche nach der normalen Nation«, S. 48, Anm. 20.
10 Lottmann (1987): *Mai, Juni, Juli*, Buchrücken. Herv. i. Orig.
11 Dieser Untertitel wurde im Gegensatz zum Text des Buchrückens auch in der Taschenbuchausgabe von 2003 beibehalten. Der Singularform »ein Roman« kommt eine gewisse Bedeutung zu, wie später noch ausgeführt wird.

einfügen. Selbst der Reaktorunfall von Tschernobyl findet Erwähnung und woran es dem Text am wenigsten mangelt, ist Monomanie.[12]

Wovon aber handelt der als Roman titulierte Text? Knapp gesagt: Davon, wie ein Roman zu schreiben sei und von den Schwierigkeiten, diesen zu verfassen. Die Fokalisierung erfolgt dabei konstant über einen Ich-Erzähler, wenn die Texthandlung nicht gerade von den Texteinschüben unterbrochen wird, welche dieser im Auftrag seines Verlegers oder für ein hippes Kölner Magazin verfasst. Hungernd und von Kopfschmerzen geplagt, gleich dem Helden in Knut Hamsuns *Hunger*,[13] notorisch pleite und nach Inspiration suchend, bewegt sich der Erzähler zunächst durch Hamburg, später durch Köln und reflektiert dabei permanent seine Lage, formuliert seine Meinungen und sucht nach Stoffen, die er literarisch verarbeiten könnte. Denn auch wenn sich im Laufe des Textes zahlreiche Widersprüche in seinen Aussagen entdecken lassen, so gibt es doch eine Konstante, die gleich in den ersten Sätzen eingeführt wird:

> Es war in der Zeit, als ich unbedingt ein Schriftsteller sein wollte. Eine schreckliche Zeit. Morgens kam ich nicht aus dem Bett, und Abends hatte ich Depressionen. Dazwischen zersprang mir der Kopf. Oft saß ich einen halben Tag lang [...] vor meinem Schreibtisch und dachte: Ich bin ein Schriftsteller. [...] Jeden Moment konnte die Idee meines Lebens durch mein weiches Bewußtsein zucken, und hurtig mochten die bereiten Finger alles zu Papier bringen. Der Roman, der alles veränderte. Ja, ich war davon überzeugt, ein großer Schriftsteller zu sein, wenn ich nur anfing.[14]

Ebenso wie in Goetz' »Subito« und *Irre* also auch hier ein Schriftsteller als Ich-Erzähler. Anders aber als im Klappentext der Neuausgabe von *Mai, Juni, Juli* behauptet,[15] ist dieser keineswegs namenlos. In einer der zahlreichen Ausführungen über seine Biographie nennt er seinen Namen, und dieser ist identisch mit demjenigen auf dem Buchdeckel: Joachim Lottmann.[16] Anders als bei Goetz mit den Figurenspielen um Raspe / Goetz / Klar usw. finden hier keine Maskierungen statt.

---

12 Beschränkt sich die Vergangenheitsbewältigung vor allem darauf, dass der Erzähler sich dazu äußert, wer sein »Lieblingsfaschist« sei, so wird der nukleare Super-GAU als Thema für die (misslingende) Anmache eines attraktiven Mädchens genutzt. Vgl. Lottmann (1987): *Mai, Juni, Juli*, S. 173f. und 17.
13 Helge Malchow gibt einen Verweis auf Hamsun als Vorbild, nennt hier jedoch *Mysterien* als das wichtigere Werk, vgl. Malchow (2003): »Nachwort«, S. 253.
14 Lottmann (1987): *Mai, Juni, Juli*, S. 7.
15 Vgl. Lottmann (2003): *Mai, Juni, Juli*, S. 3.
16 Lottmann (1987): *Mai, Juni, Juli*, S. 63.

Die Verwendung des Autorennamens begründet damit im ersten Roman von Lottmann eine Tradition, die sich bis zum heutigen Tag fortsetzt, allerdings mit einer leichten Variation. Bereits im allerersten bei Kiepenheuer & Witsch publizierten Text von Lottmann, der sich in der von Peter Glaser herausgegebenen Anthologie *Rawums* findet, trägt der Held den Namen ›Lojo‹, der als Akronym auf Lottmann, Joachim verweist.[17] Der Klarname Joachim Lottmann ist ebenfalls der Name des Ich-Erzählers seines zweiten Romans *Deutsche Einheit*[18] und seines bisher jüngsten – allerdings als »kein Roman« bezeichneten – Werkes *Hundert Tage Alkohol*.[19] Seit *Deutsche Einheit* haben die Ich-Erzähler Lottmanns zudem alle die Eigenschaft, mit der Abkürzung ›Jolo‹ gerufen zu werden, die sich damit als eine Variation des Akronyms aus dem Glaser-Band erweist. Dieses Akronym bleibt als Name des Protagonisten ebenfalls in denjenigen Romanen Lottmanns unverändert, in denen der Held nicht auf den Klarnamen des Autors, sondern auf die zur Abkürzung passende Variation ›Johannes Lohmer‹ hört, so in *Die Jugend von heute* (2004), *Zombie Nation* (2006), *Der Geldkomplex* (2009) und *Unter Ärzten* (2011).[20] Während die Konsistenzen des Erzählers abseits seines Namens über die Bücher hinweg später ausführlicher behandelt werden, gilt es hier zunächst die Bedeutung der Setzung als ›Schriftsteller‹ in *Mai, Juni, Juli* genauer unter die Lupe zu nehmen und zu untersuchen, in welcher Weise er sein in der Handlung des Buches immer wieder erwähntes Projekt, ein großer Autor zu werden, umsetzt. Dieser erste Entwurf einer Autor-Figur stellt eine entscheidende Grundlage für die Selbstpoetik von Joachim Lottmann dar, wie sie sich bis heute beobachten lässt. Das Wechselverhältnis von Referentialität und Fiktionalität nimmt ebenso wie in den Werken von Goetz einen wichtigen Stellenwert innerhalb der Lottmann'schen Poetik ein und leistet dabei zugleich einen Anschluss an seine über Jahrzehnte fortbestehende Tätigkeit als Journalist. Anstatt jedoch wie Goetz immer wieder einem eingeforderten Begriff der ›Wahrheit‹ hinterherzuschreiben, inszeniert Lottmann seine Autorschaft – und damit auch die Autorschaft seiner Figuren – als ein schalkhaftes Spiel mit unklaren Grenzen, in dem selbst seine Position als Träger der Autorfunktion zum Spielball wird. Den Inhalt und den

---

17 Vgl. Lottmann (1984): »Drei Frauen«, S. 138f. Bereits hier ist der Ich-Erzähler als ein Schreibender angedeutet, vgl. ebd., S. 135.
18 Vgl. Lottmann (1999): *Deutsche Einheit*, S. 103, hier mit Mittelnamen: Joachim Friedrich Lottmann.
19 Vgl. Lottmann (2011): *Hundert Tage Alkohol*, S. 110.
20 Vgl. die Namensnennungen in Lottmann (2004): *Die Jugend von heute*, S. 53, 95; Lottmann (2006): *Zombie Nation*, S. 71 (hier wieder mit dem Mittelnamen ›Friedrich‹); Lottmann (2009): *Der Geldkomplex*, S. 53, 146; Lottmann (2011): *Unter Ärzten*, S. 110. Also »Lojo« wird Lottmann auch bei Goetz tituliert, vgl. hier Goetz (2009): *loslabern*, S. 109f.

Kontext dieses Spiels gilt es zunächst auf ihre internen Strukturen und Verbindungen hin zu analysieren, um anschließend die vorgefundenen Identitäten bzw. Identitätsbrüche auf die Selbstpoetik von Lottmann zu übertragen.

Ebenso wie Goetz' Erstling *Irre*, mangelt es *Mai, Juni, Juli* nicht an poetologischen Aussagen, die stets der Figurenrede entnommen werden können. Wenn man diese textinternen Poetologien ernst nimmt im Sinne von: für die Poetik des Buches relevant, sollten sie stets als ›meta-poetologische‹ Aussagen gewertet werden, die sich an der Praxis des Textes zu beweisen haben. Als eine weitere Parallele zu Goetz' Werk lässt sich festmachen, dass auch hier kaum eine Aussage für sich stehen bleiben kann, ohne an anderer Stelle gegenteilig formuliert zu werden. Erwies sich bereits das Versprechen des Buchrückens als doppelbödig, so entpuppt sich die Einstellung des Erzählers zum eigenen Schreiben als wechselhaft: Die Aussage, dass ein Schriftsteller im Geheimen zu arbeiten habe,[21] wird dadurch karikiert, dass eben jener im Verlauf des Textes der fortwährenden Beobachtung ausgesetzt ist. Eine andere Feststellung, nämlich, dass es zu verletzend sei, über lebendige Menschen zu schreiben – vorgebracht als ein Argument dafür, warum der pseudo-intellektuelle Hans-Herrmann Klarczyk nicht zum Helden eines Romans avancieren dürfe,[22] – bleibt entsprechend vollkommen folgenlos, da sich daraufhin das Personal des Romans nicht ändert. Klarczyk ist damit zwar nicht zum Helden des geplanten ›Intellektuellenromans‹ geworden, wohl aber eine der zentralen Figuren von *Mai, Juni, Juli*.

Diese Eigenschaft des Erzählers, unzuverlässig zu sein – oder wahlweise auch wechselhaft, scheinbar naiv,[23] opportunistisch – findet sich auch bei den anderen Protagonisten von Lottmanns Romanen und entwirft damit eine ironische Karikatur der Schriftstellerexistenz schlechthin. Sie mündet schließlich in einer Art poetisch ausformuliertem Selbstwiderspruch, der sich direkt auf Lottmanns Selbstpoetik übertragen lässt. Hubert Winkels schreibt hierzu: »Lottmann, tiefstapelnder Romanheld ohne Romankompetenz, ist ein Hochstapler: Er erzählt dennoch einen [Roman; I.K.]. [...] Ich, der Schriftsteller, die sinnloseste Figur in diesem heillosen Universum, sage Euch: Ich habe nichts zu sagen. Also beginne ich [...].«[24] Dies heißt jedoch nicht, dass man *Mai, Juni, Juli* oder gar das gesamte Werk Lottmanns als eine Satire betrachten sollte, denn es wird sich zeigen, dass seine Art des Schreibens durchaus ›Wahrheit‹ produziert – und sei es auch nur die Wahrheit über Joachim Lottmann.

---

21 Vgl. Lottmann (1987): *Mai, Juni, Juli*, S. 8.
22 Vgl. Lottmann (1987): *Mai, Juni, Juli*, S. 189.
23 Vgl. dazu Winkels (1991): *Einschnitte*, S. 134.
24 Winkels (1991): *Einschnitte*, S. 138.

Wenn man beim Lesen von *Mai, Juni, Juli* die Ironiesignale beiseite schiebt, fällt als deutliches Merkmal auf, dass man es mit einem ausgesprochen realistischen Text zu tun hat. Was der Roman immer wieder ausspielt, ist das Spannungsverhältnis zwischen einer angenommenen alltagswirklichen Referentialität und den üblicherweise vorausgesetzten Eigenschaften fiktionaler Literatur. Mögen Köln und Hamburg als Handlungsorte noch unverdächtig erscheinen, so wird im Verlaufe der Handlung der Anreiz, das Ganze als *Roman à clef* zu lesen umso stärker, je mehr die geschilderte Kölner Szene dem Umfeld der Zeitschrift *Spex* zu entsprechen scheint. Ob nun der immer wieder erwähnte Jugendfreund und Chefredakteur des namenlos bleibenden Journals tatsächlich Diedrich Diederichsen sei, ob die Figur der Evelyn auf Clara Drechsler oder Jutta Koether (oder beide) anspielt und ob Kippi Kippenberger[25] als identisch mit dem Maler Martin Kippenberger anzunehmen sei, ist hier jedoch nicht relevant.[26] Möchte man ein Argument bezüglich der Referentialität von *Mai, Juni, Juli* vorbringen, reicht es vollkommen aus, auf die Erzähler-Autor-Figur zu fokussieren.

Zwei Beobachtungen können dabei als Elemente einer Poetik, die sich zu einer Selbstpoetik entwickelt, hervorgehoben werden. Dies wäre zum einen, dass innerhalb des Buches immer wieder Einschübe zu finden sind, die an die metaleptischen Konstruktionen bei Goetz erinnern, in denen plötzlich eine Autor-Figur den Redefluss des Erzählers unterbricht. Bei Lottmann ist dies jedoch anders umgesetzt als bei Goetz, da die Diegese hier keinen Bruch erfährt und auf diese Weise keine offensichtlichen Verfremdungseffekte erzielt werden. Es handelt sich dabei eher um Varianten einer ›sanften‹ oder auch nur rhetorisch angedeuteten Metalepse. So entschließt sich der Protagonist im Laufe der Handlung zu einem neuen Schreibprojekt. Es müsse sein:

---

25 Vgl. hier Lottmann (1987): *Mai, Juni, Juli*, S. 101ff. Die beiden anderen Figuren kommen zu häufig vor, um die Nennungen einzeln aufzulisten.

26 Möchte man nach weiteren versteckten Hinweisen auf lebende Personen suchen, wird man schnell fündig: Der immer wieder erwähnte und als Figur in der Diegese erscheinende, aber namentlich nie genannte Verleger könnte in diesem Fall mit dem damaligen Leiter des Kiepenheuer & Witsch-Verlages Reinhold Neven DuMont gleichgesetzt werden. Ein junger Mann, der als »der berühmte Autor von Jugendmode und ihr Ende«« , Lottmann (1987): *Mai, Juni, Juli*, S. 54, vorgestellt wird, könnte leicht als der Gründer von *Mode und Verzweiflung*, Thomas Meinecke, identifiziert werden. Einen Sonderfall stellt der als Maler präsentierte Stephan T. Ohrt dar (vgl. dazu ebd., S. 215–238). Einerseits kann seine Autorschaft bei einigen Beiträgen in der Zeitschrift *Sounds* und einigen weiteren Publikationen verifiziert werden, die meisten Spuren zu ihm finden sich jedoch im Werk von Lottmann selbst. Vgl. z. B. Lottmann (1984): »Drei Frauen«, S. 127, 130f. und Lottmann (2011): *Unter Ärzten*, S. 62 oder auch Lottmann (2008): »Im Ofen Hühner, im Radio leise Brahms« und Lottmann (2011): »Warum ist das Nachtleben so wichtig?«.

> der Konfessionsroman, also die Beichte, die schonungslose Abrechnung mit mir selber, der Authentizitätsbolzen. Ich mußte schreiben, wie mir der Schnabel gewachsen war, atemlos unmittelbar hechelnd ehrlich distanzlos! [...] Und worüber wollte ich Zeugnis ablegen – über die Wirklichkeit natürlich! Und wo kam die Wirklichkeit her? Die war da. [...] Man mußte, ganz klar, einfach JEDEN Zipfel der Wirklichkeit beschreiben, ohne Ansehen der Wichtigkeit.[27]

Dieses Vorhaben wird umgehend umgesetzt, was ebenda mit einem »Ich begann« und einleitenden Anführungszeichen angezeigt wird. Und es entbehrt nicht einer gewissen Komik, dass sich in diesem anschließenden ›Authentizitätsbolzen‹ weder Stil noch Inhalt des Textes im Vergleich zum vorhergehenden Roman in irgendeiner Weise wandeln – lediglich die Dialoge werden nun mit einfachen statt doppelten Anführungszeichen abgegrenzt.[28] Der neue Text setzt an ebenjener Stelle an, an welcher sich der Ich-Erzähler vordem befunden hat, um einige Seiten weiter aufgrund von Erschöpfung abzubrechen.[29] Diese Kontinuität von Stil und Inhalt ließe sich als die Variation auf ein parabatisches Verfahren lesen, das zudem einen Witz zum poetologischen Prinzip erklärt: Auf der Bühne der Romanhandlung wird in Form des eingeschobenen ›authentischen Romans‹ eine zweite Bühne präsentiert, deren Besonderheit darin besteht, dass darin bis auf die leichte Rahmung keinerlei Unterschied zur ersten Bühne besteht.[30] Überträgt man dieses Prinzip rückwirkend auf den gesamten Text, hieße dies, dass zwischen einer nicht-literarischen Beschreibung von ›JEDEM Zipfel der Wirklichkeit‹ und einem entsprechend ausgerichteten Roman ebenfalls keinerlei Differenz festzustellen sein müsste. Oder aber, den gleichen Gedanken von einer anderen Seite betrachtend: Dass innerhalb der Literatur andere Gesetze den Übergang von Identität zu Äquivalenz bestimmen, als es in der Alltagswirklichkeit der Fall ist.[31]

---

[27] Lottmann (1987): *Mai, Juni, Juli*, S. 86f. Herv. i. Orig.
[28] Lottmann betreibt damit quasi eine gegenteilige Umsetzung des metaleptischen Verfahrens, als es Italo Calvino in *Wenn ein Reisender in einer Winternacht* umsetzt, da bei Calvino in jedem der Romananfänge innerhalb des Buches besonderer Wert auf den Wandel von Stil und Inhalt gelegt wird. Wenn bei Calvino damit eine Betonung der Pluralität attestiert werden kann, so bei Lottmann eine Betonung der Äquivalenz.
[29] Vgl. Lottmann (1987): *Mai, Juni, Juli*, S. 87–103. Dieser »Roman mit Biß« wird im Verlauf des Textes ein weiteres Mal aufgenommen, vgl. ebd., S. 111–123, um dann mitten im Satz unterbrochen zu werden.
[30] Ein ganz ähnliches Prinzip findet sich auch in *Tristesse Royale*. Ganz am Ende des Buches erweist es sich, dass die Protagonisten Kracht und Bessing sich die ganze Zeit über in der Kulisse eines Film-Sets befunden haben, die sich jedoch in keiner Weise von der dahinter befindlichen ›Wirklichkeit‹ unterscheidet. Vgl. dazu Bessing [Hg.] (1999): *Tristesse Royale*, S. 189.
[31] Vgl. dazu einen der ersten Texte, die von Lottmann in der Zeitschrift *Spex* publiziert wurden. Es handelt sich dabei um die Rezension des Bandes *Mit der Kirche ums Dorf* von Thomas

Ganz anders als in den Identitätsspielen des wenige Jahre zuvor erschienenen Romans *Die Verwirrung des Gemüts* von Alban Nikolai Herbst[32] begegnet einem hier eine Setzung, die als entgegengesetzt zu den Pluralitäten der Postmoderne angelegt scheint. Herkömmlicherweise wird eine performative Handlung in wesentlichem Maße dadurch konfiguriert, wie sie gerahmt wird und welches Wissen um diese Rahmung bei den Rezipientinnen und Rezipienten angenommen werden kann. Während Herbst dieses Prinzip auswählt, um in seinen Romanen die Pluralität von Identitäten auszuführen und auf diese Weise eine Äquivalenz zu betonen, die maßgeblich auf einer relativen Differenz basiert, geht Lottmann den gegensätzlichen Weg. Innerhalb des Romans wird die Rahmung deutlich betont, resultiert aber lediglich darin, dass der Text des Romans und des ›Binnen-Romans‹ bis eben auf die Rahmung vollkommen identisch ist. Dies hat weitreichende Konsequenzen auch für die Selbstpoetik der Figur mit dem Namen Joachim Lottmann, denn dies impliziert letztlich nichts anderes, als dass die hier angebotene und literarisch vermittelte Form von Wahrheit keine metaphysische Größe hinter irgendwelchen Zeichen ist, sondern sich in der vernetzten Oberfläche dieser Zeichen findet, was aber gleichwohl von einer Rahmung nicht wesentlich beeinflusst wird.[33] Zugleich legt die Anlage dieses ›Authentizitätsbolzens‹ nahe, dass auch andere Einschreibungen eben diesem Prinzip folgen und auf diese Weise Identität herstellen, selbst wenn sie in einem literarischen Medienangebot realisiert werden.

Die zweite Beobachtung, die auf die Herstellung einer möglichen Referentialität und diskursübergreifenden Identität innerhalb eines als Literatur ausgewiesenen Textes hindeutet, betrifft spezifische Anschlüsse an die Autorfunktion von Lottmann, die in *Mai, Juni, Juli* anhand des Protagonisten geleistet werden. Hierzu ein paar Hintergrundinformationen: Bei einer Recherche lässt sich feststellen,

---

Meinecke: »Was ist realitätshaltige Poesie? Ungefähr das: Die Handlung spielt heute, in der Bundesrepublik, an genau bestimmten Plätzen, Straßen, Lokalitäten. Menschen haben Berufe, Politiker werden wiedererkannt, Autos spricht man mit ihren Markennamen an. [...] in Wahrheit sind es die vielen Details in der Handlung – am Ende hat man die Grundlüge geschluckt. [...] Alle Geschichten [von Meinecke; I.K.] sind auf diese Weise absurd und realistisch. [...] Denn der Autor lügt ja nicht, dafür ist er zu gut. Von einer bestimmten Schreibqualität an IST Literatur Wahrheit, was immer sie transportiert.« Lottmann (1986): »Realitätsgehalt: Ausreichend«. Herv. i. Orig. Lottmann attestiert hier Meinecke einen hochwirksamen Grad von Realismus und Wahrhaftigkeit, trotz deutlich vorhandener Absurdität und Groteske der Handlung. Diese Leitlinie liest sich wie eine visionäre Beschreibung der gesamten Poetik, die Lottmann in seinen Werken verfolgt.
32 Vgl. dazu ausführlich Kapitel 6.1.1.
33 Vgl. Baßler (2002): *Der deutsche Pop-Roman*, S. 175. Vgl. zum Konzept einer ›Poetik der Oberfläche‹ auch Regn (1992): »Postmoderne und Poetik der Oberfläche« und Grabienski / Huber / Thon (2011): »Auslotung der Oberfläche«.

dass *Mai, Juni, Juli* nicht die erste Publikation Lottmanns im literarischen Feld gewesen ist. Bereits in Peter Glasers Anthologie *Rawums* war drei Jahre zuvor ein kurzer Text von ihm erschienen und es lohnt sich, einen Blick auf die darin gelisteten biographischen Angaben des Autors zu werfen: »Joachim Lottmann, geb. 1954 in Hamburg, Germanistik-Studium, 1979 Volontär bei ›Die Welt‹, 1981 Redakteur des ›Stern‹. Texte: *Port Stanley ist gefallen* (unveröffentlicht); *Das kleine blonde Elend*, Erzählung (unveröffentlicht).«[34] Zu den Variablen in Lottmanns Biographie (vor allem zum Geburtsdatum) wird später noch Einiges gesagt, hier interessiert primär der Hinweis auf den ersten der beiden als ›unveröffentlicht‹ gelisteten Texte in Glasers Buch. Als nämlich der Held von *Mai, Juni, Juli* seinem Verleger in Köln einen Besuch abstattet, blättern sie gemeinsam in dem Stapel derjenigen Manuskripte, die der Erzähler ihm zuvor zugesendet hatte. Und einer davon erweist sich als »›Port Stanley Ist Gefallen‹, ein ergreifender Bericht über die Liebe und den Falkland-Krieg.«[35] Eine weitere Schließung zwischen Figur und Autor wird geleistet, als eben dieser Titel auch von Diedrich Diederichsen in der August-Ausgabe 1982 von *Sounds* als ein Roman aus der Feder eines gewissen Joachim Lottmann erwähnt wird.[36] Spätestens an dieser Stelle ist nicht mehr übersehbar, dass gleich zu Beginn von Lottmanns literarischer Präsenz ein autofiktionales Spiel offeriert wird, das mit einer vollkommenen Identität von literarischer Autor-Figur und dem Träger der Autorfunktion operiert.[37]

Den deutlichsten Hinweis auf eine solche Identität findet man jedoch in *Mai, Juni, Juli* nach etwa einhundert Seiten. Joachim Lottmann (der Ich-Erzähler des Romans) macht sich im Verlauf der Handlung auf zu einer »Reise in die Provinz, um für das Avantgarde-Popmagazin meines Sandkastenfreundes, dem ich gerade soviel zu verdanken hatte, eine Reportage zu schreiben.«[38] Das Ziel seiner Reise, die als grässlich und provinziell geschilderte Stadt Münster, habe nämlich die höchste Abonnentendichte dieser Zeitschrift.[39] Ebenso wie der ›authentische

---

34 Glaser [Hg.] (1984): *Rawums*, S. 315.
35 Lottmann (1987): *Mai, Juni, Juli*, S. 69.
36 Vgl. Diederichsen (1982): »Veranda Spuk ›Mein Flirt‹«, S. 44.
37 Hierzu passt auch der in Lottmann (1987): *Mai, Juni, Juli*, S. 33 gegebene Hinweis, sein Verleger habe bereits zwei Texte von ihm im Verlagsprogramm publizieren lassen: »Eine Kurzgeschichte brachte er in einem Sammelband unter und eine andere in einem Sonderband für Krimikurzgeschichten.« Dies deckt sich mit der oben erwähnten Publikation in *Rawums* (Sammelband) und in dem von Hubert Winkels 1986 herausgegebenen Band *aus. Mord-Stories*. Vgl. darin Lottmann (1986): »Mord an Bord«. Weitere Buch-Publikationen Lottmanns lassen sich vor der Veröffentlichung von *Mai, Juni, Juli* nicht nachweisen.
38 Lottmann (1987): *Mai, Juni, Juli*, S. 104.
39 Lottmann (1987): *Mai, Juni, Juli*, S. 105.

Roman‹, wird diese Reportage mit doppelten Anführungszeichen abgesetzt, als Binnentext in *Mai, Juni, Juli* integriert.[40] Den *Spex*-Leserinnen und Lesern der damaligen Stunde, die Lottmanns Roman zur Hand nahmen, dürften diese Passagen jedoch bereits bekannt vorgekommen sein, denn sie erschienen absolut zeichenidentisch unter dem Titel »Helden für mehr als einen Tag« in der August-Ausgabe 1986 des Kölner Magazins.[41] Das Netz dieser sich ergänzenden Hinweise ließe sich in eine dreifache Gleichung übersetzen, die besagt, dass die Autor-Figur Joachim Lottmann in *Mai, Juni, Juli* gleichzusetzen sei sowohl mit dem Träger der literarischen Autorfunktion als auch mit dem journalistischen Autor Joachim Lottmann.

Eine solche Identität ist als Denkfigur bereits von Rainald Goetz bekannt – bei Lottmann ist sie jedoch gänzlich anders gelagert und dies betrifft zuerst die Thematisierung der Autorschaft als solcher und weiterhin den kontextuellen Rahmen, in welchem sie bei beiden Autoren wirksam wurde. Überwiegt bei Goetz vor allem in den frühen Werken eine Auratisierung der Autorschaft durch die Betonung des Autors als ›Begründer/Schöpfer von Texten‹, so ist die Thematisierung in Lottmanns Roman viel sachlicher und bodenständiger angelegt und zielt in erster Linie darauf ab, Anschluss an die juridisch-sozialen und ökonomischen Diskurse zu leisten, die mit Autorschaft in Verbindung stehen: Die Hoffnung des Protagonisten auf Honorare und Vorschüsse ist einer der roten Fäden, die sich durch *Mai, Juni, Juli* ziehen.[42] Weiterhin ist zu beachten, dass Goetz seine Essays und Texte in der *Spex* und anderen Print-Institutionen unter Zuhilfenahme ganz anderer Rahmungspraktiken als Lottmann publizierte, bevor er sie noch nachträglich sammelte und in *Hirn*, *Kronos* und *Celebration* deutlich in den Kontext seines ›Gesamtwerks‹ stellte. Form und Stil der Beiträge von Goetz wirkten in der *Spex* stets als Fremdkörper innerhalb der redaktionellen Kategorien und wurden zumeist auch noch als besonderes Ereignis auf den Titelseiten annonciert.[43]

---

40 Vgl. Lottmann (1987): *Mai, Juni, Juli*, S. 106–110.
41 Vgl. Lottmann (1986): »Helden für mehr als einen Tag«. Dieser Text erscheint deutlich abgetrennt im Kontext einer großen Reportage über die Münsteraner und Osnabrücker subkulturelle Szene, mit dem Titel »Das Glück ist immer woanders. Wenn nicht in Münster und Osnabrück«. In dem Roman wurden lediglich die expliziten Hinweise auf die Zeitschrift *Spex* getilgt.
42 Die Thematik wird später in Lottmann (2009): *Der Geldkomplex* noch stärker im Mittelpunkt der Handlung stehen, wird aber teilweise auch in Lottmann (1999): *Deutsche Einheit* und Lottmann (2011): *Hundert Tage Alkohol* virulent.
43 Rainald Goetz war durchgehend von Februar 1984 bis März 1997 im Impressum der *Spex* als Mitarbeiter gelistet, publizierte in dieser Zeit jedoch nur 10 namentlich ihm zuweisbare Beiträge (in den Ausgaben 2/84; 5/84; 7/84; 8/84; 11/84; 10/85; 10/87; 1/90; 10/90; 5/93; in der Ausgabe 1/95 war er als Interview-Partner beteiligt). Die besondere Rolle der Texte von Goetz und seine

Lottmanns Beiträge in dem Magazin hingegen fügten sich stets in die redaktionellen Rubriken und der einzige Sammelband, den er bisher veröffentlichte (*Auf der Borderline nachts um halb eins*, 2007 bei Kiepenheuer & Witsch) enthält nur einen Bruchteil der journalistischen Arbeiten Lottmanns sowie eine große Anzahl von Texten, die bis dahin überhaupt nur im Internet oder gar nicht publiziert worden waren.[44]

Die Gleichsetzung von Autor-Figur, Träger der literarischen Autorfunktion und journalistischem Autor soll hier jedoch nicht als Argument dazu genutzt werden, Lottmanns erstem Roman zu unterstellen, ein ›authentischer‹ oder gar ›autobiographischer‹ Text zu sein. Eher das Gegenteil ist anzunehmen – ohne aber, dass die Gleichung einer identischen Figur von Erzähler und Autor aufgegeben werden muss. Durch die Hereinnahme des journalistischen Textes in den Roman wird vielmehr deutlich, dass die Konfiguration von Lottmanns journalistischen Arbeiten nicht den üblichen Genre-Standards einer problemlosen Referentialisierbarkeit gehorcht, sondern dass alle seine in der Presse publizierten Texte den Poetiken des *Gonzo-*, *Borderline-* und *New Journalism* zuzurechnen sind. Dass Lottmanns literarische Autorschaft angesichts seiner journalistischen Arbeiten für lange Zeit in den Hintergrund rückte, lässt sich auch daran bemessen, dass es nach *Mai, Juni, Juli* zwölf Jahre dauern sollte, bis mit *Deutsche Einheit* erneut ein Roman unter seinem Namen publiziert wurde. Seine journalistische Tätigkeit wurde in allen diesen Jahren jedoch nicht ausgesetzt, sondern wirkt im Nachhinein als eine Art poetologisches Versuchsfeld für die später publizierten Bücher. Seine Profilierung als Reporter folgt dabei zum größten Teil den gleichen Gesetzen wie die Inszenierung der Autor-Figur in *Mai, Juni, Juli* und die Reportagen entwickeln sich nach und nach zu einem genuinen Bestandteil seines para-realistischen / parafiktionalen Universums.

Stellung als Solitär wird besonders anschaulich anhand der Publikation von Goetz (1987): »Kadaver«. Der Beitrag ist auf einem gesonderten Blatt, unabhängig von der Paginierung der Zeitschrift, in der Mitte eingeheftet. Name und Titel sind auf einer Seite gedruckt, der eigentliche Text auf der anderen – damit befindet sich der Beitrag an derjenigen Position, die normalerweise einem separat beigefügten und frei zu entnehmenden Poster zukommen würde (was als Praxis nie zuvor in der *Spex* umgesetzt wurde). Diese solitäre Position wurde dem Text auch zuteil, als er ein Jahr später auf der Innenseite des Schutzumschlags von *Kontrolliert* abgedruckt wurde.

44 Lottmann war von März 1986 bis Oktober 1988 im Impressum der *Spex* als Mitarbeiter gelistet und es lassen sich ihm für diesen Zeitraum neun Beiträge namentlich zuweisen. Obwohl er also über einen sehr viel kürzeren Zeitraum an der Zeitschrift mitgearbeitet hat als Goetz, verfolgte er dabei eine sehr viel höhere Publikationsfrequenz. Zudem schrieb er zeitweise für redaktionell etablierte Rubriken wie »Der politische Fernsehapparat« (3, 4 und 5/1986) und »gemein + geistreich« (6, 7, 8, 11/86).

5.2 Im Schutze des *New Journalism:* Referentialität in Lottmanns Reportagen

»Der Journalismus ist bei der Vermittlung von Informationen an eine sozial verbindliche Wirklichkeit gebunden. Diese Verpflichtung auf ein akzeptiertes Wirklichkeitsmodell ist für den Informationsjournalismus die Basis, auf der er operiert.«[45] Diese Aussage von Bernd Blöbaum ließe sich auch andersherum formulieren: ›Der Journalismus ist maßgeblich daran beteiligt, ein akzeptiertes Wirklichkeitsmodell zu konstruieren, das in der Lage ist, in den Prozessen operativer Fiktionen auf die Alltagswirklichkeit von Personen einzuwirken.‹ In der empathischen Wahrnehmung kommt den Bereichen des journalistischen Schreibens jedoch fraglos die Rolle zu, etwas vollkommen anderes zu leisten als Literatur – die immer wieder auftretenden Skandale um ›falsche‹ oder ›subjektive‹ Berichterstattung legen davon ein deutliches Zeugnis ab.[46] Die Berufung auf ein empirisch nachprüfbares und akzeptiertes Modell der Wirklichkeit kann darum nach wie vor als paradigmatisch für die journalistische Presse angesehen werden, die mit ›Informationen‹ operiert.[47]

Nun ist der ›Informationsjournalismus‹ nicht gerade die Kernkompetenz von Joachim Lottmann. Die meisten seiner Beiträge für die großen überregionalen Periodika und Tageszeitungen lassen sich der Gattung Reportage zuweisen. Dieser nun kommt im journalistischen Bereich als der subjektivsten journalistischen Darstellungsform eine besondere Rolle zu.[48] In ihrer Betonung der subjektiven Wahrnehmung des Autors avancierte sie folgerichtig zur wichtigsten

---

45 Blöbaum (2003): »Literatur und Journalismus«, S. 29.
46 Zu nennen wäre hier beispielsweise der Skandal um den Journalisten Tom Kummer, dessen fiktive Interviews dazu führten, dass Ulf Poschardt und Christian Kämmerling als Redakteure des *Magazins* der *Süddeutschen Zeitung* entlassen wurden, vgl. hierzu u.a. Reus (2004): »Mit doppelter Zunge«. Aktueller ist die Auseinandersetzung um den Henri-Nannen-Preis 2011, der dem *Spiegel*-Journalisten René Pfister aberkannt wurde, nachdem öffentlich wurde, dass Teile seiner Reportage über Horst Seehofer nicht auf persönlich vorgenommenen Recherchen basierten, bzw., dass er das Geschilderte nicht persönlich bezeugen könne.
47 Vgl. Blöbaum (2003): »Literatur und Journalismus«, S. 30. Tatsächlich ist diese Unterscheidung historisch relativ neu. Erst im 19. Jahrhundert vollzieht sich die Trennung der sozialen Zuständigkeitsbereiche zwischen dem ›Journalisten‹ und dem ›Schriftsteller‹. Bis dahin lag das Augenmerk nicht auf der Unterscheidung zwischen Fakt und Fiktion, sondern auf der Distinktion von Fiktion und ›Wahrheit‹, die im Rahmen erkenntnistheoretischer Paradigmata ausgehandelt wurde. Vgl. hierzu Porombka / Schmundt (2004): »Dandy, Diva & Outlaw«, S. 230; Neuhaus (2003): »Von Texten, Menschen und Medien«, S. 12.
48 Vgl. Haller (1997): *Die Reportage*, S. 13.

Textsorte des *New Journalism*. Lottmann bedient dabei in den meisten Fällen den Kommunikationstyp ›Augenzeugenbericht‹, in welchem das Erleben eines Ereignisses in das Zentrum der Aufmerksamkeit rückt.[49] Diese Form der Reportage ergänzt die faktisch orientierten journalistischen Textsorten, indem sie den Lesern üblicherweise eine Sichtweise anbietet, bei welcher der Autor nicht hinter den Fakten zurücksteht, sondern mit seiner Person die Relevanz und Authentizität der dargebotenen Inhalte zu beglaubigen hat.[50] Dem konventionellen Reportage-Autor kommt damit eine Doppelrolle zu: Einerseits muss er durch seine selektive Schilderung z.T. empathisch den Inhalt an die Leserinnen und Leser herantragen und sie in eine Erlebnisgemeinschaft einführen,[51] andererseits muss er sich an dem geltenden Gesetz der Faktizität orientieren und ein möglichst umfassendes Bild des Berichteten bieten, so dass er selbst als diejenige Person, die gerade die Autorfunktion inne hat, austauschbar sein sollte.[52] Auf diese Weise entsteht in modernen Reportagen oft eine Polyphonie von Stimmen,[53] durchmischt mit den Kommentaren des Autors, dessen subjektives Empfinden als Authentizitätsgarant des Textes gilt. Lottmanns Reportagen weichen von diesen Kategorisierungen deutlich ab. Als berichtende Instanz ist er alles andere als austauschbar und schließt die subjektivierbaren und auf ihn selbst verweisenden Elemente so deutlich an seine Autor-Rolle an, dass auf diese Weise ein einmaliges Autor-Subjekt entsteht, das so konsistent und berechenbar in seinen Meinungen und Einstellungen ist, dass es problemlos als Person in operativen Fiktionen Anschluss findet. Er folgt dabei einer Poetik, in der die reine Empirie und mögliche Referentialität des Geschilderten als nicht mehr angemessen erscheinen, um den Gegenstand der Reportage zu erschließen. Die Relevanz der ›Fakten‹ verblasst und weicht einer Relevanz des ›Möglichen‹ oder ›Imaginierbaren‹,[54] womit direkt die Tradition des *New Journalism* berührt ist. In der amerikanischen Linie der so genannten Schreibweisen wird die Grenze zu literarischen Fiktionen bewusst und permanent überschritten, der daraufhin entstandene Terminus *faction* für

---

49 Vgl. Haller (1997): Die Reportage, S. 32, 67. Vgl. als Beispiele für solche ›Augenzeugenberichte‹ vor allem Lottmann (2005): »Wie Blutwürste in ihrer Pelle«; Lottmann (2007): »Wie die Art Cologne mit ihrem Konzept zu scheitern droht« oder auch Lottmann (2011): »Kleine Freiheit Nr. 11« über die Kneipe, die Jörg Haider vor seinem Tod besuchte. Dieser Beitrag ist allerdings bereits an der Grenze zum ›Reisebericht‹ angesiedelt.
50 Vgl. Haller (1997): *Die Reportage*, S. 79f.
51 Vgl. Bleicher (2004): »Sex, Drugs & Bücher schreiben«, S. 144.
52 Vgl. Haller (1997): *Die Reportage*, S. 95f.
53 Vgl. Bleicher (2004): »Sex, Drugs & Bücher schreiben«, S. 133.
54 Vgl. dazu auch Lottmanns Ausführungen zu Thomas Meineckes *Mit der Kirche ums Dorf* in meiner Anm. 31 auf S. 286f.

eine Mischung aus *fact* und *fiction* erweist sich als überaus passend, um das von Lottmann im Laufe der Jahre geschaffene Universum zu kennzeichnen.

Im *New Journalism* vermischen sich literarische und journalistische Schreibweisen,[55] und damit einhergehend die Zuweisungen von Fiktion und Fakt. Literarische und filmische Dramaturgieformen dienen der Spannungserzeugung, Elemente der Novelle und *Short Story* wie beispielsweise Symbolisierung scheinbar beiläufiger Elemente lassen sich häufig finden.[56] Generell erfolgt eine starke Emotionalisierung der Texte, die das Leseerlebnis steigern soll.[57] Das ›Mögliche‹ erscheint in diesen Texten entsprechend als das weitaus Realere als das ›tatsächlich Stattgefundene‹, das vom Informationsjournalismus in die kommunikativen Systeme eingeführt wird. Gleichwohl muss die Glaubwürdigkeit der Reportagen immer erhalten bleiben, da sie sonst ausschließlich auf dem Gebiet der Literatur verortet werden und damit ihre Existenzberechtigung im journalistischen System verlieren – entsprechend häufig setzt sich das vorkommende Personal aus empirisch nachprüfbaren Personen des öffentlichen Lebens zusammen.[58] Wenn in den Texten des *New Journalism* nicht eine Polyphonie und ein Wechsel der Erzählperspektiven stattfinden,[59] dann steht meist ein ausführlich subjektivierbarer Protagonist im Mittelpunkt der Handlung, der nicht selten eine Identität mit dem Träger der Autorfunktion aufzuweisen scheint. Lottmanns Reportagen leisten dabei einen Anschluss an den *Gonzo*-Journalismus im Stil eines Hunter S. Thompson, in dem eine konsequente Inszenierung des Autors ausgeführt wird, der sich zum Hauptprotagonisten der Geschichte aufschwingt, was zur Folge hat, dass dessen Journalisten-Image und Erzähler-Image verschmelzen, um eine konsistente Figur zu erschaffen, die sich in einem Bereich zwischen alltagswirklicher Referentialität und literarischer Fiktion installiert.[60] Mit dem grenzübergreifenden Changieren der Texte korrespondiert zumeist die öffentliche Inszenierung der Autoren

---

55 Damit entsprechen diese Texte in einigen Kennzeichen der Autobiographie, vgl. Finck (1999): *Autobiographisches Schreiben*, S. 12.
56 Vgl. Bleicher (2004): »Sex, Drugs & Bücher schreiben«, S. 128.
57 Vgl. Bleicher (2004): »Sex, Drugs & Bücher schreiben«, S. 131.
58 Vgl. Bleicher (2004): »Sex, Drugs & Bücher schreiben«, S. 151, 154f. Dieser Vorgabe wird auch von Lottmann meist entsprochen, wenn auch nicht immer konsequent. Vgl. z. B. den Text »Ferien in Klagenfurt« im Band *Auf der Borderline nachts um halb eins* – der jedoch an dieser Stelle seinen Erstabdruck fand und in keiner journalistischen Institution erschien. Obwohl dort der Text von Leander Scholz, der von ihm beim Ingeborg-Bachmann-Preis 1998 gelesen wurde, wortwörtlich zitiert wird, vgl. Lottmann (2007): »Ferien in Klagenfurt«, S. 107f., wird der Name des Autors mit »Hieronymus Maier« angegeben. Auch die Jury-Mitglieder Iris Radisch und Ulrich Greiner fusionieren zu der Kunstfigur »Iris Greiner«, vgl. ebd., S. 99.
59 Vgl. dazu ausführlich Bleicher (2004): »Sex, Drugs & Bücher schreiben«, S. 149f.
60 Vgl. Bleicher (2004): »Sex, Drugs & Bücher schreiben«, S. 147.

und auch Lottmann bewegt sich hier im Fahrwasser von Tom Wolfe, Truman Capote oder Hunter S. Thompson, um als stilisierte Figur eine Unterscheidung zwischen vermeintlich realer Person und dem Protagonisten seiner Reportagen und Romane zu verwischen.[61]

Die Hereinnahme des Reportage-Textes in *Mai, Juni, Juli* liest sich nachträglich als die Initialzündung eines poetologischen Prinzips, das auf die Herstellung einer konsistenten *faction* ausgerichtet ist, in welcher immer wieder der Protagonist als der Autor Joachim Lottmann aufscheint, und dies selbst dann, wenn der Held des Romans auf den Namen Johannes Lohmer hört. Bereits für *Mai, Juni, Juli* ist festgestellt worden, dass die darin vorkommenden Figuren zu einem großen Teil mit Personen des öffentlichen Lebens gleichgesetzt werden können, die entweder »namentlich identifiziert oder leicht verschlüsselt vorgestellt« werden.[62] Es überrascht darum nicht, dass die Prinzipien von Lottmanns Romanen mal als Kolportage,[63] mal als einem Konzept des Realismus verpflichtete identifiziert wurden.[64]

Einen Höhepunkt der Verflechtung von journalistischen und literarischen Schreibweisen – und damit auch der Verbindung von journalistischer Autorschaft, der Trägerschaft der literarischen Autorfunktion und Erzählerfigur – stellt der 2006 erschienene Roman *Zombie Nation* dar. Dieser ist in sich eine Kuriosität – handelt der Text doch vor allem davon, dass der Protagonist Johannes Lohmer sich auf die Suche nach seiner Familiengeschichte macht, was sogar mit einem abgebildeten Stammbaum der Lohmers fest im literarischen Universum dieses Buches verankert wird.[65] Der Erzähler und Protagonist – wie in allen Texten Lottmanns ist der Ich-Erzähler autodiegetisch, ohne dass davon abweichende Instanzen merkbar sind – wird bereits auf den ersten Seiten des Buches als unzuverlässig markiert.[66] Und doch ist es eben dieser Roman Lottmanns, in

---

61 Hierzu gehört beispielsweise die konsequente Einhaltung eines bestimmten Dresscodes: So lassen sich quasi keine Fotografien oder Filmaufnahmen finden, die Joachim Lottmann anders als in Hemd und Anzug (dieser meist in einer grauen Farbe) zeigen. Vgl. dazu auch Tittel (2004): »Der Feldforscher«. Zu den gängigen Inszenierungspraktiken der Vertreter des *New Journalism* vgl. Porombka / Schmundt (2004): »Dandy, Diva & Outlaw«; Kleinsteuber (2004): »Tom Wolfe und der Mythos vom New Journalism«.
62 Winkels (1991): *Einschnitte*, S. 135.
63 Vgl. Winkels (1991): *Einschnitte*, S. 135.
64 Vgl. Winkels (1991): *Einschnitte*, S. 130; Drügh (2007): »Verhandlungen mit der Massenkultur«, S. 188
65 Vgl. dazu Lottmann (2006): *Zombie Nation*, S. 66f.
66 Der Text scheint damit direkt auf ein Verfahren anzuspielen, das in Christian Krachts *Faserland* genutzt wird, um den Protagonisten zu charakterisieren. Während bei Kracht der namenlose Held die mittelalterlichen Autoren Walther von der Vogelweide und Bernhard von Clairvaux

dem das Verfahren der ›Zweitverwertung‹ von bereits publizierten Presseartikeln und Reportagen am stärksten zum Tragen kommt. Nicht weniger als sechs zuvor unter Lottmanns Namen erschienene Beiträge werden einfach der Autorschaft von Johannes Lohmer zugewiesen und nahezu zeichenidentisch als Produkte des Ich-Erzählers in den Text eingebaut.[67] Dabei wird ein paradoxes Spiel getrieben, dessen Bestandteile das bereits bei Goetz festgestellte Referentialitätsbegehren einerseits und deutliche Fiktionsmarker andererseits darstellen. Denn Lottmanns Held in *Zombie Nation* scheint sich in Details sehr penibel auf referentialisierbare Elemente zu beziehen. Dem Beitrag über die Echo-Verleihung schließt sich folgender Kommentar an: »Natürlich löste der Artikel die gewünschten Reaktionen aus. Die SZ mußte eine ganze Seite Leserbriefe abdrucken und meinen Aufruf zum illegalen Schwarzbrennen [von Musik; I.K.] widerrufen wie einst Luther seine Thesen in Worms.«[68] Und tatsächlich findet man bei einer Recherche in den Archiven der *Süddeutschen Zeitung* sowohl die erwähnten Leserbriefe als auch den Hinweis, das illegale Kopieren von Musik bitte zu unterlassen.[69] Allerdings folgen die in dem Roman abgedruckten Artikel scheinbar den Gesetzen der uneigentlichen Denotation, was vor allem angesichts des in der *Frankfurter Allgemeinen Sonntagszeitung* am 03.10.2004 abgedruckten Artikels über Lottmanns Familie deutlich wird: In der Romanfassung wird der Name Lottmann konsequent durch Lohmer ersetzt, des Großvaters Vorname wandelt sich von Elias zu Curt, der Name des Bruders von Eckehardt zu Gerald.[70]

Was hier auf den ersten Blick wie eine transparente und leicht durchschaubare Folie der Fiktionalität aussieht, die auch für Goetz' *Abfall für alle* festgestellt worden ist, erweist sich bei genauerem Hinsehen als eine überaus hybride Konstruktion, die ihre Anschlüsse an Fiktionalität und Referentialität an keiner

---

für Maler und Gilles Deleuze für einen Filmkritiker hält, vgl. Kracht (1995): *Faserland*, S. 71, 42, ist Lottmanns Erzähler der festen Überzeugung, dass der Film *Shining* nicht von dem Regisseur Stanley Kubrick verantwortet wurde, vgl. Lottmann (2006): *Zombie Nation*, S. 15.
67 Vgl. in Lottmann (2006): *Zombie Nation*, S. 34–41 identisch mit Lottmann (2004): »Wege zum Sex«; S. 80–85 identisch mit Lottmann (2005): »Wie Blutwürste in ihrer Pelle«; S. 125–132 identisch mit Lottmann (2005): »Das ist der Urschlamm, Baby«; S. 228–233 identisch mit Lottmann (2005): »Kein Platz für Jesus«; S. 333–338 identisch mit Lottmann (2005): »Gott führt uns zusammen«; S. 380–385 identisch mit Lottmann (2005): »Er war mein Kanzler«. Die Abweichungen sind geringfügig und beschränken sich meist auf die Änderung des Namens Lottmann in Lohmer.
68 Lottmann (2006): *Zombie Nation*, S. 85.
69 Vgl. o.N. (2005): »Nicht doch, Kinder!«; Der Leserbrief (der zwar lang ist, allerdings auch keine ganze Seite ausfüllt) findet sich unter dem Titel »Dresden Dolls aus Boston« in der *Süddeutschen Zeitung* vom 16. April 2005 auf S. 49.
70 Vgl. Lottmann (2006): *Zombie Nation*, S. 35, 39; Lottmann (2004): »Wege zum Sex«.

Stelle offenlegt, sondern in ein Enigma kleidet. Denn einige der Personen, die in *Zombie Nation* und den meisten anderen der Lottmann-Romane zum festen Inventar des Figurenpersonals gehören, finden sich in dem Artikel trotz der Recodierung des anderen Familienpersonals namensgleich wieder, wenn darin von der ›Nichte Hase‹ und dem ›Neffen Elias‹ die Rede ist. Prekär wird dieser Umstand allerdings erst dann, wenn in anderen Artikeln aus dem Roman eben diese Namen als codierte markiert werden, da in den Presseversionen vorgeblich die Klarnamen zum Einsatz kommen. Der ›Neffe Elias‹ (er sei gar nicht sein ›richtiger‹ Neffe, wie der Erzähler oftmals betont) erscheint dann entsprechend als ›Severin‹[71] und – hier geht das Karussell der mal referentialisierbaren, mal fiktiven Verweise weiter – erweist sich, wie den späteren Büchern von Lottmann entnommen werden kann, als niemand anderes als der Kiepenheuer & Witsch-Autor Severin Winzenburg.[72]

Der Status des den Reportagen wie auch den Romanen anzulegenden Interpretanten lässt sich damit in nuce so zusammenfassen, dass in ›Jolos Welt‹ alles stimmen kann, aber nichts stimmen muss. Dass der Vater Lottmann / Lohmer tatsächlich die Hamburger FDP mitbegründet habe und Jolos Bruder den Namen Gerald / Eckehardt trägt, kann mit gutem Recht angezweifelt werden, auch wenn sich für beides immer wieder Belege solcherart finden, dass beide Figuren als relativ konsistente Subjekte gezeichnet werden.[73] Dass Lottmanns Romanen das Bemühen attestiert werden kann, dem Ort eines ›authentischen Sprechens‹ nachzuspüren, wie es Heinz Drügh für *Deutsche Einheit* feststellte,[74] kann damit berechtigterweise in Zweifel gezogen werden. Und natürlich: Man kann weder Lottmanns Reportagen noch Lohmers Kapriolen in der Hauptstadt der BRD einen

---

71 Vgl. Lottmann (2006): *Zombie Nation*, S. 128 und Lottmann (2005): »Das ist der Urschlamm, Baby«.
72 Vgl. Lottmann (2009): *Der Geldkomplex*, S. 236. Dieser Anschluss wird hier geleistet, indem Elias die Autorschaft des Romans *Stille Tage in L.A.* zugewiesen wird. Die Schließung scheint dann vollkommen im Weblog Lottmanns am 13. April 2007 zu erfolgen, wenn konsequent vom Autor dieses Romans und Neffen Severin die Rede ist – um allerdings im weiteren Verlauf des Weblogs immer wieder zur Elias-Version der Figur zurückzukehren. Vgl. u.a. Lottmann (2007ff.): *Auf der Borderline*, http://blogs.taz.de/lottmann/2007/04/13/2-kapitel-frauen-sex-joyce/ und http://blogs.taz.de/lottmann/2007/04/27/und-weiter-11/ (beide zuletzt eingesehen am 17.12.2013).
73 Auf die Art der Konsistenzen von Lottmanns Figuren werde ich ausführlicher im nächsten Kapitel zu sprechen kommen. Soviel sei jedoch vorweg genommen, dass der oft zitierte Umstand, Lottmanns Vater sei FDP-Politiker, nicht notwendig der Wahrheit entsprechen muss. In einer umfangreichen Publikation über die Geschichte der Hamburger FDP lässt sich keine der in Lottmanns Werk vorkommenden Namensvarianten nachweisen. Vgl. FDP Landesverband Hamburg [Hg.] (2005): *Festschrift. 60 Jahre politischer Liberalismus in Hamburg*.
74 Vgl. Drügh (2007): »Verhandlungen mit der Massenkultur«, S. 194, 199.

gewissen Grad des Realismus absprechen. Dieser aber enthält immer einen schalkhaften Zug und verweist bei einer genauen Lektüre auf ein Paralleluniversum, das unserem unheimlich stark ähnelt, aber eben nicht ganz. Jolos Welt ist eine, in welcher es eine Zeitung namens *Dschungle World* gibt,[75] eine Autorin mit dem Nachnamen Berg den Vornamen Sybille trägt[76] und man in Berlin durch die Holm-Friebe-Straße flanieren kann.[77] Die Ambivalenz ist nicht nur den Texten eigen, sondern überträgt sich auch auf die in ihnen konstruierte Autor-Subjekt-Figur und es überrascht darum nicht, dass Volker Weidermanns Einführung Lottmanns in seiner kurzen Geschichte der deutschen Literatur diese Ambivalenzen betont:

> Joachim Lottmann (*1956), Sohn des FDP-Mitbegründers Joachim Lottmann, genialer Weltmitschreiber, Lügner, Prahlhans, Fälscher, Erfinder der deutschen Popliteratur, Großvater der deutschen Popliteratur, Anwalt aller Enkel, Allesfotograf und Allesschreiber, Schaumschläger, Geschichtendieb, Über-Ich-AG, Weiterschreiber, merkwürdiger Mensch.[78]

Und auch der Umstand, dass sich rund um die öffentliche und literarische Person namens Lottmann hartnäckige und konsistente Legenden bilden, die immer wieder fortgeschrieben werden und dabei auf den ersten Blick als anschlussfähig in der Alltagswirklichkeit erscheinen, ändert nichts daran, dass hier eine Poetik zugange ist, die spielerisch die Grenzen von Fakt und Fiktion ignoriert, um ein eigenes, selbstreferentielles Verweissystem zu schaffen – das jedoch fast immer den möglichen Rückschluss auf den konsensuell angenommenen Zustand der Welt zu erlauben scheint.

Das Konzept der *faction* ist damit überaus passend für die hier verhandelten Schreibweisen und erweist sich als ein wichtiger Baustein der autofiktionalen Selbstpoetik, die zwischen all diesen Texten identifiziert werden kann. Dass dies alles ein einziger großer Witz sein könnte, wird in *Zombie Nation* angedeutet: Der legendäre, erste namentlich erwähnte Vorfahre des Johannes Lohmer erweist sich darin als der Hofnarr des Kurfürsten von Mainz.[79] Diese Poetik ist jedoch

---

75 Anstatt *Jungle World*, vgl. Lottmann (2004): *Die Jugend von heute*, S. 88.
76 Anstatt Sibylle, vgl. Lottmann (2006): *Zombie Nation*, S. 178.
77 Benannt nach dem Autor und Mitbegründer der *Zentralen Intelligenz Agentur* Holm Friebe, vgl. Lottmann (2006): *Zombie Nation*, S. 133; Lottmann (2009): *Der Geldkomplex*, S. 258; Lottmann (2011): *Unter Ärzten*, S. 126. Es lassen sich für jeden der Romane ebenso wie für zahlreiche Einträge des Weblogs *Auf der Borderline nachts um halb eins* eine ganze Reihe weiterer, ähnlich konstruierter fiktiver oder verschobener Referentialitäten nachweisen.
78 Weidermann (2006): *Lichtjahre*, S. 227.
79 Vgl. Lottmann (2006): *Zombie Nation*, S. 386f.

durchaus ernst zu nehmen, dies wird spätestens dann offensichtlich, wenn sich bei Lottmann – ebenso wie im Spätwerk von Goetz – das Fehlen einer jeglichen Metaposition in dieser Selbstpoetik bemerkbar macht: und dies bereits von Beginn der literarischen Sichtbarkeit an.

5.3 Jolos Maskenspiele: Die Romane von Joachim Lottmann

5.3.1 Lüge und Referentialität bei Joachim Lottmann

Dass Lottmann überhaupt nach *Mai, Juni, Juli* wieder als Verfasser von Romanen in Erscheinung treten konnte, ist vermutlich zu einem Teil der *Frankfurter Allgemeinen Zeitung* zu verdanken. Zwar war auch 1999 mit *Deutsche Einheit* ein Lottmann-Roman im Haffmans-Verlag erschienen, diesem blieb jedoch eine größere Aufmerksamkeit verwehrt. Es erwies sich aber, dass Hubert Winkels nicht der Einzige gewesen ist, der Lottmanns literarische Produktion zu schätzen wusste, wie er in seinem Beitrag zum Autor im Band *Einschnitte* demonstriert.[80] Am 10. Oktober 2001 erschienen anlässlich der 53. Frankfurter Buchmesse in den *Berliner Seiten* der FAZ mehrere Beiträge unter dem Sammeltitel »Bücher, die wir nicht vergessen dürfen«, deren einer sich Lottmanns *Mai, Juni, Juli* widmete. Etwa ein halbes Jahr später wurde der Titel in den Kanon der ›wichtigsten Bücher der letzten 20 Jahre‹ aufgenommen, der von der *Frankfurter Allgemeinen Sonntagszeitung* zusammengestellt und publiziert wurde.[81] Dies mag den Anstoß gegeben haben, das zu diesem Zeitpunkt vergriffene[82] *Mai, Juni, Juli*, versehen mit einem Nachwort des Verlegers Helge Malchow im Jahr 2003 bei Kiepenheuer & Witsch als Taschenbuch herauszugeben. Danach dauerte es lediglich ein Jahr, bis mit *Die Jugend von heute* ein neues Werk Lottmanns aus dem Hause Kiepenheuer & Witsch in den Buchhandlungen landete, dem von da an etwa im Abstand von je zwei Jahren weitere folgten.

Warum werden diese doch eher beiläufigen und dem Kontext der Romane angehörigen Details hier genannt? Weil sie m.E. einen großen Anteil daran haben, dass die ambivalenten Lesarten von Lottmanns Texten sich herausbildeten – sie sind der Ursprung einiger Legenden, die sich seitdem hartnäckig an den Autor binden und von ihm selbst gestützt werden. Da wäre zum einen die

---

[80] Vgl. Winkels (1991): *Einschnitte*, S. 128–138.
[81] Vgl. vw [Volker Weidermann] (2002): »Joachim Lottmann: Mai, Juni, Juli«.
[82] Dies behauptet zumindest Volker Weidermann. Vgl. Weidermann (2003): »Die ganze Welt ist Roman«.

Geschichte der mehreren Dutzend Romane, die unveröffentlicht in Lottmanns Bücherschrank ihrer Publikation harren und Lottmann somit als manischen Vielschreiber charakterisieren: »Als ich Joachim Lottmann Mitte der 80er Jahre zum ersten Mal [...] besuchte, zeigt er mir als erstes sein gut gefülltes Bücherregal. Alle Bücher waren von ihm selbst verfaßt, getippt und handgebunden. Insgesamt Tausende von Seiten, ich schätze 40 bis 50 Bücher.«[83] Die Legende wird von Volker Weidermann aufgegriffen und die Zahl der bis dato (2003) entstandenen Bände »an die einhundertfünfzig« geschätzt, deren jeder mit einem korrespondierenden Fotoband als Dokumentation zu ergänzen wäre.[84] Die Andeutung dieser riesigen Textmasse schafft somit zweierlei: Den publizierten Bänden käme keine Sonderrolle zu – sie wären alle aus dem verfügbaren Pool, aus Gründen, die in der Verlagslogik o.Ä. ihre Erklärung finden, ausgewählt und der Öffentlichkeit zugänglich gemacht worden.[85] Das von Lottmann entworfene und ohnehin schon umfangreiche und komplexe Universum von Verweisen hätte somit eine potenziell gigantische Größe, von der wie bei einem Eisberg immer nur der kleinste Teil der Beobachtung und Rezeption zugänglich wäre. Die Kontinuität dieses Universums wird zudem dadurch betont, dass spätere Publikationen immer wieder bereits mehrere Jahre zuvor von Lottmann direkt mit Titeln oder aber als abgearbeitete Themengebiete in seinen Romanen und Artikeln erwähnt werden.[86] Dies ist besonders hervorzuheben, denn auch wenn ein Anschluss an die Trägerschaft der Autorfunktion retrospektiv geleistet werden kann, um die

---

83 Malchow (2003): »Nachwort«, S. 250.
84 Vgl. Weidermann (2003): »Die ganze Welt ist Roman«. Beim Auftritt in der Sendung *Willkommen Österreich* des ORF2 vom 17. Januar 2008 geht Lottmann auf diese Legende ein und korrigiert die Zahl seiner angeblich fertigen Schubladenromane auf zweiunddreißig. Vgl. www.willkommen-oesterreich.tv/pl.php?plid=26#F26, Video 5, 0:06–0:35 (zuletzt eingesehen am 17.12.2013).
85 Dies würde zugleich die Erklärung dafür liefern, warum *Mai, Juni, Juli* explizit als »ein Roman« ausgewiesen worden ist: Er wäre nur der Stellvertreter für viele andere.
86 Dies trifft nicht nur auf Lottmann zu. Auch Malchow erwähnt bereits in seinem Nachwort 2003 »ein Buch über ca. 20 Psychotherapeuten, die der Erzähler-Ich in einer Lebenskrise nacheinander aufsucht, um sein Leiden zu lindern« – diese Beschreibung passt präzise auf den erst 2011 erschienenen Roman *Unter Ärzten*. Dieser Titel wird ebenso bereits in früheren Romanen Lottmanns als ein Werk erwähnt, das er lange schon vollendet habe. vgl. Lottmann (2006): *Zombie Nation*, S. 47: »Ich erzählte von den etwa 20 Therapeuten, die ich seit meinem 17. Lebensjahr verschlissen hatte. Ich hatte sogar ein Buch mit dem Titel ›Unter Ärzten‹ darüber geschrieben.«; siehe auch bei der Autoren-Beschreibung von *Der Geldkomplex*: »Lottmanns in literarischen Kreisen meistgelobtes Werk ›Unter Ärzten‹ ist bis heute nicht veröffentlicht.« Lottmann (2009): *Der Geldkomplex*, S. 3. Dass der dann tatsächlich als *Unter Ärzten* veröffentlichte Roman auf keinen Fall mit demjenigen identisch sein kann, den Malchow gelesen haben soll – in diesem wird der erst 2009 stattgefundene Suizid von Robert Enke erwähnt und ein iPhone hat auch seinen Auftritt, vgl. Lottmann (2011): *Unter Ärzten*, S. 189, 224 – stört die Konstruktion nur unwesentlich.

Konsistenz der Figur zu erhöhen, ist eine vorgreifende Nennung noch ungleich stärker wirksam. Erschafft sie doch den Eindruck einer Kontinuität der Identität von Autor-Figur und Träger der Autorfunktion, die nicht nur rückwärtsgewandt, sondern in gewissem Sinne ›visionär‹ ist und attestiert damit der geschilderten Autor-Figur eine nachträglich referentialisierbare Zeitperspektive in die Zukunft, die sonst nur alltagsweltlichen Subjekten zugesprochen wird.

Eine zweite Leistung des Nachworts von Malchow und der Besprechung in der *Frankfurter Allgemeinen Sonntagszeitung* besteht darin, dass ein vorgebliches Insiderwissen über die Welt von *Mai, Juni, Juli* und den Autor präsentiert wird, das nicht in der Diegese situiert ist, sondern im Nachgang zum Roman so etwas wie ›Wahrheit‹ kundtut. Dieses Insiderwissen stärkt wiederum eine mögliche Rezeption als *Roman à clef*:

> Entstanden ist das Buch – um hier auch ein Geheimnis zu verraten – im Köln des Jahres 1986 als Ergebnis einer Abmachung: Vorschuß plus Wohnrecht für drei Monate (Mai, Juni und Juli) in der Wohnung des damaligen Lektors Helge Malchow. Hinter den grotesken Verzerrungen, Übertreibungen und faustdicken Lügen, die bei Joachim Lottmann organischer Bestandteil des literarischen Prozesses sind, ist so auch eine schöne Schilderung der damaligen Kölner Szene um die Zeitschrift SPEX entstanden [...].[87]

Malchows Hinweis auf die Verzerrungen, Übertreibungen und Lügen erweist sich hier als eine doppelbödige Konstruktion, denn die ›Lüge‹ benötigt, um existent zu sein, als Gegenstück eine vorgebliche ›Wahrheit‹, die sie verdeckt. Lottmanns erster Roman wird auf diese Weise nicht als Fiktion ausgestellt, die eine ›uneigentliche Denotation‹ leistet, sondern als ein ambivalenter Text, der sowohl ›Wahrheit‹ als auch ›*falsche* Denotationen‹ enthält – und der somit die Möglichkeit bereitstellt, zu einer ›richtigen‹ oder ›wahren‹ Denotation decodiert zu werden. Volker Weidermanns emphatischer Behauptung »Das ist kein Buch, das ist das Leben«[88] (geäußert über *Mai, Juni, Juli*) kann dann auch eine entgegengesetzte Rezeptionsweise zur Seite gestellt werden:

> Lottmanns Prosa [verwandelt alles], was sie anfaßt, in Fiktion [...] – auch dann, diesen Verdacht wird man einfach nicht los, wenn ihr Autor das gar nicht will. [...] Lottmanns Reportergestus ist natürlich reine Tarnung, Lottmann hält sich die Welt mit seiner Sprache vom Leib, Lottmann ist Ironiker aus Notwehr und absurd aus Realismus. Man darf ihm kein Wort glauben.[89]

---

[87] Malchow (2003): »Nachwort«, S. 254.
[88] vw [Volker Weidermann] (2002): »Joachim Lottmann: Mai, Juni, Juli«.
[89] Seidl (2004): »Jugend ohne Sex«. Es handelt sich dabei um eine Rezension des Bandes *Jugend von heute*. Es ist übrigens in doppeltem Sinne bezeichnend, dass eben dieses Zitat auf dem

Für die Analyse der Romane hat dies alles zur Folge, dass man sie mit einer gewissen Vorsicht betreiben sollte, bei der immer ein genaues Augenmerk auf die internen Brüche und Widersprüche zu richten ist.

Zunächst aber springt ins Auge, dass alle Romane Lottmanns einem Muster folgen, das bereits im ersten Band angelegt ist und das in den weiteren Werken immer nur eine Variation erfährt: Die Erzählerfigur ist immer konsistent, autodiegetisch und als Schriftsteller und / oder Journalist gekennzeichnet. Hinzu tritt immer ein vorgebliches Thema oder ein bestimmter Komplex, den Jolo zu erforschen und in ein Buch umzusetzen trachtet. Bei *Mai, Juni, Juli* (1987) war dies das Ziel, Schriftsteller zu werden, in *Deutsche Einheit* (1999) die Vorgabe, einen – oder noch besser: *den* – Wenderoman zu verfassen. *Die Jugend von heute* (2004) widmet sich der teilnehmenden Beobachtung der Jugendkultur (wobei das Ziel, darüber ein Buch zu verfassen, erstmals in den Hintergrund tritt) und in *Zombie Nation* (2006) recherchiert Jolo für einen Familienroman im Stile der *Buddenbrooks*.[90] *Der Geldkomplex* (2009) ist dann entsprechend ›das Buch zur Weltwirtschaftskrise‹ und handelt von den Nöten des Autors, an einen Vorschuss seines Verlags zu kommen, während *Unter Ärzten* (2011) wie in den früheren Publikationen versprochen, den Leidensweg Jolos von einem Therapeuten zum anderen nachzeichnet. Das als »kein Roman« betitelte Werk *Hundert Tage Alkohol* (2011) erzählt von der Flucht Jolos nach Wien und von seinen Anschlussversuchen an die österreichische Literaturszene, in deren Folge sein Roman *Porno* entstehen soll – der dann im Handlungsverlauf umbenannt wird, um eben den Titel *Hundert Tage Alkohol* zu tragen.

Was damit zunächst nach einer Reprise der metaleptischen oder *Mise-en-abyme*-ähnlichen Verfahren ausschaut, die bereits von Goetz bekannt sind (der Erzähler als Träger der Autorfunktion implementiert seine Stimme in die Diegese; das Buch, das man liest, entsteht synchron zum Lesen / Schreiben eben jenes Buches) ist jedoch bei Lottmann zur Gänze anders ausgeprägt: Viel eher entsteht der Eindruck eines ›beiläufigen Mitschreibens‹, das dann notgedrungen als dasjenige Buch gedruckt wird, von dessen Entstehungsprozess die Mitschriften eigentlich handeln sollten.[91] Keines der Bücher weist einen Spannungsbogen auf

---

Rücken des als Reportageband verkauften *Auf der Borderline nachts um halb eins* abgedruckt wurde: Zum einen setzt es auch diesem Band eine fiktionale Konfiguration auf, die mit den Poetiken des *New Journalism* korrespondiert, zum anderen ist das Zitat darin verfälscht, zusammengefasst und gekürzt wiedergegeben, ohne dass dies markiert wäre.
90 Vgl. Lottmann (2006): *Zombie Nation*, S. 64.
91 Vgl. solche quasi-metaleptischen Momente in Lottmann (1999): *Deutsche Einheit*, S. 92, 121, 251, 306; Lottmann (2006): *Zombie Nation*, S. 64, 73, Lottmann (2011): *Unter Ärzten*, S. 39, 52; Lottmann (2011): *Hundert Tage Alkohol*, S. 18, 76, 161. In *Unter Ärzten* und *Hundert Tage Alkohol*

oder eine erkennbare Klimax in der Handlung, sowohl Beginn als auch Ende der Texte erscheinen unmotiviert und beliebig – alle Romane brechen einfach irgendwann ab.[92] Als eigentlicher Kern aller Bände erweist sich der Protagonist Jolo und sein Gang durch die Weltgeschichte und die Kölner, Berliner, Münchner Szene oder seine Flucht vor diesen. In jedem der Romane rücken zudem Figuren ins Zentrum, die immer wieder verhandelt werden – um dann entweder für immer aus dem Lottmann'schen Universum zu verschwinden wie Evelyn in *Mai, Juni, Juli* und Maren in *Deutsche Einheit*, oder aber um mit dem gleichen Satz an Eigenschaften erneut zu erscheinen, wie der ›Neffe‹ Elias, die Nichte Hase oder der ältere Bruder – der dabei allerdings gelegentlich den Namen wechselt. Das Verhältnis von Anschlussbarkeit oder eben ihrem Fehlen über die Romane hinweg, scheint dabei ein möglicher Schlüssel zu sein, um die Selbstpoetik der Kunstfigur Jolo zu erfassen.

5.3.2 Jolo, die konstante Variable

Jolo ist keine angenehme Figur, ganz gleich, ob er den Namen Joachim Lottmann oder Johannes Lohmer trägt. Seine Idiosynkrasien und Ansichten sind selten politisch korrekt, sein ausgeprägter Chauvinismus und Sexismus machen ihn gar zu einem Vergewaltiger in *Deutsche Einheit*.[93] Warum also leisten die Texte immer wieder den doch sehr unschmeichelhaften Anschluss an Joachim Lottmann als Träger der Autorfunktion, indem Jolo die Autorschaft der unter Lottmanns Namen publizierten Bücher zugewiesen wird?[94] Dieser Anschluss wird jedoch zugleich

---

tragen diese Textstellen jedoch gelegentlich den Charakter echter methodischer Metalepsen, indem sie ausstellen, dass die gerade gelesenen Zeilen von dem Autor in eben jenem Moment niedergeschrieben werden. Über den Leseeindruck einer unmittelbaren Mitschrift vgl. auch Seidl (2004): »Jugend ohne Sex«.

92 Lediglich der Erstling scheint von diesem Schema abzuweichen, wenn der Ich-Erzähler am Ende auf einem Schiff anheuert, um das Land zu verlassen. Vgl. Lottmann (1987): *Mai, Juni, Juli*, S. 247f.

93 Vgl. dazu auch Kauer (2009): »Der Zauber männlicher Verletzlichkeit«, S. 131–137.

94 Vgl. solche Anschlüsse in Lottmann (2004): *Die Jugend von heute*, S. 89, 171, 207f., 216; Lottmann (2006): *Zombie Nation*, S. 33f., 45, 47, 74, 79f., 159, 200f. 204, 326; Lottmann (2007): *Auf der Borderline nachts um halb eins*, S. 11, 24, 67, 133f., 241, 243; Lottmann (2009): *Der Geldkomplex*, S. 10, 96, 118, 163f., 237, 247f., 252; Lottmann (2011): *Unter Ärzten*, S. 92, 178 (beide hier jedoch indirekt: der Titel *Jugend von heute* wird genannt, aber nicht als eigener Roman), 200; Lottmann (2011): *Hundert Tage Alkohol*, S. 115. Zusätzlich werden innerhalb der Diegese gelegentlich Interferenzen zwischen den Romanen konstruiert, wenn beispielsweise der ›Neffe‹ Elias sich in *Zombie Nation* vor den Auswirkungen des Buches *Die Jugend von heute*, in welchem er neben Jolo

immer wieder gebrochen und führt zu Paradoxien, so z. B. dann, wenn die eigentlich durchgehend eingenommene Verantwortung für die unter Lottmanns Namen publizierten Bücher plötzlich beiseitegeschoben wird, oder aber die Beurteilung der Romane sich radikal wandelt, wie im folgenden Beispiel:

Das erste Buch des Helden aus *Deutsche Einheit* sei ›kein Roman‹ gewesen: »Ich habe einen Roman geschrieben, der keiner war.«[95] Auch wenn hier der Titel von *Mai, Juni, Juli* nicht direkt fällt, scheint es sich trotzdem um eine Anspielung auf die später von Malchow vorgeschlagene Leseweise des Erstlings als *Roman à clef* zu handeln. Das Erstlingswerk Jolos wird auch in *Unter Ärzten* (wieder ohne Nennung des Titels) zum Gegenstand der Handlung, wenn der Protagonist einer seiner Psychotherapeutinnen ein älteres Buch von sich zum Lesen gibt und dabei ein vollkommen anderes Urteil darüber fällt als in *Deutsche Einheit:* »Es handelte sich um mein schlechtestes Buch, vor anderthalb Jahrzehnten geschrieben, völlig veraltet und tatsächlich durchgehend frauenfeindlich. Eine Art früher Houellebecq schlurft 256 Seiten lang durch die Straßen einer Stadt und spricht Frauen an.«[96] Was hier auffällt, ist die Brechung der Identität von Autor und Erzähler, die ansonsten kontinuierlich in den Werken aufrechterhalten wird: Der Held des vordem als ›kein Roman‹ titulierten Buches ist eine Art »Houellebecq« und nicht Jolo selbst? Und es wirkt dann auch wie eine doppelbödige Formulierung, wenn Jolo in *Unter Ärzten* einige Seiten zuvor einer anderen Psychotherapeutin wieder ein Buch überreicht, um sich ganz explizit damit bei ihr vorzustellen: »Dann holte ich das obligatorische Buch aus der ›Berlinale‹-Tasche. Es war eine alte Ausgabe von ›Deutsche Einheit‹, davon hatte ich noch hundert Stück im Keller. Eigentlich ein schlechtes Buch, das keinen guten Eindruck von mir vermittelte.« Keinen guten Eindruck von ihm als Autor oder von ihm als Figur? Ob in dieser Formulierung die soeben negierte Identität des Autors mit seinen Figuren wieder hergestellt wird, bleibt als Leerstelle bestehen und muss von den Leserinnen und Lesern nach Belieben ausgefüllt werden.

---

die zentrale Figur darstellt, nach München flüchtet, um dort unerkannt zu sein. Vgl. Lottmann (2006): *Zombie Nation*, S. 74.
95 Lottmann (1999): *Deutsche Einheit*, S. 148.
96 Diese oberflächliche Inhaltsbeschreibung trifft auf fast alle Bücher Lottmanns zu, am ehesten jedoch auf *Deutsche Einheit* und *Mai, Juni, Juli*. Letzteres das einzige Buch Lottmanns mit genau 256 Seiten – dies allerdings nur in der Taschenbuch-Ausgabe und unter Hinzunahme des Nachwortes von Helge Malchow. Die Originalausgabe kommt auf 248 Seiten. Die Referenz bleibt also latent und kann nur über eine unsichere Interferenz geleistet werden. *Deutsche Einheit* kann hier jedoch als infrage kommendes Buch ausgeschlossen werden, da es ansonsten im Text eindeutig mit dem Titel genannt wird.

Auffällig sind zudem die wiederkehrenden Elemente aus der Biographie Jolos, die sich erneut in keiner Weise danach richten, welchen Namen der Protagonist gerade trägt und ob es sich um seine Romane, seine Reportagen oder seinen Weblog handelt.[97] Auf diese Weise entsteht ein ganzes Repertoire von Eigenschaften und Elementen, die von Buch zu Buch weitergetragen werden und auf diese Weise ausgesprochen konsistente Legenden bilden, die es sogar in die Autorenbeschreibung bei Volker Weidermann schaffen, wie beispielsweise der Umstand, dass Lottmanns / Jolos Vater ein Gründungsmitglied der Hamburger FDP gewesen sei[98] – dies jedoch mit gelegentlich variierenden Details. So übt der Vater das eine Mal den Lehrerberuf aus, betreibt dann wieder eine Wäscherei oder leitet die großväterliche Firma.[99] Weitere solche Elemente, die sich nicht außerhalb von Lottmanns Büchern belegen lassen, sind die angebliche Beteiligung der Familie am Kreisauer Kreis[100] oder ein legendärer Großvater, der einst mächtiger Fabrikant gewesen ist (mal mit einer Kanonen-, mal mit einer Maschinenfabrik) und durch die Nationalsozialisten in die Pleite getrieben wurde.[101] Der ältere Bruder findet immer wieder Erwähnung und ist dabei zumeist als Filmschaffender angelegt,[102] eine Nähe Jolos zum Kreis um die Kommune von Rainer

---

97 Die gebrochenen und ungebrochenen Referentialitäten auf den Texten des Weblogs werden noch ausführlicher im nächsten Kapitel behandelt – im Gegensatz zu den Romanen kommt dort noch hinzu, dass die Elemente immer wieder mit Fotos und Videos eingeführt und beglaubigt werden.
98 Vgl. Weidermann (2006): *Lichtjahre*, S. 227.
99 Vgl. dazu Lottmann (1987): *Mai, Juni, Juli*, S. 57-67, 152, 161, 206ff.; Lottmann (2004): *Die Jugend von heute*, S. 42, 51–54, 314; Lottmann (2006): *Zombie Nation*, S. 26, 35ff., 50, 72, 167; Lottmann (2007): *Auf der Borderline nachts um halb eins*, S. 41; Lottmann (2009): *Der Geldkomplex*, S. 33, 53, 96, 185–189, 213f., 227f., 267, 345; Lottmann (2011): *Unter Ärzten*, S. 19, 180, 198.
100 Vgl. Lottmann (1999): *Deutsche Einheit*, S. 73ff.; Lottmann (2004): *Die Jugend von heute*, S. 53, 121; Lottmann (2006): *Zombie Nation*, S. 26, 61, 100.
101 Vgl. Lottmann (1987): *Mai, Juni, Juli*, S. 62; Lottmann (1999): *Deutsche Einheit*, S. 74; Lottmann (2004): *Die Jugend von heute*, S. 119ff. – hier wird die Geschichte des Großvaters von Johannes Lohmer im Wortlaut identisch mit der Geschichte des Großvaters von Joachim Lottmann in *Deutsche Einheit* erzählt; Lottmann (2006): *Zombie Nation*, S. 42, 59, 61, 166.
102 Vgl. Lottmann (1987): *Mai, Juni, Juli*, (hier namenlos) S. 57–66, 152–161; Lottmann (2004): *Die Jugend von heute*, (Gerald)): S. 55, 218, 221–230; Lottmann (2006): *Zombie Nation*, (erneut als Gerald) S. 11, 27, 39, 46, 50, 59, 69–73, 158–164, 263–265; Lottmann (2007): *Auf der Borderline nachts um halb eins*, (als Eckart) S. 232–239; Lottmann (2009): *Der Geldkomplex*, (als Ekkehardt) S. 229, 231, 233, 266ff., 268, 344f.; Lottmann (2011): *Unter Ärzten*, (erneut als Ekkehardt – mit penetrant wiederholter Nennung des Namens) S. 12, 19, 27, 48, 128, 195, 216f., 221–227; Lottmann (2011): *Hundert Tage Alkohol*, (namenlos) S. 150. Wenn man im Internet recherchiert, findet sich ein Eckart Lottmann, der als Regisseur tätig ist und für den *Tagesspiegel* schreibt – dies soll jedoch nicht als Argument für eine vorgebliche Faktualität der Bruderfigur in Lottmanns Werken

Langhans und die von da aus resultierende Verbindung zur Milliardärsfamilie Getty ist immer wieder Gegenstand der Handlung (vor allem in *Die Jugend von heute*, da der ›Neffe‹ Elias diesen Kreisen entstammt).[103] Dieser ›Neffe‹ Elias und die Nichte Hase gehören weiterhin zu den wiederkehrenden Romanfiguren.[104]

Diesen permanent wiederholten Elementen stehen jedoch mindestens ebenso viele Widersprüche in der Biographie Jolos gegenüber, was vor allem an seinem je aktuellen Beziehungsstatus abgelesen werden kann sowie an der Geschichte dieser Beziehungen. In nuce: Keine seiner Partnerinnen oder Ehefrauen schafft es, länger als einen Roman an seiner Seite zu bleiben, die Zahl und Dauer der von Jolo eingegangenen Ehen variiert enorm und als Kontinuum bleibt nur die Feststellung, dass all die Beates, Barbaras, Carlas und Daphnes, die mit ihm den Bund der Ehe eingegangen sein sollen, fiktiv sein müssen.[105]

---

dienen, sondern nur demonstrieren, wie dicht und zugleich ambivalent das Netz der möglichen Referentialitäten sich von Lottmanns Universum aus entwickelt.

103 Vgl. Lottmann (2004): *Die Jugend von heute*, S. 64, 100, 102, 105, 109–114, 126, 146, 156, 162, 194f., 230, 232f.; Lottmann (2006): *Zombie Nation*, S. 38f., 369, 387–394; Lottmann (2009): *Der Geldkomplex*, S. 90, 95, 109f., 211; Lottmann (2011): *Unter Ärzten*, S. 60. Auch bei diesen Elementen finden sich immer wieder auch bestätigende Hinweise, die nicht Lottmanns Welt entstammen. Abgesehen davon, dass auf seinem Weblog zahlreiche Referenzen auf Langhans und die Gettys geleistet werden, die auch Fotos enthalten, die Lottmann in diesen Kreisen abbilden (vgl. u.a. Lottmann [2007ff.]: *Auf der Borderline*, http://blogs.taz.de/lottmann/2008/03/16/rainer-langhans-auf-der-leipziger-buchmesse/ und http://blogs.taz.de/lottmann/2008/03/18/august-september-oktober/, beide zuletzt eingesehen am 17.12.2013), findet sich auch auf *YouTube* ein Video deutlich privaten Charakters, das den Titel »Lottmann und die Freundinnen von Rainer Langhans« trägt und in welchem Lottmann offenbar im Kreis privater Vertrauter die Konstellation von Langhans' ›Harem‹ skizziert. Mag dies alles auch im Zuge von autofiktionalen Setzungen keine Besonderheit sein und lediglich der Konsistenz dienen, schafft das Video durch seinen deutlich privaten Charakter die Vermittlung einer authentischen Konfiguration, womit vor allem für diejenigen Zuschauer, die mit Lottmanns Poetik nicht vertraut sind, eine starke Referentialität hergestellt wird. Vgl. www.youtube.com/watch?v=WhznAsUlZwg (zuletzt eingesehen am 17.12.2013).

104 Elias ist neben Jolo die Hauptfigur in *Die Jugend von heute* und kommt ebenso vor in Lottmann (2006): *Zombie Nation*, S. 26, 38, 73–80, 86–93, 137, 154f., 197, 283, 387f., 395ff.; Lottmann (2007): *Auf der Borderline nachts um halb eins*, S. 243; Lottmann (2011): *Unter Ärzten*, (hier bereits als der Autor des Romans *Stille Tage in L.A.*) S. 87, 89, 109, 147, 236, 268f. Nichte Hase wird ebenfalls immer wieder in *Die Jugend von heute* erwähnt, ebenso wie in Lottmann (2006): *Zombie Nation*, S. 239, 181 (hier wird sie als die Autorin Sophie Dannenberg enttarnt – hierzu später mehr), 196, 326; Lottmann (2007): *Auf der Borderline nachts um halb eins*, S. 50; Lottmann (2009): *Der Geldkomplex*, S. 3, 32, 34, 58, 148, 264; Lottmann (2011): *Unter Ärzten*, S. 62, 73; Lottmann (2011): *Hundert Tage Alkohol*, S. 45.

105 Während der Erzähler in *Mai, Juni, Juli* noch ein Solitär ist, führen seine amourösen Abenteuer in *Deutsche Einheit* zu der Ehe mit einer Lyrikerin namens Laetitia, vgl. Lottmann (1999):

Diesen Diskontinuitäten der Hauptfigur steht zur Seite, dass selbst eher unwichtige Nebenfiguren manchmal nach Jahrzehnte zurückliegender Nennung mit dem wohlbekannten Satz von Eigenschaften wiederkehren, als ob zwischen den Romanen keinerlei Veränderung von Welt oder Erzähler-Ich stattgefunden hätte.[106] Dass dies alles nicht mit rechten Dingen zugehen kann, macht der Text gelegentlich transparent, wie in einer Passage aus *Der Geldkomplex*, in welcher mit Klarczyk eine der zentralen Figuren aus dem Erstling nach mehr als zwanzig Jahren wieder in Jolos Universum präsent wird:

> Ich schnappte nach Luft [...] und dann drängte sich in der Enge auch noch Hans-Herrmann Klarczyk an mich, ein Altintellektueller, der immer noch in Köln wohnte und neuerdings im Berliner Nachtleben auftauchte [...]. Ich hätte ihn nicht weiter beachtet, aber irgend etwas faszinierte mich an seinem Aussehen. Er hatte einen guten Kopf, wache und doch melancholische Augen, war in 20 Jahren nicht gealtert, was ja allein schon neugierig machte [...]. Man mochte ihn, kannte man ihn nicht, für einen nachgeborenen *echten* Schriftsteller halten [...]. Aber leider redete der Mann nur Unsinn.[107]

Dass er in zwanzig Jahren »nicht gealtert« ist, macht tatsächlich neugierig, und möchte man hinter dieser Formulierung nicht ein sehr schmeichelhaftes Kompliment Jolos vermuten, so drängt sich folgende Erklärung auf: Klarczyk steht jenseits der Zeit und muss darum nicht der herkömmlichen Logik folgen. Er ist eine von Jolo erschriebene Figur, die seinem Universum mal wieder einen Besuch abstattet. Seine Charakterisierung als ›*echter* Schriftsteller‹ – der dann aber leider nur Unsinn von sich gibt, wird zudem als eine Selbstbeschreibung Lottmanns

---

Deutsche Einheit, S. 361f. Im nächsten Roman wird eine Exfrau Namens Beate erwähnt, vgl. Lottmann (2004): *Die Jugend von heute*, S. 113. In *Zombie Nation* wiederum steht eine Ehefrau namens Barbara (oder Barbi) im Zentrum der Handlung – dies sei jedoch bereits Jolos dritte Ehe, vgl. Lottmann (2006): *Zombie Nation*, S. 39, 111. In *Der Geldkomplex* ist eine Exfrau Namens Carla von gewisser Wichtigkeit – die nun wieder einige Eigenschaften mit Barbara teilt, vgl. Lottmann (2009): *Der Geldkomplex*, S. 120, 157f., 166–173, 176, 182f., 191f., 194–197, 216–219, 226, 236f., 240–244, 289, 320ff., 338–351. *Unter Ärzten* entwickelt diesbezüglich eine komplette Charade, vgl. Lottmann (2011): *Unter Ärzten*, S. 193: Jolo war 18 Jahre verheiratet und ist nun geschieden; S. 220: Jolo war noch nie verheiratet; S. 228: Jolo ist immer noch, und dies in dritter Ehe, verheiratet.
106 Vgl. hier beispielsweise die Erwähnung der Figur Billerbeek in Lottmann (1987): *Mai, Juni, Juli*, S. 18–21 und Lottmann (2004): *Die Jugend von heute*, S. 204. Ebenso wie die Nennung von Stephan T. Ohrt in Lottmann (1987): *Mai, Juni, Juli*, S. 210–238; Lottmann (2009): *Der Geldkomplex*, S. 20; Lottmann (2011): *Unter Ärzten*, S. 62, 228.
107 Lottmann (2009): *Der Geldkomplex*, S. 148. Herv. i. Orig. Siehe zu Klarczyk auch Lottmann (1987): *Mai, Juni, Juli*, S. 112–116, 164–189.

lesbar, wenn man im Hinterkopf hat, dass Helge Malchow eben jenen Klarczyk als Alter Ego Lottmanns in *Mai, Juni, Juli* bezeichnet hatte.[108]

Solche Hinweise darauf, dass die Figuren der Feder eines Autors entspringen, bleiben relativ selten in Lottmanns Werk – und kaum einmal wird der Text so explizit wie bei der Wiederbegegnung Jolos mit dessen Exfrau Carla in *Der Geldkomplex*, die zum rhetorischen Entwurf ihrer literarischen Existenz wird:

> Aber war es die Frau, von der ich immer gemeint hatte, sie sei immer noch da, während sie in Wirklichkeit weg war? Oder war es inzwischen eine gänzlich andere Person [...]? Nein, nein, das konnte doch nur ein unsinniger Gedanke sein! Oder doch nicht? Nur wenn ich sie als völlig neues Wesen, als weißes Blatt, unbeschrieben, sah, als gänzlich neu zu beeindruckende Fremde, mit neuen Chancen und neuem Glück, konnte es etwas aus uns werden.[109]

Solche klaren und deutlichen Anspielungen sind jedoch in Jolos Universum die Ausnahme – in der Regel folgen die Figuren den gleichen Gesetzen, wie sie auch für alltagswirkliche Subjekte gelten.

Die gleichzeitige Präsenz von deutlich ausgestelltem Referentialitätsbegehren, von Unsinn[110] und von gelegentlicher Transparenz der eigenen Poetik ist kennzeichnend für alle Texte Lottmanns. In jedem der Romane lassen sich Elemente identifizieren, die jenseits der internen Welten in der referentialisierbaren Alltagswirklichkeit vorgefunden werden können. So ist allen Romanen Lottmanns gemeinsam, dass sie sich mit relativ wenig Aufwand in den historischen Kontext der Weltgeschichte so einordnen, dass die Datierung der sich entwickelnden Handlung oft auf den Tag genau möglich ist.[111] In jedem der Romane

---

108 Vgl. Malchow (2003): »Nachwort«, S. 252.
109 Lottmann (2009): *Der Geldkomplex*, S. 346. Vgl. auch ein ganz ähnliches Verfahren mit der Figur der Maren Born in Lottmann (1999): *Der Geldkomplex*, S. 202. Vgl. eben dazu Drügh (2007): »Verhandlungen mit der Massenkultur«, S. 194.
110 Dieser Terminus soll im Weiteren nicht in seiner pejorativen Konnotation verwendet werden, sondern wortwörtlich: Unsinn ist das, was innerhalb der geschilderten Welt in deutlichem Widerspruch zu anderen darin zu findenden Elementen steht. Dies trifft auch auf strukturelle Unstimmigkeiten zu. Als Beispiel kann hier die Beschreibung einer Aufführung des Theaterstücks *Platonov* in Wien dienen, die in Lottmann (2011): *Hundert Tage Alkohol*, S. 115ff., 119–123 beschrieben wird. Im Text selbst (die paratextuelle Rahmung lautet schließlich: ›kein Roman‹) wird sehr viel Wert auf alltagswirkliche Referentialisierbarkeit gelegt und eine tatsächlich zur Zeit der Texthandlung in Wien stattgefundene Aufführung lässt sich problemlos nachweisen. Der wortwörtliche Unsinn entsteht dann, wenn trotz permanenter Verwendung der Klarnamen und aufwandsloser Überprüfbarkeit, Lottmann dem Platonov-Darsteller den Namen ›Thomas-Raoul Toelpel‹ gibt, anstatt den Darsteller Martin Wuttke beim Namen zu nennen.
111 Beispiele hierfür wären die Nennung des am Tage zuvor stattgefundenen Reaktor-Unglücks von Tschernobyl in Lottmann (1987): *Mai, Juni, Juli*, S. 17; der Rücktritt von Gerhard Schröder als

ist ein Teil des Personals aus Presse und Fernsehen bekannt, wie z. B. der sehr unschmeichelhaft entworfene Rafael Seligmann in *Deutsche Einheit*.[112]

So ungreifbar wie ein möglicher Modus der Rezeption ist auch die explizit in den Romanen entworfene Poetik Jolos, die immer wieder anhand des ›eigenen‹ literarischen Schaffens und das der anderen Schriftsteller reflektiert wird. Bereits in *Mai, Juni, Juli* finden sich zahlreiche entsprechende Passagen, von denen stellvertretend eine zitiert sei, in welcher sich Jolo lobend mit der *Bild*-Zeitung auseinandersetzt:

> Was sie machten [die ›Kollegen‹ von der *Bild*-Zeitung; I.K.], erschien mir damals allen Ernstes als KUNST. Indem sie Nachrichtenelemente, graphische Elemente, Gefühle und andere Affekte so mischten, daß etwas ANDERES als die Wirklichkeit dabei entstand, eine ZWEITE Wirklichkeit sozusagen oder auch Gegenwirklichkeit, machten sie in meinen Augen Kunst. [...] Nur wer die Wirklichkeit mittels Zeichen so völlig neu zusammensetzte wie die ›Bild‹-Leute, konnte sicher sein, SPRACHE handzuhaben. [...] Lügner schimpfte man sie, aber sie konnten nicht anders, als Künstler. Alle Künstler logen.[113]

Zum Ende des Buches findet sich dann die explizite Schelte an der ›ausgedachten‹ Literatur: »So war das mit Literatur – alles ausgedacht. Deswegen mochte ich es nicht lesen.«[114] Wie auch die Texte der *Bild*-Zeitung, ist Jolos Welt eine nicht komplett ausgedachte, sondern präsentiert ein Universum, das unserem sehr ähnlich scheint, in welchem allerdings anders als bei Goetz nicht nur die Details nicht stimmen (meist stimmen sie), sondern die Gesetze, nach denen dieses Universum sich zusammensetzt, immer im Unklaren bleiben. *Deutsche Einheit* erhält entsprechend ein ›Vorwort des Autors‹, in welchem der Roman als »Gegenwartbeschreibung« angekündigt wird, um im gleichen Atemzug zu verraten, dass sein ursprünglicher Titel »Alles Lüge« heißen sollte.[115] Jolo scheint sich im gleichen Buch auf der Höhe der literaturwissenschaftlichen Differenzierung von Autor und Erzähler zu befinden, wenn er nach einer politisch unkorrekten Aussage die

---

Parteivorsitzender der SPD in Lottmann (2004): *Die Jugend von heute*, S. 220 oder der Anschläge von Madrid am 11. April 2004, siehe ebd., S. 258f. Die Romane *Zombie Nation* und *Der Geldkomplex* lassen sich ebenso auf die Tage genau in ihrer Handlung kontextualisieren, da der erste die politischen Ereignisse des Jahres 2005 und der zweite die Fußball-Europameisterschaft von 2008 permanent zum Gegenstand haben.

112 Seligmann wird darin als frauenverachtender Erotomane geschildert, der Konkurrent und gleichzeitig Berater Jolos bezüglich dessen Frauenoberungen ist. Vgl. Lottmann (1999): *Deutsche Einheit*, S. 141–149, 186f., 302ff., 345f.
113 Lottmann (1987): *Mai, Juni, Juli*, S. 147f. Herv. i. Orig.
114 Lottmann (1987): *Mai, Juni, Juli*, S. 241.
115 Vgl. Lottmann (1999): *Deutsche Einheit*, S. 8.

Verantwortung auf letzteren schiebt: »Kein Autor hat's gesprochen, o nein, ein Ich-Erzähler war's, und von dem distanziert sich der Autor postwendend und mit gebotener Entrüstung.«[116] – nur, um im Verlauf des gesamten Buches penetrant zu wiederholen, wie großartig er es finden würde, was Christian Kracht in *Faserland* geschrieben hätte, immer wieder die Identität des Autors Kracht mit dem in *Faserland* zu findenden Ich-Erzähler betonend.[117]

Aussage und Gegenaussage fügen sich bei Lottmann – im Gegensatz zu Goetz – in kein synthetisierendes Schema von ›Wahrheit‹ und ›Literatur‹, wie es vor allem in *Klage* zum Ende hin entworfen worden ist. Ist für Goetz wenigstens für die erste Phase seines Schaffens die strukturelle Stelle einer Metaposition festgestellt worden, so wird sie bei Lottmann von Beginn an in die Figurenrede implementiert und macht es unmöglich, die Haltung eines Autors ›jenseits‹ des Textes zu identifizieren. »Alles neu erfinden, alles umlügen, daß sich die Balken biegen, aber so verblüffend intim, daß es jeder glaubt. Denn das Intime kann man sich ja nicht ausdenken, glaubt der Leser.«[118] Dieses Zitat aus *Zombie Nation* mag sich wie der Kern von Lottmanns Poetik lesen, muss aber als Figurenrede ebenso wie alles andere in der unklaren Konfiguration des Lottmann-Universums verbleiben. Und wenn gleich zu Beginn von *Der Geldkomplex* die Rezeptionsmöglichkeit eines *Roman à clef* als Option angeboten wird,[119] ist auch dies als eine Strategie innerhalb der textinternen Poetik zu verstehen, deren ›Performanz‹ aufgrund des Fehlens einer Metaposition immer nur anhand von alltagswirklichen Referentialitäten nachgeprüft werden kann. Dies allerdings hat seine Tücken.

---

116 Lottmann (1999): *Deutsche Einheit*, S. 226.
117 Vgl. Lottmann (1999): *Deutsche Einheit*, S. 174f., 196, 223f., 280f., 285, 311f. Siehe zum Verhältnis von Lottmann und Kracht auch Baßler (2005): *Der deutsche Pop-Roman*, S. 110f.
118 Lottmann (2006): *Zombie Nation*, S. 106.
119 Im Roman wird eine wichtige Nebenfigur folgendermaßen eingeführt: »Sie hieß natürlich nicht Judith, aber seit diesem verbotenen Buch von Maxim Biller muß man die Figuren ja immer bis zur Unkenntlichkeit verändern. Ich sage also, sie hieß Elena, Elena Plaschg, und kam aus der Unterschicht.« Lottmann (2009): *Der Geldkomplex*, S. 7. Der Treppenwitz an dieser Stelle ist, dass zum Zeitpunkt des Erscheinens von *Der Geldkomplex* eine Figur namens ›Judith Bröhl‹ eine der wichtigsten Personen in Lottmanns Weblog darstellt und einen großen Satz von Eigenschaften mit ›Elena Plaschg‹ teilt. Der Text vollführt hier also einen Anschluss an derjenigen Stelle, an der er jeden Anschluss zu tilgen vorgibt. Dies sagt nichts darüber aus, ob ein entsprechender alltagswirklicher Anschluss tatsächlich bestehen würde, sondern demonstriert nur erneut die Ambivalenz der Poetik in Lottmanns Universum.

5.3.3 Konfigurationen, Interferenzen, Schreibtätigkeit

Dem Generalverdacht, eine pararealistische ›Gegenwelt‹ aufzubauen, wie sie für den *New Journalism* typisch ist, sieht sich die *Welt am Sonntag* vermutlich eher nicht ausgesetzt. In eben jener erschien am 24.10.2004 der Beitrag »Ein Nachtclub, der Deutschland heißt« von Thomas Lindemann, welcher einen Bericht über Joachim Lottmann und seinen damals neu erschienenen Roman *Die Jugend von heute* darstellt. Das Bemerkenswerte dieses Beitrags ist, dass er die von Lottmann in dem Roman eingeführten Elemente in die Sphäre journalistischer ›Fakten‹ übersetzt: Ja, Lottmann fahre tatsächlich einen *Wartburg Tourist*, ja, die ›Nichte Hase‹ ist ebenso real wie der ›Neffe‹ Elias, der aber in Wirklichkeit Severin heiße und ob Lottmann dem Reporter tatsächlich die in dem Buch beschriebene Wunderdroge ›Samsunit‹ überreicht, kann dieser leider nicht überprüfen, da er die Ampulle nicht aufbekommt.[120] Lindemanns vorgeblich decodierender Artikel markiert den Beginn einer von da ausgehenden Spirale von Fortschreibungen, deren Interpretant eigentlich demjenigen der Lottmann'schen Zwischenwelt entsprechen müsste, aber ebenso an der Konfiguration eines typischen Feuilleton-Artikels einer seriösen überregionalen Wochenzeitung Teil hat. Nicht nur, dass Lindemann die decodierten Elemente in einer Jahre später publizierten Rezension des Winzenburg-Romans *Stille Tage in L.A.* wiederholt – und er ist hierbei nicht der einzige,[121] – nein, Lottmann selbst partizipiert an der Konfiguration von Lindemanns Text, wenn er im *Tagesspiegel* eine ›Gegendarstellung‹ eben jenes Abends publiziert – die allerdings alle von Lindemann genannten Einzelheiten durchgängig bestätigt.[122] Weniger als eine Fortschreibung, markiert Lottmanns Publikation allerdings eine Aneignung der Lindemann'schen Konfiguration. Er überträgt seine eigene Poetik auf den Reporter, wenn er diesen anweist: »Lindemann, Sie müssen Ihren Bericht wie ein Popautor schreiben, nicht wie ein Journalist.«[123]

War Lindemanns Autorschaft vordem dafür verantwortlich, Lottmann und einige seiner Figuren als ›reale Personen‹ darzustellen, so revanchiert sich Lottmann auf seine Weise, indem er Lindemann zur Figur der von ihm autorisierten,

---

120 Vgl. Lindemann (2004): »Ein Nachtclub, der Deutschland heißt«.
121 Vgl. Lindemann (2007): »So ist das mit der Jugend von heute«; vgl. ebenso die Betonung, dass es sich bei Winzenburg um einen echten Menschen und eine Figur aus Lottmanns Universum handelt in Söhler (2007): »Dunkle Flecken einer Generation«.
122 Vgl. Lottmann (2004): »Schreib' das auf, Lindemann!«; auch abgedruckt in Lottmann (2007): *Auf der Borderline nachts um halb eins*, S. 240–246.
123 Lottmann (2004): »Schreib' das auf, Lindemann!«.

aber nun nicht mehr komplett kontrollierten, Welt erhebt.[124] Die Folge davon ist, dass sich diejenigen Welten von Fiktion und Fakt, die zumindest heuristisch getrennt werden müssen, um als Person ein Leben dahingehend zu führen, dass es operationalisierbare Anschlüsse an andere Diskurse leistet, bis zur Ununterscheidbarkeit vermischen. Lottmanns Universum, das ja eigentlich konventionell gedacht nur durch seine Autorisierung als Träger der Autorfunktion existieren kann, erfährt so ein unkontrollierbares Eigenleben und stellt den darin situierten Figuren die Option bereit, sich auch jenseits von Lottmanns Kontrolle zu entwickeln.

Solche irritierenden Interferenzen, die nicht nur auf die Autorschaft Lottmanns zurückgehen, sondern von anderen Autoren aus dem journalistischen Bereich hergestellt werden, lassen sich noch einige finden. Nur als ein Beispiel sei die für kurze Zeit intensiv geführte Debatte über die wahre Identität der Autorin Sophie Dannenberg genannt. Hubert Spiegel äußerte in der *Frankfurter Allgemeinen Zeitung*, hinter dem Pseudonym verberge sich Lottmanns Figur der ›Nichte Hase‹ oder gar Lottmann selbst.[125] Dieser Vermutung ging zeitlich ein Artikel Lottmanns in der *Tageszeitung* voraus, der vorgab, auf einem Interview mit Dannenberg zu basieren – woraufhin diese die Verbreitung des Artikels mit einer einstweiligen Verfügung untersagen ließ.[126] Als im Januar 2005 Annegret Kunkel als die Verfasserin von *Das bleiche Herz der Revolution* an die Öffentlichkeit trat, bedeutete dies jedoch nicht das Ende der Debatte darüber, wer denn nun ›tatsächlich‹ die ominöse ›Nichte Hase‹ aus Lottmanns Werk sei,[127] was von

---

124 Thomas Lindemann taucht häufig in Lottmanns Weblog auf – dies soweit referentialisierbar, als nicht nur (angebliche) Fotos seiner Person, sondern ganze Artikel von ihm veröffentlicht werden. Vgl. u.a. Lottmann (2007ff.): *Auf der Borderline*, http://blogs.taz.de/lottmann/2008/08/20/alice_ist_eine_schlampe_betrug_bei_hansenet/ und http://blogs.taz.de/lottmann/2007/05/02/5-kapitel-die-grundsatzdebatte/ (beide zuletzt eingesehen am 17.12.2013). Zudem erscheint er als Figur in Lottmann (2009): *Der Geldkomplex*, S. 133ff.
125 Vgl. Spiegel (2004): »Die letzten Teenager«.
126 Der Artikel aus der *Tageszeitung* ist angeblich dennoch erschienen, versehen mit dem redaktionellen Kommentar: »Wir erheben keinen Wahrheitsanspruch und erklären die ganze Begegnung zu einer Lottmannschen Fantasie.« Dies sei jedoch noch zusätzlich von einem Kommentar Lottmanns deutlich konterkariert worden: »Gott schütze mich vor Lesern, die mir wirklich solche Fantasien zutrauen.« Der Beitrag lässt sich im Online-Archiv der taz nicht rekonstruieren, vgl. aber hierzu den Kommentar in Niggemeier (2004): »Die lieben Kollegen«. Siehe dazu auch Scheibe (2004): »Gleichung mit zwei Unbekannten«. Und E.F. (2005): »Ende eines Pseudonyms: Annegret Kunkel ist Sophie Dannenberg«. Ein Beitrag, der dem Interview mit Dannenberg entsprechen könnte, findet sich in Lottmann (2007): *Auf der Borderline nachts um halb eins*, S. 52–58.
127 Vgl. igl (2005): »Dannenberg ist Kunkel« wo es – in leicht ironischem Ton – heißt: »[S]olange nicht bekannt ist, wer Hase wirklich ist, kann nicht ausgeschlossen werden, daß Hase und

Lottmann erneut aufgenommen wurde, als er in *Zombie Nation* beiläufig fallen ließ, eben jene trage das Alias Sophie Dannenberg.[128]

Durch die beständig aufrechterhaltene Unklarheit der Konfiguration erweist sich damit das Werk Lottmanns als überaus anfällig für Interpolationen, die wiederum teilweise als konventionelle Bestandteile operativer Fiktionen fortgeschrieben werden. Dass es sich dabei stets um ein Spiel mit unklaren Regeln handelt, merkt man schnell – man braucht hierfür nur Lottmanns biografische Angaben in den Romanen zu vergleichen. Möchte man diese von Verlagsseite eingebrachten Informationen als den Ort einer Wahrheit über den Träger der Autorfunktion sehen, so erweist sich auch dieser bei Lottmann als ein Witz, dessen Pointe darin besteht, einfach nur erzählt zu werden: Lottmann, 1954 geboren in Hamburg,[129] Lottmann, 1956 in Hamburg geboren,[130] Lottmann, am 14. April 1958 geboren, wiederum in Hamburg,[131] Lottmann, geboren am 6. Dezember 1959, erneut in der Hansestadt[132] – der Autor wird mit jeder Publikation immer jünger.

Gibt es nun überhaupt Aussagen, die über den Autor Joachim Lottmann getätigt werden können, die darauf schließen lassen, dass er nicht identisch mit seiner Kunstfigur Jolo ist? Dies erweist sich als schwierig bis unmöglich. Die oben gelisteten Beispiele haben gezeigt, dass Lottmann ebenso wie Goetz eine massive und umfassende Fiktionalisierung derjenigen Position leistet, an der sich normalerweise ein Träger der Autorfunktion finden lassen sollte. Erschwerend tritt hinzu, dass Jolo auch in den Romanen stets als Schriftsteller entworfen wird und in einem fortgesetzten Anschluss an Lottmann als den Träger der Autorfunktion steht. Es macht es zudem nicht einfacher, dass Jolo in den Romanen noch zweierlei leistet: Er imaginiert sich immer wieder in Analogie zu den literarischen Figuren anderer Autoren – und er formuliert in seiner Figurenrede immer wieder die ›eigene‹ Poetik im Anschluss an die Poetik anderer Schriftsteller.

Für das Letztere dienen dabei in erster Linie Christian Kracht mit *Faserland* in *Deutsche Einheit* und Rainald Goetz in einer ganzen Reihe anderer Lottmann-Publikationen. Moritz Baßler hat die Interferenzen von *Deutsche Einheit* und

---

Sophie Dannenberg identisch sind, Hase also in Wirklichkeit Annegret Kunkel heißt. Die Sache ist belanglos, aber hübsch vertrackt. Weitere Berichte über die Identitätsprobleme der jungen deutschen Literatur sind daher immer noch nicht auszuschließen.«

128 Vgl. Lottmann (2006): *Zombie Nation*, S. 181.
129 Vgl. Glaser [Hg.] (1984): *Rawums*, S. 315.
130 Vgl. Lottmann (2003): *Mai, Juni, Juli*, S. 3.
131 Vgl. Lottmann (2006): *Zombie Nation*, S. 3.
132 Vgl. Lottmann (2009): *Der Geldkomplex*, S. 3. Ebenso in Lottmann (2007): *Auf der Borderline nachts um halb eins*, S. 3. Dieses Geburtsdatum hat auch die Figur Johannes Lohmer in Lottmann (2011): *Unter Ärzten*, S. 125.

Faserland betont[133] – Kracht dient Jolo darin als kongenialer ›Übersetzer‹ der Prosa des von ihm überaus geschätzten Bret Easton Ellis und als derjenige, der angerufen wird, wenn dem Erzähler die Worte fehlen: »Christian Kracht, hilf! Was sagt man da?«[134] Die Figur leistet damit einen expliziten Anschluss an die Poetik von Kracht – und wenn man dies aus einer Metaposition heraus kontextualisiert und Machart, Stil und Inhalt von *Mai, Juni, Juli* und *Faserland* vergleicht, kann dies nur als ein ironischer Kommentar auf den großen Erfolg Krachts gemeint sein, mit dem sanften Hinweis versehen, dass die Kracht zugesprochene Begründung der Popliteratur doch eher ihm, Jolo zukommen müsste.[135] Wer aber ist verantwortlich für diese Ironie? Auch hier erweist sich die Differenzierung als so unmöglich, dass man nur schlussfolgern kann, sie müsste ihren Ort weder in der Figur, noch in dem Träger der Autorfunktion, sondern in der Synthese davon, dem Hybrid Jolo haben.

Auch die Auseinandersetzungen mit Goetz kümmern sich in keiner Weise darum, welchen Namen gerade die Sprecherinstanz hat. Während Goetz in *Klage* zeitweise dazu übergegangen war, ein Pastiche auf Lottmanns Schreibstil herzustellen und demzufolge auch die bei Lottmann nicht vorhandene Differenz von Figur und Autor in seiner Zeichnung Jolos zu übernehmen, dominieren auf der Gegenseite die Anschlüsse an die Trägerschaft der Autorfunktion, ohne die Werke in den Mittelpunkt zu rücken. Wenn Jolo seine Auseinandersetzungen mit Goetz ausficht, geht es nicht um den Inhalt von Goetz' Prosa, sondern um Goetz als Autor und vorgebliche Person. Dies beinhaltet zum einen den Entwurf der Geschichte einer privaten Verbindung, die auch freundschaftliche Elemente enthält,[136] als auch die einer klar feindlich geprägten Konkurrenz-Beziehung im literarischen Feld,[137] was mitunter darin mündet, Goetz zu unterstellen, eben jenen Jolo seit Jahrzehnten zu beobachten[138] oder gar, dass die Raspe-Figur aus *Irre*, »Subito«

---

133 Vgl. Baßler (2005): *Der deutsche Pop-Roman*, S. 110f., 114.
134 Lottmann (1999): *Deutsche Einheit*, S. 188.
135 In Folge stellt sich Jolo in seinen Romanen immer wieder als ›der Erfinder der Popliteratur‹ dar, vgl. u.a. Lottmann (2009): *Der Geldkomplex*, S. 163f., 247f. Vgl. dazu auch Lottmann (2003): »Meine Abenteuer in der Wirklichkeit«: »Als später Christian Kracht mit einer Kopie von ›Mai, Juni, Juli‹ triumphal als Begründer der deutschen Popliteratur gefeiert wurde, rief er mich mit belegter Stimme an; ich glaube, er hatte geweint.«
136 Vgl. dazu Lottmann (2007): »Mit Kathrin Passig in der Zentralen Intelligenz Agentur«, S. 68f. Der Beitrag wurde zuerst veröffentlicht in dem Forum der *Höflichen Paparazzi* am 14.05.2001, vgl. www.hoeflichepaparazzi.de/forum/showthread.php?t=10527 (zuletzt eingesehen am 17.12.2013).
137 Vgl. u.a. Lottmann (2007): »Berlin Mitte und ›Liebe heute‹«, S. 133; Lottmann (2009): *Der Geldkomplex*, S. 274f. Vgl. dazu auch Lottmann (2007ff.): *Auf der Borderline*, http://blogs.taz.de/lottmann/2009/11/16/epilog/ (zuletzt eingesehen am 17.12.2013).
138 Lottmann (2009): *Der Geldkomplex*, S. 275.

und *Kontrolliert* niemand anderes sei, als eben er, Joachim Lottmann, den Goetz auf diese Weise in seinen Werken verewigen würde.[139] Aber auch hier überrascht es nicht, zu sehen, dass diese Verbindung nicht von Kontinuität gekennzeichnet ist: In *Mai, Juni, Juli* und *Deutsche Einheit* ist von einem persönlichen Verhältnis keine Rede und in *Die Jugend von heute* besteht die einzige Verbindung des Protagonisten zu Goetz darin, dass er mit ihm einst zusammen in der gleichen S-Bahn gefahren ist.[140]

Wer also ist Joachim Lottmann und wer ist Jolo? In welchem Verhältnis stehen sie zueinander und welchen Gesetzen folgt ihre Verbindung? Die einzige mögliche Antwort, die sowohl die Kontinuitäten als auch die Brüche berücksichtigt, lautet, dass Lottmann und Jolo nicht identisch sind – wohl aber äquivalent. Sie beide sind Kunstfiguren mit der latent vorhandenen Option auf Identität, die nach Belieben bedient oder vermieden wird. Sie teilen sich einen Satz gemeinsamer Eigenschaften, die vor allem dahingehend präzisiert werden müssen, dass sie beide primär als Schriftsteller entworfen werden und Anspruch auf die Trägerschaft der Autorfunktion von Joachim Lottmann erheben. Zugleich aber sind sie als künstliche Figuren in jedem Moment ihrer erneuten Einschreibung neu: Jene Welten, die in den Romanen und Reportagen Lottmanns entworfen werden, sind jedes Mal neue Welten und ihre jeweiligen internen Gesetze müssen weder mit der Alltagswirklichkeit, noch mit den Welten der vorherigen Romane übereinstimmen. Müssen nicht, aber können: Die Gesetze darüber, welche Elemente mit dem gleichen Satz von Eigenschaften übernommen werden (›Neffe‹ Elias, Bruder Gerald, der geliebte *Wartburg Tourist*, Berlin etc.), werden in jeder Publikation neu ausgelotet, dies jedoch implizit und offenbaren sich für Leserinnen und Leser als eine amüsante aber nicht notwendige, da nicht erkenntnisleitende Schnitzeljagd.

Dann und wann scheinen die stets erfolgenden Neuauflagen von Jolo Klartext zu sprechen und ihre eigene Gemachtheit hervorzuheben und damit den Eindruck zu erwecken, den Vorhang zu lüften, der sich vor die Poetik dieser Figur schiebt. Ein Beispiel dafür bietet Jolo in *Der Geldkomplex*, wenn er seiner eigenen Geschichte nachforscht und über einen Nervenzusammenbruch reflektiert, der ihn »Wie Fürst Myschkin in Dostojewskis ›Der Idiot‹«[141] lähmt:

> Wer wortmächtig war und über den Dingen stand, mußte selbst zurechtkommen mit seinem Leben. [...] Über Fürst Myschkin konnte man noch weinen, nicht über Dostojewski. Die Figur Nagel aus Hamsuns »Mysterien« berührte einen, der Autor dagegen wurde verachtet.

---

139 Vgl. Lottmann (2007): »Mit Kathrin Passig in der Zentralen Intelligenz Agentur«, S. 69.
140 Vgl. Lottmann (2004): *Die Jugend von heute*, S. 145.
141 Lottmann (2009): *Der Geldkomplex*, S. 241.

> [...] Gar nicht zu denken an Woody Allen. Den mochte keiner. [...] Komödianten bekamen am wenigsten Mitleid von allen, und ich war nahe dran an dem Status. Auch die besten Freunde, als ich sie noch hatte, bekannten immer wieder, daß sie niemals mit mir fühlen könnten, da sie mich nicht ernst nehmen könnten. Ich sei ihnen ein Fremder, da immer verrückt und ironisch. Ich sagte dann verstört, ich sei doch gar nicht ironisch, und da mußten sie schon wieder lachen. Es war furchtbar.[142]

Was sich hier auf den ersten Blick wie das ernsthafte Bekenntnis einer Figur und eine Einsicht in ihre Nöte liest, ist tatsächlich schon von vornherein ein subtiler Witz: Der Nervenzusammenbruch der Figur wird ganz ausdrücklich auf einen 1. April datiert und konfiguriert damit die ganze autopoietische Subjektivationsrhetorik als einen Scherz.[143] Die am Ende erfolgende Pointe, dass die Nöte aus der Wirksamkeit eines unentwirrbaren Kreislaufs der Ironie resultieren, tun ihr Übriges, um eine eindeutige Lesart zu verhindern: Ob die Rede den Gesetzen der Uneigentlichkeit gehorcht oder nicht, kann aus ihr selbst heraus nicht mehr abgeleitet werden. Es schält sich dabei jedoch ein Bereich heraus, der auch jenseits der Figuren-Aussage als Konstituente ihrer Existenz ausgewiesen werden kann, und dies ist die Autorschaft, bzw. die Tätigkeit des Schreibens.

Der Roman *Unter Ärzten* gerät aus dieser Perspektive zur Aushandlung der Bedingungen einer literarisch erschriebenen, auf Autorschaft beruhenden und sich in der Schriftstellerei erfüllenden Existenzform – die in Analogie zur Poetik der Jolo-Figur aus dem Text auf die gesamte Selbstpoetik Lottmanns übertragen werden kann. Einen *echten* Schriftsteller zeichne es demzufolge aus, dass er dies nicht nur als Beruf ausübe, sondern dass ihm das Schreiben so lebenswichtig sei wie essen und atmen: Der *echte* Schriftsteller muss nicht publizieren, aber er muss fortgesetzt schreiben.[144] Jolo nun sei ein Vertreter eben jener Spezies, wie im Gespräch mit einer Therapeutin entwickelt wird:

> [B]ei mir gab es einen [...] Mechanismus, nämlich [... dass] ich über alle Menschen, die mit mir zu tun hatten, schrieb. [...] Mein Verkehr mit der Welt war nun einmal schriftlich, von Anfang an. Ich kannte es nicht anders.
> »Was taten Sie denn, als Sie fünf Jahre alt waren?« [...]
> »Ich schrieb.«
> »Wer hatte es Ihnen denn so früh beigebracht?«
> »Niemand. Ich diktierte es meinem Bruder.«
> In Ihren Augen blitzte es auf. Oh, ein Sonderfall? [...] Ein Mann kommt [...] nicht als Baby auf die Welt, sondern als Schriftsteller?[145]

---

142 Lottmann (2009): *Der Geldkomplex*, S. 242f.
143 Vgl. Lottmann (2009): *Der Geldkomplex*, S. 241.
144 Vgl. Lottmann (2011): *Unter Ärzten*, S. 176.
145 Lottmann (2011): *Unter Ärzten*, S. 211.

Das Gespräch eines Patienten mit einem Psychiater stellt ein für die Moderne klassisches Modell einer Subjektbildung dar und leistet einen Anschluss sowohl an die narrativen Konzepte der Autobiographie als Lebensweg, als auch an die Funktion der Beichte und des Geständnisses, deren Wichtigkeit Michel Foucault für die Bildung von Subjekten hervorgehoben hat.[146] Jolo sieht sich dieser Position (ganz freiwillig) ausgesetzt und versucht sie auf geradezu klassische Weise zu lösen: »Ich mußte eine künstliche, eben erzählbare Struktur in meine Existenz bringen, die nicht entfremdeter war, als jede andere kaputte Existenz im globalen Turbokapitalismus. Ich mußte einen Grund liefern, warum gerade an *meiner* Existenz gearbeitet werden sollte.«[147] Das Metaleptische von *Unter Ärzten* besteht nun darin, dass bei der Thematisierung und Beschreibung von Jolos Existenz sie als allererstes – wenn auch nicht zum ersten Mal – erschaffen wird. Das dabei auftretende Problem lässt sich ganz allgemein als das Hauptprinzip der Lottmann'schen Autofiktion beschreiben:

> Ich spürte bei jeder Antwort das brennende Verlangen, den Sachverhalt zu literarisieren. Es durfte nicht so langweilig erzählt werden, daß es ununterscheidbar wurde gegenüber dem Psychogestammel der anderen Loser. Aber dann war die ganze Therapie wertlos! Nur die Wahrheit konnte mich weiterbringen. Deshalb zwang ich mich dazu, wenigstens dieses Mal noch.[148]

Die Therapie wird innerhalb der Welt des Romans wertlos, wenn sie mit denjenigen Elementen operieren muss, die nicht an andere Bereiche anschlussfähig, also schlicht ›ausgedacht‹ sind. Eine Arbeit an der Existenz dieses schreibenden ›Patienten Lottmann‹[149] ist nur dann möglich, wenn sie mit ›Wahrheiten‹ operiert. Und eben dieses, so ließe sich die ganze Selbstpoetik Joachim Lottmanns *in a nutshell* formulieren, ist Dasjenige, was seine Position als Autor, als Figur und als Autor-Figur mit ihrer schriftstellerischen Arbeit leistet. Sie erschafft immer wieder ein äquivalentes Subjekt namens Jolo, das in seiner eigenen Welt vor sich hin existiert. Dass die Grenzen dieser Welt an keiner Stelle klar gezogen sind, ist anhand der literarisch-journalistischen Interferenzen und an der frei flottierenden Bewegung der Konfiguration dieser Texte gezeigt worden. Die stärkste Ausprägung der Interferenzen, die radikalste Aneignung ›fremder‹ Konfigurationen und das zugleich am deutlichsten ausgestellte Referentialitätsbegehren der darin

---

[146] Vgl. dazu Foucault (2007): »Technologien des Selbst«, S. 309–317; Foucault (1983): *Der Wille zum Wissen*, S. 75–84.
[147] Lottmann (2011): *Unter Ärzten*, S. 194. Herv. i. Orig.
[148] Lottmann (2011): *Unter Ärzten*, S. 197.
[149] Vgl. eben diese Formulierung bereits bei Goetz (1999): *Abfall für alle*, S. 500.

identifizierbaren Elemente findet sich jedoch in Joachim Lottmanns Weblog *Auf der Borderline nachts um halb eins*.

5.4 Das vernetzte Universum der quasi-fiktionalen Lottmannsaga

5.4.1 Wahrheit, Realistik, Konsistenzen: der *Borderline*-Blog

»Was ich jetzt sage, ist die Wahrheit.«[150] So großspurig das Versprechen, das im ersten Satz von Joachim Lottmanns Weblog *Auf der Borderline nachts um halb eins* gegeben wird, so falsch und doch auch richtig ist die Aussage dieses Satzes. *In Wahrheit* ist Spider-Man niemand anderes als Peter Parker und *in Wahrheit* ist die Berliner Mauer durch das überdimensionierte Geschlechtsteil von Klaus Uhltzscht zu Fall gebracht worden. So absurd diese beiden Behauptungen sind, so gut kann man an ihnen demonstrieren, wie unterschiedlich die Anschlüsse selbst fiktiver Wahrheiten gestaltet sein können. Auf den ersten Blick liegt es nahe, die Welt des Comics von Stan Lee & Steve Ditko als im Status vergleichbar mit der Welt von Thomas Brussigs *Helden wie wir* anzusehen: Sie entfalten ihre Referenzen innerhalb fiktiver Welten, die von Autoren erschaffen wurden. Würde man die beiden Wahrheitsbehauptungen in einer Umfrage überprüfen wollen, wären die Ergebnisse jedoch abweichend und ich möchte behaupten, dass niemand anzweifeln würde, dass der Fotograf Peter Parker tatsächlich derjenige ist, der als Spider-Man das Verbrechen bekämpft, während die Heldentat von Brussigs skurrilem Helden auch von Germanistinnen und Germanisten als dem Reich von Uhltzschts Phantasie zugehörig ausgewiesen wird. Wo liegen die Unterschiede? Einer davon ist sicher darin zu sehen, dass Spider-Mans Geschichte und die in ihr entworfene Realität über ein hohes Maß an Konsistenz verfügt und die zahlreichen Fortschreibungen in Comics, Filmen und Zeichentrickserien ein weites Feld für Interpolationen bieten, während Brussigs Held zwar noch anschließend die Transformation zu einer Figur in Theater und Film erfährt, sonst aber keinen Kontext angefügt bekommt, der für Interpolationen ergiebig wäre: Eine potenziell höhere Anzahl der zu interpolierenden Elemente schafft die Grundlage für Konsistenzen auch in einer fiktiven Welt, die als konsensuelle Wahrheiten weiter prozessiert werden könnten. Der zweite Unterschied besteht darin, dass die Geschichten von Spider-Man schlichtweg phantastisch sind, denn ein Mann, der

---

150 Lottmann (2007ff.): *Auf der Borderline*, http://blogs.taz.de/lottmann/2007/04/12/fruehling-der-gefuehle/ (zuletzt eingesehen am 17.12.2013).

Fäden aus seinen Unterarmen schießen kann, fügt sich nicht den Vorgaben der Realistik, wie sie von Frank Zipfel aufgestellt wurden.[151] Halten wir fest: ›Spider-Man = Peter Parker‹ ist eine Wahrheit, obwohl die damit gemeinte Welt sowohl fiktiv als auch fiktional ist.[152]

Brussigs Roman ist bereits durch die paratextuelle Rahmung als fiktionaler Text ausgewiesen. Aber ist er auch fiktiv? Zipfel schreibt hierzu: »Die Fiktivität einer Geschichte (oder Ereigniskette) kann als Nicht-Wirklichkeit der sie bestimmenden Komponenten Ereignisträger, Ort und Zeit erläutert werden.«[153] Nun besteht kein Zweifel, dass *Helden wie wir* in erster Linie als ein satirischer Text gelesen wird, der mit starken Überzeichnungen arbeitet. Diese Feststellung ist allerdings nur dann möglich, wenn die im Text beschriebene Welt eine explizit zur Alltagswirklichkeit referentialisierbare ist. Erst wenn RezipientInnen die historischen Umstände des Mauerfalls bekannt sind (und einige allgemeine Kenntnisse der Welt vorausgesetzt werden können), wird die Hauptpointe des Romans als absurd verständlich – und dies auch erst dann, wenn die Welt des Romans genug Anschlusspunkte an die Alltagswirklichkeit leistet. Der Roman schafft diese Voraussetzungen durch einen gewissen Grad an Realismus. Zipfel führt hierzu aus:

> [Fiktive Geschichten] sind zudem durch ein komplexes Verhältnis zwischen fiktiven und realen Elementen gekennzeichnet. Elemente der Realität können sowohl durch implizite Ableitung [i.e. Interpolation; I.K.] zur fiktiven Welt einer Geschichte gehören, insofern vorausgesetzt wird, daß die fiktive Welt so nah wie möglich an der realen Welt konstruiert wird (Realitätsprinzip) [i.e. alltagswirkliche Referentialität; I.K.], als auch durch explizite Erwähnung insbesondere von Orten oder Personen der Wirklichkeit. Solche explizit in fiktionalen Erzähl-Texten erwähnten realen Objekte gehören, wenn sie nicht als in signifikanter Weise von ihren tatsächlichen Entsprechungen abweichend beschrieben werden, zum realen Hintergrund der fiktiven Geschichte; sie stellen sozusagen konkrete Anknüpfungspunkte der ›Auffüllung‹ der fiktiven Welt mit Elementen der realen dar.[154]

Die von Zipfel vorausgesetzte strikte Trennung in faktuales vs. fiktives Erzählen[155] kann allerdings unter der Annahme, dass operative Fiktionen zum wesentlichen

---

151 Vgl. Zipfel (2001): *Fiktion, Fiktivität, Fiktionalität*, S. 108–113.
152 Dies zumindest nach der Typologie von Frank Zipfel, vgl. dazu Zipfel (2001): *Fiktion, Fiktivität, Fiktionalität*, S. 106–113, 143. Zwar entwickelt Zipfel sein Modell ganz explizit anhand von literarischen Erzählmodellen, dieses lässt sich jedoch ohne Komplikationen auch auf visuelle und audiovisuelle Bewegtbild-Narrationen übertragen.
153 Zipfel (2001): *Fiktion, Fiktivität, Fiktionalität*, S. 113.
154 Zipfel (2001): *Fiktion, Fiktivität, Fiktionalität*, S. 113.
155 Vgl. dazu Zipfel (2001): *Fiktion, Fiktivität, Fiktionalität*, S. 50–56, 122–133.

Teil durch *one-to-many*-Medienangebote und ihre entsprechenden Institutionen erschaffen werden, nicht ohne Weiteres hingenommen werden. Vorausgesetzt: Man einigt sich darauf, dass die Korpora der Philologien keine interaktionistisch erfahrbaren Praktiken enthalten können. In Bezug auf Uhltzschts vorgebliche historische Tat bedeutet dies, dass wir sie als ›nicht die Wahrheit‹ ansehen, nicht weil wir *einfach wissen,* dass die Berliner Mauer aufgrund komplexer historischer Vorgänge zu Fall gekommen ist, sondern weil wir es im Fernsehen gesehen haben und in der Presse sowie Geschichtsbüchern nachlesen können. Halten wir erneut fest: Fiktivität und Fiktionalität sind keine Ausschlusskriterien für Wahrheit per se. Die Möglichkeit einer Interferenz mit alltagswirklich konfigurierten operativen Fiktionen entscheidet darüber, ob eine Wahrheit nur innerhalb fiktiver Welten gültig ist, oder aber alltagswirklich wirksam wird. Der Roman *Helden wie wir* erlaubt seine satirische Rezeption dadurch, dass er zuallererst den Prinzipien der Realistik folgt und zudem als fiktionaler Text gerahmt ist.

Diese Beispiele dienten der Veranschaulichung der Zusammenhänge, die zu beachten sind, wenn von Wahrheit die Rede ist – und sollen zugleich als Vorbereitung zum Beleg der These dienen, dass Lottmanns Autofiktion natürlich so etwas wie Wahrheit generiert (analog zum Beispiel Spider-Man), dass diese sich jedoch den konventionell angenommenen Zuweisungen von ›Fiktion‹ vs. ›Faktualität‹ / ›Alltagswirklichkeit‹ nicht fügt und damit einen Zwischenraum erschafft, der an beiden Bereichen teilhat. Diese auch alltagswirkliche Operationalisierbarkeit ist kennzeichnend für die Selbstpoetik der Jolo-Figur und unterscheidet sich von derjenigen von Rainald Goetz dadurch, dass sie ihre Verortung nicht im Bereich der Literatur, sondern ganz explizit in dem so erschaffenen quasi-fiktionalen Zwischenraum sucht.

Bereits der Titel des Blogs *Auf der Borderline nachts um halb eins* schafft eine dreifach gestaffelte Rahmung. Zum einen wird er sofort als Anspielung auf den Films und das noch bekanntere Lied *Auf der Reeperbahn nachts um halb eins* (1954) erkennbar.[156] Neben einer möglicherweise intertextuelle Beziehung zum Filminhalt, erweist sich der Titel als Referenz auf die Hamburger Reeperbahn, die einen klassisch heterotopen Raum darstellt, in dem andere Gesetze gelten als herkömmlich, was bereits als Hinweis auf die Art der Referentialität innerhalb

---

[156] Diese Referenz wird beispielsweise anlässlich eines Auftritts Lottmanns in der Fernsehsendung *Willkommen Österreich* des ORF1 am 17. Januar 2008 hergestellt. Während eines Video--Einspielers, in welchem Lottmann vorgestellt wird, werden parallel zur Nennung des Blog-Namens Aufnahmen der Reeperbahn gezeigt, vgl. www.willkommen-oesterreich.tv/pl.php?plid =26#F26, Video 4, 8:51 (zuletzt eingesehen am 17.12.2013).

des Blogs gelesen werden kann.¹⁵⁷ Ebenfalls in diese Richtung geht die Wahl des Namens *Borderline*, die innerhalb einer journalistischen Rahmung, wie sie die Seiten der *Tageszeitung* sicher darstellen, auf eine Ausprägung des *New Journalism* und seine Poetiken verweist. Und nicht zuletzt schafft der Name mit der expliziten Anleihe an der *Borderline-Persönlichkeitsstörung* den Anschluss an einen psycho-pathologischen Diskurs, der als eine frühzeitige Ankündigung eben dieses Themenfeldes im 2011 publizierten Roman *Unter Ärzten* erscheint. Damit wird bereits in der Namensgebung die Kontinuität dreier bei Lottmann wichtiger Aspekte geleistet: Aufhebung der Gesetze der Normalität, Vermischung von Fakt und Fiktion, Pathologie.

Am 12. April 2007 geht die *Borderline* online und wird mit gelegentlichen Unterbrechungen bis zum heutigen Tag fortgeführt.¹⁵⁸ Ganz ähnlich Rainald Goetz' *Klage* ist die *Borderline* als Blog institutionell verankert und findet sich eingereiht in diejenigen Onlinerubriken, die auf den Seiten der Berliner *Tageszeitung* noch von anderen Schriftschaffenden gefüllt werden. Formell folgt die *Borderline* dabei anders als *Klage* den üblichen Konventionen eines Weblogs und bietet neben einer (ebenfalls) fast täglichen Publikationsfrequenz nicht nur mitpublizierte Fotos und Verweise auf andere Medienangebote via Hyperlinks, sondern auch die Option, zu den einzelnen Beiträgen Kommentare zu veröffentlichen.

Das erste *Posting* trägt den Titel »Frühling der Gefühle«, und bildet den Auftakt eines neuen Lottmann-Romans: Die Textstücke brechen teilweise mitten im Satz ab, um im nächsten *Post* unter der Überschrift »...und weiter...« fortgesetzt zu werden.¹⁵⁹ Bereits am zweiten Tag folgt unter dem Titel »Frauen, Sex, Joyce« das ›2. Kapitel‹ dieses Werks, bis nach wenigen Monaten mit »drauflosiabern« der zweite Teil dieses Epos eingeleitet wird.¹⁶⁰ Anschließend löst sich der Anschein einer werkinternen Kontinuität auf und weicht einer herkömmlichen Blog-Struktur, in der die einzelnen Beiträge nicht mehr in einen direkten Zusammenhang gestellt werden, sondern ihre Themen eher assoziativ herstellen.¹⁶¹

---

157 Vgl. zum Konzept der Heterotopie Foucault (2005): »Von anderen Räumen« und auch den Überblick in Klass (2008): »Heterotopie«.
158 Stand: 17.12.2013. Vgl. http://blogs.taz.de/lottmann/.
159 Die so gekennzeichneten Brüche finden manchmal innerhalb der *Posts* eines Tages statt, häufiger jedoch liegt ein Tag oder mehr zwischen den so zusammengehaltenen Textstücken.
160 Vgl. Lottmann (2007ff.): *Auf der Borderline*, http://blogs.taz.de/lottmann/2007/07/05/1-kapitel-zurueck/ (zuletzt eingesehen am 17.12.2013). Die explizite Referenz auf die Verwendung dieses Begriffs bei Goetz wird ebenfalls dort hergestellt. Es wird dabei Bezug genommen auf einen Eintrag in *Klage* vom 03. Juli 2007, Vgl. Goetz (2008): *Klage*, S. 176f.
161 Ein »Sonderkapitel. Nachlese«, gepostet am 27. August 2007, leitet das Ende dieses ›Romans‹ ein, vgl. Lottmann (2007ff.): *Auf der Borderline*, http://blogs.taz.de/lottmann/2007/08/27/

Formell ist in der *Borderline* auch dahingehend ein Wandel zu verzeichnen, als mit fortschreitendem Bestehen immer häufiger Fotografien als Ergänzung zu den Texten online gestellt werden, was in eine erste Hochphase im August und September 2009 mündet, in welcher anlässlich einer offenbar unternommenen Indien-Reise Lottmanns die Texte in den Hintergrund rücken und die Beiträge immer mehr die Form einer Fotoreportage erhalten. Die Indien-Reise markierte damit auch ein vorläufiges Ende der *Borderline*, die im November 2009 für einen nachgereichten »Epilog« zwecks Auseinandersetzung mit dem Band *loslabern* von Rainald Goetz reanimiert wird[162] – nur um zu Beginn des Jahres 2010 erneut einen nun sehr unregelmäßigen Betrieb aufzunehmen.[163]

Abseits dieser Neuerungen jedoch vereint die *Borderline* all die Komponenten, die bereits aus den Romanen und Reportagen Lottmanns bekannt sind: Die Erzählinstanz ist erneut der Schriftsteller und Journalist Joachim Lottmann, der von seinem Leben in der Metropole Berlin berichtet, bis er später seinen Wohnsitz nach Wien verlegt. Er verfügt dabei über den gleichen heterogenen Satz von Eigenschaften, den er bereits als Romanfigur hatte und auch das Personal besteht erneut aus den teilweise aus Presse, Fernsehen und Internet bekannten Kulturschaffenden und dem wieder aufgenommenen Lottmann'schen Personal wie dem ›Neffen‹ Elias, der Nichte Hase, dem älteren Bruder oder Rainer Langhans und den Mitgliedern und Assoziierten dessen Münchner Kommune. Auch die Poetik von Referentialitätsbegehren und unmarkiert daneben stehendem offensichtlichem Unsinn wird beibehalten, wenn Lottmann immer wieder einerseits auf aktuelle Ereignisse referiert, andererseits jedoch so unhaltbare Prinzipien seiner Poetik den Leserinnen und Lesern glaubhaft machen möchte, wie zum Beispiel, dass er »aus Prinzip immer Klarnamen« für das Personal seiner Texte verwenden würde.[164]

---

sonderkapitel-nachlese/ (zuletzt eingesehen am 17.12.2013). Es folgen einige *Posts* aus bereits früher publizierten oder auch unveröffentlichten Texten. Etwa ab Mitte September 2007 sind die Beiträge recht einheitlich kürzere Texte, die nicht über Tage hinweg fortpubliziert werden.
162 Vgl. Lottmann (2007ff.): *Auf der Borderline*, http://blogs.taz.de/lottmann/2009/11/16/epilog/ (zuletzt eingesehen am 17.12.2013). Vgl. dazu meine Ausführungen im Kapitel 4.6.
163 Seit der Publikation des »Epilogs« folgten Perioden von teilweise mehreren Monaten, in denen keine neuen Einträge erschienen, bis diese von Phasen des regelmäßigen Publizierens abgelöst werden.
164 Vgl. dazu Lottmann (2007ff.): *Auf der Borderline*, http://blogs.taz.de/lottmann/2007/04/13/2-kapitel-frauen-sex-joyce/ (zuletzt eingesehen am 17.12.2013). Die Behauptung lässt sich sogar ohne Rückgriff auf kontextuelle Elemente widerlegen, wenn beispielsweise der ›Neffe‹ mal als Severin und mal als Elias bezeichnet wird, die Partnerin des Erzählers immer wieder mal ihren Namen wechselt oder der für ihn verantwortliche Lektor den Namen Marco van der Huelsendonck trägt. Letzte Beobachtung ist insofern unterhaltsam, als im Verlauf einiger Romane

Die durch die Medientechnik Internet potentiell gegebenen Möglichkeiten einer höheren Informationsdichte und einer fast vollständigen Simultanität werden in der *Borderline* von Lottmann so ausgiebig genutzt, dass auf diese Weise eine noch deutlich höhere Konsistenz aller Figuren und Elemente erreicht wird, als dies vordem der Fall gewesen ist. Dieser Umstand steigert in gleichem Maße die Möglichkeiten von Interpolationen: War der von Jolo schon in seinen Romanen immer wieder erwähnte *Wartburg Tourist 353 Super* nur ein Element innerhalb von Lottmanns unklarer Welt,[165] so finden sich in der *Borderline* nun vermehrt Fotos des antiquierten Gefährts in allen Lebensumständen. Ob geparkt oder mit Lottmann am Steuer, das abgebildete Fahrzeug kann immer als identisch mit sich selbst identifiziert werden, da die Abbildungen ganz offensichtlich nicht den Gesetzen der Diskretion folgen und inklusive des amtlichen Nummernschilds erfolgen (vgl. Abb. 12).[166] Durch eine alltagswirklich erscheinende Konfiguration des Wartburgs wird der Kreis geschlossen: In einem auf der *MySpace*-Seite von Maxim Biller und bei *YouTube* veröffentlichten Video, welches Biller im Gespräch mit Lottmann zeigt, fahren die beiden mit Lottmann am Steuer mit eben jenem

---

Lottmanns dieser Name eine graduelle Transformation erhält: War er in Lottmann (2006): *Zombie Nation*, S. 151, 194f., 206 noch als ›Nico van der Huelsen-Donck‹ bezeichnet worden, reduziert er sich zu einem simplen ›Van der Huelsen‹ in Lottmann (2009): *Der Geldkomplex*, S. 115f., 134, 247, 254, 259f., 265f., 277f., 295, 299 und bekommt in Lottmann (2011): *Unter Ärzten*, S. 129, 162 wieder den Vornamen ›Nico‹ zugesprochen, um in der *Borderline* als ›Marko van der Huelsendonck‹, ›Marco van der Hülsendonck‹, ›van der Huelsen-Donck‹ und ›Marco Van Huelsen‹ wieder zu erscheinen, – um anschließend endgültig als ›Marco Verhuelsdonk‹ decodiert zu werden. Dass der derzeitige Leiter der Abteilung »Onlinekommunikation und eBook« bei Kiepenheuer & Witsch selbst von dieser ›wahren‹ Variante abweichend den Namen Marco Verhülsdonk trägt, wie man sich unter www.kiwi-verlag.de/kontakt/ (zuletzt eingesehen am 17.12.2013) überzeugen kann, ist angesichts der offensichtlichen Charade nur noch eine weitere Anekdote.

165 Als solcher war er bereits vor der *Borderline*-Zeit einer der konsistentesten Elemente dieses Universums und in der Häufigkeit seiner Wiederholungen nur mit der Legende vergleichbar, Joachim Lottmann Senior sei einer der Gründer der Hamburger FDP gewesen. Vgl. die Vorkommen des Autos in Lottmann (2004): *Die Jugend von heute*, S. 25, 66, 198, 272, 283, 289; Lottmann (2006): *Zombie Nation*, S. 73, 89, 92, 172, 181f., 193, 195, 265, 294, 313, 326, 351; Lottmann (2007): *Auf der Borderline nachts um halb eins*, S. 90, 240; Lottmann (2009): *Der Geldkomplex*, S. 10, 20, 28, 35ff., 74f., 87–90, 108, 130, 174, 224, 259f.

166 Vgl. Fotos des *Wartburgs* in Lottmann (2007ff.): *Auf der Borderline*, http://blogs.taz.de/lottmann/2008/01/24/linda-t/; http://blogs.taz.de/lottmann/2008/02/04/carla-bruni/; http://blogs.taz.de/lottmann/2008/02/23/fruehling-in-the-city/ und http://blogs.taz.de/lottmann/2008/04/06/endlich-pfingsten/ (alle zuletzt eingesehen am 17.12.2013). Es lassen sich darüber hinaus noch weitere Fundorte des Autos anbringen. Vgl. die Beglaubigung des *Wartburgs* auch in Tittel (2004): »Der Feldforscher«.

Das vernetzte Universum der quasi-fiktionalen Lottmannsaga —— 323

Abb. 12: Jolos Wartburg; Lottmann (2007ff.): *Auf der Borderline,* http://blogs.taz.de/lottmann/ 2008/01/24/linda-t/.

Gefährt durch die Straßen Berlins.[167] Dieses Beispiel veranschaulicht die Schwäche der Trennung von faktualen und fiktiven Elementen, auf die sich Frank Zipfel in seiner Differenzierung stützt,[168] denn hier noch von einer zu erfolgenden Interpolation zu sprechen, wäre ein Euphemismus: Anhand dieses nebensächlichen Elements kann das Beispiel einer vollständigen Interferenz aufgezeigt werden, die sich in allen transmedialen Wandlungen vom textuellen zum visuellen und audiovisuellen Zeichen vollzieht. Die Konfiguration dieses *Wartburgs* als fiktiv zu bezeichnen, hieße, den Modus aller Elemente, die durch vergleichbare *one-to-many*-Medienangebote in die Kommunikation eingebracht werden können, auf ›uneigentlich denotativ‹ zu setzen.

Die naheliegende Reaktion angesichts einer solchen Materialfülle wäre: Im Jahre 2007 war Lottmanns *Wartburg Tourist* mit dem amtlichen Kennzeichen B-KH 8362 auf den Straßen Berlins zu finden, ebenso, wie es in seinen Romanen beschrieben worden ist. Ereignisträger, Elemente, Orte und Zeiten, die in der *Borderline* im Text beschrieben und teilweise mit Fotografien beglaubigt werden, entsprechen zu einem so großen Teil den Bedingungen der von Zipfel beschriebenen

---

[167] Vgl. www.myspace.com/maximbiller/videos/video/7686546 und www.youtube.com/watch?v=E0Qlt-0_jIM (zuletzt eingesehen am 17.12.2013).
[168] Vgl. dazu Zipfel (2001): *Fiktion, Fiktivität, Fiktionalität,* S. 50–56, 122–133.

Realistik, dass auf den ersten (und oft auch auf den zweiten) Blick nicht erkennbar ist, ob es sich dabei um ›Auffüllungen‹ aus der realen Welt handelt,[169] mit denen der fiktive Raum gefüllt wird, oder um alltagswirkliche Elemente, die in diesen *one-to-many*-Medienangeboten faktual fortgeschrieben werden, oder auch erst – wenn sie vordem nicht beobachtbar waren – das Potenzial erhalten, zu entsprechenden Elementen zu werden.

Unter dem Eindruck einer vergleichbaren Realistik dürfte auch die Rezeption eines Großteils des *Borderline*-Personals erfolgen. Das Besondere ist hier jedoch, dass dieser Status damit nachträglich auch denjenigen Elementen von Lottmanns Romanen zugewiesen werden könnte, die in der *Borderline* einen erneuten Auftritt haben. Dabei kommt zum Tragen, dass viele der Zeichen einer rein symbolischen Existenz im Text enthoben werden und in visuellen und audiovisuellen Medienangeboten zusätzlich eine Fortschreibung erhalten. In Ergänzung zum Weblog auf den Seiten der *taz* findet man in den Institutionen *YouTube* und *MySpace* eine Reihe von Videos, die von dem Nutzer »Joachimlottmann« hochgeladen wurden.[170] Die in der *Borderline* häufig vorkommende Figur der Ariadne von Schirach (oder auch häufiger im Diminutiv ›Ari‹) mit der gleichnamigen Autorin und Publizistin zu identifizieren, dürfte bereits angesichts der gelegentlich dort geposteten Fotos ihrer Person naheliegend sein.[171] Noch deutlicher wird diese referentiell hergestellte Identität, wenn man einer weiteren im Blog kolportierten Spur nachgeht: Gleich am zweiten Tag des Bestehens der *Borderline* erwähnt Jolo eine Seite, die unter seinem Namen auf *MySpace* vorhanden sei (ohne es zu verpassen, die Adresse www.myspace.de/joachimlottmann in den Text zu integrieren) und nennt zugleich ein entsprechendes Pendant des Autors Maxim Biller:

> Auch auf meiner Seite waren solche Filmchen mit Ariadne und anderen, aber ich war mit ihnen nicht zufrieden. [...] Es ruckelt asynchron und häßlich vor sich hin, und man ahnt nicht, wie hübsch Ariadne wirklich ist, und ich erst, und Maxim vor allem, der da aussieht wie ein Wartburg fahrender Hausmeister aus Frankfurt/Oder. Der Wartburg gehörte übrigens mir. Stolz war ich nur auf ein Filmchen, das Ari von mir im Klo des Clubs Cookies aufnahm, morgens um fünf, in der Eröffnungsnacht. Da sah ich zwar auch noch dick und betrunken aus, ganz anders als HEUTE, aber welche investigative Leistung![172]

---

169 Vgl. Zipfel (2001): *Fiktion, Fiktivität, Fiktionalität*, S. 113f.
170 Vgl. www.youtube.com/user/Joachimlottmann und das Profil »Joachim Lottmann« unter www.myspace.com/joachimlottmann (beide zuletzt eingesehen am 17.12.2013).
171 Vgl. u.a. Lottmann (2007ff.): *Auf der Borderline*, http://blogs.taz.de/lottmann/2008/04/21/das-niveau-steigt/; http://blogs.taz.de/lottmann/2008/06/22/das_ende_von_rainald_goetz/ und http://blogs.taz.de/lottmann/2007/06/16/und-weiter-23/ (zuletzt eingesehen am 17.12.2013).
172 Lottmann (2007ff.): *Auf der Borderline*, http://blogs.taz.de/lottmann/2007/04/13/2-kapitel-frauen-sex-joyce/ (zuletzt eingesehen am 17.12.2013), Herv. i. Orig.

Tatsächlich lässt sich bei *YouTube* ein Video finden, das mit dieser Beschreibung identisch zu sein scheint.[173] Dies führt zur Erkenntnis, dass die in der *Borderline* vorhandenen Elemente offenbar ohne Verlust ihrer Zeichenqualität eine Transformation der Medientechnik und der Kommunikationsinstrumente erfahren. Dies erhöht nicht nur die Konsistenz der Elemente selbst, sondern überträgt sich auch auf den gesamten Weblog, da man davon ausgehen kann, dass die Konfiguration der *Borderline* im Ganzen nicht wesentlich von der Konfiguration der darin zu findenden Zeichen abweichen kann. Zeitgleich installiert sich die Konsistenz der transmedial gewanderten Zeichen als potenzielles Element derjenigen operativen Fiktionen, in denen die beobachtbaren Subjekte zu Personen des öffentlichen Lebens fortgeschrieben werden. Die Aufnahme zeigt eindeutig Ariadne von Schirach und auch eindeutig einen müden und verkaterten Joachim Lottmann – auch wenn alle anderen in der *Borderline* getätigten Angaben nicht unbedingt stimmen müssen. Der Film wirkt nicht inszeniert, da er den Konventionen ›authentischer‹ Medienangebote folgt: Handkamera, keine zusätzliche Ausleuchtung, schlechter Ton. Er enthält damit das Potenzial, als alltagswirkliches ›Dokument‹ gesehen zu werden und die aus ihm zu entnehmenden Eigenschaften der Protagonisten (Mimik und Gestik, Prosodie etc.) wären demzufolge als diejenigen von alltagswirklichen Personen anzunehmen.

Was aber ist die Konsequenz aus diesen konsistenten Interferenzen? Ist es tatsächlich so, dass die auf der *Borderline* vermittelten Daten sich nicht von anderen digitalen Medienangeboten unterscheiden, die man herkömmlich als Egodokumente ansehen würde oder Medienangeboten, die als Bestandteile von operativen Fiktionen rezipiert werden? Einerseits ja, andererseits nein. Um die tatsächliche Referentialität von Jolos digitaler Welt zu prüfen und die Art und Weise der ›Einschreibung von Wahrheit‹ im Zuge von Lottmanns Selbstpoetik beurteilen zu können, müssen vor allem zwei Faktoren berücksichtigt werden: (1.) Die Art und Weise der metaleptischen und quasi-poetologischen Selbstreferenzen innerhalb einer der Realistik verpflichteten Lottmann-Welt und (2.) Die der Institution des Weblogs beigegebene Option, kommunikative Vorgänge herzustellen, beziehungsweise zu simulieren.

---

173 Vgl. http://youtu.be/4qnYypyvYiE (zuletzt eingesehen am 17.12.2013). Ganz ähnlich wie an Ariadne von Schirach demonstriert, lässt sich das Verfahren anhand einer großen Anzahl anderer Figuren belegen, sei es Maxim Biller, Judith Bröhl oder Helm Friebe, um einige wenige, dafür innerhalb der *Borderline*-Welt besonders prominente zu nennen.

5.4.2 Selbstreferenz und Fremdreferenz im *Borderline*-Blog

Die Angst der Figuren in Lottmanns Welt davor, eben zu jenen Figuren dieser Welt gemacht, verfälscht, in einen falschen Kontext gestellt oder noch schlimmer, wahrhaftig porträtiert zu werden, ist bereits in den Romanen Lottmanns angedeutet: »Früher hatten die Leute immer eine Reserve gegen mich gehabt, [...] da sie angeblich Angst hatten, ich schriebe über sie. Was natürlich Quatsch war. Ich dachte mir immer alles aus, es *klang* nur so abgeguckt.«[174] Trotz des paradoxen Effekts, der sich angesichts dieses Zitats und der am *Borderline*-Blog demonstrierten Konsistenzen ergibt, schafft die Thematisierung dieser Angst einen realistischen Impetus, der wiederum an einer potenziell referentialisierenden Lesart des Blogs und der Romane mit beteiligt ist.[175] Eine der Besonderheiten von Lottmanns Weblog ist, dass in diesem von Anfang an und ungeachtet des Roman-Charakters der Einträge der ersten Monate eben diese Angst und diejenigen poetologischen Prinzipien Lottmanns, auf der sie beruht, explizit zum Thema gemacht werden.[176] Der Text erhält zudem den Charakter einer sich selbst spiegelnden, selbstreferentiellen und kontinuierlich aus sich heraus fortschreibenden Lebensmitschrift, wenn die potentielle Simultanität des Medienangebots darin als ein wirksamer Mechanismus entworfen wird. Auf einer Party, nur wenige Tage nach dem Beginn von *Borderline,* wird Jolo in ein Gespräch mit der Autorin Kerstin Grether verwickelt:

> »Gerade gestern habe ich Dich gelesen, Joachim, in der taz!«
> »Du hast diesen BLOG gelesen von mir?!«

---

174 Lottmann (2004): *Die Jugend von heute,* S. 32, Herv. i. Orig.
175 Selbst in der im Zitat geäußerten Verneinung wird die Option einer ›wahrhaften‹ Einschreibung als Figur damit diskursiv erst in den Kosmos der Lottmann-Welt gebracht. Diskursanalytisch gedacht, ist die so geäußerte ›Gegenbewegung‹ zur Einschreibung (»Ich dachte mir immer alles aus«) maßgeblich erst an der Herstellung der Einschreibung beteiligt.
176 Das Thema lässt sich gelegentlich auch im weiteren Verlauf der *Borderline* wiederfinden. Vgl. u.a.: »Der große Thomas Lindemann sagte mir kürzlich, Leute, die scheinbar Ressentiments gegen mich hätten, hätten diese gar nicht wirklich, sondern ›einfach nur Angst, daß Du über sie schreibst‹« in Lottmann (2007ff.): *Auf der Borderline,* http://blogs.taz.de/lottmann/2008/09/06/die_zeit_die_kulturzeitschrift_spex_und_rainald_goetz/ sowie auch ganz explizit die Thematisierung davon, dass Lottmann mit der Nennung einer jungen Frau und der Veröffentlichung ihres Fotos in seinem Blog potenziell ihr Leben zum Negativen verändert habe: »Ich mußte mich durch meinen Neffen aufklären lassen, der im selben Alter ist wie die vermeintlich Geschädigte: ›Jolo, du hast ja nicht nur ihren NAMEN in die Öffentlichkeit getragen, sondern auch noch ihr FOTO!! Jetzt kann jeder Perverse in der ganzen Welt sie googeln und ALLES über sie erfahren! [...] Du hast die Frau praktisch ruiniert!‹«, ebd. http://blogs.taz.de/lottmann/2009/05/16/kleiner_exkurs_ueber_die_idee_der_meinung_in_der_internetgeneration/ (zuletzt eingesehen am 17.12.2013).

> Ich wußte nicht, dass es schon soweit war. [...] Ich fragte ein bißchen herum. Da war keiner mehr, der den Blog NICHT gelesen hatte. Waren etwa deswegen alle plötzlich hier? Weil Judith auf MySpace geschrieben hatte, wir wären heute ab zwölf im Rodeo? [...] Philipp platzte heraus:
> »Na, habt Ihr schon gelesen, wie Ihr in dem Blog von Joachim verarbeitet werdet?!«
> »Wie bitte?« fragte die Ältere. Ich spürte sofort, dass sie von der Nachricht nicht begeistert war. Ich sagte zu ihr, dass Philip da etwas falsch verstanden habe. Ich hätte selbstverständlich NICHT über sie und Judith geschrieben. Philip quiekte:
> »Wohl! Doch hast du das! Ich weiß sogar, wie sie heißen!«[177]

Das Problem von Codierung und Decodierung wird vor allem zu Beginn der Aufzeichnungen explizit gemacht und als ein Problem bei der Produktion eben jenes, soeben zu lesenden Textes ausgestellt, was eine relativ naheliegende und doch nicht ganz angemessene Verteidigung der Autor-Figur nach sich zieht:

> »[...] Aber schreib das nicht wieder in Deinen Blog, Jolo!«
> »Ari, Du mußt da gar keine Angst haben. Es steht doch ›Borderline‹ drüber, und deswegen denken die Leute sowieso, das ist nur ausgedacht.«
> »Wie bei Deinen Büchern, wo immer ›Roman‹ draufsteht, und doch ist alles wahr?«
> »Genau! Das ist der Trick. Auf diese Weise kann einem keiner böse sein.«
> Judith griff ein und meinte, ich sei dafür bekannt, manchmal zu ›lügen‹, das wisse doch jeder.[178]

Die dem Text von ihm selbst bescheinigte Poetik ist somit von einer sich widersprechenden Doppelstrategie von Identitätsbejahung und Identitätsverneinung gekennzeichnet.

Wenn man diese Ausformulierung der Selbstreferenz als innerhalb der Diegese eines fiktionalen Textes situiert ansieht, so ergeben sich dadurch noch keine logischen Probleme, da die Paradoxie als Modell innerhalb eines literarischen Diskurses verbleibt, ohne an die Alltagswirklichkeit anschlussfähig sein zu müssen. Eine Besonderheit von Lottmanns *Borderline*-Blog ist jedoch, dass dieser selbst permanent Referenzen zu Elementen herstellt, die identisch mit denjenigen außerhalb von Lottmanns Universum sind. Dies geschieht in der Regel nicht nur durch die Erwähnung von überprüfbaren Ereignissen, sondern noch viel stärker durch die komplette Übernahme und den Wiederabdruck anderer Texte, die allesamt mit ihrer ›originalen‹ Autorschaft und dem Ort der Erstpublikation markiert werden. Der Effekt, der dadurch entsteht, ähnelt in

---

[177] Lottmann (2007ff.): *Auf der Borderline,* http://blogs.taz.de/lottmann/2007/04/15/und-weiter-4/ (zuletzt eingesehen am 17.12.2013) Herv. i. Orig.
[178] Lottmann (2007f.): *Auf der Borderline,* http://blogs.taz.de/lottmann/2007/04/17/und-weiter-8/ (zuletzt eingesehen am 17.12.2013).

seiner Struktur demjenigen Verfahren, das bereits anhand der ›Gegenreportage‹ zu Thomas Lindemanns Artikel in der *Welt am Sonntag* demonstriert wurde: Wenn Lindemanns Rezension über Winzenburgs *Stille Tage in L.A.* oder sein Beitrag über die Zukunft der Literatur, beide aus der *Welt*, textidentisch in der *Borderline* erneut erscheinen,[179] wenn eine Reportage Ariadne von Schirachs über Kuba Wort für Wort aus dem *Focus Magazin* übernommen wird[180] oder eine Rezension des 2007 erschienenen *Borderline*-Buches von Lottmann aus dem Internet-Journal *Telepolis* Zeichen für Zeichen – nur ohne Bilder und Hyperlinks – sich auf Lottmanns Blog wiederfindet,[181] dann wird damit weniger die Poetik Lottmanns auf die Autoren dieser Texte übertragen, als vielmehr eine Partizipation an der Konfiguration dieser Medienangebote und derjenigen Institutionen, in denen sie erschienen sind, geleistet. Durch die hergestellte Intertextualität, die letztlich in einer Identität der sekundär publizierten Elemente mit ihren ›Originalen‹ resultiert, übernimmt Lottmann einen Teil der Interpretanten dieser Beiträge für den von ihm organisierten Kosmos. Diese Feststellung wird jedoch in Hinblick auf die Konfiguration seines Blogs und seiner Selbstpoetik erst dann wirklich ergiebig, wenn der umgekehrte Schluss gezogen wird, dass die Art und Weise der Herstellung von Fremdreferenzen als analog zu der Herstellung von Selbstreferenzen angesehen werden muss.

Dass Lottmann ein Meister des Selbstzitats ist, wurde bereits anhand der ›Zweitverwertungen‹ seiner anderweitig publizierten Artikel in den Romanen *Mai, Juni, Juli* und *Zombie Nation* gezeigt. Im *Borderline*-Blog nun werden immer wieder anderweitig unter seinem Namen publizierte Texte für eine sekundäre Nachlese durch die *Borderline*-BesucherInnen bereitgestellt. Ob institutionsidentisch aus der *Tageszeitung* oder institutionsfremd aus der *Welt am Sonntag* und der *Frankfurter Allgemeinen Zeitung*, Lottmann beweist sich immer wieder als Eigentümer und Verwalter seines Schaffens, wenn er die Artikel – stets gesondert markiert – in den Fortlauf der *Borderline* als von ihm geleistete Beiträge einflicht,

---

[179] Vgl. Lottmann (2007ff.): *Auf der Borderline*, http://blogs.taz.de/lottmann/2007/05/02/5-kapitel-die-grundsatzdebatte/ identisch mit Lindemann (2007): »So ist das mit der Jugend von heute«; Lottmann (2007ff.): *Auf der Borderline*, http://blogs.taz.de/lottmann/2008/08/20/alice_ist_eine_schlampe_betrug_bei_hansenet/ identisch mit Lindemann (2008): »Der iPod für Bücher wird definitiv kommen« (alle zuletzt eingesehen am 17.12.2013).

[180] Vgl. Lottmann (2007ff.): *Auf der Borderline*, http://blogs.taz.de/lottmann/2007/09/11/innen-und-aussen/ identisch mit Schirach (2007): »Im Museum der Revolution« (zuletzt eingesehen am 17.12.2013).

[181] Vgl. Lottmann (2007ff.): *Auf der Borderline*, http://blogs.taz.de/lottmann/2008/05/27/nicht-bumsen/ identisch mit Mühlbauer (2007): »Eine Form der Kritik, die man sich noch leisten kann« (zuletzt eingesehen am 17.12.2013).

oder sogar als Originalfahnen zum Download anbietet.[182] Auf diese Weise wird erneut eine Identität des Autors der Reportagen und journalistischen Beiträge mit dem Autor des *Borderline*-Blogs hervorgehoben. Durch die Analogie der Art und Struktur der Selbstreferenzen zu den in der *Borderline* geleisteten intertextuellen Fremdreferenzen wird diese Identität ebenfalls erneut an die herkömmlichen Konfigurationen der journalistischen *one-to-many*-Institutionen angenähert und so die Berechtigung der eigenen Identität als potenzielles Element operativer Fiktionen betont. Der entscheidende Punkt ist aber: Dieses Verfahren funktioniert in Lottmanns Welt nicht nur zwischen journalistischen Medienangeboten und seinem Blog, sondern findet sich ebenfalls auf der Achse *Borderline* — Romane. Denn abseits der allbekannten und hybrid ausgeführten Übernahme von Elementen aus den Romanen in die *Borderline*-Welt, findet sich hier die Äquivalenz der Autor-Figur Jolo mit dem *Borderline*-Lottmann erneut massiv gestützt.

War bereits vorher die Rede davon, dass die Autorschaft Jolos frei flottierend zwischen der Figur, dem Träger der Autorfunktion und dem Journalisten weitergereicht wurde, finden sich auch hier wieder zahlreiche Beispiele für Interferenzen. Mag es noch nicht zwingend eine Identität anzunehmen, wenn auf Artikel aus der Tagespresse Bezug genommen wird, die Jolo, alias der alltagswirkliche Journalist Lottmann verfasst hat[183] und mag auch Roman-Jolos Hinweis, er würde »einen Blog in der linken taz«[184] führen, noch keine hinreichende Bedingung darstellen, um auf eine identische Autorschaft zu schließen, so liegt diese Option deutlich näher, wenn ein am 12. Juli 2008 in der *Borderline* veröffentlichter »Offener Brief an Angela Merkel« sich zeichenidentisch in *Der Geldkomplex* wiederfindet.[185] Mit

---

182 Vgl. Lottmann (2007ff.): *Auf der Borderline*, http://blogs.taz.de/lottmann/2009/02/20/die_schoene_bini/, http://blogs.taz.de/lottmann/2007/08/04/10-kapitel-afrika-im-selbstversuch-das-sommerloch/, mit dem Angebot eines PDF-Downloads http://blogs.taz.de/lottmann/2009/05/25/und_schluss/ oder auch ganz aktuell http://blogs.taz.de/lottmann/2012/04/25/joachim-lottmann-vs-wolfgang-koeppen/ (zuletzt eingesehen am 17.12.2013). Siehe dann entsprechend Lottmann (2008): »Am Sonntag ist der Ruck vorbei«; Lottmann (2007): »Der RAF-Spuk war mir immer peinlich«; Lottmann (2007): »Wurde Matthias Matussek zu Recht abgesetzt?« und Lottmann (2012): »Die Suche nach dem preiswürdigen Buch«.
183 Vgl. beispielsweise in Lottmann (2009): *Der Geldkomplex*, S. 27f. wo scheinbar Bezug genommen wird auf Lottmann (2004): »Wege zum Sex« oder ebenda, S. 31 auf ein Interview, das Lottmann für die *Welt am Sonntag* mit Oliver Pocher führte, welches mit Lottmann (2007): »Harald Schmidt war nie mein Idol« identisch zu sein scheint.
184 Lottmann (2009): *Der Geldkomplex*, S. 79.
185 Vgl. Lottmann (2007ff.): *Auf der Borderline*, http://blogs.taz.de/lottmann/2008/07/12/offener_brief_an_angela_merkel/ (zuletzt eingesehen am 17.12.2013) und Lottmann (2009): *Der Geldkomplex*, S. 144ff.

dem einzigen Unterschied, dass die Unterschrift bei dem einen auf »Johannes Lohmer« und bei dem anderen auf »Joachim Lottmann« als Verfasser verweist.[186] Der Text vollführt damit einen transmedialen Wandel, ohne seinen Objektgehalt als Zeichen zu verändern. Lässt dann der Kontext der jeweiligen Publikationen auf jeweils unterschiedliche Interpretanten qua unterschiedlicher Konfigurationen schließen, so überträgt sich die Identität des Objekts als wirksame Beeinflussung auf diejenige Instanz, die sie verantwortet und legt damit den semiotischen Schluss nahe, dass analog zum Objekt auch die es verantwortende Autorfunktion als identisch angesehen werden muss, trotz der transmedialen Transformationsprozesse, denen sie sich bei einem Wechsel der Medientechnik ausgesetzt sieht.

Die Alltagswirklichkeit des an den Autor dieser Texte heranzuführenden Interpretanten wird zudem durch den dynamischen und synchron zu den Vorkommnissen der Welt sich entwickelnden Inhalt des Weblogs gestützt. Das betrifft weniger die Verweise auf nachprüfbare Events der Berliner Kunstszene, als den Entwurf des Autors als Teilhabers an einer zwischen der *Borderline* und anderen Texten stattfindenden Kommunikation, wobei Rainald Goetz und seine *Klage* hier als bevorzugte Partner auftreten und Goetz und Lottmann demzufolge als antagonistische Akteure in einer zwischen beiden sich abspielenden performativen Poetik entworfen werden. Begann die explizite Auseinandersetzung von Goetz mit Lottmann in *Klage* am 23. April 2007,[187] so wird dessen Fortschreibung der Lottmann'schen Figur Barbi mit einem Beitrag am 2. Mai des gleichen Jahres sehr zeitnah in der *Borderline* aufgenommen und Gegenstand eines Gesprächs zwischen Jolo und der Figur Judith. Neben eher obskuren Fortschreibungen von Goetz als Person und Subjekt (»Er ist schwul?« / »Nein, nein, nein – die Liebe zwischen Mann und Mann kennt er womöglich noch weniger. [...]«)[188] bietet Lottmann zugleich einen impliziten Kommentar zu der von *Klage* praktizierten Poetik, wenn er kurzerhand eine Decodierung leistet und Goetz' Figur der ›Qualle‹ mit dem Publizisten Matthias Matussek gleichsetzt.[189]

---

186 Vgl. Lottmann (2007ff.): *Auf der Borderline*, http://blogs.taz.de/lottmann/2008/07/12/offener_brief_an_angela_merkel/ (zuletzt eingesehen am 17.12.2013) und Lottmann (2009): *Der Geldkomplex*, S. 146.
187 Vgl. Goetz (2008): *Klage*, S. 106.
188 Lottmann (2007ff.): *Auf der Borderline*, http://blogs.taz.de/lottmann/2007/05/02/und-weiter-12/ (zuletzt eingesehen am 17.12.2013).
189 Vgl. Lottmann (2007ff.): *Auf der Borderline*, http://blogs.taz.de/lottmann/2007/05/02/und-weiter-12/ (zuletzt eingesehen am 17.12.2013). Allerdings basiert auch diese vorgebliche Decodierung auf einer Veränderung des decodierten Zeichens, da die entsprechende Figur bei Goetz nicht den Namen ›Qualle‹, sondern leicht abgeändert: ›Qualli‹ trägt. Vgl. Goetz (2008): *Klage*, u. a. S. 22, 30, 109f.

Nach einem vorgeblichen Telefonat mit Goetz bemüht sich der *Borderline*-Autor umgehend, dessen Rat zu befolgen und sich auf die »Kulturberichterstattung« zu konzentrieren und »alles Persönliche wegzulassen«.[190] Das Ergebnis davon ist allerdings weniger ein Pastiche auf *Klage* oder allgemein Goetz' Prosa, als vielmehr eine satirische Überzeichnung derjenigen Eigenschaften, die mit Goetz als Autor assoziiert und von diesem selbst immer wieder hervorgehoben werden:

> Theatertreffen Berlin, Presseabschlußkonferenz. [...] Etwa hundert Journalisten, alle gespannt, aber alle ohne Spiralblock, wie ich feststelle, nur ich habe einen. Er liegt deutlich sichtbar auf meiner linken Hand, während ich mit der rechten schreibe. Barbara von der Agentur Drama macht ständig Fotos von mir und dem Spiralblock. [...] Andreas Willig sitzt mir am nächsten. Ich berechne, dass er mir in nur drei bis vier Schritten, in nur wenigen Sekunden also, den Spiralblock entreissen könnte. Damit wären meine Notizen dahin, und ich könnte nicht mehr objektiv und den journalistischen Standards entsprechend berichten. [...] Ich presse den Spiralblock zwischen Daumen und Innenhand, mit aller Kraft, fast schon ein bißchen hysterisch. Muß man verstehen. Ich bin jetzt Kulturberichterstatter. Ich nehme meinen neuen Beruf ernst. Ich fühle mich meinen Lesern verantwortlich. Eigentlich ist es schön, nicht mehr an sich selbst zu denken.[191]

Der Spiralblock als Insigne der Autorschaft, die Betonung, dass er *mit diesem Spiralblock* fotografiert wird, die Angst, diesen zu verlieren und die angesichts des Tons der *Borderline* absurde Behauptung, nun nicht mehr das Zentrum des Textes zu sein: All das ist als eine explizite Distinktion zu der von Goetz umgesetzten Selbstpoetik als Autor zu lesen.[192] Der künstlerische Anspruch von Goetz, sich als Autor-Figur einerseits beobachtbar zu machen, andererseits aber dem Text eine gewisse Autonomie zuzusprechen – und dies alles noch mit einem (ihm von Lottmann implizit attestierten) poetologischen Ethos zu begründen, wird durch Übertreibung lächerlich gemacht. Dadurch, dass sich Lottmann formal scheinbar den poetologischen Tipps von Goetz fügt,[193] stärkt er durch den

---

190 Vgl. hier Lottmann (2007ff.): *Auf der Borderline,* http://blogs.taz.de/lottmann/2007/05/20/8-kapitel-kulturberichterstattung/ (zuletzt eingesehen am 17.12.2013).
191 Lottmann (2007ff.): *Auf der Borderline,* http://blogs.taz.de/lottmann/2007/05/21/und-weiter-17/ (zuletzt eingesehen am 17.12.2013).
192 Vgl. zu den Insignien der ›begründenden Autorschaft‹ und ihre Wichtigkeit als Teile der Selbstpoetik von Rainald Goetz vor allem Kapitel 3.12.1 und 4.4.2.
193 So entfällt die Ich-Perspektive für eine gewisse Zeit und weicht einer auktorialen Erzählsituation, vgl. Lottmann (2007ff.): *Auf der Borderline,* http://blogs.taz.de/lottmann/2007/07/05/1-kapitel-zurueck/(zuletzt eingesehen am 17.12.2012). Diese ›auktoriale Phase‹ geht mit einem Wechsel der Figuren einher und fällt zeitlich mit einer in der *Borderline* behandelten Kuba-Reise zusammen, insgesamt etwa vom 28. Mai bis 5. Juli 2007.

Kontrast seine eigene Poetik und wählt dafür das Mittel der Satire. Die Figur von Goetz erteilt Lottmann im weiteren Fortgang des Blogs (und damit auch der historischen Zeit) die bereits weiter oben erwähnte Absolution und Verpflichtung dazu, mit dem Blog-Schreiben nicht aufzuhören[194] und ist explizit sowohl Grund als auch Gegenstand des die *Borderline* (vorläufig) abschließenden »Epilogs«.[195] Mit diesen inhaltlichen und formalen Wendungen erfüllt Lottmann das in der Beschreibung des Blogs dargebotene Versprechen, als »Anti-Goetz«[196] aufzutreten und installiert diese Eigenschaft zugleich als Teil seiner Autor-Identität und Selbstpoetik.

Diese im weitesten Sinne kommunikativen Vorgänge ergeben das Bild einer dynamischen Instanz, die als Autor und Akteur nicht der Statik eines Roman-Autors entspricht. Selbst wenn eine Autor-Figur nicht wie bei Lottmann mit dem Träger der Autorfunktion permanent verschmilzt, ja selbst wenn sie nur implizit in einem Text vorhanden ist, kann sie bei der Lektüre eines gedruckten Buches immer nur als diejenige statische Figur gedacht werden, die im Moment des Imprimatur erstarrt und damit quasi das Ergebnis eines synchronen Schnittes ist, der nicht über das jeweilige Buch hinausreicht. Jolo dagegen ist innerhalb seiner Welt stets in Bewegung und kann dabei fast synchron beobachtet werden, so wie es bei alltagswirklichen Subjekten – oder aber auch bei den Figuren einer *Daily Soap* der Fall ist. Im Gegensatz zu diesen wird jedoch im Abspann des Blogs kein Name eines Schauspielers eingeblendet: Lottmann spielt immer sich selbst. Da seine Dynamik in wesentlichem Maße aus der Beteiligung an einer medialen Kommunikationssituation resultiert, schafft sie somit stets eine Referenz auf eben diese Figur, die sich damit als konsistente Autofiktion fortschreibt und von anderen fortgeschrieben wird.

Sind aber diejenigen Widersprüche, die für Lottmanns Poetik weiter oben konstatiert worden sind,[197] damit außer Kraft gesetzt? Ist es tatsächlich so, dass der Blog die versprochene »Wahrheit« als eine Wahrheit über die konsistente Figur Joachim Lottmann in einer konsistenten Welt wiedergibt, die unserer zum

---

[194] Vgl. dazu Kapitel 4.4.3.
[195] Vgl. dazu Lottmann (2007ff.): *Auf der Borderline*, http://blogs.taz.de/lottmann/2008/06/22/das_ende_von_rainald_goetz/; http://blogs.taz.de/lottmann/2008/06/23/nachtrag_zur_party_von_rainald_goetz/; http://blogs.taz.de/lottmann/2008/07/11/goetz_vermaechtnis/ und http://blogs.taz.de/lottmann/2009/11/16/epilog/ (alle zuletzt eingesehen am 17.12.2013).
[196] Vgl. Lottmann (2007ff.): *Auf der Borderline*, http://blogs.taz.de/lottmann/ (zuletzt eingesehen am 17.12.2013). Der Beschreibungstext der *Borderline* mit diesem Attribut ist strukturell so in dem Blog verankert, dass er als stabiles Element auf jeder einzelnen Seite des Blogs erscheint.
[197] Vgl. beispielsweise die Namenswechsel seines Lektors, die ich auf S. 321f. in Anm. 164 dargelegt habe.

Verwechseln ähnlich scheint? Dies ist nicht der Fall, allerdings verlangen es der Anschein der Kontinuität und die Anleihe bei den alltagswirklichen Interpretanten der zitierten Medienangebote, noch etwas genauer hinzuschauen. Selten präsentieren sich die Fehler innerhalb der Lottmann'schen Welt deutlich greifbar innerhalb nur eines Beitrags, was eine gründliche Lektüre der mehreren hundert Einträge erfordert, um einen aussagekräftigen Katalog der Verschiebungen erstellen zu können. Da wären zum einen – um eine innerhalb von Lottmanns Welt prominente Figur aufzugreifen – sein Bruder, von dem sich im Blog auch Fotos finden lassen, die sich in ihrer darin demonstrierten Privatheit und Vertrautheit von Autor und Figur als ›authentisch‹ konfiguriert deuten ließen.[198] Es mag wie ein beruhigender Anschluss an die wohlbekannte Welt wirksam werden, dass er in der *Borderline* auf den Namen ›Eckart Lottmann‹ hört und vom Aussehen und Beruf eben derjenigen Person zu entsprechen scheint, die sich bei einer entsprechenden Suche im Internet finden lässt.[199] Die gleichermaßen erwartete Irritation setzt ein, wenn er jedoch in fast ebensovielen Einträgen als »mein Bruder [...] – er heißt übrigens Ekkehardt« vorgestellt wird und die beigefügte Fotografie ganz offensichtlich immer noch die gleiche Person zeigt.[200] Da wären zum anderen die absolut identischen Fotos, die als beglaubigende Illustrationen zu zwei vollkommen verschiedenen Anlässen in der *Borderline* gelistet werden.[201] Und es überrascht dann auch nicht weiter, dass die Identität des Roman-Jolos und des *Borderline*-Jolos offenbar nach Belieben eingeschaltet und ausgeschaltet werden kann: Am Tag der Abschiedsparty von *Klage* geht die *Borderline*-Version zu Rainald Goetz, um von ihm das poetische Vermächtnis zu empfangen,[202] während die Roman-Version in *Der Geldkomplex* ein paar Tabletten schluckt,

---

198 Vgl. Lottmann (2007ff.): *Auf der Borderline*, http://blogs.taz.de/lottmann/2008/02/13/gloria-aus-suedafrika-berlinale-4/ (zuletzt eingesehen am 17.12.2013).
199 Vgl. www.elottmann.agdok.de/ (zuletzt eingesehen am 27.04.2012). Siehe die Nennungen des Namens in Lottmann (2007ff.): *Auf der Borderline*, http://blogs.taz.de/lottmann/2007/12/19/die-offiziellen-weihnachtsgruesse-2007/; http://blogs.taz.de/lottmann/2007/12/21/format-history-weihnachten-2006/ und http://blogs.taz.de/lottmann/2010/06/24/danksagung-2/ (alle zuletzt eingesehen am 17.12.2013).
200 Vgl. Lottmann (2007ff.): *Auf der Borderline*, http://blogs.taz.de/lottmann/2008/12/02/und_weiter/ und http://blogs.taz.de/lottmann/2008/04/19/fragen-sie-joachim-lottmann/ (beide zuletzt eingesehen am 17.12.2013).
201 Vgl. besonders offensichtlich Lottmann (2007ff.): *Auf der Borderline*, http://blogs.taz.de/lottmann/2008/06/22/das_ende_von_rainald_goetz/ und http://blogs.taz.de/lottmann/2010/01/31/helene_hegemann/ (beide zuletzt eingesehen am 17.12.2013).
202 Vgl. Lottmann (2007ff.): *Auf der Borderline*, http://blogs.taz.de/lottmann/2008/06/22/das_ende_von_rainald_goetz/ (zuletzt eingesehen am 17.12.2013).

um anschließend müde und hungrig ins Bett zu gehen und die bedeutungsvolle Begegnung mit dem großen Konkurrenten entsprechend zu verpassen.[203]

5.4.3 Die poetologische Schraube des *User-generated content*

Gelegentlich kann man sich als LeserIn von Lottmanns digitaler Welt des Eindrucks nicht erwehren, dass die fiktionalisierenden Brüche und Unstimmigkeiten der Namen und Figuren sich nicht durch eine Nachlässigkeit des Autors ergeben, sondern von ihm ganz bewusst platziert werden, um die Unklarheit der von ihm erschaffenen Welt zu betonen. Dies wäre beispielsweise das Erscheinen der *Zombie Nation*-Ehefrau Barbi, die nach ihrer Wiederbelebung in Goetz' *Klage* dem Autor auf Kuba einen Besuch abstattet.[204] Oder aber eine Berlinale-Tasche, die bereits durch penetrante Wiederholungen in *Unter Ärzten* aufgefallen war.[205] Ihren Auftritt hatte sie jedoch in der *Borderline* schon Jahre zuvor: Anlässlich der 58. Berlinale im Jahr 2008 dient sie Jolo als Eintrittskarte und Accessoire und wird entsprechend protokollarisch fotografiert.[206] Ein Jahr darauf wird sie zum Beweisstück dafür, dass zumindest die Bildpoetik des Blogs keineswegs irgendwelchen Vorgaben eines der Faktizität verpflichteten Journalismus gehorcht und ist zugleich Anlass, ein weiteres Element der in der *Borderline* konstruierten Kommunikationssituation zu präsentieren: der poetologischen Funktion der Nutzerkommentare.

Wie die meisten konventionellen Weblogs und anders als *Klage* oder *Abfall für alle* ist die Kommentarfunktion in der *Borderline* von Beginn an implementiert und erlaubt es allen Leserinnen und Lesern, nach Eingabe eines Namens und einer E-Mail-Adresse einen Kommentar zu einem spezifischen Beitrag zu posten, der dann damit zum fixen Inventar und Kontext dieses Beitrags wird.[207]

---

[203] Vgl. Lottmann (2009): *Der Geldkomplex*, S. 100f. Die genaue Festlegung der Geschehnisse innerhalb des Romans auf den 21. Juni 2008 wird ermöglicht durch die darin geleistete Datierung des Tages als desjenigen, an dem bei der Fußball-Europameisterschaft 2008 das Team der Niederlande gegen Russland spielte.
[204] Vgl. Lottmann (2007ff.): *Auf der Borderline*, http://blogs.taz.de/lottmann/2007/06/25/14-kapitel-barbi-kommt/ (zuletzt eingesehen am 17.12.2013).
[205] Vgl. Lottmann (2011): *Unter Ärzten*, S. 193, 196, 200, 212.
[206] Vgl. Lottmann (2007ff.): *Auf der Borderline*, http://blogs.taz.de/lottmann/2008/02/11/berlinale-2/ (zuletzt eingesehen am 17.12.2013).
[207] Die technische Umsetzung der Kommentar-Funktion unterscheidet sich damit beispielsweise von dem Weblog von Alban Nikolai Herbst: In diesem erhält jedes von den Usern gepostete Kommentar eine spezifische URL und kann gezielt aufgerufen werden, was damit auch die

Abb. 13, Abb. 14: »Berlinale 2009«; Lottmann (2007ff.): *Auf der Borderline,* http://blogs.taz.de/lottmann/2009/02/13/die_kleine_schwester_der_wanderhure/.

Anlässlich der 59. Berlinale im Jahr 2009 inszeniert sich Jolo als Reporter bei der teilnehmenden Beobachtung des Szenegeschehens:

> Ansonsten weiter Berlinale & Co, kann man sich ja denken. Nun habe ich auch wieder meine Kamera in Stellung gebracht, sodaß die Bloggerei immer mehr Fahrt aufnimmt. Das erste Bild zeigt Besucher aus Oldenburg in Oldenburg, die zum erstenmal das bekannte Filmfestival sehen (und zu einem Berlinbesuch nutzen). [...] Schließlich der Autor selbst mit Kater am heutigen Freitag am Rande des roten Teppichs.[208]

Dem Beitrag angefügt sind drei Fotos, derer zwei hier der Anschaulichkeit halber abgebildet sind (vgl. Abb. 13 und 14). Es dauert nur einen Tag, bis der Beitrag den wütenden Kommentar eines ›Harald‹ hervorruft:

> Was soll denn das? Das erste Bild zeigt vor allem mich im Vordergrund (mit dem Foto), und ich bin NICHT aus Oldenburg! Zudem stammt das Bild definitiv von der Berlinale 2007 (!!! sic!!!), was man deutlich an der schmucken Berlinaletascheumhängegurtfarbe sehen kann!
> Und das unterste Bild scheint ebenfalls nicht von 2009 zu sein, weil die dort auftauchende Tasche von der Berlinale 2008 ist [...].[209]

Diese ›Entlarvung‹ wird einige Tage später mit einem zusätzlichen Beitrag unter dem gleichen Namen ergänzt: »Ach ja: und der Spiegel in der Hand des Autors

---

Autonomie dieser Texte erhöht. In der Anlage des *Borderline*-Blogs werden dagegen die Kommentare zu festen Bestandteilen eines einzelnen Beitrags, sofern sie nicht vom Blogwart oder Administrator gelöscht werden und damit aus dem System verschwinden.
208 Lottmann (2007ff.): *Auf der Borderline,* http://blogs.taz.de/lottmann/2009/02/13/die_kleine_schwester_der_wanderhure/ (zuletzt eingesehen am 17.12.2013).
209 Lottmann (2007ff.): *Auf der Borderline,* http://blogs.taz.de/lottmann/2009/02/13/die_kleine_schwester_der_wanderhure/ (zuletzt eingesehen am 17.12.2013).

ist die Nummer 8 vom Jahr 2008. Sehr aktueller Blog.«[210] Dies ist nun tatsächlich richtig: Die »Berlinaletascheumhängegurtfarbe« ist diejenige aus dem Jahr 2008,[211] der *Spiegel* ist ebenfalls dem Titelbild nach eindeutig die Ausgabe vom 18. Februar 2008. Warum also das *Posting* eines so leicht als ›falsch‹ zu erkennenden Bildes?[212] Vielleicht, um eben einen solchen Kommentar zu provozieren oder aber selbst einzustellen. Da ein anonymes *Posting* im Blog-System der *taz* problemlos möglich ist, kann die Autorschaft der einzelnen Kommentare nicht darüber hinausgehend operativ angeschlossen werden. Entsprechend entwickeln die Kommentare ein Eigenleben, das als fester Bestandteil nicht nur des Blogs, sondern auch der hier wirkenden Poetik aufgefasst werden kann, da sie im Kleinen das Prinzip der potenziellen Fortschreibungen illustrieren, denen sich Jolos Welt ausgesetzt sieht und die sie immer wieder provoziert.

Die Kommentare leisten dabei teilweise paradoxe Beiträge zur Konsistenz von Jolos Welt, wenn sich beispielsweise in diesen scheinbar der ›Neffe‹ Severin zu Wort meldet und sich über seine Darstellung im Blog beklagt und die Falschheit der Dialoge in der Diegese der *Borderline* ankreidet,[213] oder wenn das *Posting* des Plakats eines Unterwäschemodells, das der Exfrau Jolos ähnlich sehen soll, von einer ›Amelie‹ kommentiert wird mit: »Die sieht tatsächlich ein bißchen wie die April aus.« Der Witz des letzteren Kommentars besteht darin, dass »die April« keine Figur aus der *Borderline*-Welt ist, sondern die Partnerin Jolos aus

---

210 Lottmann (2007ff.): *Auf der Borderline*, http://blogs.taz.de/lottmann/2009/02/13/die_kleine_schwester_der_wanderhure/ (zuletzt eingesehen am 17.12.2013).
211 Das Design und die Farben ändern sich jedes Jahr, was leicht überprüft werden kann.
212 Das Verfahren, ein exakt datierbares Element wie einer Tageszeitung gemeinsam im Bild mit einer Person zu platzieren ist hinreichend von Entführungsfällen bekannt. (Vgl. beispielsweise die bekannte Fotografie des durch die *Brigate Rosse* entführten Aldo Moro mit einer Ausgabe der Zeitung *La Republica* in der Hand.) Dies dient herkömmlicherweise als Beweis einer ›lebenden Existenz‹ zu einem gewissen Zeitpunkt. Bei Lottmann finden sich zahlreiche weitere Beispiele für solche ›Stillleben mit Zeitung‹, die damit immer einen beglaubigenden Charakter erhalten. Natürlich ist es nicht ausgeschlossen, dass Lottmann tatsächlich mit einer alten Berlinale-Tasche an dem bewussten Tag eine genau ein Jahr alte Ausgabe des *Spiegel* gelesen hat – dies ist jedoch angesichts der herkömmlichen Poetik der ›Fälschung‹ bei Lottmann als eher unwahrscheinlich anzunehmen.
213 »Sag mal Joachim, beschreibst Du mich wie einen, der ein bißchen auf den Kopf gefallen ist, weil Du mich so gern hast oder ist es Deine seit früher Kindheit tief verinnerlichte Sehnsucht nach glühend roten Backen? Diese Dialoge zwischen uns fanden nie statt. Sie sind ganz lustig, aber nicht lustig genug, um diese polemische Ergötzung an meiner delikaten Persönlichkeit zu rechtfertigen. Darum fordere ich Dich auf, am 1. Mai, bei Sonnenaufgang an die Kleine Ecke Große Präsidentenstraße zu kommen. Die Wahl der Waffen überlasse ich Dir.« Lottmann (2007ff.): *Auf der Borderline*, http://blogs.taz.de/lottmann/2007/04/22/und-weiter-9/ (zuletzt eingesehen am 17.12.2013).

dem Roman *Die Jugend von heute* – von der sich keinerlei Abbildung, weder im Blog noch im Roman, findet. Durch den Kommentar wird das Wissen um eine Wahrheit suggeriert, die ›hinter‹ den Texten liegt – und zugleich eine Kontinuität bestimmter Elemente aus Jolos Welt hervorgehoben.[214] Andere Kommentare hingegen lassen sich als interpretative Hinweise bezüglich der Poetik von Lottmanns Welt lesen, wenn beispielsweise der freie Wechsel des Namens von Lottmanns ›Neffen‹ zum Gegenstand wird:

> Aha, statt »Sevi« plötzlich »Eli«...Jetzt wird aber die intertextuelle Schraube richtig angedreht: Severin ist »in Wahrheit« also Elias, DER NEFFE aus Lottmanns Roman »Die Jugend von heute«? Wer das Buch kennt, der erkennt jetzt auch diesen Neffen hier im Blog wieder. Oder ist es umgekehrt und der Elias aus »Jugend von heute« ist eigentlich Severin? Oder sind beide erfunden? Und der wahre Autor des Romans »Stille Tage in L.A.«, den jetzt Lottmanns Kollege und sogenannter Neffe Severin Winzenburg geschrieben hat, ist am Ende nur ein Pseudonym, und Lottmann hat das Buch auch selbst geschrieben?[215]

Einen besonderen Reiz erhalten die Kommentare, wenn sie den Anschein erwecken, durch Personen des öffentlichen Lebens verfasst worden zu sein und damit auch Anschlüsse an andere Poetiken und Autorschaften leisten, wie der Kommentar eines ›R. Goetz‹, der als Fortsetzung der gegenseitigen Fortschreibung von Lottmann und Goetz aus *Klage*-Zeiten lesbar ist und den poetischen Niedergang der *Borderline* und ihres Autors prophezeit.[216] Oder aber ihrerseits poetische Versuche, für Lottmanns Praxis die passenden Worte zu finden, wie dies bereits zwei Tage nach dem Start des Blogs von ›Sven Lager‹ versucht wurde:

---

214 Wollte man das ›Rätsel‹ der ›April‹ lösen, könnte man sich fragen, ob dies der ›tatsächliche‹ Name von Lottmanns Partnerin ist, die als ›Carla‹, ›Barbi‹, ›Daphne‹ usw. in den anderen Büchern lediglich codiert worden ist. Dies würde jedoch natürlich zu keiner Erkenntnis bezüglich Lottmanns Selbstpoetik führen und müsste auf unnachweisbaren Spekulationen basieren.
215 Lottmann (2007ff.): *Auf der Borderline*, http://blogs.taz.de/lottmann/2007/04/27/und-weiter-11/ (zuletzt eingesehen am 17.12.2013).
216 »Nachdem einst die Klage an diesem Ort weit vor ihrer Zeit für tot erklärt wurde, erscheint es nun angemessen und längst überfällig, ebendiese Behandlung auch der Borderline angedeihen zu lassen. Man tut dies zur eigenen Überraschung ohne jedes Gefühl des Triumphs, der Rache oder Genugtuung. Vielmehr bedrücken beim Schreiben dieser Zeilen Melancholie und Trauer das Gemüt: Las man die hier zur Schau gestellten Texte wirklich einmal mit dieser Mischung aus Neid und Bewunderung? [...] Macht hier ein Autor, der alles gesagt, alles geschrieben hat, was ihm bestimmt war zu schreiben, qualvolles Sterben öffentlich wie einst Johannes Paul? Falls ja, dann ist Teil des Plans wohl auch das Misslingen dieses Versuchs in tragischer Unwürde. Getroffen R.G.« Lottmann (2007ff.): *Auf der Borderline*, http://blogs.taz.de/lottmann/2008/10/08/tag_des_weltuntergangs/ (zuletzt eingesehen am 17.12.2013).

> Der tiefgefrorene Joachim Lottmann wird ein Wesen sein wie aus Spielbergs A.I., das von Aliens angezapft wird, die etwas über die untergegangene Welt erfahren wollen. Und das Gute ist, sie werden alle maßlosen Lottmann Übertreibungen und Verzerrungen als die Wahrheit lesen wie es sich gehört, das euphorische Entsetzen und die migränegeplagte Freude.
>
> PS:
> Was sie leider verpassen ist wie der gute Joachim nachts an seinem Macintoshwürfel sitzt und mit zwei Fingern schreibt in dem kahlen Hinterhofzimmer, gebückt, eine zerkratzte Adenauerrede kämpft auf dem Plattenspieler mit Jay-Z aus dem Duschradio, neben ihm eine Tüte weißer Zucker, ein Plastelöffel und ein Joghurt, auf dem hanseatischen Streifenhemd Lippenstift und auf der Stirn Schweißperlen, die er sich mit den Netzstrümpfen einer Freundin abwischt, die er sehr schätzt, weil sie ihm langatmige Drohbriefe schreibt.
>
> PPS., oder so:
> Lottmann schreibt
> die Welt ersteht
> als Diskokugel
> und vergeht
>
> Lottmann schreibt[217]

Ganz gleich, ob sie wie in diesem Fall die Poetik Lottmanns zu erklären suchen, die Konsistenz dieser Welt durch Bestätigung verstärken oder aber anzweifeln – all die Kommentare leisten die poetische Funktion, eine kommunikative Situation zu simulieren, an welcher sich uneingeschränkt jede Person beteiligen – und somit auch zu einer Stimme und Figur des Blogs werden kann. Lottmann selbst betont eben diese Anlage gelegentlich dadurch, dass er direkte Interaktion einfordert, wie in einem Beitrag, in welchem die Entwürfe für das Cover von *Der Geldkomplex* als PDFs zum Download angeboten werden mit der Bitte, dafür zu votieren, welche Variante es in die Buchregale schaffen soll.[218]

Diese Möglichkeit der Kommunikation erweist sich als ein strukturelles Angebot, weniger als eine tatsächlich umgesetzte Praxis. Die Genese der Cover-Abstimmung (›131 für den tatsächlich realisierten Entwurf gegenüber 19 und 15 für die anderen‹) bleibt für die Leserinnen und Leser unsichtbar, ohne Nachvollziehbarkeit einer ›tatsächlichen‹ Abstimmung: Erst zu dem *Post* mit den schon endgültigen Ziffern findet sich die eher geringe Zahl von sechs Kommentaren.[219]

---

217 Lottmann (2007ff.): *Auf der Borderline*, http://blogs.taz.de/lottmann/2007/04/14/und-weiter-3/ (zuletzt eingesehen am 17.12.2013).
218 Vgl. Lottmann (2007ff.): *Auf der Borderline*, http://blogs.taz.de/lottmann/2009/04/25/cover/. Ein ganz ähnliches Prozedere wird auch vor dem Erscheinen von *Unter Ärzten* angeboten, vgl. ebd., http://blogs.taz.de/lottmann/2011/03/08/wien/ (beide zuletzt eingesehen am 17.12.2013).
219 Vgl. Lottmann (2007ff.): *Auf der Borderline*, http://blogs.taz.de/lottmann/2009/04/25/cover/. Auch bei *Unter Ärzten* finden sich lediglich sechs Kommentare, in denen sich nur drei über die

Deutlich wichtiger als eine mögliche Referentialität oder tatsächlich über den Blog stattfindende Kommunikation, die gelegentlich sogar angedeutet wird,[220] ist die stets vorhandene Möglichkeit, beides tatsächlich doch zu realisieren, die für alle Nutzerinnen und Nutzer offen steht.

Dass es unüblich ist, in den Medienangeboten des Internets mit dem eigenen bürgerlichen Klarnamen aufzutreten, wird sehr deutlich anhand eines Beitrags in der *Borderline* demonstriert, in welcher ein ›Jost Burger‹ mit einem offenen Brief an derjenigen Stelle publiziert wird, die üblicherweise Lottmann vorbehalten ist. Eine Komödie nimmt ihren Lauf, als in den daraufhin veröffentlichten Kommentaren sich ein weiterer ›Jost Burger‹ meldet und die Identität des Schreiberlings anzweifelt, nur um daraufhin als »Jost ›der Echte‹ Burger« sich zu verdoppeln. In den insgesamt acht Kommentaren taucht schließlich niemand anderes als »Joachim ›der Echte‹ Lottmann« auf, um einen eindeutig nicht Lottmann'schen Kommentar kundzutun: »Hilfe! Ich werde in einer Kiste voller Nägel gefangen gehalten und meine Antidepressiva gehen zur Neige! Haltet den falschen Lottmann auf – und füttert ihn nicht nach Mitternacht mit lauwarmen Speisen!«[221]

Wer angesichts der Option des *User Generated Content* auf eine mögliche Klärung der Referentialitäten innerhalb der *Borderline* hoffte, auf eine strukturell mögliche Metaposition jenseits dieser Welt, von der aus ein ordnender Blick darauf geworfen werden könnte, wird klar enttäuscht. Die Kommentare vollführen die letzte Drehung der Schraube, die notwendig war, um festzustellen, dass es in der Welt von Lottmann weder feste Spielregeln gibt, noch poetologische Richtgrößen. Vielmehr ist es eine Welt – und hier ließe sich die Analogie zu Lottmanns Selbstpoetik anbringen – in der grundsätzlich alles möglich ist. Sowohl Kontinuität als auch Zerfall, sowohl konsensuell überprüfbare Referentialität als auch gleichberechtigt daneben stehender und unmarkierter Unsinn. Die einzige Orientierungsgröße darin, die stets eine Referenz auf sich selbst leistet, ist Lottmann selbst. Er ist dabei allerdings nie in der Lage, eine Identität mit ›sich selbst‹ herzustellen, da er in allen Darreichungsformen (Roman, Reportage, Blog) und in den Momenten aller synchronen Schnitte nicht mehr als äquivalent zu der Kunstfigur Jolo sein kann. Diese Äquivalenz gilt es dabei als die maßgeblich konstitutive Konstante seiner Selbstpoetik festzuhalten.

Cover äußern. Der anschließend realisierte Entwurf geht aus diesen jedoch nicht als Favorit hervor. Vgl. http://blogs.taz.de/lottmann/2011/03/08/wien/ (beide zuletzt eingesehen am 17.12.2013).
220 Vgl. den Kommentar zu Lottmann (2007ff.): *Auf der Borderline*, http://blogs.taz.de/lottmann/2009/04/22/korankinder/ (zuletzt eingesehen am 17.12.2013).
221 Lottmann (2007ff.): *Auf der Borderline*, http://blogs.taz.de/lottmann/2007/06/30/auf-der-borderline-nachts-um-halb-eins/ (zuletzt eingesehen am 17.12.2013).

5.5 Serielle Selbsterschaffung als Weltkopie: Die Selbstpoetik von Joachim Lottmann

5.5.1 Ironie und Unentscheidbarkeit bei Joachim Lottmann

Am 17. Januar 2008 trat Joachim Lottmann als Gast in der im ORF1 ausgestrahlten Late-Night-Show *Willkommen Österreich* auf. Den Konventionen der Sendung entsprechend wurde er dabei in einem filmischen Einspieler kurz vorgestellt, in welchem die Betonung darauf gelegt wurde, ihn als Lügner und manischen Schreiber zu präsentieren. Gleich nach seinem Eintritt in die Show entwickelt sich zwischen Lottmann und dem Moderator Dirk Stermann folgendes Gespräch:

> STERMANN: Wir haben vorher [...] erfahren, dass Du dafür bekannt bist, zu lügen. Beziehungsweise, die Menschen empfinden das als Lüge, was Du machst [...]. Die Frage ist jetzt: Wie können wir dann ein Gespräch führen; also, brauchen wir irgendwie so eine Art anderen Zugang zu Antworten von Dir oder ist das was Du sagst ... würdest Du das gar nicht als Lüge bezeichnen dann?
> LOTTMANN: Nein, niemals, also: Für mich ist es die Wahrheit. Das macht halt dies Borderline-Syndrom aus.
> STERMANN: Aber Du hast, hast; leidest unter dem Borderline-Syndrom ...
> LOTTMANN: [unterbricht ihn]: Ich leide darunter nicht. Ich empfinde es auch gar nicht so. Ich würde es auch niemals wahrnehmen. Es sind halt die Anderen, die mich so bezeichnen.
> STERMANN: Aber wenn Du jetzt eine Reportage über eine Stadt schreibst, in der Du aber noch nie warst, hast Du dann das Gefühl, Du hast eine Reportage über die Stadt geschrieben, die, ... irgendwie ... Oder hast Du das Gefühl, das ist quasi wie ein Witz?
> LOTTMANN: Nein, das hat eine höhere Wahrheit, also das wird schon so stimmen.[222]

Prekär an dem Dialog ist, dass sich Stermann gleich zu Beginn in eine ausweglose Situation hinein manövriert, die in ihrer Anlage der Aussage des Kreters Epimenides entspricht, dass alle Kreter lügen würden. Stermann fragt indirekt, ob alles, was Lottmann als Aussage tätigt, als Lüge aufgefasst werden muss, einschließlich der Kommunikationsinhalte des gerade stattfindenden Auftritts. Indem er ihn selbst explizit bittet, dazu Stellung zu beziehen, macht er die Möglichkeit einer latenten Antinomie zumindest wahrscheinlich: Durch die Ermächtigung Lottmanns zum Reden kann bezüglich der Frage nach der Lüge keine verlässliche Antwort erwartet werden, weil der Status der folgenden Aussage nicht verifiziert werden kann. Vor diesem Hintergrund nutzt Lottmann die Gelegenheit, ein epistemisches Modell seiner Existenz zu entwerfen: Die Differenzierung von Lüge und

---

[222] Vgl. www.willkommen-oesterreich.tv/pl.php?plid=26#F26, Video 4, 10:08–11:06 (zuletzt eingesehen am 17.12.2013).

Wahrheit erfolgt erst an der Schnittstelle zu anderen Menschen, wofür ein pathologisierender Terminus als Diagnose seines eigenen Rede- und Existenzmodus zum Einsatz kommt; aus seiner Innenperspektive heraus ist alles, was er von sich gibt, in den Dienst einer ›höheren Wahrheit‹ gestellt.

Einmal mehr erweist sich Lottmann damit als Herr seiner Welt, beziehungsweise als Regulator des Diskurses, indem er Aussagen vollzieht, deren Status (aufgrund der an ihn gerichteten Frage des Moderators) nicht für andere verifizierbar ist. Die ZuschauerInnen sehen sich einem Dilemma ausgesetzt: Sind die von Lottmann getätigten Aussagen als Ironie zu betrachten, als ein uneigentliches Spiel und Teil einer Inszenierung? In diesem Fall wäre Lottmann ein Akteur, der auf einen komischen Effekt hinaus wollen würde, – wie sonst ließe sich erklären, dass jemand für seine Aussagen ernsthaft eine ›höhere Wahrheit‹ einfordert? Oder spricht dieser Akteur in einem Modus der Eigentlichkeit, mit dem Ziel, den Moderator und die ZuschauerInnen davon zu überzeugen, dass seiner Ansicht nach seinen Aussagen tatsächlich diese höhere Wahrheit zukäme? Auch in diesem Fall wäre dies eher als ein Witz aufzufassen, da der Anspruch einer höheren Wahrheit so gar nicht zu Lottmanns sonstigen Äußerungen oder gar zu Stil und Inhalt seiner Bücher passt.

Als Wissenschaftler befindet man sich im gleichen Dilemma wie die ZuschauerInnen – und kann lediglich die strukturelle Anlage der Aussagen und der Situation in den Kontext von Lottmanns Poetik stellen. Dies führt erneut zu der Erkenntnis einer – nun poetologischen – Konsistenz: Alle Äußerungen und Performanzen, die von Lottmann als Autor organisiert werden, erfolgen stets in eben jenem Modus einer Unentscheidbarkeit. In den bisherigen Kapiteln ist herausgearbeitet worden, dass die von ihm organisierten Zeichen ebenso wie die auf ihn als Autor und Figur referierenden Zeichen von einem Nebeneinander nicht miteinander vereinbarer Elemente und Beziehungen gekennzeichnet sind: Auf der einen Seite hohe Konsistenz mit daraus abzuleitender Identität, auf der anderen Seite ein hoher Grad an gebrochener Referentialität mit daraus abzuleitender Diskontinuität / Differenz. Diese Konstellation ist aus zwei Gründen bemerkenswert, die zugleich auch den Kern der vorliegenden Untersuchung berühren: Die Figur des Autors Joachim Lottmann kann offenbar trotz der offensichtlichen Widersprüche unter diesen Bedingungen existieren, im literarischen Feld auftreten[223] und

---

223 Einen der prominenteren Auftritte im literarischen Feld leistete Lottmann anlässlich der Verleihung des Wolfgang-Koeppen-Preises an seine Person am 23. Juni 2010 in Greifswald. Auf dem *Borderline*-Blog findet sich seine ›Dankesrede‹ veröffentlicht, in welcher er den üblichen Mitteln seiner Poetik und Selbstinszenierung folgt. Vgl. Lottmann (2007ff.): *Auf der Borderline*, http://blogs.taz.de/lottmann/2010/06/24/danksagung-2/ (zuletzt eingesehen am 17.12.2013).

fortgeschrieben werden. Die durch seine Autorfunktion autorisierte Welt kann trotz der aufgezeigten Widersprüche über einen so hohen Grad an Realistik verfügen, dass die darin enthaltenen Elemente das Potenzial haben, als Bestandteile von alltagswirklichen operativen Fiktionen fortgeschrieben zu werden. Wenn darum Thomas Andre in einer Doppelrezension der 2011 unter Lottmanns Namen erschienenen Bücher schreibt, »Er ist ein maßloser Ironiker, ganz gefangen im Spiegelkabinett des Uneigentlichen«,[224] so muss dem widersprochen werden: Es ist nicht die Uneigentlichkeit, die den Modus von Lottmanns Welt prägt, sondern die Unentscheidbarkeit. Wie aber verhält es sich nun mit der Zuweisung von Ironie? Erinnern wir uns an das Postulat von Claudius Seidl, Lottmann sei ein »Ironiker aus Notwehr«[225] – wäre eine solche Setzung des Rezeptionsmodus von Lottmanns Werk und seiner Person nicht doch eine Möglichkeit, die Inkongruenzen zu fassen? Auch hier lautet die Antwort: Nein.

Ein kurzer Exkurs zur Ironie, insbesondere in der Postmoderne und speziell in der Popliteratur, sollte an dieser Stelle weiterhelfen: Am nähsten kommt man dem hier anzuwendenden postmodernen Ironiebegriff über die Konzeption der romantischen Ironie, wie sie von Friedrich Schlegel entworfen wurde. Diese ist gekennzeichnet durch den Aufbau eines »ironischen Spielraums«[226] in dem alle prozessierten Zeichen eine Zweideutigkeit aufweisen, deren inhärente Polarität von Gesagtem und Gemeintem sich nicht mehr didaktisch in eine Eindeutigkeit überführen lässt.[227] Wie in der Romantik, präsentiert sich diejenige Ironie, die sich vor allem für die deutschsprachige Popliteratur attestieren lässt, als eine umfassende *Ironia entis,* die zu einer potentiell infiniten Zeichenbewegung führt, die sich in Texten und Äußerungen »als ständiger Wechsel zwischen Position und Negation strukturell ins Unendliche«[228] steigert. Die so geführten Diskurse sind mitnichten uneigentlich, als vielmehr unentscheidbar, da dies der einzige Modus ihrer Zeichenprozession ist. Die *Ironia entis* erweist sich damit als ein ebenso paradoxes Modell wie die inkongruente Existenzform von Joachim Lottmann und teilt sich damit zudem die Eigenschaft, über keine aus sich heraus konstruierbare Metaposition zu verfügen. Die der *Ironia entis* unterliegenden Zeichen können damit durchaus als ironische erkannt werden, sie erschaffen damit allerdings eine spezifische Rahmung, die der Zirkelbewegung der Ironie stets zu gehorchen hat, sofern die Ironie nicht durchbrochen werden soll. Eben ein solches Modell der

---

224 Andre (2011): »Hamburger Schriftsteller: Der doppelte Lottmann«.
225 Seidl (2004): »Jugend ohne Sex«.
226 Oesterreich (1994): »Ironie«, S. 354.
227 Vgl. Oesterreich (1994): »Ironie«, S. 356.
228 Barth (2001): *Inverse Verkehrung der Reflexion,* S. 120.

Ironie ist als leitend für die Poetik des Werks und auch die Selbstpoetik Joachim Lottmanns anzunehmen und die Schwierigkeit, mit einer solchen Position umzugehen, wurde anhand des Dialogs aus *Willkommen Österreich* aufgezeigt.

Wenn die *Ironia entis* als gültiger Modus der Zeichenrezeption definiert worden ist, gerät diejenige Person, die diese Zeichen autorisiert, unter den Generalverdacht der Ironie. Ebenso wie bei Epimenides kann der Modus der von ihr getätigten Aussagen nicht von ihr selbst als verbindlich gesetzt werden: Wenn sie behauptet, nicht ironisch zu sein, gibt es in der Rede selbst keine Faktoren, die darauf schließen lassen könnten, ob der Zirkel der Ironie durchbrochen wäre. Die Aussagen in einem Raum, der den Gesetzen der postmodernen Ironie gehorcht, sind ironische und zugleich auch eigentliche Aussagen, da innerhalb des so konfigurierten Raumes keine anderen Aussagemodi zulässig sind. Die Wahrheiten über Lottmann und in Lottmanns Welt sind wahre Aussagen, da sie ganz speziell durch eben jene *Borderline*-Welt Lottmanns konfiguriert sind und nur in ihr gelten.

5.5.2 ›Wahrheiten‹: Joseph Roth und Joachim Lottmann

Um die Selbstpoetik Lottmanns angemessen in ihrer Komplexität zu erarbeiten, sollte auch das Verhältnis seines Werkes zur Alltagswirklichkeit noch einmal pointiert erfasst werden, denn das Stigma der Lüge besitzt einen so hohen Stellenwert, dass es als zentrales Element dieser Selbstpoetik fungieren würde, wenn man es nicht im Kontext relativiert. Dass Lottmanns Welt unserer zum Verwechseln ähnelt und zu einem großen Teil den Gesetzen der Realistik folgt, wurde bereits erwähnt. Die Pointe einer solchen Beurteilung besteht darin, dass Lottmann eben keine Abschrift der Welt leistet, die er nach Belieben verfälscht (zumindest in unseren Augen), sondern dass er Elemente der Alltagswirklichkeit in einem fiktionalen Modus *verdoppelt und vervielfacht,* ohne dass sie dadurch fiktiv werden würden. Seine eigene Autorschaft dient dabei mit ihrem Interpretanten als konfigurierender Rahmen, der dafür sorgt, dass all die Elemente, die wir in seiner Welt wiederzuerkennen glauben, zu ihren ›Originalen‹ zwar äquivalent, aber nicht identisch sind.

Die besondere Leistung, die er vor allem in seinem Blog immer wieder ausführt, ist jedoch vor allem darin zu sehen, dass er nicht nur einzelne Elemente wie seinen *Wartburg* oder Personen des öffentlichen Lebens äquivalent kopiert, sondern dass er auch den *Kontext,* dem diese Elemente angehören, ebenso unter den Bedingungen seiner eigenen Welt reproduziert, wenn er beispielsweise die Artikel anderer Autoren Wort für Wort und unter Angabe der Quelle in seine *Borderline*-Welt überführt. Dafür ist es nicht notwendig, den gesamten Kontext zu reproduzieren (was er im Blog auch gar nicht könnte), sondern es reicht aus, das Verfahren als mögliche Option strukturell in die eigene Poetik zu integrieren. Jolos Welt und unsere medial vermittelte Alltagswirklichkeit werden auf diese Weise in den Status einer gegenseitigen Bezugnahme gesetzt und partizipieren gegenseitig an ihren Interpretanten: Wir sind bereit, Jolos Welt einen hohen Grad an Realistik zu attestieren und sie als potenziellen Bestandteil operativer Fiktionen anzuerkennen, während im gleichen Prozess Lottmann mit seinen Schreibweisen vorführt, wie fragil, unklar und wie stark von medialer Vermittlung derjenige Bereich der Alltagswirklichkeit abhängig ist, den wir als medial vermittelte Wahrheiten annehmen.

Es scheint dabei fast, als ob Lottmann den für ihn gültigen Wahrheitsbegriff an Joseph Roth austariert hätte:[229] In seiner vor allem gegen die ›Neue Sachlichkeit‹ und den auch heute deutlich zu beobachtenden Drang nach ›Authentizität‹ bzw. nach dem ›Dokumentarischen‹ gerichteten Polemik, entwirft Roth implizit eine frühzeitige Poetik des *New Journalism*, indem er dem journalistischen Bericht (i.e. der Reportage) und der Literatur die Möglichkeit zuweist, eben jene Wahrheiten zu produzieren, die nicht durch eine Aufreihung von Fakten herstellbar sind. Was bei Lottmann immer nur als eine implizite poetologische Positionierung herausgelesen werden kann, ist bei Roth ganz offen formuliert:

> Die furchtbare Verwechslung begann, die furchtbarste aller Verwechslungen: des Schattens, den die Gegenstände werfen, mit den Gegenständen. Das Wirkliche begann man für wahr zu halten, das Dokumentarische für echt, das Authentische für gültig. [...] Man erfinde eine Geschichte und sage, man sei dabeigewesen: Man glaubt der erfundenen Geschichte. Der Respekt vor der Wirklichkeit ist so groß, daß selbst die *erlogene* Wirklichkeit geglaubt wird.[230]

Wie Roth dabei den Wahrheitsgehalt dieser ›erlogenen Wirklichkeit‹ beurteilt, ist der Polemik indes nur schwer zu entnehmen, klar und deutlich wird seine Aussage jedoch hinsichtlich des Verhältnisses von Faktualität und künstlerisch geformtem Bericht in Bezug auf die Herstellung von Wahrheit:

---

[229] Es lassen sich zudem noch eine Reihe weiterer Parallelen zwischen Joseph Roth und Joachim Lottmann aufzeigen: Beide sind sowohl als literarische wie auch journalistische Autoren hervorgetreten. Beide werden als Personen im Diskurs über sie mit bestimmten Eigenschaften verbunden, die sich zu spezifischen ›Images‹ formen und beiden lässt sich ein jeweils prägnanter Stil zuweisen, der sie von vergleichbaren Autoren abhebt. Und nicht zuletzt haben beide unhaltbare Legenden bezüglich ihrer Biographien aufgestellt und sie in der Presse und ihren Romanen immer wieder neu umgeschrieben. Vgl. zu diesen ›Legenden‹ bei Roth Sternburg (2009): *Joseph Roth*, S. 27f. und Parry (2011): »Joseph Roth in den Augen der Nachwelt«.
[230] Roth (1991): »Schluss mit der ›Neuen Sachlichkeit‹«, S. 153f. Herv. i. Orig.

> Das Faktum und das Detail sind der ganze *Inhalt* der Zeugenaussage. Sie sind das *Rohmaterial* des Berichts. Das Ereignis »wiederzugeben«, vermag erst der geformte, also künstlerische Ausdruck, in dem das Rohmaterial enthalten ist wie Erz im Stahl, wie Quecksilber im Spiegel.[231]

Die Wahl dieser Metapher ist diffizil und verweist auf einen Moment der Unentscheidbarkeit: Erz mag tatsächlich in Stahl enthalten sein, es unterlief jedoch eine Bearbeitung und Veredelung, bis es zum Bestandteil des Produkts werden konnte – und im fertigen Produkt selbst ist es nicht mehr genau lokalisierbar, da es in einer untrennbaren Legierung aufgegangen ist. Mit hohem Aufwand ließe sich das Produkt in seine Bestandteile zerlegen – was aber wäre der Sinn eines solchen Unterfangens? In Lottmanns ›Produkt‹ sind ohne Zweifel Fakten verarbeitet worden, die ebenfalls mit einigem Aufwand extrahiert werden könnten. Folgt man jedoch Roths Ansatz, wäre diese Operation vollkommen unsinnig, da im Moment der Sezession das Produkt – Stahl / Wahrheit – zerstört werden würde. Für normale Leserinnen und Leser ist zudem das Produkt stets primär vor den ursprünglichen Zutaten und Roth betont den Stellenwert des Berichts für die Herstellung operativer Fiktionen wenn er anfügt: »Die Zeugenaussage, also die Mitteilung, ist eine Auskunft *über* das Ereignis. Der Bericht gibt das Ereignis selbst wieder. Ja, er *ist* das Ereignis.«[232] Lottmanns Welten enthalten sekundäre Berichte der alltagswirklichen Welten – und sind zudem daran beteiligt, diese primär mit herzustellen und zugleich durch die offensichtlichen Verfälschungen und Unsinnigkeiten ihre Konstruktion auszustellen.

Der Zusammenhalt dieser Welten – auch das ist bereits ausgeführt worden – wird durch die Autor-Figur Lottmann gewährleistet. Beziehungsweise ist diese Aussage zu präzisieren: Die Welten von Lottmanns Romanen, Reportagen und seinem Blog gehorchen dem Gesetzt der Serialität. Sie sind prinzipiell nicht miteinander identisch, sondern durch Ähnlichkeit zueinander und Reformulierung / Neueinschreibung / Fremdfortschreibung gekennzeichnet. Durch die Fiktionalisierung der eigenen Autorfunktion und ihre feste Verortung in diesen Welten ist auch diese Autor-Figur seriell angelegt, ohne jemals identisch mit sich zu sein – auch sie gehorcht dem Gesetz der Serialität und ist immer nur relativ äquivalent zu sich selbst, und dies gerade genug, als dass Lohmer / Lottmann / Jolo immer wieder als Variationen auf ein Prinzip erkannt werden können. Dieses Prinzip lässt sich wiederum als eine Ausprägung der Autorschaft erklären und verweist auf die einzige tatsächlich identische Größe in allen diesen Spielen: Auf den konsistenten Interpretanten, der Jolo als Figur und Organisator der Texte zukommt.

---

231 Roth (1991): »Schluss mit der ›Neuen Sachlichkeit‹, S. 154. Herv. i. Orig.
232 Roth (1991): »Schluss mit der ›Neuen Sachlichkeit‹, S. 154. Herv. i. Orig.

Diese Autorschaft hat zwei prägende Eigenschaften: Sie wird zum einen als Pathologie entworfen und zum anderen demonstriert sie in den von ihr organisierten Texten eine Art Umsetzung des Prinzips des methodischen Solipsismus.

5.5.3 Pathologie und methodischer Solipsismus: Der Interpretant als Kern der Selbstpoetik

Der pathologische Diskurs wird bereits im Titel von Lottmanns Weblog anzitiert und wird dann im Roman *Unter Ärzten* zum zentralen Thema – ob die darin vorfindbare Figur tatsächlich Züge der Borderline-Persönlichkeitsstörung trägt, fällt nicht in das Kompetenzfeld der Literaturwissenschaft. Im *Pschyrembel* wird die Erkrankung definiert als »spezif. Persönlichkeitsstörung (DSM-IV) mit Störung der Affektregulation, d.h. im sozialen Kontext rasch aufschießenden u. verzögert abklingenden Affekten, die mit quälenden, rasch einschießenden Anspannungszuständen einhergehen«.[233] Interessanter sind hier die Symptome, die ebenda folgend zusammengefasst werden: »Affektinstabilität, Impulsivität, häufig scheiternde Beziehungen, die durch Wechsel von Idealisierung u. Entwertung gekennzeichnet sind, Selbstverletzung, Wutanfälle, dissoziative Symptome, erhaltene Realitätsprüfung (Abgrenzung gegenüber Psychosen)«.

Vor allem die »erhaltenden Realitätsprüfung« verdient eine genaue Betrachtung. In einem *Manual zur psychodynamischen Therapie* der Borderline-Persönlichkeit gehen die Autoren auf diesen Punkt ein und liefern eine gut verständliche Erklärung, die mit dem Begriff der Identität erneut zu einem der Kernpunkte der vorliegenden Untersuchung führt:

> Der Einschätzung der Identität folgt – vor allem in Fällen schwerer Identitätsdiffusion – die genaue Exploration von Verhalten, formalen und inhaltlichen Denkprozessen, sowie Affekten, die den Interviewer seltsam oder bizarr anmuten [...]. Gibt es Anhaltspunkte für derartige Verhaltensweisen, Gedanken oder Affekte, sollte der Therapeut den Patienten taktvoll mit seiner Verwirrung konfrontieren und den Patienten fragen, ob er [...] eine Erklärung für sein Verhalten liefern könne.
>
> Die Fähigkeit des Patienten, eine derartige Erklärung zu liefern – mit anderen Worten, die Fähigkeit, sich in herkömmliche Kriterien der sozialen Realität [...] – einzufühlen, ist ein Hinweis für eine gut erhaltene Realitätsprüfung und würde die Diagnose einer Persönlichkeitsstörung bestätigen.[234]

---

233 *Pschyrembel. Klinisches Wörterbuch* (2012): »Borderline-Persönlichkeitsstörung«, S. 307.
234 Clarkin / Yeomans / Kernberg (2008): *Psychotherapie der Borderline-Persönlichkeit*, S. 129.

Mit anderen Worten: Der Patient ist durchaus in der Lage, »alternative Sichtweisen in Erwägung zu ziehen«[235] und ist damit in gewisser Weise mündig, sich selbst im Kontext seiner sozialen Umwelt zu verorten.

Es kann hier nicht darum gehen, Joachim Lottmann als Person eine Diagnose zu attestieren – es geht vielmehr um das Motiv der Pathologie, wie es im Zusammenhang mit Jolos Autorschaftsmodell präsent wird. Der Faktor der ›erhaltenen Realitätsprüfung‹ als Bestandteil dieses Modells, weist auf die Möglichkeit der alternativen und pluralen Sichtweisen hin und lässt sich damit gut mit der Feststellung der seriellen Welten in Einklang bringen: Der Borderline-Autor ist einer generellen Identitätsdiffusion unterworfen, derer er sich bewusst ist. Er ist in der Lage, andere Schreibweisen zu erwägen, im konkreten Moment des akuten Leidens (das hier mit ›Schreiben‹ gleichgesetzt werden kann) ist jedoch die gerade aktuelle Weltsicht diejenige, die entscheidungsleitend ist, bzw. diejenige, die zu Papier gebracht wird. Paradoxerweise (und auch dies ist eine weitere Konstante in Lottmanns Poetik) erweist sich die Diagnose der ›pathologischen Autorschaft‹ als eine *self-fulfilling prophecy:* Das ›Symptom‹ der ›Krankheit‹ ist gleichzeitig auch ihre Ursache; die *Borderline-*Autorschaft ist als solche immer nur dann feststellbar, wenn sie fortgesetzt wird und dem oben erwähnten Gesetz der Serialität folgt.[236] Wäre nur ein Roman unter Lottmanns Namen erschienen, wäre eine solche *Borderline-*Welt nicht herstellbar, die Möglichkeit der alternativen Sichtweisen – sprich: der pluralen Welten – wäre nicht gegeben.[237]

---

235 Clarkin / Yeomans / Kernberg (2008): *Psychotherapie der Borderline-Persönlichkeit*, S. 129.
236 Man kann beobachten, dass in der Rezeption von Lottmanns Schreiben dem Text sowohl eine Wertigkeit als pathologisches Symptom, wie auch als ›heilendes Mittel‹ zugesprochen wird. Vgl. einen Kommentar bei Lottmann (2007ff.): *Auf der Borderline*, http://blogs.taz.de/lottmann/2007/04/12/fruehling-der-gefuehle/ (zuletzt eingesehen am 17.12.2013): »Nimm besser weiter deine Medikamente und setz dafür das Schreiben ab...«; oder auch eine Anmerkung in der Rezension von Mühlbauer (2007): »Eine Form der Kritik, die man sich noch leisten kann«: »Nach seinem Erstling ›Mai, Juni, Juli‹, der ihm den Ruf einbrachte ›wirklich böse‹ zu sein (Rainald Goetz), veröffentlichte Joachim Lottmann fast eineinhalb Jahrzehnte lang praktisch nichts. Die Popliteratur-Welle Ende der 1990er (als deren Urvater er gilt) und eine neue Generation von Antidepressiva kurbelten sein literarisches Schaffen wieder an.«.
237 Man kann hier eine Definition für *Borderline-*Poetiken als Sonderform des *New Journalism* ableiten: Eine solche Poetik ergibt sich erst aus einem umfangreichen Konvolut aufeinander verweisender Texte eines Autors, da nur so ein komplexes Universum sowohl intratextuell als auch kontextuell referentialisierbarer Verweise identifizierbar wird. Dieses Universum muss dabei das Potenzial haben, operative Fiktionen zu installieren. Zudem muss darin eine konsistente Autor-Subjekt-Figur erschaffen werden, welche die Einheit des Universums garantiert. Diese Figur muss innerhalb eines Werkkomplexes nicht identisch mit sich selbst bleiben, sondern einer kontingenten Referentialität unterliegen. Als Konstante und Garant muss sie dabei jedoch als Figurationen eines alltagswirklichen Trägers einer konkreten Autor-Funktion auftreten.

Durch das Aufrechterhalten der Serialität und die damit einhergehenden fortgesetzten Variationen auf die Jolo-Figur wird zudem das andere hier entscheidende Moment verdeutlicht: Die Einflechtung einer Art des methodischen Solipsismus in die Poetik der Texte – und in die Selbstpoetik der Autor-Figur. In Verbindung mit der ›Diagnose‹ der *Borderline*-Autorschaft schafft dieser Komplex die Grundlage für das feststellbare Kontinuum der Selbstpoetik von Jolo und erlaubt es zugleich auch, die – im weitesten Sinne – ›existenzielle‹ Dimension davon aufzuzeigen. Als einzige feste Größe im gesamten Gefüge von Lottmanns Welt und Werk ist hier derjenige Interpretant festgestellt worden, der sich als spezifisch für die Jolo-Figur herausgebildet hat. Als leitendes Paradigma transportiert er in sich die optionale Konfiguration der ›Lüge‹, der Aufhebung alltagslogischer Kontinuitäts- und Identitätsvorstellungen, die optionalen Anschlüsse an die Alltagswirklichkeit und vor allem aber das Prinzip der Unentscheidbarkeit, das an alle Elemente heranzuführen ist, die an diesem Interpretanten partizipieren. Wenn man das gesamte Zeichen betrachtet, dem dieser Interpretant angehört, also die Jolo-Figur, wird deutlich, dass die darin vorzufindenden Verbindungen von Symbol und Objekt variabel sind: Sie folgen dem Prinzip der Äquivalenz, aber nicht der Identität, wie schon leicht an den verschiedenen Namen der Figur, den unterschiedlichen Geburtsdaten usw. abgelesen werden kann. Wenn nun dieser Interpretant, wie hier festgelegt, als einzige feste Größe dieses in sich flottierenden Zeichens festgestellt wird, kann man nachverfolgen, wie eben jener Interpretant sich entsprechend der Zeichentheorie von C. S. Peirce selbst zu einem Symbol entwickelt, der sein Objekt (die pluralen Jolo-Figuren) nachfolgend reguliert und zu einer nun doch identischen Größe werden lässt.[238]

Was sich dabei abspielt, ist das paradoxe Beispiel einer strukturellen Identitätsherstellung, die ihre Einheit aus der paradigmatischen Reihung folgender Elemente bezieht: ›Lüge‹; Aufhebung alltagslogischer Kontinuitäts- und Identitätsvorstellungen; Anschlussfähigkeit an Alltagswirklichkeit; Prinzip der Unentscheidbarkeit. Diese Identität verdankt sich damit weitgehend Elementen, die gewöhnlich dazu dienen, Differenz herzustellen, oder aber einfach dazu, Identität durch einen Zustand aufrechterhaltener Latenz zu verhindern.[239] Das so entstehende Symbol ›Jolo‹ kann darum prinzipiell nur auf sich selbst referieren, da es

---

[238] Vgl. die Ausführungen zu diesem Prozess bei Peirce (1983): *Phänomen und Logik der Zeichen*, S. 64.
[239] Dies trifft für das Element ›Anschlussfähigkeit an Alltagswirklichkeit‹ natürlich nicht zu. Es wird damit zu einem strukturell paradoxen Agens innerhalb der Reihung, ohne die prinzipielle Wirksamkeit der anderen Elemente des Paradigmas komplett aufheben zu können.

selbst den Kontext dazu liefert, überhaupt existieren zu können.[240] Gleichzeitig dient es jedoch als Symbol eines angenommenen alltagswirklichen Trägers der Autorfunktion Joachim Lottmann, der sich in operative Fiktionen einschreibt, und dies bedeutet: All die Verknüpfungen, Interpolationen und Interferenzen zur Alltagswirklichkeit, die aus Lottmanns Werk heraus konstruierbar sind, bleiben der Ordnung und Autorität dieses Symbols unterworfen. Wenn man diese Setzung als Modell auf die Modi von Weltwahrnehmung und Referentialität übersetzt, bedeutet dies Folgendes: Jede feststellbare Welt, ganz egal, ob sie als fiktional oder alltagswirklich gesehen wird, kann nichts anderes sein, als selbstreferentiell. Das bedeutet, dass die darin feststellbaren Gesetze (zum Beispiel, wie bestimmte Zeichen verknüpft werden), ausschließlich in dieser Welt gelten und nicht an andere anschlussfähig sind. Der Grund dafür liegt darin, dass dasjenige ›Selbst‹, das diese Welt feststellt, diese Welt mit seinem Interpretanten maßgeblich konfiguriert. Und dies bedeutet letztlich nichts anderes, als dass ›andere‹ Welten aus dieser Perspektive heraus nicht simultan feststellbar sind.[241]

Die Serialität von Lottmanns Welten und von Jolo selbst führt damit vor, wie Prozesse der Identitätsherstellung und Identitätsverwirrung über die Zeit hinweg funktionieren. Jeder seiner Romane, Reportagen und Blogeinträge stellt aus dieser Perspektive einen synchronen Schnitt dar, in dem sich die Jolo-Figur qua gleichem Interpretanten als Symbol erschafft, während sie gleichzeitig als Objekt jede Identität mit sich selbst verhindert. Die Texte sind damit auch in Foucaults Sinne *hypomnêmata*, die an der kommunikativ ausgehandelten Herstellung der *epimelēsthai sautou* einer fiktionalen Figur beteiligt sind, die nicht mehr ist, als ein Symbol.

---

240 Allerdings ist das Modell prinzipiell übertragbar und vergleichbar strukturierte Interpretanten können zu den Elementen anderer, nach dem gleichen Prinzip hergestellter Selbstpoetiken werden.

241 Eben dieses ist m.E. der Anschlusspunkt der Theorien des methodischen Solipsismus: »Der [...] methodische S.[olipsismus] behauptet nicht (wie der ontologische) die alleinige Existenz des eigenen Selbst, wohl aber dessen epistemische Priorität mit dem Ergebnis, daß ich (zumindest zunächst) nur von meinen eigenen Bewußtseinsinhalten ein sicheres, unbezweifelbares Wissen habe, ›daß alle Erkenntnis in mir beschlossen ist‹.« Gabriel (1995): »Solipsismus«, S. 1021. Ebenso wie bei Rudolf Carnap ist dabei die solipsistische Position immer nur als eine temporäre Setzung zu betrachten, die im Verlauf des weiteren Prozessierens von Zeichen operationalisiert werden kann, vgl. Carnap (1998): *Der logische Aufbau der Welt*, S. 88f. Siehe allgemeiner zum methodischen Solipsismus bei Carnap auch ebd., S. 85–93 (§ 64–66). Analog dazu ließe sich die serielle Herstellung der Welten und der Jolo-Figuren als fortgesetzte Überwindung der solipsistischen Position begreifen, die allerdings auch immer wieder im Moment des Publizierens eines Textes wieder hergestellt wird, um anschließend wieder überwunden zu werden.

Damit sind alle Faktoren zusammengetragen, um eine abschließende Einordnung der Selbstpoetik von Joachim Lottmann vorzunehmen. Im Vergleich zu den Strategien und Verfahren, die anhand der Selbstpoetiken von Rainald Goetz festgestellt worden sind, ist auffällig, dass sich eine Reihe von Parallelen feststellen lässt: Ebenso wie Goetz in der Spätphase seines Werks, unterzieht Lottmann diejenige Instanz, die herkömmlich als Träger der Autorfunktion fungiert, einer umfassenden Fiktionalisierung. Ebenso wie Goetz in der Phase nach *Abfall für alle*, implementiert Lottmann alle Möglichkeiten einer Metaposition in diejenige Figur, die als gemeinsamer Nenner seiner Figurationen dient und installiert Jolo als das ordnende und konfigurierende Zentrum des Lottmann'schen Universums. Ebenso wie Goetz unterliegen zahlreiche Elemente seiner Werke den Prinzipien einer alltagsweltlichen Referentialität, ohne dabei die Texte als primär faktuale oder dokumentarische auszuweisen.

Signifikanter sind hier jedoch die Unterschiede: Anders als bei Rainald Goetz ist die Thematisierung und Handhabung derjenigen Position, an welcher Autorschaft eine Verbindung mit einem Subjekt eingeht, in keiner Weise auratisiert. Auch anders als bei Goetz wird die figurative Umsetzung dieser Position nicht auf verschiedene und voneinander zu unterscheidende Figuren (Goetz / Raspe / Klar / Wirr etc.) verteilt, sondern erfolgt nach den Prinzipien der Äquivalenzherstellung solcherart, dass Johannes Lohmer und Joachim Lottmann in jeder neuen Ausformulierung als Variationen des Prinzips ›Jolo‹ erscheinen. Auch das Verhältnis von Text und Kontext ist anders geregelt als bei Goetz: Während Goetz in seinen späteren Werken hauptsächlich den *Streit* und die *Aushandlung* des Verhältnisses von Wahrheit und Diskretion zum zentralen Element seiner Prosa ausbaut, ohne darin zu einer Setzung zu kommen, womit er die strukturelle Dynamik des Prozesses betont, ist die Position Lottmanns durch eine Art solipsistische Selbstermächtigung gekennzeichnet. Der Kontext der Welt wird bei ihm kurzerhand als eine strukturelle Kopie dieses Kontextes der Welt in einer teilweise identischen Art und Weise unter die Autorität seiner eigenen Autorschaft gestellt und lässt darum große Teile seiner Werke als ›quasi-mimetisch‹, bzw. ›quasi-fiktional‹ erscheinen. Prägnanter formuliert: Bei Goetz ist ›Wahrheit‹ immer in einer Aushandlung begriffen, während sich Lottmanns Texte nicht um die Aushandlungen scheren, sondern eine serielle Produktion von einander teilweise widersprechender Wahrheiten leisten. Die Formung des Textes durch Lottmann unterscheidet sich von Goetz' Poetik zudem noch dadurch, dass der Interpretant der von ihm organisierten und auch von anderen fortgeschriebenen Figur Jolo in deutlich stärkerem Maße auf die Konfiguration der so entworfenen Text – Kontext-Beziehung wirkt, als dies bei Goetz der Fall ist:[242] Dass Lottmanns Texte ›lügen‹, wird man in quasi jeder Rezension seiner Bücher lesen, während bei der Einschätzung von Goetz immer wieder die Herstellung einer quasi-dokumentarischen ›Geschichte der Gegenwart‹ betont wird.[243]

Insgesamt lässt sich festhalten, dass die Selbstpoetik von Lottmann (bzw. Jolo) ebenso wie die von Goetz, ein mustergültiges Beispiel für Autofiktion ist. Anhand der gegenseitigen Fortschreibungen von Goetz und Lottmann konnte zudem gezeigt werden, dass auch dieses Modell nicht nur der Autorität eines Autors unterliegt, sondern das Potential für Fremdfortschreibungen enthält. Anders als im Fall von Goetz *profiliert* sich jedoch Jolos Modell noch zusätzlich dadurch, dass es eben jene Fortschreibungen der Anderen leistet und damit eine distinkte Position für sich selbst reserviert, während es in den Fortschreibungsdiskursen gleichzeitig Anschluss findet. Möchte man jedoch im Hinblick auf die Überschneidungsbereiche aus Grafik 1 das zentrale, konsistente und konstituierende Element dieser Selbstpoetik bestimmen, so erweist sich dies als die Eigenschaft des zum Symbol transformierten Interpretanten der Jolo-Figur, sich immer wieder in einer äquivalenten und seriellen Weise herzustellen, womit ich dieses Modell als SERIELL-ÄQUIVALENTE SELBSTPOETIK bezeichnen möchte. Es gilt zudem festzuhalten, dass sich das Fehlen einer Metaposition und die feste Anbindung der Selbstpoetik an die strukturelle Stelle des Trägers der Autorfunktion als bisher deutlichste gemeinsame Komponenten der untersuchten Selbstpoetiken herauskristallisiert haben.

---

242 Zwar ist auch im Falle von Goetz' Prosa in der Forschung teilweise von einer ›Vergoetzung‹ der Welt die Rede, vgl. Müller / Schmidt (2001): »Goetzendämmerung in Klagenfurt«, S. 268, dies jedoch in einem wesentlich geringerem Maße, als die Formung der Welt von Lottmann in der Presse immer wieder betont und als Hauptmerkmal hervorgehoben wird.
243 Dass dies in erster Linie aber die ›Geschichte der Figur Rainald Goetz‹ ist, wurde im Kapitel 4.3 hervorgehoben.

6 Multiple Identitäten und Kybernetischer Realismus: Alban Nikolai Herbst

»Angenommen, wir haben recht, [...] können dann Ihre Welten [...] mit uns interagieren?« Beutlin nickte. »Dann, Herr Goltz, wäre alles möglich. Eine Unendlichkeit miteinander verschränkter Realitäten, verzweigt und verknüpft wie die Neuronenverbände eines Gehirns, Handel treibend, Krieg führend, liebend, musizierend... [...]« »Unübersichtlich«, sagte der Polizeichef. Beutlin musste lächeln. »Sehr unübersichtlich, Herr Goltz.«
Alban Nikolai Herbst (2001): *Buenos Aires. Anderwelt*, S. 221

Es ist, als hätte die eine Autor-Figur auf die andere gehört und ihr einen Gefallen erweisen, sich revanchieren wollen: Als Rainald Goetz im November 1998 an *Abfall für alle* arbeitet, äußert die Erzählinstanz darin folgenden Wunsch: »Wieso schreiben nicht ALLE Autoren Tagebücher? Die würde ich alle lesen. Ich kann mich nicht durch Thetis quälen, und würde sofort tausend Seiten Tagebuch von Alban Nikolai Herbst lesen.«[1] Der besagte Herbst hatte kurz zuvor mit *Thetis. Anderswelt* den ersten Teil seiner *Anderswelt*-Trilogie vorgelegt, deren erster Band mit 896 Seiten recht voluminös ausfiel. Der Wunsch nach einem Tagebuch aus der Feder (oder auch: Tastatur) des Autors wurde der Öffentlichkeit spätestens ab Juni 2004 erfüllt.[2] Zu diesem Zeitpunkt begann Herbst seine Schreibtätigkeit im Internet, die unter der Adresse http://albannikolaiherbst.twoday.net/ in seinem literarischen Weblog *Dschungel. Anderswelt* bis heute[3] fortgesetzt wird. In diesen implementiert findet sich nach wie vor die Rubrik »Tagebuch«,

---

[1] Goetz (1999): *Abfall für alle*, S. 766, Herv. i. Orig. Goetz ist offenbar dann auch tatsächlich als Beobachter der Autorschaft von Alban Nikolai Herbst aufgetreten: Während der Verhandlungen des Verbotsprozesses um *Meere* im Oktober 2003 war er einer der Besucher im Gerichtssaal und machte sich Notizen. Vgl. Berhorst (2004): »Der Arme Poet«.
[2] Der Beginn von Herbsts Internet-Aktivitäten wird unterschiedlich datiert: Scherer (2008ff.): »Alban Nikolai Herbst«, S. 22 nennt September 2003 als Beginn und Jürgensen (2011): »Ins Netz gegangen«, S. 416 folgt ihm darin. Giacomuzzi (2008): »Die ›Dschungel.Anderswelt‹«, S. 140 gibt als Start des *Dschungel*-Blogs das Jahr 2004 an. Tatsächlich lässt sich über die Archiv-Funktion der früheste Beitrag auf den 12. Juni 2004 datieren, vgl. Herbst (2004ff.): *Dschungel,* http://albannikolaiherbst.twoday.net/stories/238991/ (zuletzt eingesehen am 17.12.2013). Es findet sich jedoch noch eine andere Institution, in welcher Herbst offensichtlich bereits zuvor online publiziert hatte. Der früheste darin zu findende Beitrag ist auf den 06.12.2003 datiert, deutet im Text jedoch an, dass ihm andere Beiträge vorangegangen sein müssen, vgl. Herbst (2003f.): *Weblogbuch,* http://tools.freecity.de/blog/show.phtml?id=albannikolaiherbst&date=1070665200 (zuletzt eingesehen am 17.12.2013).
[3] Heute: 17. Februar 2014.

in welcher bis Juli 2006 intime Details aus dem Leben eines Autors der Öffentlichkeit zugänglich gemacht wurden.⁴ Dann allerdings verlässt der Autor seine Rubrik und öffnet sie als ›chorisches Tagebuch‹ für andere Autoren – dabei stets mit der Unsicherheit der Leserinnen und Leser spielend, ob es sich bei den darin nun publizierenden Paul Reichenbach, Bruno Lampe etc. tatsächlich um *wirklich* andere Autoren handelt, oder ob sich Herbsts Privatleben nun fiktionalisiert und unter dem Schutz der Pseudonyme weiterhin nachlesen lässt.⁵ Wozu dieser Aufwand? – so könnte man fragen, denn die Abwendung von der »Tagebuch«-Rubrik ging einher mit der Einrichtung des »Arbeitsjournals«, in welchem Herbst nahezu täglich Einblicke in seine Arbeitsprozesse erlaubt. Das ›Private‹ – Traumprotokolle, Notizen der täglichen Abläufe, Sorgen und Ideen – kommt vor allem in den letzten Jahren im »Arbeitsjournal« so deutlich zum Tragen, dass man dieser Rubrik problemlos den von Goetz gewünschten Tagebuchcharakter attestieren kann.⁶ Und würde man alle diese Texte komplett in einem Buch veröffentlichen, wären auch die eingeforderten tausend Seiten Text um ein Mehrfaches überschritten.

Das bereits hier angedeutete Spiel mit Identitäten und das Veröffentlichen im Internet sind jedoch nur zwei fast beiläufige Elemente, die Herbst zu einem Gegenstand der vorliegenden Untersuchung prädestinieren. Fast alle Phänomene, Strategien und Verwicklungen, die anhand von Rainald Goetz und Joachim Lottmann analysiert wurden, finden sich bei Herbst und seinem Werk in potenzierter Form wieder. Wie schon Goetz und Lottmann kann man auch Herbst bescheinigen, dass er, also: die uns zugängliche und beobachtbare Autor-Figur, zu einem so großen Teil das Ergebnis dieses ›Werkes‹ ist, dass eine trennscharfe Unterscheidung in ›Leben‹ und ›Kunst‹ unmöglich ist. Möchte man ein typisches Beispiel für die Fiktionalisierung eines Trägers der Autorfunktion suchen, ist man bei Herbst an der richtigen Adresse: Er präsentiert sich als musterhaftes Beispiel für eine umfassende Autofiktion in nuce.

---

4 Vgl. Giacomuzzi (2008): »Die ›Dschungel.Anderswelt‹«, S. 142.
5 Vgl. dazu Giacomuzzi (2008): »Die ›Dschungel.Anderswelt‹«, S. 142f.
6 Inhalt und Stil dieses Formats erweisen sich als ausgesprochen stabil gegen Erschütterungen. So wurde am 26. September 2013 verkündet, alles Private aus dem »Arbeitsjournal« zu verbannen, da es nahe Menschen verletzen würde: »Keine persönlichen Überlegungen mehr, keine Erregungen, keine Trauer und kein Glück. Nichts mehr von Frauen, nichts mehr von Kindern, nichts von den Freunden.« Die Bezeichnungen der Einträge wechselten daraufhin zu »PP« = »Produktivitäts-Protokoll«, vgl. http://albannikolaiherbst.twoday.net/stories/das-letzte-arbeitsjournal-am-donnerstag-dem-26-september-2013-abschied/ (zuletzt eingesehen am 17.02.2014). Nichtsdestotrotz fanden sich schon bald alle diese Aspekte wieder in den PPs.

›In nuce‹ ist hier jedoch ein starker Euphemismus. War schon der textuelle Output von Goetz und Lottmann sehr umfangreich, so übersteigt die autorschaftliche Tätigkeit von Herbst die beiden an Quantität bei weitem. Bereits das gedruckte Werk (Erzählungen, Gedichte, Romane, poetologische Abhandlungen) umfasst deutlich mehr als 5.000 Druckseiten.[7] Und wer sich dann noch auf die Webpräsenz des Autors begibt, kann angesichts der schieren Menge an Text, die sich darauf findet, ins Staunen geraten. Ließen sich *Abfall für alle, Klage* und auch *Auf der Borderline nachts um halb eins* noch recht einfach auf einer diachronen Achse in ihrer Genese rekonstruieren, so fällt das bei Herbsts *Dschungeln* nicht so leicht: Eine kaum durchschaubare Struktur aus Unterkategorien, Kommentaren und Querverweisen präsentiert sich den Leserinnen und Lesern. Diesen textuellen Urwald komplett zu erschließen, dürfte einer einzelnen Person auch darum schwerfallen, weil er quasi jeden Tag um mehrere DIN-A4-Äquivalente an Text wächst. Herbst ist ein Vielschreiber und die Metapher der *Dschungel* mit Bedacht gewählt.[8] Würde man die darauf zu findenden Texte ausdrucken, wären unter Berücksichtigung aller Kommentare, Fotos, Textfragmente etc. 10.000 Seiten schnell überschritten. Zählt man dann noch die Theaterstücke und Arbeiten für das Radio hinzu,[9] ergibt sich ein Korpus, das von einer Person alleine kaum adäquat aufgearbeitet werden kann.

Den meisten, die überhaupt schon mal von Herbst als literarischem Autor gehört haben, dürfte er wegen des Verbots seines Romans *Meere* (zuerst 2003) bekannt sein.[10] Anderen gelten seine Romane *Die Verwirrung des Gemüts* (1983), *Wolpertinger oder Das Blau* (1993), *Thetis. Anderswelt* (1998), *Buenos Aires. Anderswelt* (2001) und *Argo. Anderswelt* (2013) als mustergültige Umsetzungen postmoderner Ästhetiken.[11] Hier nun ist ein Hinweis auf möglicherweise unkonventionelle Selbstpoetiken enthalten, denn in seinen Romanen werden postmoderne

---

7 Allein Herbst (1993): *Wolpertinger* kommt auf 1.009 Seiten, Herbst (1998) *Thetis. Anderswelt* auf 895 Seiten, der neueste Roman, Herbst (2013): *Argo. Anderswelt* auf 872 Seiten.
8 Vgl. zur Dschungel-Metapher Herbst (2005): »Das Weblog als Dichtung«, S. 4f.
9 Vgl. ein ausführliches, wenn auch nicht mehr aktuelles Verzeichnis seiner Werke in Scherer (2008ff.): »Alban Nikolai Herbst« unter ›Primärliteratur‹ sowie auch in *Panoramen der Anderswelt*. (*die horen* 231), S. 217–220.
10 Vgl. zu *Meere* Schnell (2008): »Über die Wahrnehmung eines literarischen Kunstwerks« sowie noch etwas ausführlicher auf den Zusammenhang der einzelnen Publikationen eingehend Meier (2012): »›Realitätseffekt‹ Autor«.
11 Vgl. hier vor allem Jürgensen (2007): »Ich sind auch andere«, S. 146, 156f.; Malsch (2004): »Vom Wiedereintritt des Autors in seine Geschichte«, S. 49; Schnell (2008): »Dschungel-Passagen«, S. 5; Jürgensen (2008): »Unwirkliche Städte, unwirkliches Ich«, S. 102; Schütte (2008): »Erzählen für morgen«, S. 128f. und ganz allgemein Kühlmann (2003): »Postmoderne Phantasien«.

Verfahren nicht nur umgesetzt, sondern die Implikationen dieser postmodernen Ästhetiken auf die Beschaffenheit von Subjekten und der Zerfall von Identitäten immer wieder durchdekliniert.[12] Die darin vorgeführten Effekte betreffen ganz generell das Verhältnis von Fiktion und Realität und in Herbsts Eintrag im *KLG* heißt es treffend zu seinem Werk:

> In einer durch und durch ambivalent bleibenden Literatur, die dem Leser unterhaltsam entgleiten soll, ist es demnach grundsätzlich unmöglich, zu entscheiden, auf welcher Realitäts- bzw. Fiktionsebene man sich befindet und welche Richtung das Erzählen an den Stellen der Verzweigung einschlägt.[13]

Die Tatsache, dass Herbst Figuren in seine Werke einführt, die seinen Namen tragen oder auch seine Autorschaft immer wieder an »Spaltfiguren des Autors«[14] überträgt, der zusätzliche Umstand, dass es sich bei »Alban Nikolai Herbst« um ein Pseudonym handelt und die besondere Struktur der *Dschungel*, auf die noch genauer einzugehen sein wird, deuten bereits auf eine Poetik hin, die zu Werken führt, die »ihre Wirklichkeit an der Schnittlinie von Realität, Einbildung und literarischer Fiktion«[15] entwerfen. Wie bei Joachim Lottmann oder auch Rainald Goetz kommt hier die Unentscheidbarkeit ins Spiel, denn die Verwirrung, ob er und seine Werke unter einem referentiellen Pakt oder einem fiktionalen Pakt gelesen werden sollten, ist wesentlicher Bestandteil des Herbst'schen Schreibprogramms und macht ihn und sein Werk zu nahezu idealen Objekten der Autofiktionsforschung. Der Verbotsprozess um den Roman *Meere* deutet zudem an, dass seine Texte das Potenzial aufweisen, auch über den Diskursbereich des Literarischen hinaus eine Wirkung zu erzielen. Als Grund für das Verbot des Romans diente die Anklage, dass sich die ehemalige Lebensgefährtin des Autors in einer der Figuren abgebildet sah.[16] Hier findet sich demnach zum ersten Mal in der vorliegenden Untersuchung der Fall einer Fortschreibung, die juristische und ökonomische Folgen nach sich gezogen hat.[17]

---

12 Vgl. u.a. Jürgensen (2007): »Ich sind auch andere«, S. 146, 156f.; Jürgensen (2008): »Unwirkliche Städte, unwirkliches Ich«, S. 109.
13 Scherer (2008ff.): »Alban Nikolai Herbst«, S. 2.
14 Kühlmann (2003): »Postmoderne Phantasien«, S. 502, vgl. auch die fast gleichlautende Formulierung bei Jürgensen (2007): »Ich sind auch andere«, S. 154.
15 Scherer (2008ff.): »Alban Nikolai Herbst«, S. 2, vgl. auch Herbst (2005): »Das Weblog als Dichtung«, S. 5.
16 Vgl. dazu Schnell (2008): »Über die Wahrnehmung eines literarischen Kunstwerks«, S. 196.
17 Herbst wurde durch die vom Gericht aufgetragene Entschädigungssumme finanziell ruiniert, vgl. Jürgensen (2011): »Ins Netz gegangen«, S. 416.

Zudem ist Herbst im literarischen Feld ein spezifisches *Image* zueigen, das ihn als Solitär markiert und von ihm selbst immer wieder zur Selbstinszenierung genutzt wird: Sei es seine Selbstdarstellung als eleganter Dandy,[18] seine Polemiken gegen Schriftstellerkollegen, die ihm den Ruf eingebracht haben, dass es »rufschädigend« sei, auch nur in virtuellem Kontakt mit ihm zu stehen[19] oder seine Selbstinszenierungen als »Märtyrer«.[20] Während Lottmann auf den Seiten seines *Borderline*-Blogs als der »Anti-Goetz« angekündigt wird,[21] entwirft sich Herbst selbst einen virtuellen Antagonisten, indem er in den *Dschungeln* kurzerhand eine Rubrik unter dem Titel »ANTI-HERBST« einführt, die sehr rege frequentiert ist.[22] Dies alles spricht dafür, dass wir es erneut mit einem paradoxen Fall zu tun haben: Auf der einen Seite treiben Herbsts Texte immer wieder Verwirrspiele mit Identitäten, denen nicht nur die Protagonisten der Romane unterliegen, sondern auch die Autor-Figur Herbst. Auf der anderen Seite gibt es einen sehr gut beobachtbaren und dabei konsistent erscheinenden Alban Nikolai Herbst, der einerseits als Figur seiner Texte auftritt, auf der anderen Seite aber immer wieder durch die suggerierte personale Identität im performativen Selbstwiderspruch zu der proklamierten eigenen Poetik zu stehen scheint.[23]

Dabei noch gar nicht berücksichtigt ist die geradezu schwindelerregende Komplexität von Herbsts Werk, die der Quantität seines Schaffens in nichts nachsteht. Vor allem der Großroman *Wolpertinger oder Das Blau* und die drei *Anderswelt*-Bände entfalten ein virtuoses Feuerwerk von intertextuellen und intratextuellen Verweisen. Als wichtigste Bestandteile kristallisieren sich darin heraus: die fast vollzählig erfassten Mythologien Europas, eine profunde Kenntnis musikalischer Kompositionsprinzipien, zahlreiche Anspielungen auf und Anleihen an erkenntnisphilosophische Theorien und in mindestens ebenso starkem Maße die Kenntnis der Poetiken anderer Autoren, zu denen unter anderem Louis Aragon, Thomas Pynchon und Philip K. Dick gehören. Zudem tritt Herbst immer wieder als Kommentator seiner eigenen Verfahren und selbstbewusster Entwickler einer

---

18 Vgl. Jürgensen (2011): »Ins Netz gegangen«, S. 407.
19 Vgl. Schnell (2008): »Dschungel-Passagen«, S. 5; Jürgensen (2011): »Ins Netz gegangen«, S. 407.
20 Vgl. dazu Giacomuzzi (2008): »Die ›Dschungel.Anderswelt‹«, S. 142.
21 Vgl. Lottmann (2007ff.): *Auf der Borderline,* http://blogs.taz.de/lottmann/bio/ (zuletzt eingesehen am 17.12.2013).
22 Vgl. Herbst (2004ff.): *Dschungel,* http://albannikolaiherbst.twoday.net/stories/4476836 (zuletzt eingesehen am 17.02.2014). Die Rubrik enthält zum heutigen Tag nur einen einzigen Eintrag, kommt allerdings auf veritable 302 Kommentare und eine – für die *Dschungel* – rekordverdächtige Summe von gut 14.000 Aufrufen.
23 Einen ersten Überblick bietet der Aufsatz von Schütte (2008): »Erzählen für morgen«.

eigenen literarischen Gattung – des Kybernetischen Realismus – auf und stellt diese Materialien als Dokumente auf seiner Webseite zum unentgeltlichen Download zur Verfügung.[24] Um dies abzurunden: Man könnte nicht nur eine umfangreiche Forschungsarbeit ausschließlich über die Selbstpoetik von Herbst und die Identitätsverwirrungen seiner Figuren schreiben, sondern auch gewichtige (und spannende) Monographien über die Mythenverarbeitung, das Bild von Europa, die Transformationen des Raums oder den Einfluss der Musik in seinem Werk. Das kann hier natürlich ebensowenig geleistet werden wie ein allgemeiner Überblick über sein Schaffen.

In der Analyse sollen darum nur drei Aspekte genauer untersucht werden, die bezüglich Herbsts Selbstpoetik eine zentrale Rolle einnehmen. Zum einen ist dies die Anlage der fließenden Identitäten, die in seinen Werken immer wieder entworfen wird – dieser Bereich lässt sich symptomatisch an seinem ersten Roman *Die Verwirrung des Gemüts* demonstrieren. Zum anderen ist hier ebenso wie bei Goetz das entworfene Verhältnis von Beobachtung und Beobachtbarkeit von Interesse, für welches stellvertretend mit *Buenos Aires* der zweite *Anderswelt*-Roman betrachtet wird. Die hier entworfenen Erkenntnisse dienen dazu, das komplexe Verwirrspiel der Autorschaft bei Herbst zu beschreiben und zugleich einen poetologischen Zugang zum *Dschungel*-Projekt zu finden. Einige kurze Hinweise auf den Prozess um *Meere* dienen lediglich der Veranschaulichung, welches Potenzial zum Übertritt von Grenzen das Schaffen von Herbst aufweist – der Inhalt des Romans selbst und seine transformierende Genese bis zu der ›endgültigen‹ Fassung können hier nicht berücksichtigt werden. Die Analyse des Weblogs *Dschungel. Anderswelt* stellt den Hauptteil der Untersuchung dar und soll stets in Hinblick auf den dritten hier wichtigen Aspekt, die Theorie des Kybernetischen Realismus, gerichtet sein.

---

24 Mit Herbst (2008): *Kybernetischer Realismus* und Herbst (2011): *Kleine Theorie des Literarischen Bloggens* liegen zwei gedruckte Werke vor, die einen Teil seiner poetologischen Überlegungen enthalten. Die Genese dieser theoretischen Überlegungen lässt sich als *work in progress* und ohne dass die einzelnen Beiträge sich streng an irgendwelche Gattungsvorgaben halten würden auch in mehreren Rubriken in seinem Weblog nachvollziehen, vgl. Herbst (2004ff.): *Dschungel*, http://albannikolaiherbst.twoday.net/topics/KYBERREALISM/ sowie http://albannikolaiherbst. twoday.net/topics/LexikonDerPoetik/ und http://albannikolaiherbst.twoday.net/topics/Litblog-THEORIE/. Explizite Auseinadersetzungen mit der Musik finden sich ebd. unter http://albannikolaiherbst.twoday.net/topics/POETIKzurMUSIK/ (alle zuletzt eingesehen am 17.12.2013).

6.1 Postmoderne Subjektmodelle? Identität und Beobachtbarkeit in Herbsts Prosa

Dass Herbsts Schreiben zumindest postmodern, wenn nicht sogar nach-postmodern ist, findet sich immer wieder als Charakterisierung in der Sekundärliteratur zu seinem Werk. Besonders anschaulich stellt dies Christoph Jürgensen heraus, dem der Verdienst zukommt, in drei seiner Aufsätze auf die Besonderheiten der Herbst'schen Subjektmodelle zu verweisen und sie vor allem anhand des ersten Romans und – speziell im jüngsten Beitrag Jürgensens – auch anhand der Internet-*Dschungel* zu explizieren.[25] Die Pluralisierung des Subjekts und ein inkongruentes Verhältnis von Beobachtung und Beobachtbarkeit werden als Hauptmerkmale von *Die Verwirrung des Gemüts* identifizierbar und ziehen sich von da an als roter Faden durch das gesamte Œuvre des Autors.[26] Das ineinander verschränkte Verhältnis von Beobachtungen n-ten Grades findet seinen vorläufigen Höhepunkt in dem als *Kybernetischer Roman* apostrophierten *Buenos Aires. Anderswelt* – was Thomas Malsch dazu veranlasste, dem Werk eine sehr umfangreiche und genaue Analyse aus sozialwissenschaftlicher Perspektive zu widmen.[27]

Die Deutlichkeit der beiden Komponenten ›Subjektpluralisierung‹ und ›Beobachtbarkeit‹ lässt sich zudem als eine Parallele zum Frühwerk von Rainald Goetz benennen – speziell zu dem im Kapitel 3 untersuchten Auftritt in Klagenfurt 1983. Und hier lässt sich – frei nach Stephen Greenblatt – eine ›Anekdote‹ anfügen, denn die Lesungen zum Ingeborg-Bachmann-Preis waren der Ort und der 25. Juni 1983 war der Tag, an dem sowohl Goetz als auch Herbst die Gelegenheit erhielten, sich im literarischen Feld zu positionieren. Sofern es sich aus den Aufnahmen rekonstruieren lässt, war Alban Nikolai Herbst der Übernächste, der nach dem Auftritt von Goetz mit seiner Lesung aufzutreten hatte.[28] Es lässt sich daraus schließen, dass Herbst mit an Sicherheit grenzender Wahrscheinlichkeit im Saal saß, als der andere multiple Identitäten in seinem Text »Subito« durchspielte und mit dem Schnitt in die Stirn seine autofiktionale Poetik initiierte. Im Hinblick auf die zahlreichen poetologischen Parallelen zwischen den beiden mag es darum eher befremdlich erscheinen, mit welcher vehementen Ablehnung Herbst der Performance von Goetz begegnete, wie sich aus den Aufnahmen unzweifelhaft

---

25 Vgl. Jürgensen (2011): »Ins Netz gegangen«; Jürgensen (2008): »Unwirkliche Städte, unwirkliches Ich« und Jürgensen (2007): »Ich sind auch andere«.
26 Vgl. dazu Jürgensen (2007): »Ich sind auch andere«, S. 147.
27 Vgl. Malsch (2004): »Vom Wiedereintritt des Autors in seine Geschichte«.
28 Vgl. www.youtube.com/watch?v=pv6IacY0Fyo, (zuletzt eingesehen am 17.12.2013) 1:50–8:52. Die Kritik der Jury und Herbsts Reaktionen darauf sind ebenda zu sehen.

erschließen lässt.[29] Im Folgenden wird sich zeigen, dass beide Autoren mit ähnlichen Versatzstücken in ihren Poetiken operieren, dabei aber verschiedene Gewichtungen vornehmen, was vor allem den Grad und die Anlage der Fiktionalisierung der Autorfunktion betrifft.

6.1.1 Die Verwirrung beginnt: *Die Verwirrung des Gemüts*

In *Die Verwirrung des Gemüts* wird von Herbst ein oszillierendes Autorschaftsmodell angeboten, und dies sowohl inhaltlicher als auch struktureller Natur, wenn auch dabei die für Goetz so typische Anbindung an die Trägerschaft der Autorfunktion zunächst fehlt. Folgendes Modell scheint sich darin zu präsentieren: Ein namenlos bleibender Ich-Erzähler imaginiert sich die Figur des Ulf Laupeyßer, eines gescheiterten Studenten. Nachdem man den ersten Trick durchschaut hat, ist die Trennung dieser beiden Erzählbereiche recht einfach, da die Passagen des Ich-Erzählers kursiv abgesetzt werden, während Laupeyßers Imaginationen recte gesetzt sind und nur dadurch irritieren, dass sie gelegentlich von der ersten in die dritte Person wechseln, wenn Laupeyßer sein Leben reflektiert. Auffällig ist, dass er mit denjenigen Insignien der Autorschaft ausgestattet ist, die uns bereits bei Goetz begegneten und seine Praxis des Notierens sehr stark an das ›einfache wahre Abschreiben der Welt‹ angelehnt zu sein scheint:

> Ein paar Notizhefte hatte ich schon angefüllt mit meiner Krakelschrift, mit der ich einst Lehrer in Wut versetzte, wenn auch mit sonst nichts. [...] Ich schrieb diese verschiedenen Hefte voll, trug alles darin zusammen, was mir wichtig schien, legte Karteikarten an, trug Geburtsdaten ein, Geburtsorte, Zeiten des Schulbesuchs undsoweiter [sic], die Angaben zum eigentlichen Thema, signifikante Äußerungen. So begann die Entfernung. Ich überbrückte das Straßengewirr mit pedantisch geführten Listen. Einmal kaufte ich einen kleinen Cassettenrecorder, Diktiergerät, das ließ ich heimlich mitlaufen im Büro, versteckt in der Jacken-, der Umhängetasche, dem Mantel. Kilometer von Magnetofonband hörte ich ab, konzentrierte mich vorwiegend auf die Details.[30]

---

29 Vgl. das Video www.youtube.com/watch?v=_BEjgp9MAEY, 8:43–9:14 (zuletzt eingesehen am 17.12.2013). Herbst ist die heftig gestikulierende Person im weißen Hemd und mit weißer Krawatte, ähnelt allerdings kaum seinem heutigen Erscheinungsbild. Seine Identität lässt sich trotzdem zweifelsfrei belegen, da in Fink / Reich-Ranicki [Hg.] (1983): *Klagenfurter Texte 1983* zwar nicht sein Text, wohl aber ein Bild von ihm aufgenommen wurde, vgl. die unpaginierte Bildseite nach S. 168.
30 Herbst (1983): *Die Verwirrung des Gemüts*, S. 8f. Vgl. zu der Bedeutung des Tonbandgeräts für die Poetik im Frühwerk von Goetz und vor allem für *Irre* Winkels (1991): *Einschnitte*, S. 74–77.

Die »Entfernung«, die durch die Akte des Notierens eingeleitet wird, ist eine doppelte, denn zum einen plagt Laupeyßer ein ihm unerklärliches Fernweh, das sich darin äußert, dass er immer wieder den Bahnhof seiner Stadt aufsucht, zum anderen aber ist es eine Entfernung vom Ich, die in einer ›Spiegelszene‹ einsetzt, die Jürgensen sehr treffend als »Poetik des Romans in nuce«[31] bezeichnet. In einem Café sitzend beobachtet Laupeyßer zunächst einen jungen Mann, der sich alsbald entfernt, woraufhin – hier stutzt man als LeserIn – Laupeyßer sehr lange den eigenen Hinterkopf betrachtet – was nach einem Absatz sofort erklärt wird:

> [...] denn an den Längsseiten, einander gegenüber, sind die Wände mit Spiegeln bezogen, so daß das Café den Eindruck eines sehr weiten Raumes erweckt. Es brauchen nur fünf Leute hierzusein, schon denkt man an fünfzig, weil doch die gegenüberliegenden Spiegel auch ineinander sich reflektieren. Der Effekt einer infinitesimalen Vervielfachung seiner selbst; durch Zwei zu teilen, denn man erkennt sich von hinten erst nicht. Dann aber doch sich selbst bemerkt, im Rücken gesehen, eine eigentümliche Berührung.[32]

Diese Vervielfältigung vollführt nun auch Laupeyßer, klassisch, wie es sich für einen Schriftsteller gehört, via Imagination, indem er den gerade beobachteten jungen Mann ›fortschreibt‹, ihn auf den Namen Claus Falbin tauft,[33] ihn mit einer Biographie und Eigenheiten ausstattet und – dies ist der entscheidende Punkt – ihn selbst wieder imaginieren lässt. Die recte gesetzten Passagen wechseln sich nun so ab, dass irgendwann nicht mehr klar ersichtlich ist, welche Erzählerfigur eigentlich gerade das Wort führt – und diese Verwirrung der Instanzen wird noch dadurch verstärkt, dass Laupeyßer irgendwann der Verdacht überkommt, selbst der Imagination Falbins zu entstammen und *dessen* Figur zu sein. Nach und nach gleichen sich die beiden einander immer mehr an. Jürgensen bemerkt in seiner Analyse treffend, dass sich sowohl für die LeserInnen als auch für die Figuren irgendwann »keine Hierarchien zwischen den Zeitstufen und Fiktionalitätsebenen mehr sicher feststellen [lassen].«[34] Auch der Erzähler, dessen Rede aufgrund der Kursivierung seiner Passagen weiterhin klar identifizierbar bleibt, erweist sich als nicht mächtig, die synthetisierenden Prozesse zu durchschauen oder zu kontrollieren:

> Falbin ist eine erfundene Figur, das ist ihr Vorteil, während Laupeyßer, der zwar auch eine erfundene Figur ist, immer die Sicherheiten im Blick behält, zumal seine Möglichkeiten [...] völlig andere als Falbins sind. Nichts könnte ihn beispielsweise daran hindern, zur

---

31 Jürgensen (2007): »Ich sind auch andere«, S. 148.
32 Herbst (1983): *Die Verwirrung des Gemüts*, S. 12.
33 Vgl. Herbst (1983): *Die Verwirrung des Gemüts*, S. 18.
34 Jürgensen (2007): »Ich sind auch andere«, S. 150.

> Universität zurückzukehren. Er wird das vielleicht tun. [...] Nicht so Claus Falbin, dessen Zukunftschancen vom Immergleichen sich diktieren. Aber doch: Laupeyßers nicht auch?[35]

Eindeutige Zuweisungen von Identität und eine Hierarchisierung des Erzählens entziehen sich damit allen textuellen Instanzen und Christoph Jürgensen gibt den entscheidenden Anstoß, dieses so dargestellte Problem in Hinblick auf Autorschaft zu lesen: »In kumulativer Zusammenschau soll also eine Selbstvergewisserung, die Konstituierung eines autonomen Ichs erreicht werden, wobei sich allerdings früh das Scheitern dieses Versuchs, der sich als Metapher für die Autortätigkeit lesen lässt, abzeichnet [...].«[36] Denn die Rede des Erzählers wird umgehend in einer recte gesetzten Passage von einer Instanz kommentiert, die Laupeyßer zu sein scheint und direkt die fehlende Hierarchisierung des Textes ins Verhältnis zum Schreiben setzt:

> Meine [Zukunftschancen; I.K.] nicht auch? Die dessen also, der das hier schreibt? Und wer schreibt das? Wer läßt schreiben? Was heißt das: ›Ich‹? Eine Mystifikation? Wem also gilt es in Wahrheit sich zu nähern? Wenn ich mich mir nähere, nähere ich mich Ihnen.[37]

Die höfliche Anrede in der dritten Person scheint an dieser Stelle dem Erzähler zu gelten. Das ganze Buch wird immer stärker als scheiternder Versuch einer Selbstermächtigung deutbar, als das Modell einer durch Narration und Autorschaft hergestellten Identitätsübergabe, die von der kursiven Erzählinstanz initiiert wurde, ihr nun aber nach und nach entgleitet. Die Grenzen dieses Versuchs werden dabei von den Größen ›Empirie‹ und ›Fiktion‹ gebildet und gleich zu Beginn des Bandes gibt die ursprünglich ›primäre‹ Erzählinstanz Auskunft über seine Wünsche und Ziele: »Kann ich mich noch entsetzen? Als jemand existieren, den es nicht gab vorher, von keinem Leib ausgestoßen. Einfach Schluß machen mit der Empirie, zumindest so tun, es sich erfinden. Eine offensive Flucht: Angriff aus Unwägbarem.«[38] Diesem Grundgedanken scheint das ganze, sich nun autonomisierende Gefüge der Erzählinstanzen zu gehorchen und im letzten Kapitel vor der Klimax des Romans, in welchem sich alle Ebenen und Instanzen plötzlich verbinden, deutet der Erzähler an, dass diese Art der Identitätsweitergabe zwischen den Grenzen von Empirie und Fiktion als ein Verfahren verstanden werden will, um »Realität« herzustellen:

---

35 Herbst (1983): *Die Verwirrung des Gemüts*, S. 142f. Vgl. zu dieser Textstelle auch Jürgensen (2007): »Ich sind auch andere«, S. 151.
36 Jürgensen (2007): »Ich sind auch andere«, S. 150.
37 Herbst (1983): *Die Verwirrung des Gemüts*, S. 143.
38 Herbst (1983): *Die Verwirrung des Gemüts*, S. 8.

> ETWAS in mir entrüstete sich, was mir zum zwingenden Grund dafür wurde, mein Ich aufzulösen, diese Konstruktion einander schlicht widersprechenden Präformationen. Ich benötigte also einen Konkursverwalter über meine damalige Identität, dessen Rolle Laupeyßer und Falbin übernahmen. Übrig blieb dann die Fiktion, so daß etwas noch gar nicht Existierendes die eigenen Möglichkeiten bestimmte. Da muß sich einer also so erfinden, daß er schließlich empirisch als das Erfundene in Erscheinung tritt, bzw. tritt ein Drittes auf, die Synthese gewissermaßen aus Fiktion und Empirie. Womit dann meine Definition von Realität erreicht wäre. Der Rest ist pure Exposition. Denn die Realität ist eine Zwischenwelt, die jenseits des Bahnhofs beginnt.[39]

Die Figur eines Dritten, bestehend aus einer Synthese von Fiktion und Empirie, produziert damit eine Realität als Zwischenwelt. Und dass sie jenseits des Bahnhofs beginnt, ergibt in der Logik des Romans durchaus Sinn: Dient er vordem als Sehnsuchtsort von Laupeyßer, so stellt er auch die Szenerie für den Showdown bereit.

Zum Ende des Buches brechen die Hierarchien der Erzählebenen vollends zusammen und alle drei Protagonisten: Laupeyßer, Falbin und der namenlose Ich-Erzähler, treffen sich auf der Bahnhofstoilette für eine finale Konfrontation.[40] Objekt der Begierde ist ein Pass, den Laupeyßer von einem Freund geschenkt bekommen hat. Während sich der Erzähler in einer Kabine, von den anderen unentdeckt, versteckt hält, würfeln die beiden anderen um den Besitz des Dokuments. Diese skurrile Szene wird zur impliziten Manifestation dafür, dass zwischen allen drei Figuren keinerlei Differenz mehr besteht: Sie sind im Verlauf des Textes identisch geworden.

> Hockten sie sich also auf den Boden, im Laupeyßer mittlerweile vertraut gewordenen Schneidersitz, hingen die Unterarme über die Knie, den Paß zwischen sich, und einer von ihnen – gleichgültig, wer – zog drei Würfel aus der Tasche. Denn auch so könnte es gewesen sein. Verzeihen Sie, wenn meine Imagination nicht immer stimmt. Warum sollten sie denn nicht um die Abfahrt gewürfelt haben? Doch erzielten sie permanent Pasch, und das hellspitze Klackern der Wachswürfel auf den Kachelfließen wollte einfach nicht aufhören.[41]

Drei Würfel, egal von wem hervorgeholt, zeigen bei jedem Wurf die gleiche Punktzahl an. Sollten Laupeyßer und Falbin zunächst als »Konkursverwalter« für die Identität des Erzählers fungieren, so sind sie nun zu gleichberechtigten Antagonisten geworden. Nur durch eine von außen erfolgende Unterbrechung bekommt

---

[39] Herbst (1983): *Die Verwirrung des Gemüts*, S. 289f. Herv. i. Orig.
[40] Tatsächlich ist der Weg bis zu dieser letzten Konstellation noch etwas komplexer, da bis dahin mehrere Transformationen der Identität der einzelnen Figuren und auch der Erzählhierarchien stattfinden. Vgl. dazu auch Jürgensen (2007): »Ich sind auch andere«, S. 150.
[41] Herbst (1983): *Die Verwirrung des Gemüts*, S. 331.

der Erzähler die Gelegenheit, den Pass an sich zu nehmen, um anschließend seinen beiden Wiedergängern ein letztes Mal zu begegnen, die nun als »[z]wei bedrohliche, eineiige Zwillinge«[42] vor ihm stehen. Ihm gelingt die Flucht und er besteigt den Zug. War das ursprüngliche Ziel eine Identitätsweitergabe oder zumindest eine Pluralität der Identität, so wird im Druckbild für die letzten acht Seiten des Romans nun endlich Identität hergestellt: Die recte gesetzten Passagen verschwinden und es findet sich nun lediglich kursiv gesetzter Text. Der darin reflektierende Erzähler rekapituliert seine Flucht, während zugleich Teile der Biographie seiner Doppelgänger zu seiner eigenen geworden zu sein scheinen. Zehn Jahre später wird dieser Erzähler mitsamt dieses Passes als Hans Erich Deters, der Protagonist des Romans *Wolpertinger oder Das Blau* wieder an die Oberfläche des Textes treten[43] und eine bis heute andauernde Karriere als ›der Andere‹ des Autors Alban Nikolai Herbst antreten.[44]

Als wesentliches Motiv lässt sich in *Die Verwirrung des Gemüts* die Sehnsucht nach anderen Identitäten herauslesen, was via Autorschaft, bzw. Imagination erfüllt werden soll. Entscheidend ist dabei, dass dieser Versuch sowohl gelingt, als auch scheitert: Zum Ende ist der Erzähler die einzige verbliebene Stimme des Romans, trägt aber die biographischen Sedimente der beiden anderen Figuren in sich. Zudem erwies er sich nicht als machtvoll genug, die Dynamik der Handlung zu beeinflussen. Welche Hierarchie zwischen den drei zentralen Protagonisten ›ursprünglich‹ bestand, lässt sich retrospektiv nicht eindeutig rekonstruieren, da die Unentscheidbarkeit stets als möglicher Modus auch in den Diegesen thematisiert wird.[45] Identität wird damit zu etwas, was narrativ hergestellt werden kann, sich aber einer zentralen kontrollierenden Instanz nicht fügt, sondern wie die beiden imaginierten Protagonisten einen gewissen Grad von Autonomie erlangt, eine dehierarchisierte Dynamik.

Der zweite entscheidende Punkt ist, dass sich auch hier das Prinzip der methodischen Metalepse finden lässt, die den Roman letztlich bestimmt. Alle drei Erzählinstanzen besitzen einen gleich zu Beginn eingeführten und immer wieder erwähnten »Pappkarton«, in dem sie ihre Aufzeichnungen verstauen. Dieser Pappkarton scheint der ›letzte Ort‹ zu sein, das endgültige Ziel aller Notizen und Textblöcke, in welchem sie ihre Bestimmung finden. Und dieser Pappkarton, so

---

42 Herbst (1983): *Die Verwirrung des Gemüts*, S. 355.
43 Ohne dabei allerdings mit dem Ich aus *Die Verwirrung des Gemüts* identisch zu sein, vgl. dazu Jürgensen (2007): »Ich sind auch andere«, S. 153f.
44 Die Rolle von Deters soll später genauer untersucht werden, denn er ist wesentlicher Bestandteil der Fiktion, die Herbst um die eigene Autorschaft herum aufbaut.
45 Vgl. dazu auch Jürgensen (2007): »Ich sind auch andere«, S. 149.

wird von dem namenlosen Erzähler angedeutet, ist nichts anderes als das Buch, das die Leserinnen und Leser in den Händen halten:

> Jedes Buch ist gewissermaßen ein Pappkarton. Ich könnte Ihnen also auch den vorliegenden Text zuschicken, anstatt das schwere Dings dort auf dem Wohnzimmertisch zur Post zu bringen. Beziehungsweise haben Sie den Text ja längst gekauft, einen tausendfach vervielfachten Pappkarton sozusagen, Lieferung frei Buchhandlung.[46]

Den Leserinnen und Lesern wird damit einerseits eine privilegierte Position eingeräumt, denn diese Setzung impliziert nichts anderes, als dass sie die einzigen sind, die von dem Zerfall der Hierarchien nicht betroffen sind: Sie sind diejenigen Beobachter, die dem Text äußerlich bleiben, während sich die Figuren darin auflösen und synthetisieren. Diese Anlage wird jedoch an einer entscheidenden Stelle subvertiert. Wieder ist es der namenlose Ich-Erzähler, der die Lenkung vornimmt:

> Wer ist das, der da fortwährend *ich* sagt? – Schlagen Sie bitte auf Seite 96 zurück und lesen Sie nochmals den unten anhebenden Absatz. Aber kochen Sie sich einen Kaffee vorher, öffnen Sie das Fenster und vergegenwärtigen Sie sich der Luft. [...] Vielleicht vernehmen Sie etwas von den Geräuschen und Sprachfragmenten, die sich Laupeyßer so sehr aufgedrängt haben.[47]

Wenn man dieser Aufforderung folgt, stößt man auf eine Passage, die einen hinter den vielen Fragen versteckten Imperativ enthält:

> Aber wer spricht hier eigentlich? Wer ist das, der permanent »Ich« sagt? – Ich? Vielleicht sprechen ja Sie mich an? Wer denkt sich die Geschichten aus, wessen Näherungen sind es? Tragen nicht eventuell gerade Sie sie mir an ... ja, ja, Sie meine ich, oder der Sie sich bis hierher durchgewurstelt haben. Benutzen vielleicht Sie mich?[48]

Die Leserinnen und Leser werden aufgefordert, die Hierarchien der Autorschaft zu hinterfragen und sich ihrer eigenen aktiven Rolle in diesem komplexen Gefüge zu vergegenwärtigen. Diese methodische Metalepse provoziert, wie Jürgensen treffend bemerkt, »eine markante Verwischung der Grenze zwischen Realität und Fiktion«.[49] Deutete die Metapher des Pappkartons zunächst eine privilegierte

---

[46] Herbst (1983): *Die Verwirrung des Gemüts*, S. 278f. Vgl. dazu auch Jürgensen (2007): »Ich sind auch andere«, S. 149f.
[47] Herbst (1983): *Die Verwirrung des Gemüts*, S. 228f. Herv. i. Orig.
[48] Herbst (1983): *Die Verwirrung des Gemüts*, S. 96f.
[49] Jürgensen (2007): »Ich sind auch andere«, S. 149.

Beobachtungsposition für die RezipientInnen des Textes an, so wird ihre Rolle damit neu geschrieben: Was in der Diegese stimmt (der Verweis auf den Absatz auf S. 96f.), stimmt auch in der Alltagswirklichkeit. Die Leserinnen und Leser sehen sich damit konfrontiert, dass sie tatsächlich (›empirisch‹?) zu Figuren oder zumindest zu Instanzen des Romans werden, den sie soeben lesen. Eben dieses Verfahren wird sich später als wesentlich für die Poetik der *Dschungel* erweisen, wo es noch soweit radikalisiert wird, dass darin – ähnlich wie in Lottmanns Blog – konkrete Kommunikation simuliert wird, an der sich zu beteiligen allen freisteht. Die Passage auf S. 96f. macht zudem deutlich, dass die Autorschaft von Texten in Herbsts Poetik nicht so linear hierarchisch angelegt ist, wie es konventionell im literarischen Feld der Fall ist – es ist darum nur folgerichtig, dass Herbst selbst später in seinen *Dschungeln* nur ein Autor unter vielen sein wird. Festzuhalten bleibt, dass die Pluralisierung und Dehierarchisierung von Identität und Autorschaft von Beginn an zu den prägnantesten Merkmalen von Herbsts Poetologie gehören und dass darin der Versuch unternommen wird, eine Grenze zwischen Alltagswirklichkeit und Fiktion mit einem synthetisierenden Verfahren aufzulösen.

6.1.2 Beobachtung und Zentralperspektive: *Buenos Aires. Anderswelt*

Um ein weiteres entscheidendes Merkmal von Herbsts Poetik zu benennen, muss die Funktion von Beobachtung und Beobachtbarkeit in seiner Prosa unter die Lupe genommen werden. Als Beispiel hierfür dient der Roman *Buenos Aires. Anderswelt*, in welchem alle möglichen Konstellationen einer solchen Anlage durchdekliniert werden und dem Thomas Malsch einen sehr aufschlussreichen Aufsatz gewidmet hat.[50] Der Inhalt des Buches ist ohnehin zu komplex, um ihn in nur einem Kapitel ausführlich zu analysieren, darum erfolgt hier nur die Behandlung desjenigen Systems, als welches sich die verschiedenen Hierarchien der Beobachter in der Diegese präsentieren. Der Gattungszusatz *Kybernetischer Roman* deutet bereits auf die Wichtigkeit des Kybernetischen Realismus und weist dieses Werk als poetologischen Vorgänger der Internet-*Dschungel* aus.

Die in *Buenos Aires* präsentierte, postapokalyptische und keinerlei topographischen oder hierarchischen Ordnung gehorchende Welt ist in sich mehrmals gestaffelt: Es handelt sich um mindestens drei Ebenen, in sich räumlich und zeitlich geschlossene Einheiten, die jeweils Simulationen darstellen, die dann von einer höheren Ebene aus beobachtet und manipuliert werden können. Die

---

[50] Vgl. Malsch (2004): »Vom Wiedereintritt des Autors in seine Geschichte«.

Erzählinstanzen wechseln entsprechend, ohne dass immer ersichtlich ist, welche der Figuren gerade das Wort führt, beobachtet, oder ob ein heterodiegetischer Erzähler die Ereignisse kommentiert. So wie in *Die Verwirrung des Gemüts* am Ende undurchschaubar bleibt, wie eine Hierarchie zwischen den Erzählinstanzen hergestellt werden könnte, ebenso ist auch hier nicht endgültig greifbar, ob eine der Instanzen eine hierarchisch höchste darstellt, oder ob sie nicht letztlich alle wie ein Möbiusband miteinander verbunden sind. Zu den bedeutsamsten Phänomenen innerhalb dieser Welten gehört jedoch, dass einzelne Figuren darin die Grenzen überschreiten können – und damit jeweils die *in diesen Welten* geltenden Gesetzmäßigkeiten verletzen, um als ›weltfremde Figuren‹ in einer anderen Umgebung aufzutauchen. Solche Prozesse der Interferenz und Rückkopplung werden von den jeweiligen Beobachtern mit großer Sorge zur Kenntnis genommen. Auf die Frage, was passieren würde, wenn die verschiedenen Welten miteinander interagieren könnten, gibt der Programmierer Beutlin folgende Auskunft: »Dann [...] wäre alles möglich. Eine Unendlichkeit miteinander verschränkter Realitäten, verzweigt und verknüpft wie die Neuronenverbände eines Gehirns, Handel treibend, Krieg führend, liebend, musizierend...«[51]

Genau solche Prozesse scheinen allerdings im Sinne mehrerer Figuren zu sein, die sich jeweils als Beobachter innerhalb der Welten bewegen. Einer von ihnen, angesiedelt in derjenigen, die für die LeserInnen zunächst die hierarchisch höchste zu sein scheint, ist ein Programmier, der den Namen Alban Herbst[52] trägt und sich in erster Linie damit beschäftigt, die von ihm geschaffene Figur Hans Erich Deters – seinerseits ein Avatar aus Ulf Laupeyßer und Claus Falbin[53] – bei seinen Gängen durch ein transformiertes Berlin zu beobachten. Als dann die Figur Deters seinen früheren Varianten Falbin und Laupeyßer aus *Die Verwirrung des Gemüts* begegnet, nutzt Alban Herbst die Chance, Deters in eine Zwischenwelt zu verbannen, sich an seine Stelle zu setzen und – so muss man annehmen – dessen Wohnung in der Dunckerstraße 68 Q3 in Berlin zu beziehen.[54] Der Status all dieser Vorkommnisse bleibt jedoch in der Diegese vollkommen unklar, es ist an keiner Stelle ersichtlich, welche Hierarchie zwischen den beobachtenden

---

51 Herbst (2001): *Buenos Aires*, S. 221.
52 Dass dieser Alban Herbst nicht mit dem Träger der Autorfunktion Alban Nikolai Herbst identisch sein kann, wird allein schon aus der fantastischen Anlage des Romans deutlich. Vgl. dazu auch Malsch (2004): »Vom Wiedereintritt des Autors in seine Geschichte«, S. 57.
53 Vgl. u.a. Herbst (2001): *Buenos Aires*, S. 33, Anm. 1 und S. 77.
54 Vgl. Herbst (2001): *Buenos Aires*, S. 228. Diese Adresse ist von einiger Bedeutung: Sie ist die Adresse von Deters' Wohnung im transformierten Berlin, vgl. ebd., S. 83 und scheint auch die tatsächliche Anschrift des Autors Alban Nikolai Herbst zu sein.

Instanzen hergestellt werden kann, und dass Deters tatsächlich eine Erfindung von Herbst ist, bleibt ebenso wahrscheinlich wie der umgekehrte Fall.

Ein kleines Detail demonstriert dabei deutlich, dass hier noch stärker als in *Die Verwirrung des Gemüts* das Problem der Autorschaft anhand der Anlage der Beobachtungspositionen exemplifiziert wird. Als die scheinbar heterodiegetische Erzählinstanz einen Sachverhalt in der Ersten Person Plural äußert, findet sich an dem »Wir« eine Fußnote folgenden Inhalts: »Höchst fragliches Subjekt: – die Fiktionäre oder wer?«[55] Wer aber sind die »Fiktionäre« und welche Instanz installiert sich hier eigentlich gerade im Kontext der Diegese des Romans? Die »Fiktionäre« sind niemand anderes als eine Doppelfigur aus Alban Nikolai Herbst und Hans Erich Deters, die sich auf den Seiten der *Dschungel* als übergeordnete Größe präsentiert: als ein synthetischer Autor. Wer aber äußert sich in dieser Fußnote? Der Logik des Textes zufolge müsste dies eine Instanz sein, die weder mit den Erzählerfiguren in der Diegese noch mit dem heterodiegetischen Erzähler deckungsgleich ist – eine ihnen völlig übergeordnete Einheit also, gar der Autor Alban Nikolai Herbst selbst? Dann aber gäbe es keinen Grund, die Frage nach dem »höchst fragliche[n] Subjekt« zu stellen. Eine mögliche Lösung findet sich darin, dass auch hier wieder keiner Instanz die letztgültige Macht über den Text zukommen kann, dass es demzufolge keine Position gibt, die ordnend das Gefüge der Beobachtungssituationen bestimmen könnte.[56] Entsprechend schlussfolgert Malsch, dass *Buenos Aires. Anderswelt* in erster Linie ein Modell präsentiert, in dem sich Beobachtungsverhältnisse verschränken und damit auf eine Zentralperspektive verzichtet wird.[57] Er schreibt weiterhin allgemein:

> Beobachtungskommunikation (observans) kann nur in einem vom beobachteten Kommunikationsprozess (observandum) systematisch separierten Diskurs prozessiert werden. Ohne Grenzziehung zwischen observans und observandum keine Beobachtung. Das bedeutet: Unbeobachtbarkeit der observierenden durch die observierte Kommunikation. Beobachtung verdankt sich also einer Asymmetrie des Beobachtens.[58]

Werden das Beobachten und das Beobachtet-Werden reziprok, kommt es also zu einem Aufbrechen der Symmetrie und damit zu einer Grenzüberschreitung, dann geht die »Beobachtungskommunikation in den Symmetriemodus der

---

55 Herbst (2001): *Buenos Aires*, S. 208, Anm. 21.
56 Vgl. dazu auch Jürgensen (2008): »Unwirkliche Städte, unwirkliches Ich«, S. 105 wo betont wird, dass Herbst in diesem Roman den »Systemgedanken« in den Vordergrund stellt.
57 Vgl. Malsch (2004): »Vom Wiedereintritt des Autors in seine Geschichte«, S. 73.
58 Malsch (2004): »Vom Wiedereintritt des Autors in seine Geschichte«, S. 75.

Normalkommunikation über.«[59] Dies ist ein guter Ansatz, die Prozesse im Weblog *Dschungel. Anderwelt* zu beschreiben und sich damit der Selbstpoetik von Alban Nikolai Herbst zu nähern: Was darin vor allem im »Arbeitsjournal« sichtbar wird, ist eine Art poetischer und existenzieller Kommunikation zugleich – soweit zumindest der Anspruch, der nach Herbsts Konzeption auch die Transzendenz wieder in den so gebildeten Raum einführen soll und eine quasi-religiöse Grundierung über seine Selbstpoetik legt. Indem ›Alban Nikolai Herbst‹ sich selbst in seinen Schriften als Figur subjektiviert, erlangt er für sich selbst (als Figur) Objektstatus und wird aus seiner Perspektive gleichzeitig zum Subjekt als auch Objekt, was nach seinem Dafürhalten das Eintreten von Transzendenz zur Folge habe.[60]

Wenn die Logik dieses Modells Bestand haben soll, dann muss darin notwendig auf eine Zentralperspektive verzichtet werden. Und an dieser Stelle greift nun wieder das Kriterium der Metaposition, das hier als Instrument der Autofiktionsforschung bereits an Goetz und Lottmann angewendet wurde. Die Einnahme einer Metaposition entspricht – auf das Modell von Herbst übertragen – nichts anderem als der Konstruktion einer Zentralperspektive, zu der bzw. von der aus alle Elemente in einem bestimmten und bestimmbaren Verhältnis stehen und so auch ihre Ordnung untereinander erhalten. Fehlt diese Metaposition, fehlt auch jegliche Kategorie, die eine Hierarchisierung der Elemente erlauben würde. Um eine Schreibweise als durchgehend autofiktional zu bewerten, gilt es demnach, nach einer Positionierung des Autor-Figur-Subjekts auf einer signifikant anderen Ebene als derjenigen der autofiktionalen Schreibweise zu suchen. Ihr Fehlen ist bereits für die Spätphase der Arbeiten von Goetz – zumindest bis zur *Johann-Holtrop*-Offensive – und durchgängig für Joachim Lottmann konstatiert worden. Nun präsentiert sich auch Alban Nikolai Herbst als ein Autor, der ein solches Modell zumindest in seinen Texten umsetzt. Als die implizite poetologische Grundlage für das Fehlen der Metaposition erweist sich damit bei Herbst das inkongruente Verhältnis von Beobachtung und Beobachtbarkeit. Wie auch bei Goetz manifestiert sich dieses innerhalb seiner Selbstpoetik als die Herstellung einer fiktionalen und zugleich konsistenten Autor-Figur. Während bei Goetz jedoch Raspe / Klar / Wirr & Co. nach und nach in den Hintergrund treten und die ausgestellte Autorschaft der Figur Rainald Goetz an keiner Stelle subvertieren, folgt die Fiktionalisierung der Trägerschaft der Autorfunktion bei Herbst gänzlich anderen Gesetzen. Auch wenn sein Name stets auf den Buchdeckeln steht: Er ist nie allein.

---

59 Malsch (2004): »Vom Wiedereintritt des Autors in seine Geschichte«, S. 75.
60 Vgl. Herbst (2001): »Das Flirren im Sprachraum«, S. 3.

6.2 Herbst, Deters usw.: Autor-Figuren und Träger der Autorfunktion

Im Jahr 1995 erhielt Alban Nikolai Herbst für *Wolpertinger oder Das Blau* den Grimmelshausen-Preis. War bereits in *Die Verwirrung des Gemüts* die Frage nach dem Zusammenhang von Autorschaft und Erzählerhierarchien auf eine verwirrende Weise durchdekliniert worden, so präsentiert sich der *Wolpertinger*-Roman als ein würdiger Nachfolger, in welchem sich die Zeit-, Erzähl- und Simulationsebenen bis zur Unübersichtlichkeit vermengen und ineinander greifen.[61] Die schriftliche Version der von Herbst gehaltenen Rede anlässlich der Preisverleihung ist online auf der Seite des Autors abrufbar, und kann als einer seiner frühsten verfügbaren poetologischen Texte gelten. Darin trennt er rigide zwischen einem ›Ich‹ des Alban Nikolai Herbst und dem Autor gleichen Namens und spricht von letzterem konsequent in der dritten Person.[62] Der Dichter, so führt Herbst aus, ist hierbei jedoch kein vollkommen unabhängiges Subjekt, sondern tritt als ein anderer zum Ich hinzu – er bleibt dem empirischen Träger des Namens dabei jedoch in seiner Unmoral »zutiefst fremd«[63] und ist anders als dieser von den Problemen der sozialen Praxis nicht berührt. Etwas anders als in den Reflexionen des Ich-Erzählers aus *Die Verwirrung des Gemüts* tritt nach dieser Konzeption die fiktive Welt mit ihrem fiktiven Autor-Subjekt zur realen Welt als »zusätzlicher Aspekt«[64] hinzu, ohne sie komplett abzulösen oder zu verdrängen. Diese Trennung des Subjekts, die Herbst in dieser Rede vollzieht, erweist sich jedoch nur als ein Vorspiel für die komplexen Deters-Fiktionen, die bis zum heutigen Tag in Herbsts Werk präsent sind und als zentraler Bestandteil von Herbsts Selbstpoetik berücksichtigt werden müssen, da an ihnen sowohl die Fragen nach Autorschaft als auch nach sozialer – alltagswirklicher – Verantwortung demonstriert werden können.

»Hiermit gestehe ich, nicht der Autor meiner Texte zu sein. [...] Hans Erich Deters ist der Urheber meiner Bücher.«[65] Diese »Beichte«, 2002 veröffentlicht, scheint zunächst ein literarisches Spiel zu öffnen, wird den Lesern doch ein ausgeklügelter Komplott präsentiert, in dem ein Frankfurter Broker namens Hans Erich Deters, bereits bekannt als Protagonist des *Wolpertinger* und Syntheseprodukt

---

61 Vgl. dazu Scherer (1997): »Die Metamorphosen des Wolpertingers«.
62 Vgl. Herbst (1995): »Grimmelshausen-Preisrede«, S. 1f.
63 Herbst (1995): »Grimmelshausen-Preisrede«, S. 2.
64 Herbst (1995): »Grimmelshausen-Preisrede«, S. 1.
65 Herbst (2002): »Eine Beichte«, S. 56.

aus Laupeyßer und Falbin, mit Herbst einen Pakt schließt und diesen für seine literarischen Visionen missbraucht. In der »Beichte« führt Herbst aus:

> Denn was ich zu meinen Texten beigetragen habe, ist lediglich mein Name. Dafür hat Hans Deters mich bezahlt und bezahlt er mich noch. Doch schon, daß der Autor zwei seiner Romane meiner langjährigen Lebensgefährtin widmete,[66] ist infam. Daß er obendrein mich selbst zum Gegenstand seiner literarischen Umtriebe machte, blieb ein völlig unentdeckter Skandal [...].[67]

Spätestens wenn der leidtragende Herbst dann äußert, dass zum Zwecke dieser Weitergabe der Autorfunktion mit Deters ein Vertrag über nicht mehr und nicht weniger als 24 Jahre geschlossen worden sei,[68] sollte die Konfiguration des Textes und seine Bezüge jedem deutlich werden – zu klar ist die Referenz auf den bekanntesten Pakt der deutschen Literatur.[69] Und es ist dabei nur konsequent, dass sich auch Deters Name als »falsch« erweist, da Herbst zufolge »ein Hans Erich Deters in keinem Frankfurter Brokerhaus bekannt« ist.[70] Hans Deters wird deutbar als eine Spaltfigur von Herbst, die mit ihm die Eigenschaften teilt, aus einer historisch belasteten Familie zu kommen und an der Börse zu arbeiten.[71] Deters bekommt nun konsequent die Autorschaft aller unter Herbsts Namen veröffentlichten Bücher aufgedrückt.[72] Mehr noch: Herbst hat nun eine Position, von der aus er begründen kann, dass all die biographischen Details, die auf ihn, Alban Nikolai Herbst, verweisen würden, ohne sein Zutun in die Bücher gelangt sind und zusätzlich noch immer wieder von Deters entstellt werden[73] –

---

66 Die Widmungen lauten »Für Do« in Herbst (1983): *Die Verwirrung des Gemüts,* S. 5 und »Wieder für Do« in Herbst (1993): *Wolpertinger,* S. 7.
67 Herbst (2002): »Eine Beichte«, S. 56.
68 Herbst (2002): »Eine Beichte«, S. 57.
69 Vgl. dazu *Historia von D. Johann Fausten* (2003), S. 23, wo Faust in einem Vertrag für 24 Jahre Mephistopheles als Diener und Lehrer verpflichtet, um ihm anschließend seinen Körper und seine Seele zu übertragen.
70 Herbst (2002): »Eine Beichte«, S. 58.
71 Herbsts Verwandtschaft mit dem NS-Außenminister Ribbentrop wird vor allem in den gegen ihn gerichteten Polemiken in den *Dschungeln* immer wieder erwähnt. Analog zu Herbst / Deters wird auch Fichte – der Protagonist in *Meere* – mit einer entsprechenden familiären Bürde ausgestattet, vgl. dazu Schnell (2008): »Über die Wahrnehmung eines literarischen Kunstwerks«.
72 Vgl. dazu auch Herbst (2002): »Geliebte Männer«, S. 137.
73 Vgl. Herbst (2002): »Eine Beichte«, S. 58. Dass biographische Daten in Herbsts Werk auftauchen, aber immer wieder verschoben und verfremdet werden, macht er bereits in der Grimmelshausen-Preisrede explizit, vgl. Herbst (1995): »Grimmelshausen-Preisrede«, S. 4. Das Verfahren der unkenntlichen und unmarkierten Vermischung von Wirklichkeits- und Fiktionsebenen entspricht damit weitgehend den Ergebnissen der Analyse von Joachim Lottmann.

zudem könne er sich aufgrund des geschlossenen Vertrages nicht gegen diese Vereinnahmungen wehren.[74]

Auch der Publikationsort dieser literarischen Beichte erweist sich als ambivalent – es handelt sich um den »Roman in Briefen« *Inzest oder Die Entstehung der Welt* (2002), dessen Autorschaft auf dem Buchdeckel Barbara Bongartz und Alban Nikolai Herbst zugeschrieben wird. Zusammengesetzt aus Brief-, E-Mail- und SMS-Verkehr der beiden Autor-Figuren und gelegentlich eingestreuten (bei der Kommunikation der beiden mitgesendeten) Textproben und fremden Korrespondenzen liest sich auch diese Publikation zwar durchaus als vorgeblich authentischer, aber auch als eindeutig autofiktionaler Text.[75] Deters erscheint als eine klar konstruierte Figur, die – wie Christoph Jürgensen herausstellt – schon in ihrem Zweitnamen ›Erich‹ die Zusammensetzung und Spaltung aus Er & Ich veranschaulicht.[76] In seiner Eigenschaft als Figur der Herbst'schen Romane *Wolpertinger oder Das Blau*, *Thetis. Anderswelt* und *Buenos Aires. Anderswelt* dient er Thomas Malsch zufolge als »eine Projektionsfläche, als ein Platzhalter, dessen Stelle im nahtlosen Wechsel von allerlei anderen Figurationen eingenommen und vollgeschrieben wird«,[77] von denen der Programmierer Alban Herbst in *Buenos Aires. Anderswelt* nur eine von vielen ist.

Der Zielpunkt dieser Deters-Fiktion weist jedoch über ein ›bloßes‹ literarisches Spiel hinaus auf ein quasi metaphysisches Moment, das Herbsts Dafürhalten zufolge in der fantastischen Literatur eingelöst werden soll und sich dabei

---

[74] Und selbst wenn Deters die Autorschaft abgesprochen wird – so wie im Nachwort der Novellen-Sammlung *Der Arndt-Komplex*, in der sich Herbst als ›wahrer‹ Autor dieses Buches ausweist – dann nur, um eine Herausgeberfiktion zu konstruieren: Deters sei weiterhin der einzige Dichter von den beiden. Bei den veröffentlichten *Arndt*-Novellen handele es sich um authentisches Material aus Gesprächen mit dem echten Menschen Arndt, das wiederum er, Alban Nikolai Herbst, für den Druck aufgearbeitet habe. Vgl. Herbst (1997): *Der Arndt-Komplex*, S. 111–125, vgl. hierzu auch Jürgensen (2007): »Ich sind auch andere«, S. 157 und Scherer (2008ff.): »Alban Nikolai Herbst«, S. 9f.

[75] Die Unentscheidbarkeit darüber, ob ein fiktionaler oder ein biographischer Pakt dabei vorherrschend ist, kann an folgendem Detail demonstriert werden: Am 11. September 2001 wird ›Bongartz‹ von ›Herbst‹ per SMS über die Anschläge auf das World Trade Center in New York informiert, Bongartz / Herbst (2002): *Inzest*, S. 50f. Auf Bongartz' Homepage unter dem Reiter »Biografie« wird eben dieser Umstand erwähnt und damit als der Alltagswirklichkeit zugehörig ausgewiesen, vgl. www.barbarabongartz.de/biografie.html (zuletzt eingesehen am 17.12.2013). Ob in diesem Fall ein Element aus der Alltagswirklichkeit identisch in den fiktionalen Rahmen des Romans *Inzest oder Die Entstehung der Welt* gesetzt wurde, oder ob ein fiktives Element als alltagswirklich ausgewiesen wurde, lässt sich für die Leserinnen und Leser nicht rekonstruieren.

[76] Vgl. Jürgensen (2007): »Ich sind auch andere«, S. 154.

[77] Malsch (2004): »Vom Wiedereintritt des Autors in seine Geschichte«, S. 49.

jeder Einheit verwehrt.[78] Oder eben nicht? Zunächst scheint das, was Wilhelm Kühlmann zusammenfassend zu Herbsts Prosawerk äußert, sehr treffend zu sein:

> Realität erscheint in Herbsts bedeutendsten Werken als ein Universum des literarisch und medientechnisch entgrenzten Bewußtseins und Vorbewußtseins, in dem die Kluft zwischen Alltagswelt, Zeitgeschichte und Phantasie [...] aufgehoben ist. Das Ich und seine Erfahrungen, damit auch die Gesamtheit der außerliterarischen Faktizität, lösen sich in einen epischen Kosmos auf, der die Hierarchie der fiktionalen Instanzen und Wirklichkeitsebenen, auch der figuralen wie sprachlichen Identitäten einebnet.[79]

Dem widerspricht jedoch schon eine oberflächliche Lektüre des ›Arbeitsjournals‹ in den *Dschungeln*, in denen eine durchaus einheitliche Figur namens Alban Nikolai Herbst als Autor und Lenker der Texte lesbar und durch immer wieder gepostete Fotografien auch visuell beobachtbar wird (vgl. Abb. 15).

Signifikant wird an dieser Stelle auch die Praxis der Behandlung des Autors, die in der Sekundärliteratur immer wieder beobachtet werden kann. Die Verwirrungen der Instanzen und die Weitergabe der Autorschaft an Hans Erich Deters wird von allen registriert – um anschließend als rein literarisches Spiel beurteilt zu werden – als ein durchaus reizvolles ohne Frage, aber eben auch ein recht durchsichtiges, das die Autorität von Herbst als Autor in keiner Weise infrage stellt. Stellvertretend sei hier Wilhelm Kühlmann zitiert, der in seinen Ausführungen einen klassisch hermeneutischen Ansatz impliziert:

> Auch das sich in erzählende Figuren multiplizierende, spiegelnde und kommentierende Ich bleibt jenseits des Textes angewiesen auf seinen schreibenden Regisseur, der zwar die freien Schaltungen seiner Werke simulieren kann, gleichwohl aber nur in der Logik der Fiktion, nicht als schreibender, lesender, auswählender und komponierender Autor mit seiner imaginären Textwirklichkeit verschmilzt. Das immer wieder bemerkte ›Sich-Einschreiben‹ des Autors in den Zusammenhang seiner Schriftwelt ist ein manieristischer Kunstgriff [...] und sollte nicht unkritisch in wissenschaftlichen Diagnosen übernommen werden. Die Frage nach dem Autor und dem Autorbewußtsein des primären Kommunikationszusammenhangs, nach seinen Intentionen, Beeinflussungen, Strategien und Finten bleibt legitim.[80]

Nun liegt es mir fern zu behaupten, dass Alban Nikolai Herbst *wirklich* ein Programmierer und digitaler Avatar sei, der im höllisch zerstörten *Anderwelt*-Europa anstelle von Hans Erich Deters umherwandert. Der Ansatz von Kühlmann hingegen erscheint zu simpel, zugleich aber auch beliebt: Während Kühlmann in

---

78 Vgl. dazu u.a. Herbst (1995): »Grimmelshausen-Preisrede«, S. 5f.
79 Kühlmann (2003): »Postmoderne Phantasien«, S. 501f.
80 Kühlmann (2003): »Postmoderne Phantasien«, S. 502f.

Abb. 15: Alban Nikolai Herbst; http://albannikolaiherbst.twoday.net/ (Montage: I.K.).

seinem Aufsatz immer wieder auf seine eigene Korrespondenz mit Herbst verweist und sogar aus dieser zitiert,[81] verpasst es Renate Giacomuzzi in ihrem auf einem Vortrag basierenden Aufsatz nicht, den LeserInnen/ZuhörerInnen »Fakten« über Herbst zu präsentieren, denn »wer ANH[82] *wirklich* ist, möchte der/die LeserIn ungeachtet aller modernen und postmodernen Infragestellungen

---

81 Vgl. Kühlmann (2003): »Postmoderne Phantasien«, S. 504f., Anm. 11.
82 ANH ist ein gängiges Akronym für Alban Nikolai Herbst und wird sowohl in der Forschung als auch in seinem Weblog verwendet.

von Identitäts- und Objektivitätsansprüchen [...] wissen.«[83] Selbst wenn dem so wäre, würde bei einer Antwort keine literaturwissenschaftlich relevante Erkenntnis herauskommen. Was hingegen interessieren sollte, ist zum einen die Poetik der Identitätsverwirrung, aus der das autofiktionale Subjekt Herbst rekonstruierbar ist, und zum anderen die Anschlüsse dieser Poetik, für die Giacomuzzi ein schönes Beispiel liefert, als sie betont, dass sie den Autor, über den sie all die Fakten präsentierte, auch persönlich getroffen habe und damit eine Beglaubigung der personalen Identität von Herbst an ihre eigene Autorschaft bindet.[84]

Die Konstellation der Deters-Fiktionen als Spiel und Auflösung aller Instanzen und Ebenen anzusehen, greift hier zu kurz, denn in diesem Fall wird hinter Deters und dem Spiel wieder ein lenkendes und mit Autorität ausgestattetes Autorsubjekt namens Herbst sichtbar, das auch *in persona* für die von ihm verantworteten Texte haftet. Dies erfordert jedoch in erster Linie, dass diejenigen, die von einer solchen Autor-Person ausgehen, ihrer eigenen Perspektive vertrauen und eine Gewichtung dahingehend vornehmen, dass sie entscheiden, welche Elemente, die auf die Autorschaft von Herbst verweisen, noch dem ›Spiel‹ angehören und welche davon als ›Fakten‹ zu betrachten sind. Für außenstehende BeobachterInnen sind die Koordinaten jedoch simpel: ANH ist der Name auf den Buchdeckeln und die Tatsache, dass eine gleichnamige Figur in den Romanen erscheint, spricht dafür, dass die gleichnamige Autorfunktion einer Fiktionalisierung unterliegt, wie sie sich auch bei Goetz und Lottmann findet. Sofern man nicht über weiterführende, mithin ›private‹ Informationen verfügt oder den behördlichen Personenstatus des Autors überprüft und seine Unterschrift mit derjenigen auf den Verlagsverträgen vergleicht, unterliegt dieses Konstrukt der auch bei den anderen beiden Autoren vorherrschenden Unentscheidbarkeit. Und dies betrifft, wenn man den Fall genauer betrachtet, auch diejenigen Autorinnen und Autoren, die über Herbst als Person und Figur schreiben.

Man kann sich davon überzeugen, dass Wilhelm Kühlmann eine Professur in Heidelberg inne hat – kann man sich aber auch sicher sein, dass die Korrespondenz, die er zitiert, nicht ebenso fiktiv (oder auch real) ist, wie die Autorschaft von Deters?[85] Ein letzter Zweifel bleibt freilich auch für Giacomuzzi erhalten,

---

83 Giacomuzzi (2008): »Die ›Dschungel.Anderswelt‹«, S. 140, Herv. i. Orig.
84 Vgl. Giacomuzzi (2008): »Die ›Dschungel.Anderswelt‹«, S. 140.
85 Die Gattung des wissenschaftlichen Aufsatzes verbietet eigentlich solche Unterstellungen, allerdings sieht man sich bei der Untersuchung von Herbst und seinen Werken einem generellen Verdacht der Unentscheidbarkeit ausgesetzt. Herbst selbst ermächtigt sich großer Teile der Sekundärliteratur über sein Werk und seine Person, indem er sie auf seiner Homepage zum Download anbietet, vgl. unter www.die-dschungel.de/ANH/main.html den Reiter ›Sekundäres‹. Ebenso greift er immer wieder die Äußerungen der Wissenschaftlerinnen und Wissenschaftler auf, um

denn nachdem sie die tatsächliche Existenz des Alban Nikolai Herbst qua personaler Begegnung beglaubigt, fügt sie an: »Doch wer garantiert dafür, dass diese Person auch tatsächlich der Urheber der genannten Werke ist und nicht Hans Erich Deters, dessen Existenz medial belegt ist und der laut Bekenntnis von Alban Nikolai Herbst der wahre ›Urheber‹ seiner Werke ist?«[86] Die Antwort lautet: Niemand. Auch nicht eine persönlich und interaktionistisch auftretende Person, die auf den Namen Herbst hört. Wenn, wie Wilhelm Kühlmann schreibt, »die Hierarchie der fiktionalen Instanzen und Wirklichkeitsebenen«[87] im Werk von Herbst tatsächlich eingeebnet wird, (was man hinreichend beobachten kann,) dann ist zu erwarten, dass etwas Neues, eine neue Instanz auf *einer* Ebene[88] entsteht – und ich möchte argumentieren, dass dies in Herbsts Werk und vor allem in den Internet-*Dschungeln* tatsächlich auch der Fall ist. Eben hier gilt es, nach Herbst und Deters zu suchen. Allerdings gibt es einen historisch als ›Fakt‹ nicht anzuzweifelnden Fall, in welchem Alban Nikolai Herbst tatsächlich als Autor seiner Werke ausführlich beobachtbar in Erscheinung trat. Seine Autorschaft des Romans *Meere* ist nicht bestreitbar, da sie als Element in den juridischen Diskurs eingegangen ist.

6.3 Interferenz der Diskurse: Das Verbot von *Meere*

Wenn wir schon bei ›Fakten‹ sind, so sollen sie hier zusammengefasst werden: Unter dem Titel *Meere* erschien im Herbst 2003 ein Roman von Alban Nikolai Herbst im marebuchverlag. Ende September wurden alle Lesungen aus dem Buch per einstweiliger Verfügung des Gerichts untersagt, da eine Klägerin, bei der es sich um die ehemalige Lebensgefährtin des Autors handeln sollte, ihre

---

innerhalb seiner poetologischen Arbeiten auf diese einzugehen, vgl. u.a. Herbst (2011): *Kleine Theorie des Literarischen Bloggens*, S. 13ff. Da bei Herbst generell zwischen poetologischen und nicht-poetologischen Texten nicht unterschieden werden kann (vgl. u.a. die Gattungsbezeichnung der *Kleinen Theorie des Literarischen Bloggens* als »Essay / Erzählung«), unterliegen alle von seiner Autorschaft organisierte Elemente im Kern der gleichen Konfiguration. Herbsts Theorie zufolge transformieren sich alle, die in einer öffentlich einsehbaren Kommunikation mit ihm befinden, zu Figuren.
86 Giacomuzzi (2008): »Die ›Dschungel.Anderswelt‹«, S. 140.
87 Kühlmann (2003): »Postmoderne Phantasien«, S. 502.
88 Die bildliche Metapher der zweidimensionalen Ebene dürfte sich dabei als nicht hinreichend genau erweisen. Das entstehende Gebilde, das u.a. aus der Mehrfachgestalt »Herbst und Deters: Fiktionäre« besteht, folgt vielmehr den Gesetzen eines rhizomatischen Konstrukts. Vgl. zum Rhiziom bei Herbst Patorski / Moosbach (2008): »Die Anderswelt als Rhizom«.

Persönlichkeitsrechte verletzt sah.[89] Das erste Urteil vom 23. Oktober 2003 verbot sowohl die Verbreitung des Buches als auch jegliche öffentliche Lesung daraus.[90] Diese rechtliche Entscheidung bewirkte ein großes Medienecho, handelte es sich doch bereits um den zweiten prominenten Fall in jenem Jahr, bei dem der juridische Diskurs zur Wahrung von Persönlichkeitsrechten im literarischen Feld wirksam wurde – ebenso wie Herbsts Roman wurde Maxim Billers *Esra* jegliche Verbreitung untersagt.[91] Während der ›Fall *Esra*‹ verschiedene Instanzen bis zum Jahr 2009 beschäftigte,[92] war der ›Fall *Meere*‹ bereits einen knappen Monat später so gut wie erledigt – eine Berufung des Verlags im Jahr 2005 scheiterte und im März 2007 einigten sich schließlich der Autor und die Klägerin auf eine überarbeitete, nun zu verbreitende Fassung.[93] Damit ereilte Herbst als einzigen der hier untersuchten Autoren das Schicksal einer Interferenz mit juridischen Diskursen – was zwar seiner Bekanntheit genutzt haben dürfte, dies allerdings mit einer deutlich negativen Konnotation.

---

89 Die erste Meldung über die einstweilige Verfügung lässt sich auf den 24.09.2003 rekonstruieren, vgl. www.buchmarkt.de/content/9594-geruecht.htm (zuletzt eingesehen am 17.12.2013). Zwei Tage darauf bestätigten sowohl die *Süddeutsche Zeitung, Der Tagesspiegel* als auch die *Frankfurter Allgemeine Zeitung* übereinstimmend das Verbot, vgl. Berhorst (2003): »Einstweilige Verfügung«; Schlak (2003): »Die Liebe schlägt zurück« und Kämmerlings (2003): »In Sachen Unterleib«.
90 Vgl. Schnell (2008): »Über die Wahrnehmung eines literarischen Kunstwerks«, S. 196. Vgl. zum Urteil auch Berhorst (2003): »Der arme Poet«; Meller (2003): »Was unter die Haut geht«. Christoph Jürgensen sieht in dem Verbot des Buches sowohl die Gründe für Herbsts finanziellen Ruin als auch dafür, dass er lange Zeit keinen Verlag für neue Publikationen gewinnen konnte, vgl. Jürgensen (2011): »Ins Netz gegangen«, S. 416. Auf Herbst (2004ff.): *Dschungel* findet sich eine ganze Rubrik, die sich ausschließlich seiner miserablen finanziellen Situation widmet und in der er immer wieder die Abschriften amtlicher Dokumente und die Korrespondenz mit den Gläubigern veröffentlicht, vgl. http://albannikolaiherbst.twoday.net/topics/GLAEUBIGER/ (zuletzt eingesehen am 17.12.2013).
91 Vgl. dazu Wittstock (2011): *Der Fall Esra*; Schnell (2008): »Über die Wahrnehmung eines literarischen Kunstwerks«, S. 195; Bunia (2007): »Fingierte Kunst«; Eichner / York-Gothart (2007): »Ein Fehlurteil als Maßstab?«; Schlak (2003): »Die Liebe schlägt zurück«; Schütte (2003): »Der ›Roman‹ als Präservativ des ›Authentischen‹«; Kämmerlings (2003): »Angeschwärzt«.
92 Das letzte Urteil des Bundesgerichtshofs im Fall *Esra*, betreffend die Schadensersatzansprüche der Geschädigten erfolgte am 24.11.2009, vgl. Bundesgerichtshof (2009): »Urteil; VI ZR 219/08«. Das Buch darf weiterhin nicht vom Verlag verbreitet werden.
93 Vgl. Schnell (2008): »Über die Wahrnehmung eines literarischen Kunstwerks«, S. 196. Eine neue Fassung von *Meere* wurde in der Zeitschrift *Volltext* abgedruckt, vgl. Herbst (2007): »Meere«. Eine »Letzte, vervollständigte Ausgabe« erschien 2008 beim Dielmann-Verlag, vgl. Herbst (2008): *Meere* und zuletzt erschien ein limitierter und signierter Schuber, der alle drei Fassungen enthielt, wobei einige Stellen der Originalausgabe von 2003 mit dem Text der »Letzten, vervollständigten Ausgabe« überklebt wurden.

Die Gründe für das gerichtliche Verbot stützten naturgemäß eine autobiographische Lesart von *Meere*, was auch in der Forschungsliteratur immer wieder bestätigt wird.[94] Der Roman präsentiert sich in erster Linie als die *Amour fou* des auf Objekte spezialisierten Künstlers Fichte und der deutlich jüngeren Schriftstellerin Irene. Die teils drastischen Schilderungen auch sadomasochistischer Sexualpraktiken veranlassten die *Frankfurter Allgemeine Zeitung*, den Roman dem Verdacht der Pornographie auszusetzen[95] und führten laut der Presse in Verbindung mit einer deutlichen Referentialisierbarkeit auf die Klägerin zu dem entsprechend gefällten Urteil des Gerichts.[96] Die vorgeblich im Text Entblößte war allerdings nicht die einzige, die sich einer ungewollten ›Entlarvung‹ ausgesetzt sah. Das Verbot erging, wie *Der Tagesspiegel* schon zwei Tage nach der einstweiligen Verfügung bekannt gab, an einen gewissen Alexander Michael von Ribbentrop.[97] Diese Information nun gab reichlich Raum für Interferenzen. War doch der Maler Fichte in *Meere* stets in einer schmerzhaften Auseinandersetzung mit einem historisch bedingten Makel begriffen: Als Enkel eines NS-Arztes, der nach dem Krieg von den Alliierten hingerichtet wurde,[98] legte er den belastenden Namen ab und wählte sich einen neuen: »›Julian Kalkreuth‹, erwiderte Fichte und war, wie immer, unbedingt, ›ist gestorben.‹ / ›Aber du lebst.‹ / ›Fichte lebt, ja.‹«[99] Frühere Hinweise darauf, dass Alban Nikolai Herbst das Pseudonym einer Person mit dem bürgerlichen Namen Alexander von Ribbentrop ist, lassen sich in den Medien nicht recherchieren. In einem Interview in der *Volltext*, das im Oktober 2003 erschien, jedoch noch vor der einstweiligen Verfügung geführt worden sein dürfte, da die rechtlichen Probleme darin mit keinem Wort erwähnt werden, gibt Herbst Auskunft zur Genese seines Namens und betont die autobiographischen Parallelen zu der Romanfigur:

> HERBST: Dass ich als Ribbentrop geboren wurde, gurrt ja unterdessen jede Taube im Rinnstein. Was soll ich dazu noch mehr sagen? Mein Großonkel war Außenminister im Dritten Reich. Im Roman war Fichtes Großvater einer jener berüchtigten NS-Ärzte. Das sind die äußeren Parallelen. Was ich von Fichtes Kindheit erzähle, ist hingegen nicht einmal örtlich verstellt und also die meine.

---

94 Vgl. Scherer (2008ff.): »Alban Nikolai Herbst«, S. 15; Jürgensen (2007): »Ich sind auch andere«, S. 145.
95 Vgl. Kämmerlings (2003): »In Sachen Unterleib«.
96 Vgl. die teilweise sehr detaillierten Berichte in Berhorst (2003): »Der arme Poet« und Meller (2003): »Was unter die Haut geht« sowie eine Diskussion der Passagen sexuellen Inhalts in Encke (2003): »Der Raum der Schuld ist leer«.
97 Vgl. Schlak (2003): »Die Liebe schlägt zurück«.
98 Vgl. Herbst (2003): *Meere*, S. 34ff.
99 Herbst (2003): *Meere*, S. 31.

VOLLTEXT: Fichte hieß ursprünglich Kalkreuth und hat sich im Zuge einer Selbstneuerfindung einen neuen Namen gegeben – wie das auch bei Ihnen der Fall war. Wie wurde aus Alexander von Ribbentrop Alban Nikolai Herbst?
HERBST: Stellen Sie sich vor: Jemand wie ich, der literarisch deutlich fantastische Ambitionen hat, dabei durchaus großspurig auftritt und obendrein aus einer Nazi-Familie stammt. Das musste doch jedem Linken verdächtig sein. Da war es dann gar kein Wunder, dass mich 1980 Arno Münster beiseitenahm [...]. »Unter deinem Namen wirst du in Deutschland niemals ein Buch publizieren können«, sagte er mir und legte mir nahe, einen Künstlernamen zu wählen. [...] Zu meinem Geburtstag im Februar 1981 entschieden dann einfach die Freunde für mich, indem sie mir Visitenkarten und Briefpapier mit einem neuen Namen, meinem jetzigen, drucken ließen.[100]

Diese Informationen vervollständigen die poetologische Anlage der Romane von Herbst, sollen aber nicht als Bestätigung eines biographisch motivierten Intentionalismus, sondern strukturell erfasst werden: Die Weitergabe, Pluralisierung und Verschleierung der Identität lässt sich damit nicht nur bei den literarischen Figuren identifizieren, sondern ist fester Bestandteil der Selbstpoetik des Autors Herbst. Eine Klarheit wird damit indes noch lange nicht erreicht: Alexander von Ribbentrop, Alban Nikolai Herbst, Hans Erich Deters – dass sich der Träger der Autorfunktion ANH damit fest und als identische Konstante identifizieren lässt, ist bei weitem nicht der Fall, denn auf den Seiten der Internet-*Dschungel* tauchen alle drei wieder auf, ohne dass unmittelbar eine Hierarchie zwischen ihnen festgestellt werden kann.

6.4 Die Poetisierung des Internets: *Dschungel. Anderswelt*

Alle in den Werken gelegten Spuren, die Herbsts Autorschaft zugewiesen sind, lassen sich auf den Tausenden von Seiten der *Dschungel. Anderswelt* wieder finden, darum soll zuerst eine Orientierung in diesen erfolgen. Die Web-Präsenz von Herbst teilt sich in zwei untereinander verlinkte Einheiten, denen eine gemeinsame Eingangsseite vorgeschaltet ist.[101] Auf dieser steht es BesucherInnen frei, den *Fiktionsraum*, oder aber die *Dschungel* zu betreten. Fällt die Wahl auf den *Fiktionsraum*, erscheint eine auf den ersten Blick konventionelle Autoren-Homepage, auf der Termine[102] und Werke gelistet werden und sich poetologische

---

100 Fasthuber (2003): »Sie müssen verzeihen, aber darauf scheiße ich echt«, S. 3.
101 Vgl. Herbst (2004ff.): *Dschungel*, www.die-dschungel.de/ANH/ (zuletzt eingesehen am 17.12.2013).
102 Diese sind allerdings nicht aktuell, da die letzten gelisteten Veranstaltungen aus dem Jahr 2007 sind (Stand: 17.12.2013).

Texte und Ausschnitte aus längeren Arbeiten ebenso finden lassen, wie eine Bildergalerie und eine Auswahl von zu Herbsts Werken erschienenen wissenschaftlichen Beiträgen.[103]

Die Fiktionalität der Seite wird zum ersten Mal eingelöst, wenn man den Reiter ›Biografie‹[104] anklickt. Denn dort bietet sich anstatt eines linearen Lebenslaufs ein Tableau knapper biographischer Skizzen von 7 Personen, von denen ›Alban Nikolai Herbst‹ nur eine ist. Daneben finden sich mit ›Alexander v. Ribbentrop‹ der vorgebliche bürgerliche Klarname des Autors,[105] der bereits bekannte ›Hans Erich Deters‹, ›Dietrich Daniello‹ – ebenso wie Deters eine Figur aus dem *Wolpertinger*-Roman – und dazu noch einige weitere. Möchte man als RezipientIn nicht als naiv gelten, so gibt es keinen Grund anzunehmen, dass es sich um ›tatsächliche‹ biographische Skizzen handelt – viel eher mag man hier die Umsetzung der oben erwähnten postmodernen Ästhetik und der Poetik der spielerischen Weitergabe und Pluralisierung der Identitäten vermuten, die bereits in *Die Verwirrung des Gemüts* begann. Auf eine Zersplitterung und Fragmentierung der Subjekte abzielend wirkt das Angebot der scheinbar biographischen Informationsvermittlung als Teil eines literarischen Spiels. Eine gewisse Irritation mag sich erst einstellen, wenn man auf der ›Bilder‹-Seite[106] jeder der gelisteten Figuren Fotografien zugeordnet findet, die anscheinend verschiedene Menschen abbilden.[107] Die Verwirrung der Autorschaft von Herbsts Werken, die in den Deters-Fiktionen

---

103 Einige davon sind allerdings nicht anders verfügbar als über die Seite von Herbst. Auffällig ist zudem, dass es sich bei einigen von ihnen nicht um Scans oder Fahnen der Druckseiten handelt, sondern dass die vorliegenden PDFs offenbar aus Textverarbeitungsprogrammen generiert wurden, die – so muss man annehmen – dem Autor von den jeweiligen Wissenschaftlerinnen und Wissenschaftlern zugesendet wurden, vgl. Herbst (2004ff.): *Dschungel*, www.die-dschungel.de/ANH/main.html den Reiter ›Sekundäres‹.
104 Vgl. Herbst (2004ff.): *Dschungel*, www.die-dschungel.de/ANH/main.html (zuletzt eingesehen am 17.12.2013). Die Adressen aller Reiter bleiben auf dieser Webseite identisch.
105 Die ›Enthüllung‹ des Namens durch die Presse und im Interview der *Volltext* wurde vorbehaltlos von der Forschung übernommen und wird als Fakt ausgestellt, vgl. Scherer (2008ff.): »Alban Nikolai Herbst«, S. 1.
106 Vgl. Herbst (2004ff.): *Dschungel*, www.die-dschungel.de/ANH/main.html den Reiter ›Bilder‹ (zuletzt eingesehen am 17.12.2013).
107 Die Beschriftungen der Bilder erscheinen erst, wenn man einen kurzen Moment mit dem Mauszeiger auf den jeweiligen Bildern verweilt, die in der Vorschau als knappe Ausschnitte nur einsehbar sind und gemeinsam eine unübersichtliche Collage bilden. Beim Linksklick auf ein Bildfragment erscheint dieses als Ganzes in einem separaten neuen Fenster. Die Bilder von ›Alban Nikolai Herbst‹ und ›Alexander von Ribbentrop‹ zeigen dabei offenbar den gleichen Menschen in unterschiedlichem Alter, was der im *Volltext*-Interview angedeuteten Legende entspricht, dass sich die fragliche Person in relativ jungen Jahren in Alban Nikolai Herbst ›transformierte‹, vgl. Fasthuber (2003): »Sie müssen verzeihen, aber darauf scheiße ich echt«, S. 3.

angedeutet wurde, erweist sich damit als nur kleiner Bestandteil der Identitätspluralisierungen, denen die Autorfunktion Alban Nikolai Herbst ausgesetzt ist.

Während alle anderen Reiter ihre genuine Adresse im ›Fiktionsraum‹ behalten, wenn man sie anwählt, weicht der Reiter ›Die Dschungel / Anderswelt‹ hiervon ab. Wenn man diesen durch einen Linksklick anwählt, öffnet sich ein neues Fenster und man betritt den sehr viel umfangreicher und komplexer angelegten *Dschungel*.[108] Diese Seite entspricht auf den ersten Blick strukturell einem konventionellen Blog mit enorm vielen Unterkategorien und einer ausgeprägten Hyperlink-Struktur. Er ist daher strukturell als sehr viel konventioneller in Bezug auf die Gattung Weblog anzusehen, als es Goetz' *Klage* oder Lottmanns *Auf der Borderline nachts um halb eins* sind. Die Publikationsform des Blogs wird von Herbst selbst auf folgende Weise definiert:

> Es handelt sich um eine Art öffentlich im Internet geführtes Tagebuch meist privaten, weniger häufig themengebundenen Inhalts. In vielen Fällen sind die Beiträge von Lesern kommentierbar, bisweilen ergeben sich aus Beiträgen und Kommentaren geschriebene Diskussionen, die ihren Chat-Ursprung, also eine skizzenartig verschriftlichte Oralität, weder leugnen können noch es wollen.[109]

Inhalt und Struktur dieser allen zugänglichen Texte sollen dabei einer Alltäglichkeit des Lebens korrespondieren: »eingemischt sind wie in unser alltägliches Leben praktische Notwendigkeiten: Tagebuchaufzeichnungen Dokumentationen Korrespondenzpartikel Polemiken Diskussionen und vieles mehr«.[110] Dabei verfügen nahezu alle Beiträge über Hyperlinks, die auf andere Beiträge und Kommentare innerhalb der *Dschungel* verweisen oder auch – seltener – auf extern organisierte Medienangebote. Die Hyperlinkstruktur erweitert sich mit dem zeitlichen Fortgang des Blogs immer weiter und schafft damit stets neue Verbindungen, die auch den Sinngehalt älterer Beiträge transformieren – Herbst spricht in diesem Zusammenhang von ›semantischen Höfen‹ der Elemente, die sich jeweils dadurch verändern, welche anderen Elemente oder Beiträge durch die Hyperlinkstruktur zu ihrem Kontext gemacht werden.[111] Die Funktion dieser potenziell zu nutzenden Querverweise erweist sich dabei als ähnlich derjenigen, wie sie Niklas Luhmann anhand der Selbstreferenz skizziert: Der optionale

---

[108] Zum gleichen Ergebnis gelangt man, wenn man auf der vorgeschalteten Eingangsseite sich nicht für den ›Fiktionsraum‹ sondern entsprechend für ›Die Dschungel. Anderswelt‹ entscheidet.
[109] Herbst (2005): »Das Weblog als Dichtung«, S. 5. Vgl. zur Definition des Weblogs auch Reichert (2008): *Amateure im Netz*, S. 50.
[110] Herbst (2005): »Das Weblog als Dichtung«, S. 11. Interpunktion wie im Orig.
[111] Vgl. dazu Herbst (2011): *Kleine Theorie des Literarischen Bloggens*, S. 10, 16f.

Verbund der Elemente ist Herbst zufolge daran beteiligt, Sinn qua Selbstreferenz herzustellen, ja, selbst Sinn zu sein.[112] Dass es sich bei den *Dschungeln* um kein konventionelles Tagebuch handelt, sondern dass sie als ein elaboriertes literarisches Projekt rezipiert werden, kann man schon daraus ableiten, dass sich gleich zwei geisteswissenschaftliche Institutionen dazu entschlossen haben, sie systematisch zu archivieren und der Öffentlichkeit zugänglich zu machen.[113]

Der Struktur des Weblogs und der Medientechnik, in der er realisiert und rezipiert wird, kommen dabei nach Herbsts Dafürhalten aktive Rollen zu, indem sie spezifische ästhetische Merkmale offerieren. Der Weblog ist kein Ersatz für ein Printprodukt, »sondern eine Publikationsform, die sich selber zum poetischen Gegenstand macht, indem auch die sie basierende Technologie poetisiert und in die Gestaltung einbezogen wird: Sie wird ebenso Romanfigur wie jemand, über und/oder von dem erzählt wird.«[114] Diese Tendenz zur Literarisierung wird auch dadurch gestützt, dass es allen Leserinnen und Lesern freisteht, die einzelnen Beiträge zu kommentieren oder – sofern sie registriert sind – selbst welche zu verfassen, wodurch sie automatisch zu Mit-Autoren der *Dschungel* werden. Die Anonymität des Internets beachtend haben diese Autorschaften keinen Bezug zu einem juridischen oder ökonomischen Diskurs, ebenso wie es bereits bei Lottmanns Blog festgestellt worden ist, sondern stellen tatsächliche Autorschaften digitaler Avatare dar.[115] Im Gegenzug ist die Poetik der *Dschungel* darauf ausgelegt, dass die

---

112 Vgl. Herbst (2011): *Kleine Theorie des Literarischen Bloggens*, S. 11. Siehe dazu auch Luhmann (1987): *Soziale Systeme*, S. 95ff., insbesondere S. 95: »Jede Sinnintention ist selbstreferentiell insofern, als sie ihre eigene Wiederaktualisierung mitvorsieht, in ihrer Verweisungsstruktur also sich selbst als eine unter vielen Möglichkeiten weiteren Erlebens und Handelns wieder aufnimmt. Sinn kann überhaupt nur durch Verweisung auf jeweils anderen Sinn aktuale Realität gewinnen [...].«

113 Auf jeder Seite der *Dschungel* wird darauf hingewiesen, dass diese im Rahmen eines Projekts der Universität Innsbruck sowie auch durch das *Deutsche Literaturarchiv Marbach* archiviert werden. Die Kopien der Universität Innsbruck sind unter http://webapp.uibk.ac.at/dilimag/viewer.alo?viewmode=overview&objid=1027933 frei einsehbar und berücksichtigen dabei die dynamischen Prozesse der Publikation: Von Juni 2008 bis Juni 2011 wurden 41 komplette digitale Kopien der *Dschungel* hergestellt, die für Zugriffe verfügbar sind, auch wenn die Originaltexte mit dem Fortschreiten der Zeit verändert oder gelöscht wurden. Die Archivierung des DLA Marbach funktioniert seit 2007 ganz ähnlich, nur dass die Kopien in größeren Abständen angelegt werden, vgl. http://literatur-im-netz.dla-marbach.de/zdb2475905-3.html (beide zuletzt eingesehen am 17.12.2013).

114 Herbst (2005): »Das Weblog als Dichtung«, S. 8. Herbst schließt an gleicher Stelle dieses Ideal an die »Grundbewegungen der ästhetischen Moderne« an.

115 Diese Anonymität macht es sehr einfach, digitale ›Stellvertreter‹ zu Wort kommen zu lassen und nicht selten wird in den Kommentaren der Verdacht geäußert, dieser oder jener sich wortreich einmischende Avatar sei ›nur‹ eine weitere Erfindung Herbsts, der damit die Diskussion

avatarischen Autoren selbst zu literarischen Figuren im Textganzen der *Dschungel* werden.[116] Die Konzeption ist viel deutlicher am Barthes'schen Postulat vom »Tod des Autors«[117] ausgerichtet, als es bei Lottmanns Blog der Fall ist und zugleich an die Bedingungen des Schreibens im Internet angepasst.[118] Herbsts Modell der Leser-Autor-Beziehung negiert die Rückführbarkeit auf irgendwie gegebene Entitäten und betont die jeweilige Imaginationsleistung, in welcher auch der Autor zu einem Avatar wird.[119] Der biographische Bezug auf einen empirischen Autor wird dabei durch eine »Poetik des Hypertexts«[120] abgelöst und das Leser-Autor-Verhältnis präsentiert sich als ein »sozusagen frei oszillierende[s] Modell [...], was ich ›Flirren im Sprachraum‹ nenne: ein sich selbst ins Unbewußte absteigen, ja: hinabwehen Lassen«.[121] Diese recht komplexe Konstellation ist für zufällige BesucherInnen der Seite nicht unbedingt sofort durchschaubar. Anders als beim Kauf eines Buches, auf dessen Cover der paratextuelle Rezeptionshinweis ›Roman‹ o.Ä. zu finden ist, fehlt den *Dschungeln* eine Gebrauchsanleitung. Der Effekt einer unvoreingenommenen Lektüre mag ein ebenso irritierender sein, wie ein Blick auf die ›Biografie‹ im *Fiktionsraum* – und Christoph Jürgensen bemerkte zurecht, dass eine Entscheidung darüber, was Wahrheit und was Fiktion sei, nicht ohne

---

auf seiner Website anzuregen trachte. Vgl. z.B. Herbst (2004ff.): *Dschungel*, http://albannikolaiherbst.twoday.net/stories/953718/#6197923. Auf der anderen Seite finden sich wie auch bei Lottmanns Blog Beispiele dafür, dass sich Nutzer in harschem Ton darüber ereifern, jemand habe unter ihrem Namen einen Beitrag gepostet (vgl. ebd., http://albannikolaiherbst.twoday.net/stories/arbeitsjournal-sonntag-der-31-januar-2010/#6166242, beide zuletzt eingesehen am 17.12.2013) – wobei Herbst in der Antwort auf diese Meldung darauf beharrt, dies sei eines der poetischen Verfahren der *Dschungel*. Bei allen diesen Phänomenen bleibt nicht auszuschließen, dass sie von Herbst selbst initiiert worden sind. Die wenigsten der externen *Dschungel*-Beiträger sind auf empirische Personen rückführbar. Einige der Avatar-Namen fungieren als Hyperlinks auf andere Weblogs, deren Autoren teilweise als Personen im literarischen Feld auftreten und so referentialisierbar sind. Ob es sich bei diesen Autoren tatsächlich um die Urheber der Avatare handelt, kann jedoch nicht abschließend verifiziert werden.
116 Vgl. hierzu Herbst (2005): »Das Weblog als Dichtung«, S. 6.
117 Vgl. Barthes (2000): »Der Tod des Autors«.
118 Zwar funktionieren sowohl Lottmanns als auch Herbsts Blog im Grunde nach den gleichen Prinzipien, anders als bei Lottmann ist jedoch auf Herbsts Blog eine sehr viel stärkere Dynamik der *Postings* und Kommentare und zugleich ein sehr viel höherer Grad der theoretisierenden Selbstreflexivität festzustellen, während Lottmanns Blog eine gewisse Trivialität seiner Anlage und Bedingungen ausstellt.
119 Vgl. Herbst (2005): »Das Weblog als Dichtung«, S. 9.
120 Herbst (2003): »Poetologische Thesen«, S. 52, Anm. 136.
121 Herbst (2001): »Das Flirren im Sprachraum«, S. 13, siehe auch Herbst (2003): »Poetologische Thesen«, S. 28.

Kenntnisse der poetischen Verfahren zu leisten wäre, wodurch »eine effektvolle Subvertierung des vorgängigen Wirklichkeitsbegriffs«[122] geleistet wird.

Um die signifikanten Eigenschaften all dieser Phänomene kritisch zu betrachten, erweist es sich als nützlich, sie nach dem Modell des Medienkompaktbegriffs von Siegfried J. Schmidt aufzugliedern und die damit induzierten Semantiken der technischen und institutionellen Seite zu sezieren. Wie jede Medientechnik entfaltet das Internet laut Schmidt[123] strukturelle und semiotische Wirkungen und kulturelle Konnotationen, wobei im Hinblick auf die *Dschungel* die Simultanität und die erhöhte Informationsdichte mit am wichtigsten wären. Weiterhin sind die Texte und Fotos im Netz jedem frei zugänglich und laden zur kommentierenden Teilnahme ein. Im poetischen System von Herbst werden die Möglichkeiten und Beschränkungen der Medientechnik Internet fest integriert und dienen dazu, eine funktionale Trennung von Form und Inhalt zu unterlaufen.[124] Für die Signifikanz der Daten ist zudem entscheidend, dass sie institutionell nicht verzögert werden: Es findet keine Zensur oder Kontrolle statt, die über die Institution »Herbst & Deters. Fiktionäre«[125] hinausgehen würde. Damit ist der Status der so zugänglichen Medienangebote jedoch ein vollkommen unklarer, denn unter der Berücksichtigung der poetologischen Maximen von Herbst ist es nicht unbedingt naheliegend, das Gebotene als authentisch anzusehen.[126] Die Medienangebote des ›Arbeitsjournals‹ geben sich jedoch alle Mühe, einen Fälschungsverdacht abzuwenden. Während die einzelnen Beiträge in den anderen Kategorien des Blogs auch von anderen Autoren verfasst sein können, ist ›albannikolaiherbst‹ stets der originäre einzige Autor in dieser Rubrik[127] und verschafft ihr so eine Konstante, die vielen anderen Unterkategorien fehlt. Wie bereits angedeutet, füllt das ›Arbeitsjournal‹ dabei diejenige Funktion, die vormals dem ›Tagebuch‹ auf den Seiten der *Dschungel* zukam und beschränkt sich dabei nicht nur primär auf ›Berichte aus der Werkstatt‹, sondern bietet auch ›private‹ Details der Autor-Figur Herbst.[128]

---

122 Jürgensen (2007): »Ich sind auch andere«, S. 157, vgl. auch sein fast gleichlautendes Urteil über *Die Verwirrung des Gemüts* in Jürgensen (2011): »Ins Netz gegangen«, S. 417.
123 Vgl. Schmidt (2008): »Der Medienkompaktbegriff«, S. 144ff.
124 Vgl. Herbst (2005): »Das Weblog als Dichtung«, S. 8.
125 »Herbst & Deters. Fiktionäre« ist eine Doppelfigur, die als oberste Instanz die *Dschungel* organisiert. Ich werde im nächsten Kapitel ausführlicher darauf zu sprechen kommen.
126 Vgl. zum Phänomen der »unbedarften« Lesart durch neue Rezipienten auch Herbst (2005): »Das Weblog als Dichtung«, S. 11. Meine Ausführungen zur Authentizität vgl. im Kapitel 3.11.
127 Die Kommentare zu diesen Beiträgen können natürlich von anderen Autoren stammen.
128 Vgl. dazu auch Giacomuzzi (2008): »Die ›Dschungel.Anderswelt‹«, S. 142.

Der Inhalt der Texte wird immer wieder durch Fotos gestützt,[129] die Ortsangaben verändern sich entsprechend dem Terminplan des Autors; was leicht daran festgemacht werden kann, dass immer dann aus derjenigen Stadt berichtet wird, in der gerade eine Lesung ansteht und nachträglich auch Berichte über den Verlauf der Veranstaltung erfolgen. Vor allem aber wird der Anschein der Authentizität dadurch erhöht, dass eben nicht alle erwähnten Figuren identifizierbar bleiben, sondern oft durch Anonyme oder mit dem Namen ihres *Dschungel*-Avatars codiert werden – Personen des öffentlichen Lebens sind davon jedoch ausgeschlossen.[130] Diese sind aber auch nicht diejenigen, deren Privatleben bis in intimste Details hinein dargelegt wird – diese Eigenschaft kommt in erster Linie ›Alban Nikolai Herbst‹ zu.[131] Die zu leistende Charakterisierung dieser Medienangebote und der darin vermittelten Elemente als ›autofiktional‹ scheint damit gefährdet, denn für sich allein betrachtet – wenn man ein Wissen um die literarische Poetik von Herbst nicht voraussetzen kann – unterscheidet sie nichts von Tagebüchern oder Dokumentationen. Eine Ausweitung der Eigenschaft ›autofiktional‹ auf alle in Inhalt und Struktur vergleichbaren Beobachtbarkeitssituationen von Subjekt-Figuren würde die Gefahr mit sich bringen, dass eine Verortung von Alltagswirklichkeit als solcher nicht mehr geleistet werden könnte. *Alle* Medienangebote, in denen Informationen zu einem konsistent rekonstruierbaren Subjekt dargeboten werden, müssten entweder als Teile operativer Fiktionen gelten oder aber

---

129 Man kann einwenden, dass Fotografien ohne größeren Aufwand manipulierbar sind. Dieses kann recht leicht abgewendet werden, wenn man den amateurhaften Stil und die oft vorhandene Unschärfe der Bilder als Authentizitätsmarker ansieht. Hinzu kommt der Umstand, dass nicht nur private, sondern auch öffentliche Örtlichkeiten und Ereignisse im Bild festgehalten werden. Dass eine solche Praxis durchaus auch dazu dienen kann, ›falsche‹ Informationen für ›wahre‹ auszugeben, habe ich am Beispiel des Blogs von Joachim Lottmann gezeigt.
130 Dieses Verfahren entspricht damit weitgehend demjenigen, das Rainald Goetz in *Klage* praktiziert hat, als er teilweise das Personal mit unspezifischen Initialen codierte, andererseits aber auch immer wieder auf Personen des öffentlichen Lebens referierte, die auch ohne seine *Klage*-Texte beobachtbar sind. Vgl. dazu mein Kapitel 4.5.1.
131 So ist als konsistentes Element durchgängig zu finden, dass ›Alban Nikolai Herbst‹ sadomasochistische Sexualpraktiken ausübt, dabei strikt heterosexuell ist und nur dominante Rollen einnimmt. Von seinen vorgeblichen Sexualpartnerinnen werden zwar gelegentlich Bilder ihrer primären und sekundären Geschlechtsmerkmale veröffentlicht, ihre Gesichter sind dabei jedoch nie zu sehen und sie werden mit Anonymen wie »die Löwin« codiert, vgl. u.a. die Einträge vom 26.03.2010 unter Herbst (2004ff.): *Dschungel*, http://albannikolaiherbst.twoday.net/stories/arbeitsjournal-freitag-der-25-maerz-2010-mit-einer-einleitung-zur-klei/, 31.03.2010, ebd., http://albannikolaiherbst.twoday.net/stories/arbeitsjournal-mittwoch-der-31-maerz-2010-mit-einer-durchgestrichenen/ und 16.04.2010 ebd., http://albannikolaiherbst.twoday.net/stories/aus-beth-al-sm-fortsetzung-mit-nono-arbeitsjournal-freitag-der-16-apri/ (jeweils zuletzt eingesehen am 17.12.2013).

als Fiktion. Alltagswirklichkeit müsste somit zur Domäne interaktionistischer Kommunikation und Praktiken werden, was den sozialen Umgang von Menschen radikal einschränken würde. Einem ›nur‹ medial beobachtbaren Subjekt den Status einer sozialen Person zuzuweisen, wäre nicht mehr möglich. Eine heuristische Trennung der Bereiche Alltagswirklichkeit und Fiktion ist jedoch notwendig, wenn eine Relevanz-Hierarchie von Diskursen aufrechterhalten bleiben soll.[132] Fehlt diese, müsste das Finanzamt Hans Erich Deters um eine Steuererklärung bitten, Rainald Goetz sähe sich einem Prozess wegen Drogenbesitzes und Joachim Lottmann wegen Vergewaltigung ausgesetzt.

Pointiert gefasst: Wenn alle medial vermittelten Informationen über Subjekte als autofiktional bezeichnet werden, wird die Kategorie der Autofiktion obsolet, da dann streng genommen jede medial zugängliche Information über ein Subjekt autofiktional wäre.[133] Um dem Dilemma zu entkommen, dass der Autofiktionsforschung ihr Gegenstand abhandenkommt, müssen erneut die Begriffe Konsistenz und Referentialisierbarkeit angewendet werden, um einerseits die Stabilität und Identität der Autor-Subjekt-Figur Herbst zu überprüfen und andererseits die kontextuelle Anbindung der *Dschungel* daraufhin abzuklopfen, ob, und wenn ja, dann wie, sie an der Herausbildung operativer Fiktionen beteiligt sind.

6.4.1 Der Weblog als rhizomatische Dichtung: Figurenkonstellationen

Die hypertextuell organisierten *Dschungel* sind zwar aufgrund der präzisen Zeit- und Datumsangaben vor jedem Beitrag auf einer Zeitachse in ihrer Genese rekonstruierbar, eine solche Leseweise würde sie jedoch ihres maßgeblichen poetischen Effekts berauben: der Verbindungsmöglichkeiten der einzelnen Beiträge über ihre zeitliche Entstehung und die Rubriken, in die sie eingeordnet wurden, hinweg, die zu einer Rhizom-Struktur des Gesamtwerks führen. In dieser Hinsicht verwirklichen sie die poetologische Anlage von Herbsts Prosawerken. Damit unterscheidet sich das *Dschungel*-Projekt maßgeblich von Goetz' Versuch einer ›Geschichtsschreibung der Gegenwart‹, als welche sich *Abfall für alle* ausgab. War dort die Autor-Figur noch diejenige Instanz, die durch die Zeitnotate eine

---

132 Das berührt nicht notwendig alle Teile von dem, was als Alltagswirklichkeit empfunden wird. Eine klare Gliederung der Diskurse, bzw. eine Definition ihrer Anwendungsbereiche ist jedoch immer dann gegeben, wenn Elemente einem juridischen oder auch ökonomischen Diskurs zugeordnet werden sollen.

133 Dem entspricht das von Paul de Man formulierte Dilemma, wenn alle Texte autobiographisch wären, wäre es zugleich keiner, vgl. de Man (1993): »Autobiographie als Maskenspiel«, S. 134.

Serialität des Jetzt evozierte, so wird diese Funktion nun allein durch die Medientechnik und die Software des Weblogs gewährleistet. Zwar wird von den Autoren der einzelnen *Posts* gelegentlich eine exakte Zeitangabe zu Beginn des Beitrags angefügt, diese ist jedoch als sekundär zu betrachten, da das System, in welchem der Weblog realisiert wird, den Moment der Veröffentlichung grundsätzlich protokolliert und so jeden Beitrag und jeden Kommentar auf einer nicht manipulierbaren Zeitachse verortet. War Goetz' Projekt zudem durch eine feste Struktur gekennzeichnet, die das Ende der Aufzeichnungen nach 343 Tagen implizierte, so können die *Dschungel* potentiell unendlich existieren – auch lange nach dem Ableben von Herbst (oder wer auch immer sie verwaltet). Außerdem war der Zusammenhalt der einzelnen Einträge von *Abfall für alle* lediglich über die Achse der Zeit gegeben – über das Zeitschema (vgl. Abb. 10) war jeder einzelne davon aufrufbar und damit noch vor seiner Realisierung in der Struktur vorgegeben, ohne inhaltlich mit anderen Tageseinträgen direkt in Verbindung treten zu können. Herbsts *Dschungel* dagegen mäandern und vermehren sich vor sich hin, erlauben durch die Hyperlinks unvorgesehene Verknüpfungen zu jedem weiteren schon existierenden Punkt zu jeder bereits vergangenen Zeit und entbehren zudem einer klaren Hierarchie: Ein älterer Beitrag kann nachträglich mit einem Hyperlink zu einem jüngeren verbunden werden.

Hält man sich nur an die Romane und die Reiseberichte von Herbst und lässt die Lyrik außen vor, wird darin ähnlich der Anlage von Uwe Johnsons Romanen ein komplexes Universum sichtbar, in dem sich immer neue Informationen zu den darin konstruierten / sich darin manifestierenden Subjekten finden lassen. Dieses Kennzeichen ist hier bereits sowohl für das Werk von Goetz als auch für das Werk von Lottmann attestiert worden und erweist sich damit als eine eventuelle Konstante von komplexen und umfassenden Autofiktionen.

Das Spiel mit autobiographischen Schreibweisen bleibt dabei als optionale Lesefolie stets präsent – erinnert sei an den vorgeblich autobiographischen Gehalt der Kindheitserinnerungen in *Meere*.[134] Auch in seiner Negation wirkt sich der autobiographische Pakt auf die Konfiguration der Texte und der darin verhandelten Figuren aus, wenn z.B. Herbst behauptet, die *Wolpertinger*- und *Anderswelt*-Romane müssten als autobiographische *im Hinblick auf Deters* gelesen werden, wenn nicht durch den mit Deters geschlossenen Pakt ihm, Herbst, die Autorfunktion zukäme.[135] Analog zu Johnsons Gesine Cresspahl wären die Romane »Lebensabschnittsmemoiren« einer fiktiven Figur: »Und alles, was man über Deters wird herausfinden wollen, wird sich darin finden lassen.

---

134 Vgl. Fasthuber (2003): »Sie müssen verzeihen, aber darauf scheiße ich echt«, S. 3.
135 Vgl. Herbst (2002): »Eine Beichte«, S. 58.

Über mich [Herbst] hingegen nichts.«[136] Welcher Instanz ist damit also Glauben zu schenken? Derjenigen, die in »Eine Beichte« und im Nachwort von *Der Arndt-Komplex* behauptet, von Deters als Träger der Autorfunktion missbraucht worden zu sein und nur als Aushängeschild für diesen zu dienen, oder derjenigen, die nur ein Jahr nach der Veröffentlichung der »Beichte« das *Volltext*-Interview gibt? Während man vermutlich normalerweise geneigt wäre, das Interview als eine nicht-fiktionale Gattung anzuerkennen, wird eine so eindeutige Entscheidung mit Blick auf die *Dschungel* nicht möglich.

In den Internet-*Dschungeln* ist die Trennung von Herbst & Deters als zwei Subjekte weiterhin erhalten – allerdings bewegen sie sich darin auf einer Ebene; eine Hierarchie im Sinne von ›der eine ist die Figur des anderen‹ ist nicht vorhanden. Hinzu tritt eine quasi stets präsente Doppelfigur aus beiden Akteuren, die als »Herbst & Deters. Fiktionäre« bezeichnet wird.[137] Was kann man sich darunter vorstellen? Die oben bereits erwähnte Offenheit des Blogs für andere Mit-Autoren, die damit auch zu anderen Mit-Figuren werden, bietet die Bedingungen für diese Schreibweisen. Sucht man innerhalb des Blogs nach den Figuren aus Herbsts Romanen, stößt man auf Beiträge und / oder Kommentare, die von diesen verfasst wurden: Sei es Deters, der sich im Dialog mit Herbst befindet, sei es Dietrich Daniello, der im wienerischen Dialekt schreibt.[138] Gelegentlich finden sich dabei absurde Konstellationen, in denen ausgestellt wird, dass hier keine Hierarchie vorherrscht und stattdessen alle Figuren über Autonomie verfügen. Dieser Punkt der Autonomie wird von Christoph Jürgensen aufgegriffen, der ihn aus den *Anderswelt*-Romanen ableitet, was aber auf das ganze Gefüge der *Dschungel* übertragbar ist:

---

136 Herbst (2002): »Eine Beichte«, S. 58.
137 Vgl. auch Scherer (2008ff.): »Alban Nikolai Herbst«, S. 22. Stefan Scherer formuliert an dieser Stelle allerdings, dass diese Doppelfigur ohne Markierung einer Differenz zwischen »empirische[m] Autor Herbst und seine[r] Figur Deters« auftrete. Dem gilt es teilweise zu widersprechen: Tatsächlich ist die Figur der »Fiktionäre« eine Doppelfigur ohne Differenz – ein Amalgam. Hinzu treten jedoch ›Herbst‹ und ›Deters‹ als deutlich identifizierbare und differente Figuren, so dass man eher von einer Trinität der Hauptakteure in den *Dschungeln* sprechen sollte.
138 Daniello ist eine der zentralen Figuren aus dem *Wolpertinger*-Roman. Darin ist er der Programmierer, der die gesamte Handlung des Romans als Simulation auf einem Computer ablaufen lässt. Er findet sich auch als Autor auf der Biografie-Seite der Homepage, vgl. unter Herbst (2004ff.): *Dschungel*, www.die-dschungel.de/ANH/main.html den Reiter ›Biografie‹ (zuletzt eingesehen am 17.12.2013) und wird auch in der Grimmelshausen-Preisrede als ein Freund von Deters erwähnt, vgl. Herbst (1995): »Grimmelshausen-Preisrede«, S. 2 und Herbst (2002): »Geliebte Männer«, S. 138.

> Mit der Anderswelt ist [...] ein fiktionaler Kosmos entstanden, in dem es keine Unterscheidung zwischen digitaler und ›realer‹ Welt, zwischen Mensch und Maschine gibt, und folgerichtig [...] ist zwischen Original und Fälschung nicht mehr zu unterscheiden [...]. Simuliert wird ein autopoetisches System, das sich ohne Autor-Schöpfer selbst generiert. Wird folglich der Idee eines autonomen Ichs in diesem Wechselspiel von Figuren, die nur noch Informationseinheiten sind, eine entschiedene Absage erteilt, so bringt dieser Autonomieverlust im allumfassenden Cyberraum dennoch eine neue Form der Autonomie mit sich [...]. Denn was auf den ersten Blick wie ein von Programmierbefehlen determiniertes System erscheint, entpuppt sich im Verlauf des Textes als unkontrollierbar.[139]

Eben so lässt sich die folgend zitierte Konstellation lesen, bei welcher der Nutzer ›daniello‹ eine an ihn gerichtete E-Mail, in welcher Fragen bezüglich des realen Status der *Dschungel* formuliert werden, beantwortet. Die Schreiberin mit dem Namen ›Anobella‹, die auch einen Link zu ihrer »WIRKLICHEN«[140] Webseite anfügt, wünscht Aufklärung über die Konstellation der Autorschaft im ›Fiktionsraum‹ und ›Daniello‹ erteilt bereitwillig Auskunft:

> Also das hier ist die H o m e p a g e von uns Fiktionären, das heißt, Sie finden dort Biografien, Bilder, eine Pressemappe, einen fortlaufend ins Netz publizierten (bereits erschienenen) Roman, sowie andere Texte von ANH, aber auch Texte von Deters, die unter ANHs Namen veröffentlicht wurden. [...] Ich selber schreibe nicht, das möchte ich klarstellen. Aber es macht mir Freude, den anderen beiden dabei zuzusehen – und auch meinerseits etwas für Verwirrung zu sorgen, die ja einer der Haupttermini von ANHs Poetik ist.[141]

Dies wird nur wenige Stunden später von ›albannikolaiherbst‹ kommentiert – und dieser Kommentar nun wiederum ebenfalls kommentiert, sowohl von der vorgeblich ursprünglichen Fragestellerin als auch von ›Deters‹. Der Übersicht halber sei eine kurze Passage der nun ansetzenden Kommunikation wiedergegeben:

> ALBANNIKOLAIHERBST: *Wie haben Sie denn d a s geschafft?*
> Hier »Contributor« zu werden. Ja du meine Güte, ich muß ein Wörtchen mit meinem Webmaster reden. Jetzt geht aber auch a l l e s durcheinander! [...]

---

139 Jürgensen (2008): »Unwirkliche Städte, unwirkliches Ich«, S. 109.
140 Herbst (2004ff.): *Dschungel*, http://albannikolaiherbst.twoday.net/stories/295837. Herv. i. Orig. Diese »WIRKLICHE« Webseite ist ebenfalls ein Weblog: http://textsyndikat.de/ (beide zuletzt eingesehen am 17.12.2013). Der später bei der Kommunikation genutzte Name von Anobella ist ebenfalls ein Hyperlink und verweist auf http://anobella.twoday.net/.
141 Herbst (2004ff.): *Dschungel*, http://albannikolaiherbst.twoday.net/stories/295837/ (zuletzt eingesehen am 17.12.2013) Herv. i. Orig. Dieser kurze Textausschnitt enthält mehrere Hyperlinks, die erst bei einer Bewegung mit der Maus über einzelne Passagen als solche erkennbar werden und die u.a. auf die digital hinterlegte Version von Herbst (2002): »Eine Beichte« verweisen.

> ANOBELLA: *Lieber Herr Herbst,*
> ich, die ich unvermutet in einer ART Trio Infernale gelandet zu sein SCHEINE, kann eine gewisse Genugtuung darüber, selbst bei genanntem Trio Verwirrung auszulösen, nicht verhehlen. [...]
>
> DETERS: *Aber junge Frau!*
> Das einzige, was ich in Ihrem letzten Kommentar verstehe, ist das Wort SCHEINE, das in mir allerdings höchst angenehme Assoziationen auslöst... wofür ich durchaus dankbar bin. Das Infernale sehe ich freilich überhaupt nicht, denn unser »Freund« Arndt ist gegenwärtig fern. (Hoffe ich sehr.)
> [Ich darf wegen der Assoziation ANH daran erinnern, daß immer noch meine Betriebskostenabrechnung aussteht... also, mit Verlaub, die Überweisung des nun wirklich allfälligen Betrages auf das ihm rundweg vertraute, wenn auch aus vernünftigen Gründen nicht zugängliche Konto. – Jaja, löschen Sie nur!][142]

Ist dies nun Kommunikation oder eine quasi-literarische Simulation von Kommunikation? Die Figuren der Bücher (Daniello, Deters, Herbst, Arndt) scheinen immer wieder auf ihre Existenz als Figur zu verweisen[143] und bieten zugleich Anhaltspunkte für vorgeblich alltagswirkliche Interpolation. Dass alle Beiträge von Herbst selbst (oder *einem* anderen Autor) stammen, ist ebenso wahrscheinlich wie das Gegenteil. Der Umstand, dass der Profilname von ›Anobella‹ auf einen weiteren Blog und damit auf eine weitere Autorschaft eines digitalen Avatars verweist, macht es noch nicht unmöglich, dass auch diese ›Stimme‹ sich der lenkenden Autorität von Herbst verdankt. Irgendjemand könnte einfach diese Verlinkung als Struktur in den Namen eingefügt haben, ohne dass die ›tatsächliche‹ Autorin des Anobella-Blogs davon wüsste – alle Autorschaften der Avatare, die in den *Dschungeln* auftauchen, kann eine einzelne Person jedoch nicht übernehmen, da dies die physischen Möglichkeiten eines einzelnen Menschen übersteigt. Die Konfiguration des Textes bleibt unklar, allerdings erlangen die Autor-Figuren durch solche Verfahren ein gewisses Maß an Konsistenz.

Sucht man weiter, manifestieren sich die ›Stimmen‹ der *Dschungel* als nicht nur textuelle, sondern scheinbar durchaus reale: Zumindest, wenn man davon ausgeht, dass die Fotografie eines Menschen tatsächlich eine reale alltagswirkliche Person zeigt. In einem Beitrag vom 11. Oktober 2004 veröffentlicht ›albannikolaiherbst‹ Fotos von der Frankfurter Buchmesse, die den Bildunterschriften

---

142 Herbst (2004ff.): *Dschungel*, http://albannikolaiherbst.twoday.net/stories/295837/ (zuletzt eingesehen am 17.12.2013). Die Zeitangaben der *Posts* und die *Backlinks* wurden hier der Übersicht halber getilgt. Die kursiv gesetzten Passagen dienen den jeweiligen *Posts* als Überschriften.
143 Dass der »Freund« Arndt ›hoffentlich nicht gegenwärtig‹ ist, ergibt innerhalb des Herbst-Universums Sinn, da in Herbst (1997): *Der Arndt-Komplex*, S. 118–124 ausgeführt wird, dass Arndt nun einer Terrororganisation angehöre und mithin gefährlich sei.

zufolge nicht nur reale Personen des öffentlichen Lebens, sondern auch Deters und Daniello zeigen.[144] In einem darunter befindlichen Kommentar tadelt ›Deters‹ diese De-Anonymisierung seiner und Daniellos Person und verweist – wieder mit einem Foto – auf ein Fotografie-Verbot.[145] Dass es sich bei Deters und Daniello um fiktive Figuren bzw. digitale Avatare handelt, muss durch das Vorhandensein der Fotos nicht unbedingt negiert werden. Auch ein direkter Rückschluss von den Texten dieser Avatare auf die abgebildeten Personen ist keinesfalls zu leisten. Ihr Status ist jedoch durch das Vorhandensein von Bildmaterial ein durchaus anderer, als der von beispielsweise Johnsons Gesine Cresspahl, da mit den Bildern durchaus eine Referenz auf Personen hergestellt wird, denen man jenseits der literarisch-digitalen Wirklichkeiten begegnen kann. Es ist zwar nach der Herbst'schen Poetik keinesfalls von einer Identität oder Einheitlichkeit der Figuren auszugehen, die Diskursgrenzen zwischen Alltagswirklichkeit und fiktionaler Literatur werden jedoch aufgrund eben dieser Unschärfe, bzw. Unentscheidbarkeit der für die Figuren relevanten Diskursbereiche tatsächlich eingeebnet.

Einen weiteren Diskursübertritt leistet auch die Doppelfigur von »Herbst & Deters. Fiktionäre«: Diese Vereinigung steht über den gesamten *Dschungeln* als die sie verwaltende Institution.[146] Im auf jeder Seite der *Dschungel* zu findenden Impressum werden sie als übergeordnete Einheit gelistet, während Alban Nikolai Herbst darin die Rolle des ViSdP zukommt – er ist damit die Instanz, die einen Anschluss an juridische Diskurse gewährleistet. Darüber hinaus scheinen die Fiktionäre auch über ein Bank-Konto zu verfügen: Auf einigen der im Netz zugänglichen PDF-Dokumente wird ausdrücklich um Spenden gebeten, die an »Herbst & Deters Fiktionäre« auf ein Konto der Deutschen Bank zu überweisen sind.[147] Und

---

144 Vgl. Herbst (2004ff.): *Dschungel,* http://albannikolaiherbst.twoday.net/stories/359395/ (zuletzt eingesehen am 17.12.2013). Zu den erkennbaren Personen gehören der Rimbaud-Übersetzer Rainer G. Schmidt, der Lyriker Paulus Böhmer und der Verleger Axel Dielmann.
145 Siehe zu den De-Anonymisierungen auch den Beitrag vom 12. August 2004 unter Herbst (2004ff.): *Dschungel,* http://albannikolaiherbst.twoday.net/stories/300685/ (zuletzt eingesehen am 17.12.2013). Darin ist ein Bild veröffentlicht, das drei Personen zeigt, die mit »ANH – v. Ribbentrop – Deters« bezeichnet werden.
146 Eine plausible Erklärung für den Namen wäre, wenn es sich bei »Herbst & Deters. Fiktionäre« um ein Unternehmen handeln würde. Allerdings findet sich aktuell (17.12.2013) keine solche Firma im Handelsregister.
147 Vgl. u.a. Herbst (2005): »Das Weblog als Dichtung«, S. 1, darüber hinaus ist im ›Fiktionsraum‹ bei Herbst (2004ff.): *Dschungel,* www.die-dschungel.de/ANH/main.html unter den Reitern ›Texte‹ und ›Sekundäres‹ jeweils ein Button für Spenden vorhanden. Derzeit (17.12.2013) ist in dem sich öffnenden Pop-up-Fenster keine Kontoverbindung angegeben – betätigte man jedoch diesen Button im Juli 2010, erschien ebenfalls jene Kontoverbindung unter dem Namen

auch außerhalb des Internets erfährt diese Doppelfigur eine Referentialisierung sowohl im literarischen als auch im (scheinbar) alltagswirklichen Diskurs. Im Roman *Thetis. Anderswelt* macht sich der Protagonist Deters auf die Suche nach seiner Wohnung in der Dunckerstraße 68 Q3 in Berlin. Als er diese findet, erblickt er ein »komisches Türschild auf dem braunen [...] Holz.«[148] Nicht überraschend lautet die Aufschrift wieder »HERBST & DETERS / FIKTIONÄRE / *Berlin / Buenos Aires*«.[149] Doppelname und Adresse treten auch immer wieder außerhalb der Romane in Erscheinung, so findet sich ein Bild des Türschilds prominent oben im Rahmen des *Fiktionsraums*.[150] Darüber hinaus ist ebenjene Anschrift in der Pressemappe von Herbst zu finden[151] und auch in den Aufzeichnungen der *Dschungel* erscheint diese Örtlichkeit immer wieder als Standort der ›Arbeitswohnung‹ von Herbst. Und zuletzt scheint es wie eine Beglaubigung der realen Existenz dieses Türschilds zu wirken, wenn sich in einem *Dschungel*-Beitrag vom 4. Oktober 2004 ein amateurhaft-unscharfes Foto davon finden lässt.[152]

Wenn man diese Phänomene zusammenfasst und die Komplexität radikal reduziert, könnte man argumentieren, dass das Klingelschild, das Konto etc. lediglich Elemente der Alltagswirklichkeit sind, die eben auch in den fiktionalen Raum der Romane oder des Weblogs gesetzt worden sind. Ist dies aber tatsächlich so einfach?[153] Wenn man die anderen Bereiche in den *Dschungeln* betrachtet, in

---

»Herbst & Deters. Fiktionäre«. Da der Fiktionsraum nicht zu den von der Universität Innsbruck und dem DLA archivierten Teilen von Herbsts Web-Präsenz gehört, kann dies nicht mehr nachträglich nachgewiesen werden.

148 Herbst (2001): *Thetis*, S. 82.

149 Herbst (2001): *Thetis*, S. 83. Buenos Aires ist in den *Anderswelt*-Romanen diejenige Großstadt, die sich über weite Teile Europas erstreckt. Sie ist dabei eine *Bricolage* verschiedenster anderer Städte und verändert beständig ihre Topographie.

150 Vgl. Herbst (2004ff.): *Dschungel*, www.die-dschungel.de/ANH/main.html (zuletzt eingesehen am 17.12.2013) – hier jedoch noch mit etwas abweichender Typographie und Reihenfolge als »herbst & deters / fiktionäre / buenos aires – berlin«.

151 Vgl. Alban Nikolai Herbst: »Pressemappe« unter Herbst (2004ff.): *Dschungel*, www.die-dschungel.de/ANH/pressemappe.pdf (zuletzt eingesehen am 17.02.2014), S. 16.

152 Vgl. Herbst (2004ff.): *Dschungel*, http://albannikolaiherbst.twoday.net/stories/351931/ (zuletzt eingesehen am 17.12.2013). Es lassen sich noch weitere Hinweise finden, die die realweltliche Existenz dieser Adresse als Wohnung von Herbst erkennbar machen. Gibt man die Adresse bei *Google Maps* ein und schaltet auf die Satelliten-Ansicht, ist in der höchsten Zoom-Stufe der gleiche Hinterhof erkennbar, wie der im Beitrag vom 27. April 2009 als Ansicht aus der Arbeitswohnung gepostete, vgl. Herbst (2004ff.): *Dschungel*, http://albannikolaiherbst.twoday.net/stories/arbeitsjournal-montag-der-27-april-2009/ (zuletzt eingesehen am 17.12.2013).

153 Man könnte versuchen zu verifizieren, ob ein überwiesener Geldbetrag tatsächlich zugestellt werden kann – die Unterschrift auf dem Vertrag, die bei der Bank zur Eröffnung des Kontos geleistet werden musste, bleibt ein Enigma.

denen eine Interferenz der Diskurse impliziert wird, fällt auf, dass hier scheinbar eine durchgängige Transparenz praktiziert wird: Als Herbst in einem Beitrag, der pointierterweise den Untertitel »Das Leben als einen Roman begreifen« trägt, davon berichtet, wie er die nötigen Amtsgänge erledigt, um eine »Eidesstattliche Versicherung zwecks Offenbarung des Vermögens« zu leisten, wird der Akt der Unterzeichnung mit einem ebenfalls geposteten Bild beglaubigt.[154] All das scheint darauf hinzudeuten, dass hier im Raum der *Dschungel*, die letztlich einer Konfiguration der Unentscheidbarkeit unterliegen, durchaus Referentialität auf Bereiche hergestellt wird, die explizit alltagswirklichen und definitiv nicht fiktionalen Diskursen angehören. Eine Überprüfung dessen kann aber in den meisten Fällen nicht erfolgen, da Herbst (oder wer auch immer) die Autorität über die Beobachtbarkeit seiner selbst als Figur inne hat. Darum sind auch diejenigen Fälle bemerkenswert, in denen eben dieses Prinzip einen Anschluss findet, indem sich andere Autoren an der Fortschreibung von Herbst und seiner Poetik versuchen.

Im März 2010 leistet ein Autor des Feuilleton-Meta-Blogs *Der Umblätterer* namens Paco unter dem Titel »Zweite Leipziger Erklärung« einen Anschluss an die Poetik von Herbst, die den Anschein einer Fortschreibung und Beglaubigung hat:

> Sehr verehrte Damen und auch Herren,
> wenn ein Autor unangekündigt und auf bewusst undurchsichtige Weise Authentizität und Fiktion, Realität und Phantastik miteinander vermengt, wenn dies vom Leser und von der Forschung einfach so hingenommen werden muss, demonstriert dies eine gefährliche Anomalie im etablierten Literaturbetrieb.
> Die Rede ist von Alban Nikolai Herbst. Er hat sich auf der noch bis heute Abend andauernden Leipziger Buchmesse aufgehalten und berichtet in seinem Weblog »Die Dschungel. Anderswelt.« für den 19. März 2010 *das Folgende:*[155]
>
> »Ach so, ja [...], nachmittag traf ich dann bei Beck >>>> *Benjamin Stein,* >>>> *Umblätterers Paco* kam dazu, plötzlich wurde das ein Treffen von Netzbürgern, in die die

---

154 Vgl. Herbst (2004ff.): *Dschungel,* http://albannikolaiherbst.twoday.net/stories/3265505/ (zuletzt eingesehen am 17.12.2013). Zudem findet sich unter dem unscharfen und kleinen Bild die Erklärung: »Das Bild ist nicht gefaket. Allerdings habe ich es selbst aufgenommen, weil ich plötzlich dachte, es sei *pietätlos,* Herrn *.* um diesen kleinen Liebesdienst zu bitten.« Herv. i. Orig.
155 Im Originalbeitrag sind die hier kursivierten Bereiche als Hyperlinks angelegt. In diesem Fall verweist der Link auf eben jenen Beitrag in den *Dschungeln,* der anschließend zitiert wird. Die in dem Zitat enthaltenen Links werden in Pacos Beitrag ebenso übernommen und verweisen auf Blogs der von Herbst genannten Personen. Der Link bei »*Kontext*« verweist auf die »Leipziger Erklärung zum Schutz geistigen Eigentums« der Gewerkschaft ver.di. Vgl. Paco (2010): »Zweite Leipziger Erklärung«.

> schöne Ophelia Abeler ihre neue >>>> *Traffic* hineinreichte; dann kam sogar der *BILD-Blog* hinzu, wir alle sahen uns zum ersten Mal in all den rund sieben Jahren, in denen wir immer nur kommunizierten, ohne uns persönlich zu sehen.«
>
> Um der Forschung zum Autor zu- und um falschen Vermutungen entgegenzuarbeiten, bestätige ich hiermit:
> DAS VON ALBAN NIKOLAI HERBST GESCHILDERTE TREFFEN HAT IM HYPERRAUM DER DIESJÄHRIGEN LEIPZIGER BUCHMESSE, AM STAND VON C. H. BECK, TATSÄCHLICH STATTGEFUNDEN.
>
> Nur so, durch den Nachweis realer Realitäten, kann der Wert der ANH'schen Wortkunst richtig eingeschätzt und in den *Kontext* der künstlerischen Freiheiten aller Autorinnen und Autoren gestellt werden.[156]

So ernsthaft das Anliegen vorgetragen scheint, so prekär ist es in seiner Struktur. Zwar lässt sich ›Paco‹ über Recherchen als der Autor Frank Fischer rekonstruieren, sein Status in diesem *Post* bleibt dabei jedoch ebenso unklar, wie der von Herbst. Der gegenseitige Bezug kann ebenso die Referenz alltagswirklicher wie auch fiktiver Elemente sein – wieder herrscht Unentscheidbarkeit, nun allerdings angereichert mit einer gehörigen Menge Konsistenz, die in der Lage ist, auch in fiktiven Welten ›Wahrheit‹ herzustellen.

Auf den Punkt gebracht, führen die hier dargestellten Phänomene, Strukturen und Verfahren zu folgenden Schlüssen: Allen Menschen, die kompetente Nutzer des Internets sind, steht es frei, sich als Avatar-Autoren in die *Dschungel* einzuschreiben, ohne Risiko, dass ihre Autorschaft zu Interferenzen in anderen Diskursen führt. Sie haben jedoch auch die Option, eine solche Verbindung zu simulieren, wenn sie sich ihres Klarnamens bedienen und Informationen zur Verfügung stellen, die alltagswirklich referentialisierbar sind. Das Verhältnis, der Status und die Konfiguration der Herbst'schen Figuren, die darin als Autoren / Kommentatoren auftreten, bleibt von der Unentscheidbarkeit dominiert. Auch hier gibt es die Option, beglaubigende Elemente wie Fotografien zu veröffentlichen und sich damit an Verfahren anzulehnen, die normalerweise als dienlich angesehen werden, authentisch-alltagswirkliche Konfigurationen herzustellen. Die von der Forschung demonstrierte Haltung, die Deters-Fiktionen als literarisches Spiel anzusehen, entbehrt eigentlich einer Grundlage, da in den Texten, auf denen solche Schlüsse aufbauen, eine Zentralperspektive fehlt und keine Hierarchien stabil bestehen. Es mag die *Person* Alban Nikolai Herbst zu Lesungen, Kongressen, Workshops etc. erscheinen, ob es jedoch auch der *Autor* ist, bleibt fraglich, da die Person jenseits einer interaktionistischen Begegnung als eine Figur dieses oszillierenden Herbst-Universums angesehen werden muss,

---

[156] Paco (2010): »Zweite Leipziger Erklärung«, Herv. i. Orig.; Kapitälchen im Orig. bold.

in welchem die Autorschaft einer radikalen Fiktionalisierung unterworfen ist. Ebenso wie bei Lottmann wird hier ein Ansatz präsentiert, der potenziell auch den gesamten Kontext fiktionalisiert und damit die prinzipielle Fragilität von medial vermittelter ›Wirklichkeit‹ demonstriert. Und nicht zuletzt erweist sich die Selbstpoetik von Herbst als ein in erster Linie *theoretisches Modell,* an dem auch andere Akteure ohne Hürden partizipieren können, um sich in autofiktionale Subjekt-Figuren zu verwandeln.

6.4.2 Herbsts poetologische Abhandlungen: Der Kybernetische Realismus und Autofiktion

Möchte man den bis hierher dargelegten Status dieser Internet-Phänomene im Hinblick auf das Gesamtwerk von Herbst zusammenfassen, so lässt sich sagen, dass spätestens in den *Dschungeln* das Verhältnis von Autor-Subjekt und Figur-Objekt erfolgreich und nicht mehr auf einer Ebene einholbar subvertiert wird – was bereits in seinen gedruckten Werken stets impliziert wurde. Dies wird durch eine Art referentielles *Double bind* erreicht: Auf der einen Seite werden Informationen dargeboten, die eine Rückbindung an die Alltagswirklichkeit von BeobachterInnen erlauben und somit ein Referentialitätsbegehren suggerieren. Zum Beispiel finden sich immer wieder Fotos, die nicht nur im privaten Raum, sondern auch bei öffentlichen Veranstaltungen, Konzerten, auf der Buchmesse etc. aufgenommen wurden und auf denen Protagonisten auch des öffentlichen Lebens identifiziert werden können. Hinzu kommt die exakte Datierung aller Einträge mit Datum und Uhrzeit, so dass man quasi in Echtzeit nachverfolgen kann, wie die Einträge entstehen.[157] Das alles aber wird gerahmt durch ein Phänomen, das von Herbst je nach Ausprägung als »Desinformation«[158] oder »Flirren im Sprachraum«[159] bezeichnet wird und das – knapp zusammengefasst – eine stete Prozesshaftigkeit aller Einheiten und Ideen in dem Sinne meint, dass sich grundsätzlich alle Dinge (Autor und LeserIn eingeschlossen) in einem steten und unkontrollierbaren Wandel befinden und auf diese Weise ihre Referentialität

---

[157] In Herbsts Konzeption ist es aber eben diese Datierung von Gegenwart, die Subjekt und Objekt randunscharf werden lässt, da sich seinem Dafürhalten nach die Gegenwart einer Linearität entzieht und selbstreferentiell wird. Vgl. Herbst (2001): »Das Flirren im Sprachraum«, S. 9f. Man müsste hier jedoch ergänzen, dass dieses Ziel erst erreicht wird, indem ›rückwirkende‹ Verbindungen via *Hyperlinks* zwischen den einzelnen Beiträgen hergestellt werden.
[158] Herbst (2003): »Poetologische Thesen«, S. 45.
[159] Herbst (2001): »Das Flirren im Sprachraum«.

immer neu geleistet werden kann – und durchaus zugleich in fiktionalen wie alltagswirklichen Welten gegeben ist.

Diese Grundanlage des poetischen Systems ist ohne weiteres als eine autofiktionale erkennbar, da weder ein kohärentes Konzept von Referentialitätspakten noch ein kohärentes Konzept von Fiktionspakten jeweils allein dazu verhilft, die Texte angemessen zu erschließen. Für diesen Effekt sorgt das Oszillieren zwischen den Lesarten und die gleichermaßen und synchron vorhandenen Signale des Referentialitätsbegehrens, der Desinformations- und Fiktionalisierungsstrategien.[160] Wenn man jedoch einerseits die poetologischen Schriften von Herbst zur Kenntnis nimmt und andererseits die Textgenese in den *Dschungeln* als eine eigenwillige Art von Selbstpraxis behandelt, wird deutlich, dass das Konzept der Autofiktion, so wie es Frank Zipfel darlegt, für Herbsts Schaffen nicht ausreichend ist. Die hier – und auch bei Goetz und Lottmann – beobachteten Phänomene lassen sich nicht in den von Zipfel bemühten Koordinaten ›autobiographisches‹ versus ›fiktionales‹ Erzählen verorten.[161] Es lässt sich hier eine Analogie zur Selbstpoetik von Joachim Lottmann herstellen: Handelt es sich bei Herbsts Werken und der ihm zugewiesenen Institution der *Dschungel* um abgeschlossene Welten, die eine nur für sich gültige Variante von ›Wahrheit‹ herstellen, die nicht anders anwendbar ist? Die Romane und die Einträge des ›Arbeitsjournals‹ nach den gleichen Kriterien zu vergleichen, verbietet sich bereits dadurch, dass *Wolpertinger* und die *Anderswelt*-Romane fantastische, wenn nicht gar Science-Fiction-Literatur darstellen, während die Einträge des ›Arbeitsjournals‹ und der meisten anderen Rubriken des Blogs den Prinzipien der Realistik nach Frank Zipfel folgen.[162]

Herbst legt nun mit dem Kybernetischen Realismus[163] eine komplexe, elaborierte (wenn auch nicht immer klar verständliche und konsistente) Theorie eines

---

160 Vgl. Zipfel (2009): »Autofiktion. Zwischen den Grenzen von Faktualität, Fiktionalität und Literarität?«, S. 306.
161 Vgl. Zipfel (2009): »Autofiktion. Zwischen den Grenzen von Faktualität, Fiktionalität und Literarität?«, S. 286–297.
162 Vgl. Zipfel (2001): *Fiktion, Fiktivität, Fiktionalität*, S. 108–113.
163 Dieser ›Realismus‹ ist ›kybernetisch‹, da er einerseits vor allem durch die Verzweigungsmöglichkeiten des Internets realisiert wird, zum anderen, weil er selbst ein System darstellt, das Systeme beschreibt. Wie auch kybernetische Systeme operiert der Kybernetische Realismus mit Daten, die hier vor allem als Literatur und Kommunikation vorkommen. Ein ›Realismus‹ ist er zudem, weil die darin ablaufenden Prozesse innerhalb des Systems ›wirklich‹ sind und nach den gleichen Gesetzen funktionieren, nach denen sich auch die von uns wahrgenommene Alltagswirklichkeit konstituiert. Herbst bezieht sich hierbei auf Immanuel Kant und Arthur Schopenhauer. Vgl. dazu Herbst (2008): *Kybernetischer Realismus*, S. 21f., 98–104.

realistischen Schreibens mit latent existenziellem Anspruch vor, die sich von herkömmlichen Realismus-Konzepten klar abhebt und für sich den Anspruch erhebt, den Weg in eine Nach-Postmoderne zu weisen.[164] Nach Herbsts Dafürhalten ist die Kategorie ›realistische Literatur‹ nicht mehr als eine mimetische zu verstehen, im Gegenteil sei nur eine fantastische Literatur in der Lage, die neue, »informatische« Realität abzubilden.[165] Die Realität bleibt dabei gleichwohl eine Realität, aber eine fließende, nicht mehr auf einen Autor rückführbare:

> Jedenfalls bildet der Text nicht mehr eine vom Autor als so und so richtig oder falsch empfundene / gewußte Wirklichkeit ab. Die tatsächlich realistische Dichtung, die ich die fantastische nenne, will Realität schon deshalb nicht mehr mimetisch darstellen, weil so etwas immer auf die Wahrnehmungsweisen ihres Autors zurückgeführt und dadurch entschärft werden kann.[166]

Das Fiktionskonzept des *make-belive*[167] greift nicht bei den Texten von Herbst, da in diesen eben nicht nur eine einzige Haltung oder nur eine einheitliche Referentialisierbarkeit vorherrscht. Das dargebotene Material kann – und soll – stets beides sein, sowohl alltagswirklich ›wahr‹, als auch literarisch ›unwahr‹ – der Wirkungsanspruch von Literatur wird damit transzendiert und allgemeingültig:

> Es kommt dann zu dem Paradox eines identifizierenden Lesens, das die Grundlage der Identifikation gerade auflöst und in dem landet, was ich den Ungefähren Raum nenne. Dieser zeichnet sich durch ein Höchstmaß möglicher plausibler Erzählungen aus, die einander durchaus widersprechen, jede für sich aber »wahr« sein können, und zwar *intensiv* wahr; sie könnten aber auch sämtlichst »lügen«: Unter anderem macht eben dieser Widerspruch eine jede von ihnen plausibel; die Struktur ist polymorph [...].[168]

---

164 Wie auch bei Goetz müssen alle poetologischen Äußerungen Herbsts als Bestandteile seines literarischen Werkes betrachtet werden, da auch in ihnen eine Zentralperspektive und mithin eine Metaposition fehlt. Zudem betont Herbst immer wieder, dass seine theoretischen Abhandlungen als temporäre Setzungen von *work in progress* anzusehen sind. Vgl. dafür symptomatisch das Vorwort in Herbst (2011): *Kleine Theorie des Literarischen Bloggens*, S. 5: »Dies ist, aus dem Literarischen Weblog DIE DSCHUNGEL.ANDERSWELT in die Form eines Buches [...] verwandelt, der Versuch, den Anfang einer prozessualen Theorie zu erzählen, die, wenn auch in Sprüngen, seit bislang sieben Jahren Kapitel für Kapitel weiterverfolgt wurde. Notwendigerweise bleibt sie unabgeschlossen und wird im Netz immer weitererzählt.« Herv. i. Orig. Vgl. zum prozessualen Charakter auch Schütte (2008): »Erzählen für morgen«, S. 125, 128.
165 Vgl. Herbst (2001): »Das Flirren im Sprachraum«, S. 17.
166 Herbst (2001): »Das Flirren im Sprachraum«, S. 16.
167 Vgl. die Zuspitzung des Konzepts im Hinblick auf die Autofiktionsthematik bei Zipfel (2009): »Autofiktion. Zwischen den Grenzen von Faktualität, Fiktionalität und Literarität?«, S. 292f.
168 Herbst (2003): »Poetologische Thesen«, S. 53

Damit wird eine Lesart offeriert, in der sich ein darin (re)konstruierbares Subjekt eben nicht sofort in einer dekonstruktivistischen Bewegung auflösen muss – eher trifft der auch hier bisher verfolgte Ansatz der Autofiktion zu: Einem solchen Schreiben, solchen medial vermittelten Informationen und medial umgesetzten Praktiken, geht es »nicht mehr um die Alternative ›Wirklichkeit‹ oder ›Fiktion‹«.[169] Es bildet sich keine dominierende Lektürehaltung heraus und in einer solchen Konstellation ohne Zentralperspektive wird eine Grenze zwischen autobiographisch-faktualem und fiktional-fiktivem Schreiben einfach nicht greifbar.[170]

Es ist damit nur konsequent, dass das Schreiben als Bedingung von Autorschaft zu einer subjektbildenden Technik wird – zumindest ließe sich so verstehen, warum diejenigen Texte, die am ehesten einem intimen Tagebuch gleichen, in den *Dschungeln* stets der Rubrik ›Arbeitsjournal‹ zugeordnet werden.[171] Das durch diese Texte beobachtbare Subjekt ›Alban Nikolai Herbst‹ erhält seinen Subjektstatus dadurch, dass es als Autor Arbeit vollbringt, diese Arbeit – als Text einsehbar – erlaubt es Leserinnen und Lesern, ihn als Objekt ihrer Beobachtung zu Bewusstsein zu bringen und ihm auf diese Weise einen Subjektstatus zuzuerkennen. Dies wiederum ist eine enorm wichtige Beobachtung: Denn indem das Ermächtigungsverhältnis von Subjekt und Objekt zirkulär wird, bekommt eine Ich-Autor-Subjekt-Figur wie Herbst paradoxerweise auch die Ermächtigung, sich als Gravitationspunkt aller Textbewegungen zu installieren, wie Wilhelm Kühlmann treffend bemerkt.[172] Dies stellt eine der eigenen Poetik widersprechende Wendung dar und scheint in eine logische Aporie zu münden. An dieser Stelle gilt es abzuwägen, denn auf der einen Seite steht die bei Kühlmann (und anderen WissenschaftlerInnen) hermeneutisch grundierte Auffassung, dass die für Texte verantwortliche Instanz niemand anderes sein kann, als eine empirisch greifbare Person. Auf der Gegenseite soll das Spiel der Identitätsverschiebungen in den *Dschungeln* nicht vorbehaltlos als gültiges Paradigma gesetzt werden. Die

---

169 Wagner-Egelhaaf (2006): »Autofiktion oder: Autobiographie nach der Autobiographie«, S. 361.
170 Vgl. Wagner-Egelhaaf (2006): »Autofiktion oder: Autobiographie nach der Autobiographie«, S. 366, 368. Herbst zufolge kommt dem dichterischen Schreiben dabei die Aufgabe zu, die Theorie dieses Schreibens sowohl umzusetzen, als auch zu konterkarieren und damit sowohl das Schreiben als auch die Theorie unabschließbar zu halten, vgl. Herbst (2001): »Das Flirren im Sprachraum«, S. 26.
171 Vgl. Herbst (2004ff.): *Dschungel,* http://albannikolaiherbst.twoday.net/topics/Arbeitsjournal/ (zuletzt eingesehen am 17.12.2013).
172 Vg. Kühlmann (2003): »Postmoderne Phantasien«, S. 502f. Analog dazu ließe sich auch der Status von Hans Erich Deters denken, vgl. dazu Malsch (2004): »Vom Wiedereintritt des Autors in seine Geschichte«, S. 51f.

Autofiktionsforschung verliert in dem Moment ihren anthropologisch-kultursoziologischen Anspruch, wenn postuliert wird, dass sich zwischen Texten und alltagswirklichen Praktiken keine Unterschiede mehr feststellen lassen.

Und eben hier entfaltet die Figur ›Herbst‹ ihr volles Potenzial für die Autofiktionsforschung, denn tatsächlich zeigt sich im ›Arbeitsjournal‹ der *Dschungel* eine voll und ganz konsistente Figur, die auf den ersten Blick nicht den geringsten Zweifel daran aufkommen lässt, eine empirische und dazu noch beobachtbare Person zu sein. Diese Figur aus Forschungsperspektive mit einem tatsächlich empirischen alltagsweltlichen Subjekt gleichzusetzen hieße, die Komplexität des Phänomens unzulässig zu reduzieren (die Kompetenz wäre dann an die Soziologie abzugeben) – den gleichen Effekt würde man erreichen, wenn man sie lediglich als einem fiktiven Diskurs angehörig behandeln würde (dann gäbe es für Autofiktionsforschung keine interdisziplinären Anschlüsse). Es gilt vielmehr, alles zugleich zu beachten und mit den bisher entwickelten Mitteln zu analysieren: Die Phänomene autobiographisch-intentionaler Zuweisungen, wie sie anlässlich des *Meere*-Romans getätigt wurden,[173] als auch die literarisch gebundene Existenz in den Prosawerken. Herbsts Selbstpoetik erweist sich als das radikalste und komplexeste bisher untersuchte Beispiel für Autofiktion und die Analyse dient hier als Testfeld, um die Kompetenz der Philologie zu erproben. Und zusätzlich gilt es, die Theorieangebote, die dem Werk von Herbst eigen sind, einerseits zu berücksichtigen, zugleich aber auch den poetologischen Aussagen des Autors nicht blind Glauben zu schenken, sondern die Phänomenstruktur kritisch an der Theoriestruktur abzugleichen. Um das zu leisten, muss ein noch genauerer Blick auf die Modi der Beobachtbarkeit der Figur gerichtet werden – speziell auf die darin erbrachte Leistung des Internets als einer Synthese verschiedener medialer Datenangebote – um dann die Begriffe Konsistenz, Referentialisierbarkeit und Metaposition so in ihrer Anwendung auf die Probe zu stellen, wie das bereits bei Goetz und Lottmann vorgeführt worden ist. Letztendlich lautet die Frage nun, ob sich wie bei den anderen beiden Autoren ein Überschneidungsbereich aus der Grafik 1 isolieren lässt und ob das Ergebnis wie bei Joachim Lottmann die Form eines Interpretanten hat, der sich zum konsistenten Symbol der Herbst'schen Selbstpoetik entwickelt.

Zunächst gilt es festzuhalten: Aus dem oben Dargelegten ist klar erkennbar, dass es sich trotz allem nach wie vor um ein Grenzproblem handelt – trivial formuliert um die Frage, welche der Phänomene ›wahr‹ im Sinne von alltagswirklich und welche der Phänomene ›falsch‹ im Sinne von fiktiv sind. Dass dies keine glückliche Voraussetzung darstellt, um ontologisch relevante Aussagen zu

---

173 Vgl. zu solchen Lesehaltungen Jürgensen (2007): »Ich sind auch andere«, S. 145.

formulieren, ist ebenfalls deutlich. Dieser Anspruch muss jedoch trotzdem erhalten bleiben und zu der Frage führen, ob sich beide Bereiche zu einer Einheit synthetisieren lassen, wie es bei Rainald Goetz der Fall ist.[174] Das Grenzproblem lässt sich fassen als ein Problem von Rezeptionshaltungen und Phänomen-Einordnungen innerhalb jenes »Ungefähren Raums«, von dem Herbst spricht[175] – aus der Sicht der Wissenschaft also ein Problem innerhalb von Texten.[176] Es gilt also zuerst diesen zu taxieren. Liegen dann Ergebnisse dieser Vermessung vor, kann man guten Gewissens die Frage formulieren, inwieweit das Beobachtete auch jenseits der rein textuell gegebenen Diskurse relevant werden könnte, und sei es auch nur theoretisch.

Im Fall von Herbst stellt man fest, dass ihm als medial vermittelter und beobachtbarer Einheit aus Figur, Autor, Subjekt und Person eine enorm hohe Konsistenz zukommt, da die Referentialität dieser Einheit innerhalb der von ihm organisierten Texte über alle Rahmenwechsel (Roman, Weblog) hinweg erhalten bleibt. Die Qualitäten und Eigenschaften dieser Einheit können auch dann als äquivalent identifiziert werden, wenn konventionellerweise angenommene Grenzen wie die zwischen fiktiver und alltagswirklicher Welt überquert werden, wie dies bei Autobiographien der Fall ist.[177] Diese Konsistenz besteht dabei allerdings in erster Linie in einem Widerspruch, der als Inkongruenz von Theorie und Praxis aufgefasst werden kann: Theoretisch wird das Modell der pluralen, graduell sich verschiebenden Identitäten und die Weitergabe der Autorschaft als Teil der Selbstpoetik einer Figur angedeutet, während in der Praxis eine Autor-Subjekt-Figur evoziert wird, die keinen Zweifel an der Einheitlichkeit ihrer jeweiligen Ausprägung aufkommen lässt.[178] Nun gilt es, die Ausprägungen dieser Konsistenzen zu taxieren und ihre Konfigurationen genau zu bestimmen.

---

174 Wobei im Fall von Goetz die ›Synthese‹ in einem fortgesetzten Prozessieren der Einheiten besteht, vgl. dazu meine Schlussfolgerungen in Kapitel 4.5.3.
175 Vgl. Herbst (2003): »Poetologische Thesen«, S. 53, siehe auch Herbst (2001): »Das Flirren im Sprachraum«, S. 4.
176 Im Internet verfügbare Bilddaten und – sofern vorhanden – Ton- und Bewegtbilddaten werden in allen ähnlich gelagerten Fällen im Textbegriff subsumiert.
177 Vgl. dazu die Implikation einer autobiographischen Lesart von *Meere* in Fasthuber (2003): »Sie müssen verzeihen, aber darauf scheiße ich echt«, S. 3.
178 Dies gilt in besonderem Maße für die Texte und Fotos im ›Arbeitsjournal‹ und andere Kategorien der *Dschungel*, in denen immer wieder die Einheitlichkeit der Figur dann exemplifiziert zu werden scheint, wenn Lebensbereiche thematisiert werden, die eindeutig alltagswirklichen Praktiken zuzurechnen sind und herkömmlicherweise nicht in *one-to-many*-Medienangeboten zur Beobachtung angeboten werden. Alle Beiträge in der Rubrik ›GLAEUBIGER‹ wären hier ebenso anzuführen wie das Protokollieren der Tagesabläufe im ›Arbeitsjournal‹, die immer wieder durch Fotos beglaubigt werden.

Nicht zu vergessen ist dabei, dass auch die poetologischen und theoretischen Texte von Herbst als Kontext bei der Konfiguration wirksam werden und die ihm zu attestierenden Poetiken auch in dieser Hinsicht zu betrachten sind. Das ästhetische und das existenzielle Programm finden dabei ihre Zusammenführung in Herbsts Kybernetischem Realismus.[179] In dessen Anlage wird programmatisch dargelegt, inwiefern die oben geschilderten Phänomene gewünscht und beabsichtigt sind – und wie sie gelesen werden sollen. Dabei wird der Begriff des Kybernetischen Realismus in deutlicher Abgrenzung zu der Idee einer realistischen Literatur entwickelt.[180] Die realistische Literatur ist Herbst zufolge immer darum bemüht, eine ideologisch präformierte Schicht zwischen LeserInnen und der von ihnen erlebten Wirklichkeit herzustellen – genau das also, was mit *willing suspension of disbelief* gemeint ist. Dieser Effekt ist nach Herbst von den Leserinnen und Lesern durchaus erwünscht und erkläre die große Beliebtheit von Autobiographien, da diese einen dazu zwingen würden, ihnen Glauben zu schenken.[181] Diese regressive Leistung sei eine der wichtigsten Eigenschaften realistischer Literatur und würde in dieser Regression »den Leser überhaupt erst als ein autonomes Ich« herstellen.[182] Der mimetische Charakter solcher Texte mache sie zudem noch stets tautologisch und affirmativ.[183]

Es gelte jedoch, diesem letztlich glücklichen aber lähmenden Zustand zu entkommen und etwas Ambivalentes zwischen Text- und Leserrealität herzustellen, das genug Wirkkraft hätte, die Effekte der alten realistischen Schreibweisen abzulösen:

> Es handelt sich um Umschreibungen von Realität, die aber der »wirklichen« Realität zumindest anfangs derart ähnlich sehen, daß beide Lebensbereiche, der objektive Alltag und die subjektive Wahrnehmung, miteinander verwechselt werden. Es wird poetologisch

---

[179] Zusammenfassend finden sich diese Ideen in Herbst (2008): *Kybernetischer Realismus*. Die Aufzeichnungen beruhen auf den Vorlesungen, die Herbst im Rahmen einer Poetik-Dozentur 2007 in Heidelberg gehalten hat.
[180] Vgl. u.a. Herbst (2001): »Das Flirren im Sprachraum«, S. 3. Dabei geht Herbst nicht von literaturwissenschaftlichen Definitionen aus, sondern setzt ein generelles mimetisches Moment als realistisch entscheidend an. Naturalismus, Kriminalliteratur und Science Fiction werden darunter subsumiert, vgl. Herbst (2003): »Poetologische Thesen«, S. 3. Damit folgt Herbsts Begriff der realistischen Literatur nicht den Prinzipien der Realistik, die Frank Zipfel als entscheidend benennt, vgl. Zipfel (2001): *Fiktion, Fiktivität, Fiktionalität*, S. 108–113.
[181] Vgl. Herbst (2003): »Poetologische Thesen«, S. 3, 5, Herbst (2001): »Das Flirren im Sprachraum«, S. 4.
[182] Herbst (2003): »Poetologische Thesen«, S. 16, siehe auch ebd. S. 6.
[183] Vgl. Herbst (2003): »Poetologische Thesen«, S. 45, Anm. 120.

uninteressant, ob etwas dokumentarisch (privat) ist oder nicht, denn der »objektive« Alltag erhält ebenso Fiktionsrang wie die »eigene« Geschichte und das »Erdachte«.[184]

Die neue Kunst, die das zu leisten hat und zugleich existenzielle Relevanz und eine Einführung der Metaphysik mit sich bringen wird, müsste in Herbsts Konzeption eine fantastische und zugleich reale Kunst sein – und dies ließe sich am ehesten im Internet erfüllen.[185] Damit wird (recht normativ) eine *Conditio sine qua non* der Kunst eingeführt: diese habe fantastisch zu sein, sonst sei sie keine Kunst.[186]

Was dabei implizit als Bedingung stets wirksam bleibt, ist die strikte Trennung in medial vermittelte und beobachtbare Zeichen auf der einen Seite und Prozesse innerhalb psychischer Systeme auf der anderen Seite, die Präsenz herstellen, aber nicht unmittelbar in künstlerischer Produktion umgesetzt werden können.[187] Wenn man demnach die innerpsychische Präsenz ignoriert, gilt, dass eine Differenz zwischen Realität und Imagination nicht mehr bestehen kann und dass künstlerisch-künstliche Welten in dem Maß reale Effekte produzieren, wie sie von den Leserinnen und Lesern bei der Lektüre hergestellt werden.[188] Alte Konzepte der Literatur würden nach Herbst unter solchen Bedingungen nicht mehr ausreichen: »Literatur als funktionale, aufklärerische, ›realistische‹ Kunst ist obsolet, weil die Realität selber zur LiteraturKunst [sic] geworden ist.«[189] In seinen Heidelberger Vorlesungen fasst Herbst das Verhältnis von Realität und Kybernetischem Realismus auf folgende Weise zusammen:

> Tatsächlich versteht der kybernetische Realismus Realität als eine Spielform – einen prozessualen Aspekt – von Dichtung und Dichtung als eine Spielart der Realität. Damit ist n i c h t gemeint, daß die Welt ein Text sei, wohl aber, daß unsere Art, sie bewußt, d.h. begrifflich, wahrzunehmen, immer schon semantisches Feld ist, dessen Wahrnehmung von a priori vorhandenen Kategorien der Anschauung gesteuert wird. [...] [W]ir nehmen die

---

[184] Herbst (2003): »Poetologische Thesen«, S. 44f.
[185] Diese digitale Literatur, wie man sie in den *Dschungeln* ausgeführt findet, könnte dabei die »Plattform einer der Wahrheit und nicht dem Entertainment verpflichteten Kunstbewegung repräsentieren.« Herbst (2005): »Das Weblog als Dichtung«, S. 16. Dazu, dass ein gedrucktes Buch zur Umsetzung des Kybernetischen Realismus nicht ausreicht, vgl. Herbst (2008): *Kybernetischer Realismus*, S. 93.
[186] Vgl. Herbst (2004): »Fantastische Räume«, S. 12.
[187] Vgl. Herbst (2008): *Kybernetischer Realismus*, S. 106, siehe auch als sehr früher Beleg Herbst (1995): »Grimmelshausen-Preisrede«, S. 5.
[188] Vgl. Herbst (2004): »Fantastische Räume«, S. 14.
[189] Herbst (2001): »Das Flirren im Sprachraum«, S. 22.

Welt, wenn wir sie begrifflich-bewußt wahrnehmen und darstellen, als eine Dichtung wahr. [...] Hingegen ist Unmittelbarkeit nur im Bild zu haben.[190]

Diese »Unmittelbarkeit« zumindest anzuzitieren und dem Ideal der Präsenz möglichst nahe zu kommen, wird damit als Begründung dafür lesbar, warum im ›Arbeitsjournal‹ immer wieder Fotografien gepostet werden. Sie dienen eben nicht einer Objektivierung und Profanierung der abgebildeten Gegenstände, sondern quasi einer ›Bezauberung‹, die dadurch geleistet wird, dass das Abgebildete (z. B. Herbst oder Deters) subjektiviert werden kann.

Mit dieser ›Bezauberung‹ kommt dem Kybernetischen Realismus auch ein selbstproklamiertes magisch-mythisches Moment zu – nur so sei es möglich, im fantastischen Raum eine Subjektivierung von (textuell oder bildlich vermittelten) Dingen zu leisten.[191] Dieser Effekt ist in der Logik dieser Theorie notwendig antiaufklärerisch und vollbringt zugleich die Leistung, Metaphysik und Transzendenz wieder in die Literatur einzuführen, die durch den alten Realismus getilgt worden sind.[192] Spätestens mit diesen Prozessen erhält der Kybernetische Realismus einen existenziellen Charakter und wird von seiner Anlage her nicht mehr ›nur‹ als ›Spiel‹ oder literarische Poetik begreifbar. Vielmehr gibt sich darin das Ideal einer – wie es Herbst in impliziter Anknüpfung an das nationalsozialistische Vokabular benennt – »totalen Kunst« zu erkennen, die in ihrer Totalität und Absolutheit für Leserinnen und Leser durchaus bedrohlich wirken könnte.[193]

Damit geht zugleich eine Art Reinheitsgebot einher: Die fantastische Literatur des Kybernetischen Realismus dürfe unter keinen Umständen ironisch sein, denn Ironie würde Transzendenz grundsätzlich verhindern.[194] Anders als in der ironischen Schleife der *Ironia entis*, die für das Werk von Joachim Lottmann konstatiert worden ist, gibt es in der Anlage von Herbsts Werk keine Anzeichen dafür,

---

190 Herbst (2008): *Kybernetischer Realismus*, S. 106. Herv. i. Orig. Vgl. dagegen etwas abweichend Herbst (2001): »Das Flirren im Sprachraum«, S. 4: »Wir haben [sic] sind lesbar geworden, doch versteckt sich kein Gott in unseren Wörtern. Dennoch hatte die Kabbala recht, und die Schöpfung ist ein Text. Ein selbstbewegter allerdings, ein ungefährer: Wie Elektronen im All, so flirren wir in der Realität. Jeder Raum ist Sprachraum geworden, und zwar nicht nur, indem ich ihn denke oder über ihn spreche.«
191 Herbst (2004): »Fantastische Räume«, S. 8.
192 Vgl. Herbst (2001): »Das Flirren im Sprachraum«, S. 22, Herbst (2003): »Poetologische Thesen«, S. 15. Freilich sind Begriffe wie ›Metaphysik‹ und ›Transzendenz‹ in ihrer Verwendung durch Herbst höchst problematisch, da sie offenbar nicht auf konzisen Theorien basieren und wie alle Begriffe und Maximen der Herbst'schen Theorie als fluktuierende Größen verstanden werden müssen.
193 Herbst (2003): »Poetologische Thesen«, S. 18.
194 Vgl. Herbst (2003): »Poetologische Thesen«, S. 35, Anm. 90.

dass diese Festlegung selbst ironisch gemeint ist.[195] Mit dem Totalitätsanspruch wird auch die Kategorie der Wahrheit neu bestimmt: Es ergäbe poetisch keinen Sinn, macht Herbst deutlich, ›wahr‹ zu sein oder zu handeln, denn Wahrheit alleine würde nur Kitsch und damit den alten Realismus mit sich bringen: »Erst die Arbeit, ja der Kampf beider (oder mehrerer) Materialarten führt zur Kunst. [...] Vermittels der Form der Gestaltung verwandeln sich selbst autobiografisch detaillierteste ›Berichte‹ in Dichtung.«[196] Wahrheit in der Kunst und Metaphysik sind dabei über die Idee des »Widerstands« aneinander geknüpft, der zugleich unmöglich und erwünscht sei – dieses Paradox wird aufrechterhalten und mündet in der Behauptung, dass die Leistung der Literatur unter anderem darin besteht, dass sie »wahrlügt«,[197] und dies sei dringend notwendig: »Dichter müssen lügen« um Transzendenz zu erreichen.[198] Was sie damit nach Herbst erschaffen, sei eine neue Art der Wirklichkeit:

> *Wirklichkeit* meint im Kybernetischen Realismus den lebenswirkenden Prozeß sämtlicher wechselwirkenden äußeren und inneren Einflüsse, die während des Schreibprozesses mitlaufen: das, zusammengenommen mit der gestalteten Imaginationswelt, ist im Kybernetischen Realismus der ästhetische Raum.[199]

Die Verpflichtung zur dichterisch herzustellenden Ästhetik bringt eine Verknüpfung von Dichter, Leser und seinem Material mit sich. Die dynamische Rolle des Lesers als Akteur und Mit-Autor in den Poetiken von Herbst wurde bereits weiter oben verhandelt und ist für den Kybernetischen Realismus konstitutiv: Die Leserinnen und Leser bilden das Gegenüber, das den Dichter-Autor unter Beobachtung stellt und ihn imaginiert – zugleich können sie sich aktiv an der Genese

---

195 Man muss berücksichtigen, dass die poetologisch-theoretischen Äußerungen von Herbst den Konfigurationen des ›Ungefähren Raums‹ folgen, als welcher sich das Prinzip der Unentscheidbarkeit niederschlägt. Eine Entscheidung darüber, ob dieser den Gesetzten der unendlich fortgesetzten Ironie folgt oder nicht, ist damit noch nicht notwendig getroffen. Was sich in Herbsts Werk hingegen deutlich identifizieren lässt, ist der explizite Gebrauch der Ironie, der von den klar denotierenden Aussagen deutlich geschieden werden kann. Das macht eine Konfiguration durch die *Ironia entis* zumindest unwahrscheinlich.
196 Herbst (2003): »Poetologische Thesen«, S. 49, siehe auch ebd. S. 39, Anm. 100. An dieser Äußerung ist jedoch auffällig, dass die Theorie selbst offensichtlich auf den Konstituenten basiert, die sie zu destruieren trachtet. Denkt man sie logisch weiter, dürften Kategorien wie ›autobiographisch‹ darin keinen Bestand haben.
197 Herbst (2001): »Das Flirren im Sprachraum«, S. 10.
198 Herbst (2001): »Das Flirren im Sprachraum«, S. 23. Darüber, dass diese Konzeption letztlich der Romantik entlehnt sei, vgl. Kühlmann (2003): »Postmoderne Phantasien«, S. 502.
199 Herbst (2008): *Kybernetischer Realismus*, S. 99f. Herv. i. Orig.

des Textes beteiligen und den Autor bzw. die anderen Mitautoren zu Figuren machen. Im gleichen Prozess werden die imaginierten und schreibenden LeserInnen zu Figuren des Textes.[200] Ihnen kommt dabei – nach Herbsts Konzeption – die gleiche Freiheit zu, wie sie einer jeden Figur ebenso wie dem Autor zusteht. Die Bedingung dafür ist jedoch, dass sie sich auf den so entstehenden ›Ungefähren Raum‹ einlassen,[201] der in der Sprache dieser Arbeit nichts anderes ist als der fortwährende Modus der Unentscheidbarkeit. Die versprochene Belohnung einer solchen Teilhabe ist die Erfahrung von Pluralisierung, analog dem Modell Ribbentrop-Herbst-Deters-Daniello-etc.:

> Ich ist zahllose andere. Es gibt nicht einmal dasjenige Ich, das die zahllosen anderen einheitlich zusammenfassen und ich-ideal beobachten und werten könnte. Jedes Ich hat ein ebensolches Recht wie jedes andere der zahllosen anderen. Dem trägt die Spaltungsästhetik des Kybernetischen Realismus Rechnung.[202]

Wie aber ist nach einem solchen Modell die Konsistenz der Figur ›Alban Nikolai Herbst‹ im ›Arbeitsjournal‹ zu erklären? Ein mögliche Lösung erhält man, wenn man die Frage danach stellt, was zum Material des Kybernetischen Realismus werden kann, und die Antwort erhält: Alles. Und zwar ohne jegliche moralische Einschränkung und ohne Differenzierung – so habe Kunst stets zu sein und der Künstler dürfe weder auf sich noch auf andere Rücksicht dabei nehmen, ungeachtet der diskursiven Interferenzen, wie sie anhand des *Meere*-Verbots entstanden sind:

> Material ist die Geliebte, ist das eigene Kind, [...] Material ist die eigene Geschichte, Material sind die Geschichte und die Traumata anderer, auch der nächsten, [...] Material sind die eigenen Körperfunktionen, besonders, wenn sie aussetzen.[203]

So erhält der Kybernetische Realismus neben einer existenziellen auch eine bedrohliche Dimension, denn diese Verpflichtung, *alles* ohne Differenzierung als Material zu behandeln, schließt einerseits ein, dass bei der Auswahl des Materials nicht differenziert werden dürfe: ›Wahres‹ und ›Fiktives‹ hat damit im ›Ungefähren Raum‹ des Kybernetischen Realismus den absolut gleichen Status. Und

---

200 Vgl. Herbst (2008): *Kybernetischer Realismus*, S. 104: Hier schildert Herbst, wie einige Kommentatoren der *Dschungel* nach und nach als Figuren in seine Romane integriert wurden.
201 Vgl. Herbst (2003): »Poetologische Thesen«, S. 49f.
202 Herbst (2008): *Kybernetischer Realismus*, S. 119.
203 Herbst (2008): *Kybernetischer Realismus*, S. 28. Vgl. auch ebd. S. 34 und Herbst (1995): »Grimmelshausen-Preisrede«, S. 5; Herbst (2003): »Poetologische Thesen«, S. 48.

auf der anderen Seite schließt es ein, dass man als teilnehmende Leserinnen und Leser (z.B. als VerfasserIn von Kommentaren auf den Seiten der *Dschungel*), bzw. überhaupt als Subjekt, das von Herbsts pluralem Schreibkollektiv beobachtbar sein könnte, keine Chance hat, sich gegen die eigene Überführung in die Textur des Kybernetischen Realismus, wie ihn z.B. das Textganze der *Dschungel* darstellt, zur Wehr setzen zu können, da es auf medialer Ebene keinen abweichenden Modus gibt.[204] Dazu passt das Bild von Paul de Man: Man hängt nicht auf Ewigkeiten in einer Drehtür zwischen Fiktion und Autobiographie fest, sondern beschließt, dass diese Drehtür die einzige Welt ist, auf die man sich einigen kann.[205] Der Kybernetische Realismus erweist sich somit als eine literarisch-theoretische Matrize zur Herstellung autofiktionaler Räume, Narrationen und Subjekte.

6.4.3 Die konsistente Konfiguration des Unmündigen: Fortschreibungen im ›Arbeitsjournal‹

Die Kategorie der ›Informationsdichte‹ wurde hier bereits anhand von Goetz' *Abfall für alle* verwendet – sie bezeichnet auch für die *Dschungel* ein ›Mehr an Informationen‹, die einem medial oder interaktiv anwesenden Gegenüber zugewiesen werden und dazu genutzt werden können, dieses Gegenüber als Subjekt wahrzunehmen. Wenn dabei auf ein Subjekt verweisende Zeichen als ›intim‹ und ›privat‹ wahrgenommen werden, steigert dies die Intensität der Subjektivation und verhilft dazu, die subjektivierte Figur auch als Person wahrzunehmen, da sie dann für die Beobachterinnen und Beobachter vorgeblich berechenbar wird: Bei vorhandener Konsistenz kann sich in ihrer Imagination die Erwartung herausbilden, dass die Intentionen des medial vermittelten Gegenübers rekonstruierbar werden. ›Empathie‹ wird so möglich, und es ist dabei gleichgültig, ob sie eine Simulation ist oder nicht, solange sie im psychischen System der Beobachterinnen und Beobachter als solche eine Präsenz entwickelt, die zumindest potentiell zu operativen Anschlüssen in der Kommunikation führen könnte. Das als Akteur oder Figur beobachtbare Subjekt wird zu einer Person.

An solchen scheinbar ›intimen‹ und ›privaten‹ Informationen herrscht in den *Dschungeln*, genauer im ›Arbeitsjournal‹ kein Mangel: Wann der Autor morgens

---

[204] Dass diese Schreibweisen durchaus auch Auswirkung bis in die alltagswirklichen Bereiche der unmittelbaren – nicht-medialen – Präsenz haben, ist damit intendiert, vgl. Herbst (2008): *Kybernetischer Realismus*, S. 34.
[205] Vgl. de Man (1993): »Autobiographie als Maskenspiel«, S. 133f.

aufgestanden ist, was er bisher getrunken und gegessen hat, woran er gerade arbeitet und ob er Wäsche waschen muss, gehört zu den typischen Nebensächlichkeiten, die wie ein roter Faden daran beteiligt sind, einen ausführlichen Tagesablauf darzulegen.[206] Hinzu treten immer wieder Auskünfte über die eben gehörte Musik oder geführte Korrespondenz. Nach sozialen Aktivitäten wie Einladungen zum Essen oder dem Besuch einer Kneipe werden z.T. ausführliche Berichte über das Erlebte verfasst. Dazu gibt der Autor immer wieder Auskunft über sein körperliches oder geistiges Befinden. Dies schließt sowohl Informationen über sexuelles Begehren als auch medizinische Eingriffe ein – so wird beispielsweise eine vom 18. bis zum 20. April 2011 vorgenommene Laserbehandlung der Augen ausführlich dokumentiert und mit zahlreichen Fotos belegt (einige davon finden sich in Abb. 15).[207] Die Einträge erwecken den Eindruck, in dem Wissen verfasst zu sein, dass die Leserinnen und Leser solcherart Berichte erwarten; nachträgliche Korrekturen werden augenscheinlich nicht vorgenommen und es finden sich immer wieder Tippfehler, die den Eindruck der Authentizität noch verstärken.[208] Berücksichtigt man außerdem die immer wieder veröffentlichten Fotos der als »Arbeitswohnung« des Dichters deklarierten Örtlichkeit, kann man sich ein gutes Bild darüber machen, wie die Dunckerstraße 68 Q3 eingerichtet ist, welche Lebensmittel sich gerade in der Küche befinden und ob die Schreibtische des Autors gerade aufgeräumt sind oder sich im Zustand des kreativen Chaos befinden (vgl. Abb. 16).

Mit dieser Informationsdichte korrespondiert die Simultanität der Einträge. Die jedem Beitrag vom System zugewiesene Zeit der Freischaltung ist augenscheinlich nicht vom Autor oder anderen Beiträgern manipulierbar – allerdings

---

206 Die einzelnen Vorkommen werden an dieser Stelle nicht gesondert belegt, eine auch nur oberflächliche Betrachtung des ›Arbeitsjournals‹ unter Herbst (2004ff.): *Dschungel*, http://albannikolaiherbst.twoday.net/topics/Arbeitsjournal/ sollte jedoch alle diese Phänomene zumindest zum jetzigen Zeitpunkt (17.02.2014) bestätigen – auch wenn mit dem Aufkommen der ›PPs‹ (Produktivitäts-Protokolle) ab dem 27. September 2013 der ›private‹ Gehalt kurzzeitig zurückgefahren wurde.
207 Vgl. Herbst (2004ff.): *Dschungel*, http://albannikolaiherbst.twoday.net/stories/erster-tag-der-augen-op-das-arbeitsjournal-des-montags-dem-18-april-20/; http://albannikolaiherbst.twoday.net/stories/zweiter-tag-er-augen-op-das-arbeitsjournal-des-dienstags-dem-19-april/; http://albannikolaiherbst.twoday.net/stories/16572320/ (zuletzt eingesehen am 17.12.2013).
208 Ein gutes Beispiel stellt folgender Beitrag nach der Augen-Operation dar: »Liebe LESER; / ES IST ALLES GUTGEGANGEN; ABER ICH KANN MIT DEM NEUEN; JETZT UNVERBUNDENEN aUGE NOCH NICHTS nAHES ERKENNEN; [...] (MIT lUPE NUR9: dESHALB KANN ICH MOMENTAN HIER NICHTS BERICHTEN: BITTE UM gEDULD: / ANH«. Herbst (2004ff.): *Dschungel*, http://albannikolaiherbst.twoday.net/stories/zwischenbemerkung-nach-der-zweiten-augen-op/ (zuletzt eingesehen am 17.12.2013).

Abb. 16: Alban Nikolai Herbsts ›Arbeitswohnung‹; http://albannikolaiherbst.twoday.net/ (Montage: I.K.).

bestehen die *Posts* im ›Arbeitsjournal‹ meist aus mehreren Teilen, die fortlaufend innerhalb eines Tages nach und nach online gestellt werden. Diesen wird jeweils manuell eine Zeitangabe vorangestellt – der Zeitpunkt des Gesamtposts eines Tages wird dann entsprechend vom System aktualisiert und dokumentiert so im Endeffekt den Zeitpunkt der letzten Aktualisierung.[209] Folgt man diesen Zeitachsen, kann man die Netzaktivitäten von ›albannikolaiherbst‹ – die sich ja nicht nur auf das ›Arbeitsjournal‹ beschränken – fast in Echtzeit nachverfolgen. Vor allem in den Kommentaren zu einzelnen Beiträgen entwickelt sich gelegentlich ein Hin- und-Her aus Kommentaren und Gegenkommentaren, das in seiner Sprach- und Verweisstruktur und zeitlichen Nähe von manchmal nur wenigen Minuten an Chat-Kommunikation erinnert.[210]

Allerdings wird die angebotene Simultanität des Internets nicht dazu genutzt, die Intensität der Informationsdichte über eine empirische Person Alban Nikolai Herbst zu erhöhen, sondern ist struktureller Bestandteil des *Dschungel*-Projekts. So lässt sich erklären, dass der tatsächlich simultane Informationsdienst *Twitter* nur dazu verwendet wird, auf Neuerungen innerhalb der Webseite aufmerksam zu machen, und nicht dazu, spontane Einfälle oder Zustandsbeschreibungen der eigenen Person etc. zu kommunizieren.[211] Vor allem die Möglichkeit des spontanen Kommentierens und die dadurch entstehende Kommunikation zwischen Autor und LeserInnen ist es, die Herbst zufolge eine Art von Sozialität erschafft[212] – die, wenn man den Beiträgen und Kommentaren folgt, zwar vor allem die Sozialität von Avataren bleibt, aber durchaus den Eindruck erweckt, zwischen einer bestimmten Gruppe von tatsächlichen Menschen stattzufinden und sich teilweise jenseits des *Dschungels* fortzusetzen.

---

209 Dies scheint aber nicht durchgängig der Fall zu sein, da einige *Posts* offensichtlich auch nachträglich geändert werden, ohne dass sich die Zeitangabe aktualisiert. Eine Erklärung für dieses Phänomen muss ich hier schuldig bleiben.
210 Vgl. u. a. den einzigen Beitrag in der Rubrik ›ANTI-HERBST‹ vom 24. November 2007, der auf insgesamt 302 Kommentare kommt, wobei ›albannikolaiherbst‹ teilweise bereits nach zwei Minuten eine Antwort auf einen Kommentar *postete*. Herbst (2004ff.): *Dschungel*, http://albannikolaiherbst.twoday.net/stories/4476836/ – der *Backlink* der schnellen Antwort ist http://albannikolaiherbst.twoday.net/stories/4476836/#5422694 (zuletzt eingesehen am 17.02.2014).
211 »Herbst und Deters« betreiben als »Fiktionäre« unter http://twitter.com/fiktionaere ein Konto bei diesem Dienst – wobei das Profilbild eindeutig ANH zeigt. Zum jetzigen Zeitpunkt (17.02.2014) hat der *Account* 661 *Follower*. Als Beispiel für eine ganz andere Nutzung von *Twitter* genügt ein Blick auf den *Account* von Sibylle Berg (http://twitter.com/sibylleberg, zuletzt eingesehen am 17.02.2014) – ihre über 32.000 *Follower* erhalten mehrmals am Tag kurze Aphorismen, Stimmungs- und Zustandsangaben der Autorin oder Hinweise auf andere Web-Angebote.
212 Vgl. Herbst (2005): »Das Weblog als Dichtung«, S. 4.

Eine Sonderform dieser Simulation optionaler Sozialität bildet die Rubrik der ›DTs‹, die 2006 begonnen wurde und bis heute unregelmäßig fortgeführt wird. Diese ›DTs‹ sind nichts weiter, als morgens in die *Dschungel* eingestellte, gelegentlich sehr detaillierte Tagesplanungen, die nicht nur den Fortschritt der Arbeit, sondern teilweise auch die sozialen und häuslichen Aktivitäten beinhalten und damit als *hypomnêmata* zur Selbstdisziplinierung verstanden werden können, die allen zur Beobachtung offen stehen. Was eingehalten wurde, wird nachträglich mit entsprechenden Hyperlinks, teilweise auch Kommentaren, Haken oder – bei Nichteinhaltung – Durchstreichungen versehen:

Räum- und Putztag![213]

5.24 Uhr:
>>>>[214] Arbeitsjournal √ und DTs √.

6.15 - 8 Uhr:
Weiterbearbeitung der >>>> Fenster von Sainte Chapelle zur Buchfassung (ff). √ (Bis TS 82 oben).

8.15 - 13 Uhr:
Räum- und Putzaktion (ff): Kühlschränke. √
Dann Aufsaugen, Bad und Toilette putzen. √

Zwischendurch: Die Dschungel. √

13 - 14 Uhr:
Mittagsschlaf. √

14.30 – 16 Uhr:
Essen vorbereiten. *nicht geschafft*
Mittagessen mit dem Jungen. *nicht geschafft*
Lernen mit dem Jungen. *nicht geschafft*

16.30 - 19 Uhr:
Post. *nicht geschafft*
Die Dschungel. √
Überarbeitung der >>>> Kleinen Theorie des Literarischen Bloggens zur E-Book- und Buchfassung (ff). *nicht geschafft*

19 - 21 Uhr:

---

213 Die hier kursiv markierten Textteile sind im Original grün eingefärbt und somit auf der Originalseite markant hervorgehoben. Es handelt sich dabei ebenso wie bei den √ um nachträglich eingefügte Elemente, die belegen sollen, dass die geplante Tätigkeit auch ausgeführt wurde.

214 Die mit >>>> eingeleiteten Textteile fungieren als Hyperlinks, die entweder auf das fertige Ergebnis innerhalb der *Dschungel* weiterleiten, auf die zu überarbeitenden Passagen hinweisen oder auf externe Medienangebote, wie beispielsweise Bücher auf den Seiten von *Amazon* oder wie im Fall von »>>>> Bar.« auf die Homepage eines entsprechenden Etablissements.

Lesen:
>>>> Cabrera Infante, Schandtat Chachachá (ff) *nicht geschafft*
wegen der Rezension für >>>> Volltext.

22 Uhr:
>>>> Bar. √[215]

Vor allem der letzte, auf 22 Uhr angesetzte Termin ist nun von Interesse und fordert es geradezu heraus, einen Feldversuch zu unternehmen. Wenn man in den ›DTs‹ eine Einsicht in die Tagesplanung erhält, dem Hyperlink folgend die Adresse der Bar herausfindet, sich zur angegebenen Uhrzeit dort einfindet und tatsächlich derjenigen Person begegnet, die als Alban Nikolai Herbst auftritt ... dann was? Hat man dann die Bestätigung dafür, dass auch die anderen Punkte des ›DTs‹ so erfüllt wurden, wie angegeben? (Nein, zumindest nicht prinzipiell.) Erhält man zudem die Option, mit einer literarischen Figur Konversation zu betreiben? Oder mit dem alltagswirklichen Träger der Autorfunktion? Und transformiert man sich selbst in diesem Prozess in eine Figur der *Dschungel*, weil man den ›Ungefähren Raum‹ betreten hat, oder hat man dann Teil an alltagswirklicher Kommunikation zwischen Personen? Noch sehr viel stärker als durch die chatartigen Kommentare wird hier die Möglichkeit der Interaktion evoziert: Es spricht nichts dagegen, eine solche Praxis selbst auszuführen, ohne dass man sich damit automatisch für eine fiktionale Figur halten oder die Prinzipien des Kybernetischen Realismus zur eigenen Selbstpoetik erklären muss. Die Dehierarchisierung der Beobachtungsinstanzen, die in *Buenos Aires. Anderswelt* vorgeführt wurde, scheint hier nicht gültig zu sein, was allerdings nicht tatsächlich der Fall ist.

Das Modell des ›gläsernen Menschen‹, als das sich die *Dschungel* in Hinblick auf die Autor-Figur Alban Nikolai Herbst präsentieren, ist – so das Argument – als Gesamtkunstwerk zu betrachten, das herkömmliche Diskursgrenzen durch umfassende Simulation tatsächlich so transzendiert, dass es sich als eine operative Fiktion etablieren kann. Letztendlich sind die festgestellten Verfahren als analog zu denen von Rainald Goetz (bis zu seinen Auftritten im *Johann-Holtrop*-Kontext) und Joachim Lottmann anzusehen. Goetz unterwirft seine Schreibweisen einem Modell der ›Diskretion‹ und bietet deutlich weniger Anhaltspunkte für seine eigenen alltagswirklichen Praktiken, als es Herbst tut. Lottmann schafft es in seiner Selbstpoetik, alle Elemente, die auf ihn referieren oder mit denen er in den Kontext gesetzt werden kann, zu ›verlottmannen‹ und qua Autorschaft

---

215 Herbst (2004ff.): *Dschungel*, http://albannikolaiherbst.twoday.net/stories/dts-27102010/ (zuletzt eingesehen am 17.12.2013).

unter die Konfiguration seines eigenen Interpretanten zu setzen, um damit sich selbst und die Welt im Modus einer äquivalenten Serialität immer neu herzustellen. Herbst hingegen ist hier deutlich konsistenter. Seine Informationsdichte ist höher, seine Simultanität ebenso. Der von ihm propagierte ›Ungefähre Raum‹ erweist sich als tragfähig genug, zumindest theoretisch operative Fiktionen in sich anzubieten, die an nicht-literarische, mithin alltagswirkliche Praktiken und Diskurse anschlussfähig sind. Er erweist sich damit als jemand, der die Autorität seiner Autorschaft dazu nutzt, sich selbst zum Objekt einer klar hierarchisierten Beobachtung zu machen. Das aber nur bedingt:

Kompetente Leserinnen und Leser der *Dschungel* sollten schnell mit der Poetik von Herbst vertraut sein, so dass ihnen klar sein dürfte, dass die Texte der *Dschungel* nicht als alltagswirkliche *hypomnêmata*, sondern als Teile eines meta-literarischen Kunstwerks anzusehen sind. Der staunende Wissenschaftler, der soeben festgestellt hat, dass die darin beobachteten Elemente alle Anzeichen von Alltagswirklichkeit und Referentialität aufweisen, wird damit plötzlich selbst zum Teil dieses Kunstwerks, da er eben diese Leseshaltung evozierte. Die vordem als klar angenommene Hierarchie der Beobachtungssituationen wird damit wieder aufgehoben und der hier vorliegende, von Ihnen soeben gelesene Text erlangt das Potential, zum Objekt des ›Ungefähren Raums‹ zu werden, stets mit dem Vorbehalt belastet, dass genau die hier getätigten Schlüsse dem Konzept des Kunstwerks geschuldet sind und es damit vervollständigen.

Die Selbstpoetik von Herbst wird damit als das *Modell* einer autofiktionalen Selbstpoetik lesbar und gleichzeitig als Beispiel für die Selbstermächtigung einer Autor-Figur. Die Autorität der Figur besteht darin, dass für niemanden sonst beobachtbar ist, wo die Grenzen des Raumes verlaufen, in denen die Regeln dieses Selbstspiels beginnen. Zugleich bietet dieses Modell allen anderen an, dieses Spiel der Selbsterschaffung zu spielen, ohne dass sie den Beginn davon oder auch nur die Regeln zu kommunizieren brauchen. Die Praktibilität eines solchen Modells in der alltagswirklichen Praxis ist dann erreicht, wenn Interferenzen zu juridischen, ökonomischen und allen anderen Diskursen bestehen, die sich auf feste Identitäten von Akteuren verlassen, um operieren zu können. Ob aber Hans Erich Deters und Dietrich Daniello in die Wählerverzeichnisse ihrer Gemeinden eingetragen sind, lässt sich aus der Perspektive der Literaturwissenschaft nicht entscheiden. Ausgeschlossen werden kann es nicht.

Solange mündige und zurechnungsfähige Personen für sich entscheiden, Selbstpoetiken nach diesem Vorbild zu praktizieren und die so entstehenden Selbstfiguren an operative Fiktionen anschlussfähig halten, entstehen keine Probleme, denn prinzipiell spricht nichts dagegen, die ganze Welt als Kunstwerk zu begreifen – zumindest, bis die Steuererklärung fällig wird. Ein ethisches Problem entsteht jedoch dann, wenn diese Poetik auf Subjekte übertragen wird, die nicht in der Lage sind, eine Autorfunktion zu erfüllen.

Jeder Seite der *Dschungel* ist der Zusatz angefügt, dass sie »Adrian Ranjit Singh v. Ribbentrop« – dem vorgeblichen Sohn von Alban Nikolai Herbst gewidmet sind. Für diese Figur wird dabei nicht dieselbe Anonymisierung angewendet, die sonstigen intim geschilderten Personen in den *Dschungeln* zukommt. Vielmehr wird der Sohn als eine mindestens ebenso konsistente Figur wie Alban Nikolai Herbst selbst greifbar, ohne dass man dabei annehmen kann, dass er aufgrund seines Alters an der gleichen poetologischen Konfiguration partizipieren kann, wie es dieser als Autor fantastischer und poetologischer Werke tut. In den Beiträgen der *Dschungel* wird den Leserinnen und Lesern eine große Menge an Details zu dieser Figur angeboten, die es erlauben, sie zu subjektivieren. Dies beginnt bei seinen Essensvorlieben, beinhaltet seine Erfolge in der Schule oder detaillierte Schilderungen seines Gesundheitszustandes. Die oft gemeinsam mit diesen Informationen geposteten Fotografien wirken durchgängig beglaubigend und legen eine so starke Lesart von ›Authentizität‹ nahe, wirken so glaubhaft, dass keine Zweifel daran aufkommen können, dass es sich bei dem Jungen um eine empirische Person und nicht um einen digitalen Avatar handelt.[216] Dabei fangen die Fotografien Momente ein, die zu den intimsten eines Menschen gezählt werden können: Immer wieder schlafend im Bett oder auch nackt in der Badewanne mit seinen Geschwistern.[217] Spätestens an dieser Stelle wird die existenzielle Dimension der *Dschungel* deutlich – denn Alban Nikolai Herbst schreibt nicht nur sich selbst als referentialisierbare und konsistente Subjekt-Figur in sie ein, sondern auch einen Minderjährigen, der nicht aktiv als Autor in die *Dschungel* eingreifen kann und dessen Leben von nun an für voraussichtlich immer in die Marbacher und Innsbrucker Archive eingeschrieben sein wird. Die Subjektivierungstechnik der autofiktionalen Schreibweisen des Kybernetischen Realismus, die u. a. auf Beobachtung und Beobachtbarkeit beruht,[218] wird somit nicht nur als Angebot, sondern auch als Zwang erkennbar – diese Konsequenz der »totalen Kunst« schafft es endgültig, jegliche Grenze zwischen Fiktionalem und

---

216 Vgl. u. a. den Beitrag vom 30. Januar 2011 – dem Geburtstag des Jungen – mit Fotos seiner Geschwister, des Geburtstagskuchens, der Geschenke und des Schriftzugs »Adrian 11« unter Herbst (2004ff.): *Dschungel*, http://albannikolaiherbst.twoday.net/stories/seit-elf-jahren-vater-geburtstagsjournal-sonntag-der-30-januar-2011/. Vgl. auch ebd., http://albannikolaiherbst.twoday.net/stories/arbeitsjournal-sonnabend-der-30-januar-2010/ (beide zuletzt eingesehen am 17.12.2013).
217 Vgl. Herbst (2004ff.): *Dschungel*, http://albannikolaiherbst.twoday.net/stories/sonntags-ob-auch-arbeitsjournal-ist-eher-ungewiss-16-mai-2010/ (zuletzt eingesehen am 17.12.2013).
218 Vgl. dazu Herbst (2001): »Das Flirren im Sprachraum«, S. 23 oder auch Herbst (2001): »Das Flirren im Sprachraum«, S. 3.

Alltagswirklichem zu tilgen und beides im Modus eines ›wirklichen‹ Textes in den medialen Raum zu überführen.[219]

6.5 Das nach-postmoderne Subjekt? Theorie und Praxis der Identität bei A. N. Herbst

Trotz der oben formulierten Ergebnisse sei die grundsätzliche Frage ein letztes Mal gestellt: Handelt es sich bei den in den *Dschungeln* beobachteten Phänomenen um eine anschaulich umgesetzte und in ihrer Radikalität bemerkenswerte poetisch-dichterische Textpraxis – letztlich damit ›nur‹ Literatur –, oder tatsächlich um Autofiktion, die nicht nur eine literarische Schreibweise, sondern auch eine existenziell wirksame Selbsttechnik ist?

Nun stellt die poetologische Darlegung der eigenen Verfahrensweisen, wie sie Herbst in *Kybernetischer Realismus,* und *Kleine Theorie des Literarischen Bloggens* ebenso wie in seinen Reden und Essays leistet, eine typische Situation dar, in der sich Autoren in eine Metaposition zum eigenen Werk begeben können. Die Suche nach solchen Metapositionen dient hier somit als letzter Schritt der Analyse. Sucht man Herbsts poetologische Schriften danach ab, wird man an nur sehr wenigen Stellen fündig. In seinen *Poetologischen Thesen* positioniert sich Herbst quasi außerhalb seines Werks und kommentiert es aus einer konventionell zu nennenden Autor-Perspektive.[220] Wesentlich häufiger finden sich jedoch Belege dafür, dass alle möglichen Metapositionen in den Text implementiert und zu Bestandteilen davon werden – wobei somit eine Zentralperspektive erfolgreich verhindert wird.[221] Daraufhin wird in dem Text auf Hans Erich Deters fokalisiert, der in eben jenem Moment in die Handlung dieses Romans verstrickt sei und

---

[219] Wenn ich als Wissenschaftler an dieser Stelle mein eigenes *re-entry* reflektiere, wird klar, dass ich die in den *Dschungeln* dargebotenen Subjektivierungspraktiken von Herbst und seinem Sohn als alltagswirklich gültig anerkenne. Dies markiert in meinen Augen den Punkt, an dem die Kompetenz der Literaturwissenschaft überschritten wird und das Feld der Soziologie überlassen werden sollte.

[220] Vgl. Herbst (2003): »Poetologische Thesen«, S. 44. Darin spricht er als lenkender Autor über die Deters-Fiktionen und geht auch auf den reellen Status des von ihm oft zitierten Türschilds an der Wohnung in der Dunckerstraße ein.

[221] Am deutlichsten geschieht dies in dem Vortrag *Das Weblog als Dichtung,* als plötzlich die ZuhörerInnen / LeserInnen damit konfrontiert werden, dass sie in eben jenem Moment zu Figuren des dritten *Anderswelt*-Romans werden: »Vielleicht spüren Sie jetzt, daß ich, sowie ich über das Literarische Weblog spreche, einen Roman erzähle, in dem wir uns alle befinden, wenn wir das Internet betreten und an ihm teilnehmen.« Herbst (2005): »Das Weblog als Dichtung«, S. 12. Vgl. auch ein analoges Verfahren in Herbst (2001): »Das Flirren im Sprachraum«, S. 23.

sich in Stuttgart befinde: »während er sich vorstellt, wie wir hier im Literaturhaus Stuttgart sitzen und Ihnen jemand etwas von einem Lichtblitz erzählt, an den Sie nicht glauben. Das amüsiert ihn, das verkürzt ihm die Zeit. Nur deshalb stehe ich vor Ihnen. Als seine Vorstellung.«[222] Das Fehlen von Metapositionen ist hier bereits für die (späte) Selbstpoetik von Rainald Goetz und durchgängig für Joachim Lottmann festgestellt worden und komplettiert die Diagnose, dass es sich bei Herbsts Selbstpoetik um die Umsetzung einer vollwertigen Autofiktion handelt. Um Schreibweisen also, in denen literarische Autorschaft das Potenzial aufweist, zur Autorschaft transzendenter und alltagswirklich referentialisierbarer Subjekt-Figuren zu werden.

Es gilt nun in einem Fazit festzuhalten, was in der vorliegenden Analyse von Herbsts Schriften und Poetiken festgestellt worden ist und inwieweit das Internet als Untersuchungsgegenstand von herkömmlichen Printprodukten zu unterscheiden ist. Dass in Herbsts Poetiken und Schriften tatsächlich keine Hierarchie oder Differenzierung von diskursiven Bereichen festgestellt werden kann und dass die medial vermittelte Position der Autorfunktion in dieses Gefüge gleichwertig integriert wird, ist in der Analyse mehrmals betont worden. Diese Anlage bildet den theoretischen Kern von Herbsts Poetik und lässt sich sowohl in seinen Romanen als auch in seiner Selbstpraxis in den *Dschungeln* feststellen: Seine Autorschaft ist vollkommen fiktionalisiert und zugleich als Element operativer Fiktionen ausgestellt. Die einzige Abweichung davon findet sich in denjenigen Praktiken, in denen das Subjekt sich zur Autorität ermächtigt und unmündige Akteure in das mediale Gefüge überführt, wie es anhand der Darstellung von Herbsts Sohn beobachtet werden kann. Dass Herbst zudem noch zugleich trotz der pluralistischen Anlage seiner Poetik in der Lage ist, ein konsistentes und scheinbar stets mit sich selbst identisches Subjekt mit dem Namen ›Alban Nikolai Herbst‹ in die *Dschungel* einzuschreiben, erweist sich als eine methodische Aporie.

Das Internet spielt bei den festgestellten Effekten und Strategien der autofiktionalen Selbstpoetik eine konstituierende Rolle, da es mit seiner potentiellen Leistung der erhöhten Informationsdichte und der Simultanität erst die Bedingungen bereitstellt, unter denen sich die Phänomene formieren. Herbst selbst betont immer wieder, dass die Möglichkeiten der digitalen Kommunikation bzw. der im Netz entstehenden Literatur, dazu führen können, Ästhetisches und Reales zu einer Größe zu amalgamieren[223] und auf diese Weise durchaus zu

---

222 Herbst (2005): »Das Weblog als Dichtung«, S. 13.
223 Vgl. Herbst (2005): »Das Weblog als Dichtung«, S. 6f., siehe auch zu Problemen von Identität über Diskursgrenzen hinweg Herbst (2001): »Das Flirren im Sprachraum«, S. 21f.

realen Effekten nicht nur auf der Ebene der digitalen Informationsvermittlung sondern auch in der sozialen Praxis führen können.[224] Aus der Beobachtungsperspektive eines Wissenschaftlers kann man dieser Aussage zustimmen.

In den Worten des Autor ließe sich das Potenzial der im Netz stattfindenden ästhetischen Praxis folgend zusammenfassen – wobei auch hier die mögliche Metaposition der Redeinstanz in den Text implementiert wird:

> Daß sich etwas ›realisiert‹ habe, ist hier wie oben wörtlich gemeint: als ein »wirklich Werden«. [...] Es läßt sich nicht nur beobachten, sondern aus*probieren* und *formen*, wie sich Wirklichkeit konstituiert. Der Dichter [...] darf – was er immer tat, nun aber geht es konkret – Wirklichkeiten durch Verstellungen zu sich bringen oder durch Verstellungen verklären. Das gilt übrigens auch für diesen Aufsatz. (Wer etwa garantiert Ihnen, was ich über diesen meinen Leser erzählte, sei keine Erfindung und auch das hier vorgeführte Weblog als ›meines‹ nur fingiert? [...] Wir müssen glauben.[)][225]

Der letzte Satz hebt hervor, dass die hier vorgeführte Poetik nur funktionieren kann, wenn man sich auf dieses ernste Spiel einlässt und innerhalb des Spiels nicht nach Grenzen sucht. Der von Herbst propagierte ›Ungefähre Raum‹ erweist sich auf den zweiten Blick als ein Modus, unter dem alle medial vermittelten Daten erfasst werden können und führt zugleich vor, wie unklar der Status von operativen Fiktionen theoretisch grundiert ist. Der *Tagesschau* zu glauben dürfte den meisten Menschen indes leichter fallen als den *Dschungeln*, auch wenn das Prinzip das gleiche ist, denn die Nachrichtensendung hat sich im Gegensatz zu Herbsts Poetik als eine Institution etabliert, die maßgeblich die operativen Anschlüsse sowohl von Kommunikation als auch von Handlungen und Praktiken determiniert.[226]

Nicht zuletzt soll aber noch die offensichtliche Diskrepanz zwischen der theoretisch dargelegten Selbstpoetik und ihrer tatsächlich beobachteten Praxis bei Herbst eingeordnet werden. Denn das Herstellen einer konsistenten und

---

224 Vgl. Herbst (2005): »Das Weblog als Dichtung«, S. 9f.
225 Herbst (2005): »Das Weblog als Dichtung«, S. 10. Herv. i. Orig.
226 Zugleich lässt sich kein Argument dafür finden, warum die Prinzipien der Selbstpraktik von Herbst nicht auch von anderen Menschen übernommen werden könnten – alles was sie dafür brauchen ist eine Internetverbindung. Es lässt sich weiterhin überlegen, inwiefern soziale Netzwerke wie *Facebook* oder Kommunikationsangebote wie *Twitter* nicht bereits daran beteiligt sind, ebensolche ›Ungefähren Räume‹ herzustellen. Durch die gegebene Möglichkeit der Kombination von verschiedenen Angeboten wie z.B. der automatischen Anzeige des eigenen Standortes mit Hilfe von *Google Maps* ist damit zudem eine potenziell sehr hohe Anschlussfähigkeit an interaktionistische Praktiken gegeben, da alltagswirkliche Personen auf diese Weise äquivalent zu ihren digitalen Avataren werden.

scheinbar über verschiedene Diskursbereiche identischen Subjekt-Figur passt so gar nicht zu den pluralisierenden Identitäten; das autoritäre Fortschreiben eines Unmündigen nicht zu den dehierarchisierten Beobachtungspositionen, die in Herbsts Büchern vorgeführt und in seinen poetologischen Schriften propagiert werden. Die *methodische Aporie* wird dabei zu einem Kern dieser Form der Selbstpoetik und soll als sie konfigurierender Interpretant festgehalten werden.

Insgesamt ergibt sich das Bild von drei Größen, aus denen sich die autofiktionale Selbstpoetik nach dem Modell von Herbst präsentiert. Auf der einen Seite steht die theoretische Grundlegung durch die pluralen und fluktuierenden Identitätsmodelle, die in den Romanen vorgeführt wird, was an *Die Verwirrung des Gemüts* demonstriert wurde. Dieses Modell wird vervollständigt durch die Dehierarchisierung der Beobachtungsinstanzen und durch das Fehlen der Zentralperspektive, wie z.B. in *Buenos Aires. Anderswelt*. Das Fehlen einer Metaposition erweist sich damit erneut als die *Condicio sine qua non* einer vollständigen und umfassenden Autofiktion. Sobald dieses Modell wirksam wird, ordnen sich die davon berührten Elemente in einer rhizomatische Struktur an, in welcher konventionelle Diskursgrenzen (aus der Sicht des Modells) nichts mehr bestehen und bilden so den »Ungefähren Raum«,[227] der durch Unentscheidbarkeit geprägt ist, da weder die Referenz noch die Denotation der Elemente darin zu einer irgendwie stabilen Deckung gebracht werden kann: Eine konstante Identität von Elementen und Figuren wird auf diese Weise unmöglich gemacht. Das Prozessieren dieses Spiels ist dabei nicht notwendig an Autorschaft im literarischen Feld gebunden, sondern kann sich als Autorschaft digitaler Avatare manifestieren. Ich möchte dieses theoretische Modell PLURALE KYBERNETISCH-RHIZOMATISCHE SELBSTPOETIK nennen.

Zu diesem theoretischen Modell im Widerspruch steht die beobachtbare Praxis, in welcher Herbst sich und seinen Sohn in das mediale Gefüge einschreibt. Als konsistente, in sich abgeschlossene, selbstreferentielle, diskursiv anschlussfähige und zudem autoritär agierende Instanz manifestiert sich darin die Autor-Figur Herbst und bietet genug Informationen, Simultanitäten und Konsistenzen, um sich und seinen Sohn als alltagswirkliche Personen in operativen Fiktionen anschlussfähig zu machen. Im Widerspruch zum theoretischen Modell besteht dabei eine klare Hierarchie der Beobachtung, die sich so als eine Ausübung von Macht manifestiert. Das im theoretischen Modell angelegte Element der freiwilligen Teilhabe an den autofiktionalen Schreibweisen kann auf diese Weise nicht erfüllt werden und führt zu einer Entmündigung der so subjektivierbaren Figur, da diese in keiner Weise eine Kontrolle über ihre eigene Beobachtbarkeit ausüben

---

227 Herbst (2003): »Poetologische Thesen«, S. 53.

kann. Diese Praxis kann darum als KONSISTENT-AUTORITÄRE SELBSTPOETIK bezeichnet werden. Als Hauptakteur und Dirigent dieser digitalen Aufführung erweist sich der Autor Herbst, der in seiner Rolle zugleich an denjenigen Konfigurationen partizipiert, die ihm als dem Schöpfer fantastischer Literatur und Theoretiker des Kybernetischen Realismus und mithin der pluralen kybernetisch-rhizomatischen Selbstpoetik zukommen. Mit diesem Umstand vor Augen muss die METHODISCHE APORIE zwischen Theorie des Modells und Praxis der Ausführung als zusätzliches Element dieses Gefüges in Betracht gezogen werden.

Diese Aporie ist explizit ›methodisch‹ und nicht ›kategorisch‹, da sie in keiner Weise die gleichzeitige Existenz von sich widersprechender Theorie und Praxis verhindert. Vielmehr wird ihr Vorhandensein auf Theorie- wie auch auf Praxisseite greifbar, wo sie nicht nur ihr jeweiliges Verhältnis zueinander moduliert, sondern auch selbst damit installiert. Die theoretische Grundlegung des Modells der Selbstpoetik gibt damit ein Prinzip vor, das nicht eingehalten wird, dient aber zugleich immer noch als der Kontext für die performativ umgesetzte Praktik der konsistent-autoritären Selbstpoetik. Dass etwas, was theoretisch ausgeschlossen ist, trotzdem ausgeführt werden kann, wird damit als der eigentliche Kern der Selbstpoetik von Herbst greifbar und bestimmt als Interpretant die gesamte Anlage des Modells. Diese methodische Aporie bildet damit den in Grafik 1 konstruierten Überschneidungsbereich der verschiedenen Flächen.

Von Lottmanns und Goetz' Modell der autofiktionalen Selbstpoetik unterscheidet sich diejenige, die hier an Herbst exemplifiziert wurde, dadurch, dass ihr Kern nur ein impliziertes, nur aus der Theorie rekonstruierbares Element darstellt. Herbsts Modell präsentiert sich damit als die radikalste der hier behandelten autofiktionalen Selbstpoetiken und zugleich auch diejenige, die am wenigsten von der literarischen Autorschaft der sich so herstellenden Selbst-Figur abhängig ist. Vom juridisch-sozialen Diskursbereich der Autorschaft ist dieses Modell vollkommen abgelöst.[228] Die Autorschaft von Herbst manifestiert sich für BeobachterInnen eben durch das Prinzip der Beobachtbarkeit und ist für ihren Fortbestand auf das andauernde Prozessieren von Zeichen angewiesen, mit denen ein begründender und durch das Publizieren von Elementen seine eigene Funktion fortschreibender Autor rekonstruierbar wird. Die hier kurz angesprochenen ›DTs‹ übernehmen dabei die Funktion von *Timetables of Existence*. Das autorschaftliche Prozessieren von Zeichen wird zum existenziellen Modus des Seins und die

---

[228] Gleichzeitig macht der Verbotsprozess von *Meere* deutlich, dass diese Trennung nur aus der Perspektive des Modells heraus besteht. Aus den Strukturen der juridisch-sozialen Diskurse heraus ist nach wie vor ein mit sich identisches bürgerliches Subjekt notwendig, das als natürliche Person zu einem Element dieser Diskurse werden kann, sobald dies vom System verlangt wird.

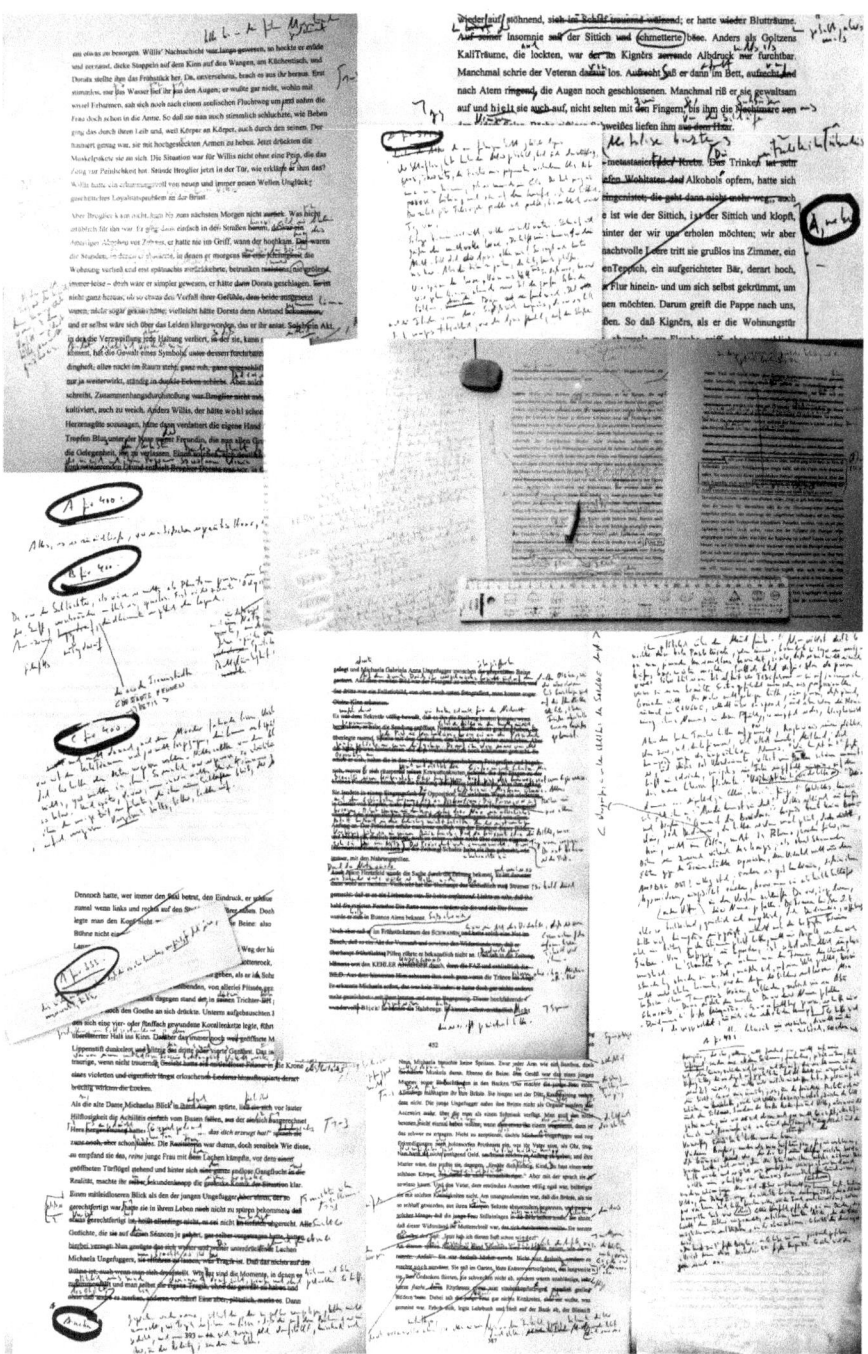

Abb. 17: *Argo*-Notizen; http://albannikolaiherbst.twoday.net/ (Montage: I.K.).

Besonderheit von Herbsts Selbstpoetik ist darin zu sehen, dass er sie fast vollständig in das Internet verlegt hat und die damit potenziell eingehenden Effekte von Informationsdichte und Simultanität stark ausnutzt: Es ist darum nicht überraschend, dass *Argo*, der lange erwartete Abschluss der *Anderswelt*-Trilogie,[229] lange vor seinem Erscheinen auf den Seiten der *Dschungel* in zahlreichen Fragmenten eingesehen und in seinem prozessualen und flottierenden Entstehen beobachtet werden konnte (vgl. Abb. 17).[230]

Das Prinzip der methodischen Aporie erweist sich zudem als ein so noch nicht beobachtetes Element und sollte in zukünftigen Studien ausführlicher analysiert und eingeordnet werden. Noch ganz spekulativ und vorsichtig möchte ich formulieren, dass es eben diese performativ evozierte, aber nur durch theoretische Begründung des Modells herstellbare Aporie ist, welche die Selbstpoetik von Herbst zu einer nach-postmodernen machen könnte, da sich eine solche Anlage meines Erachtens weder mit modernen noch mit postmodernen Modellen von Selbstpoetiken vereinbaren lässt. Das aber, gilt es als Desiderat für weitere Studien festzuhalten.

---

[229] Vgl. dazu fast alle Beiträge in *Panoramen der Anderswelt* (2008), *die horen* 231. Darin finden sich nicht nur Ausschnitte, die als *Argo* angehörig markiert werden, sondern einige der Autorinnen und Autoren beziehen sich auch auf Manuskripte und Ausschnitte, die ihnen offenbar von Herbst bereitgestellt wurden. Vgl. dazu Schnell (2008): »Dschungel-Passagen«, S. 8 das »PS«. Demzufolge hätte *Argo. Anderswelt* spätestens 2010 erscheinen müssen, was real im September 2013 geschah.

[230] Vgl. dazu Herbst (2004ff.): *Dschungel*, http://albannikolaiherbst.twoday.net/topics/ARGO-ANDERSWELT/ (zuletzt eingesehen am 17.02.2014). Diese Entstehung des Romans im Internet kann mit dem *Neid*-Roman von Elfriede Jelinek verglichen werden. Vgl. Jelinek (2007f.): *Neid*. Anders als bei Jelinek ist *Argo* jedoch weit weniger konsistent in seiner Struktur und die Leserinnen und Leser der *Dschungel* bekamen den Eindruck vermittelt, unmittelbar dessen Entstehung beobachten zu können, was vor allem immer wieder dadurch forciert wurde, dass Manuskriptseiten mit handschriftlichen Vermerken als Bilder in die Beiträge eingebunden wurden. Das Publizieren der eigenen handschriftlichen Notizen wurde bereits bei Goetz als eine der Insignen von Autorschaft herausgestellt, vgl. auch Abb. 9.

7 Fazit: Autorschaft, Autofiktion, Leben

»Theoretische Forschung ist eine Form sozialer Praxis. Jeder, der etwas wissen möchte, möchte es wissen, um etwas zu tun. Behauptet er, er möchte es nur wissen, um ›zu wissen‹ und nicht, um ›zu tun‹, so bedeutet das, daß er es wissen möchte, um nichts zu tun, und das ist in Wahrheit eine versteckte Art, etwas zu tun, nämlich die Welt so lassen, wie sie ist [...].«
Umberto Eco (1990): *Im Labyrinth der Vernunft*, S. 45

7.1 Selbstpoetiken: Goetz, Lottmann, Herbst

Als Ergebnis der Analysen zum Frühwerk von Rainald Goetz in Kapitel 3 lassen sich folgende Eigenschaften der an ihm beobachtbaren Selbstpoetik zusammenfassen: Seine HYBRIDE METALEPTISCHE SELBSTPOETIK ist zunächst von einer Grenzaufhebung gekennzeichnet, die nicht mit einer Grenz*überschreitung* verwechselt werden darf. Er präsentiert in der Anlage von pluralen Autor-Figuren in »Subito«[1] und *Irre*[2] (Goetz / Raspe) das *Modell* einer Autor-Figur, die sich als eben solche in die Welt einschreibt. Inhalt und Gestus der so geleisteten Einschreibung – vor allem angesichts der Selbstverletzung in Klagenfurt 1983 – erwecken zunächst den Eindruck, dass darin die Differenz von Literatur und Leben durch das metaleptische ›Eindringen‹ der Autor-Instanz in den Text aufgehoben ist. Diese textuell und performativ evozierte Autor-Instanz gibt sich dabei so zu erkennen, als ob sie nicht mit dem impliziten Erzähler identisch sei, sondern zu ihm auf einer höheren Hierarchieebene stehen und ihn lenken würde. Auf diese Weise wird zudem eine Fiktionalisierung der Autorfunktion geleistet, denn die so aufscheinende Figur wird in explizitem Anschluss an den Träger der Autorfunktion entworfen.

Es wurde jedoch ebenfalls nachgewiesen, dass der Interpretant, der bei der Rezeption dieser Strategien zur Anwendung kommt, maßgeblich durch die ästhetisch-literarische Rahmung des Gesamtgefüges aus Text und Performance konfiguriert ist. Die pluralen Autor-Anlagen im Roman *Irre* entwerfen damit die Struktur einer Doppelfigur, von der nur die eine Seite beobachtbar ist: Die in der Literatur und Performance zur Beobachtung ausgestellte Autor-Figur scheint mit dem Träger der Autorfunktion identisch zu sein, impliziert aber dabei stets, dass sie nur als Stellvertreter einer ›dahinter‹ befindlichen Instanz agiert, in welcher das begründende Moment zu finden ist; diejenige Fähigkeit, die den Text herstellt.

---

[1] Goetz (1986): »Subito«.
[2] Goetz (1983): *Irre*.

Weiterhin wurde nachgezeichnet, dass vor allem durch die Collagen und Selbstfotografien immer wieder folgende Struktur impliziert wird: Der Rezeptionseffekt der ›Identität‹ wird umso wahrscheinlicher evoziert, je stärker die beobachtbare Autor-Figur selbst als Beobachter entworfen wird, welcher referentialisierbare Elemente der Alltagswirklichkeit notiert, fotografiert, protokolliert und sie anschließend in den Text überführt. Die hier als ›Insignien‹ der Autorschaft bezeichneten Instrumente Notizblock und Fotoapparat werden zum festen Inventar der beobachtbaren Figur und machen sie als einen Vertreter der Gattung ›Autor‹ plausibel. Die so hergestellte bzw. strukturell evozierte Identität ist allerdings keine Identität der beobachtbaren Figur (denn diese wandelt sich, trägt verschiedene Namen), sondern eine vorgebliche Identität eben der unbeobachtbaren Seite dieser Doppelgestalt, des poetologischen Prinzips, das auch die Beobachtbarkeit der Autor-Figur reguliert.

Anhand der Fortschreibungen in der Presse und in der Sekundärliteratur lässt sich nachweisen, dass diese Strategie ›funktioniert‹: Die nicht beobachtbare Instanz, die strukturell die Nullstelle des Diskurses besetzt, wird mit der beobachtbaren Autor-Figur identifiziert. Sie wird subjektiviert und als Größe in operative Fiktionen eingeschrieben. Die Hybridität dieser Selbstpoetik wird damit durch die Subjektivationsprozesse neutralisiert und die komplexe Struktur soweit reduziert, dass ein Subjekt darin zum Vorschein kommt, das als die Person Rainald Goetz zu wirken scheint. Diese Selbstpoetik trägt damit deutlich den Charakter einer Autofiktion, erfüllt jedoch nicht alle der hier dafür aufgestellten Bedingungen.[3] Strukturell ist diese Poetik so angelegt, dass die Metaposition eines Autors davon nicht betroffen ist: Der Existenzmodus dieses Subjekts ist immer der gleiche literarisch-ästhetisch konfigurierte. Die strukturell angedeutete, nicht beobachtbare Instanz entzieht sich der Subjektivierung und behält so eine strukturelle Metaposition in Hinblick auf die beobachtbare Seite dieser Figur.

Bei der Betrachtung der späteren Selbstpoetik von Goetz in Kapitel 4 wird deutlich, dass sie sich einem Wandel unterzieht: Die hybride metaleptische Selbstpoetik transformiert sich in eine MIMETISCH-METALEPTISCHE SELBSTPOETIK. Der maßgebliche Grund dafür ist, dass die oben entworfene, nicht beobachtbare Instanz nun strukturell und inhaltlich in die Texte implementiert wird. Auch hier lässt sich jedoch eine Konstante feststellen, denn die Selbstpraxis befindet sich auch dann noch in einem dynamischen Modus der Aushandlung, wenn ihr Kern als ein konsistentes autofiktionales Subjekt namens Rainald Goetz identifiziert werden kann. Verantwortlich dafür sind die beiden Größen ›Fiktion‹ und ›Welt‹

---

[3] Vgl. dazu Kapitel 3.13.3.

zwischen denen diese Selbstpraxis situiert wird. Diese ›Fiktion‹ und diese ›Welt‹ schließen sich dabei gegenseitig nicht aus, sie sind jedoch auch nicht in der Lage, zu einer verbindlichen Setzung zu kommen, die ihr Verhältnis auf Dauer bestimmt. Die ›Wahrheit‹, der sich die Werke von Goetz verpflichten, ist dabei ein Instrument der Aushandlung dieser beiden Größen und erscheint damit in erster Linie als die dynamische ›Wahrheit‹ des Autor-Subjekts Rainald Goetz.

Die vormals nicht beobachtbare Instanz wird nun als ein ›Ich‹ in die Texte implementiert. Die Dynamik der Aushandlung hat zur Folge, dass dieses ›Ich‹ gemeinsam mit allen anderen Elementen der Texte von einer Folie der Fiktion konfiguriert wird – diese Folie ist jedoch in Hinblick auf das darin entworfene Subjekt ›transparent‹ und macht es eher noch sichtbarer. Erreicht wird dieser Effekt eines fiktionalen aber konsistenten ›Ichs‹ maßgeblich durch die Medientechnik des Internets, das erst in *Abfall für alle*[4] und anschließend in *Klage*[5] als genuiner Ort der Entstehung des Textes genutzt wurde. Mit der damit erhöhten Informationsdichte und der offerierten Simultanität wird die Option eines Identitätseffekts deutlich gesteigert. Zwei wesentliche Änderungen zu der vormals praktizierten Selbstpoetik lassen sich hier festhalten: Da wo vordem die ›begründende Autorschaft‹ die nicht beobachtbare Nullstelle des Diskurses markierte, tritt nun die Figur eines beobachtbaren Autor-Subjekts auf den Plan. Dieses Autor-Subjekt unterscheidet sich wesentlich von dem früheren Modell dadurch, dass es nun explizit als die Person auftritt, die als Träger der alltagswirklichen Autorfunktion fungiert und damit scheinbar auch an juridisch-soziale Diskurse anschlussfähig ist. Die literarische Autorschaft wird damit zu einem konstitutiven Merkmal einer so evozierten autofiktionalen Person. Dadurch, dass die Frankfurter Poetikvorlesung in den »Roman eines Jahres« *Abfall für alle* integriert ist, fällt zudem die letzte strukturelle Stelle weg, von der aus eine Metaposition rekonstruierbar gewesen wäre.

Die so geschriebenen Texte und in diesem Modus vollzogenen Fernsehauftritte und Interviews lassen sich als *hypomnêmata* ansehen, die an einer autofiktional ausgeführten *epimelēsthai sautou* teilhaben, die keine andere Daseinsweise als eben die vorgeführte und beobachtbare kennt. Darauf beruht der Mimikry-Effekt, der in etwa besagt: Wer hier ›Ich‹ sagt – auch dann, wenn er sich hinter Figuren wie Kyritz oder Höllor usw. versteckt, – ist immer der Autor. Die Folge davon ist erneut eine vollständige Fiktionalisierung der Autorfunktion, die damit als wesentliches Merkmal einer umfassenden Autofiktion festgehalten werden kann. Die Konsequenz daraus ist einigermaßen paradox: Dieses Autor-Subjekt

---

4 Goetz (1999): *Abfall für alle*.
5 Goetz (2008): *Klage*.

installiert sich als Person im Rahmen operativer Fiktionen, bleibt aber damit immer nur und ganz ausschließlich der Autor. Anhand der autorisiert publizierten Bildmaterialien wurde im Kapitel 3.12.1 nachgezeichnet, dass keinerlei Anzeichen für eine private Existenz außerhalb der Autor-Rolle dargeboten werden. Dieses Muster wiederholt sich ebenfalls in den Fremdfortschreibungen: Die Figur Rainald Goetz bei Lottmann, Horzon, Bessing oder Stuckrad-Barre ist immer nur eine Autor-Person, nie eine ›private‹ Person außerhalb dieser Rolle, die über diejenigen Eigenschaften verfügt, mit denen auch sie selbst sich immer wieder der Beobachtung aussetzt.

Damit stellt die Selbstpoetik von Goetz nicht nur eine umfassende Autofiktion dar, bei der keinerlei Metaposition strukturell implementiert werden kann, sondern erweist sich auch als Modell der Möglichkeit einer Unmöglichkeit: Es lässt sich an ihr demonstrieren, wie in der selbstautorisierten Schrift und in den subjektivierenden Fremdfortschreibungen ein konsistentes Subjekt erschaffen wird, obwohl die strukturelle Anlage dieser Figur das eigentlich verbietet.[6] Denn während die Konsistenz des Subjekts, das dann als Person operationalisiert werden kann, ein Effekt dieser Selbstpoetik ist, ist ein solches Ergebnis aufgrund der strukturellen *Dynamik* in diesem System eigentlich nicht möglich. Was als ›Wahrheit des Subjekts‹ in seiner Konsistenz zum Vorschein kommt, widerspricht den Bedingungen seiner Existenz, denn es situiert sich strukturell zwischen ›Fiktion‹ und ›Welt‹, die in einer beständigen Aushandlung begriffen sind. Die metaleptische Mimikry einer Identität mit sich selbst kann so als ein mögliches festes Ergebnis dieser Aushandlung angesehen werden; als eines freilich, das immer die Option in sich enthält, sich weiteren Metamorphosen zu unterziehen.

Eine solche Metamorphose stellt die im Zuge der Veröffentlichung von *Johann Holtrop*[7] von Goetz im Jahr 2012 praktizierte Öffentlichkeitsoffensive dar, die hier im Kapitel 4.5.2 behandelt wurde. Erstmalig trat Goetz als konventioneller Autor auf, formulierte poetologische Überlegungen, die nicht selbst poetisch überformt waren, trat in eine Metaposition zu seinem Schreiben und seiner Autor-Rolle. Zugleich wurde darin jedoch deutlich, dass diese ›Hinwendung zum Leben‹ selbst Teil eines größeren Projekts ist, »das Experiment ›Leben und Schreiben‹«[8] ist auf Basis der vormalig rein textuellen Autofiktion in eine neue Phase getreten – und die alten Poetiken wirken noch immer als Deutungsfolien. Ob es Goetz gelingen

---

6 Vgl. dazu ausführlich Kapitel 4.5.3.
7 Goetz (2012): *Johann Holtrop*.
8 SuhrkampVerlag (2012): »Antrittsvorlesung von Rainald Goetz im Rahmen der Heiner Müller-Gastprofessur«, 57:45–57:51.

sollte, in der öffentlichen Wahrnehmung nicht mehr nur als Verkörperung einer Autor-Figur aufgefasst zu werden, wird sich in der Zukunft erweisen. Die Wichtigkeit der Dynamik für seine (Selbst)Poetik wird durch diesen Schritt jedoch erneut untermauert – und deutet zudem darauf hin, dass Autofiktion kein Dogma darstellt, dem man lebenslang zu folgen habe.[9]

Was bei der früheren Selbstpoetik von Goetz als eine mögliche Deutung stehen bleiben muss, wird bei Joachim Lottmann zum konstituierenden Prinzip: In seiner SERIELL-ÄQUIVALENTEN SELBSTPOETIK wird das Subjekt Jolo mit jeder Einschreibung neu erschaffen. Zunächst gilt es hier die Gemeinsamkeiten zu Goetz herauszustellen: Erneut ist die Autorfunktion einer vollständigen Fiktionalisierung ausgesetzt und erneut wird strukturell kein Platz dafür gelassen, dass sich eine Metaposition etablieren könnte. Wie auch bei der späten Selbstpoetik von Goetz ist Lottmanns Subjekttechnik eine vollwertige Autofiktion, in der ein konsistentes Subjekt erschaffen wird, das als Person in operativen Fiktionen angeschlossen werden kann. Die Voraussetzungen dafür sind hier jedoch andere. Anders als bei Goetz, unterliegen alle Zeichen, die Lottmann prozessiert, der nicht hintergehbaren Rahmung der *Ironia entis*.[10] Der Modus der Unentscheidbarkeit determiniert damit alle Zeichenprozesse, die von diesem Autor-Subjekt organisiert werden. Der Effekt ist erneut paradox, denn das hier entstehende Subjekt zeigt einerseits eine hohe Konsistenz, andererseits aber eine fortgesetzte Diskontinuität zu sich selbst, was es gleichwohl nicht daran hindert, in persona im literarischen Feld aufzutreten. Die Basis für diese Prozesse bildet ein struktureller Trick, der als eine der entscheidenden Konstituenten von Lottmanns Poetik gelten kann: In seinen Romanen, Reportagen und in seinem Weblog vervielfältigt Lottmann die Elemente der Alltagswirklichkeit. Er leistet dies zum einen durch Mehrfachabdrucke seiner journalistischen Texte in seinen Romanen und zum anderen durch die Übernahme kompletter Artikel anderer journalistischer Autoren in seinem Weblog. Der Effekt davon ist, dass einerseits die alltagswirklichen Interpretanten dieser fremden Texte auf seine eigenen Texte übertragen werden, und dass im Gegenzug der fiktionale Interpretant seiner Texte auf diejenigen Medienangebote übergreift, die normalerweise dazu dienen, Alltagswirklichkeit herzustellen.[11]

---

[9] Eine andere Deutung könnte lauten, dass mit dieser Metamorphose der Schritt von einer medialisierten zu einer interaktionistischen Autofiktion geleistet wird, wobei die Metaposition zu den alten textuellen Poetiken als Motiv in die neue Poetik übertragen wird. Derzeit liegen für ein solches Urteil jedoch zu wenige Materialien vor.
[10] Vgl. dazu ausführlicher Kapitel 5.5.1.
[11] Vgl. dazu ausführlicher Kapitel 5.3.3 und 5.4.2.

Eine Identität des Subjekts wird auf diese Weise zunächst prinzipiell unterbunden: Joachim Lottmann ist nicht identisch mit seinem Erzähler Johannes Lohmer, und mehr noch: selbst diese sind niemals als identisch mit sich selbst anzusehen, zumindest nicht über den Rahmen eines Buches oder Textes hinaus. Gleichwohl werden sie immer wieder neu geschaffen im Modus der seriellen Äquivalenz: Sie können den gleichen Satz von Eigenschaften von einem Roman in den nächsten, von einer Reportage in die nächste hinübertragen oder auch untereinander austauschen, sie müssen dies aber nicht tun. Und nach den gleichen Prinzipien werden auch alle Zeichen in seinen Texten konfiguriert, die auf unsere Alltagswirklichkeit verweisen und für den hohen Grad von Realistik sorgen, den Lottmanns Werke trotz aller Übertreibungen und Lügen aufweisen: »Lottmann verlottmannt die Welt.«[12] Damit leistet er nicht nur eine Fiktionalisierung der eigenen Autorfunktion (bzw. auch seines ›Ichs‹), sondern legt auch eine strukturelle Fiktionalisierung des gesamten Kontextes an: Alle Zeichen, die auf die Welt außerhalb von Lottmanns Texten verweisen, die wir alltagsweltlich referentialisieren können, unterliegen dem ›Prinzip Jolo‹. Dieses Prinzip erweist sich als das identitätsstiftende Merkmal seiner Selbstpoetik und seiner Poetik überhaupt und führt vor, wie fragil und unklar Dasjenige medial hergestellt wird, das wir uns angewöhnt haben, ›Realität‹ zu nennen.

An Lottmann lässt sich das von C. S. Peirce dargelegte Prinzip nachvollziehen, wie sich ein Interpretant zu einem Symbol wandelt. Die serielle Äquivalenz evoziert immer den gleichen Interpretanten, der sich aus den Eigenschaften ›Unentscheidbarkeit‹, ›Lüge‹ und ›Diskontinuität‹ zusammensetzt. Durch seine Serialität wird der Interpretant zum ordnenden Prinzip der so hergestellten Zeichen, die sowohl auf die Welt als auch auf das Autor-Subjekt referieren. Auf diese Weise installiert er sich als Symbol, welches alles determiniert, was mit Lottmann in Berührung kommt. Dieses ›Prinzip Jolo‹ gibt sich zudem als eine pathologische Autorschaft zu erkennen: Der *Borderliner* kann nicht anders, als immer wieder neue Welten schreibend zu produzieren, die jeweils für sich im Moment der Herstellung eine selbstreferentielle Wahrheit herstellen. Die Selbstpoetik von Lottmann erweist sich damit als die serielle Herstellung von Subjekten, die zueinander im Verhältnis sowohl der Äquivalenz als auch der Differenz stehen, aber immer einem identischen Prinzip gehorchen. Es wird zudem deutlich, dass die so vorgeführte Herstellung des Subjekts zugleich auch die serielle

---

12 Vgl. www.willkommen-oesterreich.tv/pl.php?plid=26#F26, Video 4, 9:12 (zuletzt eingesehen am 17.12.2013).

Setzung von ›Wahrheit‹ beinhaltet, die immer nur für eben jenen Text als die ›Wahrheit des Subjekts‹ und die ›Wahrheit seiner Welt‹ gilt.[13]

Anders als bei Lottmann oder Goetz, lässt sich die Selbstpoetik von Alban Nikolai Herbst zunächst als die unmittelbare Theorie einer Subjektpoetik lesen. In seinen Romanen werden alle Prinzipien der Pluralisierung des Subjekts unter den Bedingungen der Postmoderne ausbuchstabiert.[14] Seine Theorie des Kybernetischen Realismus liest sich als Anleitung dazu, wie man nach den Prinzipien einer PLURALEN KYBERNETISCH-RHIZOMATISCHEN SELBSTPOETIK sein Selbst im Internet vervielfältigen kann, um in einem ›Ungefähren Raum‹ – der nichts anderes ist, als das von Lottmann bekannte Prinzip der Unentscheidbarkeit – virtuelle Avatar-Subjekte herzustellen, die darin ihre Existenzform finden, als Autoren auftreten können und an Kommunikation teilhaben, ohne sich aus der Perspektive dieses ›Spiels‹ um Diskursgrenzen zu kümmern.

Zu dieser Konzeption im Widerspruch steht jedoch die Selbstpraxis von Herbst, die hier als KONSISTENT-AUTORITÄRE SELBSTPOETIK bezeichnet wurde.[15] Darin sind erneut alle Möglichkeiten einer Metaposition in dieses Modell integriert, die Autorschaft vollständig fiktionalisiert[16] und das so entstehende Subjekt erweist sich als die Figur einer ausgesprochen konsistenten Person, die an alltagswirkliche Praktiken und operative Fiktionen anschlussfähig zu sein scheint. Zudem wird die im ersten Modell angebotene Freiheit der Dehierarchisierung durch die autoritäre Praxis der Einschreibung unmündiger Subjekte ad absurdum geführt. Was also theoretisch als vollkommene Freiheit entworfen ist, wird durch Machtausübung negiert. Die radikalste der hier untersuchten Autofiktionen erweist sich damit in ihrer Praxis des performativen Selbstwiderspruchs zugleich als die existenziell bedrohlichste – freilich nicht für den so agierenden Autor, sondern für die ›Opfer‹ seiner Einschreibungen, die damit erst zu einem Subjektstatus im medialen Raum gelangen, gegen den sie sich nicht wehren können. Dieser Umstand verweist darauf, dass hier die operative Kompetenz der Literaturwissenschaft überschritten ist: Wie eine solche Praxis ethisch beurteilt werden kann, ist nicht mit den Mitteln dieser Disziplin zu argumentieren. Man kann allerdings festhalten, dass durch diese Praxis eine Aufhebung der Grenze zwischen Literatur und Leben bewirkt wird, für die es in der Literatur kaum vergleichbare Beispiele gibt.

---

13 Vgl. dazu ausführlicher Kapitel 5.4.3.
14 Vgl. dazu ausführlicher Kapitel 6.1.
15 Vgl. dazu ausführlicher Kapitel 6.4.3.
16 Diese beiden Eigenschaften stehen jedoch noch nicht im Widerspruch zur pluralen kybernetisch-rhizomatischen Selbstpoetik, vielmehr stellen sie zentrale Punkte dieser Theorie dar.

Weiterhin wurde festgestellt, dass die METHODISCHE APORIE, die in diesem Widerspruch zwischen Theorie und Praxis angelegt ist, eine radikale Neuerung darstellt, die sich weder mit Subjekttheorien der Moderne noch der Postmoderne erklären lässt. Die Aporie wirkt dabei nicht in der Weise eines einfachen performativen Selbstwiderspruchs, sondern erweist sich als ein Prinzip, das die gesamte Selbstpoetik konfiguriert: Demzufolge ist es möglich, nach einem theoretischen Modell eine Selbstpoetik zu prozessieren, die den basalen Bedingungen dieser Theorie widerspricht, ohne sich zugleich von dieser Theorie lösen zu müssen. Der performative Selbstwiderspruch wird damit strukturell verdoppelt, als Aporie in die Theorie selbst implementiert und damit zu einem Kernelement der Theorie selbst. Ganz einfach formuliert: Es ist offenbar möglich, die Bedingungen der Postmoderne anzuerkennen und sich zu ihnen vorbehaltlos zu bekennen, im gleichen Moment aber ein Subjektmodell zu prozessieren, das in seiner Anlage den Prinzipien einer vormodernen Existenz entspricht, da es mit einer durchgängigen Identität des Subjekts operiert und diese Identität als gültig für andere Subjekte anerkennt. Ob die hier angedeuteten Codes tatsächlich mit denen der Moderne und Postmoderne nicht mehr vereinbar sind, muss in weiteren Studien überprüft werden.

Insgesamt hat die Analyse der drei Autoren zum Ergebnis geführt, dass sowohl in ihren Werken als auch in ihrer sonstigen medialen Performanz vollwertige und umfassende autofiktionale Poetiken umgesetzt werden. Diese Poetiken können als Fallbeispiele dafür gelten, wie mit den Mitteln der Literatur, aber auch innerhalb alltagswirklich relevanter Diskurse wie des Journalismus und unter Zuhilfenahme verschiedener Medientechniken, Subjekte formiert werden, die das Potenzial aufweisen, als Personen im Rahmen operativer Fiktionen angeschlossen zu werden. Eine weitere wichtige Feststellung betrifft den Modus der Unentscheidbarkeit: In einem so konfigurierten Raum findet sich eine Aufhebung von Diskursgrenzen und die Referentialität von Zeichen ist nicht mehr präzise zu bestimmen. Obwohl alle hier behandelten Poetiken in einem solchen Raum angesiedelt sind, den sie selbst produzieren, hat sich gezeigt, dass dies kein ›Problem‹ für ihre Existenz darstellt. Die Subjekte können sich nicht nur selbstreferentiell darin manifestieren, sondern sie können trotz dieser Konfiguration auch in anderen als nur literarischen Diskursen angeschlossen und fortgeschrieben werden sowie darin als operationalisierende Instanzen auftreten. Das alles hat Konsequenzen für die Theorie der Autofiktion.

7.2 Konsequenzen für die Theorie

Eines der hier festgestellten Kriterien für Autofiktion besteht darin, dass die Autorschaft der so entstehenden Subjekte umfassend fiktionalisiert wird. Das bedeutet nichts anderes, als dass sie einer literarisch-fiktionalen Konfiguration ausgesetzt ist – der Autor, der damit greifbar wird, präsentiert sich als eine fiktionale Figur, die an der Stelle eines alltagswirklichen Trägers der Autorfunktion positioniert ist. In Hinblick auf Autorschaft als Funktion hat das den Effekt, dass sie nach wie vor ihre funktionale Rolle erfüllt: Sie fungiert als ordnende Instanz, um Texte so zu organisieren, dass ihr Begründer als Größe in juridischen Diskursen haftbar gemacht werden kann und in ökonomischen Diskursen von dem Erlös der Produkte profitiert, in denen sich seine Autorschaft manifestiert. Für Beobachterinnen und Beobachter jedoch bleiben die Verträge und Signaturen, mit denen eine solche funktionale Kopplung initiiert wird, in der Regel nicht einsehbar. Am Beispiel des Frühwerks von Rainald Goetz konnte belegt werden, dass darin ausschließlich die ›begründende Autorschaft‹ als eines der Hauptelemente des so entworfenen Subjekts fungierte – was später durch ein umfassendes Modell fiktionalisierter Autorschaft abgelöst wurde, das alle Bereiche dieser Funktion umfasste. In diesem war keine Differenzierung zwischen einem alltagswirklichen Träger der Autorfunktion und der Autor-Subjekt-Figur mehr möglich. Diese Autor-Subjekt-Figur erfüllte dabei alle polykontexturalen Funktionen, die einer konventionellen Autorschaft zukommen. Eben jener Effekt konnte auch anhand der Selbstpoetiken von Joachim Lottmann und Alban Nikolai Herbst nachwiesen werden, so dass ich dafür plädiere, diese strukturelle Anlage als eines der konstituierenden Merkmale einer umfassenden Autofiktion aufzunehmen. Es ist zudem davon auszugehen, dass nicht nur bei einer literarisch umgesetzten Autofiktion ein solches Phänomen zur Regel gehört: Nicht nur ästhetisch-künstlerisch umgesetzte Autofiktionen werden die funktionale Kopplung zwischen juridisch-ökonomisch-sozialen Diskursen und der Instanz ihrer begründenden Autorschaft fiktionalisieren. Es wäre zu untersuchen, ob sich solche Strategien in allen Texten des *New Journalism* finden lassen, oder aber, ob dies vielleicht als Eigenschaft aller Subjekte gelten kann, die in *one-to-many*-Medienangeboten zur Beobachtbarkeit ausgestellt werden, die sie selbst autorisieren und kontrollieren.

Eine weitere hier festgestellte Konstante betrifft das Vorkommen metaleptischer und quasi-metaleptischer Strukturen, die sich bei allen hier untersuchten Autoren nachweisen lassen. Die methodische Metalepse, in welcher sich scheinbar die Autorinstanz neben den Erzähler in der Diegese platziert, hat generell zwei Effekte zur Folge: Zum einen bewirkt sie eine Illusionsdurchbrechung der Diegese und markiert damit die Konstruiertheit der so ausgestellten Welt. Zum anderen aber vermittelt sie auch den Eindruck einer ›Mitschrift‹ (»während ich das hier schreibe ...«), die in der Vorstellung eines synchronen Zusammenfalls von Erleben und Schreiben resultiert und so die schriftliche Präsenz einer Autor-Figur im Text evoziert, die dabei eine Identität mit dem alltagswirklichen Träger der Autorfunktion ausstellen kann. Diese Art der Metalepse kann dazu dienen, den Rezeptionseffekt der Authentizität zu erzeugen. Man muss jedoch anfügen, dass das Vorhandensein von Metalepsen dieser Art allein keine hinreichende Bedingung für das Bestehen einer Autofiktion ist – sie macht diesen Umstand jedoch wahrscheinlicher, da auf diese Weise sowohl ein Identitätseffekt als auch eine gleichzeitige Fiktionalisierung der Autorfunktion erreicht werden können.[17] In denjenigen Medientechniken, die im Modus der Simultanität operieren, wie Chat und *Tweets*, sind methodische Metalepsen nicht möglich.

Der Begriff der Referentialität sollte für die künftige Autofiktionsforschung stark gemacht werden.[18] Weit davon entfernt, sich mitsamt des Subjekts in einem Gewirr partikulärer Zeichen aufzulösen, erweist sich die vorhandene Referentialität von autofiktionalen Subjekten und den von ihnen organisierten Zeichen als eine der interessantesten und ergiebigsten Quellen der Analyse. Das Nachverfolgen identischer Referenzen über Diskursgrenzen hinweg, erweist sich als Mittel der Wahl, um Anschlüsse zwischen Diskursen zu untersuchen, Identitätsgenesen nachzuzeichnen und die alltagswirkliche Anbindung autofiktionaler Subjekte nachzuweisen. Das Versprechen einer fiktionalen aber eben nicht fiktiven Existenzform lässt sich überhaupt nur einlösen, wenn Referenz vorhanden ist und den Anschluss von Elementen an operative Fiktionen erlaubt. Alltagswirkliche Referentialität wird damit zur *Condicio sine qua non* einer vollwertigen autofiktionalen Subjekttechnik.

Genau das Gleiche gilt auch für die Metaposition, beziehungsweise ihr Fehlen: Die Autor-Figuren in den Reportagen, journalistischen Arbeiten, poetologischen Abhandlungen, Interviews usw., die von einer Autorfunktion organisiert werden, müssen alle einer identischen Konfiguration unterliegen. Keine davon darf eine insofern privilegierte Stellung für sich beanspruchen, als dass sie so erkennbar wird, als ob sie jenseits der autofiktionalen Poetik stehen und die anderen Figuren lenken würde: Alle möglichen Metapositionen müssen strukturell in die Selbstpoetiken integriert sein. Eine andere Möglichkeit des Fehlens einer Metaposition lässt sich bei Alban Nikolai Herbst beobachten. Er pluralisiert

---

[17] Einen ähnlichen Effekt haben auch Herausgeber-Fiktionen. Vgl. dazu Wirth (2008): *Die Geburt des Autors aus dem Geist der Herausgeberfiktion*. Allerdings findet dort eine Fiktionalisierung statt, in welcher Differenz und nicht Identität als Folge auftritt.
[18] Dies folgt auch dem Ansatz von Almut Finck. Vgl. Finck (1999): *Autobiographisches Schreiben nach dem Ende der Autobiographie*, S. 13.

seine Autorschaft und verteilt sie auf verschiedene Instanzen (Herbst, Deters, Daniello etc.) – es wird dabei jedoch auf eine Hierarchisierung verzichtet, so dass eine Zentralperspektive verhindert wird: Welche der Figuren wen erschaffen und kontrollieren, ist aus der Perspektive der autofiktionalen Selbstpoetiken heraus (und auch für die analysierenden WissenschaftlerInnen) nicht entscheidbar.[19]

Als weiteren Beitrag zur Theorie der Autofiktion möchte ich abschließend vorschlagen, das Rezeptionsergebnis der Konsistenz als entscheidendes Kriterium einzuführen. Nur solange die Autor-Figuren einem generellen Prinzip der Identität folgen und einen umfangreichen Katalog von Eigenschaften von Werk zu Werk identisch transportieren, lässt sich m.E. von einer vollwertigen Autofiktion sprechen. Anhand der Selbstpoetik von Joachim Lottmann kann man jedoch sehr gut veranschaulichen, dass diese Konsistenz nicht als Identität der Eigenschaften von Autor-Subjekt-Figuren umgesetzt werden muss. Wie in seinem Fall kann sie sich als poetologisches Prinzip äußern, als ein Interpretant, der sich zu einem Symbol wandelt und alle Zeichen, die von einer Autorfunktion organisiert werden, determiniert.

Als eine Anmerkung sei zuletzt noch angefügt, dass der These von Martina Wagner-Egelhaaf, derzufolge es der Autofiktion eben »nicht mehr um die Alternative ›Wirklichkeit‹ oder ›Fiktion‹«[20] geht, ganz unvoreingenommen zugestimmt werden kann. Die Untersuchung hat gezeigt, dass das Problem einer ›Grenze‹ darin tatsächlich keine Rolle mehr spielt und dass dieser Umstand nicht hinderlich dabei ist, die hier analysierten autofiktionalen Selbstpoetiken von Autor-Subjekten als operationalisierbare Größen auch in alltagswirklichen Diskursen anzuschließen und fortzuschreiben. Oder um es in einem Satz zu sagen: Wenn Autofiktionen das sind, was in *one-to-many*-Medienangeboten realisiert werden kann, dann muss man feststellen: sie funktionieren.

7.3 Anmerkungen zur Methode

Wäre es möglich gewesen, der Metaposition der hier behandelten Autor-Subjekte, ihrer Referentialisierbarkeit und ihrer Konsistenz nachzuforschen, wenn ausschließlich ihre ›genuin literarischen‹ Werke in das Korpus aufgenommen worden wären? Eher nicht. Insofern hat sich das hier entwickelte methodische

---

19 Dass seine Praxis der konsistent-autoritären Selbstpoetik von diesem Prinzip abweicht, habe ich im vorigen Kapitel dargelegt. Diese Abweichung erweist sich jedoch aufgrund der methodischen Aporie als nicht relevant für die generelle Anlage der autofiktionalen Selbstpoetik.
20 Wagner-Egelhaaf (2006): »Autofiktion oder: Autobiographie nach der Autobiographie«, S. 361.

Instrumentarium bewährt. Es hat sich als eine gute Entscheidung erwiesen, auf ein semiotisches Modell zurückzugreifen, denn die Untersuchung des Interpretanten hat sich im Laufe der Analyse zu einem der ergiebigsten Werkzeuge entwickelt.[21] Die Ausweitung des Textbegriffs und die Berücksichtigung visueller und audiovisueller Medienangebote haben es notwendig gemacht, die Theorie der konfigurierenden Rahmungen in dieser Studie anzuwenden.[22] Auch der Medienkompaktbegriff erlaubte es mit seinen diffizilen Differenzierungsmöglichkeiten auf den Ebenen der Kommunikationsinstrumente, Medientechniken, Institutionen und Medienangebote, den Wandel der Zeichen sehr exakt nachzuzeichnen und die Bedeutungsveränderungen darzulegen.[23] Vor allem das Rezeptionsergebnis der Konsistenz konnte auf diese Weise sehr reflektiert und fundiert konstruiert werden und hat damit zu einigen zentralen Ergebnissen geführt. Die hier entwickelten Methoden könnten damit auch in anderen äquivalent angelegten Untersuchungen zur Anwendung kommen, um ein ähnlich strukturiertes Korpus zu verwalten – und damit weiterentwickelt und optimiert werden. Das Anwendungsfeld ist dabei nicht auf die Literaturwissenschaft beschränkt: Die Analyse von Konfigurationen, Interpretanten und Konsistenzen kann sich in allen kulturwissenschaftlichen Disziplinen als produktiv erweisen.

7.4 Abschluss und Ausblick

Die Analyse der literarisch-ästhetisch grundierten Selbstpoetiken hat im Ganzen nicht nur dazu geführt, einige Fallbeispiele zu erläutern und damit Modelle abzuleiten, nach denen Subjekttechniken strukturiert sind, sie hat auch vorgeführt, nach welchen Gesetzen Phänomene sowohl der Literatur als auch der Alltagswirklichkeit funktionieren können. Das alte Ideal einer Verschmelzung von ›Literatur‹ und ›Leben‹ ist damit endgültig begraben, denn aus der Perspektive dieser Arbeit sind diese beiden Bereiche nicht so deutlich voneinander zu unterscheiden, wie diese Idee impliziert: Der ›Ungefähre Raum‹ der Unentscheidbarkeit, in dem sich die hier behandelten Subjekte formieren, führt nicht zu einer Übertretung von Diskursgrenzen, sondern zu ihrer Aufhebung, so dass die vormals heuristisch getrennten Bereiche ineinander diffundieren und die Elemente darin durch Interferenzen weite Wirkungen entfalten. Nachzeichnen kann man dieses Prinzip anhand der alltagswirklichen Fortschreibungen der

---

21 Vgl. dazu ausführlicher Kapitel 3.7.
22 Vgl. dazu ausführlicher Kapitel 3.9.
23 Vgl. dazu ausführlicher Kapitel 3.5.

fiktiven Figuren und an den fiktionalen Autor-Subjekten, die als Personen an alltagswirkliche operative Fiktionen angeschlossen werden. Die Herstellung dieser Subjektmodelle zeigt damit gleichzeitig auf, nach welchen Codes unsere Welt strukturiert werden kann: Elemente, die darin zur Wirkung gelangen, können durchaus fiktional sein, ohne damit auch fiktiv sein zu müssen, – im Gegenteil, sie evozieren Effekte, die unsere Operationalisierbarkeit in der Alltagswirklichkeit mitbestimmen. Ob nun Rainald Goetz wegen Drogenbesitzes und Joachim Lottmann wegen Vergewaltigung angeklagt werden, oder ob Hans Erich Deters bei der VG Wort gemeldet ist und für diese Einnahmen Steuern zahlt, ist für kulturwissenschaftliche Untersuchungen wie die vorliegende nicht relevant. In das zu analysierende Korpus wurden nur Elemente aufgenommen, die ›barrierefrei‹ für alle Menschen der westlichen Kulturen zugänglich sind, und die durch einen Gang in die Bibliothek oder ein paar Klicks im Internet aufgefunden und wiedergelesen werden können – so dass die Ergebnisse dieser Studie hoffentlich von allen überprüft und nachvollzogen werden können.

Zudem sind die hier aufgezeichneten Poetiken des Selbst als Subjekttechniken prinzipiell imitierbar und stehen damit nicht nur literarischen Autorinnen und Autoren zur Selbsterschaffung frei. Natürlich: Die beiden anhand von Rainald Goetz demonstrierten Modelle speisen sich in erheblichem Maße aus seiner Reputation als literarischer Autor, es wäre jedoch zu überprüfen, ob nicht alle bekannten ›Archivisten‹ wie Walter Kempowski, Benjamin von Stuckrad-Barre oder auch Günter Wallraff als Autor-Subjekte auf eine ähnliche Art und Weise erschaffen werden wie Goetz. Das Modell der äquivalent seriellen Selbstpoetik von Lottmann wäre zudem an alle Autoren des *New Journalism* anzulegen und könnte dazu dienen, ihre Texte und Selbstdarstellungen besser zu verstehen. Es ist zudem strukturell leicht imitierbar, hierzu muss man nicht bei Kiepenheuer & Witsch oder der *FAZ* unter Vertrag stehen. Es reicht aus, einige Weblogs zu initiieren, sie mit Inhalten zu füllen, die auf verschiedene Subjekt-Figuren nach dem gleichen Prinzip referieren und vielleicht noch einige *Social-Media*-Profile bei *Facebook, MySpace, YouTube* und *Twitter* anzulegen, die daran strukturell gekoppelt werden und deren Inhalte interferieren. Noch einfacher wäre die Theorie und die Praxis umzusetzen, die bei Alban Nikolai Herbst beobachtet werden kann: Ob als kybernetischer Avatar-Autor oder aber als ›gläsernes Subjekt‹, das sich zum Ziel setzt, möglichst umfassend beobachtbar zu sein oder andere zur Beobachtung auszustellen; alles was man dafür braucht, ist ein Computer mit Kamera, eine Internetverbindung und die Bereitschaft, sich in den ›Ungefähren Raum‹ einzuschreiben, der von den meisten anderen Menschen als die Repräsentation einer empirischen Alltagswirklichkeit rezipiert wird. Inwiefern solche Praktiken bereits im weiten Umfang zum Einsatz kommen, wäre eine reizvolle Untersuchung. In jedem Fall müsste bei einer weiten Verbreitung solcher Poetiken die

Regelhaftigkeit der Anschlüsse zwischen Diskursen neu austariert werden, denn die Operationalität der Jurisprudenz und der Ökonomie wäre damit gefährdet, ganz zu schweigen vom Wahlrecht.[24]

Natürlich ist die Verbreitung eines solchen ›Ungefähren Raums‹ auch nicht unproblematisch. Die hier untersuchten Selbstpoetiken präsentieren sich in ihrer Struktur als dehierarchisierte Parabasen: Als eine Vielzahl von Bühnen, auf denen teilweise die identischen Figuren auftreten, bei denen aber nicht klar zu bestimmen ist, in welchem hierarchischen Verhältnis diese Bühnen zueinander stehen: Eine Zentralperspektive ist nicht möglich. Hier ist ein Einwand anzusetzen: Denn stellt diese hier vorliegende Untersuchung selbst nicht genau eine solche Zentralperspektive dar? Wird hier nicht deutlich eine Beobachtung zweiter Ordnung praktiziert? Nur bedingt. Denn vor allem das Beispiel der Selbstpoetik von Joachim Lottmann hat gezeigt, dass der gesamte Kontext der *one-to-many*-Medienangebote, auf denen die Analyse beruht, dem gleichen Prinzip der Fiktionalisierung unterliegen kann. Ein archimedischer Punkt wird somit verhindert, da der Status der untersuchten Phänomene nicht klar und abschließend bestimmbar ist. Es konnten somit die Prozesse und Strukturen nachgezeichnet werden, nach denen die Codes operationalisierbar sind. Die Struktur der Codes selbst, die Regeln, nach denen sie operieren und sich wandeln, kann nur durch den analytischen Prozess anschaulich gemacht werden, den diese vorliegende Arbeit darstellt. Das *re-entry* der vorliegenden Untersuchung muss damit durch andere Wissenschaftlerinnen und Wissenschaftler formuliert werden, die selbst wiederum ihr *re-entry* nicht verifizieren können etc. *ad infinitum*.

Es wäre darum die Frage zu stellen, ob die Annahme einer Zentralperspektive generell das Zeichen eines überholten Denken ist, welches angesichts der Phänomene unserer Welt nicht mehr ausreicht, um diese zu beschreiben und damit auch erst zu erschaffen. Einen möglichen Ausweg aus dieser scheinbar als Dilemma erscheinenden Situation bietet die Formulierung ethischer Kriterien im Imperativ, die zum Beispiel festlegen, ob und wenn ja, dann unter welchen Bedingungen Einschreibungen und Fortschreibungen von Subjekten vorgenommen werden dürfen. Dies gilt es als Desiderat für die Philosophie festzuhalten. Bis es

---

24 Man könnte diese Subjektpoetiken auch wortwörtlich als ›verrückt‹ bezeichnen. Sie ähneln in ihrer Struktur damit einer nicht-pathologischen Form der Schizophrenie. Vgl. dazu auch Kraus (2000): *Das erzählte Selbst*, S. 151: »Welche Art von sozialem Diskurs ist denkbar unter der Prämisse, dass wir alle verrückt sind? [...] [W]enn alle unsere Selbste zersprengt sind, ist eine alternative Seinsmöglichkeit nicht mehr vorstellbar. Die Frage ist also, was genau die psychotische Erfahrung bedeuten kann für eine moderne Gesellschaftsanalyse.« Vgl. weiterhin zu den Problemen einer solchen pathologisierenden Diagnose des Subjekts ebd., S. 151–158. Vgl. auch Jameson (1986): »Postmoderne – Zur Logik der Kultur im Spätkapitalismus«, S. 70–75.

aber soweit ist, kann die vorliegende Studie dazu genutzt werden, die Diskurse der Autofiktionsforschung und der Kultursoziologie anzuregen. Sie stellt damit nicht nur die Beschreibung derjenigen Codes dar, die dazu genutzt werden, Subjekte und damit auch ›Welt‹ herzustellen, sondern ist hoffentlich auch selbst daran beteiligt, diese Codes durch ihre Praxis umzuschreiben. Dem Autor dieser Zeilen bleibt darum nur die Hoffnung, dass die hier ausgeführte Arbeit inhaltlich und methodisch von anderen fortgesetzt wird. Ob die vorliegenden Analysen dabei als produktiv angesehen oder aber negativ rezipiert werden, ist für den Prozess unerheblich, denn auch kognitive Dissonanz führt dazu, dass neue Kommunikation prozessiert wird, während Konsens zu Redundanz und damit zu einer Erstarrung des Systems führt. Und das möchte nun wirklich niemand, – bzw. ›ich‹ nicht.

Literatur- und Quellenverzeichnis

Rainald Goetz

Goetz, Rainald Maria (1978): »Der macht seinen Weg. Privilegien, Anpassung, Widerstand«. In: *Kursbuch 54*, S. 31–43.

Goetz, Rainald (1982): »Die Entdeckung des Arbeitens. Aus einem Krankenhaus«. In: Michael Rutschky (Hg.): *Errungenschaften. Eine Kasuistik*. Frankfurt/M.: Suhrkamp, S. 29–52.

Goetz, Rainald (1983): »Das Polizeirevier«. In: Michael Rutschky (Hg.): *1982. Ein Jahresbericht*. Frankfurt/M.: Suhrkamp, S. 211–264.

Goetz, Rainald (1983): »Subito«. In: Humbert Fink / Marcel Reich-Ranicki (Hg.): *Klagenfurter Texte 1983*. München: List, S. 65–77.

Goetz, Rainald (1983): *Irre. Roman*. Frankfurt/M.: Suhrkamp.

Goetz, Rainald (1984): »Fleisch«. In: *Spex* 5/84, S. 40–45, 53, 55.

Goetz, Rainald (1984): »Gewinner und Verlierer«. In: *Spex* 2/84, S. 40–44.

Goetz, Rainald (1984): »I.C.H.«. In: *Spex* 7/84, S. 6.

Goetz, Rainald (1984): »Männer Fahrten Abenteuer. Das Dritte Buch über mich«. In: *Spex* 8/84, S. 52–55.

Goetz, Rainald (1984): »Meine lieben jungen Freunde« (Leserbrief). In: *Spex* 11/84, S. 43.

Goetz, Rainald (1984): »Neue Massen. Hanoi Rocks im Gespräch«. In: *Spex* 11/84, S. 30–33.

Goetz, Rainald (1984): »Subito«. In: Peter Glaser (Hg.): *Rawums. Texte zum Thema*. Köln: Kiepenheuer & Witsch, S. 152–165.

Goetz, Rainald (1984): »Wir Kontrolle Welt«. In: Michael Rutschky (Hg.): *1983. Tag für Tag. Der Jahresbericht*. Frankfurt/M.: Suhrkamp, S. 68–107.

Goetz, Rainald (1985): »Und Blut. Das Sein Bestimmt Das Sein«. In: *Spex* 10/85, S. 46–49.

Goetz, Rainald (1986): »Der Attentäter«. In: Ders.: *Hirn*. Frankfurt/M.: Suhrkamp. S. 127–176.

Goetz, Rainald (1986): »Fleisch«. In: Ders.: *Hirn*. Frankfurt/M.: Suhrkamp, S. 57–87.

Goetz, Rainald (1986): »Gewinner Und Verlierer«. In: Ders.: *Hirn*. Frankfurt/M.: Suhrkamp, S. 32–56.

Goetz, Rainald (1986): »Kerker«. In: Ders.: *Hirn*. Frankfurt/M.: Suhrkamp, S. 106–113.

Goetz, Rainald (1986): »Männer Fahrten Abenteuer«. In: Ders.: *Hirn*. Frankfurt/M.: Suhrkamp, S. 88–105.

Goetz, Rainald (1986): »Neue Massen«. In: Ders.: *Hirn*. Frankfurt/M.: Suhrkamp, S. 114–126.

Goetz, Rainald (1986): »Subito«. In: Ders.: *Hirn*. Frankfurt/M.: Suhrkamp, S. 9–21.

Goetz, Rainald (1986): »Und Blut«. In: Ders.: *Hirn*. Frankfurt/M.: Suhrkamp, S. 177–194.

Goetz, Rainald (1986): *Hirn*. Frankfurt/M.: Suhrkamp.

Goetz, Rainald (1986): *Krieg. Stücke*. Frankfurt/M.: Suhrkamp.

Goetz, Rainald (1987): »Kadaver. vernichten vernichten«. In: *Spex* 10/87, ohne Paginierung, in der Mitte des Magazins separat eingeheftet.

Goetz, Rainald (1988): *Kontrolliert. Geschichte / Roman*. Frankfurt/M.: Suhrkamp.

Goetz, Rainald (1990): »Angst. ›Der Text ist meine Party‹«. In: *Spex* 1/90, S. 34–37.

Goetz, Rainald (1990): »Soziale Praxis«. In: *Spex* 10/90, S. 108–111.

Goetz, Rainald (1993): »Angst. ›Der Text ist meine Party‹«. In: Ders.: *Kronos. Berichte*. Frankfurt/M.: Suhrkamp, S. 289–330.

Goetz, Rainald (1993): »Ästhetisches System«. In: Ders.: *Kronos. Berichte*. Frankfurt/M.: Suhrkamp, S. 365–401.

Goetz, Rainald (1993): »Ästhetisches System«. In: *Spex* 5/93, S. 50-55.
Goetz, Rainald (1993): »Das Polizeirevier«. In: Ders.: *Kronos. Berichte.* Frankfurt/M.: Suhrkamp, S. 11-70.
Goetz, Rainald (1993): »Der Attentäter«. In: Ders.: *Kronos. Berichte.* Frankfurt/M.: Suhrkamp, S. 123-180.
Goetz, Rainald (1993): »Drei Tage. Text, Bier, Ecstasy«. In: Ders.: *Kronos. Berichte.* Frankfurt/M.: Suhrkamp, S. 251-286.
Goetz, Rainald (1993): »Soziale Praxis«. In: Ders.: *Kronos. Berichte.* Frankfurt/M.: Suhrkamp, S. 333-364.
Goetz, Rainald (1993): »Wir Kontrolle Welt«. In: Ders.: *Kronos. Berichte.* Frankfurt/M.: Suhrkamp, S. 71-121.
Goetz, Rainald (1993): *1989. Material.* 3 Bde. Frankfurt/M.: Suhrkamp.
Goetz, Rainald (1993): *Festung. Stücke.* Frankfurt/M.: Suhrkamp.
Goetz, Rainald (1993): *Kronos. Berichte.* Frankfurt/M.: Suhrkamp.
Goetz, Rainald (1994): *Word. Soziale Praxis. Ästhetisches System.* Doppel-CD. Gemeinsam mit Oliver Lieb und Stevie Be-Zet. Eye Q Records.
Westbam (1997): *Mix, Cuts & Scratches, mit Rainald Goetz.* Berlin: Merve.
Goetz, Rainald (1998): *Jeff Koons. Stück.* Frankfurt/M.: Suhrkamp.
Goetz, Rainald (1998): *Rave. Erzählung.* Frankfurt/M.: Suhrkamp.
Goetz, Rainald (1999): »Die Ordnung der Ekstase«. In: Ders.: *Celebration. 90s Nacht Pop.* Frankfurt/M.: Suhrkamp, S. 99-130.
Goetz, Rainald (1999): »Samstag, 5. Juni 1999«. In: Christian Kracht (Hg.): *Mesopotamia. Ernste Geschichten am Ende des Jahrtausends.* Stuttgart: DVA, S. 147-171.
Goetz, Rainald (1999): *Abfall für alle. Roman eines Jahres.* Frankfurt/M.: Suhrkamp.
Goetz, Rainald (1999): *Celebration. 90s Nacht Pop.* Frankfurt/M.: Suhrkamp.
Goetz, Rainald (2000): *Dekonspirationen. Erzählung.* Frankfurt/M.: Suhrkamp.
Goetz, Rainald (2001): *Heute Morgen. Rave, Jeff Koons, Celebration, Abfall für alle, Dekonspirationen. Gelesen vom Autor.* (Doppel-CD, produziert vom Bayrischen Rundfunk) München: der hörverlag.
Goetz, Rainald (2001): *Jahrzehnt der schönen Frauen.* Berlin: Merve.
Goetz, Rainald (2008): *Klage.* Frankfurt/M.: Suhrkamp.
Goetz, Rainald (2009): »Loslabern / Rainald Goetz: open daily 6am-10pm«. In: *Zeit Magazin* 41 vom 01.10.2009, S. 10-31.
Goetz, Rainald (2009): *loslabern. Bericht. Herbst 2008.* Frankfurt/M.: Suhrkamp.
Oehlen, Albert / Rainald Goetz (2010): *D•I•E. Abstract Reality.* Berlin: Holzwarth Publications / Galerie Max Hetzler.
Goetz, Rainald (2010): *elfter september 2010. Bilder eines Jahrzehnts.* Berlin: Suhrkamp.
Goetz, Rainald (2010): *loslabern.* (Hörspiel). Produziert vom BR2, gesendet am 12.03.2010.

Joachim Lottmann

Lottmann, Joachim (1984): »Drei Frauen«. In: Peter Glaser (Hg.): *Rawums. Texte zum Thema.* Köln: Kiepenheuer & Witsch, S. 124-139.
Lottmann, Joachim (1986): »Mord an Bord«. In: Hubert Winkels (Hg.): *aus. Mord-Stories.* Köln: Kiepenheuer & Witsch, S. 136-156.
Lottmann, Joachim (1986): »Helden für mehr als einen Tag«. In: *Spex* 8/86, S. 59.

Lottmann, Joachim (1986): »Realitätsgehalt: Ausreichend«. In: *Spex* 11/86, S. 65.
Lottmann, Joachim (1987): *Mai, Juni, Juli. Ein Roman*. Köln: Kiepenheuer & Witsch.
Lottmann, Joachim (1999): *Deutsche Einheit. Ein historischer Roman aus dem Jahr 1995*. Zürich: Haffmans.
Lottmann, Joachim (2001): »Mit Kathrin Passig in der Zentralen Intelligenz Agentur«, gepostet am 14.05.2001, www.hoeflichepaparazzi.de/forum/showthread.php?t=10527 (zuletzt eingesehen am 17.12.2013).
Lottmann, Joachim (2003): *Mai, Juni, Juli. Ein Roman*. (Taschenbuch). Köln: Kiepenheuer & Witsch.
Lottmann, Joachim (2003): »Meine Abenteuer in der Wirklichkeit«. In: *Die Tageszeitung* vom 26.02.2003.
Lottmann, Joachim (2004): »Wege zum Sex«. In: *Frankfurter Allgemeine Sonntagszeitung* vom 03.10.2004.
Lottmann, Joachim (2004): »Schreib' das auf, Lindemann!«. In: *Der Tagesspiegel* vom 13.11.2004.
Lottmann, Joachim (2004): *Die Jugend von heute. Roman*. Köln: Kiepenheuer & Witsch.
Lottmann, Joachim (2005): »Das ist der Urschlamm, Baby«. In: *Süddeutsche Zeitung* vom 12.03.2005.
Lottmann, Joachim (2005): »Er war mein Kanzler«. In: *Die Tageszeitung* vom 05.10.2005.
Lottmann, Joachim (2005): »Gott führt uns zusammen«. In: *Die Tageszeitung* vom 20.08.2005.
Lottmann, Joachim (2005): »Kein Platz für Jesus«. In: *Die Tageszeitung* vom 22.06.2005.
Lottmann, Joachim (2005): »Wie Blutwürste in ihrer Pelle«. In: *Süddeutsche Zeitung* vom 04.04.2005.
Lottmann, Joachim (2006): *Zombie Nation. Roman*. Köln: Kiepenheuer & Witsch.
Lottmann, Joachim (2007): »Ferien in Klagenfurt«. In: Ders.: *Auf der Borderline nachts um halb eins. Mein Leben als Deutschlandreporter*. Köln: Kiepenheuer & Witsch, S. 96–115.
Lottmann, Joachim (2007): »Berlin Mitte und ›Liebe heute‹«. In: Ders.: *Auf der Borderline nachts um halb eins. Mein Leben als Deutschlandreporter*. Köln: Kiepenheuer & Witsch, S. 131–139.
Lottmann, Joachim (2007): »Der RAF-Spuk war mir immer peinlich«. In: *Welt am Sonntag* vom 18.02.2007.
Lottmann, Joachim (2007): »Harald Schmidt war nie mein Idol« (Interview mit Oliver Pocher). In: *Welt am Sonntag* vom 21.10.2007.
Lottmann, Joachim (2007): »Mit Kathrin Passig in der Zentralen Intelligenz Agentur«. In: Ders.: *Auf der Borderline nachts um halb eins. Mein Leben als Deutschlandreporter*. Köln: Kiepenheuer & Witsch, S. 66–75.
Lottmann, Joachim (2007): »Wie die Art Cologne mit ihrem Konzept zu scheitern droht«. In: *Welt am Sonntag* vom 22.04.2007.
Lottmann, Joachim (2007): »Wurde Matthias Matussek zu Recht abgesetzt?«. In: *Welt am Sonntag* vom 16.12.2007.
Lottmann, Joachim (2007): *Auf der Borderline nachts um halb eins. Mein Leben als Deutschlandreporter*. Köln: Kiepenheuer & Witsch.
Lottmann, Joachim (2007ff.): *Auf der Borderline nachts um halb eins*. (Weblog) http://blogs.taz.de/lottmann/ (zuletzt eingesehen am 17.02.2014).
Lottmann, Joachim (2008): »Am Sonntag ist der Ruck vorbei«. In: *Die Tageszeitung* vom 26.01.2008.

Lottmann, Joachim (2008): »Im Ofen Hühner, im Radio leise Brahms«. In: *Die Tageszeitung* vom 06.12.2008.
Lottmann, Joachim (2009): *Der Geldkomplex. Roman.* Köln: Kiepenheuer & Witsch.
Lottmann, Joachim (2011): »Molch und ich«. In: Ela Angerer (Hg.): *Brennstoff.* Wien: Czernin, S. 11–27.
Lottmann, Joachim (2011): »Porno«. In: Ela Angerer (Hg.): *Porno.* Wien: Czernin, S. 95–103.
Lottmann, Joachim (2011): »Kleine Freiheit Nr. 11«. In: *Die Zeit* vom 06.10.2011.
Lottmann, Joachim (2011): »Warum ist das Nachtleben so wichtig?«. In: *Der Standard* vom 05.11.2011.
Lottmann, Joachim (2011): *Hundert Tage Alkohol. Kein Roman.* Wien: Czernin.
Lottmann, Joachim (2011): *Unter Ärzten. Roman.* Köln: Kiepenheuer & Witsch.
Lottmann, Joachim (2012): »Die Suche nach dem preiswürdigen Buch«. In: *Frankfurter Allgemeine Zeitung* vom 21.04.2012.

Alban Nikolai Herbst

Herbst, Alban Nikolai (1983): *Die Verwirrung des Gemüts. Roman.* München: List.
Herbst, Alban Nikolai (1993): *Wolpertinger oder Das Blau. Roman.* Frankfurt/M.: Axel Dielmann
Herbst, Alban Nikolai (1995): »Grimmelshausen-Preisrede zum 15. November 1995«. www.die-dschungel.de/ANH/download/download.php?URL=../txt/pdf/grimmelshausen_rede.pdf (zuletzt eingesehen am 17.12.2013).
Herbst, Alban Nikolai (1996): »Schreibauskunft. Zum Roman ›Anderswelt‹ (1. Buch: ›Thetis‹, 2. Buch: ›Buenos Aires‹, 3. Buch: ›Argo‹«. In: *Neuere Deutsche Literatur* (ndl) 509, S. 83–87.
Herbst, Alban Nikolai (1997): *Der Arndt-Komplex. Novellen.* Reinbek bei Hamburg: Rowohlt.
Herbst, Alban Nikolai (1998): *Thetis. Anderswelt. Fantastischer Roman.* Reinbek bei Hamburg: Rowohlt.
Herbst, Alban Nikolai (2001): »Das Flirren im Sprachraum«. www.die-dschungel.de/ANH/txt/pdf/flirren_im_sprachraum.pdf (zuletzt eingesehen am 17.12.2013).
Herbst, Alban Nikolai (2001): *Buenos Aires. Anderswelt. Kybernetischer Roman.* Berlin: Berlin Verlag.
Herbst, Alban Nikolai (2002): »Eine Beichte: Wie ich zum Schreiben kam«. In: Barbara Bongartz / Ders.: *Inzest oder Die Entstehung der Welt. Roman in Briefen.* (*Schreibheft. Zeitschrift für Literatur* 58), S. 56–58.
Herbst, Alban Nikolai (2002): »Geliebte Männer«. In: In: Barbara Bongartz / Ders.: *Inzest oder Die Entstehung der Welt. Roman in Briefen.* (*Schreibheft. Zeitschrift für Literatur* 58), S. 137–143.
Herbst, Alban Nikolai (2002): »Größenfantasien (Tel Aviv)«. www.die-dschungel.de/ANH/txt/pdf/groessenfantasien.pdf (zuletzt eingesehen am 17.12.2013).
Herbst, Alban Nikolai (2003): »Poetologische Thesen«. www.die-dschungel.de/ANH/txt/pdf/herbst_poetologische_thesen.pdf (zuletzt eingesehen am 17.12.2013). Ebenfalls erschienen in: *L. Der Literaturbote.* Nr. 69 (März 2003), S. 34–51; Nr. 70 (Juni 2003), S. 46–55, Nr. 72 (Dezember 2003); S. 40–52.
Herbst, Alban Nikolai (2003): *Meere. Roman.* Hamburg: mare.

Herbst, Alban Nikolai (2003f.): *Weblogbuch.* http://tools.freecity.de/blog/show.
phtml?id=albannikolaiherbst (zuletzt eingesehen am 17.12.2013).
Herbst, Alban Nikolai (2004ff.): *Die Dschungel. Anderswelt.* http://albannikolaiherbst.twoday.
net/ (zuletzt eingesehen am 17.02.2014).
Herbst, Alban Nikolai (2004): »Fantastische Räume. Vortrag zum Fantastik-Symposion Linz Mai 2004«. www.die-dschungel.de/ANH/txt/pdf/fantastische_raeume_2004_1.pdf (zuletzt eingesehen am 17.12.2013).
Herbst, Alban Nikolai (2005): »Das Weblog als Dichtung. Einige Thesen zu einer möglichen Poetologie des Weblogs«. (Vortrag bei der Veranstaltung *Code – Interface – Concept* am 10.11.2005 im Literaturhaus Stuttgart). www.die-dschungel.de/ANH/txt/pdf/weblog_dichtung.pdf (zuletzt eingesehen am 17.12.2013).
Herbst, Alban Nikolai (2007): »Meere. Roman. Letzte Fassung«. In: *Volltext* 2/2007, S. 13–39.
Herbst, Alban Nikolai (2008): *Kybernetischer Realismus. Heidelberger Vorlesungen.* Heidelberg: Manutius.
Herbst, Alban Nikolai (2008): *Meere. Letzte, vervollständigte Ausgabe.* Frankfurt/M.: Dielmann.
Herbst, Alban Nikolai (2009): *Meere. Ein Roman – Drei Fassungen.* Kassette mit drei Ausgaben: *Volltext*-Ausgabe von 2007; *Letzte, vervollständige Ausgabe* 2007; *1. Aufl. 2003.* (Originalausgabe, einige Passagen mit *Letzte, vervollständigte Ausgabe* von 2007 überklebt). Hamburg: marebuchverlag.
Herbst, Alban Nikolai (2011): *Kleine Theorie des Literarischen Bloggens. Erste Lieferung. Essay / Erzählung.* Bern: edition taberna kritika.
Herbst, Alban Nikolai (2013): *Argo. Anderswelt. Epischer Roman.* Berlin: Elfenbein Verlag.

Autorisierte Quellen und wissenschaftliche Literatur

Adorján, Johanna (1999): »Frisch auf den Tisch«. In: *Süddeutsche Zeitung* vom 23.01.1999.
Agamben, Giorgio (2005): »Der Autor als Geste«. In: Ders.: *Profanierungen.* Frankfurt/M.: Suhrkamp, S. 57–69.
Altenburg, Matthias (2000): »Alles Kohl«. In: *Die Zeit* 17 vom 19.04.2000.
Andre, Thomas (2008): »Der Scharfrichter aus Berlin-Mitte«: In: *Hamburger Abendblatt* vom 19.11.2008.
Andre, Thomas (2011): »Hamburger Schriftsteller: Der doppelte Lottmann«. In: *Hamburger Abendblatt* vom 30.09.2011.
Archiv der Jugendkulturen [Hg.] (2008): *Keine Zukunft war gestern: Punk in Deutschland 1976–?.* Berlin: Archiv der Jugendkulturen.
Assheuer, Thomas (1997): »Maximilian Lenz alias Westbam ist Deutschlands erfolgreichster DJ – und der Philosoph des Techno«. In *Die Zeit* 46 vom 07.11.1997.
Assheuer, Thomas (1998): »Die Spiritualität der Popmoderne«. In: *Die Zeit* 18 vom 23.04.1998.
Austin, John L. (2002): *Zur Theorie der Sprechakte,* Stuttgart: Reclam.
Baisch, Martin / Roger Lüdeke (2000): »Was kommt? Was geschieht? Was ergibt sich gleich? Textgenese in Rainald Goetz' Frankfurter Poetikvorlesung ›Praxis‹«. In: Adolf Haslinger u.a. (Hg.): *Textgenese und Interpretation. Vorträge und Aufsätze des Salzburger Symposions 1997.* Stuttgart: Heinz, S. 139–173.
Bartels, Gerrit (2009): »Bachmann-Preis beliebt trotz Klagen«. In: *Der Tagesspiegel* vom 28.06.2009.
Bartels, Gerrit (2010): »Wieder werkwärts«. In: *Der Tagesspiegel* vom 10.09.2010.

Bartels, Gerrit (2012): »Lob ist schlecht«. In: *Der Tagesspiegel* vom 29.03.2012.
Bartels, Gerrit (2012): »Rainald Goetz greift an«. In: *Der Tagesspiegel* vom 03.05.2012.
Bartels, Gerrit (2012): »Entdeckung!« In: *Der Tagesspiegel* vom 03.08.2012.
Bartels, Gerrit (2012): »Das Ungeheuer von Loch Kaputtness«. In: *Der Tagesspiegel* vom 07.09.2012.
Bartels, Gerrit (2013): »Hesses Enkel mit dem Silberbart«. In: *Der Tagesspiegel* vom 10.10.2013.
Barth, Andreas (2001): *Inverse Verkehrung der Reflexion. Ironische Textverfahren bei Friedrich Schlegel und Novalis.* Heidelberg: Winter.
Barthes, Roland (1981): »Schriftsteller und Schreiber«. In: Ders.: *Literatur oder Geschichte.* Frankfurt/M.: Suhrkamp, 3. Aufl., S. 44–53.
Barthes, Roland (2000): »Der Tod des Autors«. In: Fotis Jannidis u.a. (Hg.): *Texte zur Theorie der Autorschaft.* Stuttgart: Reclam, S. 185–193.
Baßler, Moritz (2001): »Einleitung: New Historicism – Literaturgeschichte als Poetik der Kultur«. In: Ders. (Hg.): *New Historicism.* Tübingen, Basel: Francke, 2. Aufl., S. 7–28.
Baßler, Moritz (2002): *Der deutsche Pop-Roman. Die neuen Archivisten.* München: Beck.
Baßler, Moritz (2003): »Sammeln und Generieren. Aktuelle Archivierungsverfahren in Pop-Literatur und Kulturwissenschaft«. In: Reto Sorg / Adrian Mettauer / Wolfgang Proß (Hg.): *Zukunft der Literatur – Literatur der Zukunft.* München: Fink, S. 155–165.
Baßler, Moritz (2005): *Die kulturpoetische Funktion und das Archiv. Eine literaturwissenschaftliche Text-Kontext-Theorie.* Tübingen: Francke.
Baumgart, Reinhard (1986): *Glücksgeist und Jammerseele. Über Leben und Schreiben, Vernunft und Literatur.* München: Hanser.
Begemann, Christian (2002): »Der Körper des Autors. Autorschaft als Zeugung und Geburt im diskursiven Feld der Genieästhetik«. In: Heinrich Detering (Hg.): *Autorschaft. Positionen und Revisionen. DFG-Symposion 2001.* Stuttgart u.a.: Metzler, S. 44–61.
Benn, Gottfried (1968): »Gehirne«. In: Ders.: *Gesammelte Werke.* Bd. 5. *Prosa.* Wiesbaden: Limes 1968, S. 1185–1191.
Berghaus, Margot (1999): »Wie Massenmedien wirken. Ein Modell zur Systematisierung.« In: *Rundfunk und Fernsehen,* Nr. 47/2, S. 181–199.
Berhorst, Ralf (2003): »Einstweilige Verfügung«. In: *Süddeutsche Zeitung* vom 26.9.2003.
Berhorst, Ralf (2003): »Der arme Poet«. In: *Süddeutsche Zeitung* vom 25.10.2003.
Bernard, Andreas (2009): »Simultandolmetscher des Jetzt«. In: *Süddeutsche Zeitung* vom 09.10.2009.
Bertschik, Julia (1997): »Theatralität und Irrsinn. Darstellungsformen ›multipler‹ Persönlichkeitskonzepte in der Gegenwartsliteratur. Zu Texten von Heinar Kipphardt, Unica Zürn, Rainald Goetz und Thomas Hettche«. In: *Wirkendes Wort 47/3,* S. 398–421.
Bessing, Joachim (1999): »contrazoom«. In: Christian Kracht (Hg.): *Mesopotamia. Ernste Geschichten am Ende des Jahrtausends.* Stuttgart: DVA, S. 95–118.
Bessing, Joachim [Hg.] (1999): *Tristesse Royale. Das Popkulturelle Quintett mit Joachim Bessing, Christian Kracht, Eckhart Nickel, Alexander v. Schönburg und Benjamin v. Stuckrad-Barre.* Berlin: Ullstein.
Biard, Joël (1990): »Subjekt«. In: Hans Jörg Sandkühler (Hg.): *Europäische Enzyklopädie zu Philosophie und Wissenschaften,* Bd. 4. Hamburg: Meiner, S. 474–480.
Biller, Maxim (2004): »Meine Tage mit Rainald«. In: *Frankfurter Allgemeine Sonntagszeitung* vom 23.05.2004.
Biller, Maxim (2004): *Land der Väter und Verräter.* Köln: Kiepenheuer & Witsch.
Biller, Maxim (2011): »Ichzeit«. In: *Frankfurter Allgemeine Sonntagszeitung* vom 02.10.2011.

Binczek, Natalie (2001): »»Was also ist der Ort des Textes?« – Rainald Goetz' ›Abfall für alle‹«. In: Peter Gendolla u. a. (Hg.): *Formen interaktiver Medienkunst. Geschichte, Tendenzen, Utopien.* Frankfurt/M.: Suhrkamp, S. 291–318.
Binczek, Natalie (2012): »Fernsehauftritte der Literatur: Rainald Goetz«. In: *Sprache und Literatur* 109, S. 73–88.
Bleicher, Joan Kristin (2004): »»Sex, Drugs & Bücher schreiben‹: New Journalism im Spannungsfeld von medialem und literarischem Erzählen«. In: Dies. u. a. (Hg.): *Grenzgänger: Formen des New Journalism.* Wiesbaden: VS Verl. für Sozialwissenschaften, S. 126–159.
Blöbaum, Bernd (2003): »Literatur und Journalismus: Zur Struktur und zum Verhältnis von zwei Systemen«. In: Ders. / Stefan Neuhaus (Hg.): *Literatur und Journalismus.* Wiesbaden: Westdeutscher Verlag, S. 23–51.
Bogdal, Klaus-Michael (2006): »Das Geheimnis des Nichtdiskursiven«. In: Ders. / Achim Geisenhanslüke (Hg.): *Die Abwesenheit des Werkes. Nach Foucault.* Heidelberg: Synchron, S. 13–24.
Bourdieu, Pierre (1998): »Die biographische Illusion«. In: Ders.: *Praktische Vernunft; zur Theorie des Handelns.* Frankfurt/M.: Suhrkamp 1998, S. 75–83.
Breidecker, Volker (2011): »Der letzte Citoyen. Bild für Bild: Rainald Goetz' Auftritt im Literaturarchiv Marbach«. In: *Süddeutsche Zeitung* vom 09.04.2011.
Breuer, Ulrich (2009): »»Mich kennen die Leute« Erinnerungsarbeit bei Rainald Goetz und Dieter Bohlen«. In: Judith Klinger / Gerhard Wolf (Hg.): *Gedächtnis und kultureller Wandel. Erinnerndes Schreiben – Perspektiven und Kontroversen.* Tübingen: Niemeyer, S. 83–96.
Brockhaus. Die Enzyklopädie in 30 Bänden. (2005f.) 21., völlig neu bearb. Aufl. Leipzig / Mannheim: Brockhaus.
Brussig, Thomas (1995): *Helden wie wir.* Berlin: Volk & Welt.
Bublitz, Hannelore (2008): »Macht«. In: Clemens Kammler / Rolf Parr / Johannes Schneider (Hg.): *Foucault-Handbuch. Leben – Werk – Wirkung.* Stuttgart: Metzler, S. 273–277.
Bühler, Axel / Peter Tepe / Willie van Peer (2009): »Zum Konzept der Erklärenden Hermeneutik«. In: *Mythos-Magazin* 12 (2009), www.mythos-magazin.de/erklaerendehermeneutik/ab-pt-wp_konzept.htm (zuletzt eingesehen am 17.12.2013)
Bührmann, Andrea / Werner Schneider (2007): »Mehr als nur diskursive Praxis? – Konzeptionelle Grundlagen und methodische Aspekte der Dispositivanalyse.« In: *Forum Qualitative Sozialforschung* 8 (2), Art. 28, www.qualitative-research.net/index.php/fqs/article/view/237/525 (zuletzt eingesehen am 17.12.2013).
Bundesgerichtshof (2009): »Urteil; VI ZR 219/08, verkündet am 24.11.2009«. http://juris.bundesgerichtshof.de/cgi-bin/rechtsprechung/document.py?Gericht=bgh&Art=pm&Datum=2009&Sort=3&anz=249&pos=9&nr=50363&linked=urt&Blank=1&file=dokument.pdf (zuletzt eingesehen am 17.12.2013).
Bunia, Remigius (2005): »Überlegungen zum Begriff des Realismus; am Beispiel von Uwe Johnsons ›Jahrestage‹ und Rainald Goetz' ›Abfall für alle‹«. In: Rita Franceschini (Hg.): *In einer anderen Sprache.* Stuttgart: Metzler, S. 134–152.
Bunia, Remigius (2007): »Fingierte Kunst. Der Fall Esra und die Schranken der Kunstfreiheit«. In: *Internationales Archiv für Sozialgeschichte der deutschen Literatur* 2/32, S. 161–182.
Butler, Judith (2001): *Psyche der Macht. Das Subjekt der Unterwerfung.* Frankfurt/M.: Suhrkamp.
Caduff, Corina u. a. (2006): »Intermedialität«. In: *Zeitschrift für Ästhetik und Allgemeine Kulturwissenschaft,* Nr. 51/2. S. 211–237.

Camus, Albert (2011): *Der Mythos des Sisyphos*. Reinbek bei Hamburg: Rowohlt, 13. Aufl.
Carnap, Rudolf (1998): *Der logische Aufbau der Welt*. Hamburg: Meiner.
Catechismus Catholicae Ecclesiae (1997). Città del Vaticano: Libr. Ed. Vaticana.
Clarkin, John F. / Frank E. Yeomans / Otto F. Kernberg (2008): *Psychotherapie der Borderline-Persönlichkeit: Manual zur psychodynamischen Therapie*. 2. aktualisierte u. neubearb. Aufl. Stuttgart: Schattauer.
Dauerer, Verena (2009): »Stalking the Famous – a journalistic diary: Rainald Goetz in 2001«. www.flickr.com/photos/antjeverena/3971305953/ (zuletzt eingesehen am 17.12.2013).
de Man, Paul (1993). »Autobiographie als Maskenspiel«. In: Ders.: *Die Ideologie des Ästhetischen*. Frankfurt/M.: Suhrkamp, S. 131–146.
de Saussure, Ferdinand (1998): »Grundfragen der allgemeinen Sprachwissenschaft«. In: Dieter Mersch (Hg.): *Zeichen über Zeichen*. München: dtv, S. 193–215.
Deist, Tina (2011): »Biografisches zu Rainald Goetz«. In: Heinz Ludwig Arnold (Hg.): *Rainald Goetz. Text + Kritik* 190, 3/11, S. 100.
Delabar, Walter (1990): »Goetz, Sie reden wirres Zeug. Rainald Goetz und sein Wahnsinns-Ritt in die Literaturszene.« In: *Juni* 4/4 (1990), S. 68–78.
Delabar, Walter (2009): »Klages Gesang. Rainald Goetz veröffentlicht sein ›Vanity-Fair‹-Internet-Tagebuch«. In: *literaturkritik.de* 2/2009, www.literaturkritik.de/public/rezension. php?rez_id=12678 (zuletzt eingesehen am 17.12.2013).
Delabar, Walter (2010): »Sinnsuche, Satzsuche, Bildsuche«. In: *literaturkritik.de* 10/2010, www.literaturkritik.de/public/rezension.php?rez_id=14864 (zuletzt eingesehen am 17.12.2013).
Delius, Friedrich Christian (1988): »Männerphantasien, Frauenhaß, Ichtümelei«. In: *Der Spiegel* 39 vom 26.09.1988, S. 216–219.
Derrida, Jacques (1983): *Grammatologie*. Frankfurt/M.: Suhrkamp.
Derrida, Jacques (1988): »Signatur Ereignis Kontext«. In: Ders.: *Randgänge der Philosophie*. Wien: Passagen, S. 291–314.
Descartes, René (1864): »Discours de la méthode«. In: *Œuvres de Descartes*, Bd. 1. Paris: Napoléon Chaix, S. 1–69.
Despoix, Philippe (2003): »Ironisch / Ironie«. In: Karlheinz Barck u.a. (Hg.): *Ästhetische Grundbegriffe* (ÄGB), Bd. 3. Stuttgart: Metzler, S. 196–244.
Detering, Heinrich [Hg.] (2002): *Autorschaft. Positionen und Revisionen. DFG-Symposion 2001*. Stuttgart / Weimar: Metzler.
Diederichsen, Diederich (1982): »Veranda Spuk ›Mein Flirt‹«. In: *Sounds* 8/82, S. 44–45.
Diederichsen, Diederich (1999): *Der lange Weg nach Mitte. Der Sound und die Stadt*. Köln: Kiepenheuer & Witsch, S. 272–286.
Diederichsen, Diederich (2002): *Sexbeat*. Köln: Kiepenheuer & Witsch (Neuauflage).
Doktor, Thomas / Carla Spies (1997): *Gottfried Benn – Rainald Goetz. Medium Literatur zwischen Pathologie und Poetologie*. Opladen: Westdeutscher Verlag.
Drügh, Heinz (2005): »Taping it all – Überlegungen zum Realismus der Popliteratur bei Rolf Dieter Brinkmann und Rainald Goetz.« In: Thomas Keller (Hg.): *Transgressions, défis, provocations: transferts culturels franco-allemands; actes du colloque international du 28 au 30 octobre 2004 à Aix-en-Provence*. Aix-en-Provence: Univ. Provence, Inst. d'Etudes Germaniques 2005, S. 147–158.
Drügh, Heinz (2007): »Verhandlungen mit der Massenkultur – Die neueste Literatur(-wissenschaft) und die soziale Realität«. In: *Internationales Archiv für Sozialgeschichte der deutschen Literatur* (IASL) 2/26, S. 173–200.

Dubiel, Helmut (1976): »Identität, Ich-Identität«. In: Joachim Ritter / Karlfried Gründer (Hg.): *Historisches Wörterbuch der Philosophie*, Bd. 4. Basel / Stuttgart: Schwabe & Co, S. 148–151.
Dünne, Jörg / Christian Moser (2008): »Allgemeine Einleitung. Automedialität«. In: Dies. (Hg.): *Automedialität. Subjektkonstitutionen in Schrift, Bild und neuen Medien*. München: Fink, S. 7–16.
E.F. (2005): »Ende eines Pseudonyms: Annegret Kunkel ist Sophie Dannenberg«. In: *Welt Online* vom 18.01.2005, www.welt.de/print-welt/article364773/Ende-eines-Pseudonyms-Annegret-Kunkel-ist-Sophie-Dannenberg.html (zuletzt eingesehen am 17.12.2013).
Eco, Umberto (1990): *Im Labyrinth der Vernunft. Texte über Kunst und Zeichen*. Leipzig: Reclam, 2. Aufl.
Eco, Umberto (1994): *Im Wald der Fiktionen: Sechs Streifzüge durch die Literatur*. München u.a.: Hanser.
Eichner, Christian / Mix York-Gothart (2007): »Ein Fehlurteil als Maßstab? Zu Maxim Billers ›Esra‹, Klaus Manns ›Mephisto‹ und dem Problem der Kunstfreiheit in der Bundesrepublik Deutschland«. In: *Internationales Archiv für Sozialgeschichte der deutschen Literatur* 2/32, S. 183–227.
Encke, Julia (2003): »Der Raum der Schuld ist leer«. In: *Süddeutsche Zeitung* vom 27.10.2003.
Encke, Julia (2012): »Die Einladung«. In: *Frankfurter Allgemeine Sonntagszeitung* vom 05.08.2012.
Erikson, Erik H. (1981): *Identität und Lebenszyklus*. Frankfurt/M.: Suhrkamp, 7. Aufl.
Ernst, Thomas (2005): *Popliteratur*. Hamburg: Europäische Verl. Anst.
FDP Landesverband Hamburg [Hg.] (2005): *Festschrift. 60 Jahre politischer Liberalismus in Hamburg*. www.fdphamburg.de/wp-content/documents/festschrift-60-jahre-fdp-hh.pdf (zuletzt eingesehen am 17.12.2013).
Fanizadeh, Andreas (2012): »Schweine des Kapitals«. In: *Die Tageszeitung* vom 12.10.2012.
Fasthuber, Sebastian (1999): »Man lebt nur zweimal«. In: *Falter, Buchbeilage* vom 24.3.1999, S. 10.
Fasthuber, Sebastian (2003): »›Sie müssen verzeihen, aber darauf scheiße ich echt‹«. Interview mit Alban Nikolai Herbst. In: *Volltext* 5/2003, S. 3–4.
Fasthuber, Sebastian (2007): »Lockerheit: Trottelkategorie«. In: *Der Standard* vom 27.02.2007.
Fasthuber, Sebastian (2008): »Brandauer ist der scheußlichste Mensch«. In: *Falter* 52 vom 24.12.2008, S. 32.
Feulner, Gabriele S. (2008): »Vom Medienpessimismus zur Medienaffirmation: zum Paradigmenwechsel im Medialitätsdiskurs der deutschsprachigen Gegenwartsliteratur von Peter Handke und Rainald Goetz«. In: Mario Baumann / Yvonne Nowak (Hg.): *Vom Wettstreit der Künste zum Kampf der Medien?* Marburg: Tectum, S. 225–244.
Finck, Almut (1999): *Autobiographisches Schreiben nach dem Ende der Autobiographie*. Berlin: Erich Schmidt.
Fink, Humbert / Marcel Reich-Ranicki [Hg.] (1983): *Klagenfurter Texte 1983*. München: List.
Fischer-Lichte, Erika (2001): »Verkörperung / Embodiment. Zum Wandel einer alten theaterwissenschaftlichen in eine neue kulturwissenschaftliche Kategorie«. In: Dies. / Christian Horn / Matthias Warstatt (Hg.): *Verkörperung*. Tübingen, Basel: Francke, S. 11–28.
Fischer-Lichte, Erika (2007): »Theatralität und Inszenierung«. In: Dies. (Hg.): *Inszenierung von Authentizität*. Tübingen / Basel: Francke, 2007, 2. Aufl., S. 9–28.
Fischl, Leonard (2012): »Der Punk des Denkens«. In: *Der Tagesspiegel* vom 23.06.2012.

Flüh, Torsten (2010): »Hirn an der Wand scheibchenweise – Rainald Goetz liest loslabern im Edition Suhrkamp Laden«, gepostet am 17.05.2010. http://nightoutatberlin.jaxblog.de/post/Hirn-an-der-Wand-scheibchenweise-Rainald-Goetz-liest-loslabern-im-Edition-Suhrkamp-Laden.aspx (zuletzt eingesehen am 17.12.2013).

Förster, Jochen (2003): »Dem Leben den Hintern zeigen«. In: *Die Welt* vom 26.06.2003.

Folger, Robert (2008): »New kids on the blog? Subjektkonstitutionen im Internet«. In: Jörg Dünne / Christian Moser (Hg.): *Automedialität. Subjektkonstitutionen in Schrift, Bild und neuen Medien*. München: Fink, S. 283–304.

Foucault, Michel (1981): *Archäologie des Wissens*. Frankfurt/M.: Suhrkamp.

Foucault, Michel (1983): *Der Wille zum Wissen.(Sexualität und Wahrheit. Bd. 1.)* Frankfurt/M.: Suhrkamp.

Foucault, Michel (2002): *Archäologie des Wissens*. Frankfurt/M.: Suhrkamp.

Foucault, Michel (2003): »Das Spiel des Michel Foucault« (Gespräch). In: Ders.: *Dits et Ecrits. Schriften.* Bd. 3. Frankfurt/M.: Suhrkamp, S. 391–430.

Foucault, Michel (2003): »Was ist ein Autor? (Vortrag)«. In: Ders.: *Schriften zur Literatur*. Frankfurt/M.: Suhrkamp, S. 234–270.

Foucault, Michel (2003): *Die Ordnung des Diskurses*. Frankfurt/M.: Fischer, 9. Aufl.

Foucault, Michel (2005): »Von anderen Räumen«. In: *Schriften in vier Bänden. Dits et Ecrits*. Bd. IV. Frankfurt/M.: Suhrkamp, S. 931–942.

Foucault, Michel (2007): »Über sich selbst schreiben«. In: Ders.: *Ästhetik der Existenz*. Frankfurt/M., S. 137–154.

Foucault, Michel (2007): »Technologien des Selbst«. In: Ders.: *Ästhetik der Existenz*. Frankfurt/M. S. 287–317.

Foucault, Michel (2007): *Ästhetik der Existenz. Schriften zur Lebenskunst*. Frankfurt/M.: Suhrkamp.

Foucault, Michel (2009): *Hermeneutik des Subjekts. Vorlesungen am Collège de France (1981/82)*. Frankfurt/M.: Suhrkamp.

Foucault, Michel (2010): *Der Mut zur Wahrheit. Die Regierung des Selbst und der anderen II. Vorlesungen am Collège de France*. Berlin: Suhrkamp.

Frank, Manfred (1988): »Subjekt, Person, Individuum«. In: Ders. / Anselm Haverkamp (Hg.): *Individualität*. München: Wilhelm Fink, S. 3–20.

Fricke, Harald (2003): »Poetik«. In: Jan-Dirk Müller u.a. (Hg.): *Reallexikon der deutschen Literaturwissenschaft*, Bd. 3. Berlin u.a.: de Gruyter, S. 100–105.

Gabriel, Gottfried (1995): »Solipsismus«. In: Joachim Ritter / Karlfried Gründer (Hg.): *Historisches Wörterbuch der Philosophie*, Bd. 9. Basel / Stuttgart: Schwabe & Co, S. 1017–1023.

Genette, Gérard (1992): *Fiktion und Diktion*. München: Fink.

Genette, Gérard (1993): *Palimpseste. Die Literatur auf zweiter Stufe*. Frankfurt/M.: Suhrkamp.

Giacomuzzi, Renate (2008): »Die ›Dschungel.Anderswelt‹ und A. N. Herbsts ›Poetologie des literarischen Bloggens‹«. In: *Panoramen der Anderswelt. Expeditionen ins Werk von Alban Nikolai Herbst. (die horen. Zeitschrift für Literatur, Kunst und Kritik* 231), S. 137–150.

Giacomuzzi, Renate (2009): »Zur Veränderung der Autorrolle im Zeichen des Internet« In: Ralf Schnell (Hg.): *Veränderungen des Literaturbetriebs*. Stuttgart u.a.: Metzler, S. 7–30.

Giesecke, Michael (1988): *Die Untersuchung institutioneller Kommunikation*. Opladen: Westdeutscher Verlag.

Glaser, Peter [Hg.] (1984): *Rawums. Texte zum Thema*. Köln: Kiepenheuer & Witsch.

Goer, Charis / Tina Deist (2011): »Auswahlbibliographie«. In: Heinz Ludwig Arnold (Hg.): *Rainald Goetz. Text + Kritik* 190, 3/11, S. 101–114.
Goffman, Erving (1980): *Rahmenanalyse. Ein Versuch über die Organisation von Alltagserfahrungen.* Frankfurt/M.: Suhrkamp.
Göttler, Fritz (1999): »Der Müll wird nicht verbessert«. In: *Süddeutsche Zeitung Extra* vom 28.10.1999, S. 9.
Grabienski, Olaf / Till Huber / Jan-Noël Thon (2011): »Auslotung der Oberfläche«. In: Dies. (Hg.): *Poetik der Oberfläche. Die deutschsprachige Popliteratur der 1990er Jahre.* Berlin u.a.: de Gruyter, S. 1–10.
Grabienski, Olaf / Till Huber / Jan-Noël Thon (2011): *Poetik der Oberfläche. Die deutschsprachige Popliteratur der 1990er Jahre.* Berlin u.a.: de Gruyter.
Greif, Stefan (2011): »loslabern. Rainald Goetz' ›maximale Ethik der Schrift‹ und die Genesis der Popkultur«. In: Thomas Wegmann / Norbert Christian Wolf (Hg.): *»High« und »low«. Zur Interferenz von Hoch- und Populärkultur in der Gegenwartsliteratur.* Berlin u.a.: de Gruyter, S. 183–198.
Greiner, Ulrich (1983): »Der Risiko-Spieler. Beobachtungen bei einem Besuch in München: Hans Magnus Enzensberger«. In: *Die Zeit* 9 vom 25.02.1983.
Grimm, Gunter E. / Christian Schärf [Hg.] (2008): *Schriftsteller-Inszenierungen.* Bielefeld: Aisthesis.
Gronemann, Claudia (1999): »›Autofiction‹ und das Ich in der Signifikantenkette. Zur literarischen Konstitution des autobiographischen Subjekts bei Serge Doubrovsky«. In: *Poetica* 31/II, S. 237–262.
Gropp, Petra (2008): »›Ich / Goetz / Raspe / Dichter‹. Medienästhetische Verkörperungsformen der Autorfigur Rainald Goetz.« In: Gunter E. Grimm / Christian Schärf (Hg.): *Schriftsteller-Inszenierungen.* Bielefeld: Aisthesis 2008, S. 231–247.
Groß, Thomas (1988): »Odysseus als tapferer Pirat«. In: *Die Tageszeitung* vom 29.10.1988.
Hägele, Christoph (2010): *Politische Subjekt- und Machtbegriffe in den Werken von Rainald Goetz und Thomas Meinecke.* Innsbruck u.a.: Studien-Verlag 2010.
Hagestedt, Lutz (1990): »Goetz, Rainald«. In: Dietz-Rüdiger Moser (Hg.): *Neues Handbuch der deutschen Gegenwartsliteratur seit 1945.* München: nymphenburger, S. 227–229.
Hagestedt, Lutz (1998): »Richtig hart Formuliertes. Rainald Goetz über die Steinzeit der elektronischen Welt«. In: *Sprache im Technischen Zeitalter* 145, S. 4–17.
Hagestedt, Lutz (2008): »... und gehalten nur von der Strenge der Zeit. Rainald Goetz als Tagebuch-Autor«. In: Helmut Gold u.a. (Hg.): *@bsolut privat! Vom Tagebuch zum Weblog* [Katalog zur gleichnamigen Ausstellung]. Heidelberg: Edition Braus, S. 108–111.
Haibach, Philipp (2010): »Mittendrin in dieser Kaputtheit«. In: *Die Welt* vom 23.09.2010.
Haller, Michael (1997): *Die Reportage. Ein Handbuch für Journalisten.* Konstanz: UVK Medien, 4. Aufl.
Hallet, Wolfgang (2006): »Intertextualität als methodisches Konzept einer kulturwissenschaftlichen Literaturwissenschaft«. In: Marion Gymnich u.a. (Hg.): *Kulturelles Wissen und Intertextualität.* Trier: WVT, S. 53–70.
Hamann, René (2012): »Der Tod muss nicht schlimm sein«. In: *Die Tageszeitung* vom 30.10.2012.
Hammelehe, Sebastian (2012): »Neuer Roman von Rainald Goetz: Im Rudel beißen, einsam sterben«. In: *Spiegel Online*, 05.09.2012, www.spiegel.de/kultur/literatur/neuer-roman-von-rainald-goetz-johann-holtrop-a-853989.html (zuletzt eingesehen am 17.12.2013).
Hartwig, Ina (2009): »Die Gute und die Bösen«. In: *Frankfurter Rundschau* vom 27.11.2009.

Hennig von Lange, Alexa / Till Müller-Klug / Daniel Haaksman (2000): *Mai 3D. Tagebuchroman*. München: Quadriga.
Hillebrandt, Frank (2008): *Praktiken des Tauschs. Zur Soziologie symbolischer Formen der Reziprozität*. Wiesbaden: VS Verlag für Sozialwissenschaften.
Historia von D. Johann Fausten (2003) Text des Druckes von 1587, kritische Ausgabe. Hg. v. Stephan Füssel / Hans Joachim Kreutzer. Stuttgart: Reclam.
Höbel, Wolfgang (1988): »Das Wortkraftwerk als Wurstfabrik«. In: *Süddeutsche Zeitung* vom 05.10.1988.
Holdenried, Michaela (2000): *Autobiographie*. Stuttgart: Reclam.
Holzheimer, Sandro (2009): »»Ich stehe da genau in der Mitte«. Musikalische Poetik zwischen Präsenz und Repräsentation in Rainald Goetz' ›Rave‹ (1988)«. In: Andrea Bartl (Hg.): *Transitträume. Beiträge zur deutschsprachigen Gegenwartsliteratur*. Augsburg: Wißner, S. 191–211.
Horn, Eva (2008): »Literatur. Gibt es Gesellschaft im Text?«. In: Stephan Moebius / Andreas Reckwitz (Hg.): *Poststrukturalistische Sozialwissenschaften*. Frankfurt/M.: Suhrkamp, S. 363–381.
Horzon, Rafael (2010): *Das weisse Buch*. Berlin: Suhrkamp.
Hugendick, David (2009): »Schon hundert Mal gehört«. In: *Die Zeit* vom 26.06.2009.
igl (2005): »Dannenberg ist Kunkel«. In: *Frankfurter Allgemeine Zeitung* vom 19.01.2005.
Illies, Florian (1998): »So schaute aus«. In: *Frankfurter Allgemeine Zeitung. Literaturbeilage* vom 03.11.1998, S. L3.
Iser, Wolfgang (2003): »Auktorialität. Die Nullstelle des Diskurses«. In: Klaus Städtke / Ralph Kray (Hg.): *Spielräume des auktorialen Diskurses*. Berlin: Akademie Verlag, S. 219–241.
Jakobson, Roman (1979): *Poetik. Ausgewählte Aufsätze 1921–1971*. Frankfurt/M.: Suhrkamp.
Jameson, Frederic (1986): »Postmoderne – Zur Logik der Kultur im Spätkapitalismus«. In: Andreas Huyssen / Klaus R. Scherpe (Hg.): *Postmoderne – Zeichen eines kulturellen Wandels*. Reinbek b. Hamburg: Rowohlt, S. 45–102.
Jannidis, Fotis u.a. (2000): »Autor und Interpretation«. In: Dies. (Hg.): *Texte zur Theorie der Autorschaft*. Stuttgart: Reclam, S. 7–29.
Jelinek, Elfriede (2007f.): *Neid. (mein Abfall von allem). Privatroman.* www.elfriedejelinek.com/ Reiter ›Prosa‹, Unterkategorien ›Neid‹. Gesamter Text als PDF unter http://a-e-m-gmbh. com/wessely/NEID.pdf (zuletzt eingesehen am 17.12.2013).
Jeong, Hang-Kyun (2011): »Ästhetik des Abfalls. Eine Überlegung zu ›Abfall für alle‹ von Rainald Goetz«. In: *Wirkendes Wort* 61/2, S. 259–271.
Johnson, Uwe (1988): »*Ich überlege mir die Geschichte*«. Uwe Johnson im Gespräch. Hrg. v. Eberhard Fahlke. Frankfurt/M.: Suhrkamp.
Jung, Thomas (2002): »Von Pop international zu Tristesse Royal [sic]: Die Popliteratur, der Kommerz und die postmoderne Beliebigkeit«. In: Ders. (Hg.): *Alles nur Pop? Anmerkungen zur populären und Pop-Literatur seit 1990*. Frankfurt/M. u.a.: Lang 2002, S. 29–53.
Jung, Thomas (2002): »Vorwort«. In: Ders. (Hg.): *Alles nur Pop? Anmerkungen zur populären und Pop-Literatur seit 1990*. Frankfurt/M. u.a.: Lang 2002, S. 9–13.
Jung, Thomas (2002): »Trash, Cash oder Chaos? Populäre deutschsprachige Literatur seit der Wende und die sogenannte Popliteratur«. In: Ders. (Hg.): *Alles nur Pop? Anmerkungen zur populären und Pop-Literatur seit 1990*. Frankfurt/M. u.a.: Lang, S. 15–27.
Jungbluth, Rüdiger (2012): »Tickt so die Wirtschaft?«. In: *Die Zeit* 37 vom 06.09.2012.

Jürgensen, Christoph (2007): »Ich sind auch andere. Zur Pluralisierung des Selbst in der Erzählprosa von Alban Nikolai Herbst«. In: Ivar Sagmo (Hg.): *Moderne, Postmoderne – und was noch? Akten der Tagung in Oslo, 25.–26.11.2004.* Frankfurt/M.: Peter Lang, S. 145–157.

Jürgensen, Christoph (2008): »Unwirkliche Städte, unwirkliches Ich. Zum Verhältnis von Stadt und Individuum in Herbsts ›Buenos Aires. Anderswelt‹«. In: *Panoramen der Anderswelt. Expeditionen ins Werk von Alban Nikolai Herbst.* (die horen. Zeitschrift für Literatur, Kunst und Kritik 231), S. 99–111.

Jürgensen, Christoph (2011): »Ins Netz gegangen – Inszenierungen von Autorschaft im Internet am Beispiel von Rainald Goetz und Alban Nikolai Herbst«. In: Ders. / Gerhard Kaiser (Hg.): *Schriftstellerische Inszenierungspraktiken – Typologie und Geschichte.* Heidelberg: Winter, S. 405–422.

Jürgensen, Christoph / Gerhard Kaiser [Hg.] (2011): *Schriftstellerische Inszenierungspraktiken – Typologie und Geschichte.* Heidelberg: Winter.

Kambartel, Friedrich u.a. (1995): »Person«. In: : Jürgen Mittelstraß u.a. (Hg.): *Enzyklopädie Philosophie und Wissenschaftstheorie,* Bd. 3. Stuttgart u.a.: Metzler, S. 89–92.

Kämmerlings, Richard (2003): »Angeschwärzt«. In: *Frankfurter Allgemeine Zeitung* vom 24.07.2003.

Kämmerlings, Richard (2003): »In Sachen Unterleib«. In: *Frankfurter Allgemeine Zeitung* vom 26.09.2003.

Kämmerlings, Richard (2012): »Holtrop, c'est moi«. In: *Welt am Sonntag* vom 09.09.2012.

Kampmann, Sabine (2011): »Funktionsrolle Autor – Andrea Fraser«. In: Niels Werber (Hg.): *Systemtheoretische Literaturwissenschaft. Begriffe – Methoden – Anwendungen.* Berlin u.a.: de Gruyter 2011, S. 145–158.

Katechismus der Katholischen Kirche. Neuübersetzung aufgrund der Editio Typica Latina (2003). München: Oldenbourg u.a.

kau (2007): »Abfall für wenige«. In: *Frankfurter Allgemeine Zeitung* vom 15.02.2007.

Kauer, Katja (2009): »Der Zauber männlicher Verletzlichkeit oder das Mannsein ›stehe ich dann also mal im Wortsinn nicht durch‹«. In: Dies. (Hg.): *Pop und Männlichkeit. Zwei Phänomene in prekärer Wechselwirkung?* Berlin: Frank & Timme, S. 119–147.

Kedves, Jan (2012): »›Auch aus dieser Welt einen Flash‹. Rainald Goetz unterrichtet literarisches Schreiben«. In: *Merkur* 66/8, S. 752–757.

Keupp, Heiner (1997): »Diskursarena Identität: Lernprozesse in der Identitätsforschung«. In: Ders. / Renate Höfer (Hg.): *Identitätsarbeit heute: Klassische und aktuelle Perspektiven der Identitätsforschung.* Frankfurt/M.: Suhrkamp, S. 11–39.

Keupp, Heiner / Joachim Hohl [Hg.] (2006) : *Subjektdiskurse im gesellschaftlichen Wandel: Zur Theorie des Subjekts in der Spätmoderne.* Bielefeld: Transcript.

Keupp, Heiner u.a. (2002): *Identitätskonstruktionen. Das Patchwork der Identitäten in der Spätmoderne.* Reinbek bei Hamburg: Rowohlt. 4. Aufl.

Kible, Brigitte u.a. (1998): »Subjekt«. In: Joachim Ritter / Karlfried Gründer (Hg.): *Historisches Wörterbuch der Philosophie,* Bd. 10. Basel / Stuttgart: Schwabe & Co, S. 373–400.

Kittner, Alma-Elisa (2009): *Visuelle Autobiographien. Sammeln als Selbstentwurf bei Hannah Höch, Cophie Calle und Annette Messager.* Bielefeld: Transcript.

Klass, Tobias (2008): »Heterotopie«. In: Clemens Kammler / Rolf Parr / Johannes Schneider (Hg.): *Foucault-Handbuch. Leben – Werk – Wirkung.* Stuttgart: Metzler, S. 263–266.

Kleinsteuber, Hans J. (2004): »Tom Wolfe und der Mythos vom New Journalism. Porträt eines Karrieristen im interkulturellen Vergleich«. In: Joan Kristin Bleicher u.a. (Hg.):

Grenzgänger: Formen des New Journalism. Wiesbaden: VS Verl. für Sozialwissenschaften, S. 193–221.
Klimek, Sonja (2010): Paradoxes Erzählen. Die Metalepse in der phantastischen Literatur. Paderborn: mentis.
Knaller, Susanne (2005): »Authentisch / Authentizität«. In: Karlheinz Barck u.a. (Hg.): Ästhetische Grundbegriffe (ÄGB), Bd. 7. Stuttgart: Metzler, S. 40–65.
Knaller, Susanne / Harro Müller (2006): »Einleitung«. In: Dies. (Hg.): Authentizität. Diskussion eines ästhetischen Begriffs. München: Fink 2006, S. 7–15.
Kobusch, Theo u.a. (1976): »Individuum, Individualität«. In: : Joachim Ritter / Karlfried Gründer (Hg.): Historisches Wörterbuch der Philosophie, Bd. 4. Basel / Stuttgart: Schwabe & Co, S. 300–323.
Kohler, Insa (2012): »Über Dämonen, Schwachsinn und Literatur – Die Autorenwerkstatt mit Rainald Goetz Teil I«. www.litaffin.de/2012/05/uber-damonen-schwachsinn-und-literatur-die-autorenwerkstatt-mit-rainald-goetz-teil-i/ (zuletzt eingesehen am 17.12.2013)
Kohler, Insa (2012): »Über Joseph-Beuys-Gedächtnis-Maiglöckchen, subtextfreie Sätze und Lachfalten – Die Autorenwerkstatt mit Rainald Goetz Teil II«. www.litaffin.de/2012/05/rainald-goetz-teil-ii/ (zuletzt eingesehen am 17.12.2013)
Kohler, Insa (2012): »Geschichten aus dem ›Ich-Kabuff‹. Die Autorenwerkstattstatt mit Rainald Goetz Teil III«. www.litaffin.de/2012/06/rainald-goetz-teil-iii/ (zuletzt eingesehen am 17.12.2013).
Kohler, Insa (2012): »Kritik, Hass und fundamentale Kaputtheit – Die Autorenwerkstatt mit Rainald Goetz Teil IV«. www.litaffin.de/2012/06/kritik-hass-und-fundamentale-kaputtheit-die-autorenwerkstatt-mit-rainald-goetz-teil-iv/ (zuletzt eingesehen am 17.12.2013).
Kracht, Christian (1995): Faserland. Köln: Kiepenheuer & Witsch.
Kracht, Christian (2008): Ich werde hier sein im Sonnenschein und im Schatten. Köln: Kiepenheuer & Witsch.
Kracht, Christian / Eckhart Nickel (2009): Gebrauchsanweisung für Kathmandu und Nepal. München: Piper.
Kraus, Wolfgang (2000): Das erzählte Selbst: die narrative Konstruktion von Identität in der Spätmoderne. Herbolzheim: Centaurus-Verl.-Ges. 2. Aufl.
Krause, Anett (2010): »Auf der Suche nach der normalen Nation. Der Normalisierungsdiskurs, die Popliteratur und Joachim Lottmanns Romane ›Deutsche Einheit. Ein historischer Romane aus dem Jahr 1995‹ (1999)«. In: Gerhard Lüdeker / Dominik Orth (Hg.): Nach-Wende-Narrationen. Das vereinigte Deutschland im Spiegel von Literatur und Film. Göttingen: V&R unipress, S. 43–56.
Kreienbrock, Jörg (2006): »Paying Attention: Reading Rainald Goetz Reading«. In: The Germanic Review 81/3, S. 221–234.
Krekeler, Elmar / Maike Schiller (2009): »Einen nordischen Eindruck hinterlassen«. In: Hamburger Abendblatt vom 29.06.2009.
Kreknin, Innokentij (2011): »Das Licht und das Ich. Identität, Fiktionalität und Referentialität in den Internet-Schriften von Rainald Goetz«. In: Olaf Grabienski / Till Huber / Jan-Noël Thon (Hg.): Poetik der Oberfläche. Die deutschsprachige Popliteratur der 1990er Jahre. Berlin u.a.: de Gruyter, S. 143–164.
Kristeva, Julia (2003): »Bachtin, das Wort, der Dialog und der Roman«. In: Dorothee Kimmich u.a. (Hg.): Texte zur Literaturtheorie der Gegenwart. Stuttgart: Reclam, S. 334–348.

Kropp, Peter (2008): »Selbstbeobachtung im Medienwechsel«. In: Helmut Gold u. a. (Hg.): *@bsolut privat! Vom Tagebuch zum Weblog* [Katalog zur gleichnamigen Ausstellung]. Heidelberg: Edition Braus, S. 134–137.
Kühlmann, Wilhelm (2003): »Postmoderne Phantasien. Zum mythologischen Schreiben im Prosawerk von Alban Nikolai Herbst (geb. 1955). Mit einem Werkverzeichnis«. In: *Euphorion* 97/4, S. 499–516.
Kühn, Rainer (2001): *08/15. Literaturkritik, Zeitdiagnostik, politische Polemik*. Münster: Westfälisches Dampfboot.
Kühn, Rainer (2004ff.): »Rainald Goetz« (Artikel, Essay, Bibliographie). In: Heinz Ludwig Arnold (Hg.): *Kritisches Lexikon zur deutschsprachigen Gegenwartsliteratur*. München: Edition Text + Kritik.
Künzel, Christine / Jörg Schönert [Hg.] (2007): *Autorinszenierungen: Autorschaft und literarisches Werk im Kontext der Medien*. Würzburg: Königshausen & Neumann.
Kuhlbrodt, Detlef (2012): »Sichtlich bewegt«. In: *Die Tageszeitung* vom 28.03.2012.
Kuhlbrodt, Detlef (2012): »Die Gedanken müssen sich beeilen«. In: *Die Tageszeitung* vom 04.05.2012.
Kuhlbrodt, Detlef (2012): »Schreiben heißt atmen«. In: *Die Tageszeitung* vom 11.05.2012.
Kuhlbrodt, Detlef (2012): »Gefeuert, gefeuert, gefeuert«. In: *Die Tageszeitung* vom 27.09.2012.
Kurbjuweit, Dirk (2012): »Sex kommt kaum vor«. In: *Der Spiegel* vom 10.09.2012.
Kyora, Sabine (2003): »Postmoderne Stile. Überlegungen zur deutschsprachigen Gegenwartsliteratur«. In: *Zeitschrift für deutsche Philologie* 122, S. 287–302.
Lejeune, Philippe (1998): »Der autobiographische Pakt«. In: Günter Niggl (Hg.): *Die Autobiographie. Zu Form und Geschichte einer literarischen Gattung*. Darmstadt: Wiss. Buchges., 2. Aufl., S. 214–257.
Lenz, Lorenz [i.e. Lorenz Schröter] (1983): »Rainald«. In: *Elaste* 7, S. 7.
Lindemann, Thomas (2004): »Ein Nachtclub, der Deutschland heißt«. In: *Welt am Sonntag* vom 24.10.2004.
Lindemann, Thomas (2007): »So ist das mit der Jugend von heute«. In: *Die Welt* vom 14.04.2007.
Lindemann, Thomas (2008): »Der iPod für Bücher wird definitiv kommen«. In: *Die Welt* vom 11.08.2008.
Link, Jürgen (2008): »Dispositiv« (Artikel). In: Clemens Kammler u. a. (Hg.): *Foucault-Handbuch. Leben – Werk – Wirkung*. Stuttgart / Weimar: Metzler, S. 237–242.
Lintzel, Aram (2010): »Führungsleute und Geballtheitszustände«. In: *Tageszeitung* vom 11.09.2010.
Lintzel, Aram (2012): »Unter schwarzem Polyester«. In: *Die Tageszeitung* vom 12.08.2012.
Looney, Mark (2012): »›Schreibend den Schrecken ordnen‹ Narrating Experience in the Work of Rainald Goetz«. In: Christoph Zeller (Hg.): *Literarische Experimente: Medien, Kunst, Texte seit 1950*. Heidelberg: Winter, S. 303–318.
Lorenz, Kuno (1995): »Identität«. In: Jürgen Mittelstraß u. a. (Hg.): *Enzyklopädie Philosophie und Wissenschaftstheorie*, Bd. 2. Stuttgart u. a.: Metzler, S. 189–192.
Lorenz, Kuno (1995): »Individuum«. In: Jürgen Mittelstraß u. a. (Hg.): *Enzyklopädie Philosophie und Wissenschaftstheorie*, Bd. 2. Stuttgart u. a.: Metzler, S. 229–231.
Lorenz, Kuno (1996): »Subjekt«. In: Jürgen Mittelstraß u. a. (Hg.): *Enzyklopädie Philosophie und Wissenschaftstheorie*, Bd. 4. Stuttgart u. a.: Metzler, S. 123–127.
Lorenz, Lorenz [i.e. Lorenz Schröter] (1984): »Die große Auskotze«. In: *Spex* 84/3, S. 8–9.
Luhmann, Niklas (1987): *Soziale Systeme*. Frankfurt/M.: Suhrkamp.

Luhmann, Niklas (1995): *Soziologische Aufklärung 6. Die Soziologie und der Mensch*. Opladen: Verlag für Sozialwissenschaften.
Luhmann, Niklas (1997): *Die Kunst der Gesellschaft*. Frankfurt/M.: Suhrkamp.
Luhmann, Niklas (2001): *Einführung in die Systemtheorie*. Hg. von Dirk Baecker. Heidelberg: Winter.
Luhmann, Niklas (2005): *Soziologische Aufklärung 3. Soziales System, Gesellschaft, Organisation*. Opladen. Aufl. 4.
Lützeler, Paul Michael (1994): »Einleitung. Poetikvorlesungen und Postmoderne«. In: Ders. (Hg.): *Poetik der Autoren. Beiträge zur deutschsprachigen Gegenwartsliteratur*. Frankfurt/M.: Fischer, S. 7–19.
Lyotard, Jean-François (1999): *Das postmoderne Wissen: ein Bericht*. Wien: Passagen, 4. Aufl.
Maack, Benjamin (2013): »Zu viele Tiere?«. In: *KulturSpiegel* 7, S. 22–23.
Malchow, Helge (2003): »Nachwort«. In: Joachim Lottmann: *Mai, Juni, Juli. Ein Roman*. Köln: Kiepenheuer & Witsch, S. 250–256.
Malsch, Thomas (2004): »Vom Wiedereintritt des Autors in seine Geschichte. ›Buenos Aires. Anderswelt.‹ Ein kybernetischer Roman von Alban Nikolai Herbst.« In: Thomas Kron / Uwe Schimank (Hg.): *Die Gesellschaft der Literatur*. Opladen: Budrich, S. 45–80.
Mangold, Ijoma / Moritz von Uslar (2012): »Wut ist Energie« (Interview mit Rainald Goetz). In: *Die Zeit* 49 vom 29.11.2012.
Maturana, Humberto / Francisco Varela (1987): *Der Baum der Erkenntnis*. Bern u.a.: Scherz.
Meck, Georg (2012): »Der Schlüssel zum Roman«. In: *Frankfurter Allgemeine Sonntagszeitung* vom 14.10.2012.
Meier, Albert (2007): »Realismus abstrakter Art. Rainald Goetz' transironische Poetik«. In: Ivar Sagmo (Hg.): *Moderne, Postmoderne – und was noch?* Frankfurt/M. u.a.: Lang 2007, S. 175–184.
Meier-Staubach, Christel / Martina Wagner-Egelhaaf [Hg.] (2011): *Autorschaft: Ikonen – Stile – Institutionen*. Berlin: Akademie-Verlag.
Meller, Marius (2003): »Was unter die Haut geht«. In: *Der Tagesspiegel* vom 25.10.2003.
Menke, Christoph (2003): »Subjektivität«. In: Karlheinz Barck u.a. (Hg.): *Ästhetische Grundbegriffe* (ÄGB), Bd. 5. Stuttgart: Metzler, S. 734–786.
Mersch, Dieter (1998): »Einleitung«. In: Ders. (Hg.): *Zeichen über Zeichen*. München: dtv. S. 9–36.
Meyers Großes Konversations-Lexikon (1902–1908). 6., gänzlich neubearbeitete und vermehrte Auflage. 20 Bände. Leipzig / Wien: Bibliographisches Institut.
Minkmar, Nils (2008): »Verachtung für alle. Rainald Goetz schließt sein Internettagebuch ›Klage‹«. In: *Frankfurter Allgemeine Sonntagszeitung* 25 vom 22.06.2008.
Monioudis, Perikles (2009): »Inkubation. Für Rainald Goetz«, gepostet am 18.02.1999. www.hettche.de/buecher/null/moniou/text2.htm (zuletzt eingesehen am 17.12.2013).
Moser, Christian / Jürgen Nelles (2006): »Einleitung: Konstruierte Identitäten«. In: Dies. (Hg.): *AutoBioFiktion. Konstruierte Identitäten in Kunst, Literatur und Philosophie*. Bielefeld: Aisthesis, S. 7–19.
Moser, Christian / Jürgen Nelles [Hg.] (2006): *AutoBioFiktion. Konstruierte Identitäten in Kunst, Literatur und Philosophie*. Bielefeld: Aisthesis.
Mosse Lectures (2012): »Rainald Goetz & Diedrich Diederichsen: ›mehr‹«. www.youtube.com/watch?v=i1cAk_RoAeQ&feature=youtu.be vom 11.05.2012 (zuletzt eingesehen am 17.12.2013).

Muck, Otto / Kuno Lorenz (1976): »Identität«. In: Joachim Ritter / Karlfried Gründer (Hg.): *Historisches Wörterbuch der Philosophie*, Bd. 4. Basel / Stuttgart: Schwabe & Co, S. 144–148.
Mühlbauer, Peter (2007): »Eine Form der Kritik, die man sich noch leisten kann«. In: *Telepolis*, gepostet am 29.09.2007. www.heise.de/tp/artikel/26/26299/1.html (zuletzt eingesehen am 17.12.2013).
Müller, Burkhard (2008): »Zeitgenosse des Jahres«. In: *Süddeutsche Zeitung* vom 28.05.2008.
Müller, Burkhard (2009): »Im Land der Software«. In: *Süddeutsche Zeitung* vom 29.06.2009.
Müller, Lothar (2009): »Writer's Blog«. In: *Merkur* 3/63, S. 249–254.
Müller, Lothar (2012): »Der große Rundumschlag gegen die Nullerjahre«. In: *Süddeutsche Zeitung* vom 08/09.09.2012.
Müller, Philipp / Kolja Schmidt (2001): »Goetzendämmerung in Klagenfurt: Die Uraufführung der sezessionistischen Selbstpoetik von Rainald Goetz«. In: Ralf Köhnen (Hg.): *Selbstpoetik 1800–2000*. Frankfurt/M.: Lang 2001, S. 251–270.
Neuhaus, Stefan (2007): »Von Texten, Menschen und Medien: Die Literaturwissenschaft und ihr Gegenstand«. In: Berndt Blöbaum / Stefan Neuhaus (Hg.): *Literatur und Journalismus*. Wiesbaden: Westdeutscher Verlag, S. 11–21.
Neuhaus, Stefan / Johann Holzner [Hg.] (2007): *Literatur als Skandal. Fälle – Funktionen – Folgen*. Göttingen: Vandenhoeck & Ruprecht.
Niefanger, Dirk (2002): »Der Autor und sein Label. Überlegungen zur fonction classificatoire Foucaults (mit Fallstudien zu Langbehn und Kracauer)«. In: Heinrich Detering (Hg.): *Autorschaft. Positionen und Revisionen. DFG-Symposion 2001*. Stuttgart / Weimar: Metzler 2002, S. 521–539.
Nietzsche, Friedrich (1999): »Die Geburt der Tragödie«. In: Ders.: Die *Geburt der Tragödie. Unzeitgemäße Betrachtungen* (Kritische Studienausgabe, Bd. 1). München: dtv, S. 9–156.
Niggemeier, Stefan (2004): »Die lieben Kollegen«. In: *Frankfurter Allgemeine Sonntagszeitung* vom 14.11.2004.
Niggl, Günter [Hg.] (1998): *Die Autobiographie. Zu Form und Geschichte einer literarischen Gattung*. Darmstadt: Wissenschaftliche Buchgesellschaft, 2. Aufl.
Nowak, Tine (2008): »Adieu!«, gepostet am 24.06.2008, http://tagwerke.twoday.net/stories/28063/ (zuletzt eingesehen am 17.12.2013).
o.N. (2005): »Nicht doch, Kinder!«. In: *Süddeutsche Zeitung* vom 07.04.2005.
o.N. (2008): »Vorbei mit ›Klage‹«. In: *Berliner Zeitung* vom 24.06.2008.
o.N. (2009): »Herbst klebt ›Meere‹ bei mareverlag in Hamburg«, gepostet am 10.02.2009, www.buchmarkt.de/content/36249-autoren.htm (zuletzt eingesehen am 17.12.2013).
o.N. (2009): »Arkadien der Anarchie«, gepostet am 03.10.2009, http://a23h-words.blogspot.com/2009/10/arkadien-der-anarchie.html Eintrag vom Oktober 2009 [online nicht mehr verfügbar].
o.N. (2010): »Rainald Goetz – elfter september 2010«, gepostet am 10.09.2010, www.dandy-club.com/2010/09/rainald-goetz-elfter-september-2010.html (zuletzt eingesehen am 17.12.2013).
o.N. (2011): »Lächerliche Eitelkeiten«. In: *Marbacher Zeitung* vom 09.04.2011.
Oberschelp, Jürgen (1987): »Raserei. Über Rainald Goetz, Haß und Literatur«. In: *Merkur* 41, S. 170–174.
Oesterreich, Peter L. (1994): »Ironie«. In: Helmut Schanze (Hg.): *Romantik-Handbuch*. Stuttgart: Kröner, S. 351–365.

Ohlbaum, Isolde (2008): *Bilder des literarischen Lebens: Photographien aus vier Jahrzehnten.* München: Schirmer / Mosel.
Opel, Anna (2002): *Sprachkörper. Zur Relation von Sprache und Körper in der zeitgenössischen Dramatik – Werner Fritsch, Rainald Goetz, Sarah Kane.* Bielefeld: Aisthesis.
Opitz, Michael (2009): »Analysen und Verrisse«. In: *Deutschlandradio* vom 15.01.2009, www.dradio.de/dkultur/sendungen/kritik/903982/ (zuletzt eingesehen am 17.12.2013).
Oswald, Georg M. (2001): »Wann ist Literatur Pop? Eine empirische Antwort«. In: Wieland Freund / Winfried Freund (Hg.): *Der deutsche Roman der Gegenwart.* München: Fink 2001, S. 29–43.
Paco [i.e. Frank Fischer] (2008): »Die Wahrheit über Joachim Lottmann«, gepostet am 08.12.2008. www.umblaetterer.de/2008/12/08/die-wahrheit-ueber-joachim-lottmann/ (zuletzt eingesehen am 17.12.2013).
Paco [i.e. Frank Fischer] (2010): »Zweite Leipziger Erklärung«, gepostet am 21.03.2010, www.umblaetterer.de/2010/03/21/zweite-leipziger-erklaerung/ (zuletzt eingesehen am 17.12.2013).
Palandt (2010). *Bürgerliches Gesetzbuch. Bearbeitet von Bassenge, Brudermüller, Diederichsen, Edenhofer, Ellenberger, Grüneberg, Sprau, Thorn, Weidenkaff.* 69. Aufl. München: Beck.
Parry, Christoph (2011): »Joseph Roth in den Augen der Nachwelt. Migration, Mythos, Melancholie«. In: Johann Georg Lughofer / Mira Miladinović Zalaznik (Hg.): *Joseph Roth. Europäisch-jüdischer Schriftsteller und österreichischer Universalist.* Berlin: de Gruyter, S. 303–313.
PaschenLiteratur (2012): »Rainald Goetz liest aus ›Johann Holtrop‹«. www.youtube.com/watch?v=z36pdmf091s&feature=youtu.be vom 24.10.2012 (zuletzt eingesehen am 17.12.2013).
Patorski, Gregor / Anton Moosbach (2008): »Die Anderswelt als Rhizom«. In: *Panoramen der Anderswelt. Expeditionen ins Werk von Alban Nikolai Herbst.* (die horen. Zeitschrift für Literatur, Kunst und Kritik 231), S. 11–21.
Paulokat, Ute (2006): *Benjamin von Stuckrad-Barre: Literatur und Medien in der Popmoderne.* Frankfurt/M. u.a.: Lang.
Peirce, Charles S. (1983): *Phänomen und Logik der Zeichen.* Frankfurt/M.: Suhrkamp.
Peirce, Charles S. (1998): »Neue Elemente«. In: Dieter Mersch (Hg.): *Zeichen über Zeichen.* München: dtv, S. 37–56.
Pfister, Manfred (1985): »Konzepte der Intertextualität«. In: Ulrich Broich / Ders.: *Intertextualität. Formen, Funktionen, anglistische Fallstudien.* Tübingen: Niemeyer, S. 1–30.
Pieper, Hans-Joachim (2006): »Ecce homo: Aufstieg und Verfall der ›reinen‹ Subjektivität«. In: Christian Moser / Jürgen Nelles (Hg.): *AutoBioFiktion. Konstruierte Identitäten in Kunst, Literatur und Philosophie.* Bielefeld: Aisthesis, S. 21–36.
Plass, Ulrich (2006): »Journalism, Television, Poetry: Rainald Goetz's *1989*«. In: *The Germanic Review* 81/3, S. 202–220.
Plass, Ulrich (2013): »Realismus und Vitalismus. Rainald Goetz und seine Kritiker«. In: *Zeitschrift für Literaturwissenschaft und Linguistik* 43, S. 39–52.
Platthaus, Andreas (2012): »Im Gehege des Wirtschaftsungeheuers«. In: *Frankfurter Allgemeine Zeitung* vom 07.09.2012.
Porombka, Stephan / Hilmar Schmundt (2004): »Dandy, Diva & Outlaw: Die Inszenierungen des New Journalism«. In: Joan Kristin Bleicher u.a. (Hg.): *Grenzgänger: Formen des New Journalism.* Wiesbaden: VS Verl. für Sozialwissenschaften, S. 222–248.

Poschard, Ulf (2012): »›Es ist gut geworden, und es riecht sogar gut‹«. In: *Die Welt* vom 03.08.2012.
Pschyrembel. Klinisches Wörterbuch (2012). 263., neu bearbeitete und erweiterte Auflage. Berlin u.a.: de Gruyter.
Radisch, Iris (2010): »Der Schreibtisch von Rainald Goetz«. In: *Zeit Literatur* 12 vom 03.2010, S. 86.
Rathgeb, Eberhard (1999): »Panik vor dem Jetzt«. In: *Frankfurter Allgemeine Zeitung* vom 18.09.1999.
Rauen, Christoph (2010): *Pop und Ironie. Popdiskurs und Popliteratur um 1980 und 2000*. Berlin u.a.: de Gruyter.
Reckwitz, Andreas (2008): »Subjekt / Identität. Die Produktion und Subversion des Individuums«. In: Ders. / Stephan Moebius (Hg.): *Poststrukturalistische Sozialwissenschaften*. Frankfurt/M.: Suhrkamp, S. 75–92.
Reckwitz, Andreas (2008): »Praktiken und Diskurse. Eine sozialtheoretische und methodologische Relation«. In: Herbert Kalthoff u.a. (Hg.): *Theoretische Empirie. Zur Relevanz qualitativer Forschung*. Frankfurt/M.: Suhrkamp 2008, S. 188–209.
Reckwitz, Andreas (2010): *Das hybride Subjekt. Eine Theorie der Subjektkulturen von der bürgerlichen Moderne zur Postmoderne*. Weilerswist: Velbrück. Unver. Nachdruck d. Erstausgabe 2006.
Regn, Gerhard (1992): »Postmoderne und Poetik der Oberfläche«. In: Klaus W. Hempfer (Hg.): *Poststrukturalismus – Dekonstruktion – Postmoderne*. Stuttgart: Steiner, S. 52–74.
Reichert, Ramón (2008): *Amateure im Netz. Selbstmanagement und Wissenstechnik im Web 2.0*. Bielefeld: Transcript.
Rentsch, Stefanie (2010): *Hybrides Erzählen. Text-Bild-Kompositionen bei Jean Le Gac und Sophie Calle*. München: Fink.
Reus, Gunter (2004): »Mit doppelter Zunge. Tom Kummer und der New Journalism«. In Joan Kristin Bleicher u.a. (Hg.): *Grenzgänger: Formen des New Journalism*. Wiesbaden: VS Verl. für Sozialwissenschaften, S. 249–266.
Riese, Utz (2003): »Postmoderne / postmodern«. In: Karlheinz Barck u.a. (Hg.): *Ästhetische Grundbegriffe* (ÄGB), Bd. 5. Stuttgart: Metzler, S. 1–39.
Rosa, Hartmut (2005): *Beschleunigung. Die Veränderung der Zeitstrukturen in der Moderne*. Frankfurt/M.: Suhrkamp.
Rosenfelder, Andreas (2010): »Die intellektuelle Ein-Mann-Show des Rainald Goetz«. In: *Die Welt* vom 11.09.2010.
Rössler, Beate (2001): *Der Wert des Privaten*. Frankfurt/M.: Suhrkamp.
Roth, Joseph (1991): »Schluss mit der ›Neuen Sachlichkeit‹!«. In: *Joseph Roth Werke 3. Das journalistische Werk, 1929–1939*. Hg. v. Klaus Westermann. Köln: Kiepenheuer & Witsch, S. 153–164.
Rüdenauer, Ulrich (2011): »Rainald Goetz als Gesamtkunstwerk«. In: *Zeit Online* vom 08.04.2011, www.zeit.de/kultur/literatur/2011-04/ausstellung-goetz-marbach/ (zuletzt eingesehen am 17.12.2013).
Rüther, Tobias (2012): »Der Dämon und die Wende«. In: *Frankfurter Allgemeine Zeitung* vom 12.05.2012.
Rudolph, Thorsten (2008): *irre/wirr: Goetz. Vom ästhetischen Terror zur systemischen Utopie*. München: Fink.
Rutschky, Katharina (2003): »Wertherzeit. Der Poproman – Merkmale eines unerkannten Genres«. In: *Merkur* 57/2, S. 106–117.

Rutschky, Michael [Hg.] (1982): *Errungenschaften. Eine Kasuistik.* Frankfurt/M.: Suhrkamp.
Rutschky, Michael [Hg.] (1983): *1982. Ein Jahresbericht.* Frankfurt/M.: Suhrkamp.
Rutschky, Michael [Hg.] (1984): *1983. Tag für Tag. Der Jahresbericht.* Frankfurt/M.: Suhrkamp.
Sangmeister, Dirk (1995): »Das Flackern zwischen Fakten und Fiktionen. Uwe Johnsons ›Jahrestage‹ und Raymond Federmans ›Double or Nothing‹: eine Grenzziehung zwischen Moderne und Postmoderne«. In: Carsten Gansel / Nicolai Riedel (Hg.): *Uwe Johnson zwischen Vormoderne und Postmoderne. Internationales Uwe Johnson Symposium 22.–24.9.1994.* Berlin u.a.: de Gruyter, S. 201–216.
Schäfer, Martin Jörg (2006): »›Fantasy Realism‹: Rainald Goetz, Jeff Koons, and the Ethics of Pop Art«. In: *The Germanic Review* 81/3, S. 255–268.
Schäfer, Martin Jörg (2007): »Luhmann als ›Pop‹. Zum ›ästhetischen System‹ Rainald Goetz.« In: Christian Huck / Carsten Zorn (Hg.): *Das Populäre der Gesellschaft. Systemtheorie und Populärkultur.* Wiesbaden: Verlag für Sozialwissenschaften 2007, S. 262–283.
Schäfer, Martin Jörg / Elke Siegel (2006): »The Intellectual and the Popular: Reading Rainald Goetz.« In: *The Germanic Review* 81/3, S. 195–201.
Schaffrick, Matthias /Markus Willand [Hg.] (2014): *Autorschaft zwischen Intention, Inszenierung und Gesellschaft. Positionsbestimmungen nach der ›Rückkehr des Autors‹.* Berlin: de Gruyter.
Scheibe, Peter (2004): »Gleichung mit zwei Unbekannten«. In: *Die Tageszeitung* vom 29.12.2004.
Schenk, Günter (1990): »Identität / Unterschied«. In: Hans Jörg Sandkühler (Hg.): *Europäische Enzyklopädie zu Philosophie und Wissenschaften,* Bd. 2. Hamburg: Meiner, S. 611–616.
Scherer, Stefan (1997): »Die Metamorphosen des Wolpertingers. Zur Poetik und zum Werk von Alban Nikolai Herbst«. In: *Juni* 26, S. 167–190.
Scherer, Stefan (2003): »Ereigniskonstruktionen als Literatur (Eichendorff, Musil, Goetz)«. In: Thomas Rathemann (Hg.): *Ereignis. Konzeptionen eines Begriffs in Geschichte, Kunst und Literatur.* Köln u.a.: Böhlau 2003, S. 63–84.
Scherer, Stefan (2008ff.): »Alban Nikolai Herbst«. (Artikel, Essay, Bibliographie). In: Heinz Ludwig Arnold (Hg.): *Kritisches Lexikon zur deutschsprachigen Gegenwartsliteratur.* München: Edition Text + Kritik.
Scherner, Maximilian (1989): »Person«. In: : Joachim Ritter / Karlfried Gründer (Hg.): *Historisches Wörterbuch der Philosophie,* Bd. 7. Basel / Stuttgart: Schwabe & Co, S. 269–338.
Schirach, Ariadne von (2007): »Im Museum der Revolution«. In: *Focus Magazin* vom 13.08.2007, S. 96–100.
Schlak, Stephan (2003): »Die Liebe schlägt zurück«. In: *Der Tagesspiegel* vom 26.09.2003.
Schmidt, Rainer (2009): *Liebestänze,* www.liebestaenze.de (zuletzt eingesehen am 17.12.2013).
Schmidt, Siegfried J. (2003): »*Eine* Geschichte der Geschichten & Diskurse«. In: Martin Löffelholz / Thomas Quandt (Hg.): *Die neue Kommunikationswissenschaft.* Wiesbaden: Westdt. Verlag, S. 113–130.
Schmidt, Siegfried J. (2008): »Der Medienkompaktbegriff«. In: Stefan Münker / Alexander Roesler (Hg.): *Was ist ein Medium?* Frankfurt/M.: Suhrkamp, S. 144–157.
Schneider, Frank A. (2007): *Als die Welt noch unterging: von Punk zu NDW.* Mainz: Ventil-Verlag.
Schnell, Ralf (2008): »Dschungel-Passagen. Zu diesem Band«. In: *Panoramen der Anderswelt. Expeditionen ins Werk von Alban Nikolai Herbst. (die horen. Zeitschrift für Literatur, Kunst und Kritik* 231), S. 5–8.

Schnell, Ralf (2008): »Über die Wahrnehmung eines literarischen Kunstwerks. Rückblick auf einen verbotenen Roman: ›Meere‹ von Alban Nikolai Herbst«. In: *Panoramen der Anderswelt. Expeditionen ins Werk von Alban Nikolai Herbst.* (die horen. *Zeitschrift für Literatur, Kunst und Kritik* 231), S. 195–204.

Schultz-Gerstein, Christian (1987): »Der rasende Mitläufer. Über Rainald Goetz und seinen Roman ›Irre‹«. In: Ders.: *Rasende Mitläufer. Porträts, Essays, Reportagen, Glossen.* Berlin: Edition Tiamat 1987, S. 26–30.

Schumacher, Eckhard (2003): »›Das Populäre. Was heißt denn das?‹ Reinald Goetz' ›Abfall für alle‹«. In: Heinz Ludwig Arnold (Hg.): *Pop-Literatur.* München: Edition Text + Kritik, S. 158–171.

Schumacher, Eckhard (2003): *Gerade Eben Jetzt. Schreibweisen der Gegenwart.* Frankfurt/M.: Suhrkamp.

Schumacher, Eckhard (2011): »›Adapted from a true story‹. Autorschaft und Authentizität in Rainald Goetz' ›Heute Morgen‹«. In: Heinz Ludwig Arnold (Hg.): *Rainald Goetz. Text + Kritik* 190, 3/11, S. 77–88.

Schütte, Uwe (2008): Erzählen für morgen. Zur poetologischen Genealogie des Kybernetischen Realismus bei Alban Nikolai Herbst«. In: *Panoramen der Anderswelt. Expeditionen ins Werk von Alban Nikolai Herbst.* (die horen. *Zeitschrift für Literatur, Kunst und Kritik* 231), S. 121–130.

Schütte, Wolfram (2003): »Der ›Roman‹ als Präservativ des ›Authentischen‹. In: *Titel-Magazin*, http://titel-magazin.de/artikel/1114.html (zuletzt eingesehen am 17.12.2013).

Schwartz, Tobias (2009): »Überdurchschnittliche Tiraden«. In: *Märkische Allgemeine* vom 17.12.2009.

Schwartz, Tobias (2012): »Das große Rad der Gegenwart«. In: *Die Welt* vom 08.09.2012.

Schwedes, Carsten (2009): »Freude auslösende Anmutungen von Wahrheit«. In: *Titel-Magazin* vom 09.03.2009, http://titelmagazin.com/artikel/5/5639/rainald-goetz-klage.html (zuletzt eingesehen am 17.12.2013).

Seidl, Claudius (2004): »Jugend ohne Sex«. In: *Frankfurter Allgemeine Sonntagszeitung* vom 17.10.2004.

Seiler, Sascha (2006): »*Das einfache wahre Abschreiben der Welt*«. *Pop-Diskurse in der deutschen Literatur nach 1960.* Göttingen: Vandenhoeck & Ruprecht 2006.

Séve, Lucien (1990): »Individuum / Individualismus«. In: *Enzyklopädie Philosophie und Wissenschaftstheorie,* Bd. 2. Stuttgart u.a.: Metzler, S. 654–659.

Sherman, Cindy (2003): *Untitled Film Stills.* München: Schirmer / Mosel.

Siegel, Elke (2006): »Remains of the Day: Rainald Goetz's Internet Diary ›Abfall für alle‹«. In: *The Germanic Review* 81/3, S. 235–254.

Söhler, Maik (2007): »Dunkle Flecken einer Generation«. In: *Die Tageszeitung* vom 12.05.2007.

Spiegel, Hubert (2004): »Der letzte Teenager«. In: *Frankfurter Allgemeine Zeitung* vom 18.12.2004.

Steinfeld, Thomas (1999): »Abfall. Kein Internet mit Rainald Goetz«. In: *Frankfurter Allgemeine Zeitung* vom 15.01.1999.

Stern, Caroline (2010): »Lesung: Loslabern mit Rainald Goetz in Berlin«, gepostet am 17.05.2010. http://suite101.de/article/lesung-loslabern-mit-rainald-goetz-in-berlin-a76130#ixzz0pQVolEtp (zuletzt eingesehen am 17.12.2013).

Sternburg, Wilhelm von (2009): *Joseph Roth. Eine Biographie.* Köln: Kiepenheuer & Witsch.

Stöckmann, Ingo / Niels Werber (1997): »Das ist ein Autor! Eine polykontexturale Wiederauferstehung« In: Henk de Berg / Matthias Prangel (Hg.): *Systemtheorie und Hermeneutik*. Tübingen, Basel: Francke, S. 233–262.
Stuckrad-Barre, Benjamin von (2000): *Blackbox. unerwartete Systemfehler*. Köln: Kiepenheuer & Witsch.
SuhrkampVerlag (2012): »Antrittsvorlesung von Rainald Goetz im Rahmen der Heiner Müller-Gastprofessur«. www.youtube.com/watch?v=tJk2_Yopxcw vom 17.08.2012 (zuletzt eingesehen am 17.12.2013).
SuhrkampVerlag (2012): »Rainald Goetz präsentiert ›Johann Holtrop‹ (im Suhrkamp Verlag)«. www.youtube.com/watch?v=gS96txHrUXc&feature=youtu.be vom 17.08.2012 (zuletzt eingesehen am 17.12.2013).
SuhrkampVerlag (2012): »Lesung zur Longlist, 17. August 2012. Rainald Goetz liest aus ›Johann Holtrop‹ (Suhrkamp Verlag)«. www.youtube.com/watch?v=q-U4k020cyQ&feature=youtu.be vom 30.08.2012 (zuletzt eingesehen am 17.12.2013).
SuhrkampVerlag (2012): »gefeuert. Lesung zur Shortlist (Rainald Goetz liest aus ›Johann Holtrop‹, 12.9.12)«. www.youtube.com/watch?v=PVNvyRrk_A4&feature=youtu.be vom 13.09.2012 (zuletzt eingesehen am 17.12.2013).
SuhrkampVerlag (2012): »Buchpremiere, Deutsches Theater«, 6 Teile: www.youtube.com/watch?v=FJv6NNVSFaE&feature=youtu.be; www.youtube.com/watch?v=pamQv9t-iVQ&feature=youtu.be; www.youtube.com/watch?v=xPrwc0AvFvY&feature=youtu.be; www.youtube.com/watch?v=xlGu7hfsKBg&feature=youtu.be; www.youtube.com/watch?v=dZm9rapCJpg&feature=youtu.be; www.youtube.com/watch?v=uerLNOXuQew&feature=youtu.be vom 09.10.2012 (zuletzt eingesehen am 17.12.2013).
SuhrkampVerlag (2012): »Zeit-Stand, mit Ijoma Mangold, 11. Oktober 2012«. www.youtube.com/watch?v=i8viylhkQWQ&feature=youtu.be vom 05.12.2012 (zuletzt eingesehen am 17.12.2013).
Till, Dietmar u. a. (2003): »Poetik«. In: Gert Ueding (Hg.): *Historisches Wörterbuch der Rhetorik*, Bd. 6. Tübingen: Niemeyer, S. 1304–1393.
Tittel, Cornelius (2004): »Der Feldforscher«. In: *Die Tageszeitung* vom 06.10.2004.
Ullmaier, Johannes (2001): *Von Acid nach Adlon und zurück: eine Reise durch die deutschsprachige Popliteratur*. [Medienkombination Buch und Audio-CD] Mainz: Ventil-Verlag.
Vigilien (2010): »Und so begab es sich in jenen Tagen […]«, gepostet am 15.05.2010. www.struppig.de/vigilien/?p=2617 (zuletzt eingesehen am 17.12.2013).
vw [i.e. Volker Weidermann] (2002): »Joachim Lottmann: Mai, Juni, Juli«. In: *Frankfurter Allgemeine Sonntagszeitung* vom 17.03.2002.
Wagner, Peter (1990): *Soziologie der Moderne: Freiheit und Disziplin*. Frankfurt/M. u. a.: Campus.
Wagner-Egelhaaf, Martina (2005): *Autobiographie*. Stuttgart / Weimar: Metzler, 2. Aufl.
Wagner-Egelhaaf, Martina (2006): »Autofiktion oder: Autobiographie nach der Autobiographie. Goethe – Barthes – Özdamar«. In: Ulrich Breuer / Beatrice Sandberg (Hg.): *Autobiographisches Schreiben in der deutschsprachigen Gegenwartsliteratur, Bd. 1: Grenzen der Identität und Fiktionalität*. München: Iudicum, S. 353–368.
Wagner-Egelhaaf, Martina (2008): »Autofiktion & Gespenster«. In: *Kultur & Gespenster* 7: *Autofiktion*. S. 135–149.
Wagner-Egelhaaf, Martina [Hg.] (2013): *Auto(r)fiktion. Strategien literarischer Selbstschaffung*. Bielefeld: Aisthesis.

Waltz, Matthias (2006): »Was das Geschlechterverhältnis einmal war und heute ist. ›Die Jugend von heute‹«. In: Wolfgang Emmerich / Eva Kammler (Hg.): *Literatur, Psychoanalyse, Gender: Festschrift für Helga Gallas*. Bremen: Ed. Lumière 2006, S. 157–173.
Warhol, Andy (2007): *The Philosophy of Andy Warhol: From A to B and Back Again*. London: Penguin.
Wegmann, Thomas (2008): »Zellenbildung oder Was Literatur über den Terrorismus der 1970er Jahre wissen und erzählen kann: ›Kontrolliert‹ von Rainald Goetz«. In: Erhard Schütz / Wolfgang Hardtwig (Hg.): *Keiner kommt davon. Zeitgeschichte in der Literatur nach 1945*. Göttingen: Vandenhoeck & Ruprecht, S. 216–237.
Wegmann, Thomas (2009): »Stigma und Skandal: oder ›The making of‹ Rainald Goetz.« In: Markus Joch u. a. (Hg.): *Mediale Erregungen? Autonomie und Aufmerksamkeit im Literatur- und Kulturbetrieb der Gegenwart*. Tübingen: Niemeyer, S. 205–219.
Weidermann, Volker (2003): »Die ganze Welt ist Roman«. In: *Frankfurter Allgemeine Sonntagszeitung* vom 09.03.2003.
Weidermann, Volker (2006): *Lichtjahre. Eine kurze Geschichte der deutschen Literatur von 1945 bis heute*. Köln: Kiepenheuer & Witsch.
Weidermann, Volker (2012): »Die böse Botschaft der Literatur«. In: *Frankfurter Allgemeine Sonntagszeitung* vom 02.09.2012.
Weingart, Brigitte (2005): »Global Village Berlin: Rainald Goetz's Internet Journal ›Abfall für alle‹« In: *Gegenwartsliteratur* 4, S. 48–70.
Weiser, Jutta / Christine Ott [Hg.] (2013): *Autofiktion und Medienrealität. Kulturelle Formungen des postmodernen Subjekts*. Heidelberg: Winter.
Weiss, Philipp (2009): »Blätterliebe. Diskussion«. ORF Kärnten. mms://apasf.apa.at/nocms-worldwide/kaernten_tddl_2009_weiss_disk.wmv (zuletzt eingesehen am 17.12.2013).
Werber, Niels (2000): »Intensitäten des Politischen. Gestalten souveräner und normalistischer Macht bei Rainald Goetz«. In: *Weimarer Beiträge* 46/1, S. 105–120.
Wetzel, Michael (2000): »Autor / Künstler« (Artikel). In: Karlheinz Barck u. a. (Hg.): *Ästhetische Grundbegriffe* (ÄGB), Bd. 1. Stuttgart: Metzler, S. 480–544.
Wicke, Andreas / Ingo Warnke (2002): »›Wenn es so würde, wie ich es mir denke, wird es so GEIL‹. Literatur- und sprachwissenschaftliche Perspektiven auf Rainald Goetz' Internetpublikation ›Abfall für alle‹«. In: Hartmut Kugler (Hg.): *www.germanistik2001.de*, Bd. 1. Bielefeld: Aisthesis, S. 567–578.
Windrich, Johannes (2007): *Technotheater. Dramaturgie und Philosophie bei Rainald Goetz und Thomas Bernhard*. München: Fink.
Winkels, Hubert (1987): »Ohrschaden – zu Rainald Goetz und Texten«. In: *Literaturmagazin* 20, S. 68–84.
Winkels, Hubert (1991): *Einschnitte. Zur Literatur der 80er Jahre*. Frankfurt/M.: Suhrkamp, erw. u. bearb. Ausg.
Winkels, Hubert (1999): »Grenzgänger: neue deutsche Popliteratur«. In: *Sinn und Form: Beiträge zur Literatur;* Berlin, [Potsdam]. 51/4, S. 581–610.
Winkels, Hubert (2005): *Gute Zeichen. Deutsche Literatur 1995–2005*. Köln: Kiepenheuer & Witsch.
Winkler, Willi (1988): »Niemand, nichts, nur ich«. In: *Die Zeit* 41 vom 07.10.1988.
Winzenburg, Severin (2007): *Stille Tage in L.A.* Köln: Kiepenheuer & Witsch.
Wir hoefliche Paparazzi (2000ff.): »Goetz, Rainald«. www.hoeflichepaparazzi.de/forum/showthread.php?t=10027 (zuletzt eingesehen am 17.12.2013).

Wirth, Uwe (1999): *Diskursive Dummheit. Abduktion und Komik als Grenzphänomene des Verstehens*. Heidelberg: Winter.
Wirth, Uwe (2002): »Der Performanzbegriff im Spannungsfeld von Illokution, Iteration und Indexikalität«. In: Ders. (Hg.): *Performanz. Zwischen Sprachwissenschaft und Kulturwissenschaften*. Frankfurt/M.: Suhrkamp, S. 9–60.
Wirth, Uwe (2006): »Hypertextuelle Aufpfropfung als Übergangsform zwischen Intermedialität und Transmedialität.« In: Urs Meyer / Roberto Simanowski / Christoph Zeller (Hrsg.): *Transmedialität. Zur Ästhetik paraliterarischer Verfahren*. Göttingen: Wallstein, S. 19–38.
Wirth, Uwe (2008): *Die Geburt des Autors aus dem Geist der Herausgeberfiktion*. München: Fink.
Wittgenstein, Ludwig (2006): »Philosophische Untersuchungen«. In: Ders.: *Tractatus logico-philosophicus. Werkausgabe, Bd. 1*. Frankfurt/M.: Suhrkamp, S. 225–580.
Wittstock, Uwe (2011): *Der Fall Esra. Ein Roman vor Gericht. Über die neuen Grenzen der Literaturfreiheit*. Köln: Kiepenheuer & Witsch.
Wolf, Werner (2002): »Intermedialität: Ein weites Feld und eine Herausforderung für die Literaturwissenschaft«. In: Herbert Foltinek / Christoph Leotgeb (Hg.): *Literaturwissenschaft: intermedial – interdisziplinär*. Wien: Verl. d. Österreichischen Akademie d. Wissenschaften. S. 163–192.
Wulff, Mathias (2008): »Rainald Goetz rechnet ab und klagt«. In: *Die Welt* vom 18.11.2008.
Zeese, Volker (1998): »Gedanken, wenig mündlich verbal«. In: *Die Welt* vom 30.04.1998.
Zeithammer, Angela (2000): *Genie in stürmischen Zeiten. Ursprung, Bedeutung und Konsequenz der Weltbilder von J. M. R. Lenz und J. W. Goethe*. St. Ingbert: Röhrig.
Zimmer, Dieter E. (1983): »Wie, bitteschön, geht das Leben?«. In: *Die Zeit* 42 vom 14.10.1983.
Zipfel, Frank (2001): *Fiktion, Fiktivität, Fiktionalität. Analysen zur Fiktion in der Literatur und zum Fiktionsbegriff in der Literaturwissenschaft*. Berlin: Erich Schmidt.
Zipfel, Frank (2009): »Autofiktion. Zwischen den Grenzen von Faktualität, Fiktionalität und Literarität?«. In: Simone Winko / Fotis Jannidis / Gerhard Lauer (Hg.): *Grenzen der Literatur. Zu Begriff und Phänomen des Literarischen*. Berlin u.a.: de Gruyter, S. 285–314.
Zipfel, Frank (2009): »Autofiktion«. In: Dieter Lamping (Hg.): *Handbuch der literarischen Gattungen*. Stuttgart: Alfred Kröner, S. 31–36.

Nicht-autorisierte Internetquellen

(alle zuletzt eingesehen am 17.12.2013)
http://anobella.twoday.net/
http://blogs.taz.de/lottmann/2008/10/08/tag_des_weltuntergangs/#comment-18810
http://dilimag.literature.at/viewer.alo?viewmode=overview&objid=1027933
http://literatur-im-netz.dla-marbach.de/zdb2475905-3.html
http://webapp.uibk.ac.at/dilimag/viewer.alo?viewmode=overview&objid=1027933
https://myspace.com/joachimlottmann
mms://apasf.apa.at/nocms-worldwide/kaernten_tddl_2009_weiss_disk.wmv
www.barbarabongartz.de/biografie.html
www.buchmarkt.de/content/9594-geruecht.htm
www.discogs.com/Rainald-Goetz-Word/release/43830
www.elottmann.agdok.de/

www.kiwi-verlag.de/kontakt/
www.metaroll.de/bloghistory.html
www.tursa.franken.de/OliverLieb_discog.html#RainaldGoetz
www.umblaetterer.de/2011/08/29/30-jahre-feuilleton-rainald-goetz/#comment-5332
www.youtube.com/playlist?list=PL0903A7713368B5FF
www.youtube.com/user/alexomat2
www.youtube.com/user/Joachimlottmann
www.youtube.com/watch?v=BqDv6F9eTHA
www.youtube.com/watch?v=LTBQ0Eusias
www.youtube.com/watch?v=oltf2i-4EUU
www.youtube.com/watch?v=pv6IacY0Fyo
www.youtube.com/watch?v=VT1bECC7XK8
www.youtube.com/watch?v=WhznAsUlZwg
www.youtube.com/watch?v=XuL0Z7ZGkp4
www.youtube.com/watch?v=_BEjgp9MAEY

Abbildungsverzeichnis

Grafik 1:   Bereiche der Subjektivation —— **58**
Grafik 2:   Ebenen des »Subito«-Klagenfurt-*Irre*-Komplexes —— **130**

Abb. 1:   *Irre*, Cover der Erstausgabe —— **138**
Abb. 2:   Einleitendes Bild des dritten Teils »Die Ordnung« —— **139**
Abb. 3:   »Ich fasse unterdessen noch kurz Strom« —— **140**
Abb. 4:   »Ich kenne meine Schuld« —— **141**
Abb. 5:   ›Nach der Buße‹ —— **142**
Abb. 6:   »Gesichter des Terror-Chefs Christian Klar« —— **143**
Abb. 7:   *Kontrolliert*, Cover der Erstausgabe —— **144**
Abb. 8:   »German writer Rainald Goetz in midst of the police troops during Fuck Parade in Berlin in 2001« —— **155**
Abb. 9:   Zwischenblatt von *1989* —— **158**
Abb. 10: Screenshot *Abfall für alle* —— **227**
Abb. 11: »Der Schreibtisch von Rainald Goetz« —— **269**
Abb. 12: Jolos Wartburg —— **323**
Abb. 13: »Berlinale 2009« —— **335**
Abb. 14: »Berlinale 2009« —— **335**
Abb. 15: Alban Nikolai Herbst —— **374**
Abb. 16: Alban Nikolai Herbsts ›Arbeitswohnung‹ —— **408**
Abb. 17: *Argo*-Notizen —— **419**

Abdruck der Abb. 1–7 und 9–11 mit freundlicher Genehmigung von Rainald Goetz und dem Suhrkamp-Verlag; Abb. 8 mit freundlicher Genehmigung von Verena Dauerer; Abb. 12–14 mit freundlicher Genehmigung von Joachim Lottmann; Abb. 15–17 mit freundlicher Genehmigung von Alban Nikolai Herbst. Alle Rechte liegen bei den jeweiligen Autoren / Institutionen.